国家出版基金項目
NATIONAL PUBLICATION FOUNDATION

陝西出版資金資助項目

「十二五」國家重點圖書出版規劃項目

關學文庫・關學文獻整理系列

總主編 劉學智 方光華

藍田呂氏集
（上册）

[宋] 呂大臨等著
曹樹明 點校整理

西北大學出版社

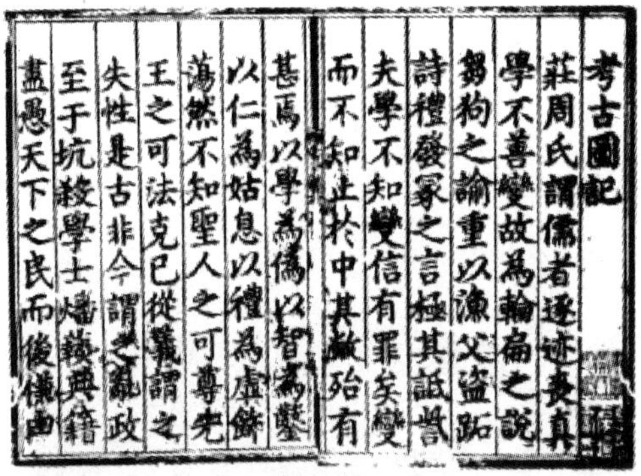

考古圖記

莊周氏謂儒者逐迹喪真學不善變故爲輪扁之說芻狗之論重以漁父盜跖詩禮發冢之言極其詆訾夫學不知變信有罪矣變而不知止於中其敝殆有甚焉以學爲僞以智爲鑿以仁爲姑息以禮爲虛飾蕩然不知聖人之可尊先王之可法克己從義謂之失性是古非今謂之亂政至于坑殺學士燔藝典籍盡愚天下之民而後快由

《考古圖》明初刻本書影

2010年蓝田吕氏家族墓地出土石墩

總序

張載（一〇二〇—一〇七七），字子厚，宋鳳翔府郿縣（今陝西眉縣）人，祖籍大梁，宋仁宗嘉祐二年（一〇五七）進士。張載出身於官宦之家。祖父張復在宋真宗時官至給事中、集賢院學士，死後贈司空。父親張迪在宋仁宗時官至殿中丞、知涪州事，贈尚書都官郎中。張迪死後，張載與全家遂僑居於鳳翔府郿縣橫渠鎮之南。因他曾在此聚徒講學，世稱「橫渠先生」。他的學術思想在學術史上被稱爲「橫渠之學」，他所代表的學派被後人稱爲「關學」。張載與程顥、程頤同爲北宋理學的創始人。可以說，關學是由張載創立并於宋元明清以至民國初年，一直在關中地區傳衍的地域性理學學派，亦稱「關中理學」。

關學基本文獻整理與相關研究不僅是中國思想學術史的重要課題，也是體現中國思想文化傳承與創新的重要舉措。關學文庫關學文獻整理系列以繼承、弘揚和創新中華文化爲宗旨，以文獻整理的系統性、全面性爲特點，是我國第一部對上起於北宋、下迄於清末民初，綿延八百餘年的關中理學的基本文獻資料進行整理的大型叢書。這項重點文化工程的完成，對於完整呈現關學的歷史面貌、發展脈絡和鮮明特色，彰顯關學精神，推動傳統文化創造性轉化、創新性發展無疑具有重要意義。因爲文庫關學文獻整理系列的各部分均有整理者具體的前言介紹和點校説明，我這裏僅就關學、關學與程朱理學的關係、關學的思想特質、關學文庫關學文獻整理系列的整體構成與學術價值等談幾點意見，以供讀者參考。

一、作爲理學重要構成部分的關學

衆所周知，宋明理學是中國儒學發展的新形態與新階段，一般被稱爲新儒學。但在新儒學中，構成較爲複雜。比較典型的則是程朱理學與陸王心學。南宋學者呂本中較早提到「關學」這一概念。南宋朱熹、呂祖謙編選的近思録較早地梳理了北宋理學發展的統緒，關學是作爲理學的重要一支來作介紹的。朱熹在伊洛淵源録中，將張載的「關學」與周敦頤的「濂學」、二程（程顥、程頤）的「洛學」并列加以考察。明初宋濂、王禕等人纂修元史，將宋代理學概括爲「濂洛關閩」四大派別，其中雖有地域文化的特色，但它們的思想内涵及其影響并不限於某個地域，而成爲中國思想文化史上重要的一頁，即宋代理學。

根據洛學代表人物程顥、程頤以及閩學代表人物朱熹對張載關學思想的理解、評價和吸收，張載創始的關學本質上當是理學，而且是影響全國的思想文化學派。過去，我們在編寫中國思想通史第四卷、宋明理學史上册的時候，在關學學術旨歸和歷史作用上曾作過探討，但是也不能不顧及古代學術史考鏡源流的基本看法。

需要注意的是，張載後學，如藍田吕氏等，在張載去世後多歸二程門下，如果拘泥門户之見，似乎張載關學發展有所中斷，但學術思想的傳承往往較學者的理解和判斷複雜得多。關學，如同其他學術形態一樣，也是一個源遠流長、不斷推陳出新的形態。關學沒有中斷過，它不斷與程朱理學、陸王心學融合。明清時期以至民初，關學的學術基本是朱子學、陽明學的傳入及與張載關學的融會過程。因此，由宋至清末民初的關學，實際是中國理學的重要組成部分，它是一個動態的且具有包容性和創新性的概念，它開啓了清初王船山學術的先河。

關學文庫關學文獻整理系列所遴選的作品，結合學術史已有研究成果，如宋元學案、明儒學案、關學編及關學續編、關學宗傳等，均是關中理學的典型代表，上起北宋張載，下至晚清的劉光蕡、民國初期的牛兆濂，能够反映關中理學的發展源流及其學術内容的豐富性、深刻性。與歷史上的關中叢書相比，這套文庫文獻整理更加豐富醇純，是對前賢整理文獻思想與實踐的進一步繼承與發展，其學術意義不言而喻。

二、張載關學與程朱理學的關係

佛教傳入中土後，有所謂「三教合一」說，主張儒、道、釋融合滲透，或稱三教「會通」。唐朝初期可以看到三教并舉的文化現象。當歷史演進到北宋時期，由於書院建立，學術思想有了更多自由交流的場所，從而促進了學人的獨立思考，使他們對儒家經學箋注主義提出了懷疑，呼喚新思想的出現，於是理學應時而生。理學主體是儒學，兼采佛、道思想，研究如何將它們融合爲一個整體，這是一個重要的課題。從理學產生時起，不同時代有不同的理學學派。譬如，在「三教融合」過程中，如何理解「氣」與「理」（「理」的問題是迴避不開的，華嚴宗的「理事説」早在唐代就有很大影響）的關係？理學如何捍衛儒學早期關於人性善惡的基本觀點，又不致只在「善」與「惡」的對立中打圈子？如何理解宇宙？宇宙與社會及個人有何關係？君子、士大夫怎麼做才能維護自身的價值和尊嚴，又能堅持修齊治平的準則？這些都是中國思想史中宇宙觀與人生觀的大問題。對這些問題的研究和認識，不可能一開始就有一個統一的看法，需要在思想文化演進的歷史進程中逐步加以解決。宋代理學的產生及不同學派的存在，就是上述思想文化發展歷史的寫照，因而理學在實質上是中國思想文化的傳承創新，具有重要的歷史意義。

張載關學、二程洛學、南宋時朱熹閩學各有自己的特色。作爲理學的創建者之一，張載胸懷「爲天地立心，爲生民立命，爲往聖繼絶學，爲萬世開太平」的學術抱負，在對儒學學説進行傳承發展中做出了重要的理論貢獻。北宋時期，學者們重視對易的研究。易富於哲理性，張載通過對易的解説，闡述對宇宙和人生的見解，積極發揮禮記、論語、孟子等書中的義理，并融合佛、道，將儒家的思想提升到一個新的高度。

張載與洛學的代表人物程顥、程頤等人曾有過密切的學術交往，彼此或多或少在學術思想上相互產生過一定的影響。宋仁宗嘉祐元年（一〇五六），張載來到京師汴京，講授易學，曾與程顥一起終日切磋學術，探討學問（參見二程集河南程氏遺書卷二上）。張載是二程之父程珦的表弟，爲二程表叔，二程對張載的人品和學術非常敬重。通過與二程的切磋與交流，張載對自成一家之言的學術思想充滿自信：「吾道自足，何事旁求！」（呂大臨橫渠先生行狀）

因爲張載與程顥、程頤之間爲親屬關係，在學術上有密切的交往，關學後傳不拘門戶，如呂氏三兄弟呂大忠、呂大鈞、呂大臨，蘇昞、范育、薛昌朝以及种師道、游師雄、潘拯、李復、田腴、邵彦明、張舜民等，在張載去世後一些人投到二程門下，繼續研究學術，也因此關學的學術地位在學術史上常常有意無意地受到貶低甚至質疑（包括程門弟子的貶低和質疑）。事實上，在理學發展史上，張載以其關學卓然成家，具有鮮明的特點和理論建樹，這是不能否定的。反過來，張載的一些觀點和思想也影響了二程的思想體系，對後來的程朱學說及閩學的形成也有重要的啓迪意義，這也是客觀的事實。

張載依據易建立自己的思想體系，但是，在基本點上和易的原有内容并不完全相同。他提出「太虛即氣」的觀點，認爲沒有超越「氣」之上的「太極」或「理」世界，換言之，「氣」不是被人創造出的産物。又由此推論出天下萬物由「氣」聚而成；物毀氣散，復歸於虛空（或「太虛」）。在氣聚、氣散即物成物毀的運行過程中，纔顯示出事物的條理性。張載說：「太虛不能無氣，氣不能不聚而爲萬物，萬物不能不散而爲太虛，循是出入，是皆不得已而然也。」（正蒙卷一）他用這個觀點去看萬物的成毀。這些觀點極大地影響了清初大思想家王船山。

張載在西銘中說：「乾稱父，坤稱母。予兹藐焉，乃混然中處。故天地之塞，吾其體；天地之帥，吾其性。民，吾同胞；物，吾與也。」天地是萬物和人的父母，人是天地間藐小的一物。天、地、人三者共處於宇宙之中。由於三者都是氣聚之物，天地之性就是人之性，所以人類是我的同胞，萬物是我的朋友，歸根到底，萬物與人類的本性是一致的。進而認爲，人們「尊高年，所以長其長；慈孤弱，所以幼其幼。聖，其合德；賢，其秀也。凡天下疲癃殘疾、惸獨鰥寡，皆吾兄弟之顛連而無告者也」。這裏所表述的是一種高尚的人道主義精神境界。

二程思想與張載有別，他們通過對張載氣本論的取捨和改造，又吸收佛教的有關思想，建構了「萬理歸於一理」的理論體系。在人性論方面，二程在張載人性論的基礎上進一步深化了孟子的性善論。二程贊同張載將人性分爲「天地之性」和「氣質之性」。但二程認爲「天地之性」是天理在人性中的體現，未受任何損害和扭曲，因而是至善無瑕的；「氣質之性」是氣化而生的，也叫「才」，它由氣稟決定，稟清氣則爲善，稟濁氣則爲惡，正因爲氣質之性不可避免地受到了「氣」的侵蝕而出現「氣之偏」，因而具有惡的因素。在二程看來，善與惡的對立，實際上是「天理」與「人欲」的對立。

朱熹將張載氣本論進行改造，把有關「氣」的學說納入他的天理論體系中。朱熹接受「氣」生萬物的思想，但與張載的氣本論不同，朱熹不再將「理」看成是「氣」的屬性，而是「氣」的本原。天理與萬事萬物是一種怎樣的關係？朱熹關於「理一分殊」的理論回答了這一問題。他認爲：「太極只是個極好至善的道理。人人有一太極，物物有一太極。」又說：「太極非是別爲一物，即陰陽而在陰陽，即五行而在五行，即萬物而在萬物，只是一個理而已。」（朱子語類卷九四）「理一分殊」理論包括一理攝萬理與萬理歸一理兩個方面，這與張載思想有別。

總之，宋明理學反映出儒、道、釋三者融合所達到的理論高度。這一思想的融合完成於兩宋時期。張載開創的關學爲此做出了重要的學術貢獻。正如清初思想家王船山所說：「張子之學，上承孔孟之志，下救來茲之失，如皎日麗天，無幽不燭，聖人復起，未有能易爲者也。」（張子正蒙注序論）船山之學繼承發揚了張載學說，又有新的創造。

三、關學的特色

關學既有深邃的理論，又重視經世致用。這可以概括爲以下幾個方面：

首先，學風篤實，注重踐履。黃宗羲指出：「關學世有淵源，皆以躬行禮教爲本。」（明儒學案師說）躬行禮教、學風樸質是關學的顯著特徵。受張載的影響，其弟子藍田「三呂」也「務爲實踐之學，取古禮，繹其義，陳其數，而力行之」（宋元學案呂范諸儒學案），特別是呂大臨。明代呂柟其行亦「一準之以禮」（關學編）。清代的關學學者王心敬、李元春、賀瑞麟等人，依然守禮不輟。

其次，崇尚氣節，敦善厚行。關學學者大都注意砥礪操行，敦厚士風，具有不阿權貴、不苟於世的特點。張載曾兩次被薦入京，但當發現自己的政治理想難以實現時，毅然辭官，回歸鄉里，教授弟子。明代楊爵、呂柟、馮從吾等均敢於仗義執言，即使觸犯龍顔，被判入獄，依舊不改初衷，體現了大義凜然的獨立人格和卓異的精神風貌。清代關學大儒李顒，在皇權面前錚錚鐵骨，操志高潔。這些關學學者「窮則獨善其身，達則兼善天下」，體現出「富貴不能淫，貧賤不能移，威武不能屈」的「大丈夫」氣節。

最後，求真求實，開放會通。關學學者大多不主一家，具有比較寬廣的學術胸懷。張載善於吸收新的自然科學成果，不斷充實豐富自己的儒學理論。他注意對物理、氣象、生物等自然現象做客觀的觀察和合理的解釋，具有科學精神。後世關學學者韓邦奇、王徵等都重視自然科學。三原學派的代表人物王恕以治易入仕，晚年精研儒家經典，強調用心求學，用心考證，求疏通之解，形成了有獨立主見的治國理政觀念。關學學者堅持傳統，但并不拘泥於傳統，能够因時而化，不斷地融合會通學術思想，具有鮮明的開放性和包容性特徵。由張載到「三呂」、呂柟、馮從吾、李顒等，這種融會貫通的學術精神得到不斷承傳和弘揚。

四、關學文庫關學文獻整理系列的整體構成與學術價值

關學文獻遺存豐厚，但是長期以來沒有得到應有的保護和整理，除少量著作如正蒙、涇野先生五經說、少墟集、元儒考略等在清代收入四庫全書之外，大量的著作仍以綫裝書或手抄本的形式散存於陝西、北京、上海等地的圖書館或民間，其中有的已成孤本（如韓邦奇的禹貢詳略、李因篤的受祺堂文集家藏抄本），有的已殘缺不全（如南大吉集收入的瑞泉集殘本，現重慶圖書館存有原書，國家圖書館僅存膠片；收入的南大吉詩文，搜自西北大學圖書館藏周雅續）。即使晚近的劉光蕡、牛兆濂等人的著述，其流傳亦稀世罕見。二十世紀七十年代以來，中華書局出版了張載集，并將藍田呂氏遺著輯校、關學編、正蒙合校集釋、涇野子內篇、二曲集等收入理學叢書陸續出版，這些僅是關學文獻的很少一部分。全方位系統梳理關學學術文獻仍係空白。

關學典籍的收集與整理，是關學學術研究的重要基礎。這次關學文庫文獻的整理與編纂者在全國范圍的圖書館和民間廣泛搜集資料，一是搶救性發掘整理了一批關學文獻，二是對一些文獻以新發現的版本進行比對校勘、輯佚補充，從而使關學文庫關學文獻整理系列成爲目前最能反映關學學術史面貌，對關學研究具有基礎性作用的文獻集成。關學文獻整理系列圖書共涉及關學重要學人二十九人，編訂文獻二十六部，計一千八百六十餘萬字。這些文獻分別是：張子全書、

藍田呂氏集、李復集、元代關學三家集、王恕集、薛敬之張舜典集、馬理集、呂柟集涇野經學文集、呂柟集涇野子内篇、呂柟集涇野先生文集、韓邦奇集、南大吉集、楊爵集、馮從吾集、王徵集、王建常集、王弘撰集、李顒集、李柏集、李因篤集、王心敬集、李元春集、賀瑞麟集、劉光蕡集、牛兆濂集以及關學史文獻輯校等。其中的韓邦奇集、南大吉集、李柏集、李因篤集、牛兆濂集屬于搶救性整理；李復、王恕、薛敬之、呂柟、馬理、楊爵、王建常、王弘撰、王心敬、李元春、賀瑞麟等學人文獻屬于首次系統整理出版；張子全書、藍田呂氏集、李顒集、劉光蕡集、關學史文獻輯校是在進一步輯佚完善的基礎上整理出版的。總之，關學文獻整理的系統性和全面性得到了體現。

關學文庫文獻整理力圖突出全面性、系統性和深度整理的特點。就全面性和系統性而言，就是保證關學史上重要學人的文獻資料不被遺漏，這裏所選的二十九位學人，都是關學史上較爲重要的和代表了關學發展某一環節的學人。其中如張載、藍田「三呂」、馬理、呂柟、楊爵、馮從吾、王弘撰、李顒、李柏等人的著作集，是迄今文獻收集最爲齊全的。同時對於有關關學史的文獻也進行了全面系統的搜集和整理，如關學史文獻輯校，不僅重新點校整理了馮從吾的關學編，收録和點校整理了王心敬、李元春、賀瑞麟以及由劉光蕡、柏景偉重加整理校勘的關學續編，還首次點校整理了清末民初張驥的關學宗傳，并從諸多史書中輯録了一些零散的關學史資料，使之成爲目前能全面反映關學史面貌的文獻輯校本。關學文庫關學文獻整理系列，以豐富的關學史文獻，證明了「關學之源流初終，條貫秩然」，關學有其自身發展演變的歷史。就深度整理來說，關學文獻整理系列遵循古籍整理的傳統做法，采用繁體字、竪排版，標點、校勘，并對專用名詞做下劃綫處理。其目的不僅在於使整理與編纂者在文獻整理中提高自身的學術素養，同時也爲以後文獻研究者提供方便，推動關學研究深入開展，這也是關學文庫關學文獻整理系列圖書出版的重要目的。

關學文庫係「十二五」國家重點圖書出版規劃項目，國家出版基金項目、陝西出版資金資助項目，得到了中共陝西省委、陝西省人民政府、國家新聞出版廣電總局以及陝西省新聞出版廣電局的大力支持。文庫的組織、編輯、審定和出版工作在編輯出版委員會領導下進行，日常工作由陝西省人民政府參事室（陝西省文史研究館）和西北大學出版社負責。本文庫歷時五年編纂完成，凝結着全體參與者的智慧和心血。總主編劉學智、方光華教授，項目總負責徐曄、馬來同志統籌全書，精心組織，陝西師範大學、西北大學、西北政法大學、中國人民大學、華東師範大學、鄭州大學等十餘所院校的數十位專家學者協力攻關，精益求精，體現出深沉厚重的歷史使命感和復興民族文化的責任感；他們孜孜矻矻，持之以恒，任勞任怨，樂於奉獻，以古人爲己之學相互勉勵，在整理研究古代文獻的同時，不斷錘煉學識，砥礪德行，努力追求樸實的學風和嚴謹的學術品格。出版社組織專業編輯、外審專家通力合作，希望盡最大可能提高本文庫的學術品質。作爲文庫編輯出版委員會主任，我謹向大家卓有成效的工作表示衷心的感謝。由於時間緊迫、經驗不足等原因，文獻整理中存在的疏漏差錯難以完全避免。希望讀者朋友們在閱讀使用時加以批評指正，以便日後進一步修訂，努力使文庫文獻整理更加完善。

張豈之

二〇一五年一月八日

于西北大學中國思想文化研究所

前言

藍田呂氏家族是宋代的名門望族，原籍河南汲郡（今河南省衛輝市）。該家族「皇考鵠，贈司封員外郎。王考通，太常博士，贈兵部侍郎。考蕡，比部郎中，贈左諫議大夫」（范育呂和叔墓表，皇朝文鑑卷一百四十五）。呂蕡死後，葬於京兆藍田（今陝西省藍田縣），於是他的後代就在藍田安家。呂蕡有子六人，登科者五，宋史有傳者四，包括呂大忠、呂大防、呂大鈞和呂大臨。這部藍田呂氏集即是對此四人著述的整理，以下從生平、著述、思想、學術地位等方面對藍田呂氏兄弟進行簡要介紹。

一、呂大忠

呂大忠（一〇二〇—約一一〇〇），字進伯（一作晉伯），呂蕡的長子。皇祐五年（一〇五三）中進士，始任華陰尉、晉城令。韓絳宣撫陝西時，提舉他爲永興路義勇，改秘書丞、檢詳樞密院吏、兵房文字。「元豐中，爲河北轉運判官」，「元祐初，歷工部郎中、陝西轉運副使、知陝州，以直龍圖閣知秦州，進寶文閣待制」（宋史卷三百四十）。爲政的同時，呂大忠也重視修身和爲學。二程遺書載：「呂進伯老而好學，理會直是到底。」他不僅教誨馬涓「修身爲己」之學，而且在秦州聽二程弟子謝良佐講授論語時，「必正襟斂容」（宋史卷三百四十）。謝良佐則認爲呂大忠虽然很好，但處事過於煩碎，「如召賓客，亦須臨時改换食次」（上蔡語録卷一，四庫全書本）。元符末，呂大忠以寶文閣直學士卒。他的著作有前漢論三十卷、輞川集五卷、奏議十卷。

二、呂大防

呂大防（一〇二七—一〇九七），字微仲。皇祐元年（一〇四九）進士及第，調馮翊主簿、永壽令。嘉祐六年（一〇六一），知青城縣〔一〕。嘉祐八年（一〇六三），改太常博士。治平三年（一〇六六）春，因論事於朝而遭貶，出知休寧縣〔二〕。神宗在位期間，通判淄州，知泗州，爲河北轉運副使，後又在華州、秦州等地爲官。哲宗即位後，召爲翰林學士、權開封府。元豐六年至八年（一〇八三—一〇八五）知成都府。元祐元年（一〇八六），拜尚書右丞。元祐三年（一〇八八）四月，呂公著告老退位，呂大防任尚書左僕射兼門下侍郎。自此，與范純仁同朝爲相八年，當任期間「四夷無事，中國晏然，年穀豐登，家給人足，可謂有功社稷矣」（王稱東都事略卷八九）。元祐八年（一〇九三），太皇太后高氏駕崩，哲宗親政，變法派重新抬頭。呂大防由於此前「但專意輔導，未嘗建議親政」〔三〕被一再貶官。紹聖四年（一〇九七），被章惇陷害，貶舒州團練副使，安置循州，赴任途中於虔州信豐病死。

呂大防著有政目、西銘解、呂氏家祭禮一卷（與呂大臨合著）、神宗實録二百卷、長安圖記一卷、呂汲公文録二十卷、文録掇遺一卷、杜工部年譜一卷、韓吏部文公年譜一卷。其中，杜工部年譜開創年譜體例，爲其後編年体詩集的先導。另，鑑於彖、象「始各爲一書，王弼專治彖、象以爲注，乃分綴卦爻之下，學者於是不見完經」（呂大防呂氏周易古經序），呂大防整理周易古經凡二十卷，「並録爻辭、彖、象，隨經分上、下，共爲六卷，上下繫辭二卷，文言、說、序、雜卦各一卷」（武英殿聚珍本直齋書録解題），可謂周易復古運動的先驅。胡一桂的一段話可證呂大防在周易復古運動中的地位：「古易之亂，肇

〔一〕宋祝穆撰、祝洙增訂、施合金點校方輿勝覽卷五五，北京：中華書局，二〇〇三年版，第九八九頁。
〔二〕呂大臨仲兄赴官休寧序，新刊國朝二百家名賢文粹卷一六八，中華再造善本。
〔三〕宋徐自明宋宰輔編年録校補卷十，北京：中華書局，一九八六年版，第六一〇頁。

自費直，繼以鄭玄，而成於王弼。古易之復，始自元豐汲郡呂微仲，嵩山晁以道繼之，最後東萊先生又爲之更定，實與微仲本暗合，而東萊不及微仲嘗編此，蓋偶未之見也。」（朱彝尊經義考卷十九引胡一桂語）

三、呂大鈞

呂大鈞（一〇三一—一〇八二）〔二〕，字和叔。嘉祐二年（一〇五七）中進士乙科，「授秦州司理參軍，監延州折博務。改光禄寺丞，知三原。」（馮從吾關學編卷一）後因擔心父親年老體力不支，代父入蜀爲官，移綿州巴西縣。熙宁三年（一〇七〇）韓絳宣撫陝西時，辟書寫機密文字。翌年，移知福建侯官縣。熙寧七年（一〇七四），呂蕡過世，呂大鈞丁諫議憂，此後數年居家講學。晚年，起爲諸王宫教授，尋監鳳翔船務，官職改爲宣義郎。元豐五年六月，感疾，卒於延州官舍。

呂大鈞「爲人質厚剛正，以聖門事業爲己任」，雖然與張載爲同年進士，但敬佩張載的學問，往執弟子禮，使范育、蘇昞等關中學子「靡然知所向矣」（伊洛淵源録卷八）。他的兄弟呂大忠和呂大臨也拜師張載門下，三人因此并稱「藍田三呂」。在這個意義上可以說，呂大鈞是北宋時期關學學派形成的重要推動者。張載去世後，兄弟三人轉投二程之門。呂大鈞的主要著述有四書注〔三〕、詩說、藍田呂氏祭說一卷、誠德集三十卷。

這里需要單獨提及的是呂氏鄉約、鄉儀。呂氏鄉約舊題呂大忠作，這大概是因爲該書末有「大忠素病于此，且不能勉，願與鄉人共行斯道……熙寧九年十二月初五日，汲郡呂大忠白」一段話造成的。南宋時，理學家朱熹根據其時呂氏鄉約載於呂和叔文集，篇末又附答伯兄、答仲兄、答劉平叔幾封書信，斷定此書是呂大鈞所定。朱熹還指出，篇末之所以署呂大忠的名字，是由於他是長兄的緣故。然而，宋史呂大防傳卻記載呂大防曾經撰著鄉約，明代關學傳人王承裕則認爲鄉約是

〔二〕呂大鈞生卒年據范育呂和叔墓表云「元豐五年……呂君和叔卒」，「享年五十有二」推斷。
〔三〕呂大鈞撰有四書注，見明馮從吾關學編卷一，又見明彭大翼山堂肆考卷一一二。

「呂氏兄弟相與論定」(關中叢書本呂氏鄉約、鄉儀)。從鄉約末幾封書信的內容，加之北宋時呂氏鄉約刊刻皆署名呂大忠等史實看，「實際情況應是呂大鈞起草鄉約，然後徵求兄長意見，最後定稿，以呂大忠之名義公之於鄉黨予以推行」。〔一〕鄉儀舊題蘇昞作，朱熹也推定其爲呂大鈞的著述。這個見解廣爲學人所接受，表現在南宋後呂氏鄉約和鄉儀刊刻時均署名呂大鈞。以現存版本觀之，至遲到明代王承裕，二書就已經合刊。

呂氏鄉約主要從四個方面要求同約之人，即德業相勸、過失相規、禮俗相交和患難相恤。爲了保證這幾項約定的順利實施，鄉約還設置了罰式、聚會和主事等保障機製。鄉儀則是對賓儀、吉儀、嘉儀和凶儀的具體規定。毫無疑問，呂氏鄉約、鄉儀是基於推廣儒學之禮而作的，在那個佛老盛行的年代，它「把儒家精神，客觀化，具體化，普遍滲透進社會羣衆之日常生活裡，來代替宗教團體之任務」，〔二〕具有從實踐層面爲儒學復興辟除佛老障礙的某些功用。

四、呂大臨

(一)生平著述

呂大臨，字與叔，號芸閣。關於他的生卒年，歷來就有爭議。〔三〕我贊同李如冰的觀點，認爲呂大臨的生卒年是一〇四〇—一〇九三年。生年應根據距他時間最近、與他關係最緊密的他的二哥呂大防爲他寫的祭文推斷。祭文中，呂大防

〔一〕李如冰宋代藍田四呂及其著述研究，北京：人民出版社，二〇一二年版，第一二七頁。

〔二〕錢穆宋明理學概述，臺北：聯經出版事業有限公司，一九九八年版，第一一二頁。

〔三〕見陳海紅呂大臨理學思想研究：兼論浙東學派的學術進程，杭州：浙江工商大學出版社，二〇一三年版，第一〇頁。還有一〇四六—一〇九二年說(陳俊民藍田呂氏遺著輯校，北京：中華書局，一九九三年版，第六—七頁；文碧方關洛之間——以呂大臨思想爲中心，北京：中華書局，二〇一一年版，第二頁)。一〇四八—一〇九四年說(張波呂大臨生卒年及有關其祭文之作者考辨，唐都學刊二〇〇九年第二期)。一〇四〇—一〇九三年說(李如冰呂大臨生卒年及有關問題考辨，寶雞文理學院學報二〇〇九年第六期)。

說：「吾十有四而子始生。」又，據宋史呂大防傳，呂大防「紹聖四年，遂貶舒州團練副使，安置循州。至虔州信豐而病，……遂薨，年七十一。」紹聖四年即一〇九七年，一〇九七減去七十一等於一〇二六，由於中國古人使用虛歲，故呂大防生於一〇二七年。他十四歲時呂大臨出生，則呂大臨生於一〇四〇年。關於呂大臨的卒年，李如冰從伊洛淵源録、秦觀、蘇軾的詩文三個角度考證，結論令人信服。此處，我們再加一條證據。二〇〇六年三月至二〇〇九年十二月，陝西省考古研究院、西安市文物保護考古研究所對藍田縣五里頭村北宋呂氏家族墓地進行了考古發掘。出土文物中有一個石敦，上銘：「嗟乎！吾弟任重而道遠者夫！宋左奉議郎秘書省正字呂君與叔石敦。元祐八年癸酉十一月辛巳從兄大圭銘。」銘文清楚地顯示，這是呂大臨的堂兄呂大圭送他的石敦。問題在於，此石敦是呂大圭在呂大臨生前送給他，還是在呂大臨去世時表示悼念的隨葬品呢？從銘文看，應該是呂大臨去世時的隨葬品。因爲其中的「任重而道遠」出自論語泰伯，論語中的全文作：「士不可以不弘毅，任重而道遠。仁以爲己任，不亦重乎？死而後已，不亦遠乎？」也就是說，「道遠」表示「死而後已」之意，呂大圭的銘文是在稱讚呂大臨的「仁以爲己任」和「死而後已」。如此，銘文中標明的「元祐八年」（一〇九三）也應該是呂大臨去世的年份。以下，簡略敘述呂大臨的生平事跡。

治平元年（一〇六四）閏月五日以前的一段時間，呂大臨曾在高都與冠卿、仲文、退仲、正夫、明叔等五人交遊。[一]治平二年（一〇六五），[二]呂大臨及第。宋神宗熙寧三年（一〇七〇）到熙寧十年（一〇七七），與其兄呂大忠、呂大鈞一道問學於張載。張載去世後的第二年（一〇七九），轉投二程門下。元豐年間，曾任邠州觀察推官。[三]元豐三年（一〇八〇），陪同

[一] 呂大臨別高都諸友序，新刊國朝二百家名賢文粹卷一六八。

[二] 新刊國朝二百家名賢文粹，目録，第六頁左。清劉於義陝西通志（四庫全書本）卷三十和清呂懋勛等修、袁廷俊等纂藍田縣志（清光緒元年刊本）卷五均載呂大臨嘉祐六年（一〇六一）及第。按照越早出現的書籍記載越可靠的原則，我們採用宋朝記載的治平二年（一〇六五）的說法。

[三] 呂大防長安圖記，宋趙彥衛云麓漫鈔卷八，四庫全書本。

程頤至關中講學。元祐二年（一〇八七）三月，在文彥博的推薦下，任太學博士。〔一〕後又任宗正寺主簿。〔二〕元祐六年（一〇九一）七月，〔三〕在呂大防的努力下，呂大臨擔任秘書省正字。元祐七年（一〇九二），范祖禹「薦其修身好學，行如古人，可爲講官」（伊洛淵源録卷八）。元祐八年（一〇九三）「方暑之始」（伊洛淵源録卷八祭文），呂大臨去世。

關於呂大臨的著述，晁公武郡齋讀書志（王先謙校刊本）録有易章句十卷、禮記解四卷、論語解十卷、老子注二卷、考古圖十卷、玉溪集二十五卷、玉溪別集十卷、編禮三卷，直齋書録解題（武英殿聚珍本）載禮記解十六卷、考古圖十卷，文獻通考（華東師範大學出版社點校本）録有易章句一卷、禮記解十六卷、編禮、論語解十卷、考古圖十卷、老子注二卷、玉溪集二十五卷、玉溪別集十卷，宋史藝文志録有易章句一卷、中庸解一卷、中庸後解一卷、中庸講義一卷（與程叔子、游氏、楊氏合著）、大學解一卷、論語解十卷、孟子講義十四卷、禮記傳十六卷，藍田縣志卷十藝文志載易章句一卷、大易圖象一卷、易傳一卷、芸閣禮記解十卷、禮記傳十六卷、編禮三卷、論語解十卷、大學一卷、中庸一卷、孟子講義十四卷、考古圖十卷、老子注二卷、西銘集解一卷、呂氏家祭禮（與呂大防合撰）一卷、玉溪集二十五卷、玉溪別集十卷，玉海（四庫全書本）録有書傳十三卷、老子注二卷、考古圖十卷，朱子語類則説「呂與叔中庸義，典實好看，又有春秋、周易解。」

（二）道統觀

從上可知，呂大臨曾注老子。遺憾的是，其老子注已佚。晁公武郡齋讀書志裡有該書的提要：「其意以老氏之學，合『有』『無』謂之玄，以爲道之所由出，蓋至於命矣。其言道體，非獨智之見，孰能臻此？求之終篇，繆於聖人者蓋寡，但不當以聖知仁義爲可絶棄爾。」這個提要表明，呂大臨非但不排斥老子，反而讚許它對道體的論述。在他看來，老子與聖人之

〔一〕宋李燾續資治通鑑長編卷三九六，北京：中華書局，一九七九年版，第九六五二頁。
〔二〕呂大臨宋故清河縣君張氏夫人墓誌銘有序，載陝西碑石精華，西安：三秦出版社，二〇〇六年版，第二一三頁。
〔三〕宋李燾續資治通鑑長編卷三九六，第一一〇三四頁。

言的不合之處是很少的，只是不該絶棄「聖知仁義」。與老子注不同，呂大臨其他著述對道家主要持批判態度。陳海紅據此認爲呂大臨批判佛老是受張載、二程的影響，故而其老子注是他師從張載之前的著述。〔一〕我贊同這個觀點。

師從張載後，呂大臨的儒學立場已非常鮮明。這在他初入張門時寫給張載的書信中可見一斑：「近得伏見門墻，累日侍坐，雖君子愛人無隱，賜教諄諄，然以不敏之資，祈進大學，恐不克奉承，以負師訓。」〔二〕撰寫論語解時，呂大臨則提出了自己的道統觀：「道始于堯而備于孔子，孔子之後，無以加矣，可加非道也。孟子之徒知義理無出於孔子，故未嘗立言，然而反復論辨不止者，直欲終身盡心於孔子之道而已。」〔三〕也就是説，孔子是儒家道統的巔峰，孟子只是發揚孔子之道而已。至於中庸之成，則是「孔子傳之曾子，曾子傳之子思，子思述所授之言以著于篇，故此書所論，皆聖人之緒言、入德之大要也。」（禮記解中庸第三十一）與宋明時期的主流理學家相異，呂大臨不僅從未表示過荀子非儒學正宗的意思，而且在注解周易的觀卦、論語八佾以及撰寫考古圖時都曾引用荀子語句來表達自己的思想。這可能是他與荀子一樣重視禮教的緣故。

基於原儒立場，呂大臨對楊朱、墨翟、莊子、老子、申不害、韓非、司馬遷、伯夷、柳下惠等人均曾加以批判或否定。但他於道家，則有一個從批莊、老二人到只批莊子的過程，如在其後期著述上富丞相書中説：「今大道未明，人趨異學，不入于莊，則入于釋」，〔四〕在孟子解公孫丑章句上説：「窮者知所避而不知歸，故其辭遁，如莊周、浮屠務欲脱去形迹，殊無歸著」，此中，老子均不在被批之列。不止於此，呂大臨還曾用老子解釋禮記：「『一生二，二生三，三生萬物』。『三』者，物

〔一〕陳海紅呂大臨理學思想研究：兼論浙東學派的學術進程，同前注，第二十頁。
〔二〕呂大臨上橫渠先生書一，新刊國朝二百家名賢文粹卷一〇〇。
〔三〕呂大臨與友人書，新刊國朝二百家名賢文粹卷一〇三。
〔四〕呂大臨上富丞相書，新刊國朝二百家名賢文粹卷八二。

之所由致。是故禮有三讓，賓有三賓，國有三卿，上法於月，則三日成魄，三月成時，政教所本，禮之所以法也。」（禮記解鄉飲酒義第四十五）這與張載「反對老子，但不反對莊子」〔一〕的立場就很是不同了。

對於佛教，呂大臨是有過關注的。朱熹就曾給弟子說：「呂與叔後來亦看佛書，朋友以書責之，呂云：『某只是要看他道理如何。』其文集上雜記亦多不純。想後來見二程了，却好。」又說：「呂與叔有一段說輪回。」（朱子語類卷一百一）檢諸其論著，呂大臨也使用「迷」「悟」等佛教術語。對於道教，他也是有過關注的。其湯保衡傳（載邵氏聞見後録卷二八）就是對道教事跡的記載。但與張載、二程相同，他視佛道二教爲異端。其實，這也是北宋儒者的共同學術傾向。如此做的目的無疑在於復興儒學，從而達到「以道自任，動爲世法，正國大經，振起敝俗，使人人皆被其澤」（呂大臨上富丞相書）的經世目的。

（三）解經方法

唐宋之際，掀起一股疑經惑傳的學術思潮。在解經方法上，宋儒開始反對漢儒的繁瑣考證，轉而重視經典解釋過程中的義理發揮。關學創始人張載就是其中一例，他主張「義理有礙，則濯去舊見以來新意」〔二〕，强調「學貴心悟」、「心解」。〔三〕二程也提倡：「善學者，要不爲文字所梏。故文義雖解錯，而道理可通行者不害也。」〔四〕

作爲關洛二派的弟子，呂大臨也秉承此種學風，在注解經典時，多以己意解經，甚至改經。如注論語學而第一章，「學而時習之，不亦説乎？有朋自遠方來，不亦樂乎？人不知而不愠，不亦君子乎？」說到：「信於始而不疑，故時習而不

〔一〕方東美新儒家哲學十八講，北京：中華書局，二〇一二年版，第二五三頁。
〔二〕張載張子語録，張載集，北京：中華書局，一九七八年版，第三二一頁。
〔三〕張載經學理窟，張載集，同前注，第二七四、二七五頁。
〔四〕二程河南程氏外書卷六，二程集，北京：中華書局，二〇〇四年版，第三七八頁。

捨；信於中而有孚，故朋來乎遠方；信於終而不悔，故人不知而不愠。」不難發現，呂氏以爲此章徹頭徹尾都是在講「信」。而此章原文的中心則是「學」字，第一句指「學能時習，所學漸熟，入之日深，心中欣喜也」；第二句意爲「志同道合者，知慕於我，自遠來也」；第三句是説「學日進，道日深遠，人不能知……學以爲己爲道，人不知，義無可愠。心能樂道，始躋此境也。」〔二〕又，呂大臨注西銘之「天地之塞，吾其體」作：「『克己復禮，天下歸仁』，此之謂『體』。」（西銘解）西銘中，張載這句話本想説明的是，充塞天地宇宙萬物的是氣之本體。呂大臨卻將之釋爲克服感性欲望、遵守社會規範之後達致的「仁」無所不在的精神境界。疏釋大學時，呂大臨則據己意調整章句順序，指出自「康誥曰」至「驕泰以失之」，宜在「平天下在治其國」一章後（禮記解大學第四十二）。

難能可貴的是，側重義理闡發的呂大臨並沒有完全摒棄漢儒的訓詁方法，他只是反對他們的過度繁瑣。這表現在三個方面：

第一，重視文本字詞的解釋。如説：「『側席』，坐不安也。『專席』，不與人共坐也。」（禮記解曲禮上第一）「『奉』者，承之以二手也。『提』者，挈之以一手也。」（禮記解曲禮下第二）「先儒讀『至于湯齊』爲『躋』，詩本『如』字；又讀『聖敬日齊』爲『齊』，詩本作『躋』，當以本文爲正。」（禮記解孔子閒居第二十九）

第二，重視文本脱衍訛誤的分析。如説：「『明』字，衍也。」（禮記解孔子閒居第二十九）「此云『予小子』者，『予』，衍文也。」（禮記解曲禮下第二）「此衍『神氣風霆』四字。」（禮記解孔子閒居第二十九）「『狂簡』當爲『狂狷』。」（論語解公冶長第五）

第三，重視以經解經。呂大臨注解西銘的文字只有十三條，但引用經典卻達十七處之多。〔三〕他對其他經典的注釋也多

〔二〕錢穆論語新解，北京：三聯書店，二〇〇五年版，第四頁。

〔三〕曹樹明呂大臨佚文西銘解輯釋，唐都學刊，二〇一三年第三期。

用此方法，如禮記解表記中説：「『隱而顯』者，『潛雖伏矣，亦孔之昭』者也。『不矜而莊』者，『予懷明德，不大聲以色』者也。『不厲而威』者，『德威惟畏』者也。『不言而信』者，『四時行焉，百物生焉』者也。」對於呂大臨這種解經習慣，南宋的呂祖謙即有認識，他在比較詩經卷耳的毛注和呂大臨注後明確表示：「毛氏以周行为周之列位，自左氏以來其傳舊矣，然以經解經，則不若呂氏之説也。」（呂祖謙呂氏家塾讀詩記卷二）

（四）思維轉向

張載之學「以易爲宗」（宋史張載傳），他的思維方式亦以「推天道以明人事」[一]的易學旨趣爲主。可是，宋史卻記載他「與諸生講學，每告以知禮成性、變化氣質之道」，而「知禮成性、變化氣質之道」分明是人道之工夫。那麽，這是否意味著張載以人道爲重呢？如此推斷，固然不能算錯，因爲張載的確很重視人道之工夫修養。但是，他的從人道上達天道的工夫理論，是以其人道源於天道的宇宙本體論爲前提的。衆所周知，張載著有西銘和東銘兩篇警示弟子的文字，而歷史上卻形成了重西銘輕東銘的現象。這種現象出現的原因固然是複雜的，但西銘「推天道以明人事」的思維方式更契合張載的主要傾向，則可能是後世學者作出此種選擇的最爲重要的原因。

到了呂大臨，情形則大不相同。他雖然亦贊同張載在宇宙起源問題上的氣本説，但思考的重心卻是人道，其思維理路不再是「推天道以明人事」，而是轉向了「人道具則天道具」（禮記解喪服四制第四十九）。對比張載的西銘與呂大臨的西銘解，此種思維方式的轉向清晰可見。關於西銘的理論重心，張載自己有明確的説明：「訂頑之作，只爲學者而言，是所以訂頑。天地更分甚父母？只欲學者心於天道。」[二]之所以要「心於天道」，是因爲「知人而不知天，求爲賢人而不求爲聖

[一] 這是四庫館臣對儒家易學旨趣的概括：「易之爲書，推天道以明人事者也。」（四庫全書總目卷一，北京：中華書局，一九六五年版，第一頁。）

[二] 張載張子語録，張載集，同前注，第三一三頁。

人，此秦、漢以來學者大蔽也」（宋史張載傳），「天道即性也，故思知人者不可不知天，能知天斯能知人矣。」〔二〕但對「以躬行禮教爲本」的張載而言，「心于天道」又必須要落實到人道，此即「能知天斯能知人」。呂大臨則突出人在萬物之中的尊貴：「天地之性，人爲貴也」（禮記解射義第四十六），原因在於人「有理義存焉」，故而聖人能夠根據「理義之同然而制爲之禮」，社會上才會出現「父子有親，君臣有義，男女有別」等倫常規範，由此「人道所以立而與天地參也」。（禮記解曲禮上第一）他認爲，如果「人道不立」，就會發生「經不正」進而「顛倒逆施」的反常情況，如此「天地安得而位諸？」所以正確的路徑應該是「人道立則經綸天下之大經，而天尊地卑上下定矣」（禮記解中庸第三十一）。換言之，即是「人道具則天道具」。在西銘解裡，呂大臨也是以「人道具則天道具」爲基本思維路徑的。如對西銘中的「乾稱父，坤稱母，予茲藐焉，乃混然中處」，他解釋說：「人者，萬物之靈，『受天地之中以生』，爲天地之心者也。能知其所自出，故事天如事親。」在張載，人相對於天地而言本來是渺小（「藐焉」）的。然而，呂大臨卻在注文裡强調了人爲萬物之靈的觀念，進而將之視爲「天地之心」。這裡，從張載的以天道爲重到呂大臨的以人道爲重的跡象是非常明顯的。「事天如事親」的提法也格外值得關注。饒有趣味的是，馮友蘭在新理學一書中評價西銘時雖然也用了「事天」、「事親」的概念，但與呂大臨所安排的二者之間順序卻正好相反：「張橫渠西銘，即是從事天的觀點，以看人之道德底行爲。他以事親之道，說事天。我們有事親之孝，有事天之孝。從事天之觀點看，人之一切盡人道底行爲，都是事天之孝。」〔三〕此中，馮友蘭的解釋是偏重「事天」的。從義理上說，當然是馮友蘭的解釋更符合張載的本意。而從語境分析，呂大臨「事天如事親」的重心卻在「事親」，意思是「我們要像侍奉親屬一樣侍奉天」。我們這樣比較，不是爲了批評呂大臨對張載的曲解，而是爲了更加清楚地彰顯其在天道人道關係問題上的思維轉向。相對于張載思維路徑的不同，呂大臨在西銘解裡還有更爲明確的言論，如他說：「『可以贊

〔二〕 張載橫渠易說說卦，張載集，第二三四頁。
〔三〕 馮友蘭貞元六書，上海：華東師範大學出版社，一九九六年版，第二〇八頁。

天地之化育』，則能述天地之事矣。『齋戒以神明其德』，則能繼天地之志矣」；「不窮人欲，所以存天德。以善養人，所以廣天德」。這些話都遵循了從人道到天道的下學上達之路。事實上，呂大臨並不否認天道對人道的賦予功能，他明確主張人道之「禮」即是「本於天」（禮記解喪服四制第四十九）的，然而，他所强調的是通過人道的工夫上達天德：「才受於天，德系乎學，故君子尚學之功，不以受於天者爲貴。」（論語解憲問）此處，「學」之工夫就是指人道的修養，「德」之成實「系」於此。在呂大臨，「人道具則天道具」的思維路徑也是有理論依據的，因爲他認爲「樂天者，天人已合，天道在己」（孟子解梁惠王章句下）。既然天道在「己」，那麼從人道到天道的可行性就是毫無疑問的，甚至是必然的。

（五）宇宙論

應對佛老的理論挑戰，爲儒學的人道觀設置宇宙本體依據是北宋儒者理論建構的一個重要方面。在宇宙本體論上，張載認爲氣是萬物的本源，爲避免重複漢唐儒學的元氣說，他又提出「太虛即氣」、「太虛無形，氣之本體」[一]的命題。「太虛」的出場提升了「氣」的超越性與形上性，傳統哲學中「氣」之概念的延用則增加了「太虛」的直接性與現實性。「太虛與氣，乃二『相攝互入』關係：太虛攝氣，氣攝太虛；太虛入氣，氣入太虛。二者於生命之際會或基礎上，實和合而無間」。[二]在「太虛」與「氣」的「相攝互入」中，張載超越了漢唐儒者的宇宙論而轉進至宇宙本體論的層面。在張載，氣雖是構成萬物的質料，但又不失爲超越的本體根據。事實上，這種理論建構乃得益於道家的啓發。老子設置的作爲宇宙本源的「道」就一方面是「惟恍惟惚」的「物」（第二十一章），另一方面又是不「可道」（第一章）的超越本體。張載將這種思維融入儒家哲學，並賦予「太虛」以「仁之原」、「生仁」[三]等一系列儒學價值屬性。

[一] 張載正蒙太和篇第一，張載集，同前注，第八頁。
[二] 方東美中國哲學精神及其發展下冊，北京：中華書局，二〇一二年版，第三三八頁。
[三] 張載張子語録，張載集，同前注，第二三五頁。

處於儒學重建的北宋時期，又身爲張載的弟子，呂大臨也意識到爲儒學之人道尋找天道根源的重要性。在他的早期著作易章句裡，呂大臨就與其師張載一樣重視氣在宇宙生成中的作用：「大氣本一，所以爲陰陽者，闔闢而已。開闔二機無時止息，則陰陽二氣安得而離。陽極則陰生，陰勝則陽復，消長凌奪，無俄頃之間，此天道所以運行而不息。入于地道，則爲剛柔；入于人道，則爲仁義。才雖三而道則一，體雖兩而用則一。」（易章句繫辭上）呂大臨在「氣」之前加了一個「大」字，凸顯了它作爲萬物本源與普通的氣的不同。在對氣生萬物的具體的動態的過程的描述上，呂大臨這段話比張載的相關論述也更爲細緻。在禮記解中，他重申氣論主張：「天生人物，流形雖異，同一氣耳」（禮記解緇衣第三十三），但與易章句有所不同，他說：「五行之氣紛錯於太虛之中，並行而不相悖也。然一物之感，無不具有五行之氣，特多寡不常爾；一人之身，亦無不具有五行之德，故百理差殊，亦並行而不相悖。」（禮記解中庸第三十一）此中，呂大臨將「五行之氣」與「太虛」結合起來解釋「一物之感」，並過渡到人的「五行之德」，則是他自己的理論創發。張載雖然也提到「五行之氣」、「五行之精氣」，但他那時是在談論四時之主和星辰，〔二〕與其宇宙本體論已經不是一個主題。然而，呂大臨卻沒有體會到張載「太虛即氣」、「太虛無形，氣之本體」的良苦用心，重新回到了宇宙論的高度。這與張載相比，不能不說是一個理論倒退。

有論者指出，轉投程門後，呂大臨發生了由氣本論向理本論的變化。對此，我有一些不同意見。其實，早在易章句中，呂大臨就曾說：「天下通一氣，萬物通一理。」而從上文可知，此時的呂大臨是主張氣本論的。那麽，他的「萬物通一理」又是什麽意思呢？禮記解中的一段話可幫助我們理解：「德歸於一而無二三也。所謂一者，理義而已，人心之所同然者也。爲君則仁，爲臣則忠，爲子則孝，爲父則慈，與人交則信，乃所謂一。」（禮記解緇衣第三十三）「理義」即「理」。與「氣」這個宇宙根源不同，此處的「理」是君仁、臣忠、子孝、父慈、友信等倫理價值的根源。到了洛學時期，呂大臨對理這個價值

〔二〕張載張子語録，張載集，第三二六頁。

根源尤爲重視。他説：「實有是理，乃有是物。有所從來，有以致之，物之始也；有所從亡，有以喪之，物之終也。皆無是理，雖有物象接於耳目，耳目猶不可信，謂之非物可也。」（中庸解）也就是説，如果沒有理，雖然我們的耳朵聽到了物的聲音，眼睛看到了物的形象，也只是聞見之知，而非呂大臨追求的類似於張載的「德性之知」的「心知」（禮記解中庸第三十一），既非「心知」，由此得到的物就可以「謂之非物」。在此基礎上，呂大臨又説：「實有是理，故實有是物；實有是物，故實有是用；實有是用，故實有是心；實有是心，故實有是事。」（中庸解）問題在於，怎樣才是「實有是理」呢？呂大臨曰：「誠者，實有是理也」，「誠者，理之實然，致一而不可易也。」（中庸解）至此，理與誠直接關聯起來，其價值屬性也朗然呈現。

（六）工夫論

上文已明，在天道與人道之間，呂大臨更爲重視人道，而在他看來，「人道之大，貴賤、長少、賢不肖之分不可亂也：賤當事貴，少當事長，不肖當事賢」（禮記解曲禮下第二）。「貴賤、長少、賢不肖之分」就是「禮」，呂大臨將之視爲人道中之大者。事實上，這是他的工夫論在關學階段的主要特徵。

總體而言，呂大臨之工夫論在關洛兩個階段均重視「内外交修」，不同的是，關學階段他更强調禮之外在工夫，亦即事上用功，洛學階段他則偏向於心上用功。

首先看呂大臨在關學階段偏重的禮之工夫。他指出，禮是「人之所以爲人」、「人之所以異於禽獸」的標誌，「禮之行」是一種「性之德」，所以我們必須以禮修身，而以禮修身有三個關鍵，即冠義所説：「正容體，齊顔色，順辭令。」對不同年齡階段的人，要求也有一定差別，具體言之，就是「童子，未成人者也，於斯三者，不可以不學。故古之教子，能食教以右手，能言教唯與俞，七年教之男女不同席、不共食，八年教之出入門戶、即席飲食必後長者，十年學幼儀，十三學舞射御，則養之有素矣。養之久則安，安則成，故至于二十，則三者備矣，然後可以冠而責成人之事矣。」（禮記解冠義第四十三）呂大臨認爲，禮也不能只講究容貌、顔色和辭令等外在形式（「文」），此外，還需内涵的支撑。其一，容貌、顔色和辭令等要以敬爲基礎：「修此三者，敬而已矣，不敬則失之。」這是因爲，「貌敬則足畏也，色敬則足憚也，言敬則足信也」（禮記解表記第三十二）。但禮與敬的關係，不是單向度的由敬而禮，也存在由禮而敬的心理沉淀過程：「禮以正其外，使知有所尊敬而已。知有理義，知所尊敬，則知所以爲善爲不善，然後其心知止於是。」（禮記解緇衣第三十三）這也就是呂大臨所說的「修其外以移其內」（禮記解表記第三十二）。其二，禮之尊在義。呂大臨曰：「禮之所尊，尊其義也。其文是也，其義非也，君子不行也；其義是也，其文非也，君子行也。」（禮記解曲禮上第一）其三，禮儀本身就要求內外兼養。「禮儀者，內外兼養，非心過行，無所從入，此人材所以成也」（呂大臨詩傳，載呂祖謙呂氏家塾讀詩記卷十九）。其四，祭祀是禮之首要內容：「言禮者以祭祀爲先。」（禮記解曲禮第二下）其五，心是禮之根源。呂大臨說：「禮樂之原，在於一心，『致五至』，『行三無』，『以横於天下』，乃一心之用也。」（禮記解孔子閒居第二十九）其六，禮「以善養人於無事之際」（禮記解聘義第四十八）。在無事的時候不厭煩地遵守禮之規範，「則不遜之行，亦無自而作」（禮記解聘義第四十八）。其七，「中」是禮的標尺。呂大臨認爲，先王製定禮儀，就是爲了「教民之中」，防止過與不及，以保證「性之所固有」的「仁、義、道、德」的如實呈現（禮記解曲禮上第一）。其八，禮要視具體情況而有變（「時者，禮之變」），此種變呂大臨稱之爲「非禮之禮」。「君子之於禮，不責人之所不能備」，「男女不授受，嫂溺則援之以手；君子正其衣冠，同室有鬬，則被髮纓冠而救之，此臨難而不得已也。居山者不以魚鼈爲禮，居川者不以鹿豕爲禮，此土地之所不有也」（禮記解曲禮第一上）。

如上所述，禮在工夫修養中的重要是呂大臨一生都堅持的。爲此，他早年撰寫禮記解，晚年完成的考古圖記中則說：「觀其器，誦其言，形容髣髴，以追三代之遺風。」「三代之遺風」即是禮。然而，轉入二程之門後，呂大臨工夫論的重心有所轉移也是不爭的事實。初入程門時，呂大臨仍堅持關學式的「拘迫」工夫。關學編卷一載有程頤的話：「昔呂與叔六月中來緱氏，閒居中某嘗窺之，必見其儼然危坐，可謂敦篤矣。學者須恭敬，但不可令拘迫，拘迫則難久也。」「儼然危坐」、「拘迫」是程頤對呂大臨禮之工夫的印象和評價。而呂大臨的工夫論之所以最終從以外在之禮爲重轉向以內在之心爲重，則得益於二程對他的教導。當他問程頤如何消除「思慮紛擾」時，程頤回答說：「但爲心無主，若主於敬，則自然不紛擾。譬如以一壺水投於水中，壺中既實，雖江湖之水，不能入矣。」（河南程氏遺書卷第十八）程顥則針對他「以防檢窮索爲學」，而「語之以識仁，且以『不須防檢，不須窮索』開之」，呂大臨「默識深契，豁如也。作克己銘以見意」。（宋元學案呂范諸儒學案）。當然，二程的教誨只能作爲外因，具有決定意義的內因則是呂大臨早年就提倡「反求吾心」（易章句）。換言之，其工夫論轉向是其理論體系裡的固有因素在外因的刺激下發生的重心轉移。

克己銘曰：「胡爲不仁？我則有己。立己與物，私爲町畦，勝心横生，擾擾不齊。大人存誠，心見帝則，初無吝驕，作我蟊賊……皇皇四達，洞然八荒，皆在我闥。孰曰天下，不歸吾仁？癢痾疾痛，舉切吾身。一日至之，莫非吾事；顔何人哉？晞之則是。」「有己」是「不仁」的根源，因此需要「克己」、「忘己」。可是，如何「克己」、「忘己」呢？呂氏認爲，要以顔回爲仰慕效仿的對象。效仿他什麽呢？他在送劉戸曹的詩句中說：「唯傳顔氏得心齋」（皇朝文鑑卷第二十八）。可知，心是呂大臨此時修養工夫的主要入手之處。在這個基礎上，他進一步把原來作爲禮之標尺的「中」提升到了心性層面：「喜怒哀樂之未發，則赤子之心。當其未發，此心至虚，無所偏倚，故謂之中。以此心應萬物之變，無所往而非中矣。」（孟子解離婁章句下）在與程頤關於「中」的論辯中，呂大臨更是將此一觀念作了深入闡發。他說：「中者，道之所由出」，「中即性也。在天爲命，在人爲性，由中而出莫非道」，「中者，無過不及之謂也。何所準則而知過不及乎？求之此心而已」（論中書），「所謂中者無他，此心而已。此心即天地之心，以其有知，故謂之心；至虚而無所偏倚，故謂之中；高明廣大，無所不盡，故謂之性；變化不測，故謂之神；可以推而行之，故謂之道；可以得而有之，故謂之德。」[二]呂大臨的「中」就是「心」，就是「性」，就是「神」，就是「道」，就是「德」，它是不過亦不不及的，也是至虚而無所偏倚、高明廣大、變化不測的。但從此心而發的行爲，「莫非義理，人心之所同然」[三]，亦即，是符合禮的。與關學階段不同的是，此禮更多的

[二] 呂大臨與程正叔書，新刊國朝二百家名賢文粹卷一〇三。
[三] 呂大臨與程正叔書，新刊國朝二百家名賢文粹卷一〇三。

是心的自然流行而非「外鑠」(禮記解表記第三十二)。就此我們可以認爲,呂大臨在洛學階段的工夫論摻入了二程的某些思想因素。需要説明的是,這時他仍然主張「凡厥有生,均氣同體」(克己銘)的氣本説,同時强調「復禮」的重要,故而其思想在歸根結底的意義上仍屬關學論域。

曹樹明

二〇一四年七月三十日於陝西師範大學

點校說明

由於戰亂等多種原因，生活在北宋時期的陝西藍田呂氏家族的呂大臨、呂大鈞、呂大防和呂大忠兄弟四人的論著大都已經佚失。呂氏兄弟先是師從關學創始人張載，張載去世兩年後又轉投洛學創始人二程門下，故而其思想對了解關學、洛學的傳承以及關洛之間的複雜關係具有不容忽視的作用。幸運的是，四人的大部分著作都散見於各種集解類著作、詩文集或類書之中，爲後人的輯佚整理工作提供了可能。後人對藍田呂氏著作的整理工作有兩次：其一，清末，陝西藍田牛兆濂以宋衛湜之禮記集說的通志堂經解本爲底本，「以雲莊各本校之」（見牛兆濂藍田呂氏禮記傳卷首，清宣統三年刊本），將呂大臨的禮記解輯出，名之爲藍田呂氏禮記傳。然而，這次整理卻僅限於此書；其二，當代學者陳俊民先生集數年之功完成藍田呂氏遺著輯校，一九九三年由中華書局出版，二〇〇七年是書收入儒藏（精華編二二〇，北京大學出版社）時又增加多篇藍田呂氏的詩文。其書網羅藍田呂氏的主要著述，已經成爲學界研究藍田呂氏的重要參照。然而隨着新資料和新版本的發現，進一步完善呂氏遺著的整理實屬必要。本書就試圖利用新資料和新版本，在陳書的基礎上，對呂大臨、呂大鈞、呂大防和呂大忠四人的著述進行重新輯佚、校勘和點校，并定書名爲藍田呂氏集。全書主體共分四大部分：一、呂大臨文集；二、呂大鈞文集；三、呂大防文集；四、呂大忠文集。

以下就本書的輯校整理情況作一簡要說明。

一、呂大臨文集

藍田呂氏兄弟著述的寫作年代已不可考，而據理推測的年代也只是一家之言，未必符合史實，所以本書不以年代先後排列呂氏遺著。

鑑於宋史呂大臨傳以「通六經，尤邃於禮」對他進行描述，本書將呂大臨關於禮的著述放在前面，其他經學方面的著述置於其後，再後即是其經學以外的論著。

（一）禮記解

牛兆濂稱之爲藍田呂氏禮記傳，但宋代的晁公武在其郡齋讀書志中載「芸閣禮記解四卷」（郡齋讀書志卷一上，清王先謙校刊本），陳振孫在其直齋書録解題中載「芸閣禮記解十六卷」（直齋書録解題卷二，四庫全書本），皆以禮記解爲名，故我們採取年代較早的宋代的書名，定之爲禮記解。

禮記解的輯佚以宋衛湜禮記集説之中華再造善本影印之宋嘉熙四年新定郡齋刻本爲底本，以四庫全書文淵閣本（下同）、通志堂經解本之康熙十九年刻本、同治十二年重刊本以及牛兆濂藍田呂氏禮記傳清宣統三年清麓叢書續編本（据藍田芸閣學舍藏版印）爲主要校本。參校本如下：

宋朱熹，御纂朱子全書，四庫全書本。

宋朱熹，晦庵集，四庫全書本。

清賀瑞麟輯，朱熹中庸輯略，清麓叢書正編本。

明胡廣，性理大全書，四庫全書本。

明胡廣等，禮記大全，四庫全書本。

明夏良勝，中庸衍義，四庫全書本。

明邱濬，大學衍義補，四庫全書本。

明王蓂，大儒心學語録，明嘉靖二十八年刻本。

欽定禮記義疏，四庫全書本。

御制日講禮記解義，四庫全書本。

清孫希旦，禮記集解，中華書局校點本。

清李光地，朱子禮纂，四庫全書本。

清李光坡，禮記述注，四庫全書本。

需要説明的是，有的參校本只是意引呂大臨的禮記解，但由於有些文字的不同也能加深對呂大臨思想的理解，故亦擇其要者指明其出處及版本差異。

（二）藍田儀禮説

書名取自清王梓材、馮雲濠輯的宋元學案補遺。宋元學案補遺（卷三十一）只有呂大臨注文，沒有相應的儀禮原文，本書中與注文相對應的原文據欽定儀禮義疏和清盛世佐儀禮集編補。其中，欽定儀禮義疏和儀禮集編採用四庫全書本，宋元學案補遺採用四明叢書本。

（三）藍田禮記説

輯自清王梓材、馮雲濠輯宋元學案補遺卷三十一，四明叢書本。

（四）易章句

晁公武郡齋讀書志袁州刊本載「芸閣先生易解一卷」，王先謙校刊本則作「呂氏易章句十卷」，又，朱子門人度正稱之爲易章句（性善堂稿卷十四，四庫全書本），陳俊民先生亦定其名爲易章句，故本書採用較通行的説法，以易章句爲其書名。

本書的易經注部分的輯佚使用了兩個底本，原因在於宋代魏了翁大易集義和清代納蘭性德合訂删補大易集義粹言所引呂大臨易章句在內容上可以互通有無，且條數較多。當二書同引呂著時，以大易集義之中華再造善本影印宋刻本〔一〕爲底本，以合訂删補大易集義粹言之通志堂經解康熙十九年刊本、同治十二年刊本、四庫全書本爲主要校本。當大易集義引呂著而合訂删補大易集義粹言不引時，限於版本，只能以大易集義爲準。當合訂删補大易集義粹言引呂著而大易集義不引時，則以其通志堂經解康熙十九年刊本爲底本，以其通志堂經解同治十二年刊本、四庫全書本爲主要校本。另，厚齋易學、易俟、大易擇言等書籍中都引用了呂著，但它們有的是節引，有的只引大意，本書對校時除有文字出入者，不再對這些情況一一做出校記說明，這些書籍所引呂著爲大易集義和合訂删補大易集義粹言所無者，則單獨輯出。參校本如下：

元梁寅，周易參義，四庫全書本。

明蔡清，易經蒙引，四庫全書本。

明張次仲，周易玩辭困學記，四庫全書本。

清喬萊，易俟，四庫全書本。

清胡煦，周易函書約存別集，四庫全書本。

清程廷祚，大易擇言，四庫全書本。

清趙繼序，周易圖書質疑，四庫全書本。

清晏斯盛，易翼說，四庫全書本。

宋馮椅，厚齋易學，四庫全書本。

〔一〕 該書中華再造善本標爲宋刻本，其實，它是宋刻清鈔配本。見北京圖書館古籍善本書目經部易類：「大易集義六十四卷，宋魏了翁輯，宋刻本（卷六至十、二十四至三十六配清抄本），三十二册。十行三十字。白口，左右雙邊。」（北京：書目文獻出版社，一九八七年版，第二十二頁。）

本書易傳注部分的輯佚以古逸叢書影印覆元至正本、宋呂祖謙之晦庵先生校正周易繫辭精義爲底本，以馬一浮一九四四年復性書院重刊本爲校本。

「統論」一條輯自清錢澄之田間易學卷七，四庫全書本。

（五）詩傳

宋代度正跋呂與叔易章句云：「余家舊藏呂與叔文集，禮記解，詩傳而未見易章句。」（性善堂稿卷十四，四庫全書本）據此，定書名爲詩傳。

呂大臨詩傳主要輯自呂祖謙呂氏家塾讀詩記和朱熹詩集傳，卷次依呂氏家塾讀詩記而定。其中，呂氏家塾讀詩記以中華再造善本影印宋淳熙九年江西漕臺刻本爲底本，主要校本有四部叢刊續編影印常熟瞿氏鐵琴銅劍樓藏宋刊本、四庫全書本、清嘉慶張海鵬輯刊墨海金壺本、清同治胡鳳丹輯退補齋刊金華叢書本；朱熹詩集傳以四部叢刊影印宋本爲底本，以中華再造善本影印元刻本爲主要校本。參校本如下：

宋段昌武，段氏毛詩集解，四庫全書本。

宋楊簡，慈湖詩傳，四庫全書本。

元劉謹，詩傳通釋，四庫全書本。

元朱公遷，詩經疏義會通，四庫全書本

明張邦奇，張邦奇集養心亭集，明刻本。

明胡廣等撰，詩傳大全，四庫全書本。

明邱濬，大學衍義補，四庫全書本。

清顧廣譽，學詩詳說，清光緒三年刻本。

雍正五年，欽定詩經傳說彙纂，四庫全書本。

乾隆二十年御製，御纂詩義折中，四庫全書本。

清顧鎮，虞東學詩，四庫全書本。

清黄中松，詩疑辨證，四庫全書本。

清姜炳璋，詩序補義，四庫全書本。

清方玉潤，詩經原始，清同治十年刻本。

參校本有的只引大意，不引原文，但此輯本仍指明出處，以備查證。

（六）論語解

論語解以朱熹國朝諸老先生論語精義之御兒呂氏寶誥堂重刊白鹿洞原本（嘉慶間呂氏寶誥堂朱子遺書二刻本）爲底本，以明抄本、四庫全書本、西京清麓叢書正編本（清賀瑞麟輯，朱子遺書重刻合編，光緒丙戌十月刻）爲主要校本。參校本如下：

宋張栻，癸巳論語解，四庫全書本。

明陳耀文，經典稽疑，四庫全書本。

宋戴溪，石鼓論語答問，四庫全書本。

宋滕珙，經濟文衡，四庫全書本。

宋蔡節，論語集説，四庫全書本。

（七）孟子解

孟子解以朱熹國朝諸老先生孟子精義之御兒呂氏寶誥堂重刊白鹿洞原本（嘉慶間呂氏寶誥堂朱子遺書二刻本）爲底本，以明抄本、四庫全書本、西京清麓叢書正編本（清賀瑞麟輯，朱子遺書重刻合編，光緒丙戌十月刻）、清李日煜國朝諸老先生孟子精義之四庫未收書輯刊本影印清初刻本爲主要校本。參校本有：

宋張栻，癸巳孟子說，四庫全書本。

明王蕢輯，大儒心學語録，明嘉靖二十八年刻本。

（八）中庸解

朱子語類載：

問：「明道行狀謂未及著書，而今有了翁所跋中庸，何如？」曰：「了翁初得此書，亦疑行狀所未嘗載，後乃謂非明道不能爲此。了翁之侄幾叟，龜山之婿也。翁移書曰：『近得一異書，吾侄不可不見。』幾叟至，次日，翁冠帶出此書。幾叟心知其書非是，未敢言。翁問曰：『何疑？』曰：『以某聞之龜山，乃與叔初年本也。』翁始覺，遂不復出。近日陸子静力主以爲真明道之書。某云：『却不要與某爭。某所聞甚的，自有源流，非强説也。』兼了翁所舉知仁勇之類，却是道得著；至子静所舉，沒意味也。」（朱子語類卷九十七程子之書三。）

由此可知，二程集中的中庸解确系呂大臨之作。故從中華書局點校本二程集之河南程氏經説卷第八中輯出呂大臨中庸解。

（九）中庸講義

輯自牛兆濂續修藍田縣志卷二十一（一九四一年鉛印本），書名亦取自此書。牛兆濂按：「此篇録自禮記集説，以其爲講義體，故以講義名其篇。」又，朱子語類云：「向見劉致中説，今世傳明道中庸義是與叔初本，後爲博士演爲講義。」（朱子語類卷六十二）也就是説，呂大臨有中庸講義行世。

雖然這段文字與禮記解相應部分重復，但牛兆濂對呂大臨和呂大鈞的著述不僅很關注，而且曾經輯佚二人的著述，所以他對呂大臨著述的命名及輯佚應加重視。這也是我們不避重復將其所輯中庸講義整理在呂大臨文集中的原因。

（十）呂與叔中庸口義

輯自宋呂希哲呂氏雜記卷上，以其四庫全書本爲底本、清道光指海本爲校本。

（十一）呂與叔大學解

輯自宋楊萬里十先生奥論注之後集卷十，四庫全書本。書名亦取於此書。

（十二）與呂大臨論中書

輯自中華書局校點本二程集之河南程氏粹言卷第一論道篇，并校之以二程文集之四庫全書本、正誼堂全書本。

（十三）河南程氏粹言載呂大臨與二程論中

録自中華書局點校本二程集之河南程氏粹言卷第一論道篇。

（十四）西銘解

輯自宋王霆震輯新刻諸儒批點古文集成前集，以該書的中華再造善本影印宋刻本爲底本，以四庫全書本爲校本。因爲此書的記載均在集解類著作中，且没有提及呂大臨注解西銘的書籍名稱，故書名爲整理者所加。

（十五）呂博士西銘贊

輯自宋林駉古今源流至論前集，以中華再造善本影印元延祐四年圓沙書院刻本新箋决科古今源流至論爲底本、以四庫全書爲校本。

（十六）藍田語要

録自陳俊民先生藍田呂氏遺著輯校。

（十七）考古圖

以考古圖之明初刻本爲底本，以乾隆壬申年秋月據亦政堂藏版刊本（天都黄曉峰鑑定）和四庫全書本爲校本。銘文及器物的圖片則復制于四庫全書本。

（十八）文集佚存

主要根據陳俊民先生藍田呂氏遺著輯校之儒藏本文集佚存部分提供的線索重新找到原書加以輯佚、校勘、點校。增加的内容有：

宋故清和縣君張氏夫人墓誌銘有序，輯自陝西碑石精華（三秦出版社，二〇〇六年，第二一三頁）；

記种將軍事，輯自牛兆濂續修藍田縣志卷二十一（一九四一年鉛印本），又見朱熹五朝名臣言行録卷七；

呂博士説補，輯自中華書局校點本宋元學案卷三十一，第一一一〇頁。

二、呂大鈞文集

呂大鈞著作中，呂氏鄉約、鄉儀影響最大，朱熹曾增損之，故排在最前，輯出的呂大鈞的其他著述列於其後。

（一）呂氏鄉約、鄉儀

以中華再造善本影印宋嘉定五年李大有刻本爲底本，以關中叢書本（三原王承裕校勘，民國二十三年至二十五年陝西通志館排印本）爲校本。

（二）詩説

由於郡齋讀書志、直齋書録解題、宋史藝文志等各大史志目録都沒有呂大鈞注解詩經的記載，更找不到書名，所以詩説之名爲整理者所加。

詩説主要輯自宋呂祖謙的呂氏家塾讀詩記、宋楊簡的慈湖詩傳、明馮復京的六家詩名物疏、明何楷的詩經世本古義和清錢澄之的田間詩學，卷次亦依呂氏家塾讀詩記而定。其中，呂氏家塾讀詩記以中華再造善本影印宋淳熙九年江西漕臺刻本爲底本，以四部叢刊續編影印常熟瞿氏鐵琴銅劍樓藏宋刊本、四庫全書本、清嘉慶張海鵬輯刊墨海金壺本、清同治胡鳳丹輯退補齋刊金華叢書本爲校本；慈湖詩傳、六家詩名物疏、詩經世本古義和田間詩學均取四庫全書本。

（三）藍田呂氏祭説

宋史卷二百四藝文志將呂大鈞藍田呂氏祭説列入「儀注類」，而本書輯佚所得的一條內容恰好也在朱熹的儀禮經傳通解中，加之從文義看此條在説「主祭」之事，故將之視爲藍田呂氏祭説的文字。

輯自華東師範大學出版社校點本宋朱熹儀禮經傳通解卷五家禮五五宗，載朱子全書第二册，第二一〇頁。

（四）文集佚存

主要根據陳俊民先生藍田呂氏遺著輯校之儒藏本文集佚存部分提供的線索重新找到原書加以輯佚、校勘、點校。

三、呂大防文集

（一）韓吏部文公集年譜

録自北京圖書館藏珍本年譜叢刊第十一册刊韓文類譜卷第一，并加以標點。

（二）杜工部年譜

録自分門集注杜工部詩卷首（刊於四部叢刊初編第六三四册，據上海涵芬樓借南海潘氏藏宋刊本影印），并加以標點。

（三）政目

政目輯自宋李燾撰續資治通鑑長編，以該書之四庫全書本爲底本、以中華書局校點本（一九九二年版）爲校本，并注明所輯文字在中華書局校點本的頁碼。

（四）文集佚存

主要根據陳俊民先生藍田呂氏遺著輯校之儒藏本文集佚存部分提供的線索重新找到原書加以輯佚、校勘、點校。

增輯一篇長安圖記，輯自宋趙彥衛云麓漫鈔卷八和元李好文長安圖志卷上，均爲四庫全書本。

四、呂大忠文集

主要根據陳俊民先生藍田呂氏遺著輯校之儒藏本文集佚存部分提供的線索重新找到原書加以輯佚、校勘、點校。增輯内容有：雜説，輯自續資治通鑑長編卷三百七十。

五、附録

附録一是「元豐己未呂與叔東見二先生語」及「附東見録後」，有助於了解呂大臨的思想來源及其對二程的理解。録自中華書局校點本二程集。

附録二主要是關於藍田呂氏兄弟生平事跡、官職和墓誌銘的資料，主要録自陳俊民先生藍田呂氏遺著輯校之儒藏本的附録一。增加了一些前人較少關注的資料，如明代思想家李贄對呂大臨的介紹、呂柟的祭四呂文、清代碑刻四呂官職碑和二〇一〇年發掘藍田呂氏家族墓地時出土的「呂大圭贈呂大臨石敦銘文」等。

附録三録自陳俊民先生藍田呂氏遺著輯校之儒藏本的附録二。

附録四録自陳俊民先生藍田呂氏遺著輯校之儒藏本的附録三。

增加了「朱子語類載評呂與叔文」，計一三八〇〇多字，多爲朱子對呂大臨其人以及其書易章句、論語解、孟子解、中庸解等的評價。

目録

上册

吕大臨文集

藍田儀禮說……二二二

藍田禮記說……二三二

易章句……二三六

詩傳

下册

呂大鈞文集

呂大防文集

呂大忠文集

附録

呂大臨文集

禮記解

禮記傳者，與叔先生解經之作也，始刻於中興館閣書，繼爲朱子刻於臨漳，又刻於櫟齋禮記集説中，後彙輯於通志堂經解，詳略不同。今則都爲一編，共十六卷，餘十萬言。宣統三年孟秋望後一日甯河後學高賡恩謹識。

蓋橫渠以禮教關中學者，與叔從游最久，守其説甚固。故其學淹通諸經，而尤邃於禮。所著禮記傳十六卷，朱子刻之臨漳，其尤著者也。時關内久淪於金，全書已不可得，十六卷者，特所解之十六篇耳。今其書又不可復見，然則世之學者雖欲讀先生之書，以上窺橫渠之傳，又安所得而讀之也哉？……近始借得通志堂本衛氏禮記集説，則十六家之解首尾完具，粹然成一家之言。此外，各篇亦間有所解，釋以義疏，及雲莊各本校之，則有減無增。宣統三年秋七月既望藍田牛兆濂謹識。

輯自清牛兆濂藍田呂氏禮記傳。

曲禮上第一

曲禮，禮之細也。禮云：「經禮三百，曲禮三千，其致一也。」中庸云：「禮儀三百，威儀三千，待其人然後行。」〔一〕然則曲禮者，威儀之謂，皆禮之細也。布帛之有經，一成而不可變者也，故經禮象之。經禮三百，蓋若祭祀、朝聘、燕饗〔二〕、冠昏、鄉射、喪紀之禮，其節文之不可變者，有三百也。布帛之有緯，其文曲折有變而不可常者也，故曲禮象之。曲禮三千，蓋大小尊卑、親疏長幼，並行兼舉，屈伸損益之不可常者，有三千也；今之所傳儀禮者，經禮也。其篇末稱「記」者，記禮之變節，則曲禮也。漢興，高堂生傳禮十七篇，今儀禮是也；戴聖傳禮四十九篇，今禮記是也。禮記所載，皆孔子門人所傳授之書；雜收於遺編斷簡者，皆經禮之變節也。特以此篇名「曲禮」者，蓋他篇稍各以類相從，此篇雜記諸禮曲折之文者也。禮記集說卷第一。又見藍田呂氏禮記傳卷一。

曲禮曰：毋不敬，儼若思，安定辭，安民哉！

「自天子至於庶人，壹是以修身爲本。」「欲修其身，先正其心」者，敬之謂也。修身者，正言貌以禮者也。故「毋不敬」者，正其心也；「儼若思」者，正其貌也；「安定辭」者，正其言也。三者正矣，則無所往而非正，此「脩己以安百姓」也。故天下至大，取之修身而無不足，故曰「安民哉」。此禮之本，故於記之首章言之。禮記集說卷第一。又見藍田呂氏禮記傳卷一。

敖不可長，欲不可從，志不可滿，樂不可極。

「敖」者，人之所自恃也，長之則慢物，一命而呂旅〔三〕，再命而車上舞，三命而名諸父，長傲〔四〕者也。「欲」者，人之所不能無也，從之（長）〔五〕則喪己而滅天理，好惡無節於內，從欲者也。「志」者，務存於遠大，故不可滿也。齊桓公葵

〔一〕「然後」：四庫文淵閣本（下同）作「而後」。
〔二〕「燕饗」：底本誤作「鄉燕」，據四庫本改。
〔三〕「旅」：清麓本作「鉅」。
〔四〕「傲」：清麓本作「敖」。
〔五〕「長」：字四庫本、通志堂本、清麓本皆無，疑衍。

丘之會，振而矜之，叛者九國，其滿可知矣。致樂以治心，則君子未嘗不欲樂也，亦使樂而不流，感動人之善心而已。姦聲以濫，溺而不止，此極樂者也。四者，皆人情之所不免，過則害也。禮記集説卷第一。又見藍田呂氏禮記傳卷一。

賢者，狎而敬之，畏而愛之；愛而知其惡，憎而知其善；積而能散，安安而能遷。

君子之於賢者，狎之，非徒愛也，以其道可尊，故「敬之」；畏之，非徒敬也，以其德可慕，故「愛之」。「狎而敬之」，交可久也；「畏而愛之」，情可親也。君子之於衆人，則有私愛也，不敢蔽其惡，有私惡也，不敢掩其善。臧伯曰：「孟孫之惡我，藥石也；季孫之愛我，疾疢也。美疢不如惡石。」此知其善惡者也。「積」者不能散，懷於聚也；「安安」者不能遷，懷於居也。「貨惡其棄於地，不必藏於己也」。孟子曰：「王如好貨，與百姓同之。」此能散者也。「士而懷居，不足以爲士矣」。孔子去齊，接淅[一]而行，去魯，曰：「遲遲吾行也。」當可去也，雖父母之國去之，況於他乎？此「能遷」者也[二]。禮記集説卷第一。又見藍田呂氏禮記傳卷一。

臨財毋苟得，臨難毋苟免。很毋求勝，分毋求多。疑事毋質，直而勿有。

趨利避害，人之情也，雖君子亦然，特主於義而不苟也。義可得則受，義不可得則不得有義矣。義可免則免，義不可免則不免，則免不免有義矣。君子所趨，惟義而已，何利害之擇哉！「很」者，與人爭者也。君子無所爭，犯而不校而已，故不求勝也。「分」者，與人共者也，如勞佚[三]憂樂，方與人共，而獨求多焉，是自私也。道途不爭險易之利，冬夏不爭陰陽之和，故不求多也。「多聞闕疑」，孔子之所許也。疑而質之，自欺也。信以傳信，疑以傳疑，則寡尤矣。可疑而不疑，則道不信；可直而不直，則道不見。我且直之，又曰：「予豈好辨哉？予不得已也。」然

[一]「淅」：原作「浙」，據四庫本、通志堂本、清麓本改。
[二] 底本無「也」字，據四庫本、通志堂本、清麓本補。
[三]「佚」：四庫本、通志堂本、清麓本作「逸」。

則直者，直吾道而已，吾何與乎？故終日與人辯而不自有也。「理義者，人心之所同然。」君子之於天下，唯義理所在而已。禮記集説卷第一。又見藍田呂氏禮記傳卷一。

若夫坐如尸，立如齊；禮從宜，使從俗。

禮者，敬而已矣。敬者，禮之常也。「禮，時爲大」，時者，禮之變也。「坐如尸，立如齊」，盡其敬也。「禮從宜，使從俗」，適其時也。體常盡變，則禮達之天下，周還而無窮也。「若夫」者，發語之端，蓋舉禮之大旨而言之也。莊氏云：「尸居而龍見。」居，即坐也。推是意也，則坐容莊可知矣。「齊」者，專致其精明之德，必見其所祭者，則立容端可知矣。禮有不可行者，必變而「從宜」，如老者不以筋力爲禮，貧者不以貨財爲禮之類。使於他邦，必從其俗，故有入境而問禁、入國而問俗之禮。禮記集説卷第一。又見藍田呂氏禮記傳卷一。

夫禮者，所以定親疏，決嫌疑，别同異，明是非也。

伯母叔母疏衰，踊不絶地。姑姊妹之大功，踊絶於地。爲祖父母，齊衰期。爲曾祖父母，齊衰三月。此所以「定親疏」也。嫂叔不通問，嫂叔無服。君沐粱，大夫沐稷，士沐粱。燕不以公卿爲賓，以大夫爲賓。此所以「決嫌疑」也。己之子與兄弟之子異矣，引而進之，同服齊衰期。天子至於庶人，其貴賤異矣，而父母之喪，齊疏之服、饘粥之食，無貴賤一也。大夫爲世父母、叔父母、衆子、昆弟、昆弟之子，降服大功，尊同則不降。此所以「别同異」也。禮之所尊，尊其義也。其文是也，其義非也，君子不行也；其義是也，其文非也，君子行也。故「麻冕，禮也。今也純，儉，吾從衆」。男女不授受，禮也。嫂溺則援之以手，此所以「明是非」也。禮記集説卷第一。又見藍田呂氏禮記傳卷一。

禮不妄説人，不辭費。禮不踰節，不侵侮，不好狎。

「妄説人」者，説之不以道也。「辭費」者，情不直也。「踰節」，則長幼、貴賤、親疏亂矣，啟侵之道也。「好狎」，則親暱慢易之心生矣，啟侮之道也。儉者自約而不侵人，恭者自下而不侮人，故君子之恭儉，不侵侮於人。人無侵侮之者，所謂我不欲人之加諸我，予亦欲無加諸人也。三者不除，則行不脩。禮記集説卷第一。又見藍田呂氏禮記傳卷一。

脩身踐言，謂之善行。行脩言道，禮之質也。

君子之「善行」，以「脩身踐言」爲之本；其行禮也，以「行脩言道」爲之本。以是爲質，則所見於外者皆文也。禮記集説卷第二。又見藍田呂氏禮記傳卷一。

禮聞取於人，不聞取人。禮聞來學，不聞往教。

「禮聞取於人，不聞取人」，學者之道也。「禮聞來學，不聞往教」，教者之道也。取，猶致也。致於人者，我爲人所致而教之，在教者言之，則「來學」者也。「取人」者，我致人以教己，在教者言之，則「往教」者也。猶言「勞心者治人」，乃我治其人，「勞力者治於人」，乃我爲人所治也。師嚴然後道尊，道尊然後民知敬學。致人以教己，非誠有志於學也；學而非誠，則教亦無益，此其所以不可也。古者友不可以有挾也，况於師乎？雖天子不召師，况於學者乎？禮記集説卷第二。又見藍田呂氏禮記傳卷一。

道德仁義，非禮不成。教訓正俗，非禮不備。分爭辨訟，非禮不決。君臣上下、父子兄弟，非禮不定。

「道德仁義」，所以成己也；「教訓正俗」，所以成人也；「分爭辨訟」，所以決疑事也；「君臣上下、父子兄弟」，所以正大倫也，皆有待於禮者也。兼天下而體之之謂仁，理之所當然之謂義，由仁義而之焉之謂道，有仁義於己之謂德，節文乎仁義之謂禮。仁義道德，皆其性之所固有，本於是而行之，雖不中，不遠矣。然無節無文，則過與不及害之，以至于道之不明且不行，此所以「非禮不成」也。先王制禮，教民之中而已。教不本於禮，則設之不當；設之不當，則所以教者不備矣。「教訓正俗」，其義皆教也。立教之謂「教」，訓説理義之謂「訓」，皆所以正風俗之不正，故曰「非禮不備」也。理有可否則爭，情有曲直則訟，惟禮爲能決之。蓋「分爭」者，合於禮則可，不合於禮則不可；「辨訟」者，有禮則直，無禮則不直，故曰「非禮不決」。「君臣上下、父子兄弟」，人之大倫，由禮而後定也，故冠昏、喪祭、射鄉、朝聘所以明者，人倫而已，故曰「非禮不定」。禮記集説卷第二。又見藍田呂氏禮記傳卷一。

宦學事師，非禮不親。班朝治軍，涖官行法，非禮威嚴不行。禱祠祭祀，供給鬼神，非禮不誠不莊。

「宦學事師」，學者之事也；「班朝治軍，涖官行法」，仕者之事也；「禱祠祭祀，供給鬼神」，交神明之事也，皆有待於禮者也。宦〔一〕，家臣也。雜記云：「宦〔二〕於大夫者之爲之服也。」蓋仕爲家臣，而未升諸公，蓋亦學爲仕者也。故「宦」〔三〕者，學爲仕之稱也；「學」者，學道藝者也。二者之學皆有師，師弟子之分不正，則學之意不誠，學之意不誠，則師弟子之情不親而教不行，故曰「非禮不親」。「班朝」者，正朝位也。「治軍」者，齊軍政也。「涖官行法」者，臨官府以行法令也。三者，皆仕者所以治衆也。禮明乎尊卑上下之別，則分無不守，令無不從，此所以「非禮威嚴不行」也。「禱祠祭祀」，則郊社宗廟之常祀也。內則盡志，外則盡物，所以「供給鬼神」。鬼神無常享，享於克誠。禮者，敬而已，無敬則不誠，故曰「非禮不誠不莊」。禮記集説卷第二。又見藍田呂氏禮記傳卷一。

是以君子恭敬撙節，退讓以明禮。

禮者，敬而已矣；「君子恭敬」，所以明禮之實也。禮，節文乎仁義者也；君子「撙節」，所以明禮之文也。辭遜之心，禮之端也；君子退遜，所以明禮之用也。禮記集説卷第二。又見藍田呂氏禮記傳卷一。

鸚鵡能言，不離飛鳥。猩猩能言，不離禽獸。今人而無禮，雖能言，不亦禽獸之心乎？夫唯禽獸無禮，故父子聚麀。是故聖人作，爲禮以教人，使人以有禮，知自別於禽獸。

人之血氣、嗜慾、視聽、食息與禽獸異者幾希，特禽獸之言與人異爾，然猩猩、鸚鵡亦或能之。是則所以貴於萬物者，蓋有理義存焉。聖人因理義之同然而制爲之禮，然後父子有親、君臣有義、男女有別，人道所以立而與天地參也。

〔一〕「宦」：原作「官」，據四庫本、通志堂本、清麓本改。
〔二〕「宦」：原作「官」，據四庫本、通志堂本、清麓本改。
〔三〕「宦」：原作「官」，據四庫本、通志堂本、清麓本改。

縱恣〔一〕怠敖，滅天理而窮人欲，將與馬牛犬彘之無辨，是果於自棄〔二〕而不欲齒於人類者乎？禮記集説卷第二。又見藍田呂氏禮記傳卷一、大學衍義補卷三十八、禮記集解卷一。

大上貴德，其次務施報。禮尚往來，往而不來，非禮也；來而不往，亦非禮也。

「大上」者，「大道之行，天下爲公」之時也。其治也，文不勝質，務存其實，直情徑行，無所事於禮，故禮有不答而人不非也。後聖有作，通其變，使民不倦，由是交際之道興焉。禮記集説卷第二。又見藍田呂氏禮記傳卷一。

人有禮則安，無禮則危，故曰「禮者，不可不學也」。夫禮者，自卑而尊人，雖負販者，必有尊也，而況富貴乎？富貴而知好禮，則不驕不淫。貧賤而知好禮，則志不懾。

人生於天地之間，其强足以陵〔三〕弱，其衆足以暴寡；然其羣而不亂，或守死而不變者，畏禮而不敢犯也。人君居百姓之上，惟所令而莫之違者，恃禮以爲治也。一人有禮，衆思敬之，有不安乎？一人無禮，衆思伐之，有不危乎？此所以繫人之安危而不可不學者。富貴者，人之所共敬者也。貧賤者，人之所共慢者也。「禮者，自卑而尊人」，雖負販之至賤，猶不敢慢而必有所尊，况人之所共敬者乎？古之君子，不侮鰥寡，不畏强禦，苟無禮以節於內，則外物之輕重足以移其常心矣。故富貴者知其所當敬，則「不驕不淫」；貧賤者知其所自敬，則「志不懾」。禮記集説卷第二。又見藍田呂氏禮記傳卷一。

人生十年曰幼，學。二十曰弱，冠。三十曰壯，有室。四十曰强，而仕。五十曰艾，服官政。六十曰耆，指使。七十曰老，而傳。八十、九十曰耄，七年曰悼，悼與耄雖有罪，不加刑焉。百年曰期頤。

〔一〕「恣」：四庫本、通志堂本、清麓本作「慾」。
〔二〕「自棄」：禮記集解上有「自暴」二字。
〔三〕「陵」：四庫本、通志堂本作「凌」。

此章備舉自幼至老，每十年一變之節也。未十年，非不學也：能食，教以右手；能言，教以唯俞；六年，教數與方名；七年，教之男女之别；八年，教之長幼之序；九年，教之數日。然未就外傅，但因事而教之，未足以名之「學」。至十年，可以從弟子之職，出就外傅，乃所謂學也。二十始成人，則可以勝衣冠，故命之以「冠」。既冠始學禮，猶以其弱而未可用也，故博學不教，内而不出。「三十曰壯」，血氣定矣，故可以「有室」。孟子曰：「丈夫生，而願爲之有室，女子生，而願爲之有家。」故室家者，夫婦之稱也。其壯雖可以給政役，其材猶未足以備任用，故博學無方、孫友視志而已。「四十曰强」，强則材成矣。材成者，志慮定則謀事審，氣力完則任事果，始可爲士以事人也。其謀事審矣，故可以出謀發慮；其任事果矣，故道合則服從，不可則退。至五十，養於其心者已熟，閲於義理者已多，可謂成德更事之人矣，故可以命爲大夫也。古者四十始命之「仕」，五十始命之「服官政」。「仕」者，爲士以事人，治官府之小事者也。「服官政」者，爲大夫以長人，與聞邦國之大事者也。材可用則使之仕，德成則命爲大夫，非無蚤成夙知之才也。蓋養天下之才，至於成就而後用，則收功博，如不待其成而用之，所謂「賊夫人之子」，「以政學」者也，害莫大焉！「六十曰耆」，耆者，稽久之稱。詩云：「耆定爾功。」又曰：「上帝耆之。」稽久則將入於老，故六十稱耆。筋力既衰，不足以任勞事，可以使人而不可以使於人也。故六十不與服戎，不可以從司馬之政也；不親學，不可以執弟子之職也。七十則筋力倦矣，聰明衰矣，外則致王事於君，内則傳家事於子，不可與事者也。「耄」者，老而知已衰。「悼」者，幼而知未及。二者雖有罪，而情不出於故，故「不加刑焉」。「百年」者，飲食、居處、動作，無所不待於養。禮記集說卷第二。又見藍田呂氏禮記傳卷一。

大夫七十而致事，若不得謝，則必賜之几杖。行役以婦人，適四方，乘安車。自稱曰「老夫」，於其國則稱名。越國而問焉，必告之以其制。

「致事」者，致其所爲臣之事於其君也。有以道去其君而致事者，孟子致爲臣而歸是也；有以喪而致事者，

「如」[一]閔子要經而服事，已而曰「古之道，不即人心，退而致仕」是也；有以老而致事者，「大夫七十而致事」是也。致事者，退而家居，士相見禮所謂「宅者，在邦則曰市井之臣，在野則曰草茅之臣」是也。君子難進而易退，故七十而致事，賢君優老而尚賢，則有不得謝者矣。既不許其去，則不責筋力以爲禮也。「賜之几杖」，則雖在君前亦授之，詩云「肆筵設席，授几有緝御」是也。雖見君，亦杖，祭義云「七十杖於朝，君問則席」是也。「老夫」，長老者之稱也。衛石碏告陳曰：「老夫耄矣，無能爲也。」與他國士大夫言也。晉荀罃謂荀偃、士丐[二]曰：「牽率老夫，以至於此。」與己國士大夫言也。大夫老不得謝，與他國士大夫言則稱「老夫」，所以優之也；與己國士大夫言，則稱名，父母之邦，不敢以尊老自居也。石碏、荀罃雖皆列國之大夫，未知其老而得謝與否也。若皆不得謝者，則碏可稱而罃不當稱也。玉藻云：「上大夫曰下臣，下大夫自名。」此時[三]君之稱，非此比也。詩曰：「雖無老成人，尚有典刑。」老成人者，多識乎國之故事，而典刑之所由出也。「越國而問」，則舉國之故事以對之，所謂謀於黃髮，則罔所愆。禮記集說卷第三。又見藍田呂氏禮記傳卷一。

謀於長者，必操几杖以從之。長者問，不辭讓而對，非禮也。

二者，皆敬長之義也。坐有几，所以憑之也；行有杖，所以策之也，皆優老之具也。「操几杖以從之」，敬之至也。問者，皆以不能問能，以寡問多，則少當問長者也。今長者反問之，「不辭讓而對」，則敬不足也。孔子問曾子，曾子曰：「參不敏，何足以知之。」公西赤曰：「非曰能之，願學焉。」是皆辭讓之言。禮記集說卷第三。又見藍田呂氏禮記傳卷一。

[一] 底本無「如」字，據四庫本、通志堂本、清麓本補。
[二] 「丐」：四庫本、通志堂本、清麓本作「匄」。
[三] 「時」：四庫本、通志堂本、清麓本作「對」。

凡爲人子之禮，冬温而夏清，昏定而晨省，在醜夷不爭。

「温」、「清」、「定」、「省」，所以養體也；「醜夷不爭」，所以養志也。一歲則有冬夏寒暑之適，一日則有晨昏興寢之適，人子不可不知也。内則：「父母將衽，長者奉席請何趾，少者執牀與坐。」昏定之事也。子事父母，雞鳴適父母之所，下氣怡聲，問衣燠寒。男女未冠笄，及命士以上，父子異宫，則昧爽而朝。文王之爲世子，雞初鳴衣服，至於寢門外，問安否何如，此晨省之事也。「醜夷」，同等之稱也。「事親者，居上不驕，爲下不亂，在醜不爭」，三者不除，雖日用三牲之養，猶爲不孝也。孝經引三者，此獨云「在醜夷不爭」者，上下驕亂之禍爲少，而醜夷之爭多也。孝子一出言舉足，不敢忘父母，苟好勇鬬很〔一〕以危父母，一朝之忿，忘其身以及其親，則所以養親者，果安在哉？禮記集説卷第三。又見藍田呂氏禮記傳卷一、禮記集解卷一。

夫爲人子者，三賜不及車馬。

三賜有車馬，君之所以寵臣也。「三賜不及車馬」，子之所以敬親也。受位，則有車馬之賜矣。受位而不及車馬者，位在朝廷而車馬入於私門也。坊記云：父母存，饋獻不及車馬。蓋車馬，家之重器也，親之所無，子不敢以受於人，親之所有，子不敢以予〔於〕〔二〕人。辟親而不敢加，奉親而不敢專，其義一也。事宗子者，不以貴富〔三〕入宗子之家，雖衆車徒舍於外，以寡約入。事宗子，猶舍衆車徒於外，則事親者，車馬之盛，宜在所不受也。黨正以飲酒正齒位，一命齒于鄉里，再命齒于父族，三命不齒。庶子之正於公族，雖有三命，不踰父兄，其所以敬於族人之長者猶如是，況於父母乎？能知此〔四〕，則事親之意誠矣。禮記集説卷第三。又見藍田呂氏禮記傳卷一。

〔一〕「很」：四庫本、通志堂本、清麓本作「狠」。

〔二〕底本脱「於」字，據四庫本、通志堂本、清麓本補。

〔三〕「貴富」：四庫本、通志堂本、清麓本作「富貴」。

〔四〕「知此」：清麓本作「如是」。

故州閭鄉黨稱其孝也，兄弟親戚稱其慈也，僚友稱其弟也，執友稱其仁也，交遊稱其信也。

五者之稱不同，各以其所見言之也。州閭鄉黨，觀其行者也，見其所以敬親，故「稱其孝」。兄弟親戚，責其恩者也，順於父母者，親親之愛必隆，故「稱其慈」。僚友，見其有所讓者也，有孫[一]弟之心，故「稱其弟」。執友者，友其德，德莫盛於孝，孝者仁之本，故「稱其仁」。交遊，主於信，知其誠心於孝也，故「稱其信」。禮記集説卷第三。又見藍田呂氏禮記傳卷一。

見父之執，不謂之進不敢進，不謂之退不敢退，不問不敢對。此孝子之行也。

父之執友，其見也，進退問答，不敢專焉，敬之至也。見父之執，猶極其敬，況於父乎？禮記集説卷第三。又見藍田呂氏禮記傳卷一。

夫爲人子者，出必告，反必面，所遊必有常，所習必有業，恒言不稱老。

「出必告，反必面」，受命於親而不敢專也。「所遊必有常，所習必有業」，體親之愛而不敢貽其憂也。「恒言不稱老」，極子之慕而不忍忘也。「父母在，而不敢有其身」，如之何聞斯行諸，出入而無所受命，是遺親也。親之愛子，至矣！所遊必欲其安，所習必欲其正，苟輕身而不自愛，則非所以養其志也。君子之事親，親雖老而不失乎孺子慕者，愛親之至也。孟子曰：「五十而慕，吾[二]於大舜見[三]之矣。」故髧彼兩髦，爲孺子之飾，親見，然後説之。苟常言而稱老，則忘親而非慕也。禮記集説卷第三。又見藍田呂氏禮記傳卷一。

年長以倍，則父事之。十年以長，則兄事之。五年以長，則肩隨之。羣居五人，則長者必異席。

[一]「孫」：四庫本、通志堂本、清麓本作「遜」。
[二]「吾」：四庫本、通志堂本、清麓本作「予」。
[三]「見」：清麓本作「沒」，疑誤。

貴老，爲其近於親也；敬長，爲其近於兄也。自二十而視四十，則與吾父之年相若，此所以「父事」也；長吾十年，則與吾兄之年相若，此所以「兄事」也；長吾五年，則與吾年相若，此所以「肩隨之」也，皆敬長之道也。闕黨童子與先生並行，孔子知其欲速成；「疾行先長」者，孟子知其爲不弟，皆不知敬長之義而已。禮記集説卷第三。又見藍田呂氏禮記傳卷一。

爲人子者，居不主奧，坐不中席，行不中道，立不中門，食饗不爲概，祭祀不爲尸。

子之事親，非惟親之命，弗敢專也。「居不主奧，坐不中席，行不中道，立不中門」，不敢專其位也。「食饗不爲概」，不敢專其財也。「祭祀不爲尸」，不敢專其身也。禮記集説卷第三。又見藍田呂氏禮記傳卷一。

聽於無聲，視於無形。不登高，不臨深。不苟訾，不苟笑。

視聽於無形聲，則誠於事親，專心致意[一]可知也。身也者，親之枝也，履不安以危之，是危親也，行不善以辱之，是辱親也。「登高」、「臨深」，危道也。「苟訾」近於譏，「苟笑」近於諂，是辱道也。禮記集説卷第三。又見藍田呂氏禮記傳卷一。

孝子不服闇，不登危，懼辱親也。父母存，不許友以死。不有私財。

「服闇」者，爲穿窬之行，欺人所不見也。登高者，行險以僥倖也。孝子之心，將爲不善，思貽父母羞辱，必不果。「服闇」、「登危」，是忘親也，非特忘之，不令之名且將加之，是「辱親」也。「不許友以死」者，不敢受其託也。如朋友死無所歸，曰「於我殯」，有父母在則不可許矣。先儒謂：「許報仇，雖父母没，亦不可也。」患難相死，兄弟之道也。詩云：「鶺鴒在原，兄弟急難。每有良朋，况也永歎。」又曰：「兄弟鬩于牆，外禦其侮。每有良朋，烝也無戎。」朋友以道義相成，患難之事無相及，故曰「無戎」也。戰國游俠，以氣相許，結私交，報仇怨，流俗高之。此先王之所必誅，

[一]「意」：四庫本、通志堂本、清麓本作「志」。

君子謂之不義者也。禮記集説卷第三。又見藍田呂氏禮記傳卷一。

爲人子者，父母存，冠衣不純素。孤子當室，冠衣不純采。

人子之服，必盡乎孺子之飾者，所以悦其親也。故髦彼兩髦，飾其首也；衣純以繢以青，飾其身也。冠衣純以素，孤子之服，非所以事親也。深衣云「孤子衣純以素」，此云「孤子當室，冠衣不純采」者，少而無父者，雖人之窮，然既除喪矣，冠衣猶不改素，則無窮也。先王制禮，行道之人皆不忍也，豈可獨遂其無窮之情哉？故惟當室者行之，非當室者不然也。深衣之言略矣。禮記集説卷第三。又見藍田呂氏禮記傳卷一。

幼子常視毋誑。童子不衣裘裳，立必正方，不傾聽。

書曰：「茲乃不義，習與性成。」則不義非性矣。然以不義成性，則習有以移之，故習不可不慎也。古之教子者，其始生也，擇諸母之慈良、恭敬、慎而寡言者，使爲子師，其次爲慈母，其次爲保母，教之之慎如此，況可示之誑乎？裘裳與冠，皆成人之服。未成人者，服亦有所未備也。立必正所向之方，或東向西向，或南向北向，不使之偏有所向也。士相見禮云：「凡燕見於君，必辨君之南面；若不得，[則]正方，[不]疑君。」〔二〕疑君者，謂斜嚮之不正方也。「不傾聽」者，頭容直。禮記集説卷第四。又見藍田呂氏禮記傳卷一。

長者與之提攜，則兩手奉長者之手。負劍、辟咡詔之，則掩口而對。

「長者與之提攜，則兩手奉長者之手」，以長者之意不可以不承也。「負劍、辟咡詔之，則掩口而對」，以氣之逼人，人或惡之也。古之佩劍者，挾之於旁。「負劍」即佩劍也。童子之幼者，長者或旁挾之，如負劍然，故謂之「負劍」也。禮記集説卷第四。又見藍田呂氏禮記傳卷一。

從於先生，不越路而與人言。遭先生於道，趨而進，正立拱手。先生與之言則對，不與之言則趨而退。

〔二〕底本、四庫本、通志堂本皆無「則」、「不」二字，據清麓本和嘉靖五年廬陵陳鳳梧刊本鄭玄注賈公彦疏儀禮注疏補。

先生則他人稱之，長者則無嫌於自稱，樂正子曰「先生何爲出此言也」，孟子曰「舍館定，然後求見長者乎」是也。弟子之於師，聽教聽役而已，故「正立拱手」以待也。「與之言則對，不與之言則趨而退」，進退應答不敢專也。禮記集説卷第四。又見藍田呂氏禮記傳卷一。

從長者而上丘陵，則必鄉長者所視。登城不指，城上不呼。將適舍，求毋固。將上堂，聲必揚。户外有二屨，言聞則入，言不聞則不入。將入户，視必下。入户奉扃，視瞻毋回。户開亦開，户闔亦闔。有後入者，闔而勿遂。毋踐屨，毋踖席，摳衣趨隅，必慎唯諾。

事先生長者之禮，進退不敢必也。「將適舍」，將退也。「將上堂」，將進也。雖將退也，先生長者未之許，則退無固也；雖將進也，揚聲而警之，不欲掩人之私也。「户外有二屨」，則并户内一屨爲三人矣。以户内有三人故，乃可入，猶以言聞不聞爲入不入之節。若户内有二人，則不可入，所謂「離坐離立，毋[二]往參焉」者也。毋「踐屨」、「踖席」，敬其物所以敬其人也。「摳衣趨隅，必慎唯諾」，不敢爲賓，聽役於先生長者。唯，所以應也。諾，所以許也。禮記集説卷第四。又見藍田呂氏禮記傳卷一。

大夫士出入君門，由闑右，不踐閾。

凡與客入者，每門讓於客。客至於寢門，則主人請入爲席，然後出迎客，客固辭，主人肅客而入。主人入門而右，客入門而左。

禮之於賓主，無不答也。及門而遜入，及階而遜登，乃主人答客也，主遜而客辭也。客若降等，則就主人之階，主人固辭，然後客復就西階，乃客答主人也，客遜而主辭也。一入門、一登階，賓主更爲辭遜而不以爲煩，此禮之所以養人之深也。每門遜於客者，門不一也，有大門，有寢門；若行禮於廟，則有廟門；敵者則迎於大門之外。士冠、士

[二]「毋」：原作「無」，通志堂本、清麓本亦作「無」，據四庫本改。

昏、聘禮、賓射、鄉[飲]〔一〕，皆行於廟，主人迎賓于大門外〔二〕是也。敵以下則迎於大門之內，聘禮「公皮弁，迎賓于大門內」是也。「肅客」，謂俯手以揖之也。周官大祝「九拜」，所謂肅拜也，春秋傳曰「敢肅使者」是也。禮記集說卷第四。又見藍田呂氏禮記傳卷一。

主人與客讓登，主人先登，客從之，拾級聚足，連步以上。上於東階則先右足，上於西階則先左足。

拾，更也。射者拾發，投壺者拾投，哭踊者拾踊，皆更爲之也。「拾級」者，左右足更上也。上階以相鄉爲敬。禮記集說卷第四。又見藍田呂氏禮記傳卷一。

帷薄之外不趨，堂上不趨，執玉不趨。堂上接武，堂下布武。室中不翔，並坐不橫肱。授立不跪，授坐不立。

凡見尊者，以疾行爲敬。然有不必趨者，帷薄之外，非尊者所見，可以紓其敬也；有不可趨者，堂上地迫，不足以容步，執玉之重，或虞於失墜也。禮記集說卷第四。又見藍田呂氏禮記傳卷一。

凡爲長者糞之禮，必加帚於箕上，以袂拘而退，其塵不及長者。以箕自鄉而扱之。

糞除布席，役之至褻〔三〕者也；然古之童子未冠，爲長者役而其心安焉。蓋古教養之道，必本諸孝悌；入則事親，出則事長。事親孝也，事長悌也。孝悌之心雖生於惻隱、恭敬之端，孝悌之行常在於灑埽應對、執事趨走之際。蓋人之有血氣者，未有安於事人者也。今使知長者之可敬，甘爲僕御之役而不辭，是所以存其良心，折其傲慢之氣，然後可與進於德矣。加帚箕上，執之以從事也。「以袂拘而退，其塵不及長者」，雖糞除之際，不敢忘敬也。「以箕自鄉而扱之」，扱，謂箕扱於糞中以糞也，讀如「尸扱以柶祭羊鉶」之「扱」，謂箕扱於糞，如柶扱於鉶也。注以「扱」爲「吸」，

〔一〕底本脫「飲」字，據四庫本、通志堂本、清麓本補。
〔二〕「大門外」：原作「外門外」，據四庫本、通志堂本、清麓本改。
〔三〕「褻」：禮記集解作「賤」。

恐未然。禮記集説卷第四。又見藍田呂氏禮記傳卷一、禮記集解卷二。

奉席如橋衡。請席何鄉，請衽何趾。席，南鄉北鄉，以西方爲上；東鄉西鄉，以南方爲上。

席，坐席也。布坐席必問何所向，布卧席必問何所趾，惟長者命也。南向、東向，皆坐在陰，則上右；南向者，以西爲右；東向者，以南爲右也。北向、西向，皆坐在陽，則上左；北向者，以西爲左；西向者，以南爲左也。禮記集説卷第四。又見藍田呂氏禮記傳卷一。

若非飲食之客，則布席，席間函丈。主人跪正席，客跪撫席而辭。客徹重席，主人固辭，客踐席，乃坐。

主人敬客，故「跪正席」。客敬主人，則「徹重席」。主敬客則客辭，客敬主則主辭，賓主之禮所以答也。一辭而許曰「禮辭」，禮云「賓禮辭許」是也；再辭曰「固辭」。此賓主辭讓之節也。禮記集説卷第四。又見藍田呂氏禮記傳卷一。

主人不問，客不先舉。將即席，容毋怍。兩手摳衣，去齊尺，衣毋撥，足毋蹶。

「怍」者，愧赧不安之貌。愧赧不安，失之野也。齊，深衣齊也，深衣下齊如權衡。「衣毋撥」者，收斂之不使旁有觸也。「足毋〔一〕蹶」，不怱遽，使之蹎也。三者謂行容也。「摳衣」、「毋撥」皆裳，而言衣者，蓋統而言，雖裳亦衣也。禮記集説卷第四。又見藍田呂氏禮記傳卷一。

先生書策琴瑟在前，坐而遷之，戒勿越。虛坐盡後，食坐盡前。坐必安，執爾顔。長者不及，毋儳言。正爾容，聽必恭。毋勦説，毋雷同。必則古昔，稱先王。

書策琴瑟之爲物，先生之所常御也。物猶加敬，人可知也。虛坐盡前，則若欲〔二〕食然，故「盡後」以示之。「坐必

〔一〕「毋」：四庫本作「無」。
〔二〕「欲」：四庫本、通志堂本、清麓本作「飲」。

安，執爾顏[一]」，侍食[二]於先生，不敢解也。「儳言」者，乘人之所未及而言之也。事長者，必思所以下之，乘其不及而儳言，是欲勝，故不爲也。「正爾容，聽必恭」，敬長者之教，而不敢慢也。竊人之財，猶謂之盜。勦取他人之説以爲己有，私也。不以心之然不然，志在隨人而雷同之，亦私也。上焉者，雖善無徵，無徵弗信，弗信民弗從。「必則古昔，稱先王」，則求其有徵而使民信也。民未信也，吾雖自信，亦不可行也。禮記集説卷第四。又見藍田呂氏禮記傳卷一。

侍坐於先生，先生問焉，終則對；請業則起，請益則起。父召無諾，先生召無諾，唯而起。

此章言弟子敬師之道。問未終而對，不敬其所問也。業，謂所學於先生者，如詩、書、禮、樂之類也[三]。益，謂所問未明，或欲卒學，或欲少進也。有所請必起，敬業也。敬業所以敬師，敬師所以敬道也，故「請業」、「[請][四]益」皆不可不起也。弟子之事師，猶子事父；父召無諾，則先生召亦無諾。諾者，許而未行也。「唯而起」，聞召即往也。玉藻云：「父命呼，唯而不諾；手執業，則投之；食在口，則吐之。」禮記集説卷第四。又見藍田呂氏禮記傳卷一。

侍坐於所尊敬，毋餘席。見同等不起，燭至起，食至起，上客起。燭不見跋。尊客之前不叱狗。讓食不唾。

「所尊敬」，謂天下達尊，有爵、有德、有齒者也。侍坐無餘席，欲近尊者以聽教也。燭者，童子之所執，燭盡則更之，不以所殘之本以示人，使客不敢安也。狗於尊客之前不敢叱者，嫌於客也。二者皆弟子之職，故於侍坐者及之。讓食之際不敢唾者，嫌若嘗主人食，亦不敬也。禮記集説卷第四。又見藍田呂氏禮記傳卷一。

侍坐於君子，君子欠伸，撰杖屨，視日蚤莫，侍坐者請出矣。侍坐於君子，君子問更端，則起而對。侍坐於君子，若有告者曰

[一] 四庫本、通志堂本、清麓本「顏」下有一「者」字。
[二] 「食」：四庫本、通志堂本、清麓本作「坐」。
[三] 四庫本、通志堂本、清麓本「也」上有「是」字。
[四] 底本脱「請」字，據四庫本、通志堂本、清麓本補。

「少間，願有復也」，則左右屏而待。

賢者謂之君子，不肖者謂之小人，天下之達稱也。古之貴者皆賢，賤者皆不肖，故貴者亦稱君子，賤者亦稱小人。後世貴者未必賢而猶稱君子者，蓋曰居是位者不可以非君子之行也。如論語：「君子之德風，小人之德草。」「君子學道則愛人，小人學道則易使。」孟子云：「無君子莫治野人，無野人莫養君子。」此皆以貴賤稱之也。此篇多稱「先生」，稱「長者」，稱「君子」，蓋天下達尊者〔一〕三：先生兼德齒而言也，長者止謂有齒者，君子止謂有爵者也。君子示之〔二〕以倦，則請出，不敢勤君子也。「君子問更端，則起而對」，因事有所變而起其敬也。人俟間而有復，則「屏而待」，不敢干其私也。間，謂間隙也，俟事之〔有〕〔三〕間隙而言之，聘禮「賓曰俟間」，亦此意也。舊音曰「閑」，間則閑矣，然不若間之爲勝。禮記集說卷第五。又見藍田呂氏禮記傳卷一。

毋側聽，毋噭應，毋淫視，毋怠荒。遊毋倨，立毋跛，坐毋箕，寢毋伏。斂髮毋髢，冠毋免，勞毋袒，暑毋褰裳。

侍於君子，言動視聽〔四〕無所不在於敬。頭容欲直，故「毋側聽」。聲容欲靜，故「毋噭應」。目容欲端，故「毋淫視」。氣容欲肅，故「毋怠荒」。足容欲重，故「遊毋倨」。立如齊，故「毋跛」。坐如尸，故「毋箕」。正其衣冠，故「斂髮毋髢，冠毋免，勞毋袒，暑毋褰裳」。禮記集說卷第五。又見藍田呂氏禮記傳卷一。

侍坐於長者，屨不上於堂，解屨不敢當階。就屨，跪而舉之，屏於側。鄉長者而屨，跪而遷屨，俯而納屨。

屨云解者，屨有繫也。士禮：「夏葛屨，冬白屨，組綦繫于踵。」言有繫也。「就屨」，既退復著屨也。禮記集說卷第

〔一〕「達尊者」：四庫本、通志堂本、清麓本作「有達尊」。
〔二〕四庫本、通志堂本、清麓本無「之」字。
〔三〕底本脫「有」，據四庫本、清麓本補。
〔四〕「言動視聽」：四庫本、通志堂本、清麓本作「視聽言動」。

五。又見藍田呂氏禮記傳卷一。

男女不雜坐，不同椸枷，不同巾櫛，不親授。嫂叔不通問，諸母不漱裳。外言不入於梱，內言不出於梱。女子許嫁，纓；非有大故，不入其門。姑姊妹女子子，已嫁而反，兄弟弗與同席而坐，弗與同器而食。

人之所以異於禽獸者，以有別也。有別者先於男女，天地之義，人倫之始。內則曰：「禮始於謹夫婦，爲宮室，辨內外，男子居外，婦人居內，深宮固門，閽寺守之，男不入，女不出。」所以別於居處者，至矣！「非祭非喪，不相授器。其相受，則女受以篚，其無篚，則皆坐奠之而後取之」。「不雜坐」「不通乞假」，「內言不出」，「外言不入」，所以別於往來者，至矣！道路，「男子由右，婦人由左」；「女子出門，必擁蔽其面，夜行以燭，無燭則止」；「御婦人則進左手」，所以別於出入者，至矣！「外內不共井，不共湢浴，不通寢席，不通衣裳」；「不同椸枷，不同巾櫛」；「不敢縣於夫之楎椸，不敢藏於夫之篋笥」，所以別於服御器用者，至矣！「姑姊妹女子子」，天屬也；許嫁，則「非有大故，不入其門」；「已嫁而反」，則不與「同席而坐」、「同器而食」。嫂與諸母，同宮之親也；嫂叔則不通問，諸母則不漱裳。妻之母，婚姻之近屬也。婿見主婦，闔扉立于其內，婿立于門外，東面，主婦一拜，婿答再拜，主婦又拜，婿出，所以別於宗族婚姻者，至矣！「男女非有行媒，不相知名」；非受幣，不交不親；必日月以告君，齊戒以告鬼神，爲酒食以召鄉黨僚友。取妻不取同姓，故[一]買妾不知其姓則卜之。寡婦之子，非有見焉，則弗與爲友」，所以厚別於交際者，至矣！「男女不雜坐」，經雖無文，然喪祭之禮、男女之位異矣：男子在堂，則女子在房；男子在堂下，則女子在堂上；男子在東方，則女子在西方。坐亦當[二]然。禮記集説卷第五。又見藍田呂氏禮記傳卷一、禮記集解卷二。

父子不同席。男女非有行媒，不相知名；非受幣，不交不親。故日月以告君，齊戒以告鬼神，爲酒食以召鄉黨僚友，以厚

[一]「故」：字四庫本、通志堂本、清麓本皆無。
[二]「當」：禮記集解作「宜」。

其別也。取妻不取同姓，故買妾不知其姓則卜之。寡婦之子，非有見焉，弗與爲友。

「父子不同席」者，此文承上〔二〕「姑姊妹女子子已嫁」而言也。父子之間，雖男子猶不同席，況女子子已嫁而反者乎？故因而言之。禮記集說卷第五。又見藍田呂氏禮記傳卷一。

賀娶妻者曰：「某子使某，聞子有客，使某羞。」

郊特牲云：「昏禮不賀，人之序也。」賀者，以物遺人而有所慶也。昏禮，嘉禮也。然著代以爲先祖後，人子之所不得已，故不用樂，即不賀也。雖曰「不賀」，然「爲酒食以召鄉黨僚友」，則問遺不可廢也，故其辭曰「聞子有客，使某羞」。舍曰「昏禮」而謂之「有客」，則所以羞者，佐其共具之費，以待鄉黨僚友而已，非賀也。世之不知禮者，以其所以問遺者，猶以慶賀名之。君子雖不曰賀，而問遺猶行，故作記者因俗之名稱「賀」也。禮記集說卷第五。又見藍田呂氏禮記傳卷一。

貧者不以貨財爲禮，老者不以筋力爲禮。

君子之於禮，不責人之所不能備，「貧者不以貨財爲禮」是也；不責人之所不能行，「老者不以筋力爲禮」是也。禮者，敬而已矣。心苟在敬，財力之不足，非禮之訾也。潢汙行潦，可薦於鬼神，瓠葉兎首，不以微薄廢禮，此不以貨財者也。五十杖於家，至一坐再至，此不以筋力者也。又有法之所不得爲者，有疾而不能行者，臨難而不得已者，土地之所不有者，君子亦不責也。王子爲其母請數月之喪，雖加一日，愈於已也。季子、儲子皆以幣交，他日孟子見季子而不見儲子，以「季子不得之鄒，儲子得之平陸」故也。如季子王子者，法之所不得爲者也。喪禮：秃者不髽〔三〕，傴者不袒，跛者不踊，此有疾而不能行者也。男女不授受，嫂溺則援之以手；君子正其衣冠，同室有鬭，則被髮纓冠而救之，

〔二〕「此文承上」：四庫本、通志堂本、清麓本作「此承上文」。
〔三〕「髽」：四庫本、通志堂本、清麓本作「免」。

此臨難而不得已也。居山者不以魚鼈爲禮，居川者不以鹿豕爲禮，此土地之所不有也。凡此，皆禮之變也。行禮而知變，所謂非禮之禮也。禮記集説卷第五。又見藍田呂氏禮記傳卷一。

名子者，不以國，不以日月，不以隱疾，不以山川。

古者生子三月，妻以子見，而父名之。名者，識之以是物，苟別而已。殷人之[一]前，質不諱名，至周人以諱事神，名終將諱之，故「名子者」，必有所辟，以其終將諱也。「國」，若晉、宋之屬，天子之所封也。「日月」，若甲子之屬，天下之達稱也。「隱疾」者，人之所難言也。「山川」者，國之望也。名之必可言也，所難言者不可傳於人，故「不以隱疾」也。名之必將諱之，諱之必將改之。改天子之所封，則不敬上，故「不以國」。改天下之達稱，則不同乎俗，故「不以日月」。改國之望，則不敬鬼神，故「不以山川」。春秋之時，名子[二]之禮廢，犯此四禁而莫之恤也。禮記集説卷第五。又見藍田呂氏禮記傳卷一。

男女異長。男子二十冠而字，父前子名，君前臣名。女子許嫁，笄而字。

事父者，家無二尊，雖母不敢以抗之，故無長幼皆名，不敢致私敬於其長也。事君者，國無二尊，雖父不敢以抗之，故無貴賤尊卑皆名，不敢致私敬於其所尊貴也。禮記集説卷第五。又見藍田呂氏禮記傳卷一。

凡進食之禮，左殽右胾，食居人之左，羹居人之右；膾炙處外，醯醬處內；葱渫處末，酒漿處右；以脯脩置者，左朐右末。

據此章所陳饌與辭遜之節，雖與公食大夫禮少有不同，其大略無甚異，恐此即大夫、士與賓客禮食之節也。公食大夫禮：三牲之俎在左，庶羞之豆在右；俎實皆殽，殽，骨體也；羞豆有胾，胾，切肉也，此則「左殽右胾」矣。公

[一]「之」：四庫本、通志堂本、清麓本作「以」。
[二]「子」：四庫本、通志堂本作「字」。

食大夫禮：庶羞之豆，有膾有炙，設于稻南簋西，則處外矣，此其所同也。公食大夫禮：設黍稷六簋于俎西，設鉶四于豆西、俎豆南，則鉶簋同列矣。簋實，食也，鉶實，羹也，無左右之別也。公食大夫禮：飲酒實于觶，設于豆東，漿飲設于稻西，豆〔一〕東則左，稻西則右，是左酒右漿，不俱在右，又無葱渫脯脩之品，此其所異也。燕〔二〕飲酒之禮以飲爲主，故先酌酒以行獻酢；食禮以食爲主，故卒食設酒以酳之，不獻也。左右内外之設，皆便乎食，因以寓陰陽之義也。左氏傳：「粢食不鑿。」玉藻云：「稷食菜羹。」皆飯也。醯醬，食之主也。公食大夫禮：賓將食，宰夫自東房授醯醬，公設之，卒食，賓取粱與醬，興以降，貴食之主也。膾炙，庶羞也。庶羞非正食，加饌而已。爲主者在内，加者在外，此所以分内外也。葱渫亦加品，與膾炙同物，故處末。末與外，皆陽也。酒漿與羹同物，故處右。右，陰也。若兩有酒漿，則左酒右漿，酒陽漿陰也。脯脩皆有朐。禮記集説卷第五。又見藍田呂氏禮記傳卷一。

客若降等，執食興辭，主人興辭於客，然後客坐。主人延客祭：祭食，祭所先進。殽之序，遍祭之。三飯，主人延客食胾，然後辯殽；主人未辯，客不虛口。

降等，謂大夫於卿、士於大夫也，但「執食興辭」，而不下堂。大夫於君，其辭也，必下堂，君辭而後升，公食大夫禮「賓左擁簠粱，右執湆以降。公辭，賓坐奠于階西，對。坐取之，升。反奠于其所」是也。君子戒慎乎其所不睹，恐懼乎其所不聞，所以敬乎神明者，未嘗斯須忘也。神無方不在，則未嘗有所間也，故飲食必祭。所以祭者，莫適祭也，祭其神也。莫適祭，則吾之敬心無時而不存也。「延客祭」者，客卑於主人，客不敢先，必延之而後祭也，孔子曰「吾食於少施氏而飽，吾祭，作而辭曰，疏食不足以祭」是也。主人所先進者則先祭之，後進者則後祭之，亦所以敬主人也。

〔一〕「豆」：原作「稻」，四庫本、通志堂本亦作「稻」，據清麓本改。
〔二〕「燕」：四庫本、通志堂本、清麓本作「鄉」。

「殽」謂骨體，如特牲、少牢、尸飯、舉幹、舉骼、舉肩，皆振祭，是謂「遍祭」也。既食胾，則遍食之，所謂「辯殽」也。遍食，如尸嚌之是也。先儒以此殽爲膾炙。膾炙，禮謂之庶羞，非殽也。所謂「遍祭」者，謂遍舉骨體而祭也。胾，加豆也。客既三飯，主人延客食加，所以盡其勤也。「主人未辯，客不虛口」，亦謂降等之客，必俟主人遍食殽胾，乃敢卒食而酳，蓋有所待也。禮記集説卷第六。又見藍田呂氏禮記傳卷一。

侍食於長者，主人親饋則拜而食，主人不親饋則不拜而食。

凡稱侍者，少賤之於長者，毋敢視賓客也。若執弟子職而侍之，侍飲、侍食、侍坐皆然，以賓主之義不全，故無執食興辭之節也。若長者加禮，略申賓主之敬而親饋之，則拜之而已；若不親饋，則主人之敬不足，亦不必拜也。禮記集説卷第六。又見藍田呂氏禮記傳卷一。

共食不飽，共飯不澤手。毋摶飯，毋放飯，毋流歠，毋咤食，毋齧骨，毋反魚肉，毋投與狗骨，毋固獲，毋揚飯，飯黍毋以箸，毋嚃羹，毋絮羹，毋刺齒，毋歠醢。客絮羹，主人辭不能亨；客歠醢，主人辭以窶。濡肉齒決，乾肉不齒決，毋嘬炙。

「共食」者，所食非一品也。「共飯」者，止飯而已。凡與人共者，必先人而後己，厚人而薄己，則不爭矣。共食而求飽，非讓道也。古之飯者以手，與人共飯，摩手而有澤，人將惡之而難言也。食言放，羹言流，皆貪肆飲食而無容也。孟子曰：「放飯流歠，而問無齒決。」決之失小，而流放之過大也。「毋咤食」，當食叱咤，惡無容也。「毋投與狗骨」，惡以人食而食畜[一]也。「毋固獲」，惡必得也。「毋揚飯」，惡欲速也。毋飯黍以箸，惡用非所宜也。「毋刺齒」，取齒間之餘也。「毋絮羹」，「絮」讀如「漂絮」之「絮」，玩之而不食，必調飪失其節，故「主人辭不能亨」也。醢之味厚，非可歠而歠之，則味薄可知，故「主人辭以窶」。禮記集説卷第六。又見藍田呂氏禮記傳卷一。

卒食，客自前跪，徹飯齊以授相者。主人興辭於客，然後客坐。

[一]「畜」：四庫本、通志堂本、清麓本作「獸」。

「主人興辭於客，然後客坐」，此與「客降等執食興辭」之義同。敵者則不親徹也。凡此容止之節，疑若繁縟而難行。然大人成德，動容周旋中禮，則於斯也，不待學而自中。若夫學者，將學於禮，必先從事於節文之間，安於是而不憚煩，則其德爲庶幾矣。茲禮文之所以不可簡也。禮記集説卷第六。又見藍田呂氏禮記傳卷一。

侍飲於長者，酒進則起，拜受於尊所。長者辭，少者反席而飲。長者舉未釂，少者不敢飲。

侍飲之義[二]與侍食同。因燕間而飲食，非賓主之正禮也。古之飲酒，貴賤少長無不及也。鄉飲酒之禮：堂下之賓，樂工及笙，無不與獻。特牲饋食禮：賓兄弟弟子，公有司私臣，無不私[三]獻。其獻也，皆主人親酌授之。此侍飲者，亦長者，親酌授之故，所以有拜受于尊所之節也。惟燕禮以宰夫爲獻主，故君不親酌也。「長者舉未釂，少者不敢飲」，猶燕禮「受賜爵者，以爵就席坐，公卒爵，然後飲」也。然士相見禮及玉藻，與燕禮異者；恐「侍飲於長者」，偶與燕禮同，而與侍飲於君異也。禮記集説卷第六。又見藍田呂氏禮記傳卷一。

長者賜，少者賤者不敢辭。

辭遜之節，行於賓主之際而已。體不敵，則毋敢視賓客。所謂「不敢辭」者，義所可受，不敢以辭之也。有一辭，有再辭，有三辭，各稱其事也。孟子曰：「尊者賜之，曰『其所取之者，義乎，不義乎』，以是爲不恭，故弗卻。」若夫義不當受，雖尊者之賜亦辭，如子思辭魯繆公之鼎肉，孟子辭齊之兼金百鎰是也。禮記集説卷第六。又見藍田呂氏禮記傳卷一。

賜果於君前，其有核者懷其核。御食於君，君賜餘，器之溉者不寫，其餘皆寫。

二者，皆廣敬也。果核當棄，重君賜，故懷之而不棄也。御食，侍食也，如內則「父没母存，冢子御食」是也。禮記

[二]「義」：四庫本、通志堂本、清麓本作「禮」。

[三]「私」：四庫本、通志堂本、清麓本作「與」。

集説卷第六。又見藍田呂氏禮記傳卷一。

餕餘不祭，父不祭子，夫不祭妻。

「餕」者，食餘之名。尸謖，君與卿四人餕。君起，大夫六人餕，食祭之餘也。父母在，朝夕常食，子婦佐餕，食人之餘也。皮弁以日[一]視朝，遂以食，日中而餕，莫食朝之餘也。祭食者，祭其所未嘗食者，以示敬也。餕者，食之餘，祭之則不敬，故不祭也。雖然，所以不祭者，唯父之於子、夫之於妻而已。若尊者，則餕餘亦祭也，如特牲饋食「餕者，祭舉祭鉶」是也。子與妻有餕，致於父與夫者，蓋祭祀之餘也。祭祀有子與妻尸之，而已不與者，故有餕以致之也。齊陳乞曰：「常之母，有魚菽之祭，願諸大夫之餕我也。」此妻之祭而夫食其餕也。晉驪姬謂太子申生曰：「君夢齊姜，必速祭之。」太子祭于曲沃，歸胙于公。此子之祭而父食其餕也。禮記集説卷第六。又見藍田呂氏禮記傳卷一。

御同於長者，雖貳不辭，偶坐不辭。

「御同於長者」，侍於長者也。「偶坐」者，因彼有賓也。辭遜，行之美者也。辭其所當辭，然後成其美也。如不有其義，不當其物，則其美者，適所以爲病歟！禮記集説卷第六。又見藍田呂氏禮記傳卷一。

羹之有菜者用梜，其無菜者不用梜。

事之細者，猶各求其所宜，則先王之謹於禮可知矣。禮記集説卷第六。又見藍田呂氏禮記傳卷一。

爲天子削瓜者副之，巾以絺。爲國君者華之，巾以綌。爲大夫累之，士疐之，庶人齕之。

削瓜有等，亦以辨上下也。自大夫以上皆削，故曰「爲天子」、「爲國君」、「爲大夫」。自士以下不削，故曰「士疐之，庶人齕之」。「累之」，如「裸裎」之「裸」也。禮記集説卷第六。又見藍田呂氏禮記傳卷一。

父母有疾，冠者不櫛，行不翔，言不惰，琴瑟不御，食肉不至變味，飲酒不至變貌，笑不至矧，怒不至詈。疾止復故。

[一]「日」：四庫本、通志堂本、清麓本作「旦」。

孝子之事親也，病則致其憂，憂在乎心，故言動不得如其故也。「冠者不櫛」，不暇禮〔一〕也。志不惰者，其回也歟？此言「言不惰」者，蓋不在乎此而及於他，言之惰也。惰，懈也，懈則忘之矣。父母有疾，心未嘗忘乎疾，故雖言也，不在乎他。顔子學於仲尼，聽其言也，唯恐失之，亦不在乎他，此所以皆「言不惰」也。「矧」，見齒也；「詈」，惡聲也；笑怒之變至于此〔二〕，亦忘乎其親者也。禮記集説卷第六。又見藍田呂氏禮記傳卷一。

有憂者，側席而坐。有喪者，專席而坐。

「側席」，坐不安也。「專席」，不與人共坐也。「有憂者」行不能正履，則坐不能安席可知矣。「有喪者」致於哀慕，心不二事，則不與人共處可知矣。居倚廬，非喪事不言，既練居堊室，不與人居，皆「專席」之義也。先儒以側爲特，以專爲單，既無所據，而以側爲特，如禮所謂「側降」、「側受」之類，所訓雖可，然與「專席」無別，則不可以「特」訓「側」也。禮記集説卷第六。又見藍田呂氏禮記傳卷一。

水潦降，不獻魚鼈。獻鳥者佛其首，畜鳥者則勿佛也。獻車馬者執策綏，獻甲者執冑，獻杖者執末，獻民虜者操右袂，獻粟者執右契，獻米者操量鼓，獻孰食者操醬齊，獻田宅者操書致。

獻遺授受之節文，其別有獻、有遺、有進、有效、有執、有授、有問。獻車馬、獻甲、獻粟、獻米、獻食、獻田宅，此六者不可手執，則執一物以表其獻。少儀云：「車則説綏，執以將命。甲若有〔三〕以前之，則袒櫜奉冑。」粟者，穀之總名，黍稷稻粱之屬，未爲米者也。古者以契爲信，居者執左契，出者執右契。蓋予人粟者，執左契以待之。左契者，無所事以待有所事，此老氏所謂「聖人執左契」是也。取人粟者，執右契以合之，此獻粟者所以執右契以表之也。「醬齊」者，

〔一〕「禮」：清麓本作「理」。
〔二〕「至于此」：四庫本、通志堂本、清麓本作「至於如此」。
〔三〕「有」：諸本皆作「無」，據十三經注疏本禮記改。

主人親設，客親徹，食之主也。執食之與醬齊，各有所宜，所謂「不得其醬，不食」。［杖與］〔一〕民虜二者，可執而獻之，故不以物表之也。杖之末居地，有坌汙，故自執之，且便於受獻者之執也。禮記集説卷第六。又見藍田呂氏禮記傳卷一。

凡遺人弓者，張弓尚筋，弛弓尚角，右手執簫，左手承弣，尊卑垂帨。若主人拜，則客還辟辟拜，主人自受，由客之左，接下承弣，鄉與客並，然後受。

凡以物相饋，下之於上曰獻，上之於下曰賜，敵者曰遺。「遺人弓」而不曰獻，蓋敵者也。張則弓之體來，筋外而角內，故「尚筋」。弛則弓之體往，角外而筋內，故「尚角」。或張或弛者，弓體定則張之，未定則弛之也。「右手執簫，左手承弣」者，受者便於執也，少儀云「弓則以左手屈韣執弣」。授受之儀，尊卑皆稍磬折，故皆「垂帨」也。「由客之左」，吉事尚右，以尊賓也。「接下承弣」，敬受之也。「鄉與客並，然後受」者，敵相遺，皆南鄉。禮記集説卷第六。又見藍田呂氏禮記傳卷一。

進劍者左首，進戈者前其鐏，後其刃，進矛戟者前其鐓，進几杖者拂之。效馬效羊者右牽之，效犬者左牽之。執禽者左首。飾羔鴈者以繢，受珠玉者以掬，受弓劍者以袂，飲玉爵者弗揮。凡以弓劍、苞苴、簞笥問人者，操以受命，如使之容。

「進」者，以物共尊者之用，非獻也。「效」者，致之尊者之前使之見，非進也。劍也、戈也、矛戟也，三者皆兵也。進兵者後其刃，敬也，少儀曰「凡有刺刃者以授人，則辟刃」是也。「拂之」者，去塵以進之，敬也，少牢饋食「主人左手縮之，以右袂推〔二〕拂几三，二〔三〕手横執几，進授尸於筵前」，此進几之儀。羊馬，豢畜之獸，馴而易制，故「右牽之」，便也，少儀「牛則執紖，馬則執靮，皆右之」。犬雖豢畜，然吠非其主或有噬人之患，故左牽而以右手制之，如臣虜之比

〔一〕底本脱「杖與」，據四庫本、通志堂本、清麓本補。
〔二〕「推」：原作「進」，四庫本、通志堂本、清麓本亦作「進」，據嘉靖五年盧陵陳鳳梧刊本鄭玄注賈公彦疏儀禮注疏改。
〔三〕「二」：原作「右」，據四庫本、通志堂本、清麓本改。

也，少儀云「犬則執緤」。「執禽者左首〔一〕」，謂贄也。禽贄，若卿執羔、大夫執雁、士執雉、庶人執鶩、工商執雞是也，士相見禮云：「贄，冬用雉，夏用腒，左頭奉之。」「飾羔雁者〔二〕以繢」者，以繢飾其布也。弓劍藉之以袂，文也。弓劍比於珠玉，不慮其失墜，故得盡其文也。玉器宜謹，故「弗揮」。聘禮曰：「小聘曰問。」問者，久不相見，使人問安否以講好也，義如諸侯之相聘，禮則殺之也。詩云：「知〔三〕子之順之，雜佩以問之。」如弓劍、苞苴、簞笥，皆可以問人者也。弓劍，玩好也。苞苴，魚肉菓實也，書曰「厥包橘柚」、易曰「包有魚」、詩曰「野有死麕，白茅包之」是也。簞，論語「一簞食」是也。笥以盛衣裳〔四〕，書云「惟衣裳在笥」是也。所以使問者操是物以受命於尊者，如使臣受命於君之容，所以敬命也。禮記集說卷第七。又見藍田呂氏禮記傳卷一。

凡爲君使者，已受命，君言不宿於家。君言至，則主人出拜君言之辱。使者歸，則必拜送于門外。若使人於君所，則必朝服而命之。使者反，則必下堂而受命。

人臣之義，莫大乎敬君，敬君莫大乎敬命。受君命不宿於家，不敢留也。君言至，則出拜，使者反，下堂而受命，不敢不聽也。二者皆敬之至也。禮記集說卷第七。又見藍田呂氏禮記傳卷一。

博聞强識而讓，敦善行而不怠，謂之君子。君子不盡人之歡，不竭人之忠，以全交也。

「歡」，謂好於我也。「忠」，謂盡心於我也。好於我者，望之不深，則不至于倦而難繼也，「酬酒不舉三爵，油油而

〔一〕「首」：原作「手」，據四庫本、通志堂本、清麓本及正文改。

〔二〕清麓本脫「者」字。

〔三〕「知」：原作「之」，四庫本、通志堂本亦作「之」，據清麓本改。

〔四〕「裳」：四庫本、通志堂本、清麓本作「服」。

退」是也。盡心〔一〕於我者，不要其必致〔二〕，則不至于不能勉而難繼〔三〕也，詩曰「每有良朋，烝也無戎」是也。禮記集説卷第七。又見藍田呂氏禮記傳卷一、禮記集解卷三。

禮曰：「君子抱孫不抱子。」此言孫可以爲王父尸，子不可以爲父尸。爲君尸者，大夫士見之，則下之。君知所以爲尸者，則自下之。尸必式，乘必以几。齊者不樂不弔。

求神，必以其類，升其堂也，入其室也，其形不可見也，其聲不可聞也。亨孰羶薌而薦之，莫知其來享也，此孝子之心所以必立尸也。主人之事尸，以子事父也。然獻酢拜跪，禮無不答，猶賓之也。父母而賓客之，自殯于西階始，此事人事鬼之所以異也。尸必筮之，求於神而不敢專也，特牲禮「前期三日筮尸」，少牢禮「前宿一日筮尸」也。几者，尊者之所凴以養安也，故尸之乘車用之。古之有敬事者必齊，齊者，專致其精明之德，恍惚以與神明交者也。樂則散，哀則動，皆有害於齊也，故「不樂不弔」，全其所以齊之志也。禮記集説卷第七。又見藍田呂氏禮記傳卷一。

居喪之禮，毁瘠不形，視聽不衰，升降不由阼階，出入不當門隧。居喪之禮，頭有創則沐，身有瘍則浴，有疾則飲酒食肉，疾止復初。不勝喪，乃比於不慈不孝。五十不致毁，六十不毁，七十唯衰麻在身，飲酒食肉，處於內。

記曰：「毁不危身，爲無後也。」又曰：「言而後事行者，杖而起；身自執事者，面垢而已。」君子執親之喪，其哀慕之至，如不欲生，齊疏之服，饘粥之食，居倚廬，寢苫枕塊，所以致毁者，僅至於不死而已。然先王制禮，毁不滅性，教民無以死傷生，毁瘠形，視聽衰，幾於滅性矣，非特然也。送死之大事，且將廢而莫之行，則罪莫大焉，此君子所以不

〔一〕「心」：原作「力」，據四庫本、通志堂本、清麓本及上下文改。
〔二〕「致」：禮記集解上有「力」字。
〔三〕「難繼」：禮記集解作「絕」。

敢過也。君子之居喪，「三年無改於父之道」，若父存焉爾〔一〕，「升降不由阼階，出入不當門隧」，執人子之禮而未〔二〕忍廢也。士喪禮：既啟柩遷于祖，主人從，升自西階；既葬，反哭入，升自西階。此「不由阼階」之節也。雖天子諸侯，在喪稱子，亦此義也。居喪之禮，非虞祔練祥無沐浴。然「頭有創」、「身有瘍」必爲之沐浴者，有疾不可以致毀也。父母之喪，既殯食粥，朝一溢米，暮一溢米。齊衰之喪，疏食水飲，不食菜果。大功之喪，不飲醯醬。小功緦麻，不飲醴酒，然「有疾則飲酒食肉」者，毀不可滅性也。二者皆以權制者也。身者，親之〔三〕枝也。體親之愛，則不可以過毀。不勝喪而死，雖志在慕親，而至於滅性而絶後，徇輕而忘重，謂之不孝可也。汎言居喪，而不獨父母，此所以兼言不慈也。老者居喪，與有疾者同，蓋亦以權制者也。蓋養老之政，自五十始，血氣既衰，養道所以不可闕，居喪有不能任，故爲之節也。致毀之食，饘粥也；不毀之食，疏食水飲也。衣服居處，哭泣之節稱之，不致毀則食食而不食粥矣，不毀則食不疏而有醯醬矣。七十之制，所變者衰麻之服，餘無變也。禮記集說卷第七。又見藍田呂氏禮記傳卷一。

生與來日，死與往日。

如三日成服杖，生者之事也。其三日也，自死之明日數之，故曰「生與來日」。如三日而殯，死者之事也。其三日也，自死之日數之，故曰「死與往日」。喪大記云：「大夫之喪，三日之朝，既殯，主人主婦室老皆杖。」則生死皆以死之明日數之，與士異矣。士位卑禄寡，不若大夫死事畢而後治生事，故成服杖，後於殯一日，然以來日、往日數之，皆可以名三日也。禮記集說卷第七。又見藍田呂氏禮記傳卷一。

弔喪弗能賻，不問其所費；問疾弗能遺，不問其所欲；見人弗能館，不問其所舍；賜人者不曰來取，與人者不問其

〔一〕「爾」：四庫本、通志堂本、清麓本作「而」。

〔二〕「未」：四庫本、通志堂本、清麓本作「不」。

〔三〕四庫本、通志堂本、清麓本無「之」字。

所欲。

「君子於其言，無所苟而已。」所問不由於誠，不如勿問之矣。賜人者使之來取，人之所難取也。與人者問所欲，人之所難言也。賜之而難取，問之而難言，非所以惠人之道也。禮記集說卷第七。又見藍田呂氏禮記傳卷一。

適墓不登壟，助葬必執紼，臨喪不笑，揖人必違其位，望柩不歌，入臨不翔，當食不歎。鄰有喪，舂不相；里有殯，不巷歌。適墓不歌，哭日不歌。送喪不由徑，送葬不辟塗潦。臨喪則必有哀色，執紼不笑，臨樂不歎，介冑則有不可犯之色，故君子戒慎，不失色於人。

壟，非所登也。助葬執紼，必有事也。弔於葬者，必執引，若從柩及壙，皆執紼，諸侯之禮曰「寡君有宗廟之事，使一介老某相執紼」，則助葬者雖諸侯亦執紼也。臨喪，非笑所也。「望柩不歌」，如「臨喪不笑」也。無服之喪，至誠惻怛，當與天下同之，況鄰里乎？相者，舂人歌以助舂[一]也。「適墓不歌」，如「望柩不歌」也。「送喪不由徑」，不欲速也。「不辟[二]塗潦」，不擇地也。哀在乎此，則忘乎彼也。「執紼不笑」，猶「臨喪不笑」也。「當食不歎」，猶「臨樂不歎」也。「臨喪則必有哀色」、「介冑則有不可犯之色」，色必稱其服，情必稱其色，內外相顧，所謂「不失色於人」也。禮記集說卷第七。又見藍田呂氏禮記傳卷一。

國君撫式，大夫下之。大夫撫式，士下之。

下之敬，重於式，所敬皆降一等也。禮記集說卷第七。又見藍田呂氏禮記傳卷一。

禮不下庶人，刑不上大夫。刑人不在君側。

庶人，愚且賤者也，不可以待君子之事責之。大夫，賢且貴者也，不可以待小人之法辱之。故古之制禮，皆自士

[一]「助舂」：清麓本作「助春」。

[二]「辟」：原作「避」，據四庫本、通志堂本、清麓本改。

始，庶人則略而已。大夫有罪，非不刑也，八議所不赦，則刑于隱者。周官掌囚所謂「凡有爵者，與王之同族，奉而適甸師氏，以待刑殺」是也。古之刑者〔一〕皆遠之，墨者使守門，[劓者使守]〔二〕關，刖者使守囿，髡者使守積，刑人而在君側，輕身之道也。禮記集說卷第七。又見藍田呂氏禮記傳卷一。

兵車不式，武車綏旌，德車結旌。

綏，上車繩也。御者升車，正立執綏，則垂曳于下也。「綏旌」者，其旒垂曳，如車之綏也。「結旌」者，斂旒於杠。發揚者，武之事也，故旌之垂曳象之。斂藏者，德之事也，故旌之收結象之。禮記集說卷第八。又見藍田呂氏禮記傳卷一。

史載筆，士載言。前有水則載青旌，前有塵埃則載鳴鳶，前有車騎則載飛鴻，前有士師則載虎皮，前有摯獸則載貔貅。

史，國史，掌爲辭命者也。士，史之有司也。國史撰述，故「載筆」以書其辭命也。有司藏書，故「載言」以備其討論也。二者，皆以職從君者也。師行號令，非可以言傳也。使衆易聞者，莫如金鼓；使衆易見[者]，莫如[旌]旗(物)〔三〕。師行之前，必遠爲斥堠，以備不虞，故爲物色旌旗之上，舉而示衆，使爲之戒。自青旌而下，皆以物色之類表其事也。木色青，水之所生也，故有水則以青旌象之。禮記集說卷第八。又見藍田呂氏禮記傳卷一。

行：前朱鳥而後玄武，左青龍而右白虎，招摇在上，急繕其怒，進退有度，左右有局，各司其局。

青龍在左，左，東方也，壽星大火析木之分主之。白虎在右，右，西方也，降婁大梁實沈之分主之。朱鳥在前，前，南方也，鶉首鶉火鶉尾之分主之。玄武在後，後，北方也，星紀玄枵娵訾之分主之。以是四物畫之於旗，立於軍之左右

〔一〕「古之刑者」：四庫本、通志堂本、清麓本作「古者刑人」。

〔二〕底本脱「劓者使守」四字，據四庫本、通志堂本、清麓本補。

〔三〕底本脱「者」「旌」二字，衍「物」字，據四庫本、通志堂本、清麓本增删。

前後，以象天體之周旋也。周官：「司常〔一〕掌九旗之物名。」所謂「交龍爲旂」者，象青龍也；「熊虎爲旗」，象白虎也；「鳥隼爲旟」，象朱雀也；「龜蛇爲旐」，象玄武也。四方之旗，九旗之遺象也。置招搖於旌〔二〕首，以象斗之回旋，旌之所指則伐之，如天之怒也。「急」，迫之也，「繕」，脩也，言作而致其怒也。「各司其局」，離局姦也。禮記集說卷第八。又見藍田呂氏禮記傳卷一。

父之讎，弗與共戴天。兄弟之讎，不反兵。交遊之讎，不同國。

殺人者死，古今之達〔三〕刑也。殺之而義，則殺之者無罪，故令勿讎，讎之則死，調人之職是也。殺之而不義，則殺之者當死，宜告于有司而殺之，士師之職是也。二者，皆無事乎復讎也。然「復讎」之文，雜見於經傳之間，考其所以得復者，必其讎人之勢甚盛，緩之則不能執〔四〕，故遇之則殺之，不暇告于有司也。亦有法之所已赦，或罪不麗于法，有司莫得而辟者，仁人孝子不得已而行，王法亦不得不從而許也。然調人猶和之而使辟，弗辟然後執之，不失法之信，且申〔五〕仁人孝子之義，父之讎報之之意，誓不與讎俱生〔六〕，此〔七〕所以弗共戴天也。寢苫不仕，以喪禮「自」〔八〕處也。手不舍兵，雖寢不忘，故枕戈也。雖市朝不辟，故「不反兵」而鬭也。居兄弟之讎，則殺於父矣。仕而不共國，則猶可以仕也。銜君命而使，雖遇之弗鬭，猶有所避也。所與居父讎同者，不反兵而已。居從父兄弟之讎，則又殺於兄弟矣。不

〔一〕「常」：原作「旗」，據四庫本、通志堂本、清麓本改。
〔二〕「旌」：四庫本、通志堂本、清麓本作「旗」。
〔三〕「達」：四庫本、通志堂本、清麓本作「通」。
〔四〕「執」：四庫本、通志堂本、清麓本作「及」。
〔五〕「申」：四庫本、通志堂本、清麓本作「伸」。
〔六〕「俱生」：四庫本、通志堂本、清麓本作「同生死」。
〔七〕四庫本、通志堂本、清麓本脫「此」字。
〔八〕底本脫「自」字，據四庫本、通志堂本、清麓本補。

爲魁，主人能，則執兵而陪其後。主人者，其子也，從主人而殺之，不爲戎首也。復讎輕重之義，不越是三等而已，此皆天屬之讎。若以義推［之］〔一〕，則君之讎眡父、師長之讎眡兄弟、主友之讎眡從父兄弟也〔二〕。主者，大夫之臣稱其君也。友者，吾同志也。此篇所稱「交遊之讎」，蓋友也。言交遊而不言從父兄弟，亦互文也。禮記集説卷第八。又見藍田呂氏禮記傳卷一。

四郊多壘，此卿大夫之辱也。地廣大，荒而不治，此亦士之辱也。

立乎人之本朝者，卿大夫也，大夫則謀人之國矣。有常職以食於上者，士也，士則任人之事矣。謀人之國，國危則任其責。任人之事，事不治則任其責。禮記集説卷第八。又見藍田呂氏禮記傳卷一。

臨祭不惰，祭服敝則焚之，祭器敝則埋之，龜筴敝則埋之，牲死則埋之。凡祭於公者，必自徹其俎。

「祭服」者，服以事鬼神，人之所御也。牲器龜筴，鬼神之物，非人之所用也。人之所御則焚之，焚之，陽也。鬼神之所用則埋之，埋之則〔三〕陰也。君祭，而臣與執事毋敢視賓客，故自「徹其俎」以出。禮記集説卷第八。又見藍田呂氏禮記傳卷一。

卒哭乃諱。禮不諱嫌名，二名不偏諱。逮事父母，則諱王父母；不逮事父母，則不諱王父母。

父之所諱，子亦諱之，雜記曰「王父母、兄弟、世父、叔父、姑姊妹與父同諱」是也。禮記集説卷第八。又見藍田呂氏禮記傳卷一。

君所無私諱，大夫之所有公諱。詩書不諱，臨文不諱。廟中不諱。夫人之諱，雖質君之前，臣不諱也。婦諱不出門。大功、

〔一〕底本脱「之」字，據四庫本、通志堂本、清麓本補。

〔二〕「也」：四庫本、通志堂本、清麓本作「而已」。

〔三〕四庫本、通志堂本、清麓本無「則」字。

小功不諱。入竟而問禁，入國而問俗，入門而問諱。

「君所無私諱」、「廟中不諱」，謂君前臣名、父前子名也。「大夫之所有公諱」，「廟中」，下則諱上，其義同也。玉藻云：「於大夫所，有公諱，無私諱。」此所謂私諱，大夫之私諱也，不辟之，嫌於君。「君所無私諱」者，謂己之私諱也，有所尊也，不得伸私恩也。教學必以詩書，有所諱則學者終有惑也。文字所以示於衆，有所諱則失事之實，必有害也。「夫人之諱」與「婦諱不出門」同。「大功、小功不諱」者，恩輕也。「禁」，若孟子言「問國之大禁，然後敢入」是也。「問〔一〕俗」，謂其國之禮俗有與他國不同者也。「問諱」，賓爲主人諱也，私諱不出門，門之内雖賓亦得諱之，所以敬主人也。禮記集説卷第八。又見藍田呂氏禮記傳卷一。

外事以剛日，内事以柔日。凡卜筮日，旬之外曰「遠某日」，旬之内曰「近某日」，喪事先遠日，吉事先近日。

卜筮者，先王所以求之鬼神之道也。先儒云：「天子之用卜筮，大事先筮而後卜，筮人之説是也。次事唯卜不筮，表記『天子無筮』，謂征伐出師若巡狩，是天子出行皆用卜無筮是也。小事無卜唯筮，筮人九筮是也。」其説然矣，唯「天子無筮」指爲次事而無所據，恐此非周人之禮也。凡事有二則疑，人謀不能決，必求之鬼神，此所以問卜筮也。然有疑而莫適從者，如立君，或曰「某可立」，或曰「某不可立」，其位均也，其親均也，其賢均也；戰者，或曰「可戰」，或曰「不可戰」，其義均也，其利均也。如此，則一聽於神以定其吉凶也。有疑而不敢專者，如建都邑，地利便矣，人居便矣，擇而居之可矣；如時日者，祭必用是時，葬必用是月，諏而用之可矣。然即其中以求之神，蓋有所尊也。禮記集説卷第九。又見藍田呂氏禮記傳卷一。

曰：「爲日，假爾泰龜有常，假爾泰筮有常。」卜筮不過三，卜筮不相襲。龜爲卜，筴爲筮；卜筮者，先聖王之所以使民信時日、敬鬼神、畏法令也，所以使民決嫌疑、定猶與也。故曰：「疑而筮之，則弗非也；日而行事，則必踐之。」

〔一〕四庫本、通志堂本、清麓本脱「問」字。

命龜者，周官大卜主之。命筮，人君未聞，必筮人主之。大夫則筮史命之，少牢禮是也。大夫之於卜，三命之，涖卜以主人所卜命卜史，如士喪禮：「宗人受卜人龜，示高；涖卜受視，反之；宗人還，少退受命，命曰：『哀子某，來日某〔一〕卜葬其父某甫，考降，無有近悔。』許諾，不述命。還即席，西面坐，命龜，興，授卜人龜。」蓋士禮略，故不述命。若大夫，則命卜以主人之命命宗人，宗人述涖卜之命，即席坐，又命龜曰：「假爾泰龜有常。」是所謂三命之士。卜不述命，則二命之士〔二〕也。大夫於筮，則二命之，少牢饋食禮「史受命于主人，主人曰：孝孫某，來日丁亥，用薦歲事云云。史曰諾，西面遂述命曰：假爾泰筮有常，孝孫某來日丁亥云云」是也。士筮則一命之，特牲禮云「宰自主人之左贊命，筮者許諾，即席坐筮」是也。言「泰龜」、「泰筮」，尊而大之也。「有常」，言吉凶不僭也。「卜筮不過三」者，當謂卜筮日與地之類，如喪祭舉三旬之日，或先遠，或先近，卜之筮之。如建都邑，洛誥曰「我卜河朔黎水，我乃卜澗水東、瀍水西，惟洛食。我又卜瀍水東，亦惟洛食」是也。如卜筮事，則有從有逆，不可再三，易曰「初筮告，再三瀆」是也。「卜筮不相襲」者，凡常事，卜不吉則不筮，筮不吉則不卜也。若大事，則先筮而後卜，洪範：「汝則有大疑，謀及乃心，謀及卿士，謀及庶民，謀及卜筮。」故有「龜從筮從」，或「龜從筮逆」，是龜筮並用也。晉卜納襄王，得黃帝戰于阪泉之兆，又筮之，則遇大有之睽，亦龜筮並用也。故知不相襲者，非大事也。「龜爲卜，筴爲筮」，周官龜人掌取龜攻龜，入于龜室，釁之以待用；凡卜，龜人奉龜以往，大卜涖卜眡高命龜；華氏「以明火爇燋，遂龡其焌契，以授卜師」；卜師揚火作龜，致其墨以示卜人；卜人占之，其占視其兆，太卜掌三兆之法，其經兆之體皆百有二十，其頌皆千有二百。此「龜爲卜」也。筴，蓍也，古者以蓍爲筮而揲卦，其用四十有九，分而爲二，掛一而揲之以四，歸奇於扐，是爲一變；再扐掛，又爲一變；三變成爻，以四揲之數七八九六，以辨陰陽老少，十有八變而成卦。凡筮，筮人布

〔一〕四庫本、通志堂本、清麓本脫「某」字。
〔二〕「士」：四庫本、通志堂本、清麓本作「是」。

席，左執筴，右抽上韇兼執之，受命于主人，主人授之，筮人許諾，擊筮，述命，立筮。卦者坐卦以木，卒筮，書卦于木，示主人，乃退占。士所以異者，不述命坐筮而已。其占視其卦，太卜掌三易之法，其經卦皆八，其别皆六十有四。此「筴爲筮」也。「信時日」者，祭祀喪葬之日，既卜筮而用之，不敢改也。「敬鬼神」者，人謀非不定，而猶求於鬼神，知有所尊而不敢必也。「畏法令」者，人君法令有疑者，决之卜筮，則人君且不敢專，況下民乎？「嫌疑」者，物有二而相似也。「猶與」者，事有二而不决也。如建都邑，某地可都，某地亦可都，此「嫌疑」也，故卜筮以决之。如卜戰，或曰可戰，或曰不可戰，此「猶與」也，故卜」〔二〕筮以定之。此先聖王所以神道設教也。問焉而以言，其受命也如嚮，惟精誠可以致之，既曰卜筮矣，則惟卜筮之爲聽，不可二也。有疑而筮，既筮而不信，諏日而卜，既卜而弗踐，是爲不誠。不誠之人，不能得之人，况可得之鬼神乎？踐，踐履而用是日，恐不必改爲善。禮記集説卷第九。又見藍田吕氏禮記傳卷一。

君車將駕，則僕執策立於馬前；已駕，僕展軨效駕，奮衣由右上，取貳綏跪乘，執策分轡，驅之五步而立。君出就車，則僕并轡授綏，左右攘辟。車驅而騶，至于大門，君撫僕之手，而顧命車右就車。門閭、溝渠必步。

此章言僕御君車之法也。僕御君車，其節有五：將駕，「執策立於馬前」，一也；已駕，「展軨效駕」，二也；先上車，「執策分轡，驅之五步」，三也；「君出就車」「并轡授綏」，四也；車至大門，君撫僕手，「顧命車右就〔三〕車」，五也。策者所以驅馬，僕之所從事也。君車將駕，僕執策立於馬前，臨而視之，則駕者無敢不謹也。轄，車之所賴以行也。既展軨，乃敢白君，故曰「效駕」。僕在右，君位在左，升由右便也。「門閭、溝渠必步」，防有竊發之變、傾覆之虞也。禮記集説卷第九。又見藍田吕氏禮記傳卷一。

客車不入大門，婦人不立乘，犬馬不上於堂。

〔二〕底本缺頁，無〔 〕中內容，據四庫本補。
〔三〕「就」：四庫本、通志堂本、清麓本作「上」。

「客車不入大門」，敬主人也。「婦人不立乘」，從安也。「犬馬不上於堂」，賤畜也。三者或敬或安或有所賤，各從其宜也。禮記集說卷第九。又見藍田呂氏禮記傳卷一。

故君子式黃髮，下卿位；入國不馳，入里必式。

車之所過，則門外之朝位也。卿立于位以俟君，君過之則下，非虛[一]位也。人君而敬臣之虛位，爲已過矣。「入國不馳」，馳則人不得辟也。「入里必式」，先人之居在焉也。禮記集說卷第九。又見藍田呂氏禮記傳卷一。

祥車曠左；乘君之乘車，不敢曠左，左必式。

王者五輅[二]，君乘其一，餘四輅皆臣下乘之，故有乘車也。禮記集說卷第九。又見藍田呂氏禮記傳卷一。

國君下齊牛，式宗廟。大夫士下公門，式路馬。乘路馬，必朝服，載鞭策，不敢授綏，左必式；步路馬，必中道。以足蹙路馬芻，有誅；齒路馬，有誅。

「國君下齊牛，式宗廟」，齊牛，已[三]卜之牲，所用於宗廟者[四]，見則下之，過宗廟之門則式之；以牲於神近而門於神遠，故敬門殺於牲也。路馬，非齊牛之比，故敬馬殺於門也。云「國君下齊牛，式宗廟」[五]，以對「大夫士下公門，式路馬」，事各有所當。「步路馬，必中道」，步，習也，中道，君所行也。誅，責也。孔子曰：「於予與何誅。」傳曰：「反，誅屨於徒人費。」皆責也。禮記集說卷第九。又見藍田呂氏禮記傳卷一。

[一]「虛」：前四庫本、通志堂本、清麓本有「卿之」二字。
[二]「輅」：四庫本、通志堂本、清麓本作「路」。
[三]「已」：四庫本、通志堂本、清麓本作「以」。
[四]四庫本、通志堂本、清麓本無「者」字。
[五]「國君下齊牛，式宗廟」：原作「國君下宗廟，式齊牛」，據四庫本及正文改。

曲禮下第二

凡奉者當心，提者當帶。

奉者，承之以二〔一〕手也。提者，挈之以一手也。禮記集説卷第十。又見藍田呂氏禮記傳卷二。

凡執主器，執輕如不克。執主器，操幣、圭、璧，則尚左手，行不舉足，車輪曳踵。立則磬折垂佩。主佩倚則臣佩垂，主佩垂則臣佩委。

「尚左手」者，人手利於用右不利於用左，以利用者在下，防失墜也。「不舉足」，如車輪之曳地，則行步之慎也。「立則磬折垂佩。主佩倚則臣佩垂，主佩垂則臣佩委」，謂君臣授受之節也，如前所謂「尊卑垂帨」也。凡授受者，尊卑皆磬折，故垂佩也。然臣當加恭於君，故有佩倚、佩垂、佩委之差也。必俟主佩垂〔二〕，然後臣佩委，猶授立不跪、授坐不立，亦各從其所宜也。禮記集説卷第十。又見藍田呂氏禮記傳卷二。

執玉，其有藉者則裼，無藉者則襲。

聘禮：「上介不襲，〔執圭〕屈繅授賓〔三〕，賓襲執圭。公襲受圭，授宰玉，裼降立。賓裼奉束帛加璧享。」當上介授賓，固已〔四〕「屈繅」矣，而云「上介不襲」。及賓以「束帛加璧享」，則無繅藉矣，乃云「賓裼」。則以垂藻、屈藻爲「有

〔一〕「二」：四庫本、通志堂本、清麓本作「兩」。
〔二〕「垂」：原作「倚」，四庫本、通志堂本亦作「倚」，據清麓本及上下文改。
〔三〕底本脱「執圭」二字，且「繅」作「藻」，據四庫本、通志堂本、清麓本補改。
〔四〕「已」：四庫本、通志堂本、清麓本作「以」。

藉」、「無藉」，固不可行矣〔一〕。竊意玉雖以藻爲藉，此云「有藉」、「無藉」者，必以所加爲言，如束帛之類，謂之藉也。始致君命，圭璋特達，是無藉也，故賓與公皆襲；既享束帛加璧，是有藉也，故賓裼。如此，則義理可推。禮記集説卷第十。又見藍田呂氏禮記傳卷二。

國君不名卿老、世婦，大夫不名世臣、侄、娣，士不名家相、長妾。

君之使臣，臣之事君，尊卑之勢雖殊，其所以相敬之道一也，故曰「君使臣以禮，臣事君以忠」。古者幼名，男子冠而字，女子笄而字，所以別長幼也。君之於臣妾，雖冠笄亦名，惟臣妾之長者不名，所以別貴賤也。卿老、「世臣」〔二〕、家相，皆其貴臣也；世婦、侄、娣、長妾，皆其貴妾也；均臣妾也，特異其貴者，蓋以禮敬之，不敢慢也。諸侯之臣：上大夫卿、下大夫、上士、中士、下士，凡五等，「卿老」者，即上大夫卿也。自天子至于士，其臣之貴者，皆稱老。記曰：「〔五官之長曰伯，其擯於天子也，曰〕〔三〕天子之吏；自稱於諸侯，曰天子之老。」列國之大夫使於諸侯，自稱曰寡君之老。」又諸侯使卿弔于他國，辭曰「一介老某相執紼」。此天子諸侯之臣稱老者也。魯臧氏老，將如晉問，此大夫之臣稱老者也。士昏禮「納采，主人降，授老雁」，此士之臣稱老者也。孟莊子不改父之臣與父之政，則大夫有世臣也。謂吾姑者，謂之姪。姪者，妻之昆弟之子也；娣，其妹也，皆大夫之貴妾也。禮記集説卷第十。又見藍田呂氏禮記傳卷二。

君大夫之子不敢自稱曰「余小子」，大夫士之子不敢自稱曰「嗣子某」，不敢與世子同名。

「君大夫」之稱，未之聞也。先儒云「天子大夫，有土地者」，其説雖不經見，然考之此章立文之意，義當然也。蓋

〔一〕「矣」：清麓本作「也」。
〔二〕底本脱「世臣」二字，據四庫本、通志堂本、清麓本補。
〔三〕〔〕中內容原缺，據清麓本補。

言「君大夫之子不敢自稱曰『余小子』」，辟嗣天子之稱也。辟嗣天子者，必天子「之」〔一〕大夫也。又言「大夫士之子不敢自稱曰『嗣子某』」，辟嗣諸侯之稱也。辟嗣諸侯「者」〔二〕，必諸侯之士大夫也。謂之「〔君〕〔三〕大夫」者，食采於畿内，爵則諸侯，位則大夫也。謂之「君大夫之子」者，嗣爲天子之大夫也；「大夫士之子」者，嗣爲諸侯之大夫士也。記云「天子未除喪，曰予小子」，考之詩、書，閔予小子，「嗣王朝于廟」之詩也；「以予小子揚文武烈」，洛誥之文，在成王營成周之時也；「今予小子祗勤于德」，周官之文，在成王滅淮夷之後也，皆非未除喪之稱。然後〔四〕章所云，恐非自稱之文，當止曰「小子」可也。禮記集説卷第十。又見藍田呂氏禮記傳卷二。

君使士射，不能，則辭以疾，言曰：「某有負薪之憂。」

男子生，桑弧蓬矢，（六）〔五〕以射天地四方。言射者，男子之所有事也。不能射，則幾於非男子也，故不能射者，男子恥之。士雖不能射，可以疾辭〔六〕，而不可以不能辭也。孟仲子〔七〕曰：「有采薪之憂，不能造朝。」采薪，猶負薪也。禮記集説卷第十。又見藍田呂氏禮記傳卷二。

侍於君子，不顧望而對，非禮也。

「不顧望而對」，則如怵〔八〕人之先己，若有所爭然。禮記集説卷第十。又見藍田呂氏禮記傳卷二。

〔一〕底本脱「之」字，據四庫本、通志堂本、清麓本補。
〔二〕底本脱「者」字，據四庫本、通志堂本、清麓本補。
〔三〕底本脱「君」字，據四庫本、通志堂本、清麓本補。
〔四〕「後」：四庫本、通志堂本、清麓本作「此」。
〔五〕底本衍「六」字，據四庫本、通志堂本、清麓本删。
〔六〕「辭」：四庫本、通志堂本、清麓本上有「爲」字。
〔七〕「仲」：原作「敬」，據四庫本、通志堂本、清麓本改。
〔八〕「怵」：四庫本、通志堂本、清麓本作「恐」。

君子行禮，不求變俗。祭祀之禮、居喪之服、哭泣之位，皆如其國之故，謹脩其法而審行之。

孔子去魯曰：「遲遲吾行也，去父母國之道也。」子路去魯，謂顏淵曰：「何以贈我？」曰：「去國，則哭于墓而後行。」古之君子，重去父母之國如此，則其去也，豈得已哉？道合則從，不可則去，君臣之義也。故以道去其君者，君所以待之者，三有禮焉。故臣爲舊君反服，而君未之絶也。樂，樂其所自生，禮不忘其本，吾於父母之國，夫豈不懷？況以道去君，君待之有禮，則舍故從新，仁人君子有所不忍，此「行禮」所以「不求變俗」也。俗者，吾父母之國俗也；雖去而之他國，至於祭祀之禮、居喪之服、哭泣之位，皆如其舊。謹脩審行而不輕改者，不忍忘吾父母之國也。禮記集説卷第十。又見藍田呂氏禮記傳卷二。

去國三世，爵禄有列於朝，出入有詔於國。若兄弟宗族猶存，則反告於宗後。去國三世，爵禄無列於朝，出入無詔於國。唯興之日，從新國之法。

以道去君，君未之絶，雖三世之久，爵禄猶有列於朝者，謂君爲之立後，以承先祀而食其田禄；出入猶有詔於國者，如去魯之齊，又之晉，復歸於魯[一]，君既未之絶[二]，則出入他國，猶反告于舊君也。如是者，若其兄弟宗族猶存，則必有宗子，冠娶妻必告，死必赴，不忘親也。如去國三世，收其田里，掃其宗廟，舊君與己出入不相聞也，則去吾父母之國，其日遠，在吾君臣之際，其恩絶，可以變舊國之俗，從新國之法矣。然猶俟起爲卿大夫，然後從新者，厚之至也。禮記集説卷第十。又見藍田呂氏禮記傳卷二。

君子已孤不更名，已孤暴貴，不爲父作謚。

「已孤不更名」，有所不忍也。「已孤暴貴，不爲父作謚」，有所不敢也。不忍，愛也；不敢，敬也，愛敬盡於事親

[一]「魯」：原作「齊」，據四庫本、通志堂本、清麓本改。
[二]「未之絶」：四庫本、通志堂本、清麓本作「未絶之」。

而已。古者子生三月，妻以子見，而父名之；斯名也，父之所命也，親存而有所禀命，猶可更也，已孤更之，輕廢父命，孝子之所不忍也。父爲士，子爲天子諸侯，則祭以天子諸侯，其尸服以士服，是可以己之禄養其親，不敢以己之爵加其親也。父之爵，法〔一〕不當謚，而己之爵當謚，以己當謚而作其父謚，是以己爵加其父，欲尊其親而反卑之，非所以敬親也。然則周之追王大王、王季何也？當周之興，王迹基於大王、王季、文王，世世脩德，至武王而有天下，武王、周公追述其功，義起斯禮，非後世追王之比也。禮記集説卷第十。又見藍田呂氏禮記傳卷二。

居喪，未葬讀喪禮，既葬讀祭禮，喪復常，讀樂章。居喪不言樂，祭祀不言凶，公庭不言婦女。

學必於其時，言必於其所。居喪者，自大功以上廢業，則哀不志於學矣。然送死之大事，莫詳於喪禮，必誠必信，勿之有悔，則未葬不可不知也。事死之經，莫詳於祭禮，所以追養致孝，則既葬不可不知也。讀是書也，非肄業也。當是時不知是事，不以禮事其親也。「喪復常」者，既禫踰月，即〔二〕吉也，「居喪不言樂」，至此始可以讀樂章也。古者吉凶之事不相干也，哀樂之情不可以貳也，貳則不誠，不足以奉大事。故喪，凶事也，不言樂；祭，吉事也，不言凶。如臨喪不笑、臨樂不歎之比，皆［以］〔三〕其非所也。肅敬者，公庭之事也。燕褻者，私庭之事也。婦人私褻〔四〕之事，不可以言於公庭。禮記集説卷第十。又見藍田呂氏禮記傳卷二。

龜筴、几杖、席蓋、重素、袗絺綌，不入公門；苞屨、扱衽、厭冠，不入公門；書方、衰、凶器，不以告，不入公門。

几，所以凴；杖，所以扶；席，所以坐；蓋，所以禦日與雨；袗絺綌，所以褻袢暑，皆燕安之具，入公門而用

〔一〕「法」：四庫本、通志堂本、清麓本作「卑」。
〔二〕四庫本、通志堂本、清麓本「即」上有「則」字。
〔三〕「以」：原闕，據四庫本、通志堂本、清麓本補。
〔四〕「燕褻」、「私褻」：四庫本、通志堂本、清麓本作「燕昵」、「私昵」。

之，近不恭也。孔子表而出之，表，謂加上服以蔽之，單則褻也。孔子雖不入公門，亦表而出之〔一〕，則與衆加恭也。吉冠有纚有梁，而喪冠無之，故厭然也。君子不奪人之喪，雖入公門，無所辟也。臣子之義，嫌於不祥，故舉其重而辟之。士所以入公門，説齊衰也。言説〔二〕齊衰，則大功以下不説也。大功以下雖不説衰，而厭冠必説也。齊衰、厭冠、衰屨，皆説也，斬衰固説矣。其未成服者，雖扱衽亦不入，皆嫌於不祥也。衰，五服之衰也。「書方、衰、凶器」三者，皆爲臣妾有死於宫者，君亦許之殯而成喪，然必告君乃得入也。爲君使而死，公館復，私館不復。公館者，公宫與公所爲〔三〕也。明死於公宫者，得成喪也。禮記集説卷第十一。又見藍田呂氏禮記傳卷二。

君子將營宫室，宗廟爲先，廄庫爲次，居室爲後。凡家造，祭器爲先，犧賦爲次，養器爲後。無田禄者，不設祭器；有田禄者，先爲祭服。君子雖貧不粥祭器，雖寒不衣祭服，爲宫室不斬於丘木。

君子之行，莫先於敬鬼神。誠不欺於鬼神，則於天下也何有？故言禮者必以祭祀爲先，營宫室者必以宗廟爲先，造器者必以祭器爲先，有田禄者先爲祭服，示有尊也。言營宫室，雖大夫有宗廟皆然，非獨諸侯也。言家造者，雖士有田禄者皆然，非獨大夫也。宗廟祭器，事吾先也。廄庫犧賦，待吾衆也。居室養器，奉吾私也。此先後之序也。廄以養牛馬犧牲，庫以藏兵也。犧賦，亦謂其〔四〕器也。犧牲之器，如牢互盆簝之屬也。賦，兵賦也，其器如弓矢、旗物、戈劍之屬也。孟子曰：「惟士無田，則亦不祭。」牲殺器皿衣服皆〔五〕不備故也。不祭，則薦而已，與庶人同，故不設祭器也。有田禄，則牲殺器皿衣服皆不可不備。祭器所以事其先，粥之則無以祭，無以祭則不仁也。祭服所以接鬼神，衣

〔一〕「之」：原作「入」，據四庫本、通志堂本、清麓本改。
〔二〕此「説」及下文五個「説」字四庫本、通志堂本、清麓本皆作「脱」。
〔三〕「爲」：四庫本、通志堂本、清麓本作「異」。
〔四〕四庫本、通志堂本、清麓本無「其」字。
〔五〕四庫本、通志堂本、清麓本無「皆」字。

之則褻，褻則[一]不敬也。丘木所以庇其宅兆，爲宮室而斬之，是慢其先而濟吾私也，是亦不敬也。禮記集説卷第十一。又見藍田呂氏禮記傳卷二。

大夫士去國，踰竟，爲壇位，鄉國而哭，素衣、素裳、素冠，徹緣，鞮屨，素簚，乘髦馬，不蚤鬋，不祭食，不説人以無罪，婦人不當御，三月而復服。

大夫士去國，喪其位也。大夫士喪位，猶諸侯之失國家，去其墳墓，掃[二]其宗廟，無祿以祭，故必以喪禮處也。爲壇而哭，衣冠裳以素，輿馬不飾，食不祭，内不御，心喪之禮也。禮：庶民爲國君，齊衰三月；寄公爲所寓，士仕焉而已者；大夫以道去而猶未絶者，皆服齊衰三月，言與民同也。今去其君，雖非喪也，然重絶君臣之義，故以心喪自處，而期以三月，故曰「三月而復服」也。「鞮屨」，革屨也。周官鞮屨氏，「蓋蠻夷之服也」。革去毛而未爲韋，非吉屨也。孔子去魯，以微罪行，樂毅云「忠臣去國，不潔其名」，以己無罪而説於人，則君有罪矣，君子不忍爲者，厚之至也。禮記集説卷第十一。又見藍田呂氏禮記傳卷二。

大夫士見於國君，君若勞之，則還辟，再拜稽首；君若迎拜，則還辟，不敢答拜。

「還辟再拜稽首」，以君臣之禮見他國之君也。「迎拜則還辟」，他國之君以賓主之禮接己，而己不敢亢也。禮記集説卷第十一。又見藍田呂氏禮記傳卷二。

大夫、士相見，雖貴賤不敵，主人敬客則先拜客，客敬主人則先拜主人。

尊賢之義，貴賤之勢，有不得奪之也。禮記集説卷第十一。又見藍田呂氏禮記傳卷二。

凡非弔喪，非見國君，無不答拜者。大夫見於國君，國君拜其辱；士見於大夫，大夫拜其辱；同國始相見，主人拜其辱。

[一]「則」：四庫本、通志堂本、清麓本作「之」。

[二]「掃」：四庫本、通志堂本、清麓本作「拚」。

君於士，不答拜也；非其臣，則答拜之。大夫於其臣，雖賤，必答拜之。男女相答拜也。

「弔喪」者，主人拜賓，賓不答。少儀曰：「適有喪者曰比，童子曰聽事，適公卿之喪曰聽役於司徒。」諸侯使人相弔，辭云「寡君有宗廟之事，不得承事」，則凡弔者，非以賓客來，獨主拜賓之辱而已，賓不可申其敬也。禮記集說卷第十一。又見藍田呂氏禮記傳卷二。

國君春田不圍澤，大夫不掩羣，士不取麛卵。

古之田獵獻禽，以供〔一〕祭祀之用，且因農隙以講事也。豺祭獸然後田獵，則田必在秋冬矣。然周官有「四時之田」，王制云「天子諸侯無事，則歲三田」，此亦云「春田」，則春雖亦有田，而非田獵之正〔二〕，因時講事而已，故不尚多獲而暴天物也。言「春田」而不言「夏田」，夏不田也，故言「三田」異於周官也。禮記集說卷第十一。又見藍田呂氏禮記傳卷二。

歲凶，年穀不登，君膳不祭肺，馬不食穀，馳道不除，祭事不縣；大夫不食粱，士飲酒不樂。

仁者，以天下爲一身者也，疾痛疴癢，所以感吾憯怛怵惕之心，非有知力與乎其間也。以天下爲一身者，一民一物莫非吾體，故舉天下所以同吾愛也。故「歲凶，年穀不登」，民有饑色，國君、大夫士均與其憂。君非不能玉食，大夫士非無田祿，仁人之心與民同之，雖食不能飽也。「馬不食穀」，則芻秣而已。公明儀曰：「庖有肥肉，廄有肥馬，民有饑色，野有餓莩，此率獸而食人也。」奪人食而食馬與牲，仁人所不爲也。凡此，皆與民同憂，自貶之道也。及乎有九年之蓄，雖凶旱水溢，民無菜色，然後天子食，日舉以樂，則與之同其憂者，無不同其樂也。禮記集說卷第十一。又見藍田呂氏禮記傳卷二。

〔一〕「供」：四庫本、通志堂本、清麓本作「共」。

〔二〕「正」：四庫本、通志堂本作「政」。

君無故玉不去身，大夫無故不徹縣，士無故不徹琴瑟。

君子致禮以治躬，致樂以治心，養其血氣，志慮無所不在於和，使放心邪氣不得接焉，此樂所以無故而不得舍也。災患喪病，方在所憂，故不可參以樂。古之君子必佩玉，右徵角，左宮羽，趨以采薺，行以肆夏，故「不去身」，非特爲飾，亦有玉聲鏘鳴，中於五音，近於樂也。禮記集説卷第十一。又見藍田呂氏禮記傳卷二。

士有獻於國君，他日，君問之曰：「安取彼？」再拜稽首而後對。大夫私行出疆，必請；反必有獻。士私行出疆，必請；反必告。君勞之則拜，問其行，拜而後對。

君之於臣，雖名位有等，而所以上下相交，不間於貴賤，故雖士亦有獻於君焉，皆所以達臣子共[一]養君親之誠心，而不可却也。禮記集説卷第十一。又見藍田呂氏禮記傳卷二。

國君去其國，止之曰「奈何去社稷也？」大夫曰「奈何去宗廟也？」士曰「奈何去墳墓也？」國君死社稷，大夫死衆，士死制。

臣民各止其君，使勿去，忠厚之至也。以「社稷」、「宗廟」、「墳墓」爲言者，皆指其所本也。先王之建國，必爲之置社稷，使其君守之，爲土地人民之主，此有國者所以以社稷爲言也。大夫之有宗廟、士之保其丘墓，義亦猶是。大夫士則有以道去其君。諸侯有國，受之於天子，有死而無去也。然此去者，國滅君死，正也；苟社稷無隕，先君有後，則雖有不安其國，致位而去，特一身去就而已。是亦有可去之義，禮所以有寓公也。人臣受命于君，有死無二而已。君之有社稷，受命於天子者也。大夫之衆、士之制，受命于其君者也。故人臣敬君莫先於敬命，棄命不死，不敬莫大焉。禮記集説卷第十一。又見藍田呂氏禮記傳卷二。

君天下，曰「天子」，朝諸侯，分職授政任功，曰「予一人」。踐阼，臨祭祀，内事曰「孝王某」，外事曰「嗣王某」。臨諸侯，畛

[一]「共」：四庫本、通志堂本作「若」，清麓本作「孝」。「共」、「孝」皆通，「若」疑誤。

於鬼神，曰「有天王某甫」。

名者，人治之大，不可以不正也。君子之有是名，必有是事，非守空名以示人也。一人之身而名有異者，内外尊卑，人神死生之際，不可以無别也。此章所記，皆天子之名，其所以别者，以此也。「君天下，曰『天子』」，言「天下」者，外薄四海兼夷狄之稱也。古者於中國稱天王，於夷狄稱天子。夷狄者，聲教之所不及，非王法所能治，故不稱天王而稱天子，言天無所不覆也。天子者，繼天而王者也。稱於夷狄則曰「天子」，天子，外辭也。稱於諸侯及臣下則曰「予一人」，内辭也。予一人，猶言孤與寡人也，不敢以勢位驕人，自比一人而已。書所稱「予一人」，大抵皆告諸侯之言。「分職授政任功」，則凡所以命諸侯、命諸臣者，莫不然也。鬼神之在諸侯竟内者，天子不親祀也，曰「有天王某甫」，有司不敢名君，而告神又不可以無字也。「眕於鬼神」者，接於鬼神也。［眕］〔一〕，猶畦眕之相接然，與「交際」之「際」同義也。禮記集説卷第十一。又見藍田呂氏禮記傳卷二。

崩曰「天王崩」，復曰「天子復」矣。告喪，曰「天王登假」。措之廟，立之主，曰「帝」。

書崩及告喪，皆曰「天王」，書史策告［臣］民之辭也〔二〕。復曰「天子」，告天之辭也。假，至也，猶易所謂「王假有廟」，詩所謂「來假來饗」，莊子亦云「登假於道」是也。體魄則降，知〔三〕氣在上，詩云「三后在天」，書曰「殷先哲王在天」，言其精神升至于天。臣子不忍斥言，故婉其詞也，先儒以「假」爲遐音，恐未然也。「措之廟，立之主，曰帝」者，祔于廟之詞也。周人卒哭而祔，殷人練而祔，蓋祔而作主。始入于廟曰「帝」者，同於天神，生事畢而鬼事始也。鬼神莫尊於帝，以「帝」名之，言其德足以配天也。然考之禮經，未見有以「帝」名者，惟易稱「帝乙」，亦不知其何帝？獨司馬

〔一〕底本脱「眕」字，據四庫本、通志堂本、清麓本補。
〔二〕「書史」：四庫本、通志堂本、清麓本作「史書」，「臣」亦據此三書補。
〔三〕「知」：四庫本、通志堂本、清麓本作「魂」。

遷史記載夏、殷之王，皆以「帝」名，疑殷人祔廟稱「帝」，遷據世本而言，當有所考。至周有謚，始不稱「帝」。禮記集說卷第十一。又見藍田呂氏禮記傳卷二。

天子未除喪，曰「予小子」。生名之，死亦名之。

天子未除喪而没，則其祔也，不曰「帝」而曰「小子」，如晉有「小子侯」之類，蓋在喪當稱「子」故也。春秋書王子猛卒，不言「小子」者，臣下之稱，與史策之詞異也。此云「予小子」者，「予」，衍文也。詩、書所載「予小子」之稱，不必未除喪之稱。此又承「措廟立主曰帝」之文言之[一]也，則非自稱之詞，故知無「予」字也。生死皆名之曰「小子」，王不稱帝，不立謚，未成爲君也。禮記集說卷第十一。又見藍田呂氏禮記傳卷二。

天子有后，有夫人，有世婦，有嬪，有妻，有妾。

「后」以配天子。「夫人」視三公，其名與諸侯之妃同。「世婦」視大夫，其名與大夫妻同。九嬪於昏義視九卿，位在世婦上，此在世婦下者，異代之制也。「妻」即昏義所謂「御妻」，視元士，名與士之妻同。「妾」則昏義所無，蓋其賤者，以視庶人。禮記集說卷第十二。又見藍田呂氏禮記傳卷二。

天子建天官，先六大，曰大宰、大宗、大史、大祝、大士、大卜，典司六典。天子之五官，曰司徒、司馬、司空、司士、司寇，典司五衆。天子之六府，曰司土、司木、司水、司草、司器、司貨，典司六職。天子之六工，曰土工、金工、石工、木工、獸工、草工，典制六材。五官致貢曰「享」。

殷人尊神，率民以事神，先鬼而後禮。大宗以下，皆事鬼神、奉天時之官，故總謂之「天官」。「大宰」者，佐王代天工以治者也。「大宗」，掌事鬼神者也。「大史」，掌正歲年及頒朔，則奉天時者也。「大祝」，所以接神者也。「士」者，即周司巫，巫所以降神者也。「大卜」，主問龜，所以求神者也。六者，皆天事也，人事也，人事可變，天事不可變者也。

[一]「言之」：四庫本、通志堂本、清麓本作「而言」。

周官司士，則夏官之屬，此別出「司士」爲一官者。司士掌羣臣之版，及卿大夫庶〔一〕子之數，則所統有衆，與司馬、司徒、司空、司寇略等矣，所以並立爲五官也。司徒之衆，則六鄉六遂是也；司馬之衆，六軍是也；司空之衆，百工是也；司寇之衆，士師司隸之屬是也，故曰「典司五衆」。「六府」者，主藏之官，斂藏六者之入，以待國用者也。農以耕事貢九穀，則司土受之。山虞以山事貢木材，則司木受之。澤虞以澤事貢水物，則司水受之。圃以樹事貢薪芻疏材〔二〕，則司草受之。工以飭材事貢器物，則司器受之。商以市事貢貨財〔三〕，則司貨受之。周官司土，則廩人、倉人之職；司木，則山虞、林衡之職；司水，則澤虞、川衡之職；司草，則委人之職；司器、司貨，則玉府、內府之職。所入者，乃農、圃、虞、衡、工、商之民所貢，故曰「典司六職」。「六工」者，飭材爲器，以待國用者也，蓋〔四〕以萑葦莞蒲萱蒯之類爲器用者。六工所治之材，各有不同，故曰「典制六材」。歲終，則司徒以下五官各致其功以獻于王，故謂之「享」，王得以行其誅賞。大宰不貢者，周官大宰詔王廢置，則殷制亦然也。禮記集說卷第十二。又見藍田呂氏禮記傳卷二。

五官之長曰「伯」，是職方，其擯於天子也，曰「天子之吏」。天子同姓謂之「伯父」，異姓謂之「伯舅」。自稱於諸侯曰「天子之老」，於外曰「公」，於其國曰「君」。

唐虞建官〔五〕，內有〔六〕百揆四岳，外有州牧侯伯。蓋治天下有二道，總治于內者有百官府，分治於外者有諸侯，故聽百官府之治者謂之百揆，考諸侯之治者謂之四岳。四岳雖主治諸侯而亦處于內，天子巡狩，「諸侯各朝于方岳，大明黜

〔一〕「庶」：四庫本、通志堂本、清麓本上有「士」字。
〔二〕「材」：原作「財」，據四庫本、通志堂本、清麓本改。
〔三〕「財」：四庫本、通志堂本、清麓本作「賄」。
〔四〕「蓋」：四庫本、通志堂本、清麓本作「草工」。
〔五〕「官」：四庫本、通志堂本、清麓本作「府」。
〔六〕四庫本、通志堂本、清麓本脫「有」字。

陟」，非巡狩。〔一〕之歲，則四岳考事而已王制所謂「八州、八伯」，即唐虞之州牧也，雖周亦謂之「牧」，大宰所謂「建其牧」，周官所謂「六卿分職，以倡九牧」是也。八伯各以其屬屬於天子之老，二人分天下以爲左右，謂之二伯。二伯，即唐虞之四岳也。王制者，雜夏殷周之禮，故與唐虞及周小異也。此云「五官之長曰『伯』，是職方」者，乃殷人之制，即四岳二伯之任也。周以三公爲二伯，公羊傳曰：「自陜以東，周公主之；自陜以西，召公主之，一相處乎內。」樂記云：「五成而分，周公左，召公右」。此所謂「五官之長」，亦三公也。五官，即六卿也。周官立三公三孤于六卿之上，即「五官之長」也。伯仲叔季，伯爲之長，則凡稱「伯」者，皆長也。二伯者，天下諸侯之長也。「職方」者，如周公左、召公右，各主治其方也。九州之長，即八伯兼王畿而言，故謂之九也。玉藻云：「伯自稱曰力臣。」「蓋」〔二〕自卑之稱也。擯者，傳命曰「天子之吏」。吏，治事之稱，各有所當也。父者，同姓之尊稱，故父之昆弟皆謂之父。舅者，異姓之尊稱，故母之昆弟，與男子謂妻之父，女子謂夫之父，皆謂之舅。天子謂二伯之同姓者爲「伯父」，異姓名〔三〕爲「伯舅」。天子之三公，自稱於諸侯，曰「天子之老」。諸侯之卿，自稱於異邦，曰「寡君之老」。大夫士家臣之貴者，亦曰「老」。老，亦長也。禮記集說卷第十二。又見藍田呂氏禮記傳卷二。

九州之長，入天子之國曰「牧」。天子同姓謂之「叔父」，異姓謂之「叔舅」，於外曰「侯」，於其國曰「君」。

「牧」者，九州諸侯之長也，各有所封之國。所謂「其國」者，所封之國也；「於外」者，非所封之國而在其州之內也。曰「公」曰「侯」者，以爵稱，臣民之辭也。曰「君」者，以所〔四〕事稱。父與舅，以姓同異而別也。伯與叔，以位尊卑

〔一〕此句中兩處「巡狩」，通志堂本、清麓本作「巡守」。
〔二〕底本脫「蓋」字，據四庫本、通志堂本、清麓本補。
〔三〕「名」：四庫本、通志堂本、清麓本作「者」。
〔四〕四庫本、通志堂本、清麓本無「所」字。

而別也。必謂之父與舅，尊之親之之辭也。覲禮曰：「同姓大國則曰『伯父』，其異姓則曰『伯舅』；同姓小邦則曰『叔父』，其異姓則曰『叔舅』」，則天子所以待天下諸侯：大國之禮視三公，小邦之禮視九牧也。禮記集説卷第十二。又見藍田呂氏禮記傳卷二。

其在東夷、北狄、西戎、南蠻，雖大曰「子」，於内自稱曰「不穀」，於外自稱曰「王老」。

九州之外，即四夷也，選諸侯而統之，如九牧之比。謂之「子」，所以別於中國也。「不穀」，猶言不肖也；不稱寡人，辟中國諸侯也。「於外」者，非其國而在所統四夷之中，自稱曰「王老」，猶言天子之老也。嫌其遠於王化，故以王明之，猶言四夷來王。荒服者，王也。禮記集説卷第十二。又見藍田呂氏禮記傳卷二。

庶方小侯，入天子之國曰「某人」，於外曰「子」，自稱曰「孤」。

「自稱曰『孤』」，又下於「王老」也。春秋楚子稱「不穀」，從其稱也。齊桓公對楚屈完稱「不穀」，以自卑之辭答楚也。魯弔宋災，宋閔公稱「孤」，傳云「列國有凶，稱孤，禮也」，亦自貶之稱也。禮記集説卷第十二。又見藍田呂氏禮記傳卷二。

天子當依而立，諸侯北面而見天子，曰「覲」。天子當寧而立，諸公東面，諸侯西面，曰「朝」。

自此至「曰盟」，言朝、覲、會、同、聘、問、盟、誓之所以名也。古者謂相見曰「朝」，相問曰「聘」。臣見於君、子見於親、賤見於貴，皆謂之「朝」。以朝暮別之，則朝見曰「朝」，暮見曰「夕」。以春秋別之，則春見曰「朝」，秋見曰「覲」。然考之舜典「二月，東巡守，肆覲東后」，則春亦曰「覲」。蓋「朝」「覲」互名，至周始以春秋別之。又有夏宗冬遇，以備四時之朝。又曰「春朝以圖天下之事，秋覲以比邦國之功，夏宗以陳天下之謨，冬遇以協諸侯之慮」，則四者非獨時異，事亦異矣。此章天子之立有「當依」、「當寧」之別，其朝位有「諸侯北面」及「諸公東面」、「諸侯西面」之別，則朝覲之禮，非獨事異，儀亦異矣。禮記集説卷第十二。又見藍田呂氏禮記傳卷二。

諸侯未及期相見曰「遇」，相見於郤地曰「會」。諸侯使大夫問於諸侯曰「聘」，約信曰「誓」，涖牲曰「盟」。

會、遇、聘、問、誓、盟，皆諸侯之禮也。古者諸侯無事則相朝，不相朝則相會，不相會則聘，有大事則天子方伯誓之，皆所以講信修睦以交四鄰者也。盟詛之事，其起於衰世乎？先王之治諸侯，命方伯連帥以統制之，同志協慮，以勤王事，有不帥者，則奉王命以討之，雖有盟詛，且將安用？及王政不行，大不字小，小不事大，天下解弛，不相維持，伯者於是假仁義之事，帥諸侯以事天子，約不深則情不齊，於是盟詛興〔一〕焉。政雖不自天子出，猶有至公同好之情，故葵丘之盟足以合天下，諸侯猶無異心。五伯既衰，則結私黨，報私仇，心不同而要之於神，雖盟不信，此大亂之道也。周官雖有司盟之官，疑非治世之事也。諸侯惡其害己而去其籍，非特去也，附益者有焉，此詩所以非屢盟，春秋之書盟所以多譏也。時有緩遽，則儀有詳略，故會禮詳而遇禮略也。問有大小，則文有隆殺，故「諸侯使大夫問於諸侯曰『聘』」，小聘曰「問」也。誓〔二〕有輕重，則約有淺深，故誓，約之淺，盟，約之深也。期而相見曰「會」，日有期，地有所也。「郤〔三〕地」者，竟上之地也，其時緩，則禮宜詳也。不期而相見曰「遇」，如邂逅適相遇然，日無期，地無所，其時遽，則禮宜略也。公羊傳：「齊景公之唁魯昭公，以人爲菑，以幦爲席，以鞍爲几，以遇禮相見」。遇禮非皆然也，其略有如此者。久無事曰「聘」。聘，大禮也。小聘曰「問」，禮有殺也。「約信曰誓」，古者舉大事以齊衆，皆有誓，舜征有苗，禹誓于師，啟伐有扈，以〔四〕誓于師。湯誓、泰誓、費誓、秦誓，皆有書。周官則祭祀、師役莫不誓也。禮記集説卷第十二。又見藍田呂氏禮記傳卷二。

諸侯見天子，曰「臣某侯某」；其與民言，自稱曰「寡人」。

前章「君天下」以下，言天子之異稱也。此章言諸侯之異稱也。「臣某侯某」，如言曰「臣齊侯小白」、「臣晉侯重

〔一〕四庫本、通志堂本、清麓本無「興」字。
〔二〕「誓」：原作「事」，據四庫本、通志堂本、清麓本改。
〔三〕「郤」：原作「卻」，四庫本、通志堂本亦作「卻」，據清麓本改。
〔四〕「以」：清麓本作「亦」。

耳」也。臣者，君前之稱，「某侯某〔一〕」者，所以自別也。「寡人」，猶天子稱「予一人」、庶方小侯稱「孤」也。古者兩君相見，及與臣下言，皆自稱曰「寡人」。此止〔二〕云「與民言」，舉其略也。禮記集說卷第十三。又見藍田呂氏禮記傳卷二。

其在凶服，曰「適子孤」。臨祭祀，內事曰「孝子某侯某」，外事曰「曾孫某侯某」。

言「適子」，明其嗣也；言「孤」，明其在喪也。「曾孫」，猶言嗣也。天子繼天而王，故於郊祀百神稱「嗣」；諸侯不敢言繼，推而祖之，故稱「曾孫」。晉平公伐齊，禱河曰「曾臣彪將帥諸侯以討焉」，蓋曾臣猶陪臣也。天子臣於天地百神，諸侯復臣於天子，故稱「曾臣」，與稱「曾孫」之義一也。禮記集說卷第十三。又見藍田呂氏禮記傳卷二。

死曰「薨」，復曰「某甫復」矣。既葬見天子，曰「類見」，言謚曰「類」。

赴於諸侯，則曰「寡君不祿」，謙辭。「某甫」，字也，稱字，與卿大夫士異矣。臣不名君也，不稱爵，與天子異矣，有所降也。類之名，未之聞也〔三〕，先儒謂「類，猶象也」。使大夫行，象聘問之禮，以類爲象，其義未安。而君薨，世子聽於冢宰，安有遽見天子之禮？請謚於君，亦何象之有？求之未得，闕疑可也。禮記集說卷第十三。又見藍田呂氏禮記傳卷二。

諸侯使人使於諸侯，使者自稱曰「寡君之老」。

三公自稱於諸侯，曰「天子之老」。諸侯之卿自稱於諸侯，曰「寡君之老」。士大夫家宰亦曰「老」。老，長稱也。自稱「天子之老」、「寡君之老」，比於家臣之長，亦謙詞〔四〕也。禮記集說卷第十三。又見藍田呂氏禮記傳卷二。

天子穆穆，諸侯皇皇，大夫濟濟，士蹌蹌，庶人僬僬。

〔一〕四庫本、通志堂本、清麓本無第二個「某」字。

〔二〕四庫本、通志堂本、清麓本無「止」字。

〔三〕四庫本、通志堂本、清麓本無「之」、「也」二字。

〔四〕「詞」：四庫本、通志堂本、清麓本作「辭」。

廟中之位，南鄉明，故曰昭，北鄉幽，故曰穆，則「穆穆」者，有雍容深厚之貌。孔子曰：「濟濟者，容也，遠也。」則「濟濟」者，有修飾齊一之貌。書曰：「笙鏞以間，鳥獸蹌蹌。」則「蹌蹌」者，有翔舉舒揚之貌。庶人見乎君，不爲容，進退趨走。「僬僬」雖無所考，大抵趨走促數，不爲容止之貌也。五者，皆言其容止之狀也。尊者之容重，卑者之容輕，尊者之容舒，卑者之容遽，其勢然也。濟濟之齊一不如皇皇之莊盛，皇皇之莊盛不如穆穆之深厚，則知尊者重且舒也。濟濟之修飾不如蹌蹌之舒揚，蹌蹌之舒揚不爲僬僬之促數，則知卑者輕且遽也。禮記集説卷第十三。又見藍田呂氏禮記傳卷二。

天子之妃曰「后」，諸侯曰「夫人」，大夫曰「孺人」，士曰「婦人」，庶人曰「妻」。

天子之妃所以稱「后」者，有繼「後」[一]之辭，合二姓之好以繼先聖[二]之後，以爲天地社稷宗廟之主，則有繼者也。夫者，帥人之稱也，男子謂之丈夫，士之貴者命爲大夫，稱之曰夫子，則「夫人」者，亦帥其嬪婦以事君，故諸侯之妃曰「夫人」，若邦人稱之，則曰「君夫人」，言君之夫人也。「大夫曰孺人，士曰婦人」，喪大記「卿之妻曰內子」，春秋傳趙盾以叔隗爲內子是也。大夫妻曰「世婦」，士則止曰「士之妻」而已，未聞有「孺人」、「婦人」之稱，況「婦人」者，已嫁之達稱，非特士妻之名，或古有之，考之[三]於經傳，未之有也。「庶人曰妻」，妻者，貴賤同稱，貴者尚文，故其名異，賤者尚質，無所改也。禮記集説卷第十三。又見藍田呂氏禮記傳卷二。

公、侯有夫人，有世婦，有妻，有妾。夫人自稱於天子曰「老婦」，自稱於諸侯曰「寡小君」，自稱於其君曰「小童」。自世婦以下自稱曰「婢子」。子於父母，則自名也。

[一] 底本脱「後」字，據四庫本、通志堂本、清麓本補。

[二] 「先聖」：四庫本、通志堂本、清麓本作「聖人」。

[三] 四庫本、通志堂本、清麓本無「之」字。

諸侯自夫人以下，如天子之制，而無嬪，有所殺也。「自稱於天子曰老婦」，婦，事舅姑者也。諸侯事天子，猶子事父，則夫人必稱「婦」也。「寡小君」者，臣下稱諸異邦之辭，猶稱其君爲寡君也。「小童」之稱，不見於經傳。秦夫人告秦伯曰：「晉君朝以入，則婢子夕以死。」雖夫人亦稱「婢子」，自貶而就下也。子之名，父母所命，敬親之命，不敢有他稱也。禮記集説卷第十三。又見藍田呂氏禮記傳卷二。

列國之大夫，入天子之國曰「某士」，自稱曰「陪臣某」，於外曰「子」，於其國曰「寡君之老」。使者自稱曰「某」。

此言諸侯大夫之異稱也。曰「某士」，某者，國名也。自稱曰「陪臣」，如管仲平戎於王云「陪臣敢辭」是也。言「於外」者，以別天子之國與其家邑也。古者大夫之家臣稱其君曰「主」，則於外者非家邑也。臣子於異邦稱其君曰「寡君」，故大夫自稱於異邦曰「寡君之老」。此云「於其國」者，蒙「於外」之辭，亦謂異邦也。禮記集説卷第十三。又見藍田呂氏禮記傳卷二。

天子不言出，諸侯不生名，君子不親惡。諸侯失地，名；滅同姓，名。

古之賢者、貴者皆謂之君子，蓋曰「居是位，不可以無是德也」。故天子者必有君天下之德，諸侯者必有君一國之德，卿大夫必有輔世長民之德，然後可以當君子之名，處崇高之位無愧。［若］〔一〕一國之外，政不能令，德不能加，則雖天子，與列國無辨矣。列國之君去其國，而處非其國，皆謂之「出」。天子則不然，尺地莫非其有，一民莫非其臣，天子無外，安得而言「出」？然而言「出」者，德不足以君天下，而位號存焉爾。居君子之位，無君子之德，而唯惡是親，則與小人無辨矣。天下之達尊者，皆敬之而不名，故或稱爵，或稱字，貴之也；非此族則名之，賤之也。故古之諸侯不生名，惟死而告終，然後名之。然有生名者，德不足以名君子而位號存焉爾，故「天子不言出，諸侯不生名」，皆謂「君子不親惡」故也，二者春秋之書法也。失國家而奔，無以異於匹夫也。兄弟之國而滅之，其惡無以異於無知之小人也，

〔一〕底本脱「若」字，據四庫本、通志堂本、清麓本補。

故「失地，名」；滅同姓，名」，皆以小人待之也。禮記集説卷第十三。又見藍田呂氏禮記傳卷二。

爲人臣之禮，不顯諫，三諫而不聽，則逃之。子之事親也，三諫而不聽，則號泣而隨之。

人之大倫有二，「内則父子，外則君臣」，其義一也。雖然，父子天合也，天合者不可解於心，身有限而恩無絶也；君臣義合也，其合也與父子同，其不合也則去之，與父子異也。事君者，無愛君之心則不忠，仕而不事道，則不恭。顯諫，非愛君也；三諫不聽而不去，非事道也。事親者，愛親之心亦然，三諫不聽，起敬起孝，説則復諫，與其得罪於鄉黨州閭，寧孰諫，故號泣而從[一]之；至于撻之流血，不敢疾怨，以恩無可絶之道，此事親、事君之所以異也。禮記集説卷第十三。又見藍田呂氏禮記傳卷二。

君有疾飲藥，臣先嘗之。親有疾飲藥，子先嘗之。醫不三世，不服其藥。

孔子所慎：齊、戰、疾。疾者，危事也。危而不謹，取禍之道也，況君親之疾乎？藥弗瞑眩，厥疾弗瘳，則攻疾之藥未嘗無毒，好惡或失其性，齊量或失其宜，寒熱補瀉或反其用，小則益甚[二]，甚則至于喪身。爲人臣子者不嘗試而用之，不忠不孝莫大焉。此許世子止以不嘗藥之過，所以被弑君之名也。醫至三世，治人多矣，用物孰矣，功已試而無疑，然後服之，亦謹疾之道也。禮記集説卷第十三。又見藍田呂氏禮記傳卷二。

儗人必於其倫。

「儗人」者，必以其德相似也，不相似則非倫矣。孟子稱：「堯舜性之也，湯武身之也。」又曰：「禹、稷、顔回易地則皆然，曾子、子思易地則皆然。」儗之得其倫也。禮記集説卷第十三。又見藍田呂氏禮記傳卷二。

問天子之年，對曰：「聞之，始服衣若干尺矣。」問國君之年，長，曰「能從宗廟、社稷之事矣」；幼，曰「未能從宗廟、社稷

[一]「從」：四庫本、通志堂本、清麓本作「隨」。
[二]「甚」：四庫本、通志堂本、清麓本作「病」。

之事也」。問大夫之子，長，曰「能御矣」；幼，曰「未能御也」。問士之子，長，曰「能典謁矣」；幼，曰「未能典謁也」。問庶人之子，長，曰「能負薪矣」；幼，曰「未能負薪也」。

言衣之長短，則知其年少長也。「若干」者，數未定之辭也，古有是語，如射〔一〕數射筭曰「若干純」之類，其義未之聞也。「宗廟社稷」，言祭祀軍旅之政有可未可，則長幼可知也。對大夫、士、庶人子之年，則言之，文也。少儀：「問國君之子，長則曰：能從社稷之事。」能執干戈以衛社稷，則成人以上也。「幼則曰〔二〕：能御、未能御。」能御則成童以上，未能御則未成童也。此章則以「能御、未能御」爲大夫之子長幼，蓋射御之學無貴賤之異也。少儀：「問大夫之子長幼，長則曰：能從樂人之事，幼則曰：能正「於樂人」〔三〕，未能正於樂人。」蓋男子十三，「學樂，誦詩，舞勺」。「成童舞象」，謂十三以上，是能正於樂人，未十三則未能也。二十舞大夏，則樂人之事備，故曰「能從樂人之事」也。此章言「御」不言「樂」者，樂舞射御皆在所學，以國君之子言「御」，故少儀於「大夫之子」言樂人之事，文互見也。士有隸子弟，則士之子將命典謁其職也。禮記集説卷第十三。又見藍田呂氏禮記傳卷二、禮記集解卷六。

問國君之富，數地以對，山澤之所出。問大夫之富，曰「有宰食力，祭器衣服不假。」問士之富，以車數對。問庶人之富，數畜以對。

問尊者之年，則以微辭對；問尊者之富，則以盡辭對，蓋無所嫌也。國君之富，不勝言也，舉其要者以對之，故〔四〕數地與山澤之所出也。「數地」，如百里至五十里，言食稅之多寡也。「山澤之所出」，言物産之所宜也。國君有國者

〔一〕四庫本、通志堂本、清麓本無「射」字。
〔二〕底本脱「曰」字，四庫本、通志堂本「則曰」誤作「子」，據清麓本改。
〔三〕底本、四庫本、通志堂本脱「於樂人」三字，據清麓本及十三經注疏本禮記補。
〔四〕「故」：四庫本、通志堂本、清麓本作「因」。

也，故以數地、山澤言之。大夫有家者也，故以官事、衣服、器皿言之。庶人受田皆百畝，貧富均矣，惟畜養之多寡，則繫人之勤惰，故雞豚狗彘之畜以供老者之食，此庶人之富也。禮記集説卷第十三。又見藍田呂氏禮記傳卷二。

天子祭天地，祭四方，祭山川，祭五祀，歲遍。諸侯方祀，祭山川，祭五祀，歲遍。大夫祭五祀，歲遍。士祭其先。

此章泛論祭祀之法。天子繼天而王，君天下而有之，冬日至祀天，夏日至祭地，四時各祭其方以迎氣，又各望祭其方之山川，及五祀，「則春祭戶、夏祭竈、季夏祭中霤、秋祭門、冬祭行」[一]，此所謂「歲遍」也。天子有天下，故得祭天地、四方、山川、五祀，言無所不及也。諸侯有國，國必有方，祭其所居之方而已，非所居之方及山川不在其竟内者，皆不得祭，故曰「方祀祭山川，祭五祀」，言有及有不及也。大夫有家，不與山川之祀，所得祭者，五祀而已。士不得立家，故五祀之祀亦不得行。然自天子達于庶人，皆得祭其先。先者，吾身之所自出也。天子至於大夫，「皆」[二]言祭百神而不及其先，唯於士言者，舉輕以明重，且言士有不得祭者也。祭法：天子立七祀，加以司命、泰厲；諸侯五祀，有司命、公厲，而無戶、竈；大夫三祀，有族厲，而無中霤、戶、竈；士二祀，則門、行而已。是法也，考之於經皆[三]不合，曾子問「天子未殯，五祀之祭不行」，士喪禮「禱于五祀」，則自天子至于士，皆祭五祀。蓋一宮之中，雖有大小之差而五者無不具，祭法加以司命、厲，與戶、竈、門、行、中霤，謂之七祀，而言涉恠妄不經，至于廟制所稱，亦不與諸經合。竊意三代之末，嘗議是法，著之書而未行也。士不祭五祀而喪禮言「禱于五祀」者，蓋有不得祭而得禱者歟。禮記集説卷第十三。又見藍田呂氏禮記傳卷二。

凡祭，有其廢之莫敢舉也，有其舉之莫敢廢也。非其所祭而祭之，名曰淫祀，淫祀無福。

[一] 底本、四庫本、通志堂本脱「 」内文字，據清麓本補。
[二] 「皆」：字原脱，據清麓本補。
[三] 「皆」：四庫本、通志堂本、清麓本作「則」。

「廢之莫敢舉」，如已毀之［宗］〔一〕廟，已變置之社稷，不可復祀也。「舉之莫敢廢」，如已修之壇墠而輒毀，已正之昭穆而輒變也。「非其所祭而祭之」，如法不得祭、與不當祭而祭之者也。魯立武宮、立煬宮，是舉其廢也；躋僖公，是廢其舉〔二〕也。魯之郊禘，與祀文王、祀爰居，祭非其所祭也。「淫」，過也。以過事神，神弗享也，故「無福」。福者，百順之名也。禮記集説卷第十四。又見藍田呂氏禮記傳卷二。

支子不祭，祭必告于宗子。

古者有大宗，有小宗。別子爲祖，繼別爲宗。百世不遷者，大宗也。繼禰、繼祖、繼曾祖、繼高祖五世則遷者，小宗也。［宗子］〔三〕上繼于祖禰，族人兄弟皆宗之，其所以主祭祀、治宗事，如有國有家之重，冠〔四〕、娶妻必告，死必赴，況於祭乎？所宗乎宗子者，皆支子也。支子不敢祭也，如諸侯不敢祖天子、大夫不敢祖諸侯，尊者之祭，非卑者所敢尸也。故宗子爲士，庶子爲大夫，以上牲祭於宗子之家，祝曰「孝子某爲介子某，薦其常事」，則支子雖貴，可以用其禄而不敢專其事也。宗子去在他國，則支子攝主以祭，其禮有殺焉，不厭祭、不旅、不假之類是也。其辭曰「孝子某使介子某，報其常事」，此所謂「必告于宗子」，言告而後敢行事也。

宗子既祭其祖禰，則支子不得別祭，所以嚴宗廟、合族屬，故曰「庶子不祭祖與禰」，明其宗也。若己爲宗子，而弟有子，其子欲祭其父，必從祖祔食祭于宗子之家乎？將就其宮而祭，使其子自主之乎？從祖祔食祭于宗子之家，止謂「殤與無後」，見曾子問及小記。蓋「殤與無後」，必宗子主之，則是子有不得事其父矣。傳曰：「子不私其父，則不

〔一〕底本脱「宗」字，據四庫本、通志堂本、清麓本補。
〔二〕「廢其舉」：原作「舉其廢」，據四庫本、通志堂本、清麓本改。
〔三〕底本脱「宗子」二字，據四庫本、通志堂本、清麓本補。
〔四〕「冠」：四庫本、通志堂本、清麓本作「冠笄」。

成爲子。」故兄弟生而異宮，所以盡人子之私養。及其没也，反不得主其祭，於義可乎？蓋異宮者必祭于其宮，使其子主祭。其祭也，必告于宗子而後行，不得而專，亦所以明其宗也。宗子有祭，必先與焉，卒祭而後祭其父，故曰「支子不祭，祭必告于宗子。」

終事而後敢私祭，若非異宮，則禮有所不得申。禮不得申，則雖祔食于祖廟，亦可以安，所謂不得已爲〔一〕者也。禮記集説卷第十四。又見藍田呂氏禮記傳卷二。

凡祭宗廟之禮，牛曰「一元大武」，豕曰「剛鬣」，豚曰「腯肥」，羊曰「柔毛」，雞曰「翰音」，犬曰「羹獻」，雉曰「疏趾」，兔曰「明視」；脯曰「尹祭」，槁魚曰「商祭」，鮮魚曰「脡祭」；水曰「清滌」，酒曰「清酌」，黍曰「薌合」，粱曰「薌萁」，稷曰「明粢」，稻曰「嘉蔬」，韭曰「豐本」，鹽曰「鹹鹺」；玉曰「嘉玉」，幣曰「量幣」。

祭宗廟之禮，内則盡志，外則盡物。所謂盡物者，盡其物之至美以薦之，然後可以不慊〔二〕於心，鬼神其來享也。故祝辭皆舉其美而言，言於物不敢不盡也。禽獸之獻，以肥腯爲美。魚腊鮮槁，以得宜爲美。水與酒，以潔清爲美。黍稷稻粱，以馨香明潔爲美。韭，以苗之盛爲美。鹽，以味之厚爲美。玉，以不瑕爲美。幣，以可制爲美。察豕與羊，視其鬣與毛，豚未成豕，難〔三〕察其鬣，故直謂之「肥腯」也。犬，下牲也，可以〔四〕爲羹而獻，則犬之肥也。凡煮肉，皆〔五〕謂之羹，特牲禮云「羹飪」，潁考叔食舍肉曰「臣有母，未嘗君之羹」是也。八者，皆以肥腯爲美也。魚腊脯脩，雖微而必祭，庶羞雖美而不祭，故脯與槁魚、鮮魚三者皆謂之「祭」，舉其盛也。脯謂之「尹」，亦謂之「脩」，脩，有所正也。醴酒

〔一〕「爲」：四庫本、通志堂本作「焉」。
〔二〕「慊」：四庫本、通志堂本、清麓本作「歉」。
〔三〕四庫本、通志堂本、清麓本「難」前有「或」字。
〔四〕「下牲也可以」：四庫本作「下牲可也以」，清麓本作「下牲可以」。
〔五〕「皆」：四庫本、通志堂本、清麓本作「胔」。

皆有清有糟：糟，未泲者也；既泲爲清，酒之精者也，故謂之「清酌」。黍、稷，食之正也。稻粟〔一〕雖美，加食而已，非其正也。書曰「黍稷非馨，明德惟馨」，如黍稷之有馨香也。黍可以爲酒，執之則黏〔二〕，聚而不散，可摶而食之，故曰「薌合」，既香既合，則黍之美者也。其，其也，有所別也。粱之薌與黍同，其實與黍異，又爲加食，故曰「薌萁」。粱〔三〕，五穀之長也。祭祀之飯，謂之「粢盛」。明者，精鑿之稱也，故曰「明粢」。草去則苗疏，地美則本豐，苗疏則實必美，故稻曰「嘉蔬」。本豐則萌必盛，故韭曰「豐本」。禮記集説卷第十四。又見藍田呂氏禮記傳卷二。

天子死曰「崩」，諸侯曰「薨」，大夫曰「卒」，士曰「不禄」，庶人曰「死」。在牀曰「尸」，在棺曰「柩」。

尊卑之死，其名不可以無別，敬之至也。天子居崇高之位，如山如陵然〔四〕，故曰「崩」，詩云「山冢崒〔五〕崩」，卒，終也。君子曰終者，全而歸之之義也。大夫，君子也，故曰「卒」。「不禄」，傷其不幸之辭也。至庶人則窮矣，不可有異名，曰「死」。自諸侯至于士，皆其臣民之稱也。若諸侯之薨，訃〔六〕於他國，則曰「寡君不禄」，自卑之辭也。書於他國之史，則曰某侯某卒，内外異辭也。大夫死，訃於同國、他國之大夫士皆曰「不禄」，訃於其君及他國之君、同國之大夫士皆曰「死」，亦尊卑内外異〔七〕辭也。尸者，未大斂；柩者，已大斂之稱也。故喪禮未殯奠于尸，已殯奠于柩，書銘〔八〕亦曰「某之柩」，所以別也。禮記集説卷第十四。又見藍田呂氏禮記傳卷二。

〔一〕「粟」：清麓本作「粱」。
〔二〕「執」：四庫本、通志堂本作「敦」；「黏」四庫本、通志堂本、清麓本作「粘」。
〔三〕「粱」：清麓本作「稷」。
〔四〕四庫本、通志堂本、清麓本無「然」字。
〔五〕「崒」：原作「卒」，據四庫本、通志堂本、清麓本改。
〔六〕此句中及下文「大夫死訃於同國」之「訃」，底本皆作「赴」，據四庫本、通志堂本、清麓本改。
〔七〕「異」：原作「之」，據四庫本、通志堂本、清麓本改。
〔八〕「銘」：四庫本、通志堂本、清麓本作「名」。

羽鳥曰「降」，四足曰「漬」，死寇曰「兵」。

兵者，死寇於難[一]之稱也。有兵死而可褒者，如童汪踦能執干戈以衛社稷，孔子欲勿殤，勇於死難者也；有兵死而可貶者，如家人「凡死於兵者，不入兆域」，戰陣無勇者也。禮記集説卷第十四。又見藍田呂氏禮記傳卷二。

祭王父曰「皇祖考」，王母曰「皇祖妣」；父曰「皇考」，母曰「皇妣」；夫曰「皇辟」。

宗廟祭祀，尊而神之，有君道焉，故皆曰「皇」也。君亦曰「辟」，則臣之所取法也。禮記集説卷第十四。又見藍田呂氏禮記傳卷二。

生曰「父」、曰「母」、曰「妻」；死曰「考」、曰「妣」、曰「嬪」；壽考曰「卒」；短折曰「不禄」。

「壽考曰卒，短折曰不禄」與「大夫曰卒，士曰不禄」之文異者，彼論其爵，此論其德也。禮記集説卷第十四。又見藍田呂氏禮記傳卷二。

天子視，不上於袷，不下於帶。國君綏視，大夫衡視，士視五步。凡視，上於面則敖，下於帶則憂，傾則姦。

禮之所先，貴乎别也。不當别而别則文勝質，文勝質則史；當别而不别則質勝文，質勝文則野。故尊卑無等，親疏長幼無差，視聽言動不中於節，雖心在於敬而直情徑行，野人戎狄之道，君子不爲也。此視人之法，自天子至于士所以異也。執器有上衡平衡，蓋奉者主於當心，故以當心爲衡；視者主於視面，故以視面爲衡。執器以高爲敬，故卑者彌下；視以下爲敬，故尊者彌下，義各有所當也。士相見禮：「凡與大人言，始視面，中視袍，卒視面，無改。」此「衡視」也。大人，即大夫。若父則遊目，毋上於面，毋下於帶；事親主愛，察其色，不純以敬，故異於君也。「上於面」者，其氣驕，知其不能以下人矣。「下於帶」者，其神奪，知其憂在乎心矣。視流則容側，必有不正之心存于胸中矣。此君子之所以謹也。禮記集説卷第十四。又見藍田呂氏禮記傳卷二。

[一]「死寇於難」：四庫本、通志堂本、清麓本作「死於寇難」。

君命，大夫與士肄，在官言官，在府言府，在庫言庫，在朝言朝。

先時豫慮，思不出其位，皆所以虔君命也。「肄」謂討論、修飾、潤色之也。居是位也，不敢以侵他事；治是事也，不敢以有他慮，此所以志無所分、政無不舉也。禮記集説卷第十四。又見藍田呂氏禮記傳卷二。

朝言不及犬馬。輟朝而顧，不有異事，必有異慮。故輟朝而顧，君子謂之固。在朝言禮，問禮對以禮。

在朝而言犬馬，慢也，敬不在君也。輟朝而他顧，亦敬不在君也，有異心存焉。非所治者皆「異事」也，非所謀者皆「異慮」也，二者非姦則野也，故「君子謂之固」。固，野陋也，君子不逆人以姦也。禮記集説卷第十四。又見藍田呂氏禮記傳卷二。

大饗不問卜，不饒富。

「大饗」，冬日至祀天，夏日至祭地也。因天時〔一〕陰陽之至，日月素定，故「不問卜」。至敬不壇，掃地而祭，牲用犢，酌用陶匏，席用藁秸，視天下之物無以稱其德，以少爲貴焉，故「不饒富」。記云：「饗帝于郊。」又曰：「聖人爲能饗帝。」則祀天亦可稱饗。均祀天地，冬夏之日至爲大，故曰「大饗」；若他饗，則問卜，如「啟蟄而郊」、郊用辛之類，及大宰「祀五帝」，「帥執事而卜日」是也。鄭氏謂：「大饗者，祀五帝於明堂。」以總饗五帝，不知主何而卜，故曰「莫適卜也」。然季秋大饗，既無素定之日，如冬夏至之比，又不問卜，必以人謀而用之，是以私褻事上帝，不敬莫大焉，其説固不可取矣。「郊血大饗腥」，或爲季秋大饗可也，然不可一例求之。蓋禮記之文，本非一書，雜收而得之，言各有所當也。禮記集説卷第十四。又見藍田呂氏禮記傳卷二。

凡摯，天子鬯，諸侯圭，卿羔，大夫雁，士雉，庶人之摯匹，童子委摯而退。野外軍中無摯，以纓、拾、矢可也。婦人之摯，椇、榛、脯、脩、棗、栗。

〔一〕「時」：四庫本、通志堂本、清麓本作「地」。

古者以禽爲摯。「摯」者，執之以見其所尊敬之物也。人道之大，貴賤、長少、賢不肖之分不可亂也：賤當事貴，少當事長，不肖當事賢。事之必有養，摯用禽者，所以致其養〔二〕。故膳夫之職以摯見者〔三〕，受而膳之，司士「掌擯士者，膳其摯」也。孤執皮帛，諸侯執圭璧；孤與諸侯，臣之貴者，摯亦以禽，則偪於下矣。皮帛可制以爲衣裘，圭璧則寶貨，因以比德焉，所以異於諸臣而爲之等也。天子唯告於鬼神，用鬯以爲摯，詩云「秬鬯一卣，告于文人」是也。宗伯「以玉作六瑞，以等邦國」，虞書「輯五瑞」，此諸侯之摯獨云用圭者，言其略也。圭璧既受，必反之，貴德而賤貨也，書云「頒瑞于群后」是也。宗伯「以禽作六摯，以等諸臣」，虞書亦云「三帛、二生、一死贄」，此孤、卿、大夫、士、庶人之摯也。羔、鴈、雉、鶩，雖皆可膳之物，然先王因之以寓其義也。羔羊羣而不黨，故卿執之，「委蛇委蛇，退食自公」，羔羊之義也。鴈飛翔有列，往來有時，故大夫執之，陳力就列，道合則從，不可則去，鴈之義也。羔鴈以生者，卿大夫以道去就，不若士死以服事也。士執雉者，耿介不回，以死服事者也。禮記集説卷第十四。又見藍田呂氏禮記傳卷二。

納女於天子曰「備百姓」，於國君曰「備酒漿」，於大夫曰「備埽灑」。

納女之辭，女氏昏辭也。不敢以伉儷自期，願〔三〕備妾媵之數而已，自卑之義〔四〕也。古者因生以賜姓，如姬、姜、嬴、妘、姞之類，似皆因其母之號以賜之姓，亦以子謂之子姓。凡賜姓者，皆天子之别子，其族貴盛，堯典所謂「平章百姓」、郊特牲云「大廟之命戒百姓」是也，皆所以廣繼嗣，此「納女於天子」所以謂之「備百姓」也。周官「酒人」、「漿人」之屬，有女酒三十人，女漿十有五人。呂公納女於高祖曰：「臣有息女，願爲箕帚妾。」古之遺語也。禮記集説卷第十

〔二〕「養」：四庫本、通志堂本、清麓本下有「也」字。

〔三〕「見者」：四庫本、通志堂本作「者見」。

〔三〕四庫本、通志堂本、清麓本無「願」字。

〔四〕「義」：禮記集解作「辭」。

四。又見藍田呂氏禮記傳卷二、禮記集解卷六。

檀弓上第三

練：練衣黃裏、縓緣，葛要絰，繩屨無絇，角瑱，鹿裘衡、長、袪。袪，裼之可也。

斬、疏、繐、大功、小功、緦、錫，皆曰「衰」，喪正服也。練、麻，皆曰「衣」，喪變服也。至親以期斷，加隆而三年，故加隆之服者，正服當除，有所不忍，故爲之變服，以至于再期也。首絰除矣，七升之冠、六升之衰皆易而練矣，屨易而繩矣，所不變者，要絰與杖而已。蓋天地已易，四時已變，哀亦不可無節，故從而多變也。如宰予、齊宣王皆欲短喪，蓋疑於此。斬衰之冠，鍛而勿灰，錫則緦而加灰，錫則事布而不事縷，服雖輕而哀在内。竊意：練衣之升，當如功衰；加灰事布，當如錫；有縓與裏，當如衣。衰則無縓與裏，故比功衰則輕，功衰，卒哭所受。比麻衣則重，大祥，麻衣。麻衣，吉服也。情文之殺，義當然也。諸侯之喪慈母，公子爲其母皆無服，史[一]不可純凶而占筮，除喪不當受弔，昔之人皆變用練冠以從事，則練冠者非正服，明矣。唯鄭氏功衰爲既練之服，功衰自是卒哭所受，六升之服。正服大功七升，則六升成布，所可爲功，不可指[二]爲練服。禮記集説卷第十九。又見欽定禮記義疏卷第十一。

[一]「史」：四庫本、通志堂本作「使」。

[二]「指」：四庫本、通志堂本作「皆」。

檀弓下第四

卒哭曰「成事」。是日也，以吉祭易喪祭，明日祔于祖父。其變而之吉祭也，比至於祔，必於是日也接，不忍一日末有所歸也。殷練而祔，周卒哭而祔。孔子善殷。

禮之祔祭，各以昭穆之班，祔于其祖，主人未除喪，主未遷于新廟，故以其主附藏于祖廟，有祭即而祭之。既除喪，而後主遷于新廟，故謂之「祔」。左氏傳云：「君薨，祔而作主，特祀于主，烝嘗禘于廟。」周人未葬，奠于殯，虞則立尸，有几筵，卒哭而祔，祔始作主。既祔之祭，有練、有祥、有禫，皆特祀其主于祔之廟。至除喪，然後主遷新廟，以時而烝嘗禘焉。不立主者，其祔亦然。士虞禮及雜記所載祔祭，皆是殷人練而祔，則未練以前，猶祭于寢，有未忍遽改之心，此孔子所以善殷。禮記集說卷第二十一。又見欽定禮記義疏卷第十一、儀禮集編卷第三十。

王制第五

喪三年不祭，唯祭天地社稷，爲越紼而行事。喪用三年之仂。喪祭，用不足曰「暴」，有餘曰「浩」。祭，豐年不奢，凶年不儉。國無九年之蓄曰「不足」，無六年之蓄曰「急」，無三年之蓄曰「國非其國也」。三年耕，必有一年之食；九年耕，必有三年之食。以三十年之通，雖有凶旱水溢，民無菜色，然後天子食，日舉以樂。

人事之重莫甚於哀死，故有喪者之毁，如不欲生。大功之喪，業猶可廢，喪不貳事。如此則祭雖至重，亦有所不可行。蓋祭而誠至則忘哀，祭而誠不至不如不祭之爲愈〔一〕。後世哀死不如古人之隆故，多疑於此。禮記集說卷第三十。又見朱子禮纂卷三、御纂朱子全書卷三十八、晦庵集卷三十九。

曾子問第七

曾子問曰：「並有喪，如之何？何先何後？」孔子曰：「葬，先輕而後重，其奠也，先重而後輕，禮也。自啟及葬不奠，行葬不哀次，反葬奠，而後辭於殯，遂脩葬事。其虞也，先重而後輕，禮也。」

古之並有喪，各行葬虞之禮，不相合，所以致其哀。所謂「葬先輕後重」，直謂自家遣而行之，既葬，然後再舉後喪耳。今必不能然，則在量宜處之，或以先喪前期而葬，亦可行之。次序自當尊卑有序，世俗之議，無義不可取。禮記集說卷第四十七。

曾子問曰：「下殤土周葬于園，遂輿機而往，塗邇故也。今墓遠，則其葬也如之何？」孔子曰：「吾聞諸老聃曰：昔者史佚有子而死，下殤也，墓遠。召公謂之曰：『何以不棺斂於宮中？』史佚曰：『吾敢乎哉？』召公言於周公，周公曰：『豈不可？』史佚行之。下殤用棺衣棺，自史佚始也。」

園，蓋在郭内蓺植桑麻蔬果之地。周官所謂「園廛二十而一」，莊子引顏子之言：回有郭内之田，足以供祭麻〔二〕。此乃園地。古者葬殤之禮極略，故無棺在園，以其地近，故輿機而葬。及史佚欲葬其殤，於墓既遠，不可輿機，遂用棺衣，此禮所由失。今日之事，若用禮則當如古，或勢不能用，則非所敢聞。以禮許人，蓋古人之所戒。禮記集說卷第

〔一〕「愈」：四庫本、通志堂本下有「也」字。

〔二〕「祭麻」：四庫本、通志堂本作「桑麻」，清王先謙莊子集解讓王（中華書局一九五四年版）作「絲麻」。

四十九。

郊特牲第十一

萬物本乎天，人本乎祖，此所以配上帝也。郊之祭也，大報本反始也。

祀天，禮之至敬者也。物無以稱其德，故禮簡誠至，則事天之禮盛矣。然人道有所未盡，故從其祖配之。所謂「配」者，當於祀[一]天禮成之後迎祖尸，而已以人鬼之禮祭之。必配祭者，所以盡人道之至愛。凡言配天及郊祀之有尸者，義當如此。禮記集說卷第六十六。

詔祝於室，坐尸於堂，用牲於庭，升首於室。直祭祝于主，索祭祝于祊。不知神之所在，於彼乎？於此乎？或諸遠人乎？祭于祊，尚曰「求諸遠者與」！

不知神之所往，故尚氣、尚聲、尚臭，以求於[二]天地陰陽之間。不知神之所在，故於庭、於室、於堂、於祊以求之。不知神之所依，故有主、有几、有尸、有幣以主之。不知神之所饗，故肆、爓、腥、孰、三牲、魚、腊、水草，備物以祀之矣。禮記集說卷第六十八。

[一]「祀」：原作「事」，據四庫本、通志堂本及上下文改。
[二]「於」：四庫本、通志堂本作「諸」。

內則第十二

適子、庶子祇事宗子、宗婦，雖貴富，不敢以貴富入宗子之家；雖衆車徒，舍於外，以寡約入。子弟猶歸器，衣服、裘衾、車馬則必獻其上，而後敢服用其次也。若非所獻，則不敢以入於宗子之門，不敢以貴富加於父兄宗族。若富，則具二牲，獻其賢者於宗子，夫婦皆齊而宗敬焉，終事而後敢私祭。

宗子既祭其祖禰，其支子不得別祭，所以嚴宗廟、合族屬，故曰「庶子不祭祖與禰，明其宗也」。若己爲宗子，而弟有子，其弟既死，其子欲祭其父，必從祖祔食祭于宗子之家乎？將就其宮而祭，使其子自主之乎？從祖祔食祭於宗子之家，止謂殤與無後。蓋殤與無後，必宗子主之爲可。若有後者，亦使宗子主之，則子有不得事其父矣。傳曰：「子不私其父，則不成爲子。」故兄弟生而異宮，所以盡子之私養，及其没也，反不得主其祭，於[一]義可乎？蓋異宮者必祭於其宮，而其子主祭。其祭也，必告于宗子而後行，不得而專，亦所以明其宗也。宗子有祭，必先與焉，卒祭而後祭其父，故曰「支子不祭，祭必告於宗子」，又曰「終事而後敢私祭」。若非異宮，則禮有所不得伸，則雖祔食于祖廟，亦可以安，所謂不得已焉者。庶子不祭祖，明其宗也；不祭禰，明其宗也。禮記集說卷第七十。

喪服小記第十五

斬衰：括髮以麻。爲母，括髮以麻，免而以布。箭笄終喪三年。齊衰：惡笄以終喪。

[一]「於」後文字錯頁至此后第五頁，疑底本裝訂時排錯。

免以布爲卷幘，以約四垂短髮而露其髻，於冠禮謂之「頍項」。冠者必先著此頍項，而後加冠。故古者有罪，免冠而頍項存，因謂之免。音「免」，以其與「冕弁」之「冕」其音相亂，故改音「問」。禮記集説卷第八十一。

大傳第十六

別子爲祖，繼別爲宗，繼禰者爲小宗。［有百世不遷之宗，有五世則遷之宗。百世不遷者，別子之後也。宗其繼別子之所自出者，百世不遷者也。宗其繼高祖者，五世則遷者也。尊祖故敬宗，敬宗，尊祖之義也。有小宗而無大宗者，有大宗而無小宗者，有無宗亦莫之宗者，公子是也。］〔二〕

國君之適長爲世子，繼先君之正統。自母弟而下，皆不得宗，次適爲別子；別子既不得禰先君，則不可宗嗣君，又不可無所統屬，故爲先君一族大宗之祖。其生也，適庶兄弟皆宗之；別子之母弟雖適子，與羣公子同，不得謂之別子。其死也，子孫世世繼之爲先君一族之大宗，凡先君所出之子孫皆宗之，雖百世不遷，無後則族人以支子繼之。此謂「別子爲祖，繼別爲宗」。羣公子雖宗別子，而自爲五世小宗之祖，死則其子其孫爲繼禰、繼祖之小宗，至五世以上，則上遷其祖，下易其宗，無子孫則絶。此謂「繼禰者爲小宗」。每一君有一大宗，世世統其君之子孫，故曰「宗其繼別子之所自出者，百世不遷者也」。別子所自出，謂別子所出之先君。如魯季友，乃桓公之別子所自出，即桓公大宗者，乃桓公一族之大宗。公子之公爲其士大夫之庶者，宗其士大夫之適者，則別子爲先君大宗之祖，羣公子皆宗之，是謂「有大宗而無小宗」。若君無次適可立爲別子，止有庶公子數人，則不可無宗以統，當立庶長一人爲小宗，使諸弟皆宗之，是謂「有小宗而無大宗」。若庶長死，國君復追立庶長爲別子，以爲先君一族大宗之祖，而以其子繼之。此雖不經見，然以義求之，則一君之大宗，不可以

〔二〕「有百世不遷之宗……」之注文爲「藍田呂氏解見前」，故移置此處。

絶後也。若君之正嫡外止有一公子，既不可宗君，又無昆弟宗己，是謂「無宗亦莫之宗」。然此公子亦爲其先君一族大宗之祖，没則百世相繼，先君之子孫皆宗之，如大宗法。國君主先君之祀，上可及先君之大祖，而下爲先君子孫之宗，故曰「尊者尊統上」；别子爲先君百世大宗之祖，而不敢禰先君，故曰「卑者尊統下」；大宗者，所以統先君之子孫，非統别子之子孫，故曰「大宗，尊之統也」，又曰「繼别子之所自出」。宗子議。

宗子法久不行，今雖士大夫，亦無收族之法，欲約小宗之法，且許士大夫家行之。其異宫同財，有餘則歸，不足則取，及昏冠喪祭必告，皆酌〔一〕今可行。仍以〔二〕古法，詳立條制使之遵行，以爲睦宗之道，亦無所害於今法，可以漸消析居爭競之醜，所補當不細矣。雜議。

古之典禮者，皆以「宗」名之，故伯夷作「秩宗」，周官有「宗伯」，下及乎都、家，皆有「宗人」。宗者，廟也。禮始於親，親之法非廟不統，所以别姓收族，無一不出於祖廟，不主乎宗祖〔三〕，故天子之元子爲天子之大宗，以繼其太祖，而别子爲諸侯。諸侯不敢祖天子，而自爲一國之大祖，故諸侯之元子亦爲諸侯之大宗，以繼其太祖，而别子爲大夫。大夫亦不敢祖諸侯，而自立家爲别子之祖。繼别者爲宗，亦謂之大宗，所以别小宗而百世不遷者也。小宗，有四五世則遷者也。故繼高祖之宗，得祀高祖，凡族兄弟皆宗之，族兄弟同出於高祖，故高祖與族兄弟之服皆三月。至於繼祖、繼曾祖、繼禰所祀所宗莫不倣此，故其所記者皆謂之宗子，以主家政而宗之者，皆聽命焉。諸侯大夫之大宗久廢不講，唯小宗若可行于今。然士大夫廟制世數之等，與宗子族食之差，其詳可得聞歟！至宗子〔四〕必以世適，有才不才間有所廢

〔一〕四庫本、通志堂本無「酌」字。
〔二〕「以」：四庫本、通志堂本作「似」。
〔三〕「宗祖」：四庫本、通志堂本作「祖宗」。
〔四〕四庫本、通志堂本脱「子」字。

置，變之則宗法壞，不變[一]則家政不行。支子不祭，必告于宗子。古者仕不出鄉，則支子常得與祭於宗，以今之仕者出處之不常，將有終身不與者，可乎？至於尊祖奉宗之心，或奪于貴富，同財歸資之法，或廢于私藏，嚴之則賊恩，寬之則弛法。如庶民之無知，雖父兄猶有不聽，何有於宗子乎？將使家政脩，宗法舉，嚴祭饗[二]，謹冠昏，貨財不私，法度如一，其親親之道，至於祖遷宗易而後已，亦有道乎？策問。禮記集説卷第八十五。

樂記第十九

子夏對曰：「今夫古樂，進旅退旅，和正以廣，弦、匏、笙、簧，會守拊、鼓。始奏以文，復亂以武。治亂以相，訊疾以雅。君子於是語，於是道古，修身及家，平均天下。此古樂之發也。」

「訊疾以雅」，擊雅以任舞者之進也。「治亂以相」，拊相以治舞者之亂也。舞者之進，以象發揚蹈厲，不可得而緩也。其舞既急，行列不能無亂，故武亂皆坐拊相以節之，使正其行列，復不可得而急也。故「訊疾」爲大公之志，志以伐商而不可失；治亂爲周、召之事，歸馬散牛，不復用兵，教之以禮樂者也。禮記集説卷第九十八。

雜記上第二十

有父母之喪尚功衰，而附兄弟之殤，則練冠，附於殤，稱「陽童某甫」，不名神也。

[一] 此上兩句中「變」四庫本、通志堂本作「辨」。

[二] 「饗」：四庫本、通志堂本作「享」。

上言「有三年之練冠，則以大功之麻易之，唯杖屨不易」，此謂三年既練，遭大功之喪，當易練冠練衣而服大功之衰；又加首絰，以麻易葛帶；所不易者，杖屨而已。然此三年者，統言父母君長子，及爲人後、及適孫爲祖之類，若父母之喪既練，而祔兄弟之殤，則杖屨與練冠俱不易。此一節於三年練冠中特爲父母立例，蓋大功之衰有重於三年之練冠，故所不易者，唯有杖屨。兄弟之殤，雖亦大功，然既殤且祔，宜輕於父母之練，故比之三年所不易者，又有練冠也。功衰者，卒哭所受六升之服也。至練，則以功衰之布練而爲衣，故猶曰「功衰」。此不曰「練」而曰「功衰」者，爲下「練冠」立文也。言「尚」者，明受功衰之日已遠，故知爲練服也。若哭兄弟之殤，則必易練冠。蓋殤之喪，雖無卒哭之稅，至于祔，宜有殺矣。禮記集說卷第一百一。

雜記下第二十一

既葬，大功弔，哭而退，不聽事焉。期之喪未葬，弔於鄉人，哭而退，不聽事焉。功衰弔，待事，不執事。小功、緦，執事，不與於禮。

「功衰事〔一〕」下脱二「不」字，此謂卒哭之受服。禮記集說卷第一百三。

喪食雖惡，必充饑。饑而廢事，非禮也；飽而忘哀，亦非禮也。視不明，聽不聰，行不正，不知哀，君子病之。故有疾飲酒食肉，五十不致毀，六十不毀，七十飲酒食肉，皆爲疑死。有服，人召之食，不往。大功以下，既葬適人，人食之，其黨也食之，非其黨弗食也。功衰，食菜果，飲水漿，無鹽、酪。不能食食，鹽、酪可也。孔子曰：「身有瘍則浴，首有創則沐，病則飲酒食肉。毀瘠爲病，君子弗爲也。毀而死，君子謂之無子。」

〔一〕「事」：疑爲「弔」。

功衰，亦卒哭之受服。閒傳：「父母之喪，既虞卒哭，疏食水飲，不食菜果。」與此文正合。疏食水飲，其飲不加鹽、酪，故曰「飲水漿，無鹽、酪」也。「不能食食，鹽、酪可也」者，喪大記：「不能食粥，羹之以菜可也。」蓋人有所不能，亦不可勉〔一〕也。禮記集説卷第一百三。又見禮記集解卷四十一。

子貢觀於蜡，孔子曰：「賜也樂乎？」對曰：「一國之人皆若狂，賜未知其樂也。」子曰：「百日之蜡，一日之澤，非爾所知也。張而不弛，文武弗能也。弛而不張，文武弗爲也。一張一弛，文武之道也。」

蜡，索祭也。歲十二月，歲將終矣，百物成矣，凡物之神，苟有功于人，無不舉而祭之。故司嗇也、百種也、農也、郵表畷也、貓也、虎也、坊也、水也，謂之八蜡。祭之道至于蜡，則報之禮備矣，故曰：仁之至、義之盡也。自秋成至于十二月有百日，在百日中索是鬼神，以脩蜡禮，故曰「百日之蜡」。至于十二月乃祭，祭而遂息田夫，故曰「一日之澤」。一方不成，則蜡不行於其方，謹愛民財而不可費也。順成之方，蜡祭乃行，必使不成之方移民而就粟也。禮記集説卷第一百四。

喪大記第二十二

小斂，主人即位于戶內，主婦東面，乃斂。卒斂，主人馮之踊，主婦亦如之。主人袒，説髦，括髮以麻，婦人髽，帶、麻于房中。

婦人不俟男子襲絰，亦先帶、麻者，以其無絞帶，布帶且質略少變，故因髽而襲絰也。禮記集説卷第一百五。

〔一〕「勉」：禮記集解作「強」。

祭法第二十三

祭法：有虞氏禘黄帝而郊嚳，祖顓頊而宗堯。夏后氏亦禘黄帝而郊鯀，祖顓頊而宗禹。殷人禘嚳而郊冥，祖契而宗湯。周人禘嚳而郊稷，祖文王而宗武王。

天子宗廟之祭，自殷以前常祭有四，春礿、夏禘、秋嘗、冬烝是也；非常之祭有四，禘、祫、郊、宗是也。祫，對犆之名，無別祭，因時祭而舉之，故有犆礿、祫禘、祫烝。春祭物薄，不足合食，故特祭之。祫，合也，合羣廟之主而祭于祖也。禘，諦也。自義率祖，順而祭之至於禰，先尊後卑，審諦昭穆，同時異日，各行其祭也。常禘則止及大祖，時雝，禘大祖。大禘則及其始祖所自出之帝，以其大祖配之。如周稷出於嚳，嚳即始祖之所自出之帝，四代皆然。故禘從帝，亦本此義。始祖，稷也。大祖，文王也。二禘之祭皆在夏〔二〕，有大禘則無常禘，常禘歲行，大禘則五歲一行。傳謂：「三年一祫，五年一禘。」祫禘者，若常禘則合于大祖，大禘則合于始祖。不失追享之義而合食之郊者，推其祖之功德可以配天者，祀天于郊，以所配者配之，故曰「郊」。宗者以功德可宗，祀帝于明堂，則以其宗配之。禘郊祖宗，雖皆祀其先，然必推其先世之有功德者，非此不在祀典。故瞽、鯀皆有惡德，虞不郊瞽，而夏郊鯀，鯀有以死勤事之功也。至周則以礿爲夏祭，而立祠以爲春祭，別出禘爲大祭，又有肆獻祼饋食之享。肆獻祼，饗禮也，行于禘祭。饋食，食禮也，行於嘗祭。郊特牲：「饗禘有樂，而食嘗無樂。」凡非常之祀用饗禮、食禮者〔三〕，皆取于此。故周人禘、祫，間行於四時，周官司尊彝云：「四時之間祀，追享、朝享。」追享，禘也，禘其祖之所出，如追享先世之義；朝享，祫也，合食有羣主，朝於大

〔二〕「夏」：四庫本、通志堂本作「下」。
〔三〕「者」：四庫本、通志堂本作「也」。

祖之義。饗、食互用於非常，非常之祭，或饗或食。禘郊祖宗廟亦不變。然周公推嚴配之禮，以事天之禮事其先，故以后稷配天；而郊之祀，不祀天而祀稷，以文王配帝；而明堂之祀，不祀帝[一]而祀文王者，周公時宗文王而已。及其後世，乃祖文而宗武，故孝經與祭法異。禮記集説卷第一百八。

孔子閒居第二十九

孔子閒居，子夏侍。子夏曰：「敢問詩云：『凱弟君子，民之父母。』何如斯可謂民之父母矣？」孔子曰：「夫民之父母乎！必達於禮樂之原，以致五至，而行三無，以横於天下。四方有敗，必先知之。此之謂民之父母矣。」

禮樂之原，在於一心，「致五至」、「行三無」、「以横於天下」，乃一心之用也。人心其神矣乎？「四方有敗，必先知之」，所以爲神也。君子之樂而易者，蓋以此也，是故能爲民父母也。禮記集説卷第一百二十。又見藍田呂氏禮記傳卷三。

子夏曰：「民之父母，既得而聞之矣，敢問何謂『五至』？」孔子曰：「志之所至，詩亦至焉；詩之所至，禮亦至焉；禮之所至，樂亦至焉；樂之所至，哀亦至焉。哀樂相生。是故正明目而視之，不可得而見也；傾耳而聽之，不可得而聞也。志氣塞乎天地。此之謂『五至』。」

達於禮樂之原，「以致五至而行三無」，則此兩者皆出於禮樂。故「五至」有曰「詩之所至，禮亦至焉；禮之所至，樂亦至焉」，「三無」有曰「無聲之樂，無體之禮」也。志者，心之所之也。心不之道，將何之矣？詩以道志者也，故曰「志之所至，詩亦至焉」；興於詩則必至於禮，故曰「詩之所至，禮亦至焉」；立於禮則必成於樂，故曰「禮之所至，樂亦至焉」；樂者，樂也，樂極則悲來，故曰「樂之所至，哀亦至焉」，哀樂相生者也。始乎志，猶十歲曰「幼學」也；終

[一]「帝」：四庫本、通志堂本作「稷」。

乎哀，猶百年曰「期頤」也。此五者，視之不見，聽之不聞，而其志氣塞乎天地，可謂至矣。非達於禮樂者，不足以及此也。聽欲傾耳，視欲正目。「明」字，衍也。禮記集説卷第一百二十。又見藍田呂氏禮記傳卷三。

子夏曰：「『五至』既得而聞之矣，敢問何謂『三無』？」孔子曰：「無聲之樂，無體之禮，無服之喪，此之謂『三無』。」子夏曰：「『三無』既得略而聞之矣，敢問何詩近之？」孔子曰：「『夙夜其命宥密』，無聲之樂也；『威儀逮逮，不可選也』，無體之禮也；『凡民有喪，匍匐救之』，無服之喪也。」

先儒謂此三者皆行之在心，外無形狀，故稱「無」也。蓋樂必有聲，其無聲者，非樂之器，乃樂之道也；禮必有體，其無體者，非禮之文，乃禮之本也；喪必有服，其無服者，非喪之事，乃喪之理也；則此三者行之在心，外無形狀可知也。無聲之樂，和之至者也；無體之禮，敬之至者也；無服之喪，哀之至者也。子夏雖聞此言而未深通，以詩人之道長於人情，故問「何詩近之」，蓋欲通其倫類也。「夙夜基命宥密」，命者，君之所出以施于臣民也；基者，謀始也；宥者，廣容也；密者，精察也。文武之王，基命宥密，夙夜不息，樂之者也，此近於無聲之樂也。「威儀逮逮，不可選也」，「逮」本作「棣」，言其威儀富而閑習，如棣之華蕚，光輝相逮，不可選擇，皆盡善也，此於五禮初無定體，是謂無體之禮也。「凡民有喪，匍匐救之」，其於喪者，初無正服，是之謂無服之喪也。禮記集説卷第一百二十。又見藍田呂氏禮記傳卷三。

子夏曰：「言則大矣、美矣、盛矣，言盡於此而已乎？」孔子曰：「何爲其然也？君子之服之也，猶有五起焉。」子夏曰：「何如？」孔子曰：「無聲之樂，氣志不違；無體之禮，威儀遲遲；無服之喪，内恕孔悲。無聲之樂，氣志既得；無體之禮，威儀翼翼；無服之喪，施及四國。無聲之樂，氣志既從；無體之禮，上下和同；無服之喪，以畜萬邦。無聲之樂，日聞四方；無體之禮，日就月將；無服之喪，純德孔明。無聲之樂，氣志既起；無體之禮，施及四海；無服之喪，施于孫子。」

子曰：「起予者商也，始可與言詩已矣。」謂能起其意也。君子服習近於「三無」之詩，能起其意者，猶有「五」焉，則所言固未盡也。無聲之樂在於氣志，無體之禮在於威儀。氣志與物不違則固樂矣，於理既得則尤樂矣，於道既合則愈樂矣，然則雖曰「無聲」，「日聞四方」矣，是故天下樂之氣志既起也。威儀和而緩則無急迫之態矣，敬而肅則無怠慢之容矣，上下同和則無乖異之變矣，然則雖曰「無體」，而小者日就、大者月將矣，是故一人行之施及四海也。若夫無服之喪，本由「内恕孔悲」，則視人之喪猶己之喪也。既推是心施及四國，必由是道以畜萬邦。厥今純德孔明，其後施于孫子，此仁之至也。氣志[一]既充，威儀既備，而篤於仁，然後「三無」、「五起」之義可得而盡矣。禮記集説卷第一百二十。又見藍田呂氏禮記傳卷三。

子夏曰：「三王之德，參於天地，敢問何如斯可謂參於天地矣？」孔子曰：「奉三無私以勞天下。」子夏曰：「敢問何謂三無私？」孔子曰：「天無私覆，地無私載，日月無私照，奉斯三者以勞天下，此之謂三無私。其在詩曰：『帝命不違，至于湯齊。湯降不遲，聖敬日齊。昭假遲遲，上帝是祇。帝命式于九圍。』是湯之德也。」

德可爲民父母，固已至矣；又進而大之，則參於天地，其道要[二]在無私而已矣。「天無私覆，地無私載，日月無私照，奉斯三者以勞天下」，則是其德與天地參矣，是故王道莫大於無私也。先儒讀「至于湯齊」爲「躋」，詩本「如」字；又讀「聖敬日齊」爲「齊」，詩本作「躋」，當以本文爲正。帝之命殷，不相違戾；以至于湯，而皆齊一，湯之屈己下士，敏疾不遲。故其聖敬日以升進，然其昭顯假至于天，未嘗汲汲然，凡以致天命而已。是故天命用事于九圍也，湯之德如此，所以能參於天地也。禮記集説卷第一百二十。又見藍田呂氏禮記傳卷三。

天有四時，春秋冬夏，風雨霜露，無非教也。地載神氣，神氣風霆，風霆流形，庶物露生，無非教也。

此衍「神氣風霆」四字，蓋天有四時運行於上，地載神氣動作於下，春夏秋冬，「風雨霜露」，所以釋「天有四時」也，

[一]「志」：四庫本、通志堂本作「之」。
[二]「要」：四庫本、通志堂本作「若」、清麓本作「何」。

「風霆流形，庶物露生」，所以釋「地載神氣」也，衍此四字可知也。春秋執生殺之機，冬夏極陰陽之用，風雨霜露施于庶物者，皆可取法，無非教也。風之動蕩，霆之震耀，流形于下，化育庶物，使皆呈露發生者，亦可取法，無非教也。然風霆猶風雨，皆神氣也，降於天，載於地以成化育者也，獨於地言之，則以流形而可見也。禮記集説卷第一百二十。又見藍田呂氏禮記傳卷三。

清明在躬，氣志如神。耆欲將至，有開必先。天降時雨，山川出雲。其在詩曰：「嵩高惟嶽，峻極于天。惟嶽降神，生甫及申。惟申及甫，惟周之翰。四國于蕃，四方于宣。」此文武之德也

清而明者，天之德也。以天德在躬，故「氣志如神」。孟子曰：「中天下而立，定四海之民，君子樂之。」所謂「耆欲將至」，則有開於興王，必先以生賢。有開於興王，譬猶「天降時雨」也；必先以生賢，譬猶「山川出雲」也。「崧高」者，生賢之詩也；宣王，中興之王也；申、甫，間生之賢也。故能爲周翰，以蕃于四國，宣于四方也。文武之德如此，無詩以言之，故取類以明義也。禮記集説卷第一百二十。又見藍田呂氏禮記傳卷三。

三代之王也，必先其令聞，詩云「明明天子，令聞不已」，三代之德也。「弛其文德，協此四國」，大王之德也。子夏蹶然而起，負牆而立，曰：「弟子敢不承乎！」

奉三無私以勞天下，而得賢佐，則必有令聞矣。先以令聞慰服人心，然後可以興王業，故三代之王必皆先之也。江漢之詩曰：「明明天子，令聞不已。矢其文德，洽此四國。」以「矢」爲「弛」，以「洽」爲「協」，聲之轉[一]也。此亦宣王之詩，而謂「明明天子，令聞不已」爲三代之德，「矢其文德，洽此四國」爲大王之德，皆取類言之也。此篇始論爲民父母之道，終論參於天地之德：致「五至」、行「三無」者，爲民父母之道也；奉三無私以勞天下者，參於天地之德也。然王者必得賢佐，有令聞，然後可以施爲，故以崧高、江漢之詩申言之也。禮記集説卷第一百二十。又見藍田呂氏禮記

[一]「轉」：通志堂本作「物」、清麓本作「訛」。

傳卷三。

中庸第三十一

中庸之書，聖門學者盡心以知性，躬行以盡性，始卒不越乎此書。孔子傳之曾子，曾子傳之子思，子思述所授〔一〕之言以著于篇，故此書所〔二〕論，皆聖人之緒言、入德之大要也。禮記集説卷第一百二十三。又見藍田呂氏禮記傳卷四、中庸輯略卷上。

聖人之德，中庸而已。中則過與不及皆非道，庸則父子、兄弟、夫婦、君臣、朋友之常道，欲造次、顛沛久而不違於仁，豈尚一節一行之詭激者哉？禮記集説卷第一百二十三。又見藍田呂氏禮記傳卷四。

中庸之書，學者所以進德之要，本末具備矣。既以淺陋之學，爲諸君道之，抑又有所以告諸君者。孔子曰：「古之學者爲己，今之學者爲人。」爲己者，心存乎德行而無意乎功名；爲人者，心存乎功名而未及乎德行。若後世學者，有未及乎爲人而濟其私欲者，今學聖人之道而先以私欲害之，則語之而不入，導之而不行，教之者亦何望哉？聖人立教以示後世，未嘗使學者如是也；朝廷建學設科以取天下之士，亦未嘗使學者如是也，學者亦何必捨此而趨彼哉？聖人之學，不使人過，不使人不及，立喜怒哀樂未發之中以爲之本，使學者擇善而固執之，其學固有序矣。學者盡〔三〕亦

〔一〕「授」：中庸輯略作「受」。

〔二〕「所」：四庫本、通志堂本、清麓本作「之」。

〔三〕「盡」：四庫本、通志堂本作「蓋」。

用心於此乎？用心於此，則義理必明，德行必脩，師友必稱，州里必譽〔一〕；仰企於上古〔二〕，可以不負聖人之傳；俯達于當今，可以不負朝廷之教養。世之有道君子，樂得而親之，王公大人，樂聞而取之。與夫自輕其身，涉獵無本，徼幸一旦之利者，果何如哉？諸君有意乎？則〔三〕今日所講有望焉；無意乎？則不肖今日自爲譊譊無益，不幾乎侮聖言乎？諸君其亦念之哉！禮記集説卷第一百二十三。

天命之謂性，率性之謂道，脩道之謂教。

此章先明「性」、「道」、「教」之〔四〕所以名。性與天道一也，天道降而在人，故謂之性。性者，生生之所固有也，循是而之焉〔五〕，莫非道也。道之在人，有時與位之不同，必欲爲法於後世，不可不脩。禮記集説卷第一百二十三。又見藍田呂氏禮記傳卷四。

「天命之謂性」，即所謂中；「脩道之謂教」，即所謂庸。中者，道之所自出；庸者，由道而後立。蓋中者，天道也，天德也，降而在人，人稟而受之，是之謂性。書曰：「惟皇上帝，降衷于下民。」傳曰：「民受天地之中以生。」此人性所以必善，故曰「天命之謂性」。性與天道，本無有異，但人雖受天地之中以生，而梏於蕞然之形體，常有私意小知撓乎其間，故與天地不相似，所發遂至於出入不齊而不中節，如使所得於天者不喪，則何患不中節乎？故良心所發，莫非道也。在我者，惻隱、羞惡、辭讓、是非皆道也；在彼者，君臣、父子、夫婦、昆弟、朋友之交亦道也。在物之

〔一〕「譽」：四庫本作「舉」。

〔二〕此處原作「仰而上古」，四庫本作「仰企於上古」，通志堂本「仰」與「上」之間爲一空格。因後文有「俯達于當今」之語，與之對應，以四庫本爲準。

〔三〕「則」：四庫本、通志堂本作「于」。

〔四〕通志堂本脱「之」字。

〔五〕「之焉」：四庫本、通志堂本、清麓本作「言之」。

分，則有彼我之殊； 在性之分，則合乎内外，一體而已。是皆人心所同然，乃吾性之所固有。隨喜怒哀樂之所發，則愛必有等差，敬必有節文。所感重者，其應也亦重； 所感輕者，其應也亦輕。自斬至緦，喪服異等，而九族之情無所憾。自王公至皂隸，儀章異制，而上下之分莫敢爭，非出於性之所有，安能致是乎？ 故曰「率性之謂道」。循性而行，無物撓之，雖無不中節，然人稟於天者，不能無厚薄昏明，則應於物者，亦不能無小過小不及，故「喜斯陶，陶斯咏，咏斯猶，猶斯舞，舞斯愠，愠斯戚，戚斯歎，歎斯辟，辟斯踊矣。品節斯，斯之謂禮。」閔子除喪而見孔子，予之琴而彈之，切切而哀，曰：「先王制禮，不敢過也。」子夏除喪而見孔子，予之琴而彈之，侃侃而樂，曰：「先王制禮，不敢不及也。」故心誠求之，雖不中不遠矣。然將達之天下，傳之後世，慮其所終，稽其所敝，則其小過小不及者，不可以不脩。此先王所以制禮，故曰「脩道之謂教」。禮記集説卷第一百二十三。又見藍田呂氏禮記傳卷四、大儒心學語録卷之九。

道也者，不可須臾離也，可離非道也。是故君子戒慎乎其所不睹，恐懼乎其所不聞，莫見乎隱，莫顯乎微，故君子慎其獨也。

此章明道之要，不可不誠。道之在我，猶飲食居處之不可去，可去皆外物也。誠以爲己，故不欺其心。人心至靈，一萌于思，善與不善莫不知之。他人雖明，有所不與也。故「慎其獨」者，知爲己而已。禮記集説卷第一百二十四。又見藍田呂氏禮記傳卷四、中庸輯略卷上。

道之爲言，猶道路也。凡可行而無不達，皆可謂之道也。成象之謂乾，效法之謂坤。天立是理，地以效之，況於人乎？ 故人效法於天，不越順性命之理而已。率性之謂道，則四端之在我者、人倫之在彼者，皆吾性命之理受乎天地之中，所以立人之道，「不可須臾離也」。絶類離倫，無意乎君臣父子者，過而離乎此者也； 賊恩害義，不知有君臣父子者，不及而離乎此者也。雖過不及有差，而皆不可以行於世，故曰「可離非道也」。非道者，非天地之中而已，非天地之中而自謂有道，惑也。禮記集説卷第一百二十四。又見藍田呂氏禮記傳卷四、中庸輯略卷上。

所謂中者，性與天道也。謂之有物，則不得於言； 謂之無物，則必有事焉。不得於言者，視之不見，聽之不聞，無聲形接乎耳目而可以道也；必有事焉者[一]，「莫見乎隱，莫顯乎微」，體物而不可遺者也。古之君子，立則見其參於前，在輿則見其倚於衡，是何所見乎？洋洋如在其[二]上，如在其左右，是果何物乎？學者見乎此，則庶乎能擇中庸而執之，隱微之間，不可求之於耳目，不可道之於言語，然有所謂昭昭而不可欺，感之而能應者，正惟虛心以求之，則庶乎見之，故曰「莫見乎隱，莫顯乎微」。然所以慎其獨者，苟不見乎此，則何戒慎恐懼之有哉？此誠之不可揜也。禮記集說卷第一百二十四。又見藍田呂氏禮記傳卷四。

喜怒哀樂之未發謂之中，發而皆中節謂之和。中也者，天下之大本也；和也者，天下之達道也。致中和，天地位焉，萬物育焉。

此章明命中和，及言其效。情之未發，乃其本心，元無過與不及，所謂「物皆然，心爲甚」，所取準則以爲中者，本心而已。由是而出，無有不合，故謂之「和」。非中不立，非和不行，所出所由，未嘗離此大本根也。「達道」，衆所出入之道。極吾中以盡天地之中，極吾和以盡天地之和，天地以此立，化育亦以此行。禮記集說卷第一百二十四。又見藍田呂氏禮記傳卷四。

人莫不知理義當無過不及之謂中，未及乎所以中也，喜怒哀樂未發之前，反求吾心，果何爲乎？易曰：「寂然不動，感而遂通天下之故。」語曰：「子絶四：毋意，毋必，毋固，毋我。」孟子曰：「大人者，不失赤子之心。」此言皆何謂也？「回也其庶乎，屢空」，唯空然後可以見乎中，「而」[三]空非中也，必有事焉。喜怒哀樂之未發，無私意小知撓乎其間，乃所謂空，由空然後見乎中，實則不見也。若子貢聚見聞之多，其心已實如貨殖焉，所蓄有數，所應有期[四]，雖曰

[一] 四庫本、通志堂本「焉」與「者」間有一「言」字。
[二] 四庫本、通志堂本無「其」字。
[三] 原無「而」字，據中庸輯略補。
[四] 「期」：中庸輯略作「限」。

富有，亦有時而窮，故「億則屢中」，而未皆中也。「權然後知輕重，度然後知長短，物皆然，心爲甚」，則心之度物甚於權度之審，其應物當無毫髮之差。然人應物，不中節者常多，其故何也？由不得中而執之，有私意小知撓乎其間，故理義不當，或過或不及，猶權度之法不精，則稱量百物，不能無銖兩分寸之差也。此所謂性命之理，出於天道之自然，非人私知所能爲也。故推而放諸四海而準，前聖後聖若合符節，故曰「喜怒哀樂之未發謂之中」。昔者堯之授舜，曰：「天之歷數在爾躬，允執其中。」舜亦以命禹，曰：「人心惟危，道心惟微；惟精惟一，允執厥中。」雖聖人以天下授人，所命者不越乎此，豈非中之難執難見乎？豈非道義之所從出乎？後世稱善治天下者無出乎堯舜禹，豈非執中而用之，無所不中節乎？無過無〔二〕不及，民有不和，世有不治者乎？聖人之治天下，猶不越乎執中，則治身之要，舍是可乎？故苟得中而執之，則從欲以治，四方風動，精義入神，利用出入可也，故曰「中者，天下之大本」。自中而發，無不中節，莫非順性命之理而已，莫非庸言庸行而已。人心之所同然，人道之所共行，不越乎合君臣、父子、昆弟、夫婦、朋友之交而已，故曰「和者，天下之達道」。致中和者，至誠盡性之謂；故與天地合德而通乎神明者，致中者也；察乎人倫，明乎庶物，體信以達順者，致和者也。惟「至誠爲能盡其性，能盡其性則能盡人之性，能盡人之性則能盡物之性，能盡物之性則可以贊天地之化育，可以與天地參矣」。人者，與天地並立而爲三。盡人之性，則人道立。人道立則經綸天下之大經，而天尊地卑上下定矣。人道不立則經不正，經不正則顛倒逆施，天地安得而位諸？盡物之性，則昆蟲草木與吾同生者也。不合圍，不揜羣，至于不麛不卵，不殺胎，不覆巢，此雖贊天地之化育，猶政事之所及，而至誠上達，與天地同流，化育萬物者，乃聖人〔三〕致中和之效也。禮記集説卷第一百二十四。又見藍田呂氏禮記傳卷四、中庸輯略卷上。

〔二〕四庫本、通志堂本、清麓本無「無」字。

〔三〕四庫本、通志堂本、清麓本無「乃聖人」三字。

仲尼曰：「君子中庸，小人反中庸。君子之中庸也，君子而時中；小人之中庸也，小人而無忌憚也。」

此章言中庸之用。「時中」，當其可而已，猶冬飲湯、夏飲水之謂。「無忌憚」，所以無取則也。不中不常，妄行而已。禮記集說卷第一百二十五。又見藍田呂氏禮記傳卷四。

君子蹈乎中庸，小人反乎中庸者也。「君子之中庸也」，有君子之心，又達乎時中。「小人之中庸也」，有小人之心，反乎中庸，無所忌憚而自謂之時中也。「時中」者，當其可之謂也。時止則止，時行則行，當其可也；可以仕則仕，可以止則止，可以速則速，可以久則久，當其可也；曾子、子思易地則皆然，禹、稷、顏回同道，當其可也；舜不告而娶，周公殺管、蔡，孔子以微罪行，當其可也。小人見君子之時中，唯變所適，而不知當其可，而欲肆其姦心，濟其私欲，或言不必信，行不必果，則曰「唯義所在而已」，然實未嘗知義之所在。有臨喪而歌，人或非之，則曰「是惡知禮意」，然實未嘗知乎禮意，猖狂妄行，不謹先王之法，以欺惑流俗，此小人之亂德，先王之所以必誅而不以聽者也。禮記集說卷第一百二十五。又見藍田呂氏禮記傳卷四、中庸輯略卷上。

執中無權，雖君子之所惡，苟無忌憚，則不若無權之爲愈。禮記集說卷第一百二十五。又見藍田呂氏禮記傳卷四。

子曰：「中庸其至矣乎！民鮮能久矣！」

人莫不能中庸，鮮能久而已。久則爲賢人，不息則爲聖人。禮記集說卷第一百二十五。又見藍田呂氏禮記傳卷四。

中庸者，天下之所共知，天下之所共行，猶寒而衣、飢而食、渴而飲，不可須臾離也。衆人之情，厭常而喜新，質薄而氣弱，雖知不可離而亦不能久也。唯君子之學，自明而誠，明而未至乎誠，雖心悅而不去。然知不可不思，行不可不勉，在思勉之分，而氣不能無衰，志不能無懈，故有「日月至焉」者，有「三月不違」者，皆德之不可久者。若至乎誠，則不思不勉，至於常久而不息，非聖人其孰能之？禮記集說卷第一百二十五。又見藍田呂氏禮記傳卷四、中庸輯略卷上。

子曰：「道之不行也，我知之矣，知者過之，愚者不及也。道之不明也，我知之矣，賢者過之，不肖者不及也。人莫不飲食也，鮮能知味也。」子曰：「道其不行矣夫！」

諸子百家，異端殊技，其設心非不欲義理之當〔一〕，然卒不可以入堯舜之道者，所知有過不及之害也。疏明曠〔二〕達，以中爲不足守，出於天地範圍之中，淪於虚無寂寞之境，窮高極深，要之無所用於世，此過之之害也。蔽蒙固滯，不知所以爲中，泥於形名度數之末節，徇於耳目聞見之所及，不能體天地之化，達君子之時中，此不及之害也。二者所知，一過一不及，天下欲蹈乎中庸而無所歸，此道之所以不行也。賢者常處其厚，不肖者常處其薄。曾子執親之喪，水漿不入口者七日，高柴泣血三年，未嘗見齒，雖本於厚而滅性傷生，無義以節之也。宰予以三年之喪爲已久，食稻衣錦而自以爲安；墨子之治喪也，以薄爲其道，既本於薄，又〔三〕徇生逐末，不免於恩以厚之也。二者所行，一過一不及，天下欲擇乎中庸而不得，此道之所以不明也。知之不中，習矣而不察者也；行之不中，行矣而不著者也，是皆〔四〕飲食而不知味者也。禮記集説卷第一百二十五。又見藍田呂氏禮記傳卷四、中庸輯略卷上。

此章言失中之害。必知其所以然，然後道行；必可常行，然後道明。知之過，無徵而不適用；不及，則卑陋不足爲，是取不行之道〔五〕也。行之過，不與衆共；不及，則無以異於衆，是不明之因也。行之不著，習矣不察，是皆〔六〕飲食而不知味者。如此而望道之行，難矣夫！禮記集説卷第一百二十五。又見藍田呂氏禮記傳卷四、中庸輯略卷上。

子曰：「舜其大知也與！舜好問而好察邇言，隱惡而揚善，執其兩端，用其中於民，其斯以爲舜乎！」

〔一〕「非不欲義理之當」：中庸輯略作「非欲義理之不當」。

〔二〕「曠」：中庸輯略作「洞」。

〔三〕「又」：四庫本、通志堂本、清麓本作「及」。

〔四〕「皆」：四庫本、清麓本、中庸輯略作「知」。

〔五〕「取不行之道」：中庸輯略作「不行之因」。

〔六〕「皆」：四庫本作「亦」。

舜之知所以爲大者，樂取諸[一]人以爲善而已。「好問而好察邇言，隱惡而揚善」，皆樂取諸人者也。「兩端」，過與不及也。「執其兩端」，乃所以用其時中，猶持權衡而稱物輕重，皆得其平。故舜之所以爲舜，取諸人，用諸民，皆以能執兩端不失中也。禮記集説卷第一百二十五。又見藍田呂氏禮記傳卷四、中庸輯略卷上。

「好問」，則無知愚，無賢不肖，無貴賤，無長幼，皆在所問。「好察邇言」者，流俗之諺，野人之語，皆在所察。廣問，合乎衆議者也；邇言，出於無心者也。雖未盡合於理義而理義存焉，其惡者隱而不取，其善者舉而從之，此與人同之道也。禮記集説卷第一百二十五。又見藍田呂氏禮記傳卷四、中庸輯略卷上。

子曰：「人皆曰予知，驅而納諸罟擭陷阱之中，而莫之知辟也。人皆曰予知，擇乎中庸，而不能期月守也。」

子曰：「回之爲人也，擇乎中庸，得一善，則拳拳服膺而弗失之矣。」

自「人皆曰予知」以下。中庸之可守，人莫不知之，鮮能蹈之，烏[二]在其爲知也歟？唯顔子之擇中庸而能守之，此所以爲顔子也。衆人之不能期月守，聞見之知，非心知也。顔子服膺而弗失，心知而已，此所以與衆人異。禮記集説卷第一百二十六。又見藍田呂氏禮記傳卷四、中庸輯略卷上。

擇乎中庸，可守而不能久，知及[之][三]而仁不能守之者也。「知及之，仁不能守之」，自謂之知，安在其爲知也歟？雖得之，必失之。故君子之學，自明而誠。明則能擇，誠則能守。能擇，知也；能守，仁也。如顔子者，可謂能擇而能守也。高明不可窮，博厚不可極，則中道不可識，故「仰之彌高，鑽之彌堅，瞻之在前，忽焉[四]在後」。察其志也，非見聖人之卓，不足謂之中，隨其所至，盡其所得。據而守之，則拳拳服膺而不敢失；勉而進之，則既竭吾才而不

[一]「諸」：四庫本、通志堂本、清麓本作「於」。

[二]「烏」：四庫本、通志堂本、清麓本作「惡」。

[三]諸本脱「之」字，據中庸輯略補。

[四]「焉」：原作「然」，據四庫本、通志堂本、清麓本改。

敢緩。此所以恍惚前後而不可爲像[一]，求見聖人之止，欲罷而不能也。一宫之中，則庭爲之中矣。指宫而求之一國，則宫或非其中；指國而求之九州，則國或非其中。故極其大則中可求，止其中則大可有，此顏子之志乎！禮記集説卷第一百二十六。又見藍田呂氏禮記傳卷四、中庸輯略卷上。

子曰：「天下國家可均也，爵禄可辭也，白刃可蹈也，中庸不可能也。」

此章言中庸之難也。均之爲言，平治也。周官冢宰「均邦國」，平治之謂也。平治乎天下國家，知者之所能也；讓[二]千乘之國，辭萬鍾之禄，廉者之所能也；犯難致命，死而無悔，勇者之所能也。三者，世之所難也，然有志者率皆能之。中庸者，世之所謂易也，然非聖人，其孰能之？唯其以爲易，故以爲不足學而不察，以爲不足行而不守，此道之所以不行也。禮記集説卷第一百二十六。又見藍田呂氏禮記傳卷四、中庸輯略卷上。

子路問强。子曰：「南方之强與？北方之强與？抑而强與？寬柔以教，不報無道，南方之强也，君子居之。衽金革，死而不厭，北方之强也，而强者居之。故君子和而不流，强哉矯！中立而不倚，强哉矯！國有道，不變塞焉，强哉矯！國無道，至死不變，强哉矯！」

此章言强之中也。南方之强，不及乎强者也。北方之强，過乎强者也。而强者，汝之所當强者也。南方，中國。北方，狄也。以北對南，故中國所以言南方也。南方雖不及强，然「犯而不校」，未害爲君子。北方則過於强，尚力用强，故止爲强者而已，未及君子之中也。得君子之中，乃汝之所當强也。柔而立，寬而栗，故能「和而不流」。剛而寡欲，故能「中立而不倚」。「富貴不能淫」，故「國有道，不變塞焉」。「貧賤不能移，威武不能屈」，故「國無道，至死不變」。是皆以己之强，力矯其偏，以就中者也。夫矯之爲言，猶揉木也。木之性能曲能直，將使成材而爲器，故曲者、直

[一]「像」：四庫本、通志堂本、清麓本作「象」。
[二]「讓」：中庸輯略作「遜」。

者皆在所矯，故皆曰「强哉矯」。不羞汙君，不辭小官，與鄉人處，由由然不忍去，雖袒裼裸裎於我側，爾焉能浼我哉？其「和而不流」者歟！非其君不事，非其民不使，與夫獨立不懼，遯世無悶者，其「中立而不倚」者歟！塞，未達也。君子達不離道，故當天下有道，其身必達，不變未達之所守，所謂「不變塞焉」者也。禮記集說卷第一百二十六。又見藍田呂氏禮記傳卷四、中庸輯略卷上。

子曰：「素隱行怪，後世有述焉，吾弗爲之矣。君子遵道而行，半塗而廢，吾弗能已矣。君子依乎中庸，遯世不見知而不悔，唯聖者能之。」

此章論行之所以求乎中也。「素隱行怪」，未當行而行之，行之過者也。「半塗而廢」，當行而不行，行之不及者也。「素」，讀如「傃鄉」之「傃」，猶「傃其位」之「素」也。君子之學，方鄉乎隱，則隱而未見，行而未成，「潛龍」所以「勿用」也，然其志嘐嘐然曰：「古之人！古之人！」夷考其行而不掩，則怪者也。君子之學，方遵道而行，不勉則不中，不思則不得，進德修業，所以欲及時也。然莫之禦而不爲，力非不足而畫焉，則自已者也。怪者，君子之所不爲也。已者，君子之所不能也。不爲其所過[一]，不已其所不及，此所以「依乎中庸」，自信而不悔也。「依」，與「違」對者也。依於仁則不違於仁，依乎中庸則不可須臾離也。聖人擇天下之善，知天下之本不出乎中庸，反之於心而悦，行之於己而安，考之於理而不謬，合之先王而不違，措之天下國家而可行，則將自信而不疑，獨立而不懼，舉世非之而不悔，非知道之至，烏能及是哉？禮記集說卷第一百二十六。又見藍田呂氏禮記傳卷四、中庸輯略卷上。

君子之道費而隱。夫婦之愚，可以與知焉，及其至也，雖聖人亦有所不知焉；夫婦之不肖，可以能行焉，及其至也，雖聖人亦有所不能焉。天地之大也，人猶有所憾。故君子語大，天下莫能載焉；語小，天下莫能破焉。詩云：「鳶飛戾天，魚躍于淵。」言其上下察也。君子之道，造端乎夫婦；及其至也，察乎天地。

[一]「過」：四庫本、清麓本作「太過」，通志堂本作「不過」。

此已上論中，此已下論庸。此章言常道之終始。「費」，用之廣也；「隱」，微密也。費則常道，隱則至道。唯能進常道，乃所以爲至道。天地之大，亦有所不能，故人猶有憾，况聖人乎？天地之大，猶有憾，語大者也。有憾於天地，則大於天地矣，此所以「天下莫能載」。愚不肖之夫婦所常行，語小者也。愚不肖所常行，雖聖人亦有不可廢，此所謂「天下莫能破」。上至乎天地所不能，下至於愚不肖之所能，則至道備矣。自夫婦之能，至察乎天地，則常道盡矣。禮記集説卷第一百二十六。又見藍田呂氏禮記傳卷四、中庸輯略卷上。

庸者，常道也。「費」，用也；「隐」，不用也。用者，顯著而易知；不用者，微密而難知。易知者易能，難知者難能，蓋易知易能者常道也，難知難能者至道也。音者，瞽矇之所及知；味者，饔人之所及知；及其至也，雖聖人之知，而知音知味，不如師曠、易牙之精。故堯舜之知，不遍愛物[一]。孔子自謂不如老農、老圃，此「聖人亦有所不知」者也。見孺子將入井，人皆有怵惕惻隱之心；呼蹴而與之，行道之人皆所不屑；及其至也，充不忍人之心，充無受爾汝之實，則博施濟衆，堯舜其猶病諸！君子之道四，孔子自謂「未能」，此「聖人亦有所不能」者也。聖人亦有所不知，語小者也。知音知味，爲農爲圃，雖小道也，專心致意，亦能貫乎至理，造於精微，周天下之用而不可闕，此「天下所莫能破」也。聖人亦有所不能，語大者也。天地之大，人猶有所憾，則道固大於天地矣。聖人盡道，財成輔相，以賛天地之化育，合乎天地人而無間，此「天下所莫能載」也。鳶飛于上，魚躍于下，上下察之至者也。愚不肖之夫婦，可以與知，可以能行，則常道盡矣，此所以謂「造端乎夫婦」者也。孝弟之至，通乎神明，光乎四海，無所不通，則至道成矣，此所謂「及其至也，察乎天地」者也。禮記集説卷第一百二十七。又見藍田呂氏禮記傳卷四。

子曰：「道不遠人。人之爲道而遠人，不可以爲道。詩云：『伐柯伐柯，其則不遠。』執柯以伐柯，睨而視之，猶以爲遠。故君子以人治人，改而止。忠恕違道不遠，施諸己而不願，亦勿施於人。君子之道四，丘未能一焉：所求乎子以事父，未

[一]「不遍愛物」：清麓本作「而不遍物」。

能也；所求乎臣以事君，未能也；所求乎弟以事兄，未能也；所求乎朋友先施之，未能也。庸德之行，庸言之謹，有所不足，不敢不勉，有餘不敢盡。言顧行，行顧言，君子胡不慥慥爾！」

此章言治己治人之常道也。「苟非其人，道不虚行」。「人能弘道，非道弘人」。故道雖本於天，行之者在人而已。妙道精義，常存乎君臣、父子、夫婦、朋友之間，不離乎交際、酬酢、應對之末，皆人心之所同然，未有不出於天者也。若絶乎人倫，外乎世務，窮其所不可知，議其所不可及，則有天人之分、内外之别，非所謂大而無外，一以貫之，安在其爲道也與？柯，斧之柄也，［執斧之柄］〔一〕而求柯於木，其尺度之則，固不遠矣。然柯猶在外，「睨而視之」，始得其則。若夫治己治人之道，於己取之，不必睨視之勞，而自得於此矣；故君子推是心也，其治衆人也，以衆人之道而已；以衆人之所及知，責其所知，以衆人之所能行，責其所行，改而後止，不厚望也。其愛人也，以忠恕而已。忠者，誠有是心而不自欺。恕者，推待己之心以及人者也。忠恕不可謂之道，而道非忠恕不行，此所以言「違道不遠」，孔子謂「吾［道］〔二〕一以貫之」者也。其治己也，以求乎人者反〔三〕於吾身。事父、事君、事兄、先施之朋友，皆衆人之所能盡，人倫之至，通乎神明，光于四海。有性焉，君子不謂之命，則雖聖人亦自謂未能，此舜所以盡事親之道，必至「瞽瞍底豫」者也。故君子責己、責人、愛人有三術焉：以責人之心責己則盡道，所謂「君子之道四，丘未能一焉」者也；以愛己之心愛人則盡仁，所謂「施諸己而不願，亦勿施於人」者也；以衆人望人則易從，所謂「以人治人，改而止」者也。庸者，常道也。事父孝，事君忠，事兄弟、交朋友信，庸德也，必行而已。有問有答，有唱有和，不越乎此者，庸言也，無易而已。不足而不勉，則德有止而不進；有餘而盡之，則道難繼而不行。無是行也，不敢苟言以自欺，故「言顧行」；有

〔一〕底本脱「執斧之柄」四字，據中庸輯略補。
〔二〕底本脱「道」字，據四庫本、通志堂本、清麓本補。
〔三〕「反」：四庫本、通志堂本作「及」。

是言也，不敢不行而自棄，故「行顧言」。言行相顧，知造乎誠實以自信，此君子所以「慥慥」，造乎誠實之謂也。禮記集說卷第一百二十七。又見藍田呂氏禮記傳卷四、中庸輯略卷上。

君子素其位而行，不願乎其外。素富貴，行乎富貴；素貧賤，行乎貧賤；素夷狄，行乎夷狄；素患難，行乎患難。君子無入而不自得焉。在上位不陵下，在下位不援上，正己而不求於人，則無怨。上不怨天，下不尤人，故君子居易以俟命，小人行險以徼幸。子曰：「射有似乎君子，失諸正鵠，反求諸其身。」

「達則兼善天下」，得志則澤加於民，「素富貴，行乎富貴」者也，不驕不淫不足以道之也。「窮則獨善其身」，不得志則修身見於世，「素貧賤，行乎貧賤」者也，不諂不懾不足以道之也。「言忠信，行篤敬，雖蠻貊之邦行矣」，「素夷狄，行乎夷狄」者也。文王內文明而外柔順，以蒙大難，箕子內難而能正其志，「素患難，行乎患難」者也。愛人不親反其仁，治人不治反其智，此在上位所以不陵下也。彼以其富，我以吾仁；彼以其爵，我以吾義，吾何慊乎哉？此[在][一]下位所以不援上也。陵下不從[二]則罪其下，援上不得則非其上，是所謂「尤人」者也。庸德之行，庸言之謹，「居易」者也。國有道，不變塞焉；國無道，至死不變，心逸日休。行其所無事，如子從父命，無所往而不受，「俟命」者也。若夫行險以徼一旦之幸，得之則貪爲己力，不得則不能反躬，是所謂「怨天」者也。故君子正己而不求於人，如射而已，射之不中，由吾巧之不至也。故失諸正鵠者，未有不反求諸身，[如君子之治己，行有不得，亦反求諸身][三]，則德之不進，豈吾憂哉？禮記集說卷第一百二十八。又見藍田呂氏禮記傳卷四、中庸輯略卷上。

君子之道，辟如行遠必自邇，辟如登高必自卑。詩曰：「妻子好合，如鼓瑟琴；兄弟既翕，和樂且耽；宜爾室家，樂爾妻

[一] 底本脫「在」字，據四庫本、通志堂本、清麓本、中庸輯略補。

[二] 「從」：中庸輯略作「得」。

[三] [ ]內文字，據中庸輯略補。

祫。」子曰：「父母其順矣乎！」

不得乎親，不可以爲人；不順乎親，不可以爲子。故君子之道莫大乎孝，孝之本莫大乎順父母[一]。故仁人孝子欲順[乎][二]親，必先乎妻子不失其好，兄弟不失其和，室家宜之，妻帑樂之，致家道成，然後可以養父母之志而無違也。「行遠」、「登高」者，謂孝莫大於順其親者也。[三]「自邇」、「自卑」者，謂本乎妻子兄弟者也。故身不行道，不行於妻子。文王「刑于寡妻，至于兄弟」，則治家之道必自妻子始。禮記集説卷第一百二十八。又見藍田呂氏禮記傳卷四、中庸輯略卷上、大儒心學語録卷之九。

子曰：「鬼神之爲德，其盛矣乎！視之而弗見，聽之而弗聞，體物而不可遺。使天下之人齊明盛服，以承祭祀。洋洋乎！如在其上，如在其左右。詩曰：『神之格思，不可度思！矧可射思！』夫微之顯，誠之不可揜如此夫。」

此章論誠之本。唯誠所以能中庸。神以知來，知以藏往；往者屈也，來者伸也；所屈者不亡，所伸者無息。雖無形聲可求，而物物皆體，弗聞弗見，可謂「微」矣。然體物弗[四]遺，此之謂「顯」。不亡不息，可謂「誠」矣。因感必見，此之謂「不可揜」。禮記集説卷第一百二十八。又見藍田呂氏禮記傳卷四。

鬼神者無形，故視之不見；無聲，故聽之不聞。然萬物之生，莫不有氣，氣也者，神之盛也；莫不有魄，魄也者，鬼之盛也。故人亦鬼神之會爾，此「體物而不可遺」者也。鬼神者，周流天地之間，無所不在，雖寂然不動而有感必通，雖[五]無形無聲，而有所謂昭昭不可欺者，故「如在其上，如在其左右」也。弗見弗聞，可謂「微」矣；然體物而不可

[一]「父母」：大儒心學語録作「義」。
[二] 底本脱「乎」字，據中庸輯略、大儒心學語録補。
[三]「謂」：原作「諸」，據四庫本、通志堂本、清麓本、中庸輯略改。「於」：中庸輯略作「乎」。
[四]「弗」：四庫本、通志堂本、清麓本作「不」。
[五]「雖」：四庫本、通志堂本、清麓本上多「通」字。

遺，此之謂「顯」。周流天地之間，昭昭而不可欺，可謂「誠」矣；然因感而必通，此之謂「不可揜」。禮記集説卷第一百二十八。又見藍田呂氏禮記傳卷四、中庸輯略卷上。

鬼神者，二氣之往來爾。物感雖微，無不通於二氣，故人有是心，雖自謂隱微，心未嘗不動，動則固已感於氣矣，鬼神安有不見乎？其心之動，又必見於聲色舉動之間，人乘間以知之，則感之著者也。禮記集説卷第一百二十八。又見藍田呂氏禮記傳卷四、中庸輯略卷上、西山讀書記卷四十。

子曰：「舜其大孝也與！德爲聖人，尊爲天子，富有四海之内。宗廟饗之，子孫保之，故大德必得其位，必得其祿，必得其名，必得其壽。故天之生物，必因其材而篤焉。故栽者培之，傾者覆之。詩曰：『嘉樂君子，憲憲令德！宜民宜人，受祿于天；保佑命之，自天申之！』故大德者必受命。」

中庸之行，孝弟而已。如舜之德位皆極，流澤之遠，始可[謂]〔一〕盡孝。故祿、位、名、壽之皆得，非大德其孰能致之？禮記集説卷第一百二十八。又見藍田呂氏禮記傳卷四、中庸輯略卷上。

天命之所屬，莫踰於大德，至於祿、位、名、壽之皆極，則人事至矣！天命申矣！行父母之遺體，敢不敬乎？則敬親之至，莫如「德爲聖人，尊爲天子」之大也。以天下養，養之至也，則養親之至，莫如「富有四海之内」之盛也。積厚者流澤廣，積薄者流澤狹，則繼親之至，莫如「宗廟饗之，子孫保之」之久也。舜之德大矣！故尊爲天子，所謂「必得其位」；富有四海之内，所謂「必得其祿」；德爲聖人，所謂「必得其名」；宗廟饗之，子孫保之，則福祿之盛，享壽考而無疑也，所謂「必得其壽」；天之於萬物，其所以爲吉凶之報，莫非因其所自取也。植之固者，如雨露之養，則其末必盛茂；植之不固者，震風淩雨，則其本先撥。至于人事，則「得道者多助，失道者寡助」，是皆「因其材而篤焉」、「栽者培之，傾者覆之」也。古之君子，既有憲憲之令德，而又有「宜民宜人」之大功，此宜受天祿矣。故天保佑

〔一〕底本脱「謂」字，據中庸輯略補。

之，申之以受天命，此大德所以必受命，是亦「栽者培之」之義與！禮記集説卷第一百二十八。又見藍田呂氏禮記傳卷四。

命雖不易，唯至誠不息，亦足以移之。此大德所以必受命，君子所以有性焉不謂命也。禮記集説卷第一百二十八。又見藍田呂氏禮記傳卷四、中庸輯略卷上。

子曰：「無憂者其唯文王乎！以王季爲父，以武王爲子，父作之，子述之。武王纘大王、王季、文王之緒，壹戎衣而有天下，身不失天下之顯名。尊爲天子，富有四海之内。宗廟饗之，子孫保之。武王末受命，周公成文武之德，追王大王、王季，上祀先公以天子之禮。斯禮也，達乎諸侯大夫及士庶人。父爲大夫，子爲士，葬以大夫，祭以士。父爲士，子爲大夫，葬以士，祭以大夫。期之喪達乎大夫，三年之喪達乎天子，父母之喪無貴賤一也。」

追王之禮，古所無有，其出於周公乎？大王避狄去邠，之岐山之下而居，從之者如歸市，則王業始基之矣。王季成大王之業，至文王受命作周，故武王「壹戎衣而有天下」，「纘大王、王季、文王之緒」而已。故追王大王、王季、文王者，明王業之所基也。武成曰：「大王肇基王迹，王季其勤王家。我文考文王，克成厥勳，誕膺天命，以撫方夏，大邦畏其力，小邦懷其德。惟九年，大統未集，予小子其承厥志。」此追王之意歟[一]！追王之禮，文王之志也，武王承之。武王之業也，周公成之。武王末年，始受天命，於是禮也，蓋有所未暇，此周公所以兼言「成文武之德」也。推是心也，故上祀先公亦以天子之禮，而下達乎諸侯、大夫，及士、庶人。蓋先公祖[二]紺以上，追王所不及。如達其意於大王、王季，豈無是意哉？故「上祀先公以天子之禮」，所以達追王之意於其上也。葬[三]從死者，祭從生者，則自諸侯達乎大夫、士、庶人，亦豈無是意哉？故「父爲大夫，子爲士，葬以大夫，祭以士。父爲士，子爲大夫，葬以士，祭以大夫」。葬

[一]「歟」：清麓本作「與」。
[二]「祖」：原作「組」，據四庫本改。
[三]「葬」：中庸輯略作「喪」。

之從死者之爵，祭之用生者之禄，上下一也，所以達追王之意於其下也。「期之喪達乎大夫」者，期之喪有二：有正統之期，爲祖父母是也；有旁親之期，爲世父母、叔父母、衆子、昆弟、昆弟之子是也。正統之期，雖天子諸侯莫敢降；旁親之期，天子諸侯絶服，而大夫降，所謂尊不同，故或絶或降也。大夫雖降，猶服大功，不如天子諸侯之絶服，故曰「期之喪達乎大夫」也。如旁親之期，亦爲大夫，則大夫亦不降，所謂尊同，則服其親之服也。諸侯雖絶服旁親，尊同亦不降。所不臣者猶服之，如始封之君，不臣諸父昆弟，封君之子，不臣諸父而臣昆弟是也。「三年之喪達乎天子」者，三年之喪，爲父爲母，適孫爲祖，爲長子，爲妻而已，天子達乎庶人一也。父在爲母及妻，雖服期，然本爲三年之喪，但爲父爲夫而〔二〕屈者也。故與齊衰期之餘喪異者有三：服而加杖，一也；十一月而練，十三月而祥，十五月而禫，二也；夫必三年而後娶，三也。〔「周穆后崩，太子壽卒，叔向曰：『王一歲而有三年之喪二。』則包后亦爲三年也。」〕〔三〕父母之喪，則齊疏之服，饘粥之食，自天子達於庶人，蓋子之事親，所以自致其誠，不可以尊卑變也。禮記集説卷第一百二十九。又見藍田呂氏禮記傳卷四、中庸輯略卷下。

子曰：「武王、周公，其達孝矣乎！夫孝者，善繼人之志，善述人之事者也。春秋脩其祖廟，陳其宗器，設其裳衣，薦其時食。宗廟之禮，所以序昭穆也；序爵，所以辨貴賤也；序事，所以辨賢也；旅酬下爲上，所以逮賤也；燕毛，所以序齒也。踐其位，行其禮，奏其樂，敬其所尊，愛其所親，事死如事生，事亡如事存，孝之至也。郊社之禮，所以祀上帝也。宗廟之禮，所以祀乎其先也。明乎郊社之禮、禘嘗之義，治國其如示諸掌乎！」

此章言達孝所以爲中庸。武王、周公所以稱達孝者，能成文王事親之孝而已。故「脩其祖廟，陳其宗器，設其裳衣，薦其時食」者，善繼文王事親之志也。「序爵」、「序事」、「旅酬」、「燕毛」者，善述文王事親之事也。踐文王之位，

〔二〕中庸輯略脱「而」字。
〔三〕〔 〕内文字據中庸輯略補。

行文王之禮，奏文王之樂，敬文王之所尊，愛文王之所親，其所以事文王者如生如存，如繼志述事，上達乎祖，此之謂「達孝」者歟！「祖廟」者，先王先公之廟祧也。「宗器」者，國之玉鎮大寶器，天府所掌者也。若有大祭，則出而陳之以華國，如書〔一〕所謂「赤刀大訓、弘璧琬琰、大玉夷玉、天球河圖」之類是也。「裳衣」者，守祧所掌，先王先公之遺衣服，祭祀則各以其服授尸是也。「時食」者，四時之物，如籩豆之薦、四時之和氣是也。「宗廟之禮所以序昭穆」，別人倫也，親親之義也。父爲昭，子爲穆，父親也，親者邇，則不可不別也；祖爲昭，孫亦爲昭，祖爲穆，孫亦爲穆，祖尊也，尊者遠，則不嫌於無別也。故孫可以爲王父尸，子不可以爲父尸，此昭穆之別於尸者也。喪禮：卒哭而祔，男祔于皇祖考，女祔于皇祖妣，婦祔于皇祖姑。喪服小記：「士大夫不得祔于諸侯，祔于諸祖父之爲士大夫者，亡則中一以上而祔，祔必以其昭穆。」此昭穆之別於祔者也。有事於大廟，子姓兄弟，亦以昭穆別之，群昭群穆，不失其倫。凡賜爵，昭與昭齒，穆與穆齒，此昭穆之別於宗者也。「序爵」者，序諸侯諸臣與祭者之貴賤也，貴貴之義也。詩曰：「相維辟公，天子穆穆。」此諸侯之助祭者也；［「於穆清廟，肅雍顯相。濟濟多士，秉文之德。」此諸臣之助祭者也。］〔二〕「序事」者，別賢與能而授之事也，尊賢之義也。孰可以爲宗而詔相，孰可以爲祝而祝嘏，孰可以贊祼獻，孰可以執籩豆，至于執爵沃盥，莫不辨其賢能之大小而序之也。「旅酬下爲上」者，使賤者亦得申其敬也，下下之義也。若特牲饋食禮〔三〕「賓弟子兄弟子，各舉觶於其長」，以行旅酬［於宗廟之中，以有事爲榮］〔四〕也。「燕毛」者，既祭而燕，則尚齒也，長長之義也。毛，髮色也，以髮色別長少而爲之序也。祭則貴貴，貴貴則尚爵；燕則親親，親親則尚齒，其義一也。天下之

〔一〕中庸輯略「書」上有「周」字。
〔二〕［ ］內文字據中庸輯略補。
〔三〕中庸輯略「禮」前有「之」字。
〔四〕［ ］內文字據中庸輯略補。

大經，親親、長長、貴貴、尊賢而已。人君之至恩，下下而已。一祭之間，大經以正，至恩以宣，天下之事盡矣。郊社之禮所以事上帝，宗廟之禮所以祀〔一〕乎其先。事上帝者，所以立天下之大本，道之所由出也。祀乎其先［者］〔二〕，所以正天下之大經，仁義之所由始也。故壇廟之別，牲幣之殊，升降祼獻之節，俎豆奇耦之數，酒醴厚薄〔三〕之齊，燎瘞腥腍，小大多寡，莫不有義。一餕之均，則四簋黍見其脩於廟中；一肦肉之均，則羔豚而祭，百官皆足。非特是也，知鬼神爲可敬，則鬼神無不在，洋洋乎如在［其上，如在］〔四〕其左右；雖隱微之間，恐懼戒慎而不敢欺，則所以養其誠心至矣。蓋以〔五〕不如是，則不足以立身，身且不立，烏能治國家哉？故曰「明乎郊社之禮、禘嘗之義，治國其如示諸掌乎」，此之謂也。禮記集說卷第一百二十九。又見藍田呂氏禮記傳卷四、中庸輯略卷下。

哀公問政。子曰：「文武之政，布在方策。其人存則其政舉，其人亡則其政息。人道敏政，地道敏樹。夫政也者，蒲盧也。故爲政在人，取人以身，修身以道，修道以仁。仁者人也，親親爲大。義者宜也，尊賢爲大。親親之殺，尊賢之等，禮所生也。在下位不獲乎上，民不可得而治矣。故君子不可以不修身，思修身不可以不事親，思事親不可以不知人，思知人不可以不知天。」

所謂「文武之政」者，以此道施之於爲政而已。有文武之心然後能行文武之政，無文武之心則徒法不能以自行也，故曰「其人存則其政舉，其人亡則其政息」。敏，速也。得於性之所宜，則其成也速。木之所以植，土性之所宜也；政之所以行，人性之所宜也。庸者，人道也。政不離於人道，則民之從之也敏；植木於地，則木之生也敏，故曰

〔一〕「祀」：原作「事」，據四庫本、通志堂本、清麓本、中庸輯略及上下文義改。
〔二〕底本、四庫本、通志堂本脫「者」字，據清麓本、中庸輯略補。
〔三〕「厚薄」：中庸輯略作「薄厚」。
〔四〕［］內文字據中庸輯略補。
〔五〕中庸輯略「以」下有「爲」字。

「人道敏政，地道敏樹」。政者，所以變化其不爲人者，使之爲人而已。如「蒲盧」化其非己者，使之如己而已。爲政之要，主乎治人而已，故曰「爲政在人」。人道不遠，取諸其身而已，故曰「取人以身」。親其親，長其長，而天下平，取諸身也；施諸己而不願，亦勿施於人，取諸身也。道者，人倫之謂也。非明此人倫，不足以反其身而萬物之備也，故曰「修身以道」。非有惻怛之誠心，盡至公之全體，不足以脩人倫而極其至也，故曰「修道以仁」。夫人立乎天地之中，其道與天地並立而爲三者也。其所以異者，天以陰陽，地以柔剛，人以仁義而已。所謂道者，合天地人而言之。所謂仁者，合天地之中所謂人者而言之，非梏乎有我之私也，故非有惻怛之誠心，盡至公之全體，不可謂之仁也。「親親而仁民，仁民而愛物」，愛雖無間而有等差，則親親大矣。所大者，行仁之本也，故曰「仁者人也，親親爲大」。行仁之道，時措之宜，則有義也。天下所宜爲者，莫非義也，而尊賢大矣。知尊賢之爲大而先之，是亦義也，故曰「義者宜也，尊賢爲大」。親親之中，父子首足也，夫妻判合也，昆弟四體也，其情不能無殺也。尊賢之中，有師也，有友也，有事我者也，其待之不能無等也。因是等殺之别，節文所由生，禮之謂也，故曰「親親之殺，尊賢之等，禮所生也」。君子修身，庸行而已。事親者，庸行之本也。不察乎人倫，則不足以盡事親之道，故人倫者，天下之大經、人心之所同然者也。人心之所同然，則百世以俟聖人而不惑矣，知人者也；人心之所同然者，天地之經也，順天地之經而不違，則質諸鬼神而無疑矣，知天者也。禮記集說卷第一百三十。又見藍田呂氏禮記傳卷四、中庸輯略卷下。

天下之達道五，所以行之者三，曰：君臣也，父子也，夫婦也，昆弟也，朋友之交也。五者，天下之達道也。知、仁、勇三者，天下之達德也，所以行之者一也。或生而知之，或學而知之，或困而知之，及其知之一也。或安而行之，或利而行之，或勉强而行之，及其成功一也。子曰：「好學近乎知，力行近乎仁，知恥近乎勇。知斯三者，則知所以修身；知所以修身，則知所以治人；知所以治人，則知所以治天下國家矣。」

天下古今之所共謂之達。所謂「達道」者，天下古今之所共行。所謂「達德」者，天下古今之所共有。雖有共行之道，必知之、體之、勉之，然後可行；雖知之、體之、勉之，不一於誠，則有時而息。求之有三，知之則一。行之有三，成功則一。所入之塗則不能不異，所至之域則不可不同，故君子論其所至，則生知與困知、安行與勉行，未有異也。既未有異，是乃所以爲中庸。若乃企生知安行之資爲不可幾及，輕困學〔一〕勉行爲不能有成，此道之所以不明不行，中庸之所以難久也。愚者自是而不求，自私者徇人欲而忘反〔二〕，懦者甘爲人下而不辭，有是三者，欲身之脩，未之有也。故好學非知，然足以破愚；力行非仁，然足以忘私；知恥非勇，然足以起懦。知是三者，未有不能脩身者也。天下之理，一而已，小以成小，大以成大，無異事也。舉斯心以加諸彼，遠而推之四海而準，久而推之萬世而準。故一身脩而知所以治人，知所以治人而所以治天下國家皆出乎此也。此者何？中庸而已。禮記集説卷第一百三十。又見藍田呂氏禮記傳卷四、中庸輯略卷下。

性一也，流行〔三〕之分有剛柔昏明者，非性也。有三人焉，皆有〔四〕目以別乎衆色，一居乎密室，一居乎帷箔之下，一居乎廣庭〔五〕之中，三人所見，昏明各異，豈目不同乎？隨其所居，蔽有厚薄爾。凡學者所以解蔽去惑，故生知、學知、困知，及其知之一也，安得不貴於學乎？禮記集説卷第一百三十。又見藍田呂氏禮記傳卷四、中庸輯略卷下、大儒心學語録卷之九。

凡爲天下國家有九經，曰：脩身也，尊賢也，親親也，敬大臣也，體羣臣也，子庶民也，來百工也，柔遠人也，懷諸侯也。脩身則道立，尊賢則不惑，親親則諸父昆弟不怨，敬大臣則不眩，體羣臣則士之報禮重，子庶民則百姓勸，來百工則財用足，柔遠人則四方歸之，懷諸侯則天下畏之。齊明盛服，非禮不動，所以脩身也；去讒遠色，賤貨而貴德，所以勸賢也；尊其

〔一〕「學」：中庸輯略作「知」。
〔二〕「徇人欲而忘反」：中庸輯略作「以天下非吾事」。
〔三〕「行」：大儒心學語録作「形」。
〔四〕「有」：大儒心學語録作「一」，無「衆」字。
〔五〕「庭」：原作「廷」，據四庫本、通志堂本、清麓本、中庸輯略改。

位，重其禄，同其好惡，所以勸親親也；　官盛任使，所以勸大臣也；　忠信重禄，所以勸士也；　時使薄斂，所以勸百姓也；日省月試，既廪稱事，所以勸百工也；　送往迎來，嘉善而矜不能，所以柔遠人也；　繼絶世，舉廢國，治亂持危，朝聘以時，厚往而薄來，所以懷諸侯也。　凡爲天下國家有九經，所以行之者一也。

經者，百世所不變也。九經之用，皆本於德懷，無一物不在所撫，而刑有不與焉。脩身，九經之本；　必親師友，然後脩身之道進，故次之以尊賢；　道之所進，莫先於家，故次之以親親；　由親親以及朝廷，故敬大臣，體羣臣；　由朝廷以及其國，故子庶民，來百工；　由其國以及天下，故柔遠人，懷諸侯。此九經之序。視羣臣猶吾四體，視庶民猶吾子，此視臣視民之別。「自天子至於庶人，一是皆以脩身爲本」。我之於道也，知崇則無不知，知有諸己矣；　禮卑則無不敬，能有諸己矣。故貌足畏也，色足憚也，言足信也。顛沛、造次，一於禮而不違，則富貴所不能淫，貧賤所不能移，威武所不能屈，所謂强立而不反者也，故曰「脩身則道立」，又曰「齊明盛服，非禮不動，所以脩身也」。禮義由賢者出，知賢爲可尊，則學日進而知益明，然讒、色、貨之害皆足以奪夫正，唯知之審、信之篤、迎之致敬以有禮，則患賢者不至，未之有也，故曰「尊賢則不惑」，又曰「去讒遠色，賤貨而貴德，所以勸賢也」。尊之欲其貴，愛之欲其富，所好則與同其樂，所惡則與同其憂，此諸父昆弟所以相勸而親，故曰「親親則諸父昆弟不怨」，又曰「尊其位，重其禄，同其好惡，所以勸親親也」。大臣不可不敬，是民之表也，非其人，黜之可也。任之則信之，信之則敬之。故諫行言聽，膏澤下於民，既任之矣，又使小臣間之，諫必不行，言必不聽，而怨乎不以，内適足以自眩，外不足以圖治矣。託之以大任，則小事有所不必親，必使慎簡乃僚，惟所任使，則大臣勸於事君矣，故曰「敬大臣則不眩」，又曰「官盛任使，所以勸大臣也」。君「視臣如手足，則臣視君如腹心」，所報可知矣。待之以忠信，養之以重禄，此士所以願立乎其朝矣，故曰「體羣臣，則士之報禮重」，又曰「忠信重禄所以勸士也」。愛之如子，則凡可以安之者，無不爲也。使之所以佚之，取之所以治之，雖勞而不怨，此農所以願耕於其野矣，故曰「子庶民，則百姓勸」，又曰「時使薄斂，所以勸百姓也」。不通功易事，以羡補不足，則男不得專事於農，女不得專事於桑，且將爲陶冶，爲梓匠，爲釜甑以食，爲宫室以居，爲耒耜錢鎛以耕耨，欲其穀不可勝食，材木不可勝用，得乎？故曰：百工之事，國家之所不可無也，雖曰「末技」，所以佐其本業者，得以盡力，此財用所以足也。所以來之者，亦能辨其苦〔二〕良而制其食，則工知勸矣。如槁人春獻素，秋獻成，書其等以饗工，乘其事，試其弓弩，以下上其食而誅賞，此所謂「日省月試，既廩稱事」者也。然則「來百工」而不來商賈者，蓋百工之所須，皆商賈之所致也，百工來則商賈自通，有不必道也。遠人惟可以柔道御之，遠者不柔則邇者不可能，故聖人貴乎柔遠，「送往迎來，嘉善而矜不能」，皆以柔遠也。柔遠能邇，此四方所以歸也。「繼絶世」者，無後者爲之立後也。「舉廢國」者，已滅者復之也。「治亂」者，以道正之也。「持危」者，以力助之也。「朝聘以時」，所以繼好也。「厚往而薄來」，燕賜多而納貢寡〔三〕也。凡此，皆「所以懷諸侯也」。懷其德，則畏其力矣。九經雖曰治天下之常道，無誠以行之，則道爲虚矣。雖終日從事而功不立也，人不信也，此不誠所以無物也，故曰「凡爲天下國家有九經，所以行之者一也」。一即誠也。禮記集説卷第一百三十一。又見藍田呂氏禮記傳卷四。

凡事豫則立，不豫則廢。言前定則不跲，事前定則不困，行前定則不疚，道前定則不窮。

豫，素定也。素定者，先事而勞，事至而佚，既佚則且無所事其憂。不素定者，先事而佚，事至而憂，而亦無所及於事。寇將至則爲干櫓，水將至則爲堤防，其爲不亡者，幸也。故素定者，事皆有成，言有成説，事有成業，行有成德，道有成理，用而不括，動而有功。所謂「精義入神以致用」，則精義者，豫之謂也；「能定然後能應」，能定者，豫之謂也；「擬之而後言，議之而後動，擬議以成其變化」，則擬議者，豫之謂也。致用也，能應也，成變化也，此所以無跲、困、疚、窮之患也。言有成説，則使於四方，不憂乎不能專對也。事有成業，則「千乘之國，攝乎大國之間，加之以師旅，因之以饑饉」，不憂乎不能治也。行有成德，則富貴不憂乎能淫，貧賤不憂乎能移，威武不憂乎能屈也。道有成理，則

〔二〕「苦」：四庫本作「楛」。
〔三〕「寡」：四庫本、通志堂本、清麓本作「薄」。

徵諸庶民，考諸三王，質諸鬼神，百世以俟聖人，不憂其不合也。禮記集說卷第一百三十一。又見藍田呂氏禮記傳卷四、中庸輯略卷下。

在下位不獲乎上，民不可得而治矣。獲乎上有道：不信乎朋友，不獲乎上矣；信乎朋友有道：不順乎親，不信乎朋友矣；順乎親有道：反諸身不誠，不順乎親矣；誠身有道：不明乎善，不誠乎身矣。

不得乎親，不可以爲人；不順乎親，不可以爲子，則人之所以信於朋友者，豈聲音笑貌爲哉？內誠盡乎父母，內行乎於家人，則朋友者不期信而信之矣，故曰「不順乎親，不信乎朋友矣」。獲乎上者，有善而見信，有功而見知，所施於民者，莫非善也。不獲乎上者，德進而見忌，功高而見疑，身且不保，尚何民之可治哉？故曰「不獲乎上，民不可得而治矣」。禮記集說卷第一百三十二。又見藍田呂氏禮記傳卷四。

誠者，天之道也；誠之者，人之道也。誠者不勉而中，不思而得，從容中道，聖人也。誠之者，擇善而固執之者也。博學之，審問之，慎思之，明辨之，篤行之。有弗學，學之弗能弗措也；有弗問，問之弗知弗措也；有弗思，思之弗得弗措也；有弗辨，辨之弗明弗措也；有弗行，行之弗篤弗措也。人一能之己百之，人十能之己千之。果能此道矣，雖愚必明，雖柔必強。

誠者，理之實然，致一而不易者也[一]。天下萬古，人心物理皆所同然，有一無二，雖前聖後聖，若合符節，是乃所謂誠。誠，即天道也。天道自然，無勉無思，其中其得，自然而已。聖人誠一於天，天即聖人，聖人即天，由仁義行，何思勉之有？故從容中道而不迫。誠之者，以人求天者也。思誠而復之，故明有未究，於善必擇，誠有未至，所執必固。善不擇，道不精，執不固，德將去。學、問、思、辨，所以求之也；行，所以至之也。求之至之[二]，非人一己百，人十己

[一]「不」：中庸輯略下有「可」字；大儒心學語録無「致」字。

[二] 此句第二個「之」字，四庫本、通志堂本、清麓本皆無。

千，不足以化氣質。禮記集説卷第一百三十一。又見藍田呂氏禮記傳卷四、中庸輯略卷下、大儒心學語録卷之九。

誠者，理之實，致一而不可易者也。大而天下，遠而萬古，求之人情，參之物理，皆所同然，有一無二，雖前聖後聖，若合符節，理本如是，非人私知之所能爲，此之謂誠。誠，即天道也。天道自然，何勉何思？莫非性命之理而已。故「誠者，天之道」，性之者也；「誠之者，人之道」，反之者也。聖人之於天道，性之者也。賢者之於天道，反之者也。性之者，成性與天無間［者］〔二〕也。天即聖人，聖人即天，縱心所欲，由仁義行也，出於自然，從容不迫，不待乎思勉而後中也。反之者，求復乎性而未至，雖誠而猶雜之僞，雖行而未能無息，則善不可不思而擇，德不可不勉而執，不如是，猶不足以至乎誠。故學、問、思、辨，皆所以求之也；行，所以至之也。君子將以造其約，則不可不學；學而不能無疑，則不可不問；未至於精而通之，則不可不思；欲知是非邪正之别、本末先後之序，則不可不辨；欲至乎道，欲成乎德，則不可不行。學以聚之，聚不博則約不可得，博學而詳説之，將以反説約也。爲學之道，造約爲功，約即誠也。不能至是，則多聞多見，徒足以飾口耳而已，語誠則未也，故曰「有弗學，學之弗能弗措也」。學者不欲進則已，欲進則不可以有成心，有成心則不可與進乎道矣。故成心存則自處以不疑，成心亡然後知所疑矣。小疑必小進，大疑必大進，蓋疑，不安於故而進於新者也。顔淵學爲孔子而未得者也，故疑之，「仰之彌高，鑽之彌堅，瞻之在前，忽焉在後」，皆疑辭也。孟子學爲舜而未得也，故疑之，「舜爲法於天下，可傳於後世，我猶未免爲鄉人」，亦疑辭也。所謂疑者，患乎未知也，如問之審，審而知，則進孰禦焉？故曰「有弗問，問之弗知弗措也」。學也，問也，求之外者也；聞也，見也，得之外者；不致吾思以反諸身，則學問聞見非吾事也。故知所以爲性，知所以爲命，反之於我何物也；知所以名仁，知所以名義，反之於我何事也，故曰「思則得之，不思則弗得也」。慎其所以思，必至于得而後已，則學問聞見皆非外鑠，是乃所謂誠也，故曰「有弗思，思之弗得弗措也」。理有宜不宜，時有可不可，道雖美矣，膠於理則亂，誠雖至矣，失

〔二〕底本、四庫本、通志堂本無「者」字，據清麓本補。

其時則乖，不可不辨也。辨之者，不別則不見，不講則不明，非精義入神不足以致用，故曰「有弗辨，辨之弗明弗措也」。四者，致知之道，而未及乎行也。學而行之，則由是以至于誠，無疑矣。知崇者所以致吾知也，禮卑者所以篤吾行也。學之博者莫若知之之要，知之要者不若行之之實也。行之之實，猶目之視、耳之聽，不言而喻也，如日月之運行，不可得而已也。篤之猶有勉也，篤之至于誠則不勉矣。行之弗篤，猶未誠也，故曰「有弗行，行之弗篤弗措也」。

「人一能之，己百之；人十能之，己千之」者，君子所貴乎〔一〕學者，爲能變化氣質而已。德勝氣質，則柔者可進於強，愚者可進於明〔二〕；不能勝氣質〔三〕，則雖有志於善〔四〕，而柔不能立，愚不能明〔五〕。蓋均善而無惡者，性也，人所同也；昏明強弱之稟不齊者，才也，人所異也。誠之者，反〔六〕其同而變其異也。思誠而求復，所以反其同也；人一己百、人十己千，所以變其異也。孟子曰：「居移氣，養移體。」況學問之益乎？故學至於尚志，以天下之士爲未足，則尚論古之人，雖質之柔，而不立者寡矣；學至於致知格物，則天下之理斯得，雖質之愚，而不明者寡矣。夫愚柔之質，質之不美者也。以〔七〕不美之質求變而美，非百倍其功，不足以致之。今以鹵莽滅裂之學，或作或輟，以求變〔八〕不美之質，及

〔一〕「貴乎」：大儒心學語録作「以」。
〔二〕「柔者可進於強，愚者可進於明」：大儒心學語録作「愚者可進於明，柔者可進於強」。
〔三〕「氣質」：大儒心學語録作「之」。
〔四〕「善」：大儒心學語録作「學」。
〔五〕「而柔不能立，愚不能明」：大儒心學語録作「亦愚不能明、柔不能立而已矣」。
〔六〕大儒心學語録「反」上有「所以」二字。
〔七〕大儒心學語録「以」上有「夫」字。
〔八〕「求變」：大儒心學語録作「變其」。

不能變，則曰「天質〔一〕不美，非學所能變」，是果於自棄，其爲不仁之〔二〕甚矣。禮記集説卷第一百三十二。又見藍田呂氏禮記傳卷四、大儒心學語録卷之九。

自誠明，謂之性；自明誠，謂之教。誠則明矣，明則誠矣。

「自誠明」，性之者也；「自明誠」，反之者也。性之者，自成德而言，聖人之所性也；反之者，自志學而言，聖人之〔所〕〔三〕教也。禮記集説卷第一百三十二。又見藍田呂氏禮記傳卷四、中庸輯略卷下。

「謂之性」者，生之所固有以得之；「謂之教」者，由學以復之〔四〕。成德者至于實然不易之地，理義皆由此出也，天下之理如目睹耳聞，不慮而知，不言而喻，此之謂「誠則明」。志學者致知以窮天下之理，則天下之理皆得，卒亦至於實然不易之地，至簡至易，行其所無事，此之謂「明則誠」。禮記集説卷第一百三十二。又見藍田呂氏禮記傳卷四、中庸輯略卷下。

唯天下至誠，爲能盡其性；能盡其性，則能盡人之性；能盡人之性，則能盡物之性；能盡物之性，則可以贊天地之化育；可以贊天地之化育，則可以與天地參矣。

至於實理之極，則吾生之所固有者，不越乎是。吾生所有既一於理，則理之所有皆吾性也。人受天地之中，其生也具有天地之德，柔強昏明之質雖異，其心之所然者皆同。特蔽有淺深，故別而爲昏明；稟有多寡，故分而爲強柔。至於理之所同然，雖聖愚有所不異。盡己之性，則天下之性皆然，故能盡人之性。蔽有淺深，故爲昏明；蔽有開塞，故爲人物。稟有多寡，故爲強柔；稟有偏正，故爲人物。故物之性與人異者幾希，唯塞而不開，故知不若人之明；

〔一〕「質」：大儒心學語録作「性」。
〔二〕大儒心學語録無「之」字。
〔三〕底本脱「所」字，據中庸輯略及上下文補。
〔四〕自「謂之性者」至「由學以復之」，中庸輯略以上句之注文形式出現，此兩條注釋不分段。

偏而不正，故才不若人之美。然人有近物之性者，物有近人之性者，亦係乎此。於人之性，開塞偏正無所不盡，則物之性未有不能盡也。己也[一]、人也、物也，莫不盡其性，則天地之化幾[二]矣。故行其所無事，順以養之而已，是所謂「贊天地之化育」者也。如堯命羲和，欽若昊天，至于民之析因夷隩，鳥獸之孳尾希革毛毨氄毛，無不與知，則所贊可知矣。天地之化育，猶有所不及，必人贊之而後備，則天地非人不立，故人與天地並立爲三才，此之謂「與天地參」。禮記集説卷第一百三十三。又見藍田呂氏禮記傳卷四、中庸輯略卷下、性理大全書卷二十九、大儒心學語録卷之九。

其次致曲，曲能有誠，誠則形，形則著，著則明，明則動，動則變，變則化，唯天下至誠爲能化。

至誠者，與天地參，則無間矣。「致曲」者，人之稟受存焉，未能與天地相似者也。人具有天地之德，自當致乎中和，然稟受之殊，雖聖賢不能免乎偏曲。清者偏於清，和者偏於和，皆以所偏爲之道，不自知其偏。如致力於所偏，用心不貳，亦能即所偏而成德，故致力於所偏則「致曲」者也，用心不二則「曲能有誠」者也。能即所偏而成德，如伯夷致清，爲聖人之清；柳下惠致和，爲聖人之和，此「誠則形」者也。德有定體，則遂其所就，文節著[三]明，故曰「形則著」。一曲之德，致文成章，則無以加矣；無以加，則必能知類通達，餘善兼照，曲之果爲曲也，故曰「著則[四]明」。幾者，動之微也。知至而不能至之，則不可與幾矣，故知至則舍其曲而趨其至，未有不動而徙義者也，故曰「明則動」。君子豹變，其文蔚也；大人虎變，其文炳也。有心乎動，動而不息，雖文有小大之差，然未有不變者也，故曰「動則變」。變者，復之初。復於故，則一於理，圓神無滯，不知其所以然，與至誠者同之，故曰「變則化，惟天下至誠爲能化」。禮記集

[一] 四庫本、通志堂本、清麓本無「己也」二字，中庸輯略、性理大全書、大儒心學語録則亦有此二字，又上文有「盡己之性」之言，可證底本爲是。

[二] 「幾」：大儒心學語録作「成」。

[三] 「著」：通志堂本作「者」。

[四] 通志堂本脱「則」字。

説卷第一百三十三。又見藍田呂氏禮記傳卷四。

變者，如病始愈，以愈爲樂；　如迷始悟，以悟爲得。及其久，則愈者安然無憂，不知所以爲樂；　悟者沛然自如，不知所以爲得，故能純一不雜，混混一體，無形色可求，無物我可對，然後可以謂之化。禮記集説卷第一百三十三。又見藍田呂氏禮記傳卷四。

至誠之道，可以前知。國家將興，必有禎祥；　國家將亡，必有妖孽；　見乎蓍龜，動乎四體。禍福將至：　善，必先知之；　不善，必先知之。故至誠如神。

誠一於理，無所間雜，則天地人物，古今後世，融徹洞達，一體而已。興亡之兆，猶心之有思慮，如有萌焉，無不前知。蓋有方所，則有彼此先後之別；　既無方所，彼即〔一〕我也，先即後也，未嘗分別隔礙，自然達乎神明，非特前知而已。禮記集説卷第一百三十三。又見藍田呂氏禮記傳卷四、中庸輯略卷下。

至誠與天地同德，與天地同德，則其氣化運行與天地同流矣。興亡之兆，禍福之來，感於吾心，動於吾氣，如有萌焉，無不前知。況乎誠心之至，求乎蓍龜而蓍龜告，察乎四體而四體應，所謂「莫見乎隱，莫顯乎微」者也。此至誠所以達神明而無間，故曰「至誠如神」。「動乎四體」，如傳所謂「威儀之則以定命」者也。禮記集説卷第一百三十三。又見藍田呂氏禮記傳卷四。

誠者自成也，而道自道也。誠者物之終始，不誠無物。是故君子誠之爲貴。誠者非自成己而已也，所以成物也。成己，仁也；　成物，知也。性之德也，合外内之道也，故時措之宜也。

誠不爲己則誠爲外物，道不自道則其道虛行。既曰成矣，苟不自成就，如何致力？既曰道矣，非己所自行，誰與行乎？實有是理，乃有是物。有所從來，有以致之，物之始也；　有所從亡，有以喪之，物之終也。皆無是理，雖有物

〔一〕「即」：原作「則」，據中庸輯略及上下文改。

象接於耳目，耳目猶不可信，謂之非物可也。天大無外，造化發育皆在其間，自無内外。人有是形而爲形所汩，故有内外生焉；惟生内外之别，故與天地不相似。若性命之德，自合乎内外，故具仁與智，無己無物，誠一以貫之，合天德而施化育，故能「時措之宜」也。禮記集説卷第一百三十三。又見藍田呂氏禮記傳卷四。

理義者，人心之所同然者也。吾信乎此，則吾德實矣，故曰「誠者自成也」。吾用於此，則吾道行矣，故曰「道自道也」。夫誠者，實而已矣。實有是理，故實有是物；實有是物，故實有是用；實有是用〔一〕，故實有是心；實有是心，故實有是事。是皆原始要終而言也。箕不可以簸揚，則箕非箕矣；斗不可以挹酒漿，則斗非斗矣。種禾於此，則禾之實可收也；種麥於此，則麥之實可收也。如未嘗種而望其收，雖荑稗且不可得，況禾麥乎？所謂「誠者物之終始，不誠無物也」。故君子必明乎善，知至則意誠矣。既有惻怛之誠意，乃能竭不倦之強力；竭不倦之強力，然後有可見之成功。苟不如是，雖博聞多見，舉歸於虚而已。是誠之所以爲貴也。誠雖自成也，道雖自道也，非有我之得私也，與天下同之而已。故思成己，必思所以成物，所謂仁知之具也。性之所固有，合内外而無間者也。夫天大無外，造化發育皆在其間，自無内外之别。人有是形而爲形所梏，故有内外生焉〔二〕；内外一生，則物自物、己自己，與天地不相似矣。反乎性之德，則安有物我之異、内外之别哉？故具仁與知，無己無物，誠一以貫之，合天德〔三〕而施化育，故能「時措之宜」也。禮記集説卷第一百三十三。又見藍田呂氏禮記傳卷四、中庸輯略卷下。

子貢曰：「學不厭，知也；教不倦，仁也。」學不厭，所以成己，此則成己爲仁；教不倦，所以成物，此則成物爲知。何也？夫盡性之德，合内外之道以成己，則仁之體也。推是以成物，則知之事也，自成德而言也。學不厭所以致

〔一〕「用」：諸本皆作「理」，陳俊民依上下文義改爲「用」，今從之。
〔二〕中庸輯略無「生焉」二字。
〔三〕「德」：中庸輯略作「地」。

吾知，教不倦所以廣吾愛，自入德而言也。此子思、子貢之言所以異也。禮記集説卷第一百三十三。又見藍田吕氏禮記傳卷四。

故至誠無息，不息則久，久則徵，徵則悠遠，悠遠則博厚，博厚則高明。博厚所以載物也，高明所以覆物也，悠久所以成物也。博厚配地，高明配天，悠久無疆。如此者，不見而章，不動而變，無爲而成。天地之道，可一言而盡也：其爲物不貳，則其生物不測。天地之道，博也，厚也，高也，明也，悠也，久也。今夫天，斯昭昭之多，及其無窮也，日月星辰繫焉，萬物覆焉。今夫地，一撮土之多，及其廣厚，載華嶽而不重，振河海而不洩，萬物載焉。今夫山，一卷石之多，及其廣大，草木生之，禽獸居之，寶藏興焉。今夫水，一勺之多，及其不測，黿鼉蛟龍魚鱉生焉，貨財殖焉。詩曰：「維天之命，於穆不已！」蓋曰天之所以爲天也。「於乎不顯！文王之德之純！」蓋曰文王之所以爲文也，純亦不已。

實理不貳，則其體無雜；其體不雜，則其行無間。故「至誠無息」，非使之也，機自動耳，乃乾坤之所以闔闢，萬物之所以生育，亘萬古[而]〔一〕無窮者也。如使之則非實，非實則有時而息矣。「久」者，日新無敝之謂也；「徵」，驗也；「悠遠」，長也。天地運行而不息，故四時變化而無敝；日月相從而不已，故晦朔生明而無敝，此之謂「不息則久」。四時變化而無敝，故有生生之驗；晦朔生明而無敝，故有照臨之驗，此之謂「久則徵」。生生也，照臨也，苟日新而有徵，則可以繼繼其長，至於無窮矣，此之謂「徵則悠遠」。悠遠無窮者，其積必多：博者能積衆狹，厚者能積衆薄，此之謂「悠遠則博厚」。有如是廣博，則其勢不得不高；有如是深厚，則其精不得不明，此之謂「博厚則高明」。博厚，則無物不能任也；高明，則無物不能冒也；悠久，則無時不能養也。所謂「配地」、「配天」、「無疆」者，以形而上者難明，故以形而下者明之也。「配」之爲義，非比類之謂也。天道至著，常以示人；故萬象紛錯，終古不變。蓋已成而明者也，故曰「不見而章」。一闔一闢，天機自然，無作無息，以生萬變，蓋神而化之者也，故曰「不動而變」。至

〔一〕底本無「而」，據中庸輯略補。

誠不息，日新無窮，萬物之成，積日之養而已，蓋爲物不貳者也，故曰「無爲而成」。所以載物、覆物、成物者，其能也；所以章、所以變、所以成者，其功也。能非力之所任，功非用而後有，其勢自然，不得不爾，是皆至誠不貳而已，此「天地之道」所以「壹言而盡」也。天地所以生物不測者，至誠不貳者也；天地所以成者，積之無疆者也。如使天地爲物而貳，則其行有息，其積有限，昭昭撮土之微，將下同乎衆物，又焉有載物、覆物、成物之功哉？雖天之大，昭昭之多而已；雖地之廣，撮土之多而已。山之一拳〔一〕，水之一勺，亦猶是矣。其所以高明博厚、神明不測者，積之之多而已。今夫人之有良心也，莫非受天地之中，是爲可欲之善。不充之，則不能與天地相似而至乎大；大而不化，則不能不勉不思，與天地合德而至於聖。然所以至于聖者，充其良心，德勝仁熟〔二〕而後爾也。故曰：過此以往，未之或知也；窮神知化，德之盛也。如指人之良心，而責之與天地合德，猶指撮土而求其載華嶽、振河海之力，指一勺而求其生蛟龍、殖貨財之功，是亦不思之甚也。天之所以爲天，不已其命而已；聖人之所以爲聖，不已其德而已。其爲天人德命則異，其所以不已則一，故聖人之道可以配天者，如此而已。禮記集說卷第一百三十四。又見藍田呂氏禮記傳卷四、中庸輯略卷下、大儒心學語録卷之九。

大哉聖人之道！洋洋乎！發育萬物，峻極于天。優優大哉！禮儀三百，威儀三千。待其人而後行。故曰：苟不至德，至道不凝焉。故君子尊德性而道問學，致廣大而盡精微，極高明而道中庸。温故而知新，敦厚以崇禮。是故居上不驕，爲下不倍，國有道其言足以興，國無道其默足以容。詩曰：「既明且哲，以保其身。」其此之謂與！

禮儀、威儀，道也；所以行之者，德也。小德可以任小道，至德可以守至道，故道不虛行，必待人而後行。故必有人而行，然後可名之道也。禮記集說卷第一百三十四。又見藍田呂氏禮記傳卷四。

〔一〕「拳」：四庫本、通志堂本、清麓本、中庸輯略作「卷」。

〔二〕「德勝仁熟」：四庫本、通志堂本、清麓本作「德性純熟」、中庸輯略作「德盛仁熟」。

道之在我者，「德性」而已，不先貴乎此，則所謂「問學」者，不免乎口耳爲人之事矣[一]；道之全體者，「廣大」而已，不先充乎此，則所謂「精微」者，或偏或隘矣；道之上達者，「高明」而已，不先止乎此，則所謂「中庸」者，同汙合俗矣。溫故知新，將以進吾知也；敦厚崇禮，將以實吾行也。知崇禮卑，至于成性，則道義皆從此出矣。居上而驕，知上而不知下者也；爲下而倍，知下而不知上者也。國有道，不知言之足興，知藏而不知行者也；國無道，不知默之足容，知行而不知藏者也。是皆一偏之行，不蹈乎時中。惟明哲之人，知上知下，知行知藏，此所以卒保其身者也。禮記集說卷第一百三十四。又見藍田呂氏禮記傳卷四、中庸輯略卷下。

子曰：「愚而好自用，賤而好自專，生乎今之世，反古之道。如此者，烖及其身者也。」非天子，不議禮，不制度，不考文。今天下車同軌，書同文，行同倫。雖有其位，苟無其德，不敢作禮樂焉；雖有其德，苟無其位，亦不敢作禮樂焉。子曰：「吾説夏禮，杞不足徵也；吾學殷禮，有宋存焉。吾學周禮，今用之，吾從周。」

[通下章「寡過矣乎」以上。][二]無德爲愚，無位爲賤。有位無德而作禮樂，所謂「愚而好自用」；有德無位而作禮樂，所謂「賤而好自專」；生周之世而從夏、殷之禮，所謂居「今之世，反古之道」。三者有一焉，取災之道也。故「王天下有三重焉」：議禮所以制行，故行必同倫；制度所以爲法，故車必同軌；考文所以合俗，故書必同文。唯王天下者行之，諸侯有所不與也。故國無異政，家不殊俗，蓋有以一之也。如此，則寡過矣。禮記集說卷第一百三十五。又見藍田呂氏禮記傳卷四、中庸輯略卷下。

王天下有三重焉，其寡過矣乎！上焉者雖善無徵，無徵不信，不信民弗從；下焉者雖善不尊，不尊不信，不信民弗從。故君子之道：本諸身，徵諸庶民，考諸三王而不謬，建諸天地而不悖，質諸鬼神而無疑，百世以俟聖人而不惑。質諸鬼神而

[一]「矣」：底本、中庸輯略作「而已」，據四庫本、通志堂本、清麓本及上下文風改。

[二]此句注釋文字爲底本所無，據中庸輯略補。

無疑，知天也；百世以俟聖人而不惑，知人也。是故君子動而世爲天下道，行而世爲天下法，言而世爲天下則。遠之則有望，近之則不厭。詩曰：「在彼無惡，在此無射。庶幾夙夜，以永終譽。」君子未有不如此而蚤有譽於天下者也。

「徵」，謂驗於民。「尊」，謂稽於古。「上焉者」，謂上達之事，如性命道德之本，不驗之於民之行事，則徒言而近於荒唐；「下焉者」，謂下達之事，如形名度數之末，隨時變易，無所稽考，則臆見而出於穿鑿。二者皆無以取信於民，是以民無所適從。故君子之道必無所不合而後已。有所不合，僞也，非誠也，故於身、於民、於古、於天地、於鬼神、於後[世]〔一〕，無所〔二〕不合，是所謂誠也，非僞也，物我、古今、天人之所同然〔三〕者也。如是，則其動也，行也，言也，不爲天下之法則者，未之有也。此天下所以有望不厭，而早有譽於天下者也。「三重」說見前章。禮記集說卷第一百三十五。又見藍田呂氏禮記傳卷四、中庸輯略卷下。

仲尼祖述堯舜，憲章文武；上律天時，下襲水土。辟如天地之無不持載，無不覆幬，辟如四時之錯行，如日月之代明。萬物並育而不相害，道並行而不相悖，小德川流，大德敦化，此天地之所以爲大也。

此言仲尼辟夫〔四〕天地之大也。其博厚足以任天下，其高明足以冒天下。其化循環而無窮，達消息之理也；其用照鑑而不已，達晝夜之道也。「尊賢容衆，嘉善而矜不能」，「並育而不相害」之理也；貴貴尊賢，賞功罰罪，各當其理，並行不相悖之義也。「禮儀三百，威儀三千」，此小德之所以川流。「洋洋乎發育萬物，峻極于天」，此大德所以敦化也。禮記集說卷第一百三十五。又見藍田呂氏禮記傳卷四、中庸輯略卷下。

「祖述」者，推本其意；「憲章」者，循守其法。「川流」者，如百川派別；「敦化」者，如天地一氣。禮記集說卷第

〔一〕底本無「世」字，據中庸輯略補。
〔二〕中庸輯略無「所」字。
〔三〕中庸輯略無「然」字。
〔四〕「辟夫」：中庸輯略作「譬」。

一百三十五。又見藍田呂氏禮記傳卷四、中庸輯略卷下。

五行之氣紛錯於太虛之中，並行而不相悖也。然一物之感，無不具有五行之氣，特多寡不常爾；一人之身，亦無不具有五行之德，故百理差殊，亦並行而不相悖。禮記集説卷第一百三十五。又見藍田呂氏禮記傳卷四。

唯天下至聖，爲能聰明叡知，足以有臨也；寬裕温柔，足以有容也；發強剛毅，足以有執也；齊莊中正，足以有敬也；文理密察，足以有别也。溥博淵泉，而時出之。溥博如天，淵泉如淵。見而民莫不敬，言而民莫不信，行而民莫不説。是以聲名洋溢乎中國，施及蠻貊；舟車所至，人力所通；天之所覆，地之所載，日月所照，霜露所隊。凡有血氣者，莫不尊親，故曰配天。

此章言聖人成德之用，其效如此：「聰明叡知，足以有臨」者，天之高明也；「寬裕温柔，足以有容」者，地之博厚也；「發強剛毅」、「齊莊中正」者，乾坤之健順也；「文理密察」者，天地之經緯也。聖人成德，固萬物皆備，應於物而無窮矣。然其所以爲聖，則停蓄充盛，與天地同流而無間者也。至大如天，至深如淵，時而出之如四時之運用，萬物之生育。所見於外［者］〔一〕，人莫不敬信而悦服，至於血氣之類，莫不尊親。非有天德，孰能配之？禮記集説卷第一百三十五。又見藍田呂氏禮記傳卷四、中庸輯略卷下。

唯天下至誠，爲能經綸天下之大經，立天下之大本，知天地之化育。夫焉有所倚？肫肫其仁！淵淵其淵！浩浩其天！苟不固聰明聖知達天德者，其孰能知之？

「唯天下至聖」一章，論天德唯聖人可以配之。「唯天下至誠」一章，論天〔二〕道唯聖人爲能知之。「大經」，天理也，所謂庸也；「大本」，天心也，所謂中也；「化育」，天用也，所謂化也。反而求之，理之所固有而不可易者，是爲庸，

〔一〕底本脱「者」字，據中庸輯略補。
〔二〕四庫本、通志堂本脱「天」字。

親親、長長、貴貴、尊賢是已；體〔一〕其所固有之義，廣充於天下，則經綸至矣。理之所自出而不可易者，是爲中，赤子之心是已；尊其所自出而不喪，則其立至矣。理之所不得已者，是爲化，氣機開闔是已；窮理盡性，同其所不得已之機，則知之至矣。「知」者，與「聞一以知十」、「窮神知化」、「樂天知命」之「知」同，所謂「與天地參」者也，至誠而至乎此，則天道備矣，天德全矣。夫天之所以無不覆者，不越不倚於物而已。有倚於物，則其覆物也有數矣。由不倚，然後渾然至於純全，故曰「肫肫其仁」。肫肫，純全之義也。至於純全，則深幽而難測，故曰「淵淵其淵」。純全而深幽，其體大矣！不至于天則不已，故曰「浩浩其天」。浩浩如江海之浸，上下與天地同流者，非至誠而達天德，孰能知之？

君子反經而已矣。經正，則庶民興。所謂經者，百世不易之常道。大經者，親親、長長、貴貴、尊賢而已。正經之道，必如舜盡事親之道，而瞽瞍底豫，然後親親之經正；必如「王者父事三老，兄事五更」，然後長長之經正；必如國君臣諸父兄弟，大夫降其兄弟之服，然後貴貴之經正；必如堯饗舜迭爲賓主，湯於伊尹學焉而後臣之，然後尊賢之經正。禮記集説卷第一百三十六。又見藍田呂氏禮記傳卷四。

詩曰：「衣錦尚絅。」惡其文之著也。故君子之道，闇然而日章；小人之道，的然而日亡。君子之道：淡而不厭，簡而文，温而理，知遠之近，知風之自，知微之顯，可與入德矣。詩云：「潛雖伏矣，亦孔之昭！」故君子内省不疚，無惡於志。君子之所不可及者，其唯人之所不見乎。詩云：「相在爾室，尚不愧于屋漏。」故君子不動而敬，不言而信。詩曰：「奏假無言，時靡有爭。」是故君子不賞而民勸，不怒而民威於鈇鉞。詩曰：「不顯惟德！百辟其刑之。」是故君子篤恭而天下平。詩云：「予懷明德，不大聲以色。」子曰：「聲色之於以化民，末也。」詩曰：「德輶如毛」，毛猶有倫；「上天之載，無聲無臭」，至矣！

〔一〕「體」：四庫本、通志堂本、清麓本作「謂」，從上下文義看，底本所用之字爲優。疑四庫本、通志堂本、清麓本重刊時誤作「謂」，形近而誤。

自此至篇終，言德〔一〕成反本：自「内省」至於「不動而敬，不言而信」，自不動不言至於「不大聲以色」，自不大聲色至於「無聲無臭」。聲臭微矣，有物而不可見，猶曰無之，則誠〔二〕一於天可知。「闇然而日章」，中有本也；「的然而日亡」，暴於外而無實以繼之也。故君子貴乎反本。君子之道，深厚悠遠而有本，故「淡而不厭，簡而文，温而理」，本我心之所固有也。習矣而不察，日用而不知，非失之也，不自知其在我爾。故君子之學，將以求其本心之微，非聲色臭味之得比，不可得而致力焉，唯循本以趨之，是乃入德之要。推末流之大小，則至於本原之淺深，其「知遠之近」歟！以見聞之廣，動作之利，推所從來，莫非心之所出，其「知風之自」歟！心之精微，至隱至妙，無聲無臭，然其理明達暴著，若懸日月，其「知微之顯」歟！凡德〔三〕之本，不越是矣。知此，則入德其幾矣！

自此至篇終，凡七引詩，皆言德〔四〕成反本，以盡中庸之道。所謂「固聰明聖知達天德」者，必由是入也。推「衣錦尚絅」之心，則所以爲己者，遁世不見知而不悔矣。闇然日章，爲己而中有本者也；的然日亡，爲人而無實以繼之者也。故君子之道，深厚悠遠而有本，所以「淡而不厭，簡而文，温而理」，此入德之質〔五〕也。君子之學，視所至而得其所起，循其末而見其所本，即其著而明其至微，故「知遠之近，知風之自，知微之顯」，此入德之門也。舜爲法於天下，我未免爲鄉人，欲求爲舜，則不越孝弟而已。又求其所以行之，則徐行後長者，固足謂之弟矣，其「知遠之近」歟！墨子兼愛，楊子爲我，其始未有害也，其風之末則至於無君無父而近於禽獸；伯夷之不屑就，以爲清，柳下惠之不屑去，以爲和，其風之末不免乎隘與！不恭，君子不由，則其端不可不慎也。故曰「差之毫釐，繆以千里」，其「知風之自」歟！

〔一〕「德」：四庫本、通志堂本作「得」。
〔二〕「誠」：四庫本、通志堂本作「成」。
〔三〕「德」：通志堂本作「得」。
〔四〕「德」：通志堂本作「得」。
〔五〕「質」：四庫本、通志堂本、清麓本作「漸」。

鬼神之爲德，視之不見，聽之不聞，然有所謂「莫見乎隱，莫顯乎微，洋洋如在其上，如在其左右」者，其「知微之顯」歟！三者，皆出乎心術而已。本心，我之所固有者也，小人習矣而不察、日用而不知其在我者爾。君子之學，求其本心者也。本心之微，非聲色臭味之比，不可得而致力焉，唯循本以趨之，是乃入德之要也。推「潛雖伏矣，亦孔之昭」之説，蓋所以養其「衣錦尚絅」之意而已。「衣錦尚絅」，爲己者也。爲己者，吾心誠然乎此而已，豈繫人之見與不見乎？唯内省不疚，無惡於吾志，斯可矣。「相在爾室，尚不愧于屋漏」者，非特無惡於吾志，又將達乎神明而無慊者也；達乎神明而無慊，則其德有孚矣，此所以不動而民敬、不言而民信也。「奏假無言，時靡有爭」者，則德之有孚，非特使民敬信於我，而我之德可使民勸而民威。蓋德之孚者，養人於義禮〔一〕之中，知善爲可慕而遷之，知不善爲可恥而遠之，豈特〔二〕賞之怒之而後然哉？「不顯惟德，百辟其刑之」者，蓋要其所以不動而敬，不言而信，不賞而勸，不怒而威，豈有他哉？在德而已。君子之善與人同，合内外之道，則爲德非特成己，將以成物，故君子言貨色之欲、親長之私，必達於天下而後已，豈非「篤恭而天下平」者哉？「予懷明德，不大聲以色」者，又明德之化民不在乎聲音笑貌之間，莫非至誠乎達而已。「德輶如毛」者，言人之所以不爲德者，以德爲重而難舉也。如童而知愛其親，長而知敬其兄，此不肖之夫婦之所能行，其輕而易舉也。如此而已，何憚不爲哉？雖然，謂之德者，猶誠之者也，未至乎誠也；若至乎誠，則與天爲一。所謂德者，乃理之所必然，如春生夏長、日往月來之比，無意無我，非勉非思，渾然不可得而名者也。聲臭之於形，微矣，有物而不可見，猶曰無之，則上天之事可知矣。中庸之書，其始也言「天命之謂性」，其卒也言「上天之載，無聲無臭，至矣」，蓋言此道出於天，不及於天則爲未至，如乾之德曰「大哉」，坤之德曰「至哉」。至者，至乾之大而後已也。其篇之中，言「君子動而世爲天下道，行而世爲天下法，言而世爲天下則」。及言「天下至聖」，則

〔一〕「禮」：四庫本、通志堂本、清麓本作「理」。
〔二〕「特」：四庫本作「待」。

曰「見而民莫不敬，言而民莫不信，行而民莫不説」。及其終，則曰「君子不動而敬，不言而信」，又曰「不賞而民勸，不怒而民威於鈇鉞」。「動」也、「言」也、「行」也，世以爲法則，猶在法度之間也。「莫不敬」、「莫不信」、「莫不説」，則忘乎法度而猶有言動之迹存焉。至乎「不動而敬，不言而信」，不賞而勸，不怒而威，則德乎於人而忘乎言動矣，然猶有德之聲色存焉。至于不大聲色，然後可以入乎無聲無臭，而誠一於天，此中庸之終也。禮記集説卷第一百三十六。又見藍田呂氏禮記傳卷四。

表記第三十二

禮記名篇，亦多取篇中字爲目，如檀弓、玉藻、緇衣之類。此篇論仁爲多，而篇中有云「仁者，天下之表」，恐取此義以名篇。禮記集説卷第一百三十七。又見藍田呂氏禮記傳卷五。

子言之：「歸乎！君子隱而顯，不矜而莊，不厲而威，不言而信。」

自此至「瀆則不告」一章，大指言敬而已。「歸乎」者，孔子歷聘諸侯，諸侯莫能用，知道之不行，將歸老於魯之言，如在陳則曰「歸與！歸與！」者也。「隱而顯」者，「潛雖伏矣，亦孔之昭」者也。「不矜而莊」者，「予懷明德，不大聲以色」者也。「不厲而威」者，「德威惟畏」者也。「不言而信」者，「四時行焉，百物生焉」者也。聖人之於天下，豈恝然無心哉？博施濟衆，雖堯舜不能無病，况孔子不得其時者乎？故其始也，曰：「如有用我者，吾其爲東周乎！」又曰：「天下有道，丘不與易也。」及其終也，知天意所在而廢興有命，乃曰：「鳳鳥不至，河不出圖，吾已矣夫！」又曰：「甚矣，吾衰也！久矣，吾不復夢見周公。」然後浩然有歸志矣。蓋聖人之德，要其歸也，天而已矣。默而成之，不言而信，存乎德行，不識不知，尚何矜厲之有哉？故曰「天何言哉」，又曰「天則不言而信，神則不怒而威」，其是之謂乎！禮記集説卷第一百三十七。又見藍田呂氏禮記傳卷五。

子曰：「君子不失足於人，不失色於人，不失口於人。是故君子貌足畏也，色足憚也，言足信也。」甫刑云：「敬、忌而罔有擇言在躬。」

脩身之要有三：貌也，色也，言也。曾子告孟敬子，君子所貴乎道者三：動容貌，出辭氣，正顏色而已。冠義曰：「禮義之始，在於正容體，齊顏色，順辭令。」若巧言令色足恭，則反是者也。所謂「足」者，舉動是也。舉動即貌也，主於足，故言足也。「色」者，顏色見於面目者也。「口」者，言辭是也。脩此三者，敬而已矣，不敬則失之；故貌敬則足畏也，色敬則足憚也，言敬則足信也。禮記集説卷第一百三十七。又見藍田呂氏禮記傳卷五。

子曰：「裼、襲之不相因也，欲民之毋相瀆也。」子曰：「祭極敬，不繼之以樂；朝極辨，不繼之以倦。」

禮者，節文而已。節文不明，慢瀆所由生也。衣裘之間，以襲、裼爲之節文，故凡服裘者，必有衣以裼之。裘，褻服也，不可以敬事，故有衣以覆之也。不袒則謂之襲，襲，充美也；袒謂之裼，裼，見美也，謂裘之文飾也。不文飾也不裼，故犬羊之裘不襲也。「不相因」者，或以裼爲敬，或以襲爲敬也。禮盛者不文，則以襲爲敬，如大裘不裼及尸襲，聘禮「賓襲執圭」、「弔則襲」是也。禮不盛者尚文，故以裼爲敬，如君在則裼，無事則裼，受饗之時，「賓裼，奉束帛加璧」是也。「極敬」者，誠意至也。「極辨」者，節文明也。祭者竭吾誠意以求乎神，猶恐未盡也，故齊三日，必見其所祭者。立而詘，進而愉，退立如受命，已徹而退，敬齊之色不絕於面，如是，則然後可以饗親。苟至於樂則敬弛，弛則忘之矣。朝廷之禮，所以別嫌明微，正名分以尊君者也，故有外朝内朝之政。左右九棘，面三槐，左嘉石，右肺石，以別公卿、大夫、諸侯及羣士、羣吏之位，以致民而詢焉。及辨貴賤之等，敍羣吏之治，其儀也，有不歷位而相與[一]言也，不踰階而相揖也。如此，然後君臣之分明，邦國之政行。苟至於倦則入於苟簡，入于苟簡而欲求治者，未之有也。禮記集説卷第一百三十七。又見藍田呂氏禮記傳卷五。

[一] 四庫本、通志堂本、清麓本無「與」字。

子曰：「君子慎以辟禍，篤以不揜，恭以遠恥。」子曰：「君子莊敬日强，安肆日偷。君子不以一日使其躬儳焉，如不終日。」子曰：「齊戒以事鬼神，擇日月以見君，恐民之不敬也。」子曰：「狎侮死焉，而不畏也。」

「慎」、「篤」、「恭」三者，皆行之敬也。慎其行則寡過，況於禍乎？「暴虎馮河，死而無悔」者，不信而取禍者也。篤其行則誠著，何事於揜乎？閒居爲不善，無所不至，及見君子，則揜其不善而著其善，不篤而好揜者也。恭其行則人敬，則何事於恥乎？侮人者人亦侮之，不恭而近恥者也。「莊敬」者，人所難持，非勉强日進，則身不能以自立。「安肆」，人所易縱，唯苟且日忘，則欲不能以自制。蓋莊敬主於禮，安肆主於欲，「偷」之爲言苟且也。如「衛公子荆善居室，始有，曰『苟合矣』；少有，曰『苟完矣』；富有，曰『苟美矣』。」此之謂「安肆日偷」。或以謂莊敬則日能自强，安肆則日入偷惰，然非君子之事，義不可行。由是二者，故德義可尊，進退可度，不至于陵節犯分，如不能容其身也。「儳」，讀如「毋儳言」之「儳」，陵節犯分之謂也。七日戒，三日齋，竭誠盡慎以事鬼神，民猶以不見不聞爲可欺也。事君盡禮，「擇日月以見君」，民猶有不敬其上者。故君子之使民敬，必先斯二者，人之所以狎侮者，以其不足畏也。至於死猶不知者，有所恃而無所忌，猶狎於水而溺於水也。狃於不足畏，卒至於可畏，可不慎乎？禮記集説卷第一百三十七。又見藍田呂氏禮記傳卷五。

子曰：「無辭不相接也，無禮不相見也，欲民之毋相褻也。」易曰：「初筮告，再三瀆，瀆則不告。」

「辭者」，相接之言，如公與客宴，曰「寡人有不腆之酒，以請吾子之與寡人須臾焉，使某也以請」之類是也。「禮者」，相見之摯，如羔、雁、雉、鶩之類也。必以辭、必以禮者，交際不可苟也。苟則褻，褻則不敬，此交所以易疏也。筮之道，貴於初筮而不敢再三，至敬而不褻者也。鬼神且將告之，況於人乎？賓主慎於交際，不敢苟且，亦敬人之道也。「事君數，斯辱矣；朋友數，斯疏矣」，此之謂乎？禮記集説卷第一百三十七。又見藍田呂氏禮記傳卷五、禮記大全卷二十六、日講禮記解義卷五十六、欽定禮記義疏卷六十八、禮記述注卷二十三。

子言之：「仁者，天下之表也；義者，天下之制也；報者，天下之利也。」子曰：「以德報德，則民有所勸；以怨報怨，

則民有所懲。詩曰：『無言不讎，無德不報。』大甲曰：『民非后，無能胥以寧；后非民，無以辟四方。』」子曰：「以德報怨，則寬身之仁也；以怨報德，則刑戮之民也。」

此一章泛論仁義。仁義者，人性之所固有，賢不肖之所同也；然私欲勝之，能勿喪者，寡矣。故聖人之教，立仁以表之，使天下知所向，而於行得所勉；立義以制之，使天下知所取，而於事得所處。報者，德怨往來，人情所不能無，使之交際且有勸懲，則利用出入，民咸用之矣。故曰：仁者，天下之表；義者，天下之制；報者，天下之利。天下有道，所謂德怨之報者，皆出天下之公而已。有德於民者，民欲報之以官；有功於民者，民欲報之以賞。因民所欲，官之賞之，所謂「以德報德」，知[一]所勸矣。傷人者，民欲報之以刑；賊[二]人者，民欲報之以殺。因民所欲，刑之殺之，所謂「以怨報怨」，民知所懲矣。若夫民之私德，豈無相報哉？唯不可使懷私恩者廢公議，復私讎者亂國法而已。詩曰：「無言不讎，無德不報。」則言與德無有不報也。大甲曰：「民非后，無能胥以寧；后非民，無以辟四方。」則上與下亦有相報也。以德報怨，雖過乎寬而本於厚，未害其爲仁也；以怨報德，則反易天常，天下之亂民，法所當誅者也。君子欲蹈乎中庸，則莫如孔子所謂「以直報怨，以德報德」也。以直報怨，視如國人而已。彼賢當進，吾不敢以怨而蔽之；彼罪當刑，吾不敢避怨而宥之。懷怨而重之，是亦愛而知其惡、憎而知其善之義。禮記集說卷第一百三十七。又見藍田呂氏禮記傳卷五、禮記集解卷五十一。

子曰：「無欲而好仁者，無畏而惡不仁者，天下一人而已矣。是故君子議道自己，而置法以民。」子曰：「仁有三，與仁同功而異情。與仁同功，其仁未可知也。與仁同過，然後其仁可知也。仁者安仁，知者利仁，畏罪者强仁。」

無欲而好仁，無畏而惡不仁，所謂性之者也，安仁者也，天下一人而已。夫子自道也，與下所謂「中心安仁者，天下

[一]「知」：禮記集解上有「民」字。
[二]「賊」：禮記集解作「滅」。

一人而已」其義同也，則非聖人不足以性仁。苟志於仁矣，無惡也，則衆人皆可以爲仁。以聖人之所性而議道，則道無不盡；以衆人之可爲而制法，則法無不行。雖然，法非貶乎道者也。君臣父子，倫類形名之間，性命之理具焉；雖有未能上達，猶庶幾乎弗畔，此衆人之所能及也。「仁者安仁」，無欲而好仁，無畏而惡不仁者也；「知者利仁」，有欲而好仁者也；「畏罪者强仁」，有畏而惡不仁者也。三者之功，「同」〔二〕歸于仁，而其情則異，此堯舜性之、湯武身之、五霸假之所以異也。功者，人所貪也，假之者有之。故齊桓公九合諸侯，一匡天下，湯武之舉不過乎是，而其情則不同，故其仁未可知也。過者，人所避也，有不幸而致焉。故周公使管叔監殷，管叔以殷畔，過於愛兄而已；孔子對陳司敗問昭公知禮，過於諱君而已；皆出乎情而無僞，故其仁可知。禮記集説卷第一百三十七。又見藍田呂氏禮記傳卷五。

仁者，右也；道者，左也。仁者，人也；道者，義也。厚於仁者薄於義，親而不尊；厚於義者薄於仁，尊而不親。道有至，義有考，至道以王，義道以霸，考道以爲無失。

「右」者，人所有事；「左」者，居於不用之地，而助右之所不及也。「仁」者，人之體也，將有爲也，將有行也，非仁不可也，故曰「仁者，右也」，又曰「仁者，人也」。道者，天之理也，仁至于不可行，不可不節，則理有所不得已，以助人〔三〕之所不及者，義也，故曰「道者，左也」，又曰「道者，義也」。仁莫隆於父子，父子之道，親親也；義莫重於君臣，君臣之道，尊尊也。厚於此則薄於彼，厚於彼則薄於此，唯知其所以爲左右，則尊尊、親親並行而不相悖，無厚薄之間矣。「道有至，義有考」，先儒云「當言『道有至、有義、有考』，脱一『有』字」，其義爲然。「至道」者，至於道之極，不可以有加也，所謂「所過者化，所存者神，上下與天地同流」者也，故曰「至道以王」；「義道」者，揆道而裁之者也，所謂「制節

〔二〕底本、四庫本、通志堂本脱「同」字，據清麓本補。
〔三〕「人」：清麓本作「仁」。

謹度」，是可以有國而長諸侯者也，故曰「義道以霸」；「考道」者，必稽古昔〔一〕，稱先王〔二〕，所謂「非法不言，非道不行」，雖未達道，不能以義起，亦庶幾乎不失道矣。禮記集説卷第一百三十七。又見藍田呂氏禮記傳卷五。

子言之：「仁有數，義有長短小大。中心憯怛，愛人之仁也。率法而强之，資仁者也。詩云：『豐水有芑，武王豈不仕？詒厥孫謀，以燕翼子。武王烝哉！』數世之仁也。國風曰：『我今不閲，皇恤我後。』終身之仁也。」

此章言仁之難成。唯君子勉之有道，則不難成。「仁有數」者，仁爲器重，爲道遠，隨其所舉之多寡〔三〕、所至之遠近，皆可以謂之仁。故管仲之功、微子之去、箕子之囚、比干之死，皆得仁之名。語仁之盡，則堯舜其猶病諸，此仁所以取數之多也。「中心憯怛」，仁發於性者也；「率法而强之」，外鑠於仁者也。發於性者，誠心感動，無待於外鑠也；外鑠者，循仁之迹而勉焉者也。以其誠心愛人，故曰「愛人之仁」，以其有取於外，故曰「資仁」，此所發淺深之數也；「數世之仁」、「終身之仁」，此所施遠近之數也，故曰「仁有數」。「義有短長小大」者，義無定體，唯其所宜而已：宜長則長，宜短則短，宜大則大，宜小則小。如孔子「可以仕則仕，可以止則止，可以久則久，可以速則速」；禮有以高爲貴者，［有］以下爲貴者，有以大爲貴者，［有］〔四〕以小爲貴者之類是也，故曰「義有長短小大」。此章論仁而及〔五〕義者，蓋仁之數，是亦義也。禮記集説卷第一百三十七。又見藍田呂氏禮記傳卷五、禮記集解卷五十一。

子曰：「仁之爲器重，其爲道遠，舉者莫能勝也，行者莫能致也。取數多者，仁也。夫勉於仁者，不亦難乎？是故君子以

〔一〕「昔」：原作「者」，據四庫本、通志堂本、清麓本改。
〔二〕「王」：底本、通志堂本作「生」，據四庫本改。
〔三〕「寡」：禮記集解作「少」。
〔四〕此句方括號中兩個「有」字，底本無，據四庫本、通志堂本補。
〔五〕禮記集解「及」上有「兼」字。

義度人，則難爲人；以人望人，則賢[一]**者可知已矣。」子曰：「中心安仁者，天下一人而已矣。大雅曰：『德輶如毛，民鮮克舉之。我儀圖之，惟仲山甫舉之，愛莫助之。』**

舉莫能勝，行莫能致，勉之者之爲難也。「以義度人」者，盡義以度人者也；「以人望人」者，舉今之人相望也。盡義以求人，非聖人不足以當之，故「難爲人」；舉今之人相望，則大賢愈於小賢，小賢愈於不賢，故「賢者可知已矣」。此亦以數而言仁也，君子之自待，必全盡而後已。「中心安仁者，天下一人而已」，聖人之任也。雖未至焉，不敢不勉，不以世莫之助而不爲，故曰「惟仲山甫舉之」。

有己，則喪其爲仁矣，天下非吾體；忘己，則反得吾仁，天下爲一人。故克己復禮，昔之所喪，今復得之，非天下歸仁者歟？安仁者，以天下爲一人而已。禮記集説卷第一百三十八。又見藍田呂氏禮記傳卷五。

小雅曰：『高山仰止，景行行止。』」子曰：「詩之好仁如此。鄉道而行，中道而廢，忘身之老也。不知年數之不足也，俛焉日有孳孳，斃而後已。」子曰：「仁之難成久矣。人人失其所好，故仁者之過易辭也。」

不以高矣美矣爲不可跂及而不勉，故曰「高山仰止，景行行止」，此所以「不知年數之不足，俛焉日孳孳，斃而後已」。「鄉道而行，中道而廢」，謂力不足者非不爲也。力極罷頓，不能復行，則止也，此皆自待全盡之謂也。君子之待人，以人望人而已。心誠鄉仁，「人」[二]莫不取之，又爲之勸勉愧恥，鑠之於外以移之，此仁之所以不難成也。仁者之心公，衆人之心私。公則所好者兼容博愛，私則所好者克伐怨欲，此「人人失其所好」者也。心誠鄉仁，雖有過差，其情則善，不待辭而辨矣，故曰「仁者之過易辭」。禮記集説卷第一百三十八。又見藍田呂氏禮記傳卷五。

子曰：「恭近禮，儉近仁，信近情，敬讓以行，此雖有過，其不甚矣。夫恭寡過，情可信，儉易容也，以此失之者，不亦鮮乎！

[一]「賢」：原作「能」，據通行本禮記及呂大臨注文改。

[二]底本、清麓本脱「人」字，通志堂本脱上句中「仁」字，據四庫本補正。

詩云：『温温恭人，惟德之基。』」

恭、儉、信，未足以爲仁而仁者之資也。恭則不侮，得禮之意，近乎禮矣；儉則不奪，得仁之意，近乎仁矣；言語必信，存心正行，近乎情矣。三者之行不私於己，又以敬讓行之，鄉乎仁矣。雖有過差，其情則善，故不甚矣。蓋不侮人則人亦不侮，斯[一]過寡矣；近乎情則不志於欺，斯可信矣；不奪人[二]則知足，斯易容矣。如是而失之者，鮮矣，可與進於德矣。故曰「温温恭人，惟德之基」，雖未成德，斯德之基矣。禮記集説卷第一百三十八。又見藍田呂氏禮記傳卷五、禮記集解卷五十一。

子曰：「仁之難成久矣，唯君子能之。是故君子不以其所能者病人，不以人之所不能者愧人。是故聖人之制行也，不制以己，使民有所勸勉愧恥，以行其言，禮以節之，信以結之，容貌以文之，衣服以移之，朋友以極之，欲民之有壹也。小雅曰：『不愧于人，不畏于天。』」

人[三]失其所好，此仁所以難成。君子責人以恕，而成人有道，則仁不難成矣，故曰「唯君子能之」。君子固賢於衆人矣，君子之所能，衆人必有不能者矣。使衆人傚己之所能，則病矣；使衆人自彰其不能，則愧矣。故聖人制行以立教，必與天下共之，以天下之所能行者爲之法，所以爲達道也。曾子執親之喪，水漿不入口者七日，此曾子之所能也。水漿不入口者三日，此衆人之所能也。故喪以三日爲節，則不取乎七日，此所謂「不制以己」也。唯不制乎己，故民知跂乎此而有所勸勉，知不及乎此而有所愧恥，則於此仁[四]也，知所向[五]矣。非特此也，凡可以外鑠者，無不用也：制

〔一〕「斯」：原作「其」，據禮記集解及上下文改。
〔二〕「人」：四庫本、通志堂本作「仁」。孟子云：「恭則不侮人，儉則不奪人。」加之此處又是在釋恭儉信，則「人」字更優。
〔三〕「人」：禮記集解上有「人」字。
〔四〕「仁」：四庫本、通志堂本、清麓本作「人」。
〔五〕「向」：四庫本、通志堂本、清麓本作「尚」。

禮以節其行而使之齊，立信以結其志而使之固，其容貌必稱其志，其衣服必稱其容。衣服如是之備，則容貌必移而稱其衣；容貌如是之文，中心必有其實。朋友者，切磋相成，至于極而後已，則一道德以同俗矣。蓋脩其外則知愧于人，脩其內則知畏于天，故曰「不愧于人，不畏于天」。禮記集説卷第一百三十八。又見藍田呂氏禮記傳卷五、禮記集解卷五十一。

是故君子服其服，則文以君子之容；有其容，則文以君子之辭；遂其辭，則實以君子之德。是故君子恥服其服而無其容，恥有其容而無其辭，恥有其辭而無其德，恥有其德而無其行。是故君子衰絰則有哀色，端冕則有敬色，甲冑則有不可辱之色。詩云：『惟鵜在梁，不濡其翼。彼記之子，不稱其服。』」

此皆脩其外以移其內，率法而强之者也。及其成也，知畏于天，則與中心憯怛者一也。鵜胡善居汚澤之中，捕魚以爲食者也，「不濡其翼」則不得食。梁者，魚梁也，人之所以捕魚者也。鵜之求食，不之澤而之梁，無濡翼之勞，坐得其食，如人之無德無功而受顯服者也。故服之不稱其德，異乎鵜者，未之有也。禮記集説卷第一百三十八。又見藍田呂氏禮記傳卷五。

子言之：「君子之所謂義者，貴賤皆有事於天下。天子親耕，粢盛秬鬯，以事上帝，故諸侯勤以輔事於天子。」[一]子曰：「下之事上也，雖有庇民之大德，不敢有君民之心，仁之厚也。是故君子恭儉以求役仁，信讓以求役禮，不自尚其事，不自尊其身，儉於位而寡於欲，讓於賢，卑己而尊人，小心而畏義，求以事君，得之自是，不得自是，以聽天命。詩云：『莫莫葛藟，施于條枚。凱弟君子，求福不回。』其舜、禹、文王、周公之謂與？有君民之大德，有事君之小心。詩云：『惟此文王，小心翼翼。昭事上帝，聿懷多福。厥德不回，以受方國。』」子曰：「先王謚以尊名，節以壹惠，恥名之浮於行也。是故君子不自大其事，不自尚其功，以求處情；過行弗率，以求處厚；彰人之善，而美人之功，以求下賢。是故君子雖自卑，而民

[一] 禮記集説諸本皆將藍田呂氏注解置於此條下，後面文字又分三條，注爲「藍田呂氏説見前」，今依清麓本將四條集中在一起。

敬尊之。」子曰：「后稷，天下之爲烈也，豈一手一足哉？唯欲行之浮於名也，故自謂便人。」

自此至「自謂便人」一章，言君子之義。以仁禮事上，以仁禮使下，事上者不可以不事事，使下者不可以不自治，故「貴賤皆有事於天下」。「親耕，粢盛秬鬯，以事上帝」，雖天子必有事焉，況於諸侯乎？所謂義者不可以不事事故也。名之浮於行則失實，失實者身且不信，何以使民？故先王制行以謚死，尊死者之名而易之，雖〔一〕身兼數善，猶取一善而名之，如文王非無武，武王非無文，止取其一以爲謚，唯恐名浮於行，以欺於民，此使下不可以不自治者也。仁者，忘己以與天下共者也。其事上也，雖有庇民之大德，不敢有君民之心，故「不自尚其事，不自尊其身」，小心而畏義，求以事君而已，此忘己而事上者也；其使下也，雖有庇民之大德，亦不敢以君道自有，故「不自大其事，不自尚其功」，以求下賢而已，此忘己而使下者也。有大德者易於忘己而使下，難於忘己而事上，非舜、禹、文王、周公不足以當之，故曰「仁之厚也」。役用也，恭者不侮，儉者不奪，忘己而與天下共者也。推是心也，求以用仁，其近之矣！信者不欺，讓者不爭，篤實而卑遜，非先王之德行而不行也。推是心也，求以用禮，其無過矣！君子之事上也以仁與禮，其使下也亦以仁與禮而已。「不自尚其事，不自尊其身，儉於位而寡於欲」者，儉也，有信存焉。「讓於賢，卑己而尊人，小心而畏義，求以事君」者，讓也，有恭存焉。故以仁禮事其上者，主於儉與讓，而信〔二〕恭存焉。「不自大其事，不自尚其功，以求處情」者，信也，有儉存焉。「過行弗率，以求處厚，彰人之善，而美人之功，以求下賢」者，恭也，有讓存焉。故以仁禮使其下者，主於信與恭，而儉讓存焉。故恭儉以求役仁〔三〕，信讓以求役禮，交相爲用而不可亂也。以此事上，

〔一〕「雖」：通志堂本作「難」，疑形近而誤。

〔二〕「信」：通志堂本作「性」。

〔三〕「仁」：四庫本、通志堂本作「人」。

受天之命矣；以此使下，民之攸歸矣。天命難諶者也，得不得猶不敢知而聽之，又不敢以是〔一〕而易其志，則又仁之厚矣。民情易見者也，民所以敬尊於我，有可致之道故也。此使下之報所以異於事上之報，天人之勢不同也。以仁禮事上，莫如舜、禹、文王、周公；以仁禮使下，莫如后稷。舜之事堯，禹之事舜，皆將以天下而授之。而舜慎徽五典，納于百揆，賓于四門，納于大麓；禹思日孜孜，啟呱呱，予弗子，惟荒度土功，皆虔脩臣職，不敢懈也。文王三分天下有其二，猶服事殷；周公攝政七年，而復子明辟。四聖人者，皆有君民之大德，有事君之小心，得乎仁禮之至者也。小心，柔道也，以柔道事上，鮮不獲福，猶葛藟之施于條枚，以柔而附上，上無有不受也。后稷之教民稼穡，無此疆爾界，天下之利，萬世之功也，其爲烈也，非一手一足之所能及也，然猶不自以爲功，自謂便習是事之人而已。利及天下後世，仁也；唯欲行之浮於名，禮也，與夫「有君民之大德，有事君之小心」者，易地皆然。此使下得乎仁禮之至者也。禮記集說卷第一百三十八。又見藍田呂氏禮記傳卷五。

子言之：「君子之所謂仁者，其難乎！詩曰：『凱弟君子，民之父母。』凱以强教之，弟以説安之，樂而毋荒，有禮而親，威莊而安，孝慈而敬，使民有父之尊，有母之親。如此而後可以爲民父母矣，非至德其孰能如此乎？」

此章言君子之仁，兼乎尊親，然後可以爲民父母，因歷言四代之道。詩云：「凱弟君子，民之父母。」先儒訓「凱」爲「樂」，「弟」爲「易」，此云「凱以强教之，弟以説安之」，宜若有異。然求他經之言「凱」者，詩有「凱風」，周官司樂「王師大獻，則令奏凱樂」，左氏春秋傳言「高陽氏有才子八人，謂之八愷」，參求義訓，可以爲「和樂」，和樂之中又有强盛之狀。凱風，南風鼓動長養之風也；凱樂，戰勝之樂也；八愷〔二〕謂之才子，則性和而有才者也。皆有盛强之意，故「愷」亦可以訓「强」矣。弟有「兄弟」之弟，有「孝悌」之弟，皆順也。順則易，有説下之道，故訓爲「悦」也。强教之

〔一〕「是」：四庫本、通志堂本、清麓本作「事」。
〔二〕「愷」：清麓本作「凱」。

者，以道驅之，如佚道使民，雖勞不怨者也。「說安之」者，得其心之謂也。說以使民，民忘其勞；說以犯難，民忘其死者也。「樂」，說安也，「毋荒」則有教矣。「有禮」，强教也，「親」則說矣。「威莊」，强教也，「安」則說矣。「孝慈」，說也，「敬」則有教矣。强教則父之尊存焉，說安則母之親存焉，天下之民莫不尊親，此之謂至德可以爲民之父母。禮記集說卷第一百三十九。又見藍田呂氏禮記傳卷五。

今父之親子也，親賢而下無能；母之親子也，賢則親之，無能則憐之。母親而不尊，父尊而不親。水之於民也，親而不尊，火尊而不親。土之於民也，親而不尊，天尊而不親。命之於民也，親而不尊，鬼尊而不親。

尊親之義，自父母而推之。父與母也，水與火也，天與地也，鬼與人也，尊而不親，親而不尊。當其强教也，則不純以恩，故賢則親之，無能則下之；當其說安也，則有收而無絶，故賢則尊之，無能則憐之。此父母親尊之異也。水者，民狎而玩之；火者，民望而畏之。此水火尊親之異也。地，載我者也，然近人，人可得而載；天者覆我者也，然遠人，人不可階而升。此天地尊親之異也。君之命見於事也，近人而可行也；鬼之道存諸理也，遠人而不可形也。此人與鬼尊親之異也。禮記集說卷第一百三十九。又見藍田呂氏禮記傳卷五、欽定禮記義疏卷六十八。

子曰：「夏道尊命，事鬼敬神而遠之，近人而忠焉。先祿而後威，先賞而後罰，親而不尊。其民之敝，惷而愚，喬而野，朴而不文。殷人尊神，率民以事神，先鬼而後禮，先罰而後賞，尊而不親。其民之敝，蕩而不靜，勝而無恥。周人尊禮尚施，事鬼敬神而遠之，近人而忠焉。其賞罰用爵列，親而不尊。其民之敝，利而巧，文而不慚，賊而蔽。」

夏、周尚親而不尊，故遠神而近人。殷人尚尊而不親，故先鬼而後禮。凡尊之道，鬼也，神也，威也，罰也；凡親之道，人也，命也，禮也，祿也，賞也，施也。所尊所先者，其尚者也；所遠所後者，其不尚者也。「夏道尊命」，先祿先賞，近人而忠，尚親者也；「事鬼敬神而遠之」，後威後罰，不尚尊者也。「殷人尊神，率民以事神」，先鬼先罰，尚尊者也；後禮後賞，不尚親者也。「周人尊禮尚施」，「賞罰用爵列」，「近人而忠」，尚親者也；「事鬼敬神而遠之」，不尚尊者也。夏尚忠，忠者奉上，故尊命。殷尚質，質者不欺，故尊神。周尚文，文者多儀，故尊禮。遠鬼神而近人者，謂外宗廟而内朝廷，脩烝嘗而略盟詛也。先鬼而後禮者，謂外朝廷而内宗廟，先盟詛而後祭享也。「賞罰用爵列」者，如「刑不上大夫」、「禮不下庶人」、「賜君子、小人不同日」、「命夫、命婦不躬坐獄訟」之類。雖主於文，亦人情之近厚者，所以親而不尊也。先王之政，苟無道以救之，其末也不能無敝，如清之末至于隘，和之末至於不恭也。忠之政，使民近人而已，不求其所不能知，勸於爲善而已，不責其所不能爲。及其末也，人不知進於學，故守其顓蒙；不困於刑罰，故不爲詐諼。其民則惷而愚，其風則喬而野，其事則朴而不文也。喬，高大也，如「厥木爲〔一〕喬」之喬，妄自高大而無文，乃惷愚之風也，不必音爲「驕」也。忠之敝至於愚而野，故殷人尊神而救之，民知敬於鬼神，則莫非誠也，誠則質矣〔二〕。尊神者使知敬於幽，先罰者使知敬於明而已。及其末也，求神於虚無不可知之域，則茫然不知其所安；畏威於無所措手足之地，則不知禮義之所貴。故其民蕩而不靜，其俗勝而無恥也。質之敝尚鬼而遠人，至於勝而無恥，故周人尊禮以救之。禮，人文也，人文之著則上下有等、親疏有辨。及其末也，溺於文而不求其實，拘於末而不返其本。故其事則「利而巧」，近人故苟利，尚文故巧文；其俗則「文而不慙」，文勝質而不知義也；其民則「賊而敝」，不反其本，故賊於其末，不求其實，故敝於虚文也。此三代之本末可知矣。禮記集説卷第一百三十九。又見藍田呂氏禮記傳卷五。

子曰：「夏道未瀆辭，不求備，不大望於民，民未厭其親。殷人未瀆禮，而求備於民。周人强民，未瀆神，而賞爵、刑罰窮矣。」

夏道尚忠，忠者以行而不以言，故曰「未瀆辭」。忠之俗衰，行雖脩，猶不足以使人信，故殷人始瀆辭矣。瀆者，如再三告〔三〕之謂，如盤庚三篇是也。然殷人尚質，雖辭之瀆，而尚未以繁縟之文治之，故曰「未瀆禮」。質之俗衰，辭雖

〔一〕「爲」：清麓本作「惟」。
〔二〕「矣」：四庫本、通志堂本、清麓本作「美」。
〔三〕「告」：清麓本作「瀆」。

瀆，亦未足以取信於民，故周人始瀆於禮矣。分致其辨，文致其詳，欲驅而之善，而責人也嚴，大要教人以敬而已。故禮先於祭祀，至敬而不祈，則强民未瀆神可知矣。至周之末，則信詛盟，事祈禱，其瀆神可知矣。「不求備」者，不責人之善，故政令簡；「不大望」者，不竭人之忠，故貢賦輕。此民所以易從而未厭其親。夏道所以「未瀆辭」者，此也。責人之信已，必從而後已，此殷人所以求備於民也。「周人强民」，驅之於善，從之有爵賞，不從有刑罰，故爵賞刑罰窮矣。禮記集説卷第一百三十九。又見藍田呂氏禮記傳卷五。

子曰：「虞、夏之道寡怨於民，殷、周之道不勝其敝。」子曰：「虞、夏之質，殷、周之文，至矣！虞、夏之文不勝其質，殷、周之質不勝其文。」

虞、夏之道質，質者責人也略，故「寡怨於民」。殷、周之道文，文者責人也詳，民之不從，則窮刑賞以驅之，故「不勝其敝」。虞、夏，質之至者也，故「文不勝其質」。殷、周，文之至者也，故「質不勝其文」。至者，無以加也。後世王者欲尚質者，無以加虞、夏之質；欲尚文者，無以加殷、周之文也。三代所尚，非苟爲異，亦各因時救敝而已。繼周者未有以救之，楊、墨、韓、莊所以肆行於戰國也。禮記集説卷第一百三十九。又見藍田呂氏禮記傳卷五。

子言之曰：「後世雖有作者，虞帝弗可及也已矣。君天下，生無私，死不厚其子，子民如父母，有憯怛之愛，有忠利之教，親而尊，安而敬，威而愛，富而有禮，惠而能散。其君子尊仁畏義，恥費輕實，忠而不犯，義而順，文而静，寬而有辨。甫刑曰『德威惟畏[一]，德明惟明』，非虞帝其孰能如此乎？」

此章言三代之治，其久必敝，唯虞帝爲不可及，蓋用中[二]於民而主於德爾。「唯天爲大，唯堯則之。蕩蕩乎！民

[一]「惟畏」：原作「唯威」，通志堂本及甫刑亦作「唯威」，清麓本作「惟威」，四庫本作「唯畏」。然呂注各本皆引爲「惟畏」，故從呂注與四庫本改之。

[二] 四庫本、通志堂本、清麓本無「中」字。

無能名」，若舜則事堯者也。所以治民之道可得而言，故後之言治者，所以稱舜而不及堯也。然則舜之治乃[一]堯之治，堯不自治而已，故曰「後世雖有作者，虞帝弗可及也已」。「大道之行也，天下爲公，人不獨親其親，不獨子其子」，財不必藏於己，力不必爲己，公之至也。故「不厚其子」，而人無間言，天下莫能爭，俗薄道衰，禹、湯、文、武不得盡其願欲，此孔子所以深歎，以虞帝爲不可及者也。三代之道，或親而不尊，或尊而不親，不免流於一偏，故其終不能無敝。若虞帝則子民如父母，有母之親，故有憯怛之愛；有父之尊，故有忠利之教。所謂「憯怛之愛」，猶慈母之愛，非責報於其子也，非要譽於他人也，發於誠心，不知其他而已。所謂「忠利之教」者，如飽食煖衣，逸居而無教，則近於禽獸，聖人有憂之，使契爲司徒，教以人倫，如窮而變，變而通，作爲衣裳、舟楫、臼杵、弧矢、宮室、棺椁、書契，所以使天下利用而不倦，是皆有教民以義[二]善之誠，無所不利之功者也。「安而敬，威而愛」：愛則能安，教則知敬，親則愛，尊則威也。「富而有禮」者，節於物者也；「惠而能散」者，周於物者也。節於物，義[三]也；周於物，仁也。尊而有教，義也；親而有愛，仁也。此君子所以「尊仁畏義」也。所謂君子，貴者也，賢者也。有道之世，唯賢者得在高位，所謂「小德役大德，小賢役大賢」，故謂之君子也。富而有禮，故「恥費」，恐用之不以道；惠而能散，故「輕實」，蓋不必藏於己也。實之爲言，財貨之謂也，費則費用其財而已。愛之至則必忠，忠至于犯，則不敬；敬之至則有義，以一義斷，或入於不順，則不愛。敬主於別，別則文，文煩則不静；愛主於恩，恩則寬，寬而踰則無辨。故「忠而不犯，義而順，文而静，寬而有辨」，皆尊仁畏義，親而尊之之道也。行此道而天下敬之，則德威也；行此道而天下愛之，則德明也。故尊親之道，一主於德，並行而不廢，則天下莫不尊親矣。故甫刑曰：「德威惟畏，德明唯明。」非虞舜之盛德孰能至于此乎？

[一]「乃」：四庫本、通志堂本作「及」。

[二] 清麓本無「義」字。

[三]「義」：通志堂本作「美」，疑形近而誤。

子言之：「事君先資其言，拜自獻其身，以成其信。是故君有責於其臣，臣有死於其言。故其受禄不誣，其受罪益寡。」子曰：「事君，大言入則望大利，小言入則望小利。故君子不以小言受大禄，不以大言受小禄。易曰：『不家食吉。』」

禮記集説卷第一百三十九。又見藍田呂氏禮記傳卷五。

此言事君之道。其始見也，必知君之所以見任之意，如伊尹事湯，知湯以伐夏救民爲己任，此先資於湯之言也。曰：「吾豈若使是君爲堯舜之君，使是民爲堯舜之民。思天下之民，匹夫匹婦有不被堯舜之澤者，若己推而内之溝中。」此拜自獻其身於湯之事也。如傅説之事高宗，高宗命之曰：「若金，用汝作礪；若濟巨川，用汝作舟楫；若歲大旱，用汝作霖雨。俾率先王，迪我高后，以康兆民。」又曰：「罔俾阿衡，專美有商。」此先資於高宗之言也。説復于王曰：「木從繩則正，后從諫則聖。后克聖，臣不命其承，敢不祗若王之休命？」又拜稽首曰：「敢對揚天子之休命。」此「拜自獻其身，以成其信」者，所謂策名委質，貳乃辟也；所謂君能制命爲義，臣能承命爲信，義無二信，信無二命者也。君是以責臣之任，臣是以死君之命，自任以重，則受禄不誣；有死無二，則受罪益寡矣。昔晉荀息受責於晉獻公，以立奚齊卓子，告於獻公曰：「使死者復生，生者無愧。」及里克殺奚齊卓子，荀息死之，可謂死於其言矣。荀息之事，雖於義未之盡，然臣之死命必如荀息而後可以言信矣。「大言入則望大利，小言入則望小利」：大言則所言者大也，小言則所言者小也；利及天下，澤及萬〔一〕世，大利也；進一介之善，治一官之事，小利也。諫行言聽，利斯從之矣。先儒謂利，禄賞也。人臣之事君，大言小言各效其忠而已。如言之入而遂望其禄賞，則懷二心以事上，主於爲利而已，小人之道，非所以事君也。所謂「不以小言受大禄，不以大言受小禄」，此君之所以報臣者，非臣之所以望君也，受之以義，亦稱其大小而已。小言而大禄，則報踰其分；大言而小禄，則君不我知，亦不可受也〔二〕，非其義而

〔一〕「萬」：四庫本作「後」。
〔二〕四庫本、通志堂本、清麓本無「也」字。

已。易曰：「不家食吉。」此大畜之彖辭也。君之所以大畜者，將以禄天下之賢。賢有小大，則禄有多寡，一有不稱，則好惡之私繫焉。人君而存好惡之私，則猶家食而已，非所以爲天下公也，故曰「不家食吉，養賢也」。禮記集説卷第一百三十九。又見藍田呂氏禮記傳卷五。

子曰：「事君不下達，不尚辭，非其人弗自。小雅曰：『靖共爾位，正直是與。神之聽之，式穀以女。』」子曰：「事君遠而諫，則讇也；近而不諫，則尸利也。」子曰：「邇臣守和，宰正百官，大臣慮四方。」子曰：「事君欲諫不欲陳。詩云：『心乎愛矣！瑕不謂矣！中心藏之，何日忘之？』」

以下達之事事其君，則賊其君者也；尚辭而實不稱，則欺其君者也；非其人而自達之，枉己以事君者也。傳曰：「君子上達，小人下達。」上達者進乎高明，如伊尹恥其君不及堯、舜，孟子非堯、舜之道不敢陳於王前者也；下達者趨乎汙下，如孟子言謂「吾君不能謂之賊」者也，又曰「逢君之惡，其罪大」者也。「自」者，所由以爲主者也。觀近臣以其所主，觀遠臣以其所爲主，彼謂孔子「主癰疽與寺〔一〕人瘠環」者，非其人而自爲之也。三者皆枉己不正，非所謂「靖共」、「正直」者也。人臣敬治其職，所與正直，則神將福之，況於君乎？「事君遠而諫，則讇也；近而不諫，則尸利也」。古之天子有爭臣七人，諸侯五人，是有言責者也。有言責者不可不諫，不得其言則去；無言責者則可以諫可以無諫，不得其言不必去矣。至于遠臣，既無言責，又遠於君，有官守之責，而諫非其責也。所謂「遠」者，遠臣也，非其職而諫之，陵節犯分以求自達，故曰「讇」也；所謂「近」者，有言責之臣也，有言責而不諫，則曠厥官，懷禄固寵，主於爲利，故曰「尸利」也。尸，主也，猶祭祀之尸，有所主而無所事。書云：「羲和尸厥官，罔聞知。」其義同此。雖然，古者史爲書，瞽爲詩，工誦箴諫，大夫規誨，士傳言，庶人謗，商旅議于市，百工獻藝，皆若遠而諫者，蓋上之人所求於下者如此，則下可以共職而有言，不可謂之讇矣。潁封人之諫鄭莊公，杜蕢之諫晉平公，亦遠而諫者，然若二子者，君子

〔一〕「寺」：四庫本、通志堂本、清麓本作「侍」。

與之。蓋有封人、杜蕢之心，雖諫而可；無封人、杜蕢之心則讇也。「邇臣守和，宰正百官，大臣慮四方」：邇臣，近臣也，如左右常伯、常任、準人、綴衣、虎賁之類；宰，即冢宰；大臣，六卿也。近臣者在君左右，不任其政，與天子燕遊者也；主於朝夕納誨，調和君子，和而不同。若作和羹，濟之以鹽、梅、五味，則得其和而可食；如以水濟水，孰能食之？故君所謂可而有否焉，君所謂否而有可焉，可否相濟則君德和，故曰「邇臣守和」。宰之爲言，殺也，因以名言，饔官焉。饔官，主割烹〔一〕者也。既殺而烹〔二〕之，解剥制割，皆出其手，宰制政事者亦然。故主家政者爲家宰，主國政者爲國宰，所以宰制百事，總正官屬，故曰「宰正百官」。六卿分掌國政，任天下之事，與國同其憂者也；巡守朝聘，所以交結維持，使四方無虞，當任其責也。莫非臣也，莫非事也，三者之官，其責爲重，故歷言之。「事君欲諫不欲陳」者，書所謂「爾有嘉謀嘉猷，則入告爾后于内，爾乃順之於外，曰：斯謀斯猷，惟我后之德」。臣之事君，所以告其君，則有犯而無隱；所以告於人，則隱惡而揚善。宋平公築臺，妨於農收，子罕諫弗許，築者謳之，子罕聞之，親執朴以行築者，曰：「吾儕小人，皆有闔廬以避燥濕寒暑，今君爲一臺而不速成，何以爲役？」則其愛君之心可知矣。詩云：「心乎愛矣！遐不謂矣！中心藏之，何日忘之？」此小雅隰桑詩，刺幽王小人在位，君子在野，思見君子之辭也。此則斷章取義，以「心愛矣」爲愛君之心，有以告之矣，愛之之誠，藏於心而不忘，此所以「欲諫而不欲陳」也。樂毅報燕惠王書曰：「吾聞之：古之君子，交絶不出惡聲；忠臣去國，不絜其名。」非有是心，能之乎？禮記集說卷第一百三十九。又見藍田呂氏禮記傳卷五。

子曰：「事君難進而易退，則位有序；易進而難退，則亂也。故君子三揖而進，一辭而退，以遠亂也。」子曰：「事君三違而不出竟，則利禄也。人雖曰不要，吾弗信也。」子曰：「事君慎始而敬終。」子曰：「事君可貴可賤，可富可貧，可生可

〔一〕「烹」：原作「亨」，據四庫本、通志堂本、清麓本改。
〔二〕「烹」：原作「亨」，據四庫本、通志堂本、清麓本改。

殺，而不可使爲亂。」

所謂「位有序」，「小德役大德，小賢役大賢」之謂也。所謂「亂」者，則賢不肖倒置之謂也。君子之事君，要之，君信於我而已。信我之賢可以爲師，非學焉而後臣之，則不進也；信我之賢可以執國政，雖待以季、孟之間，亦不進也，此所以進之難也。孔子之仕魯，燔肉一不至則不脫〔一〕冕而行，靈公問陳則明日遂行，此所以退之之易也。蓋君子之仕，將以道正君而已，枉己未有能直人者也。人人知自貴於己，達「色斯舉矣，翔而後集」之義，則賢不肖之分不可亂也。相見之禮：主人迎賓，三揖，至于階，三讓；其退也，一辭而出，主人拜送，賓去不顧。蓋相見者，見之於主人盡敬之後，辭之於主人未懈之先。若主人之敬未至而強進，主人之意已懈而不辭，則賓主人之分亂矣。可仕可已，可見可辭，進退之義一也。「事君三違而不出竟，則利祿也」，人雖曰不要君，吾弗信也。古者四十始仕，道合則從，不合則去。蓋以道事其君者，道既不合，舍而去之，君無留行之命，禮貌已衰，義不可猶居其國，苟至三違而不出竟，則懷祿要君，無所逃罪。昔孔子去魯，遲遲其行，以去父母之國，有所不忍而已。孟子去齊，三宿而後出晝，冀王悔而反之，以安天下之民而已。然卒皆出竟以去，君子之義可知矣。臧武仲以防求爲後於魯，要君之心無大於此，所以皆得罪於孔子也。子曰：「事君慎始而敬終」，「事君數，斯辱矣；朋友數，斯疏矣」。故輕交易絶，君子恥之。若夫以道去其君，豈君子之心哉？不得已也。子曰：「事君可貴可賤，可富可貧，可生可殺，而不可使爲亂。」貴賤、貧富、生殺，君之所操以御臣之具者也。雖有是具以御臣，然所以御之者，理〔二〕也。理義，人心之所同然，天所以命於人。「君君、臣臣、父父、子子」，所以保乎天下國家也，故臣之事君，無所逃乎天地之間，東西南北，唯命之從；及違於理義，則臣得以爭於君，匹夫不可奪其志。故君以我爲賢，則可處之以富貴；以我爲不肖，則可處之以貧賤；以我爲無罪，則可生；

〔一〕「脫」：原作「稅」，四庫本、通志堂本亦作「稅」，據清麓本改。

〔二〕「理」：四庫本、通志堂本、清麓本作「禮」。

以我爲有罪，則可殺。六者莫不唯君所命，其不可奪者，吾之理義而已。孟子曰：「往役，義也；往見，不義也。」齊侯田，以旌招虞人，不至，將殺之，孔子奚取焉？取非其招不往也。故凡違乎理義者，皆亂也。禮記集説卷第一百四十。又見藍田呂氏禮記傳卷五。

子曰：「事君，軍旅不辟難，朝廷不辭賤。處其位而不履其事，則亂也。故君使其臣，得志則慎慮而從之，否則孰慮而從之，終事而退，臣之厚也。易曰：『不事王侯，高尚其事。』」

此章重述事君可貴可賤、可富可貧、可生可殺之義。蓋事君者，不仕則已，仕則卑賤有所不辭。詩云：「碩人俁俁，公庭萬舞。」事君者不受命則已，受之則患難有所不辭。詩曰：「靡室靡家，玁狁之故。」處其位而不履其事，如弓人恥爲弓，矢人恥爲矢，名之不可言，言之不可行矣，其所以事君之義，亂於名實者也。此篇言亂者有三：易進而難退，則亂也者，亂於賢不肖者也；不可使爲亂者，亂於理義者也；處其位而不履其事，則亂也者，亂於名實者也。亂者，如絲之不治，無緒以正之之謂也。孔子曰：「人而不仁，疾之已甚，亂也。」又曰：「好勇疾貧，亂也。」仁者愛人，然而疾不仁者，以不仁之賊吾愛也；苟能遠之，使不能賊吾愛，可矣；至于疾之已甚，則反失吾愛，是亂於爲仁者也。所貴乎勇者，見義必爲而已；不施之於義，而施之於疾貧，則利欲無厭，是亂於勇者也。是皆不治而無緒者也。君使其臣，臣受其命，得志者則合所使之臣素志也；否者，不合其素志也。臣受君命，雖有所合，不敢以得志而自滿，故「慎慮而從之」，乃臨事而懼，好謀而成者也；有所不合，又非所宜辭，亦不敢怨於不得志而不事事，故「孰慮而從之」。要之，不辱君命，盡其義而無悔而已。仕而不事事則不恭，不得志而不去則懷，懷與不恭皆君子所不由。故不得志者，雖孰慮以從事，卒事，則致爲臣而去，則所以自免而不累於上，故曰「臣之厚也」。蠱之上九之辭曰：「不事王侯，高尚其事。」蠱者，有事之時。自九五而下，皆以幹蠱能不能爲得失，至於上九，事之終且無位也，有似乎仕焉而已者，故曰「不事王侯」。唯不事王侯，乃可以高尚其事，不見役於人。若委質而仕，反欲高尚其事而不事事，則曠官尸利，無所逃罪矣。故此章取以爲證焉。禮記集説卷第一百四十。又見藍田呂氏禮記傳卷五。

子曰：「唯天子受命於天，士受命於君。故君命順則臣有順命，君命逆則臣有逆命。詩曰：『鵲之姜姜，鶉之賁賁。人之無良，我以爲君。』」

此章重述事君不可使爲亂之義也。天道無私，莫非理義。君所以代天而治者，推天之理義以治斯人而已。故曰「天敍[一]有典」，「天敍有禮」，「天命有德」，「天討有罪」，莫非天也。臣之受命于君者，命合乎理義爲順天命，不合則爲逆天命。君之命出乎理義，則爲臣者將不令而行[二]；君之命不出於理義，則爲臣者雖令不從矣。此所以有逆命、順命之異，然後知其不可使爲亂也。「人之無良，我以爲君」，此詩刺衛君無德，國人恥以爲君。蓋言君逆天命，則臣子亦逆君之命。禮記集說卷第一百四十。又見藍田呂氏禮記傳卷五。

子曰：「君子不以辭盡人，故天下有道，則行有枝葉；天下無道，則辭有枝葉。是故君子於有喪者之側，不能賻焉，則不問其所費；於有病者之側，不能饋焉，則不問其所欲；有客不能館，則不問其所舍。故君子之接如水，小人之接如醴。君子淡以成，小人甘以壞。小雅曰：『盜言孔甘，亂是用餤。』」

「君子不以辭盡人」，不敢輕信於人也。不以口譽人，不以色親人，不爲口惠，所以重信於己也。孔子曰：「今吾於人也，聽其言而觀其行。」又曰：「君子不以口譽人。」又曰：「有言者不必有德。」皆不以辭盡人之義也。「枝葉」者，幹之文也。天下有道，則人致文於行，「禮儀三百，威儀三千」，乃行之文也，故曰「行有枝葉」；天下無道，則人致文於辭，詩云「巧言如簧，顔之厚矣」，乃辭之文也。既曰「辭有枝葉」，則有言而無其實。問所費於喪者而不能賻，問所欲於病者而不能饋，問所舍於客而不能館，則其言也不出於誠心，君子恥之，故與其不能惠而問之，不如不問之愈也。君子之接人也，以信而不以苟說人，故如水淡而可久，於此三者，不能惠則不問，此交之所以全而無後怨，故曰「淡

[一]「敍」：原作「秩」，四庫本、通志堂本、清麓本亦作「秩」，據十三經注疏本尚書皐陶謨改。

[二]「行」：四庫本、通志堂本作「從」。

以成」；小人之接人也，苟説而不以信，故如醴之甘而不可久，於斯三者，能問而不能惠，取説於頃刻而不顧其後，此交之所以難保，故曰「甘以壞」。故凡言之甘而不出乎誠心者，必將有以盜諸人，傳曰：「幣重而言甘，誘我也。」甘言入則受其盜，故言「盜言孔甘，亂是用餤。」」禮記集説卷第一百四十。又見藍田呂氏禮記傳卷五。

子曰：「君子不以口譽人，則民作忠。故君子問人之寒則衣之，問人之飢則食之，稱人之美則爵之。國風曰：『心之憂矣，於我歸説。』」子曰：「口惠而實不至，怨菑及其身。是故君子與其有諾責也，寧有已怨。國風曰：『言笑晏晏，信誓旦旦。不思其反，反是不思，亦已焉哉！』」子曰：「君子不以色親人。情疏而貌親，在小人穿窬之盜也與？」子曰：「情欲信，辭欲巧。」

「晉平公之於亥唐，入云則入，坐云則坐，食云則食。雖疏食菜羹［未嘗不飽］，［蓋］不敢不飽［也］〔一〕。然終於此而已矣。弗與共天位，弗與治天職，弗與食天禄，士之尊賢者也，非王公之尊賢也。」蓋君子力可以周人之窮，則不徒問其飢寒而已〔二〕，必有以衣食之；勢可以進賢，則不徒譽而已，必有以爵禄之。徒問、徒譽而無實以繼之，則誠心不存，己則不誠而責人之誠，難矣！故曰「君子不以口譽人」，「故君子問人之寒則衣之，問人之飢則食之，稱人之美則爵之」。國風曰：「心之憂矣！於我歸説。」此詩刺曹君不脩政事，好絜其衣服，飾其外而無實，民將去之，求其所當歸者，如口譽無實，不可使民信也。問人之飢寒而不衣食之，特問之，無誠而已。至於「口惠而實不至」，則害信之大者。自古皆有死，民無信不立，危國亡家之本，此怨菑［之］〔三〕所以及其身，故「君子與其有諾責也，寧有已怨」。有求而已之，始雖咈人之意，而終不害乎信，故其怨小；諾人而不踐其言，雖不咈人意，而終害乎信，故其責大。國風曰：「言

〔一〕此句釋文［　］內文字據十三經注疏本孟子萬章補。
〔二〕四庫本、通志堂本、清麓本無「已」字。
〔三〕四庫本、通志堂本、清麓本無「菑」字，底本無「之」字。

笑晏晏，信誓旦旦。不思其反，反是不思，亦已焉哉！」此詩刺夫婦失道，中絶無信，婦怨之辭也，故取以證之。穿窬之盜，欺人之不見，以爲不義而已。「色親人」者，巧言令色，足恭，無誠心以將之，情疏貌親，主於爲利，亦欺人不見，君子恥之，故不爲也。故曰「君子不以色親人，情疏而貌親，在小人則穿窬之盜也與？」孔子曰：「色厲而内荏，譬諸小人，其猶穿窬之盜也與？」孟子曰：「不可以言而言，可以言而不言，是皆穿窬之類。」二者亦欺人之不見，以爲不義，故所以爲穿窬也。禦人國門之外，盜也；穿窬，亦盜也。「狎大人，侮聖人之言」，「小人而無忌憚」，不義也；「色厲而内荏」，以言不言餂人，亦不義也。盜與不義，小大雖殊，其爲盜與不義則一也。此章言其言欲信而已，事君接人，其義一也。又欲言之順而説，故曰「情欲信，辭欲巧」，以結之。孔子曰：「巧言令色，鮮矣仁！」蓋事於言[一]色者，誠有所不足，故鮮矣仁，然爲辭令，亦君子之所務。孔子曰：「不學詩，無以言。」又曰：「使於四方，不能專對，雖多，亦奚以爲？」非惡言之巧也，惡巧言之害仁者爾。禮記集説卷第一百四十。又見藍田呂氏禮記傳卷五。

子言之：「昔三代明王，皆事天地之神明，無非卜筮之用，不敢以其私褻事上帝。是故不犯日月，不違卜筮，卜筮不相襲也。大事有時日，小事無時日，有筮。外事用剛日，内事用柔日，不違龜筮。」

此章言事天事君至敬而不敢褻，故有卜筮；因言卜筮之用，禮者敬而已矣。明則敬於人，「禮儀三百，威儀三千」，敬人之事也；幽則敬於鬼神，内盡志，外盡物，凡祭祀之禮，卜筮之用，皆敬鬼神之事也。蓋卜用龜，筮用筴，龜則灼之而視其兆，筴則揲之而視其卦。凡求於人情所不能測，人力所不能爲者，是乃所以求之於神明也。郊所以祀上帝，卜日而用之，不敢必其期也；卜牲而養之，不敢必其物也。其敬如是，是乃所以不敢以私褻事之也。日月者，如冬日至圜丘以祀天神，夏日至方澤以祀地祇，四時迎氣用四丘[二]，此皆素有定日，不用卜；至于它祭祀之當卜日者，

[一]「言」：四庫本、通志堂本、清麓本作「顔」。
[二]「丘」：清麓本作「盂」。

不可犯此素定之日也；它祭祀之卜日，既不犯此素定之日，然所卜之日、既卜之吉則不可違，故曰「不犯日月，不違卜筮」。違之、犯之，皆不敬也。記曰：「大饗不問卜。」此謂日月之素定者，如冬夏之日至之類。他則皆卜，如啟蟄而郊，郊用辛之類。故大宰祀五帝，帥執事而卜日，遂戒，而不言昊天上帝，蓋可知矣。記稱：「饗〔二〕帝于郊。」又曰：「唯聖人爲能饗帝。」則祀天亦可稱饗。均祀天地也，冬至之日至爲大，故曰「大饗」。饗之之敬，因天時陰陽之至而不問卜，所敬異於他饗也。先儒謂大饗者，祀五帝於明堂，以月令有季秋大饗之文，乃曰「莫適卜也」，以總饗五帝，不知主何日而卜之，故不卜。然不知季秋之饗，既有素定之日，如冬夏日至，又不問卜，當以何日爲可？若以人謀而用之，乃以私褻事上帝，不敬莫大焉，其說固不可行矣。「卜筮不相襲」者，此主於祭祀而言，有卜則不筮，有筮則不卜，蓋大事用卜，小事用筮而已。在他事，則卜筮兼用之。洪範「汝則有大疑，謀及乃心，謀及卿士，謀及庶人，謀及卜筮」；於心也，士也，庶民也，龜也，筮也，參其從逆而占之。筮人云：「國之大事，先筮而後卜。」春秋傳：僖公二十五年，晉卜納襄王，得黃帝戰于阪泉之兆，又筮之，得大有之睽；哀九年，晉卜伐宋，亦卜而後筮，則兼用亦明矣。「大事有時日」者，時如啟蟄而郊，及四時宗廟之祭之類；日如郊用辛、社用甲之類。有是時日，以上中下三旬而卜之。「小事無時日，有筮」者，若非時有所告，及祈禱之類，皆無定日，必筮而用之也。「外事用剛日，內事用柔日，不違龜筮」，鄭氏謂「事之內外，別乎四郊」，蓋以郊，外事也，反用辛；社，內事也，反用甲。故謂郊在四郊之內，同內事，故用柔日之辛；四郊之外，乃爲外事，故「甲午祠兵，吉日庚午，既差我馬」。然考是說，社乃內事而反用甲，說亦未可行。蓋所謂內事、外事，分別剛柔，汎言衆事爾。如「郊用辛，社用甲」，自別有義，難以剛柔取類也。又言「不違龜筮」者，前所謂大事、小事，及後所謂內事、外事，皆不可違卜筮，故重言之。禮記集說卷第一百四十。又見藍田呂氏禮記傳卷五。

子曰：「牲牷、禮樂、齊盛，是以無害乎鬼神，無怨乎百姓。」子曰：「后稷之祀易富也，其辭恭，其欲儉，其祿及子孫。詩

〔二〕「記」、「饗」：四庫本、通志堂本、清麓本分別作「既」、「上」。

曰：『后稷兆祀，庶無罪悔，以迄于今。』」

古之聖王，先成民，然後致力于神，民和而神降之福。洞酌之詩曰：「洞酌彼行潦，挹彼注茲，可以饙饎。豈弟君子，民之父母。」蓋不得乎民心，雖有「牲牷、禮樂、齊盛」之備，神將不饗矣。「無害乎鬼神」，則神饗之矣；「無怨乎百姓」，則民歸之矣。所以然者，本於致敬而已。故因卜筮而言，后稷竭力於稼穡以共齊盛，所以和於民者至，則所以事於神者盡矣。詩云〔一〕：「恒之秬秠，是穫是畝。恒之穈芑，是任是負。以歸肇祀。」苟有誠信，澗溪沼沚之毛，潢汙行潦之水，可薦於鬼神。故后稷之祀，竭力以共齊盛，無非誠信之謂，故「易富也」。富之言備也，其祀也永無罪悔而已，此所以「其辭恭，其欲儉」也。「以迄于今」，至於周，推后稷以配天，一用后稷之法，故曰「其禄及子孫」。禮記集説卷第一百四十。又見藍田呂氏禮記傳卷五。

子曰：「大人之器威敬。天子無筮，諸侯有守筮；天子道以筮，諸侯非其國不以筮，卜宅寢室。天子不卜處太廟。」

如天子無筮，敬則用祭器，則龜與祭器皆大人之器。大人所主之器，當威嚴敬重，不可私褻於小事，故大事則不筮，小事則不卜。朝聘之饗、昏冠之禮醮，皆用祭器，燕則不用也。「天子無筮」者，天子體尊，在國中有事皆卜而不以筮，至于巡守征伐在道則以筮，蓋以龜當敬而不可褻也，故曰「天子道以筮」。諸侯卑於天子，在國中居守，有事則筮，降於天子之用龜也，至於出竟則不筮，蓋不敢問吉凶於人之國，且辟天子也，故曰「諸侯非其國不以筮」。小宗伯云：「凡建國，左宗廟，右社稷。」則宗廟有定位，雖天子不卜，唯宅寢室則卜之。蓋寢室無常，人君之居〔二〕，不可以不敬，以求祐於天，故必卜。禮記集説卷第一百四十。又見藍田呂氏禮記傳卷五。

子曰：「君子敬則用祭器。是以不廢日月，不違龜筮，以敬事其君長。是以上不瀆於民，下不褻於上。」

〔一〕「云」：四庫本、通志堂本、清麓本作「曰」。
〔二〕四庫本、清麓本脱「無常」二字，「人君」上多一「爲」字，通志堂本脱「常」字。

君子之事天地鬼神，與事其君長，其敬一也，故「敬則用祭器」。以事鬼神之敬敬之，敬之至也。敬則用祭器，則私褻之用，皆以燕器，如敦、牟、卮、匜之屬是也。「不廢日月」者，事其君長，各有日月，如歲之有朝覲宗遇，一日之有朝夕，不敢廢也。「不違龜筮」者，欲見其君長，及其所貢獻，皆卜筮而後進也。事天地神明，言不犯日月者，以有素定之日而犯者，他祀之卜日不可犯也。此云「不廢日月」，亦有素定之日，當行之而不可廢也。如此，則上之待下，下之事上，莫非敬也，故「上不瀆於民，下不褻於上」也。禮記集說卷第一百四十。又見藍田呂氏禮記傳卷五。

緇衣第三十三

此篇大指，言爲上者，言行好惡所以爲民之所則傚，不可不慎也。篇中有「好賢如緇衣」之言，故以是名篇。禮記集說卷第一百四十一。又見藍田呂氏禮記傳卷六。

子言之曰：「爲上易事也，爲下易知也，則刑不煩矣。」

孔子曰：「上好信，則民莫敢不用情。」「爲上易事」者，以好信故也；「爲下易知」者，以莫敢不用情故也。上不務信，以機心待民，則民亦以機心報上。上下之交，機心相勝，姦生詐起，法令不得不多。不正其本而齊其末，則犯者莫之勝禁，欲刑之不煩，不可得矣。禮記集說卷第一百四十一。又見藍田呂氏禮記傳卷六。

子曰：「好賢如緇衣，惡惡如巷伯，則爵不瀆而民作愿，刑不試而民咸服。大雅曰：『儀刑文王，萬國作孚。』」

子曰：「示之以好惡，而民知禁。」上之所以示下，下之所以從上，唯好惡而已。雖有好善之迹而無誠好之心，則雖賞不勸；雖有惡惡之迹而無誠惡之心，則雖刑不懼。蓋誠心不至，則好惡不明；好惡不明，則民莫知其所從違。如此，而欲人心之孚，天下嚮風，難矣。緇衣，美鄭武公之詩也，父子並爲周司徒，善於其職，國人宜之。緇衣者，武公所爲周家卿士之服也。武公之爲卿士，國人宜之，其愛之之深，欲武公長爲卿士，雖衣見其敝，我將改爲，館之食之，唯恐其去，好賢之至者也。巷伯，寺人傷於讒之詩，惡惡之至者也。好賢必如緇衣之篤，則人知上之人誠好賢矣，不必爵命之數勸，而民必起愿心以敬上矣，故曰「爵不瀆而民作愿」。惡惡必如巷伯之深，則人知上之人誠惡惡矣，不必刑罰之施，而民畏服矣，故曰「刑不試而民咸服」。大雅曰：「儀刑文王，萬邦〔一〕作孚。」蓋文王之德，好惡得其正，而一出乎誠心，故爲天下之所儀刑，德之所以孚於下也。禮記集說卷第一百四十一。又見藍田呂氏禮記傳卷六。

子曰：「夫民，教之以德，齊之以禮，則民有格心；教之以政，齊之以刑，則民有遁心。故君民者子以愛之，則民親之；信以結之，則民不倍；恭以涖之，則民有孫心。甫刑曰：『苗民匪用命，制以刑，惟作五虐之刑曰法。』是以民有惡德，而遂絶其世也。」

德以道其心，使知有理義存焉；禮以正其外，使知有所尊敬而已。知有理義〔二〕，知所尊敬，則知所以爲善爲不善，然後其心知止於是，而不欲畔而之他也。不善之名，雖愚不肖者恥之，如使民心知所以爲善不善，則畔而之他者，衆人之所恥；衆人之所恥，雖愚不肖者亦將不欲爲矣。此孔子所謂「有恥且格」。格者，止〔三〕也。政者，所以禁民爲非。刑者，所以懲民之爲非。禁也者，非能使之知不善而不爲，亦强制之而已。懲也者，非能使之知恥，使之知畏而已。故民非心悦而誠服，欲逃其上而不可得，此所以「有遁心」，孔子所謂「免而無恥」者也。德禮所以正其本，本立則末不足治；政刑所以齊其末，苟無其本，則法不足以勝姦。我待之以愛，則彼必親；我待之以信，則彼必不倍；我待之以恭，則彼必能遜。此人情之常然，況君民之間乎？故子愛恭信，亦以德示之而已；恭以涖之，亦以禮先之而已。甫刑曰：「苗民匪用命，制以刑，惟作五虐之刑曰法。」蓋高辛氏之末，諸侯之國有三苗者，民不用上之命，君無

〔一〕「邦」：四庫本作「國」。
〔二〕「理義」：原作「義理」，據四庫本、通志堂本、清麓本及上下文改。
〔三〕「止」：四庫本、通志堂本、清麓本作「正」。

德以教之，惟制以刑，作五虐之刑，謂殺戮及劓、刵、椓、黥也。民愈爲惡德不可止，遂至于絶其世。書所謂「民興胥漸，泯泯棼棼，罔中于信，以覆詛盟」，又曰「皇帝哀矜庶戮之不辜，報虐以威，遏絶苗民，無世在下」是也。禮記集説卷第一百四十一。又見藍田呂氏禮記傳卷六。

子曰：「下之事上也，不從其所令，從其所行。上好是物，下必有甚者矣。故上之所好惡，不可不慎也，是民之表也。」子曰：「禹立三年，百姓以仁遂焉，豈必盡仁？詩云：『赫赫師尹，民具爾瞻。』甫刑曰：『一人有慶，兆民賴之。』大雅曰：『成王之孚，下土之式。』」

國之風俗，一出於上之好惡[一]。好惡之發，其端甚微，其風之行或至於不可止，其俗之成或至於不可敗，此不可不慎也。季康子患盜，孔子曰：「苟子之不欲，雖賞之不竊。」蓋上之所好，利必從之；上所不好，害必隨之。盜雖小人，未有舍其所利而趨其所害。故上有好貨之君，則下必有盜賄貨之民，其勢然也。君者，民之表也。「文武興則民好善，幽厲興則民好暴」，非他，唯上所好而已。故「禹立三年，百姓以仁遂焉」，非百姓之盡仁，以禹好仁，故民從而仁爾。「赫赫師尹，民具爾瞻」者，言民無恒心，瞻視上之所爲以爲之法而已。「一人有慶，兆民賴之」者，上好善則民皆蒙賴其善也。「成王之孚，下土之式」，成就王道，所以信於天下，則天下莫敢不信以爲法也。三者，別[二]取詩、書之言，皆以證上之人所好，下視之以爲法，不可不慎也。禮記集説卷第一百四十一。又見藍田呂氏禮記傳卷六、禮記集解卷五十二。

子曰：「上好仁，則下之爲仁爭先人。故長民者章志、貞教，尊仁以子愛百姓，民致行己以説其上矣。詩云：『有梏德行，四國順之。』」

[一]「國之風俗，一出於上之好惡」：禮記集解作「一國之風俗，出於上之好惡」。

[二]「別」：四庫本、通志堂本作「引」。

仁者之於天下，無一物非吾體，則無一物忘吾愛，故好仁者子愛百姓，不足道也。苟有是心，則憯怛之愛結於民心，如草上之風必偃，其從之也輕矣。所謂「爲仁爭先人」者，得其良心之所同然，靡然嚮風，日用而不知者爾。「章志」者，明吾好惡以示之。「貞教」者，立不可易之道以教之，所示所教者，「尊仁」而已。好仁惡不仁，吾所以示之也。明人倫於上，教之使順，不使之不順，此吾所以教之也。所謂「民致行己以説其上」，如子從父母之命，盡心力以奉之，不忍違也。詩云：「有梏德行，四國順之。」「梏」字如桎梏，其音爲「覺」，詩大雅之文則正爲「覺」，蓋假借之文也。覺，明也。明吾德以示之教之，此四國所以順也。覺之爲義，有所悟之謂，如「先覺後覺」。悟則明矣，故可訓爲「明」，先儒訓「大」也、「直」也，未詳其義。禮記集説卷第一百四十一。又見藍田呂氏禮記傳卷六。

子曰：「王言如絲，其出如綸；王言如綸，其出如綍。故大人不倡游言。可言也不可行，君子弗言也；可行也不可言，君子弗行也。則民言不危行，而行不危言矣。詩云：『淑愼爾止，不諐于儀。』」

「君子名之必可言也，言之必可行也，君子於其言，無所苟而已矣」，況於天子者乎？生於心則形於言，形於言則發於政。所出之言仁矣，則發爲仁政也，天下被其澤矣；所出之言暴矣，則發爲暴政也，天下受其弊矣。所謂「如絲」、「如綸」、「如綍」，言其端甚微，其末甚大也。綸，綬也，大於絲矣。綍，大索也，大於綸矣。「大人」者，王公之謂也。「游言」者，無根不定之言也。易繫辭曰：「誣善之人其辭游。」誣罔善人，舉非其實，所以無根不定也。爲人上者倡之以誠慤篤實之言，天下猶有姦欺以罔上者，苟以無根不實之言倡之，則天下蕩然，虛浮之風作矣，可不慎乎？「可言而不可行」，過言也。「可行而不可言」，過行也。過言者，窮高極深，絶類離倫，自以爲高明博大，然人倫不察，庶物不明，要之卒不可行於世，無用之空言而已，此君子所以弗言也。過行者，可行之一時，不可以有繼，可行之於己，不可達之於天下，如曾子執親之喪，水漿不入口七日，墨子生不欲〔一〕，死不哭，要之不可言之，以爲法於後世，獨行之高

〔一〕「欲」：清麓本作「歌」。

行而已，此君子所以弗行也。如此，則言行不越乎中，民將效之：言不敢高於行，言之必可行也；行不敢高於言，必爲可繼之道也。詩云：「淑慎爾止，不僭于儀。」言[一]爲人上者，當善慎其容止，不過於先王曲禮之儀，引以證言行之不可過也。禮記集說卷第一百四十一。又見藍田呂氏禮記傳卷六。

子曰：「君子道人以言，而禁人以行，故言必慮其所終，而行必稽其所敝，則民謹於言而慎於行。詩云：『慎爾出話，敬爾威儀。』大雅曰：『穆穆文王，於緝熙敬止。』」

非理則不言，所以導民使之循理也；非法則不行，所以禁民使之行法也。孟子曰：「人之易其言也，無責爾矣。」如必責其言之所終，則安敢易乎？故進取於善者，考其行而不揜，猶不免於狂，況不在於善者乎？故曰「言必慮其所終」。墨氏兼愛，楊氏爲我，原其設心之初，以爲道在乎是，天下之善無以易此，豈欲爲無父、無君之行哉？然卒至於無父、無君者，積靡其敝不至于是則不止也。伯夷之清，柳下惠之和，皆合於聖人，其風之末猶爲隘與不恭，則立心之端，差之毫釐，繆以千里，可不慎哉？故曰「行必稽其所敝」。言必慮終，行必稽敝，上之人所以導民、禁民者也。「謹於言而慎於行」，民之所以從上者也。詩云：「慎爾出話[二]，敬爾威儀。」言上之言行不可不慎也。大雅曰：「穆穆文王，於緝熙敬止。」言文王之盛德，亦不越敬其容止而已矣。禮記集說卷第一百四十一。又見藍田呂氏禮記傳卷六。

子曰：「長民者，衣服不貳，從容有常，以齊其民，則民德壹。詩云：『彼都人士，狐裘黃黃。其容不改，出言有章。行歸于周，萬民所望。』」

此章明言長民者，言[語][三]容止，民所觀望，則而象之，惟其不貳有常，則民心不疑，而德歸於一矣。周人衣服無

[一] 四庫本、通志堂本、清麓本脫「言」字。
[二] 「話」：原作「語」，據四庫本、通志堂本、清麓本及十三經注疏本毛詩改。
[三] 「語」：原脫，據清麓本補。

常，此都人士之詩所以刺也。禮記集説卷第一百四十一。又見藍田呂氏禮記傳卷六。

子曰：「爲上可望而知也，爲下可述而志也，則君不疑於其臣，而臣不惑於其君矣。尹吉〔二〕曰：『惟尹躬及湯，咸有壹德。』詩云：『淑人君子，其儀不忒。』」

「可望而知」，「可述而志」，皆謂德歸於一而無二三也。所謂一者，理義而已，人心之所同然者也。爲君則仁，爲臣則忠，爲子則孝，爲父則慈，與人交則信，乃所謂一。是故君臣之所爲雖不同，同歸于是理，故可望而知，可述而志。「可望而知」者，不言而諭也。「可述而志」者，可稱述而志之於書也。若上有深阻難測之意，則雖言而未喻；下有隱匿不忠之情，則雖言不可信，况於志乎？此君臣上下所以交相疑惑，欲同心於爲治，難矣。尹吉曰：「惟尹躬及湯，咸有一德。」言君臣之德皆一也。「其儀不忒」，亦言歸於無差忒也。禮記集説卷第一百四十一。又見藍田呂氏禮記傳卷六。

子曰：「有國家者，章善癉惡，以示民厚，則民情不貳。詩云：『靖共爾位，好是正直。』」子曰：「上人疑則百姓惑，下難知則君長勞。故君民者章好以示民俗，慎惡以御民之淫，則民不惑矣。臣儀行，不重辭，不援其所不及，不煩其所不知，則君不勞矣。詩云：『上帝板板，下民卒癉。』小雅曰：『匪其止共，惟王之邛。』」

合於理則爲善，不合於理則爲惡。明之，斯好之矣；癉之，斯惡之矣。善居其厚，惡居其薄，此所以示民厚也。好善惡惡，則民壹歸於理義，此民情所以不貳也。「靖共爾位，好是正直」，此言居位者惟正直是好，則所好出於理義，民德所以壹也。此篇之首曰「爲上易事也，爲下易知也，則刑不煩矣」，又曰「爲上可望而知也，爲下可述而志也」，此文云「上人疑則百姓惑，下難知則君長勞」。反覆言此者，蓋君臣上下之際，苟非同心同德，一歸於理義，則上下睽乖，欲政行而事治，未之有也。故極言上之好惡言行，所以示其下者，一德而已。「章好」者，明吾所好，唯禮義而已，非他好也；「慎惡」者，慎吾所惡，唯非理非義而已，非他惡也。所好未必理義，則君好可疑，欲以化民成俗，難矣；所惡

〔二〕孫希旦注云：「尹吉，當作『尹告』。此書咸有一德伊尹告大甲之言也。」（禮記集解卷五十二）

未必非理非義，則君惡可疑，欲民之不淫，難矣。使民惑上之好惡而莫知所從，非所以示民也。臣之事上，非禮不行，故曰「儀行」。所行一出於理〔一〕義，非有隱匿詐僞之情，故曰「不重辭」。不重辭者，理直而不必多言以自解之也。以君之力所不能及而援其君，則君難從；以君之知所不能知而煩其君，則君難聽。徒爲難從難聽，勞其君而無益，非所以事君也。「上帝板板，下民卒癉。」板板，反也；上帝，以況王者也。王者反覆，二三其德，則民莫知所從而病矣，此證「上人疑則百姓惑」也。「匪其止共，惟王之卭。」卭，病也。爲臣者事君，不止於恭敬，而援其所不及，使君病其不能，煩其所不知，使君病其不知，此證「下難知則君長勞」也。禮記集説卷第一百四十一。又見藍田呂氏禮記傳卷六。

子曰：「政之不行也，教之不成也，爵禄不足勸也，刑罰不足恥也，故上不可以褻刑而輕爵。康誥曰：『敬明乃罰。』甫刑曰：『播刑之不迪。』」

爵禄不足勸善，刑罰不足恥小人，此之謂「褻刑輕爵」，失君人之道矣。上言好惡，此言爵禄刑罰，蓋好惡本諸心，爵禄刑罰施於政，心術不正則政刑從之，不可不慎也。「敬明乃罰」「播刑之不迪」，言用罰不可不敬，施刑不可不循其道也。禮記集説卷第一百四十一。又見藍田呂氏禮記傳卷六。

子曰：「大臣不親，百姓不寧，則忠敬不足而富貴已過也。大臣不治，而邇臣比矣。故大臣不可不敬也，是民之表也；邇臣不可不慎也，是民之道也。君毋以小謀大，毋以遠言近，毋以內圖外，則大臣不怨，邇臣不疾，而遠臣不蔽矣。葉公之顧命曰：『毋以小謀敗大作，毋以嬖御人疾莊后，毋以嬖御士疾莊士大夫、卿、士。』」

此章言大臣不信而小臣之比，國之大患也。傳曰：「不使大臣怨乎不以。」以大臣之任，國之休戚繫焉。用之斯信之矣，不信之斯黜之矣，未有居其位而不信之者也。「大臣不親」，民疑於所任，百姓所以不寧。蓋由臣之忠不足於君，則君之敬不足於臣，徒富貴之而無信任之意，猶犬馬畜之而弗敬也。事至於此，必有邇臣嬖寵奪大臣之柄，而不得

〔一〕「理」：四庫本、通志堂本、清麓本作「禮」。

治其事，故曰「大臣不治，而邇臣比矣」。表者，民所望也；道者，民所從也。大臣尊嚴，國之政令存焉，民之所望以爲表，不敬則國命輕矣；邇臣寵昵，君之好惡繫焉，民之所從以爲道，不慎則風俗壞矣。使小臣謀大臣，則大臣怨乎不以；使遠臣間近臣，則近臣疾其君；使內之寵臣圖四方宣力之士，則遠臣之賢蔽而不聞。三者，任臣〔二〕之大害也。葉公之顧命曰：「毋以小謀敗大作，毋以嬖御人疾莊后，毋以嬖御士疾莊士大夫、卿、士。」〔引〕〔三〕此言以證此三事也。「莊士大夫、卿、士」謂莊士之爲大夫、卿、士者也。禮記集説卷第一百四十二。又見藍田呂氏禮記傳卷六。

子曰：「大臣不親其所賢，而信其所賤，民是以親失，而教是以煩。詩云：『彼求我則，如不我得。執我仇仇，亦不我力。』君陳曰：『未見聖，若己弗克見；既見聖，亦不克由聖。』」

王公之用人，將與共天位，治天職也。師其不及而友其所等夷，有不如己，然後使之，故位尊而德優，德優而身佚。賢者既疏，不肖又不足親，此所以「親失」。所貴者而疑，所賤者又不足任也，此教所以煩。蓋知賢而不親，知可賤而信之，德所以不進，治所以不成也。孟子曰：今之諸侯，好臣其所教，而不好臣其所受教，故地醜德齊，莫能相尚也。詩、君陳皆言得賢而不能親之信之也。禮記集説卷第一百四十二。又見藍田呂氏禮記傳卷六。

子曰：「小人溺於水，君子溺於口，大人溺於民，皆在其所褻也。夫水近於人而溺人，德易狎而難親也，易以溺人；口費而煩，易出難悔，易以溺人；夫民閉於人而有鄙心，可敬不可慢，易以溺人。故君子不可以不慎也。太甲曰：『毋越厥命，以自覆也。若虞機張，往省括于厥度則釋。』兑命曰：『惟口起羞，惟甲冑起兵，惟衣裳在笥，惟干戈省厥躬。』大甲曰：『天作孽，可違也；自作孽，不可以逭。』尹吉曰：『惟尹躬天見于西邑夏，自周有終，相亦惟終。』」

「小人」，謂民也；「君子」，謂士大夫也；「大人」，謂王公也。凡人所以覆没於患禍不能以自出者，皆在其易而

〔二〕「臣」：四庫本、通志堂本誤作「君」。

〔三〕底本脱「引」字，據四庫本、通志堂本、清麓本補。

褻之也。水，至柔之物，民狎而玩之，則雖巨川深淵而不戒，此取溺之道也。「德易狎而難親」者，謂水之德也。先儒乃以是德爲人之德，謂有德者亦如水，然易狎難親，豈德之謂耶？方論溺水、溺口、溺民三者之别，無庸以有德則其間也。與人交際，不能無言，古之君子，詞〔一〕達而已，不「費而煩」〔二〕。於己則費，〔三〕於人則煩，不能無過。過言之甚，至于害德喪身以覆邦家，易出而不可悔，非口之溺人乎？民至愚至賤，乃知賤者貴者之所易也。惟愚也，故閉於心而不可以理喻；唯賤也，故有鄙心，多怨而無恥。爲王公者慢而不敬，則輕身輕上，無所不至，此民之所以溺人也。三者之端，不可不慎也。引大甲，言爲政者如虞人射禽，張機省括，奠而後發，有是心也，安有溺於民之患哉？兑命言庶政不可不慎也，太甲言禍患之溺〔四〕莫非自取也，尹吉言君以忠信有〔五〕終，皆君所自致也。此(引)〔六〕經引書爲證，與書文小不同，義無所害。禮記集説卷第一百四十二。又見藍田呂氏禮記傳卷六。

子曰：「民以君爲心，君以民爲體。心莊則體舒，心肅則容敬。心好之，身必安之；君好之，民必欲之。心以體全，亦以體傷；君以民存，亦以民亡。詩云：『昔我有先正，其言明且清。國家以寧，都邑以成，庶民以生，誰能秉國成？不自爲正，卒勞百姓。』君雅曰：『夏日暑雨，小民惟曰怨；資冬祈寒，小民亦惟曰怨。』」

天生人物，流形雖異，同一氣耳。人者合一氣以爲體，本無物我之别，故孺子將入井，人皆有怵惕惻隱之心，非自外鑠也。天下無一物非我，故天下無一物不愛，我體或傷，心則憯怛，理之自然，非人私智所能爲也。人而不仁，非無

〔一〕「詞」：四庫本、清麓本作「辭」。

〔二〕「不」：清麓本作「而」；「費」四庫本、通志堂本、清麓本作「廢」。

〔三〕「費」：四庫本、通志堂本作「廢」。

〔四〕「溺」：禮記集解作「來」。

〔五〕「有」：原作「自」，據四庫本、通志堂本、清麓本改。

〔六〕「引」字疑衍。

是心，喪是心爾。故大人自任以天下之重，匹夫匹婦有不被堯舜之澤，若己推而納之溝中，豈勉強之所能爲也？爲人君止於仁，則君人[一]者之於是也，舍仁曷以哉？心、體之說，姑以爲譬，若求之實理，則非譬也。體完則心說，猶有民則有君也；體傷則心憯，猶民病則君憂也。所以安危存亡者亦然，可不慎乎？所引詩與節南山之詩有異，蓋逸詩也，此言君不正百姓所以勞也。引君雅言天之寒暑，小民且怨，況君之政教乎？禮記集説卷第一百四十二。又見藍田呂氏禮記傳卷六。

子曰：「下之事上也，身不正，言不信，則義不壹，行無類也。」子曰：「言有物而行有格也，是以生則不可奪志，死則不可奪名。故君子多聞，質而守之；多志，質而親之；精知，略而行之。君陳曰：『出入自爾師虞，庶言同。』詩云：『淑人君子，其儀一也。』」

自此以下，言下事上之義。身正言信，所謂「欲脩其身，先正其心；欲正其心，先誠其意」。義壹行類，所謂「同歸而殊塗，一致而百慮」。故孟子曰：「君子亦仁而已矣，何必同？」言有物，行有格，此謂法度存焉。有物則無失實之言[二]，有格則無踰矩之行。如是者，人歸於一而不可變也。生乎由是，死乎由是，故志也、名也，不可得而奪也。義重於生，舍生而取義，則不義之名，君子所不受也。「多聞」，所聞欲博也；「多志」，多見而識之者也。「質」，正也，不敢信己，質衆人之所同，然後用之者也。「守之」者，服膺而勿失者也；「親之」者，問學不厭者也。由多聞多知[三]而得之，又當精思以求其至約而行之，故曰「精知，略而行之」。略，約也。此皆義壹、行類之道也。君子之學必致一，不致一則二三，二三則異端之言交入而無間，卒不能以自立也。一者何？理義而已。何由知其理義？以吾之所同然

[一]「人」：原作「臣」，據四庫本、通志堂本、清麓本及上下文改。
[二]「言」：原作「信」，四庫本、通志堂本亦作「信」，據清麓本及上下文義改。
[三]「知」：禮記集解作「志」，從上下文看，「志」字爲優。

合人之所同然而已。「出入自爾師虞，庶言同。」此言當謀之於衆，取其同然也。「淑人君子，其儀一也。」此言君子之行，卒歸於一也。禮記集說卷第一百四十二。又見藍田呂氏禮記傳卷六、禮記集解卷五十二。

子曰：「唯君子能好其正，小人毒其正。故君子之朋友有鄉，其惡有方。是故邇者不惑，而遠者不疑也。詩云：『君子好仇。』」

鄉人皆好之，未可也；鄉人皆惡之，未可也。不如鄉人之善者好之，其不善者惡之。蓋善者好之，由君子所好者善也；不善者惡之，由君子所惡者不善也。君子之好，不可以非其人，故曰「朋友有鄉」；所惡不可以及善人，故曰「其惡有方」。蓋君子所好者皆正，小人所惡亦皆正，故曰「君子能好其正，小人毒其正」。好惡既明，亦歸於壹，此遠邇所以不疑惑也。詩云：「君子好仇。」仇，匹也。其匹者皆好也。先儒以「好其正」、「毒其正」皆當爲匹，恐只作「正」字亦可。禮記集說卷第一百四十二。又見藍田呂氏禮記傳卷六。

子曰：「輕絶貧賤而重絶富貴，則好賢不堅而惡惡不著也。人雖曰不利，吾不信也。詩云：『朋友攸攝，攝以威儀。』」

此章又申言前章好惡不可不明也。以爲可賢而重絶，以爲不足賢而輕絶，則不當有富貴貧賤之異矣。均可絶也，富貴未絶，貧賤者先絶，則「惡惡不著」。均未可絶也，貧賤者先絶，富貴者未絶，則「好賢不堅」。推是心也，謂之不利於富貴，則不可信也。詩云：「朋友攸攝，攝以威儀。」言朋友以禮義相正，豈以貧賤富貴易其心哉？禮記集說卷第一百四十二。又見藍田呂氏禮記傳卷六。

子曰：「私惠不歸德，君子不自留焉。詩云：『人之好我，示我周行。』」

此章言君子所好，既不容私，亦不欲人之私好於我也。私惠於民，我不足以歸德；知其不足以歸德，君子亦不受也，故曰「君子不自留焉」。引詩言受人之好，以示我至公而不比故也。孔子曰：「君子周而不比。」周則遍，遍則公；比則有所附，有所附則私。禮記集說卷第一百四十二。又見藍田呂氏禮記傳卷六。

子曰：「苟有車，必見其軾；苟有衣，必見其敝。人苟或言之，必聞其聲；苟或行之，必見其成。葛覃曰：『服之無

射。』」

此章言有是物必有是事，有是事乃無是物，不可虛也。故君子之學，自本及末，無非其實，亦由致一而不二，故可久而無窮也。登車而有所禮則式。式，憑式。有式則有車，無車則何所憑而式之乎？衣之久必敝，有衣然後可敝，無衣則何敝之有？言必有聲，行必有成，亦猶是也。蓋誠者物之終始，不誠無物。「服之無射」，言實有是服，乃可久服而無厭也。禮記集説卷第一百四十二。又見藍田呂氏禮記傳卷六。

子曰：「言從而行之，則言不可飾也；行從而言之，則行不可飾也。故君子寡言而行，以成其信，則民不得大其美而小其惡。詩云：『白圭之玷，尚可磨也；斯言之玷，不可爲也。』小雅曰：『允也君子，展也大成。』君奭曰：『昔在上帝，周田觀文王之德，其集大命于厥躬。』」

此章又申言前義，言行皆不可無實也。飾言而言者，所言非信，故不可行。飾行而行者，所行必僞，故不可行。莊生之言非不善也，卒不可以治天下國家，此言之飾也。五霸假仁義而行，非不美也，而後世無傳焉，此行之飾也。故君子「言顧行，行顧言」而已。不可失吾信，使民之稱美惡，不敢有所大小而失其實也。言之不信，所謂「玷」也。「允矣[一]君子，展也大成」，言君子非信則不成也。君奭言文王有誠信之德，爲天所命，況於人乎？禮記集説卷第一百四十二。又見藍田呂氏禮記傳卷六。

子曰：「南人有言曰：『人而無恒，不可以爲卜筮。』古之遺言與？龜筮猶不能知也，而况於人乎！詩云：『我龜既厭，不我告猶。』兑命曰：『爵無及惡德，民立而正事。』『純而祭祀，是爲不敬。事煩則亂，事神則難。』易曰：『不恒其德，或承之羞。』『恒其德，偵。婦人吉，夫子凶。』」

德歸於一則有恒，二三則無恒。人之趨向，不知其所安，雖鬼神龜筮之靈、醫工色脉之妙，猶不可測，况人情之近，

[一]「矣」：四庫本作「也」。

其可測之乎？《論語》記孔子之言曰：「人而無恒，不可以作巫醫。善夫！」《易》曰：「不恒其德，或承之羞。」不占而已矣。而此云「不可以爲卜筮」，其文少異。蓋「巫醫」、「卜筮」，其事類也；「爲」、「作」皆謂求而問之也。巫之禱、卜筮之占，皆求諸鬼神。鬼神之理，至虚而善應，齊戒絜誠，虚心以求之，猶有不應，將以二三不定之私意，瀆而求之，其可得乎？醫之治疾，必察其好惡，原其哀樂喜怒，則知疾之所由生，苟用心而無恒，又安得而求之？「我龜既厭，不我告猶」，所謂「瀆則不告」。此篇所引《説命》之文與《書》殊不同，疑此篇誤，當以《書》爲正：「黷于祭祀，時謂弗欽。禮煩則亂，事神則難。」言煩、黷非事神之道也。「或承之羞」，言無恒之人動則取羞辱，况卜筮乎？此篇又引六五爻辭，與此篇義不類，恐亦衍文。鄭氏又解「恒其德貞」爲「恒其德偵」，云「問正」爲「偵」，在婦人爲「恒德」，男子亦爲「無恒」，義必不然。禮記集説卷第一百四十二。又見藍田呂氏禮記傳卷六。

服問第三十六

三年之喪既練矣，有期之喪既葬矣，則帶其故葛帶，絰期之絰，服其功衰。有大功之喪亦如之。小功無變也。

此功衰之喪，既葬所受之功衰也，故曰「絰期之絰，服其功衰」，承期文也。蓋期之既葬之葛，輕於三年之練葛，故「帶其故葛帶」。三年之練，除首絰，而期之既葬未除，故「絰期之絰」。期之既葬之功衰，重於三年之練，故又服期之功衰。若三年既練，遭大功之喪，亦猶是也。小功麻斷本，故不變三年之練葛首也。禮記集説卷第一百四十四。

間傳第三十七

斬衰三升，既虞、卒哭，受以成布六升，冠七升。爲母疏衰四升，受以成布七升，冠八升。去麻服葛，葛帶三重。期而小祥，

練冠、縓緣，要絰不除。男子除乎首，婦人除乎帶。男子何爲除乎首也？婦人何爲除乎帶也？男子重首，婦人重帶。除服者先重者，易服者易輕者。又期而大祥，素縞、麻衣。中月而禫，禫而纖，無所不佩。

始死，易羔裘玄冠，必以深衣素委貌，徒跣扱衽，不履不帶也。然猶冠者，蓋三日而後斂，若將復生，故未忍悉變也。小斂則絰當事，不可無變也。既斂矣，不復生矣，然後説髦，而袒、括髮。説髦者，不得事〔一〕其親也；袒者，將不欲衣也；括髮者，不能冠也。既奉尸夷於堂而拜賓，所以奉死者之始也，而生者之變，亦不可無始，故始加麻，麻，服之重者也。散要絰之垂，而復與冠屨未變，而加絞帶，皆變有漸也。既殯之明日，哀必有殺，而不飾不可以久也。故成服，杖冠屨衣裳帶皆具而變之，以惡所以爲喪之飾也。將啟則免，而散帶垂，見柩不可以無變也。「既虞、卒哭，受以成布」，變麻服葛，哀日殺則服日輕，不忍遽變，故亦有漸也。既練，練衣、練冠、繩屨，除首絰，冠屨衣裳皆即輕也，要絰不除，不忍盡變也。縓緣黄裏，漸有飾也。練衣非衰也，以練布爲衣，明至親以期斷，加隆而三年，故不以衰而以衣也。祥夕爲期，則除而縞冠，明其祭漸吉，不可以純凶也。既祥，縞冠麻衣。既祥纖，明變有漸也。禮記集説卷第一百四十四。

易服者，何爲易輕者也？斬衰之喪既虞、卒哭，遭齊衰之喪。輕者包，重者特。既練遭大功之喪，麻、葛重。

此篇所記，變節。竊求其意，以爲前後喪，輕重之變適同，故立此文以表之。斬既虞與齊初喪幾〔二〕同矣，斬從練、齊既虞與大功初喪亦幾同矣。故輕包重特止爲斬既虞遭齊衰之喪而立，麻葛重止爲斬既練遭大功之喪而立，麻葛兼服則爲齊既虞遭大功之喪、大功既虞遭小功之喪、小功既虞遭緦之喪而立。「麻葛重」者，其始也，以麻葛變。雜記：有三年之練冠，則以大功之麻易之，惟杖屨不易。「麻葛兼服」者，其輕者，變而兼服之。閒傳：麻同則兼服之。服問：緦之麻不變小功之麻，小功之麻不變大功之葛。禮記集説卷第一百四十四。

〔一〕「事」：四庫本、通志堂本作「視」。

〔二〕「幾」：四庫本、通志堂本作「既」。

深衣第三十九

此篇純記深衣之制度而已。古者衣裳殊制，所以別上下也，唯深衣之制，衣連裳而不殊，蓋私燕之服爾。如冠之法，冠武殊制，至於居冠，則屬武而不殊，皆所以尚簡便也。雖曰簡便，不可以無法，故有五法之象。禮記集說卷第一百四十五。又見藍田呂氏禮記傳卷七上。

古者深衣蓋有制度，以應規、矩、繩、權、衡。短毋見膚，長毋被土，續衽鉤邊，要縫半下。

所謂「毋見膚」、「毋被土」、「鉤邊」、「半下」，可以運肘、反詘之及肘、毋厭脅者，言深衣長短寬急之制也。應十有二月，應規、應方、應直、應平者，言深衣之法象也；可以爲文、可以爲武、可以擯相、可以治軍旅者，言深衣之用也。純以繢、以青、以素，言深衣用純之別也。「毋見膚」，不欲褻也；「毋被土」，不欲汙也，此衣之長短之中也。「續衽鉤邊」，此衣之寬急之中也。衽者，衣裳之旁幅也，玉藻所謂「衽當旁」「是」[二]也。衣之旁幅下殺，裳之旁幅上殺，上下之衽相續而中曲，以是小要取名焉，故曰「鉤邊」。禮記集說卷第一百四十五。又見藍田呂氏禮記傳卷七上。

袼之高下，可以運肘；袂之長短，反詘之及肘。帶，下毋厭髀，上毋厭脅，當無骨者。

「袼之高下，可以運肘」；「袂之長短，反詘之及肘」，此[三]袂之寬急之中也。袼，當腋之縫也，不二尺二寸則不能回肘矣。袂屬幅於衣，詘而至肘，則上下各尺二寸矣。「帶下毋厭髀，上毋厭脅，當無骨者」，此衣帶高下之中也。禮記集說卷第一百四十五。又見藍田呂氏禮記傳卷七上。

〔二〕底本脫「是」字，據四庫本、通志堂本、清麓本補。

〔三〕「此」：原作「比」，四庫本、通志堂本亦作「比」，據清麓本改。

制十有二幅，以應十有二月。袂圜以應規，曲袷如矩以應方，負繩及踝以應直，下齊如權、衡以應平。

衣袂之制有三：有侈者，自服而侈之，袷至袪而侈之，朝服以上是也；有端者，自袷至袪，方正而製之，玄端素端是也；有圜者，內殺於袷，外殺於袪，中則胡下，深衣是也。欲使行者舉手以爲容儀，如規之圜也。禮記集說卷第一百四十五。又見藍田呂氏禮記傳卷七上。

五法已施，故聖人服之。故規、矩取其無私，繩取其直，權、衡取其平，故先王貴之。故可以爲文，可以爲武，可以擯、相，可以治軍旅。完且弗費，善衣之次也。

深衣之用，上下不嫌同名，吉凶不嫌同制，男女不嫌同服。諸侯朝，朝服；夕，深衣。大夫、士朝，玄端；夕，深衣。庶人衣吉服、深衣而已。此上下之同也。有虞氏深衣而養老；諸侯、大夫夕皆深衣；將軍文子除喪而受越人弔，練冠、深衣；親迎，女在塗，婿之父母死，深衣、縞總以趨喪。此吉凶、男女之同也。蓋深衣者，簡便之服，雖不經見，推其義類，則非朝、祭皆可服之，故曰「可以爲文，可以爲武，可以擯相，可以治軍旅」也。禮記集說卷第一百四十五。又見藍田呂氏禮記傳卷七上。

具父母、大父母，衣純以繢。具父母，衣純以青。如孤子，衣純以素。純袂、緣、純邊，廣各寸半。

爲人子者，常言不稱老，大孝終身慕父母，故髧彼兩髦，盡孺子之飾，以致孺子之慕焉。「具父母、大父母」，安可不盡孺子之飾？故「純以繢」，髧髦之義也。大父母不存，雖具父母「純以青」者，有所殺也。父母存，衣冠不純素。至于孤子，則純素可也。三十以下無父，可以稱孤，故曰「幼而無父曰孤」。若三十以上，有爲人父之道，不言孤也。禮記集說卷第一百四十五。又見藍田呂氏禮記傳卷七上。

投壺第四十

投壺，射禮之細也。射者，男子之所有事，因而飾之以禮樂也。古者諸侯之射也，必先行燕禮；卿大夫、士之射也，必先行鄉飲酒之禮。因燕禮之間，且以樂賓，且以習容，且以講藝也。投壺者，不能盡於射禮而行其節也。庭之脩廣或不足以張侯置鵠，賓客之衆或不足以備官比耦，則是禮也，弧矢之事雖不能行，其容體比於禮，其節比於樂，志正體直，審固而求中，所以觀德者猶在，此先王所以不廢也。壺之爲器，所以實酒而置之席間者也。原其始也，必以燕飲之間，謀以樂賓；或病於不能爲射也，舉席間之器以寄射節焉，此投壺所由興也。禮記集説卷第一百四十六。又見藍田呂氏禮記傳卷七下。

投壺之禮：主人奉矢，司射奉中，使人執壺。主人請曰：「某有枉矢、哨壺，請以樂賓。」賓曰：「子有旨酒、嘉肴，某既賜矣，又重以樂，敢辭？」主人曰：「枉矢、哨壺不足辭也，敢固以請。」賓曰：「某既賜矣，又重以樂，敢固辭？」主人曰：「枉矢、哨壺不足辭也，敢固以請。」賓曰：「某固辭，不得命，敢不敬從？」賓再拜受，主人般還，曰：「辟。」主人阼階上拜，送賓般還，曰：「辟。」

投壺之禮：主人奉矢三請賓，賓三辭而後許，拜受、拜送皆般還以辟。有加於射禮者，不敢以禮殺而紓吾敬也。燕樂而不淫，禮殺而敬不衰，此德所以脩、交所以久也。禮記集説卷第一百四十六。又見藍田呂氏禮記傳卷七下。

請賓曰：「順投爲入，比投不釋，勝飲不勝者。正爵既行，請爲勝者立馬，一馬從二馬。三馬既立，請慶多馬。」請主人亦如之。

矢本入，則本、末之序正矣；左右拾投，則賓主之儀答矣。不如是，則雖投不爲入，雖入不釋筭，所以責審固、詳節文也。故射與投壺，所以觀人之德，必容體比於禮，容節比於樂，不尚於苟中也。禮記集説卷第一百四十六。又見藍田呂氏禮記傳卷七下。

命旋者曰：「請奏貍首，間若一。」大師曰：「諾。」

貍首之詩，言賓主以禮相會也，猶瓠葉兎首不敢以微薄廢禮而忘驩也。其詩曰：「貍首之班〔一〕然，執女手之卷然。」賓主之歡，於是乎交。非特諸侯之事，故卿大夫、士所以亦得用也。禮記集説卷第一百四十六。又見藍田呂氏禮記傳卷七下。

命酌，曰：「請行觴。」酌者曰：「諾。」當飲者皆跪，奉觴曰：「賜灌。」勝者跪曰：「敬養。」

勝飲不勝者，以能養不能也。君使士射，不能則辭以疾。射者，男子之事，不能則幾於非男子也。故以不能者爲病，病必有養。當飲者跪，奉觴曰：「賜灌。」勝者跪曰：「敬養。」酒者，所以養病也。能者不敢以勝驕人，爭求勝而辭養也；不能者知不勝爲己病，不敢以己有病而辭養也。孔子曰：「君子無所爭，必也射乎！」君子之所以爭求勝者，爭辭養而已，故其爭也君子。禮記集説卷第一百四十六。又見藍田呂氏禮記傳卷七下。

正爵既行，請立馬，馬各直其筭。一馬從二馬，以慶。慶禮曰：「三馬既備，請慶多馬。」賓主皆曰：「諾。」正爵既行，請徹馬。

正爵，司正之爵也。勝飲不勝，所以養不能也。多馬有慶，所以尚有藝也。正爵之行，能者有慶，不能者獲養，則民德歸厚。禮記集説卷第一百四十六。又見藍田呂氏禮記傳卷七下。

筭多少視其坐。籌，室中五扶，堂上七扶，庭中九扶。筭長尺二寸。壺：頸脩七寸，腹脩五寸，口徑二寸半，容斗五升。壺中實小豆焉，爲其矢之躍而出也。壺去席二矢半。矢以柘若棘，毋去其皮。

「五扶」、「七扶」、「九扶」，其多少之數，以廣狹爲之差，皆陽數也。「壺：頸脩七寸，腹脩五寸，口徑二寸半，容斗

〔一〕「班」：四庫本作「斑」。

五升」，「壺去席二矢半」，亦陽數也。「筭長尺二寸」，天數也。君子之所法象，必本諸天，求諸陽，因節文而託其義焉，雖小事有所不廢也。［「棘柘之心實，其材堅且重也。「毋去其皮」，質而已矣。」］〔一〕禮記集説卷第一百四十六。又見藍田呂氏禮記傳卷七下。

魯令弟子辭曰：「毋幠，毋敖，毋偝立，毋踰言，偝立踰言有常爵。」薛令弟子辭曰：「毋幠，毋敖，毋偝立，毋踰言，若是者浮。」

飲燕之間易狎，童子之心易流。令之所以飭〔二〕其敬，不令而責之敬則近於暴，故令之而後浮。「常爵」，猶言常刑，亦罰爵也。魯、薛之儀不同，記禮者兼存之，文異而義同也。禮記集説卷第一百四十六。又見藍田呂氏禮記傳卷七下。

儒行第四十一

儒行者，魯哀公問孔子儒服，孔子不對，因問儒行，而孔子歷言之。今考其書，言儒者之行，誠有是事也，謂孔子言之，則可疑也。儒者之行，一出於義理，皆吾性分之所當爲，非以〔三〕自多求勝於天下也。此篇之説，有矜〔四〕大勝人之氣，少雍容深厚之風，似與不知者力爭於一旦。竊意末世儒者將以自尊其教，有道者不爲也。雖然，其言儒者之行不合於義理者殊寡，學者果踐其言，亦不愧於爲儒矣。此先儒所以存于篇，今日講解所以不敢廢也。禮記集説卷第一百四十七。又見藍田呂氏禮記傳卷八、禮記集解卷五十七。

〔一〕底本、四庫本、通志堂本脱［］内文字，據清麓本補。
〔二〕「飭」：四庫本、通志堂本作「飾」。
〔三〕「以」：禮記集解下有「是」字。
〔四〕「矜」：禮記集解作「誇」。

魯哀公問於孔子曰：「夫子之服，其儒服與？」孔子對曰：「丘少居魯，衣逢掖之衣；長居宋，冠章甫之冠。丘聞之也，君子之學也博，其服也鄉，丘不知儒服。」

古者衣服之制，自天子至於庶人皆有差等，未聞儒者之有異服也。末世上下僭亂至于無別，儒者獨守法度，有異於衆，此衆所以謂之儒服，哀公所以發問也。「逢掖」，魯衣也。「章甫」，宋冠也。少居魯則衣魯之衣，長居宋則冠宋之冠，因其俗而已，非苟異於人也，故曰「其服也鄉」。禮記集說卷第一百四十七。又見藍田呂氏禮記傳卷八。

哀公命席，孔子侍，曰：「儒有席上之珍以待聘，夙夜强學以待問，懷忠信以待舉，力行以待取。其自立有如此者。

使是君爲堯舜之君，使是民爲堯舜之民，儒者之志也。儒者之學未嘗不欲用於天下也，故古之君子三月無君則弔，及其進也，不由其道不仕也，非其招不往也。蓋知所謂自治然後可以治人，知所以自貴然後貴於物也。故君子之用於天下，有待而不與求焉，其學也足以爲天下用，非志於用而後學焉，此韞匵藏玉所以待賈而沽之者也。「席上之珍」，自貴而待賈者也。儒者講學於閒燕，從容乎席上，而知所以自貴，以待天下之用也。「强學以待問，懷忠信以待舉，力行以待取」，皆我自立而有待，義猶是也。德之可貴者，人必禮之；學之博者，人必問之；忠信可任者，人必舉之；力行可使者，人必取之。此四者之別。禮記集說卷第一百四十七。又見藍田呂氏禮記傳卷八。

儒有衣冠中，動作慎；其大讓如慢，小讓如僞，大則如威，小則如愧；其難進而易退也，粥粥若無能也。其容貌有如此者。

儒者未嘗無意乎天下之用，然非其義也，禄之以天下，弗顧也。辭其大者，若自尊以驕人然，非自尊也，尊道也；辭其小者，若矯飾而不出於情然，非矯飾也，欲由禮也。由尊道而不屈於世，若有所威；由禮而不犯非禮，若有所愧，此儒者所以貴於天下也。「衣冠中」，所謂「其服也鄉」，得其中制，不異於衆，不流於俗而已。「動作慎」，則非禮勿履而已，故曰「難進而易退也，粥粥若無能也」。「其容貌有如此者」，非容貌之可貴也，德可貴而已。「翔而後集」，非義則不就，此所以難進。「色斯舉矣」，禮貌未衰，言弗行也，則去之，所以易退。難進易退，此所以德可尊也。禮記集說卷第一百四十七。又見藍田呂氏禮記傳卷八。

儒有居處齊難，其坐起恭敬；言必先信，行必中正；道塗不爭險易之利，冬夏不爭陰陽之和；愛其死以有待也，養其身以有爲也。其備豫有如此者。

「事豫則立，不豫則廢。」儒者之學皆豫也，「擬之而後言，議之而後動，擬議以成其變化」。故學有豫則義精，義精則用不匱。唯其始也，不敬則道[一]不立，不立則道不充。仲弓問仁，子曰：「出門如見大賓，使民如承大祭。己所不欲，勿施於人。」「如見大賓」、「如承大祭」，敬也；「己所不欲，勿施於人」，恕也。「居處齊難」、「坐起恭敬，言必先信，行必中正」，所謂「如見大賓」、「如承大祭」者也；「道塗不爭險易之利，冬夏不爭陰陽之和」，所謂「己所不欲，勿施於人」者也。唯敬與恕，則忿懲欲窒，身立德充，可以當天下之變而不避，任天下之重而不辭，備豫之至有如此者也。禮記集說卷第一百四十七。又見藍田呂氏禮記傳卷八。

儒有不寶金玉，而忠信以爲寶；不祈土地，立義以爲土地；不祈多積，多文以爲富。難得而易禄也，易禄而難畜也。非時不見，不亦難得乎？非義不合，不亦難畜乎？先勞而後禄，不亦易禄乎？其近人有如此者。

儒者之於天下，所以自爲者，主於德而已；所以應世者，主於義而已。趙孟之所貴，趙孟能賤之，貴之在人者也。若夫貴之在己，人不得而賤之。「食前方丈，侍妾數百人」、「堂高數仞，榱題數尺，我得志弗爲也」，以人之「貴」[二]爲貴者也。若夫我之所可貴，人不得而奪之，此「金玉」、「土地」、「多積」不如「「忠」[三]信」、「義」、「多文」之貴也。主於德，在我者也，在我者不敢不盡，在人者不敢必也。志非不欲行也，時止則止，時行則行，不可必其見也；道非不欲合

[一]「道」：清麓本作「身」。
[二] 四庫本有「貴」字，底本、通志堂本、清麓本無。
[三] 各本皆脱「忠」字，據正文補。

也，非其義也，一介不以取諸人，不可必其合也。「難得」、「難畜」，主於義而所以自貴也；雖曰自貴，時而行，義而合，勞而食，未始遠於人而自異也。禮記集說卷第一百四十七。又見藍田呂氏禮記傳卷八、禮記集解卷五十七。

儒有委之以貨財，淹之以樂好，見利不虧其義；劫之以衆，沮之以兵，見死不更其守。鷙蟲攫搏，不程勇者；引重鼎，不程其力。往者不悔，來者不豫；過言不再，流言不極；不斷其威，不習其謀。其特立有如此者。

儒者之行，既得其所以自貴，然强立而不反者，不可以不誠，至於己誠，則所以自貴者猶可保而往也。「見利不虧其義」、「見死不更其守」，所謂「富貴不能淫，貧賤不能移，威武不能屈」，此大人所以立于世也。「鷙蟲攫搏，不程其勇者」，自反而縮，千萬人吾往矣，其勇也非慮勝而後動者也。「引重鼎，不程其力」者，仁之爲器重，舉者莫能勝也，其自任也不知其力之不足者也。「往者不悔」，幾於所過者化；「來者不豫」，幾於所存者神也。「過言不再」，知之未嘗復行也；「流言不極」，不倡游言也。「不斷其威」，將至於儼然可畏也；「不習其謀」，將至于不思而得也。此成德君子之事也。二者皆特立大過人者也。禮記集說卷第一百四十七。又見藍田呂氏禮記傳卷八。

儒有可親而不可劫也，可近而不可迫也，可殺而不可辱也。其居處不淫，其飲食不溽，其過失可微辨而不可面數也。其剛毅有如此者。

儒者之立，立於義理而已。剛毅而不可奪，以義理存焉。以義交者，雖疏遠必親，非義加之，雖强禦不畏，故有「可親」、「可近」、「可殺」之理而不可「劫」、「迫」、「辱」也。「淫」，侈溢〔一〕也。「溽」，濃厚也。侈其居處，厚其飲食，欲勝之也，欲勝則義不得立；「不淫」、「不溽」〔二〕，所以立義也〔三〕。「其過失可微辨而不可面數也」，此一句，疑尚氣好勝

〔一〕「溢」：禮記集解作「濫」。
〔二〕「溽」：原作「辱」，四庫本、通志堂本亦作「辱」，據清麓本改。
〔三〕「所以立義也」：禮記集解作「立義以勝欲也」。

之言，於義理有所未合也。所貴於儒者，以見義必爲，聞過而改者也，何謂「可微辨而不可面數」？待人可矣，自待則不可也。子路聞過則喜，孔子幸人之知過，成湯改過不吝，推是心也，苟有過失，雖怨罵且將受之，況面數乎？禮記集說卷第一百四十七。又見藍田呂氏禮記傳卷八、禮記集解卷五十七。

儒有忠信以爲甲冑，禮義以爲干櫓；戴仁而行，抱義而處，雖有暴政，不更其所。其自立有如此者。

儒者剛毅而不可奪，則所得於天者，可得而保者也。仁義、忠信、有禮，皆天之所授也。忠信則不欺，不欺者人亦莫之欺也；有禮者敬人，敬人者人亦莫之侮也。忠信、禮義所以禦人之欺侮，猶甲冑、干櫓可以捍患也。行則尊仁，居則守義，所以自信者篤，雖暴政加之，有所不變也，自立之至者也。首章言自立，論其所學、所行足以待天下之用而不窮。此章言自立，論其所信、所守足以更天下之變而不易。二者皆自立也，有本末先後之差焉。禮記集說卷第一百四十七。又見藍田呂氏禮記傳卷八。

儒有一畝之宮，環堵之室；篳門圭窬，蓬户甕牖；易衣而出，并日而食；上荅之不敢以疑，上不荅不敢以諂。其仕有如此者。

儒者之仕，將以事道也，然有時乎爲貧食其力，以求免死而已。辭尊居卑，辭富居貧，抱關擊柝，乘田委吏，無所往而不可也。故爲貧者非事道，事道者不爲貧，二者不可亂也。「一畝之宮，環堵之室，篳門圭窬，蓬戶甕牖」，居之陋者也；「易衣而出，并日而食」，養之至不足者也。儒者所守之篤，窮至于是而不悔也。上之禮，荅不荅繫乎知不知，雖窮如是。上苟知之，則必以是道自期，不疑乎上之未信也，爲其多聞歟，則天子不召師，爲其賢歟，未聞見賢而召之也，尊其所聞，行其所知，不疑乎上之未信而有所屈，蓋事道不爲貧也；上苟不知，則我知以力事人，求其食以免死者也，不輕進以求合也，君不知而自獻其身，君不問而自告其謀，枉尋直尺，強聒而不舍，人謂之不諂不信也，蓋爲貧者非事道也。二者，儒者仕之大分，不可亂也。禮記集說卷第一百四十八。又見藍田呂氏禮記傳卷八。

儒有今人與居，古人與稽；今世行之，後世以爲楷；適弗逢世，上弗援，下弗推。讒諂之民，有比黨而危之者，身可危也，

而志不可奪也；　雖危，起居竟信其志，猶將不忘百姓之病也。其憂思有如此者。

儒者之自信，有義理存焉。人有知不知，吾所恃者，尚論古之人而有合也；　時有遇不遇，吾所守者，不喪乎本心也；　志有行不行，吾所存者，不敢忘天下也。三者，義理之所在，故儒者信之，至于窮不悔、達不變，自信之篤者也。「今人與居，古人與稽，今世行之，後世以爲楷」，尚友於古人，求爲法於後世，知之事也；　「適弗逢世，上弗援，下弗推。讒諂之民，有比黨而危之者，身可危也，而志不可奪也」，義之事也；　「雖危，起居竟信其志，猶將不忘百姓之病」，仁之事也。故儒者自信之篤，凡以有憂天下之心，主於仁義而已，故曰「其憂思有如此者」。禮記集説卷第一百四十八。又見藍田呂氏禮記傳卷八。

儒有博學而不窮，篤行而不倦，幽居而不淫，上通而不困；　禮之以和爲貴，忠信之美，優游之法；　慕賢而容衆，毀方而瓦合。其寬裕有如此者。

儒者自信之篤，所謂「知止而後有定」也。「定而後能靜，靜而後能安」，學至於安則其生不可已，故「博學而不窮」；　其德可久，故「篤行而不倦」；　窮不失義，故「幽居不淫」；　達不動心，故「上通而不困」。用至于孰，則從容而有餘力；　行至於和，則與物同而不流，故「忠信之美，優游之法，慕賢而容衆，毀方而瓦合」，皆至于安，然後沛然而寬裕也。「忠信之美」，以忠信爲美者也；　「優游之法」，以優游之事爲己法也；　毀方瓦合，以與物同也。陶者之爲瓦，必圓而割分之，故分之則瓦，合之則圓，而不失其瓦之質，謂之「瓦合」，義取諸此。禮記集説卷第一百四十八。又見藍田呂氏禮記傳卷八。

儒有内稱不辟親，外舉不辟怨，程功積事，推賢而進達之，不望其報，君得其志。苟利國家，不求富貴。其舉賢援能有如此者。

儒者之志，以天下爲度者也，寬裕之至，既足以有容，則物我之間無所別也。天下有事而不治，天下有賢而未〔一〕達，吾任其責矣。故知其賢也，猶有親怨之辟，謂之公而實私也，過計於一己之私，不同乎天下之公也。傳稱：祁奚「稱其讎，不爲諂；立其子，不爲比」，忘乎親讎者也；「公叔文子之臣大夫僎，與文子同升諸公」，忘其君臣者也；趙文子「所舉於晉國，筦庫之士，七十有餘家」，忘乎貴賤者也；「管仲遇盜，取二人焉，上以爲公臣，曰：『其所與游辟也，可人也。』」忘乎其素者也。能忘乎是，而唯天下國家之利，然後舉賢援〔二〕能，盡其公矣。夫望報於人，求富貴於己，小人之道也，又何足道哉？禮記集説卷第一百四十八。又見藍田呂氏禮記傳卷八、中庸衍義卷十。

儒有聞善以相告也，見善以相示也；爵位相先也，患難相死也；久相待也，遠相致也。其任舉有如此者。

舉賢援能，儒者所以待天下之士也。「任舉」者，儒者所以待其朋友而已。待天下之士，推賢而後舉，樂與同天下之治者也。朋友則非特是也，必〔三〕同其好惡，故「聞善以相告，見善以相示」；必〔四〕同其憂樂，故「爵位相先」、「患難相死」。彼雖居下，不待之同升則不升；彼雖疏遠，不致之同進則不進。此任舉朋友加重於天下之士者，義有厚薄故也。禮記集説卷第一百四十八。又見藍田呂氏禮記傳卷八、禮記大全卷二十九、禮記述注卷二十六、禮記集解卷五十七。

儒有澡身而浴德，陳言而伏；靜而正之，上弗知也；粗而翹之，又不急爲也；不臨深而爲高，不加少而爲多；世治不輕，世亂不沮；同弗與，異弗非也。其特立獨行有如此者。

〔一〕「未」：四庫本中庸衍義作「不」。
〔二〕「援」：四庫本中庸衍義作「授」。
〔三〕「必」：禮記集解作「爲」。
〔四〕「必」：禮記集解作「爲」。

唯大人〔一〕爲能格君心之非，然在己〔二〕者未正，未有能直〔三〕人者也，故澡身浴德者，所以正己也。「陳言而伏」者，入告嘉謀嘉猷于內，爾乃順之于外也。書曰：「嘉言罔攸伏。」伏者，閉而不出之謂也。「靜而正之」者，將順其美，正〔四〕救其惡，常在於未形也，故曰「上弗知也」。「粗而翹之」者，其事君也，以其事之粗者，微發其端而爲之兆，兆足以行則進而無已，不足以行則去之，孔子所以未嘗終於三年淹，故曰「又不急爲也」。所以事其君者，先其未發而止其爲惡，先爲之兆以嘗其爲善，此衆人所未識也；所以治其己者，有若無，實若虛，不自高且自多，此衆人所不能也；所以行於世者，無治亂之異，所以接於人者，無同異之間，一於義理而已，此衆人所不爲也。蓋特立獨行，所以異於衆人者，如此。禮記集説卷第一百四十八。又見藍田呂氏禮記傳卷八、欽定禮記義疏卷七十二、禮記集解卷五十七。

儒有上不臣天子，下不事諸侯；慎靜而尚寬，強毅以與人，博學以知，服近文章，砥厲廉隅；雖分國，如錙銖，不臣不仕。其規爲有如此者。

「不臣」者，不傳質爲臣也。「不事」者，無常職以食於上者也。在國曰市井之臣，在野曰草莽之臣，皆謂庶人。庶人雖有臣之名而不執臣之事，非策名委質者也。故君有饋焉曰寡君，則君猶賓之也，爲庶人者不傳質爲臣則不見，蓋可役於君而不可見也，此不臣之義也。抱關擊柝，皆有常職以食於上，事事者也；立乎人之本朝而恥道不行，事道者也。事道者道不行則不仕，事事者不爲貧則不仕。不仕者，亦庶人也。君之於氓也，固周之，周之則受，賜之則不受，

〔一〕「人」：禮記集解作「臣」。
〔二〕「己」：禮記集解作「我」。
〔三〕「直」：禮記集解作「正」。
〔四〕「正」：禮記集解作「匡」。

此不受〔一〕之義也。「不臣不仕〔二〕」，皆事道者也。「慎靜而尚寬」，則有度也；「強毅以與人」，則有守也；「博學以知」，則有本也；「服近文章」，則有文也；「砥厲廉隅」，則有節也。兼是五者，則所以事道者無慊也。非其義也，非其道也，祿之以天下弗顧也，故雖分國而授〔三〕之，視之如錙銖之輕。其規摹之大，所爲之不亂，皆所以事道也。禮記集說卷第一百四十八。又見藍田呂氏禮記傳卷八。

儒有合志同方，營道同術；並立則樂，相下不厭；久不相見，聞流言不信。其行本方立，義同而進，不同而退。其交友有如此者。

所以任舉其交友者，則好惡憂樂與之同也，然盡交友之分，則理義必與之同。君子之道，或出或處，或默或語，二人同心，其利斷金，同心之言，其臭如蘭。凡所謂同者，理也，義也，出於人心之所同然，賢者能存而勿喪之，故不患乎不同也。「合志同方」，則志同好矣；「營道同術」，則學同道矣；「並立則樂，相下不厭」，好同則同體矣；「久不相見，聞流言不信」，學同則信其行矣；「其行本方立」者，立行本其志之所同方也，行同則學同矣；「義同而進，不同而退」，同斯義以進退也，進退同則同好矣。交友之分至于無一不同者，學一於理而不惑也。禮記集說卷第一百四十八。又見藍田呂氏禮記傳卷八。

溫良者，仁之本也；敬慎者，仁之地也；寬裕者，仁之作也；孫接者，仁之能也；禮節者，仁之貌也；言談者，仁之文也；歌樂者，仁之和也；分散者，仁之施也。儒皆〔四〕兼此而有之，猶且不敢言仁也。其尊讓有如此者。」

仁者體天下之公，加之以中心惻怛之意，儒者之學，學此而已爾。孔子曰：「何事於仁，必也聖乎！堯舜其猶病

〔一〕「受」：清麓本作「事」。
〔二〕「仕」：清麓本作「事」。
〔三〕「授」：四庫本、通志堂本作「受」。
〔四〕「皆」：四庫本、通志堂本作「者」。

諸！」又曰：「若聖與仁，則吾豈敢？」故君子之學，非仁無爲，欲稱其仁，雖聖人有所不敢，則爲之難可知矣。質之温良者，可與爲仁，故曰「仁之本」；行之敬慎者，可與行仁，故曰「仁之地」；其規摹寛裕，則稱仁之動作；其與人遜接，則習仁之能事；威儀中節，敬於仁者也，故爲「仁之貌」；出言有章，仁之見於外者也，故爲「仁之文」；詠歌之不足，不知手之舞之足之蹈之，則安於仁而至於和者也；貨不爲己，則利與人同，與人爲善，則善與人同，凡以分散與物，共而不私，則仁術之施不吝也。八者，儒必兼而有之，然後可以盡儒行之實。「猶且不敢言仁」，則聖人之志存焉。有聖人之志存，則可與入聖人之域矣。禮記集説卷第一百四十八。又見藍田吕氏禮記傳卷八。

儒有不隕穫於貧賤，不充詘於富貴；不慁君王，不累長上，不閔有司，故曰儒。今衆人之命儒也妄，常以儒相詬病。孔子至舍，哀公館之，聞此言也，言加信，行加義，終没吾世，不敢以儒爲戲。

此篇總言儒行，其別十有五，自淺而至深，而卒歸於仁，以至於聖人不敢居，仁之志幾於盡矣。猶繼之以「不隕穫於貧賤，不充詘於富貴；不慁君王，不累長上，不閔有司」者，蓋「衆人之命儒也妄，常以儒相詬病」。所以待儒之意常輕，以利心量君子，見其居富貴而有爲，則謂淫於富貴，不知達則兼善天下；見其居貧賤而有守，則謂移於貧賤，不知窮則獨善其身也；見其危行言遜，則謂屈於威武，不知身可殺而志不可奪也。蓋儒者之行，出於德性之所安，無是衆物之可累也。有是之累，則隕穫充詘不能免，謂之有德可乎？此卒章所以申言之也。孔子謂子夏曰：「女爲君子儒，無爲小人儒。」則儒之不同久矣。衆人之命儒，見小人之儒也；若君子之儒，則衆人所不識也。小人之儒也爲人，君子之儒也爲己；小人之儒也以文，君子之儒也以實。以文對實，以爲人對爲己，則小人觀美而近名，君子闇然而難知，且將以遠大爲迂闊，以高明爲無實，以遠勢利爲詐，以守禮義爲簡，指白爲黑[一]，誣善爲惡，此所以「以儒相詬病」也。如識乎君子之儒者，且將矜式之不暇，又何敢戲乎？禮記集説卷第一百四十八。又見藍田吕氏禮記傳卷八。

[一]「黑」：四庫本、通志堂本、清麓本作「墨」。

大學第四十二

大學之書，聖人所以教人之大者，其序如此。蓋古之學者，有小學，有大學。小學之教，藝也，行也；大學之教，道也，德也。禮樂、射御、書數，藝也；孝友、睦姻、任恤，行也；自致知至于脩身，德也；所以治天下國家，道也。古之教者，學不躐等，必由小學，然後進於大學。自學者言之，不至于大學所止則不進；自成德者言之，不盡乎小學之事則不成。子夏之門人，從事乎洒埽應對，在聖人亦莫不然。恂恂便便，曲盡於鄉黨朝廷之間；勃如躩如，襜如翼如，從容乎進退趨揖之際。蓋不如是，不足謂之成德矣。後之學者，窮一經至于皓其首，演五字至於數萬言，沉没乎章句詁訓之間，没世窮年，學不知所用，一身且不能治，況及天下國家哉？此不及乎大學者也。荒唐繆悠，出於範圍之中，離於倫類之外，慢疏親戚，上下等差，以天地萬物爲幻妄，視天下國家以爲不足治，卒歸於無所用而已，此過乎大學者也。此道之所以不明且不行。秦、漢之弊，政薄俗陋，百世而不革，楊、墨、莊、老之道肆行於天下，而莫知以爲非，巍冠博帶，高談闊論，偃然自以爲先生君子，誣罔聖人，欺惑愚衆，皆大學不傳之故也。禮記集説卷第一百四十九。又見藍田呂氏禮記傳卷九。

大學之道，在明明德，在親民，在止於至善。知止而後有定，定而後能靜，靜而後能安，安而後能慮，慮而後能得。物有本末，事有終始，知所先後，則近道矣。

大學者，大人之學也，窮理盡性而已。性者，合内外之道，以天地萬物爲一體者也。人倫物理，皆吾分之所固有。居仁由義，皆吾事之所必然。物雖殊類，所以體之則一；事雖多變，所以用之則一。知此，然後謂之明，明則窮理者也；至此，然後謂之誠，誠則盡性者也。「在明明德」者，窮理以自明其明德者也。「在親民」者，推吾明德以明民之未明，所謂「先知覺後知，先覺覺後覺」者也。己則不明，而以明民，則不知；自明其德，而不以明民，則不仁。二者，皆非大人之事，不可與窮理盡性者也。「在止於至善」者，所謂誠也，善之至者，無以加於此也。「爲人君止於仁，爲人臣止於敬，爲人子止於孝，爲人父止於慈，與國人交止於信」，所止者皆善之至者也。所居之位不同，則所止之善不一，其所以止於至善則一也。蓋學至於誠，則天之道也，非有我之得私也，故不勉而中，不思而得，從容中道，雖善不足以明〔一〕之。然天下之善何以加此？故所止者止於是而已。人之所以不定者，以其不知所止而已，猶行者之未得舍，則不能不求其他，故人莫不欲知所止，所止未在於至善，則終亦莫之定矣。夫學至於誠，則莫非天道之自然，盛行不加，窮居不損，先聖後聖，若合符節，可以不勉不思，自中於道，豈容人之智力措於其間哉？知此，則其心定矣，故曰「知止而後有定」。定則無所事，故能靜。無所事，則莫非吾分之所固有，吾事之所必然，故能安。安則有諸己而不去，然後可以用之，而謀慮生焉。以此謀慮，則未有不得者也。窮理則本末終始莫不有序，昭然成列而不可亂也。知天下皆吾體也，則不得不以吾身爲本，以天下爲末。知盡性者，必以明明德於天下爲主，則不得不以致知爲始，以明明德於天下爲終。知此，則可以進道，故曰「近道」〔二〕。至此，則與道爲一，夫何遠近之有哉？禮記集説卷第一百四十九。又見藍田呂氏禮記傳卷九。

古之欲明明德於天下者，先治其國；欲治其國者，先齊其家；欲齊其家者，先修其身；欲修其身者，先正其心；欲正其心者，先誠其意；欲誠其意者，先致其知；致知在格物。物格而後知至，知至而後意誠，意誠而後心正，心正而後身修，身修而後家齊，家齊而後國治，國治而後天下平。自天子以至於庶人，壹是皆以修身爲本。其本亂而末治者，否矣。其所厚者薄，而其所薄者厚，未之有也。此謂知本，此謂知之至也。

「致知在格物」，格之爲言至也，致知，窮理也。窮理者，必窮萬物之理，同至於一而已，所謂格物也。合内外之道

〔一〕「明」：清麓本作「名」。
〔二〕「道」：諸本皆作「德」，據正文及上下文意改。

則天人物我爲一，通晝夜之道則生死〔一〕幽明爲一，達哀樂好惡之情則人與鳥獸魚鼈爲一，求屈伸消長之變則天地山川草木人物爲一。孔子曰：「吾道一以貫之。」又曰：「天下同歸而殊塗，一致而百慮。」又曰：「天下之動，貞夫一者也。」故知天下通一氣，萬物通一理。此一也，出於天道之自然，人謀不與焉。故大學之序，必先致知，致知之本，必知萬物同出於一理，然後爲至。一物之不至，則不能無疑，疑存乎胷中，欲至于誠，不啻猶天壤之異，千萬里之遠，欲卒歸于道而無惑，難矣。知萬物同出於一理，知之至也，故曰「物格而後知至」。知至則心不惑而得所止，心不惑而得所止則意誠矣，故曰「知至〔二〕而後意誠」。意誠則慎獨，慎獨則不爲異端所移，不爲異端所移則心正矣，故曰「意誠而後心正」。身者，視聽言貌之謂也；心正而視聽言貌之不正者，未之有也，所謂「心誠求之，雖不中不遠矣」。有是心也，則未有不謹於禮，故曰「心正而後身修」。自「身修」而上，在己者也；自「家齊」而下，在人者也。合内外之道，則身也、家也、國也、天下也，無遠近之間，無彼我之異，特施之有先後而已。意誠身修，則德諸頑嚚矣，家有不齊者乎？老以及老，幼以及幼，妃以及妃，子以及子，舉斯而加諸彼，國有不治者乎？國與天下，小大之間爾，推是心也，無所往而不可，此所以天下平也。及人之功，自天子〔三〕以至於庶人，皆自修身始，有諸己而後責諸人，無諸己而後非諸人。己則不修而責人之修，可以力服而不可以心服，此末世之所以不能治也。於所厚者薄，則無所不薄，此管仲所以知公子開方、奄人豎貂〔四〕、易牙，卒不忠於桓公也。故本末先後之序，天地也、父子也、君臣也。差之毫釐，則天地易位；違道逆理，則必至於大亂。故君子不可以不知，知此則近道矣，「此謂知本，此謂知之至也」。禮記集説卷第一百四十九。又見

〔一〕「生死」：清麓本作「死生」。
〔二〕「至」：四庫本作「止」。
〔三〕「子」：原作「下」，據四庫本、通志堂本、清麓本改。
〔四〕「豎」：原作「孺」，據四庫本、通志堂本、清麓本改。

藍田呂氏禮記傳卷九。

所謂誠其意者，毋自欺也，如惡惡臭，如好好色，此之謂自謙，故君子必慎其獨也。小人閒居爲不善，無所不至，見君子而後厭然，揜其不善，而著其善，人之視己，如見其肺肝然，則何益矣？此謂誠於中，形於外，故君子必慎其獨也。曾子曰：「十目所視，十手所指，其嚴乎！」富潤屋，德潤身，心廣體胖，故君子必誠其意。

誠者，天之道也，性之德也，非人知之所能謀，非人力之所能造也。見好色則愛之，聞惡臭則惡之，發於心之自然，不思不勉者也，如知水之寒，知火之熱，知蘗之苦，知飴之甘。疾痛疴癢，心爲之感者，莫非誠也，故孟子謂：孺子將入井，則莫不有怵惕惻隱之心，非有内交要譽之僞也。見其親死，委之於壑，狐狸食之，蠅蚋姑嘬之，其顙有泚，非爲人泚，中心達於面目者也。由此觀之，仁義本出於人之誠心，如好色、惡臭之比，則君子之慎其獨者，見仁義之本皆吾性分之所當然，不爲人之知不知也。「不識不知，順帝之則」，無所往而不爲善，一毫自欺則遯爲一物，與天地不相似矣。理義，人心之所同然，雖小人豈無是心哉？唯其爲形體所梏，區區自處於一物之中，與萬物以争勝負，故喪其良心，不與天地相似，所以以人爲可欺，而閒居爲不善也。人猶可欺也，心不可欺也，故見君子則厭然，「揜其不善而著其善」。揜其不善而著其善，則其良心猶存；知不善之爲不善，故不欲人知之也。胸中之正不正，必見乎〔一〕眸子瞭眊之間；辭之多寡枝游，亦見乎吉躁叛誣之實；至於容貌舉止，無所不見。故人之視己，如見肺肝，誠於中，必形於外，雖人亦不能欺也。既不足以自欺，又不足以欺人，使其良心有愧而不慊，浩然之氣從而爲之餒，則爲欺者果何益乎？夫爲善而不出於誠，猶不足以入德，況爲不善乎？曾子曰：「十目所視，十手所指，其嚴乎！」「富潤屋，德潤身，心廣體胖。」言誠於中，形於外，充實而有光輝，非誠不至也，「故君子必誠其意」。禮記集説卷第一百五十。又見藍田呂氏禮記傳卷九。

〔一〕「乎」：四庫本、通志堂本、清麓本作「於」。

詩云：「瞻彼淇澳，菉竹猗猗。有斐君子，如切如磋，如琢如磨。瑟兮僩兮，赫兮喧兮。有斐君子，終不可諠兮！」如切如磋者，道學也；如琢如磨者，自脩也；瑟兮僩兮者，恂慄也；赫兮喧兮者，威儀也。有斐君子，終不可諠兮者，道盛德至善，民之不能忘也。詩云：「於戲！前王不忘！」君子賢其賢而親其親，小人樂其樂而利其利，此以没世不忘也。

切磋者，解割之謂也；琢磨者，脩治之謂也。有璞玉於此，將以爲圭，則必先解而爲圭之質；將以爲璧，則必先解而爲璧之質。如學者之志，欲止於小善則以小善爲之質，欲止於至善則以至善爲之質。琢磨者，即其質以脩治其文。小善之質，止可以脩小善之文；至善之質，然後可以脩至善之文。故如圭之質，不能琢磨而成璧；璧之質，不能琢磨而成圭，故曰：如切如磋，道學也；如琢如磨，自脩也。「恂慄」者，敬其學也；「威儀」者，見之文也；「斐」，文之著也。學止於至善，積而爲盛德，至於文章著見，則入於民心者深矣，此誠之不可揜也，故民不能忘也。誠之至者，非特入於民心，其所以道民者，澤流於後世矣。賢其賢，親其親，君子化其善也；樂其樂，利其利，小人蒙其惠也。禮記集説卷第一百五十一。又見藍田呂氏禮記傳卷九。

康誥曰：「克明德。」大甲曰：「顧諟天之明命。」帝典曰：「克明峻德。」皆自明也。湯之盤銘曰：「苟日新，日日新，又日新。」康誥曰：「作新民。」詩曰：「周雖舊邦，其命維新。」是故君子無所不用其極。

古者大人之學，未嘗不先自明其德，然後及於天下，故引康誥[一]、大甲、堯典之言，以明文王、湯、堯[二]皆自明也。新之爲言，革其故也。理義者，人心之所同然，唯大人爲先得之。德之不明也，以民之未知乎此也；德之不行也，以民之未得乎此也。先知覺後知，先覺覺後覺，則易昏爲明，易惡爲善，變化氣質，如螟蛉之肖蜾蠃，是豈不爲新乎？雖然，自明明德者亦日新也。合内外之道，故自新然後新民也。湯之盤銘，自新者也；康誥、文王之詩，新民者也。君

[一]「康」：原作「湯」，四庫本、通志堂本亦作「湯」，據清麓本及正文改。

[二]「堯」：原作「康」，四庫本、通志堂本亦作「康」，據清麓本及上下文改。

子治己治人，其究一也，故曰「無所不用其極」。禮記集說卷第一百五十一。又見藍田呂氏禮記傳卷九。

詩云：「邦畿千里，惟民所止。」詩云：「緡蠻黃鳥，止于丘隅。」子曰：「於止，知其所止，可以人而不如鳥乎？」詩云：「穆穆文王，於緝熙敬止！」爲人君止於仁，爲人臣止於敬，爲人子止於孝，爲人父止於慈，與國人交止於信。

民之所止，止于邦畿而已。鳥之所止，止于丘隅而已。是皆知其所止矣。人之於學，不知所止，流遁失守，無所適歸，終亦必亡而已矣，雖黃鳥之不若也。故文王之學，所以緝熙者，在敬其所止而已。所謂仁、敬、孝、慈、信者，乃爲人君，爲人臣、爲子、爲父、與國人交之至善者也，其所居之地不同，故所止之善不一，其所以爲至善則一也。所謂止者，猶行者之所欲至，射者之所欲中，雖未至也，雖未中也，必至必中而後已。此之謂知所止。禮記集說卷第一百五十一。又見藍田呂氏禮記傳卷九。

子曰：「聽訟，吾猶人也，必也使無訟乎。」無情者不得盡其辭。大畏民志，此謂知本。

孔子：「上好信，則民莫敢不用情。」故誠其意，則使民服，民不得而欺矣。「大畏民志」者，心服之謂也，中心悅而誠服，如七十子之服仲尼。雖巧言如簧，苟無其實，爲天下所不容。此無情者所以不得盡其辭，而可使無訟，是謂誠意之效，故曰「知本」。禮記集說卷第一百五十一。又見藍田呂氏禮記傳卷九。

所謂修身在正其心者，身有所忿懥，則不得其正；有所恐懼，則不得其正；有所好樂〔二〕**，則不得其正；有所憂患，則不得其正。心不在焉，視而不見，聽而不聞，食而不知其味。此謂脩身在正其心。**

大人者，不失其赤子之心。赤子之心，良心也，天之所以降衷，民之所以受天地之中也，寂然不動，虛明純一，與天地相似，與神明爲一。傳曰：「喜怒哀樂之未發謂之中。」其謂此歟？此心自正，不待人正而後正，而賢者能勿喪，不爲物欲之所遷動。如衡之平，不加以物；如鑑之明，不蔽以垢，乃所謂正也。唯先立乎大者，則小者不能奪。如使

〔二〕從下釋文看，呂大臨所用版本「樂」字或爲「惡」。

忿懥、恐懼、好惡、憂患一奪其良心，則視聽食息從而失守，欲區區脩身以正其外，難矣！禮記集説卷第一百五十一。又見藍田呂氏禮記傳卷九。

所謂齊其家在脩其身者，人之其所親愛而辟焉，之其所賤惡而辟焉，之其所畏敬而辟焉，之其所哀矜而辟焉，之其所敖惰而辟焉。故好而知其惡，惡而知其美者，天下鮮矣。故諺有之曰：「人莫知其子之惡，莫知其苗之碩。」此謂身不脩不可以齊其家。

所謂「親愛」，德厚者也；所謂「賤惡」，德薄者也；「畏敬」，賢於己者也；「哀矜」，無所知能者也；「敖惰」，不率教者也。「見賢思齊」，則之其所親愛、畏敬而辟焉；「見不賢而内自省」，則之其所賤惡、哀矜、敖惰而辟焉。衆人之情，察於人而蔽於己，如以人之賢不肖反求諸己，則己可得而察也。好而不知其惡，惡而不知其美，情亂之也。子溺於私愛，故不能察其有惡；苗求其實利，故唯恐其不碩，皆非好惡之正也。家人之象曰：「君子以言有物而行有常[一]。」之其所愛敬而脩其言行，則人亦將愛敬之；之其所賤惡而去其不善，則人不可得而賤惡之。如此，則人將矜式之，况其家乎？故曰其「身不脩，不可以齊其家也」。禮記集説卷第一百五十二。又見藍田呂氏禮記傳卷九。

所謂治國必先齊其家者，其家不可教而能教人者，無之。故君子不出家而成教於國：孝者，所以事君也；弟者，所以事長也；慈者，所以使衆也。康誥曰：「如保赤子。」心誠求之，雖不中不遠矣。未有學養子而後嫁者也。一家仁，一國興仁；一家讓，一國興讓；一人貪戾，一國作亂。其機如此。此謂一言僨事，一人定國。堯舜帥天下以仁而民從之，桀紂率天下以暴而民從之，其所令反其所好而民不從。是故君子有諸己而後求諸人，無諸己而後非諸人。所藏乎身不恕，而能喻諸人者，未之有也。故治國在齊其家。詩云：「桃之夭夭，其葉蓁蓁；之子于歸，宜其家人。」宜其家人，而後可以教國人。詩云：「宜兄宜弟。」宜兄宜弟，而後可以教國人。詩云：「其儀不忒，正是四國。」其爲父子兄弟足法，而後民法

[一] 四庫本、通志堂本、清麓本脱「曰」字，「常」四庫本作「恒」。

之也。此謂治國在齊其家。

孟子曰：「爲政不難，不得罪於巨室。巨室之所慕，一國慕之。」巨室，大家也；仰而有父母，俯而有妻子，有兄有弟，有臣有妾，尊卑疏戚，一國之事具矣。嚴而不厲，寬而有閑，此家之所以正也。大家難齊也，不得罪於大家，則於治國也何有？齊桓公五霸之盛，由［不］〔一〕能正其家，死未及斂，而國已亂矣。故虞舜之世，天下之爲父子者定，以瞽瞍底豫而已；文王之時，天下無犯非禮，以刑于寡妻而已。舉治家之心以加之於國，雖有大小之間，宜不遠矣，故「未有學養子而後嫁者也」。所謂「一家」、「一人」者，皆謂君也。君者，國之機也；君仁莫不仁，君義莫不義，一正君而國定矣，其機如此。故國之本在家，家之本在身，可不慎歟！民可使心服而不可使力服，可以身帥而不可以令帥，堯舜之仁、桀紂之暴所以皆從其所好，而不從其所令也。「有諸己而後求諸人，無諸己而後非諸人」，此所以身帥而使人心服者也。其道也，自一人一家始，故所以先之也。「宜其家人」、「宜兄宜弟」，其父子兄弟之道，不待諄諄教告，家至而日見之也。至誠足以孚其心，儀刑足以親其外，國之不治，未之有也。禮記集說卷第一百五十二。又見藍田呂氏禮記傳卷九。

所謂平天下在治其國者，上老老而民興孝，上長長而民興弟，上恤孤而民不倍，是以君子有絜矩之道也。所惡於上，毋以使下；所惡於下，毋以事上；所惡於前，毋以先後；所惡於後，毋以從前；所惡於右，毋以交於左；所惡於左，毋以交於右，此之謂絜矩之道。詩云：「樂只君子，民之父母。」民之所好好之，民之所惡惡之，此之謂民之父母。詩云：「節彼南山，維石巖巖，赫赫師尹，民具爾瞻。」有國者不可以不慎，辟則爲天下僇矣。詩云：「殷之未喪師，克配上帝；儀監于殷，峻命不易。」道得衆則得國，失衆則失國。

〔一〕底本脫「不」字，據四庫本、通志堂本、清麓本補。

孟子曰：「道在邇而求諸遠，事在易而求之〔一〕難。人人親其親、長其長而天下平。」蓋所謂平者，合内外、通彼我而已。「天下同歸而殊塗，一致而百慮」，天下雖廣，出於一理。舉斯心以加諸彼，推而放諸四海而準，無往而非斯心也，猶五寸之矩足以盡天下之方，此絜矩之道也。上下也、左右也、前後也，彼我之别也。通乎彼我，交見而無蔽，則民也、君也將何間哉？此所以爲民父母而天下瞻仰之矣。故所以得國以得衆也，所以得衆以有德也。禮記集説卷第一百五十二。又見藍田呂氏禮記傳卷九。

是故君子先慎乎德。有德此有人，有人此有土，有土此有財，有財此有用。德者本也，財者末也，外本内末，爭民施奪。是故財聚則民散，財散則民聚。是故言悖而出者，亦悖而入；貨悖而入者，亦悖而出。

知以德爲之本，有人有土，有財有用〔二〕，非吾患也；不知以德爲本，而本於財，上下交征利，不奪不饜矣。此所謂「外本内末，爭民施奪」者也，天下之事，未有不反者也。惡言加於人，則人亦將加惡言於己；以非義之事取其財，則必有非義之事費其財，蓋不知義爲利者也。禮記集説卷第一百五十三。又見藍田呂氏禮記傳卷九。

康誥曰：「惟命不于常！」道善則得之，不善則失之矣。楚書曰：「楚國無以爲寶，惟善以爲寶。」舅犯曰：「亡人無以爲寶，仁親以爲寶。」

自此至「驕泰以失之」，宜在「平天下在治其國」一章後。平天下者，善與人同，故取諸人以爲善；利與人同，故好貨好色，與百姓同之。善不與人同，則娼疾之心生，故無好善之心；利不與人同，則貪吝之心生，故無好義遠利之誠。觀康誥之言，則知天命無常，惟善是與也。觀楚書曰舅犯〔三〕之言，則天下之寶，惟善爲寶也。禮記集説卷第一百五十

〔一〕「之」：四庫本、清麓本作「諸」。
〔二〕「用」：原作「國」，四庫本、通志堂本亦作「國」，據清麓本及正文改。
〔三〕「舅」：原作「咎」，四庫本、通志堂本亦作「咎」，據清麓本及正文改。

三。又見藍田呂氏禮記傳卷九。

秦誓曰：「若有一个臣，斷斷兮無它技，其心休休焉，其如有容焉。人之有技，若己有之，人之彥聖，其心好之，不啻若自其口出，寔能容之，以能保我子孫黎民，尚亦有利哉。人之有技，媢疾以惡之，人之彥聖，而違之俾不通，寔不能容，以不能保我子孫黎民，亦曰殆哉。」唯仁人放流之，迸諸四夷，不與同中國。此謂唯仁人爲能愛人，能惡人。見賢而不能舉，舉而不能先，命也；見不善而不能退，退而不能遠，過也。好人之所惡，惡人之所好，是謂拂人之性，菑必逮夫身。是故君子有大道，必忠信以得之，驕泰以失之。

仁者以天下爲度者也。天下之所共好者，仁也，吾所以好仁；天下之所同惡者，不仁也，吾所以惡不仁。此所以「能愛人，能惡人」也，此所以能舉賢退不肖也，此所以能好人之好、惡人之惡、不拂人之性而遠夫菑害者也。禮記集説卷第一百五十三。又見藍田呂氏禮記傳卷九。

生財有大道，生之者衆，食之者寡，爲之者疾，用之者舒，則財恒足矣。仁者以財發身，不仁者以身發財。未有上好仁而下不好義者也，未有好義其事不終者也，未有府庫財非其財者也。

國無游民，則生之者衆矣；朝無幸位，則食之者寡矣；不違農時，則爲之者疾矣；量入爲出，則用之者舒矣，此生財之道也。「以財發身」，唯富足然後可以推吾濟人之惠也；「以身發財」，則非驕奢無以矜己之富也，此仁不仁之分也。故唯仁者能與天下同其利，上有不私之仁，下有樂輸之義，心誠樂之，如孝子之養父母，未有子富而父貧、百姓足而君不足者也。禮記集説卷第一百五十三。又見藍田呂氏禮記傳卷九。

孟獻子曰：「畜馬乘不察於雞豚，伐冰之家不畜牛羊，百乘之家不畜聚斂之臣，與其有聚斂之臣，寧有盜臣。」此謂國不以利爲利，以義爲利也。

雞豚牛羊，庶民之所畜也。卿士大夫既食於人，又與之爭食，則專利矣，專利則以利爲利矣[二]。盜者失財於一旦[三]，聚斂者誅求而無厭，此所以「寧有盜臣」也。禮記集説卷第一百五十三。又見藍田呂氏禮記傳卷九。

長國家而務財用者，必自小人矣。彼爲善之，小人之使爲國家，菑害並至。雖有善者，亦無如之何矣！此謂國不以利爲利，以義爲利也。

君不鄉道，不志於仁而求富之，是富桀也，故「長國家而務財用」。無與人同利之心，是必小人者也。小人者，人之所非，彼之所善，故曰「今之所謂良臣，古之所謂民賊也」。既曰善矣，則惟其言之聽。持不仁之質以當國用事，求善人之立，而國之無菑害，難矣！是皆不知以義爲利，與人同之而已。禮記集説卷第一百五十三。又見藍田呂氏禮記傳卷九。

冠義第四十三

冠、昏、射、鄉、燕、聘，天下之達禮也。儀禮所載謂之禮者，禮之經也。禮記所載謂之義者，訓其經之義也。先王制禮，其本出於君臣、父子、尊卑、長幼之間，其詳見於儀章、度數、周旋、曲折之際，皆義理之所當然。故禮之所尊，尊其義也。失其義，陳其數，祝、史之事也。知其義，則雖先王未之有，可以義起也；不知其義，則陷於非禮之禮、非義之義，大人弗爲也。凡冠、昏、射、鄉、燕、聘義，皆舉其經之節文，以述其制作之意者也。冠禮之設，所以明長幼之義

[二] 四庫本、通志堂本、清麓本無「矣」字。

[三] 「旦」：四庫本、通志堂本下有「矣」字，清麓本下有「爾」字。

也。古者自[一]二十而冠，自十九而下皆爲童子。凡爲童子，以事長者爲之事也。紒而不冠，衣而不裳，名而不字，皆所以別成人、教遜弟也。闕黨童子將命，孔子曰：「吾見其居於位也，見其與先生並行也。非求益者也，欲速成者也。」孟子曰：「徐行後長者謂之弟，疾行先長者謂之不弟。夫堯舜之道，孝弟而已。」然弟、不弟在於徐行、疾行之間，皆所以養童子之道，不可不慎也。冠禮一廢，童子與先生並行，恥弟於長者矣。蓋遜弟之節，不謹於童稚之間，及其成人，則扞格不入，此所以人材之難成，教之所由廢也。禮記集説卷第一百五十四。又見藍田呂氏禮記傳卷十。

凡人之所以爲人者，禮義也。禮義之始，在於正容體，齊顏色，順辭令。容體正，顏色齊，辭令順，而後禮義備，以正君臣，親父子，和長幼。君臣正，父子親，長幼和，而後禮義立。故冠而後服備，服備而後容體正，顏色齊，辭令順。故曰：「冠者，禮之始也。」

知崇禮卑，崇效天，卑法地，故知禮者，人之[二]天地也，未有天地不具而能有物者也。此人之所以爲人，必在乎禮義也。知生乎思，思則得之，故盡致思之功，然後可以達乎高明；禮主乎行，行則致之，故盡躬行之實，然後可以極乎密察。此禮義之始，所以必在乎「正容體、齊顏色、順辭令」也。容體者，動乎四體之容者也；顏色者，生色見乎面目者也；辭令者，發乎語言而有章者也。三者，脩身之要，必學而後成，必成人而後備。童子，未成人者也，於斯三者，不可以不學。故古之教子，能食教以右手，能言教唯與俞，七年教之男女不同席、不共食，八年教之出入門戶、即席飲食必後長者，十年學幼儀，十三學舞射御，則養之有素矣。養之久則安，安則成，故至于二十，則三者備矣，然後可以冠而責成人之事矣。君子之容舒遲，見所尊者齊遬，足容重，手容恭，目容端，口容止，聲容靜，頭容直，氣容肅，立容德，此「容體正」歟！衰絰則有哀色，端冕則有敬色，介冑則有不可辱之色，根於心而生色，睟然見於面，此「顏色齊」歟！

[一]「自」：清麓本作「至」。

[二]「之」：通志堂本作「知」。

長者不及無儳言，毋勦說，毋雷同，必則古昔，稱先王；　與君言，言使臣；　與大夫言，言事君；　與老者言，言使子弟；　與幼者言，言孝弟于父兄；　與衆言，言忠信慈祥；　與居官者言，言忠信，此「辭令順」歟！　故唯備此三者，然後可以明人倫；　人倫明，然後禮義立而可以爲成人；　成人，然後可以有冠有裳而服備，故冠禮者，所以成人之禮。禮之成人，而行禮義自此始矣，故曰「冠者，禮之始也」。禮記集說卷第一百五十四。又見藍田呂氏禮記傳卷十。

是故古者聖王重冠。古者冠禮筮日、筮賓，所以敬冠事。敬冠事所以重禮，重禮所以爲國本也。故冠於阼，以著代也。醮於客位，三加彌尊，加有成也。已冠而字之，成人之道也。見於母，母拜之，見於兄弟，兄弟拜之，成人而與爲禮也。玄冠、玄端，奠摯於君，遂以摯見於鄉大夫、鄉先生，以成人見也。

國之所以爲國，人道立也；　人之所以爲人，禮義立也。冠禮者，所以責成人，禮義所由始也。上帝降衷于下民，則所以爲人，天命之，神明相之，筮日、筮賓于廟門之外，成人之始，質之神而不敢專，敬之至也。敬至則禮重，禮重則人道立，此國之所以爲國也，故曰「所以爲國本也」。主人升立于序端，西面；　贊者筵于東序之北，西面；　將冠者即筵而冠，則其位與主人同在阼也。父老則傳之子，姑老則傳之婦，所傳皆適也。故冠禮子冠於阼，昏禮舅姑饗婦，卒饗降自西階，婦降自阼階，所以著其傳付之意也。未嘗傳而示之以傳付之意，所以使之知繼之之重，敬守而不敢墜也。卒冠而醴若醮，則席于賓位，以禮賓之禮禮其子，所以爲成人敬也。始加緇布，次加皮弁，次加爵弁，三加而服彌尊，亦所以爲成人敬也。古者童子雖貴，名之而已，所以別長幼也，至冠卒醴，然後賓字之，曰伯某甫、仲叔季，唯其所當，爲成人之道而敬其名也。冠者就筵受觶，薦脯醢。祭卒，奠觶，降筵，北面取脯，降自西階，適東壁，北面見于母。母拜受，子拜送，母又拜。冠者見于兄弟，兄弟再拜，冠者答拜，故曰「見于兄弟，兄弟拜之」。「母拜」之義，古今學者疑焉。孔氏疏義曰：「廟中冠子，以酒脯奠廟，子持所奠脯以見母，母以脯自廟中來，故拜之，非拜子也。」此說未然。所薦脯醢爲醴子設，非奠廟也。蓋古者有庸敬，有斯須之敬，如爲師則不臣，王臣雖微，在諸侯之上，尸在廟門内，則全於君，皆斯須之敬也，與其所庸敬，各申其義，並行而不相悖也。子之於母，固所尊也，所尊則庸敬矣。然婦人之義，在家從父，已嫁從夫，夫死從子，母雖尊也，卒有從子之道。故當其冠也，以成人之禮禮之，則屈其庸敬以申斯須之敬，明從子之義，猶未害乎母之尊也，庸何疑哉？［若謂「脯自廟來，拜而受之」，則子拜送之後，母又拜，何居？］〔二〕乃易服，服玄冠、玄端、爵韠，奠摯見于君，「遂以摯見於鄉大夫、鄉先生」，玄冠，士服也；玄端，異於朝服，以始冠而異之也。所以見君與鄉大夫、鄉先生者，始以成人接也，且明貴貴長長之義也。禮記集說卷第一百五十四。又見藍田呂氏禮記傳卷十、禮記集解卷五十八。

成人之者，將責成人禮焉也。責成人禮焉者，將責爲人子、爲人弟、爲人臣、爲人少者之禮行焉。將責四者之行於人，其禮可不重與？故孝、弟、忠、順之行立，而後可以爲人，可以爲人而後可以治人也。故聖王重禮。故曰：「冠者，禮之始也，嘉事之重者也。」是故古者重冠。重冠故行之於廟，行之於廟者，所以尊重事。尊重事而不敢擅重事，不敢擅重事所以自卑而尊先祖也。

所謂成人者，非謂四體膚革異於童穉也，必知人倫之備焉。親親、貴貴、長長，不失其序之謂備，此所以爲人子、爲人弟、爲人臣、爲人少者之禮行，孝弟忠順之行立也。有諸己然後可以責諸人，故人倫備然後謂之成人，成人然後可以治人也。古者重事必行之廟中，昏禮納采至親迎，皆主人筵几於廟；聘禮：君親拜迎于大門之內〔三〕而廟受；爵有德，祿有功，君親策命于廟；喪禮：既啟則朝廟，皆所以示有所尊而不敢專也。冠禮者，人道之始，所不可後也。孝子之事親也，有大事以告而後行，没則行諸廟，猶是義也。故大孝終身慕父母者，非終父母之身，終其身之謂也。禮記集說卷第一百五十四。又見藍田呂氏禮記傳卷十、禮記大全卷二十九、欽定禮記義疏卷七十四、禮記述注卷二十七、大學衍義補卷五十。

〔二〕［］內文字原脱，據禮記集解補。

〔三〕「內」：各本皆作「外」，陳俊民據十三經注疏本禮記聘義改爲「內」，今從之。

昏義第四十四

「有天地然後有萬物，有萬物然後有男女，有男女然後有夫婦，有夫婦然後有父子，有父子然後有君臣」，故男女夫婦，人道之始也，可不敬乎？序卦曰：「物不可以苟合，故受之以賁。」蓋天下之情，不合則不成，其所以合也，敬則克終，苟則易離，必受之以致飾者，所以敬而不苟也。昏禮者，其受賁之義乎？必以昏者，陽往而陰來，陽屈而陰伸，男下女之義也。禮記集説卷第一百五十四。又見藍田呂氏禮記傳卷十一。

昏禮者，將合二姓之好，上以事宗廟，而下以繼後世也，故君子重之。是以昏禮納采、問名、納吉、納徵、請期，皆主人筵几於廟，而拜迎於門外，入揖讓而升，聽命於廟，所以敬慎重正昏禮也。

合同姓以爲宗者，兄弟之恩患乎不親也；合異姓以爲昏者，男女之際患乎無别也。故娶妻不娶同姓，買妾不知其姓則卜之，皆所以遠别也。君子之祭也，既内自盡，又外求助，昏禮是也。故國君取夫人之辭曰：「請君之玉女，與寡人共有敝邑，事宗廟社稷。」出夫人之辭曰：「某不敏，不能從而共粢盛。」昏禮，父醮子而命之曰：「往迎爾，相承我宗事。」詩有「采蘩采蘋」，皆以承先祖，共祭祀，爲不失職。蓋婦人之職，莫先於奉祭祀。女子未嫁，觀於祭祀，納酒漿，籩豆葅醢，禮相助奠，其教有素矣。有夫婦然後有父子，故天地不合，萬物不生。大昏，萬世之嗣也，此昏禮所以不可不敬也，故曰「將合二姓之好，上以事宗廟，下以繼後世也」。昏禮之節，納采、問名、納吉、納徵、請期、親迎，其别有六，必至于六者，敬則不苟，别則致詳也。「納采」者，昏禮下達，男先下女，媒妁之言既達，則女先許之矣，男不敢必也，故納采擇之禮以求之，故曰「納采」。其禮用雁，五禮皆用之。雁，大夫之摯也。士昏而用大夫之摯，攝盛也，猶乘墨車而迎也，其辭曰：「吾子有惠，貺室某也。某有先人之禮使某也，請納采。」言有惠貺室，則知女氏之前許也。既納采遂問名者，不敢必主人之女，問名將卜之也，故其辭曰：「某既受命，將加諸卜，敢請女爲誰氏？」對曰：「吾子有命，且以備數而擇之，某不敢辭。」則告之矣。　納吉者既問名，而男氏以吉卜告女氏也，其辭曰：「吾子有貺命，某加諸「卜」〔二〕，占曰『吉』，使某也敢告。」「納徵」者，納幣以聘之也。　古之聘士聘女，皆以幣交，恭敬不可以虛拘也。　正潔之女，非禮則不行，猶正潔之士，非其招則不往也，故以聘士之禮聘之，是以有儷皮束帛，以贄見之禮見之，是以用雁。　敬之如此，其至，則夫婦之不正未之有也。　徵，成也，證也，所以成其信而不渝也。　聘幣皆以束帛，故無過五兩。　諸侯、天子至於用玉，則又所以重其禮也。「請期」者，男氏請昏期於女氏也。　昏期主於男氏，而必請於女氏，女氏固辭，然後告期者，賓主之義不敢先也。　此五者行乎親迎之前，又皆男女受命於廟，女氏聽命於廟，筵几以敬神，拜迎揖讓以敬賓，至繁縟也，至重慎也，皆所以敬而不苟也。　婦從乎夫，女卑於男，人之大倫也。　昏禮下達，自納采至于親迎，皆男先於女者，天地之義存焉。　天氣降而下，地氣應而上，則天地交而陰陽和、萬物生。　上以禮求下，下以誠應上，則上下交、君臣和、萬化成。　男女之際，非特有所下也，別疑遠恥，且以成婦之正順，以爲事宗廟，繼後世之重也。　聘則爲妻，奔則爲妾，聘者以禮先之，奔則不待禮而行，此所以別貴賤也。　禮記集說卷第一百五十四。又見藍田呂氏禮記傳卷十一。

父親醮子而命之迎，男先於女也。　子承命以迎，主人筵几於廟，而拜迎于門外。　婿執雁入，揖讓升堂，再拜奠雁，蓋親受之於父母也。　降出，御婦車，而婿授綏，御輪三周，先俟於門外。　婦至，婿揖婦以入，共牢而食，合巹而酳，所以合體、同尊卑，以親之也。

御婦車授綏，「御輪三周，先俟于門外」，則所以下之之禮盡矣；「共牢」、「合巹」，所以親親之義見矣。　下之，則有敬矣；　親之，則有愛矣。　愛敬，禮之大體，而先敬後愛者，自異姓而合之，所以貴乎別也，故曰「敬慎重正，而後親之，禮之大體，而所以成男女之別，而立夫婦之義」。　禮記集說卷第一百五十五。又見藍田呂氏禮記傳卷十一。

敬慎重正，而後親之，禮之大體，而所以成男女之別，而立夫婦之義也。　男女有別，而後夫婦有義；　夫婦有義，而後父子有

〔二〕「卜」：諸本原脫，據十三經注疏本儀禮補。

親；父子有親，而後君臣有正。故曰「昏禮者，禮之本也」。

人之所以異於禽獸者，以有別也。如其無別，則夫不夫、婦不婦矣。父子之親，從何而正？父子不親，則君臣之義從何而立？三者不正，求不爲禽獸者，未之有也。蓋人倫之本，始於夫婦，終於君臣，本正而末不治者，亦未之有也，故曰：昏者，禮之本。禮記集説卷第一百五十五。又見藍田呂氏禮記傳卷十一。

夫禮始於冠，本於昏，重於喪、祭，尊於朝、聘，和於鄉、射。此禮之大體也。

「禮始於冠」者，童子所以成人也；「本於昏」者，有夫婦然後有父子，有父子然後有君臣也；「重於喪、祭」者，人道之所終也；「尊於朝、聘」者，所以明君臣之義也；「和於鄉、射」[一]者，所以合人情之懽也。八者備，然後禮備，故曰禮之體也。禮記集説卷第一百五十五。又見藍田呂氏禮記傳卷十一。

夙興，婦沐浴以俟見。質明，贊見婦於舅姑，婦執笲，棗、栗、段脩以見。贊醴婦，婦祭脯、醢，祭醴，成婦禮也。舅姑入室，婦以特豚饋，明婦順也。厥明，舅姑共饗婦以一獻之禮，奠酬，舅姑先降自西階，婦降自阼階，以著代也。

婦人從夫，與夫同體者也。夫之所事，婦亦事之；所養，婦亦養之。故婦之於舅姑，猶子之於父母也。夙興沐浴，執笲以見舅姑，舅姑醴婦，「婦祭脯、醢，祭醴」，明敬事自此始矣，故曰「成婦禮也」。舅姑入于室，「婦以特豚饋」，贊成祭，卒食，一酳，徹席，婦餕，明共養自此始矣，故曰「明婦順也」。父老則傳之子，姑老則傳之婦，故冠禮子始冠，著其代父之意焉；昏禮婦始見，著其代姑之意焉。明所以冠、所以昏者，其責在是也，故曰「以著代」。禮記集説卷第一百五十五。又見藍田呂氏禮記傳卷十一。

成婦禮，明婦順，又申之以著代，所以重責婦順焉也。婦順者，順於舅姑，和於室人，而後當於夫，以成絲麻、布帛之事，以審守委積、蓋藏。是故婦順備而後內和理，內和理而後家可長久也。故聖王重之。

[一]「鄉射」：清麓本作「射鄉」。

「婦禮」者，所以敬也；「婦順」者，所以爱也；「著代」者，所以責〔一〕也。三者皆所以順其舅姑，故曰「所以重責婦順也」。詩曰：「妻子好合，如鼓瑟琴；兄弟既翕，和樂且耽。宜爾室家，樂爾妻孥。」孔子曰：「父母其順矣乎！」蓋古之大孝，養志而已。雖有三牲之養，而不能和其家人，則不足以解憂；不足以解憂，而爲口體之養，則其養也微矣。婦順舅姑，何以異此？故「和於室人，而後當於夫，以成絲麻、布帛之事，以審守委積、蓋藏」，是亦養志者也。養志者，順莫大焉，故「內和理而後家可長久也」。禮記集説卷第一百五十五。又見藍田呂氏禮記傳卷十一。

是以古者婦人先嫁三月，祖廟未毁，教于公宫，祖廟既毁，教于宗室，教以婦德、婦言、婦容、婦功。教成，祭之，牲用魚，芼之以蘋藻，所以成婦順也。

五廟自高祖而下爲未毁，宗女同出于高祖，則其服緦，緦則親也，故「教于公宫」；同出於五世以上則無服，無服則疏也，然猶統于大宗，故「教于宗室」。「教以婦德、婦言、婦容、婦功」：婦德，正順也，詩云：「林有樸樕，野有死鹿。白茅純束，有女如玉。」婦言，辭令也，詩云：「言告師氏，言告言歸。薄汙我私，薄澣我衣。」婦容，婉娩也，詩曰：「被之僮僮，夙夜在公；被之祁祁〔二〕，薄言還歸。」婦功，絲麻也，詩曰：「是刈是濩〔三〕，爲絺爲綌。服之無斁。」至乎教成，則祭其所出之祖以告之，「牲用魚，芼之以蘋藻」，女親行之，脩婦職，申婦敬以告事而已，故禮不盛也。此申言婦順，其教有素，故曰「所以成婦順也」。禮記集説卷第一百五十五。又見藍田呂氏禮記傳卷十一。

古者天子后立六宫、三夫人、九嬪、二十七世婦、八十一御妻，以聽天下之內治，以明章婦順，故天下內和而家理。天子立六官、三公、九卿、二十七大夫、八十一元士，以聽天下之外治，以明章天下之男教，故外和而國治。故曰「天子聽男教，后聽女

〔一〕「責」：四庫本、通志堂本、清麓本作「貴」，從前條注釋之「明所以冠、所以昏者，其責在是也，故曰『以著代』」話看，疑「貴」爲誤。
〔二〕「祁祁」：原作「祈祈」，據四庫本、通志堂本、清麓本及十三經注疏本毛詩改。
〔三〕「濩」：原作「穫」，據四庫本及十三經注疏本毛詩改。

順；天子理陽道，后治陰德；天子聽外治，后聽内治[一]。教順成俗，外内和順，國家理治，此之謂盛德」。

此章因講明士昏禮之義，推而上之，至于天子、后聽天下之外治、内治，則男女之義盡矣。立六官之職，公、卿、大夫、元士分治之，以佐天子聽天下之外治；立六宮之職，夫人、嬪、世婦、御妻分治之，以佐后聽天下之内治。男正位乎外，女正位乎内，男女正，天下之大義也。有家者，夫聽家之外治，［婦聽家之内治］[二]。天子與后，有天下者也，則不得不聽天下之内外治也。外治者，明章男教也，司徒之所教皆是也；内治者，明章婦順也，婦順之法，德、言、容、功皆是也。陽道者，男所以正其室也；陰德者，婦人所以宜其家也。「刑于寡妻，至于兄弟」，則正室之道，天子所理也。「嘒彼小星，三五在東。肅肅宵征，夙夜在公，實[三]命不同」，則宜家之道，后所治也。鄭氏謂：「内治之道，婦學之法。陰德，謂主陰事、陰令。」其義然也。凡天子所聽皆外治，后所聽皆内職[四]，至于「教順成俗，外内和順，國家理治」，必如周南、召南，盛德之化，然後可致也。禮記集説卷第一百五十五。又見藍田呂氏禮記傳卷十一。

是故男教不脩，陽事不得，適見於天，日爲之食；婦順不脩，陰事不得，適見於天，月爲之食。是故日食則天子素服而脩六官之職，蕩天下之陽事；月食則后素服而脩六宮之職，蕩天下之陰事。故天子之與后，猶日之與月，陰之與陽，相須而后成者也。天子脩男教，父道也。后脩女順，母道也。故曰「天子之與后，猶父之與母也」。故爲天王服斬衰，服父之義也。爲后服資衰，服母之義也。

男教，陽事，上應乎日；婦順，陰事，上應乎月。有不得，則謫見於天，爲之薄食。日食則天子爲之變，月食則后

[一]「治」：原作「職」，清麓本亦作「職」，據四庫本、通志堂本及文意改。

[二]底本脱［］内文字，據四庫本、通志堂本、清麓本補。

[三]「實」：清麓本作「寔」。

[四]「職」：疑爲「治」。

爲之變，素服自責，各正厥事，以答天變，明后與天子，日月陰陽相須而后成之義也。以人倫推之，天子脩男教，天下之父也；后脩女順，天下之母也。其德之盛，必能以天下爲一家，爲天下父母，然後天下以父服服天子、以母服服后也。禮記集説卷第一百五十五。又見藍田呂氏禮記傳卷十一、欽定禮記義疏卷七十四。

鄉飲酒義第四十五

鄉飲酒者，鄉人以時會聚飲酒之禮也。因飲酒而射焉，則謂之鄉射。鄭氏謂：「三年大比，興賢者、能者，鄉老及鄉大夫，帥其吏與其衆，以禮賓之。」則是禮也，三年乃一行。諸侯之鄉大夫、貢士於其君，蓋亦如此。黨正每歲國索鬼神而祭祀，則以禮屬民而飲酒于序，以正齒位。然正禮無正齒位之事，而此篇有「六十者坐，五十者立侍」，乃所以正齒位也。但此禮略而不載，則黨正因蜡飲酒，亦此禮也。先儒謂鄉飲酒凡有四事，唯「飲國中賢者」，於經無文。但此篇云「鄉人士君子」，鄉人則鄉大夫，士則州長黨正，君子謂卿、大夫、士，則「飲國中賢者」，義或然也。然鄉人凡有會聚，當行此禮，恐不必四事[一]而已。論語：「鄉人飲酒，杖者出，斯出矣。」亦偕[二]鄉人而言之也。此篇凡五章，初言尊讓潔[三]敬，所以免人禍也；次言學術道者，將以得身；次言先禮後財，則民敬讓；次言尊長敬老，而孝弟之行立；次言五行者足以正身安國；次言古之制禮，法象天地。皆所以推明聖人制作之意也。禮記集説卷第一百五十六。又見藍田呂氏禮記傳卷十二。

[一] 四庫本、通志堂本、清麓本脱「事」字。
[二] 「偕」：清麓本作「指」。
[三] 「潔」：四庫本、清麓本作「絜」。

鄉飲酒之義：主人拜迎賓于庠門之外，入三揖而後至階，三讓而後升，所以致尊讓也。盥、洗、揚觶，所以致絜也。拜至、拜洗、拜受、拜送、拜既，所以致敬也。尊讓、絜、敬也者，君子之所以相接也。君子尊讓則不爭，絜、敬則不慢，不慢不爭，則遠於鬭、辯矣，不鬭、辯則無暴亂之禍矣，斯君子所以免於人禍也。故聖人制之以道。

鄉飲之禮，以謹遜之道尊賓，始見于拜迎庠門之外，三揖三讓而後升。以絜清之道接賓，則見于盥、洗、揚觶之際。盥手、洗爵，始獻賓之節也。既獻之後，舉觶酬賓，亦盥、洗而揚觶，不敢慢也。極其所致〔一〕賓主之敬，則見于拜洗、拜受、拜送、拜既之節也。賓拜主人洗，主人復〔二〕拜賓洗是也。「拜受、拜送」者，賓受獻，主人受酢，賓受酬，獻酢酬者拜送，受者拜受也。「拜既」者，賓主獻酬，卒爵皆拜也。君子之相接，尊讓、絜、敬如此，其至，雖有爭慢之心，無從生矣。尊讓、絜、敬之禮行，則尊讓、絜、敬之俗成，禮行而至於成俗，則天下之人皆將遠於鬭、辨〔三〕，而免於人禍，則先王制禮也有道，非苟爲繁文飾貌、升降之末者也。禮記集説卷第一百五十六。又見藍田呂氏禮記傳卷十二。

鄉人、士、君子，尊於房户之間，賓主共之也。尊有玄酒，貴其質也。羞出自東房，主人共之也。洗當東榮，主人之所以自絜而以事賓也。

酒，主人之物，而曰「賓主共之」者，賓主皆酌此尊，且明君子之財當與人共，不自有也。「玄酒」，水也，飲之始也，飲始於水，極味於酒。凡酒之設，皆尚玄酒，質之爲貴，不忘本也。「羞出自東房」，主人致味以養賓，故曰「主人共之」，而不以與賓共也。「洗當東榮」，主人自絜以事賓，賓雖亦就此洗，不曰賓主共之者，明所以敬人者各自盡也。禮記集説卷第一百五十六。又見藍田呂氏禮記傳卷十二。

〔一〕「致」：原作「以」，四庫本、通志堂本亦作「以」，據清麓本及正文之「拜至、拜洗、拜受、拜送、拜既，所以致敬也」改。

〔二〕「復」：四庫本、通志堂本作「受」。

〔三〕「辨」：四庫本作「辯」。

賓主，象天地也。介、僎，象陰陽也。三賓，象三光也。讓之三也，象月之三日而成魄也。四面之坐，象四時也。天地嚴凝之氣，始於西南而盛於西北，此天地之尊嚴氣也，此天地之義氣也。天地溫厚之氣，始於東北而盛於東南，此天地之盛德氣也，此天地之仁氣也。主人者尊賓，故坐賓於西北，而坐介於西南以輔賓。賓者，接人以義者也，故坐於西北；主人者，接人以仁、以德厚者也，故坐於東南；而坐僎於東北，以輔主人也。仁義接，賓主有事，俎豆有數，曰聖；聖立而將之以敬曰禮，禮以體長幼曰德。德也者，得於身也。故曰：「古之學術道者，將以得身也，是故聖人務焉。」

三賓者，衆賓之長者也，其所以輔賓，猶三光之輔于天也。三光，蓋星之大者有三也，其名不可得而考也。先儒謂三大辰：心爲大辰，伐[一]爲大辰，北辰亦爲大辰，亦莫知其所稽也。月晦三日而後明生於魄，故曰「成魄」。「讓之三」者，取象成魄於三日也。東北至于東南，生氣也，生氣溫厚而主仁[二]，故自孟春至于孟夏，生氣之所行，萬物之所發生，天之盛德氣也。主坐於東南，僎坐於東北，仁之序也。西南至於西北，殺氣也，殺氣嚴凝而主義，故自孟秋至于孟冬，殺氣之所行，萬物之所以收斂，天之尊嚴氣也。賓坐于西北，介坐于西南，義之序也。飲酒之義，所以致主之養而尊賓，故賓主以「仁義接，賓主有事，俎豆有數」，天下之理義存焉。天下之理義，無所不通，聖之謂也；無所不通，無所不敬，禮之所由制也。禮之行也，不在乎他，在長幼之分而已，性之德也。禮得於身之謂德，由學然後得於身，得於身則與先得人心之所同然者同之，故誠之。而至誠乃天之道，是亦聖人也。禮記集說卷第一百五十六。又見藍田呂氏禮記傳卷十二。

祭薦、祭酒，敬禮也。嚌肺，嘗禮也。啐酒，成禮也。於席末，言是席之正，非專爲飲食也，爲行禮也，此所以貴禮而賤財也。卒觶，致實於西階上，言是席之上，非專爲飲食也，此先禮而後財之義也。先禮而後財，則民作敬讓而不爭矣。

[一]「伐」：四庫本、通志堂本作「代」，據左傳昭公十七年「大火爲大辰，伐爲大辰，北辰亦爲大辰」，四庫本、通志堂本誤。

[二]「仁」：四庫本、通志堂本作「人」。

孔子曰：「吾食於少施氏而飽，少施氏食我以禮。吾祭，作而辭曰『疏食不足祭也』；吾飧，作而辭曰『疏食也，不敢以勞吾子』。」然則君子之於飲食，飽於敬而不飽於味也。飲酒之禮，盡主人之敬以養賓，盡賓之敬以答主人者也。〔一〕主人獻賓，賓受爵，薦脯醢，賓升席，設折俎，賓祭脯醢，奠爵，取肺嚌之，坐祭酒，興，席末啐酒。主人之禮，賓不敢不答，故「祭薦、祭酒」，敬主人之行此禮也。賓敬主人，在禮而不在食，嚌以嘗之，啐以成之也。啐於席之末，不於席之正者，明是席之正在於行禮，不可以飲食瀆也。此貴敬而賤食也。賓卒爵于西階之上，不於席之上者，明是席之上，可以成飲食之禮，不可卒飲食之事。是先敬而後食也。敬禮也，食財也，人之所以爭者，無禮而志於財也。如知乎貴禮而賤財，先禮而後財之義，則敬讓行之矣。一飲食之間，可以化民成俗，則升降之文不爲末節也。禮記集說卷第一百五十六。又見藍田呂氏禮記傳卷十二。

鄉飲酒之禮：六十者坐，五十者立侍以聽政役，所以明尊長也。六十者三豆，七十者四豆，八十者五豆，九十者六豆，所以明養老也。民知尊長養老，而后乃能入孝弟；民入孝弟，出尊長養老，而后成教；成教，而后國可安也。君子之所謂孝者，非家至而日見之也，合諸鄉射，教之鄉飲酒之禮，而孝弟之行立矣。

古之貴老也，其政則導其妻子使養其老，家植之桑，畜之雞豚狗彘，則老者衣帛食肉矣；其教則食三老五更於大學，天子袒而割牲，執醬而饋，執爵而酳，冕而揔干。四代之養皆於庠序，更用饗燕食之禮，皆所以使民不遺老窮，知貴老之義。故飲酒之禮，老者加豆有至于六也。尊長近乎事兄，弟也；養老近乎養親，孝也。入則順乎父兄，出則順乎長老，則民德歸厚矣。強不犯弱，衆不暴寡，人倫既正，教行俗美，薰沐涵濡，遷善而不自知，故曰「非家至而日見之也」。春秋合諸州長而射，冬行(之)〔二〕黨正之正齒位，鄉黨習見儀容之盛，漸乎禮義之俗，孝弟之行不肅而成，行禮之

〔一〕「盡」：通志堂本、清麓本作「蓋」；自「飲酒之禮」至「答主人者也」，四庫本脫。
〔二〕底本衍「之」字，據四庫本、通志堂本、清麓本刪。

效也。禮記集説卷第一百五十六。又見藍田吕氏禮記傳卷十二。

孔子曰：「吾觀於鄉，而知王道之易易也。」主人親速賓及介，而衆賓自從之，至于門外，主人拜賓及介，而衆賓自入，貴賤之義別矣。三揖至于階，三讓，以賓升，拜至，獻、酬辭讓之節繁；及介，省矣。至于衆賓，升受、坐祭、立飲，不酢而降。隆殺之義辨矣。

禮之所尊，尊其義也。其文則擯相習之，其義則君子知之，脩其文，達其義，然後可以化民成俗也。貴賤明，隆殺辨，和樂而不流，弟長而無遺，安燕而不亂，此五者皆見于飲酒之禮，而可以化民成俗矣，故曰「吾觀於鄉，知王道之易易也」。易謂易行，易易者甚言其易也。禮主乎別，節文雖繁而不可亂也。因親疏長幼貴賤之等差，以爲屈伸隆殺之節文，明辨密察，然後盡乎制禮之意矣。尊無二上，非獨爲君臣言之。國之所尊，君也，雖諸父不能抗之；家之所尊，父也，雖母不得以〔一〕抗之。羣居五人，長者必異席，則羣居亦有尊也。喪祭燕飲，皆有賓有衆賓，則賓亦有尊也。故飲酒之禮，賓、介與衆賓，送迎之節有等，此所以別貴賤也，賓、介與衆賓異矣。「三揖」、「三讓」、「拜至」、「獻、酬辭讓之節」，則賓與介又有等矣。故介之升也，不三揖三讓，不拜洗，主人不之阼階拜送，不嚌肺，不啐酒，不告旨，不自酌酢，授主人爵，主人不舉酬，省於賓可知矣。及衆賓，則「升受、坐祭、立飲、不酢」，其拜受者，衆賓之長三人，餘則不拜，省於介可知矣。於一等之中，寢有省焉，此所以辨隆殺也〔二〕。禮記集説卷第一百五十六。又見藍田吕氏禮記傳卷十二。

賓酬主人，主人酬介，介酬衆賓，少長以齒，終於沃洗者焉，知其能弟長而無遺矣。降，説屨升坐，脩爵無數。飲酒之節，朝不廢朝，莫不廢夕。賓出，主人拜送，節文終遂焉，知其能安燕而不亂也。貴賤明，隆殺辨，和樂而不流，弟長而無遺，安燕而不亂，此五行者足以正身安國矣。彼國安而天下安，故曰「吾觀於鄉，而知王道之易易也」。

〔一〕四庫本、通志堂本、清麓本無「以」字。

〔二〕底本脱「也」字，據四庫本、通志堂本、清麓本補。

有貴賤、隆殺之義，則有别矣；有别，則有禮也。「和樂而不流」，「安燕而不亂」，則有節矣；有節，義也。「弟長而無遺」，則均；均，則仁矣。仁義而且有禮，行乎一鄉，達乎一國，所謂「正身安國」矣。舉斯術也，達之天下，則天下安矣。故由一鄉而知王道之可行於天下，此禮是也。禮記集説卷第一百五十七。又見藍田呂氏禮記傳卷十二。

鄉飲酒之義，立賓以象天，立主以象地，設介、僎以象日月，立三賓以象三光。古之制禮也，經之以天地，紀之以日月，參之以三光，政教之本也。亨狗於東方，祖陽氣之發於東方也。洗之在阼，其水在洗東，祖天地之左海也。尊有玄酒，教民不忘本也。

此至篇末，申言鄉飲酒之禮又有所法象，前文有所未盡者，皆再明之。飲酒之禮，莫先於賓主，立賓象天，立主象地，禮之經也。其次，立介、僎以輔之，輔之者紀也。其次，立三賓以陪之，陪之者參也。政教之立，必有經、有紀、有參，然後可行，故飲酒之禮必有賓主、介僎、三賓，然後可行，故曰「政教之本也」。天地之間，海居於東，東則左也，故洗在阼，水在洗東，有左海之義。禮記集説卷第一百五十七。又見藍田呂氏禮記傳卷十二。

賓必南鄉。東方者春，春之爲言蠢也，産萬物者聖也。南方者夏，夏之爲言假也，養之、長之、假之，仁也。西方者秋，秋之爲言愁也，愁之以時，察守義者也。北方者冬，冬之爲言中也，中者藏也。是以天子之立也，左聖鄉仁，右義偝藏也。介必東鄉，介賓主也。主人必居東方。東方者春，春之爲言蠢也，産萬物者也。主人者造之，産萬物者也。月者三日則成魄，三月則成時，是以禮有三讓，建國必立三卿。三賓者，政教之本，禮之大參也。

天子南面而立，左則東方，東方聖也，左之，則尊之也；鄉則南方，南方仁也，鄉之，則宗之也；右則西方，西方義也，右之，則用之也；偝則北方，北方藏也，偝之，則違之也。天子之立如是，而坐賓亦南鄉者，尊賓之至也。介，間也，坐賓主之間，所以間之也。主人居東方者，禮之所由出，猶東方之産萬物也。「一生二，二生三，三生萬物。」「三」者，物之所由致。是故禮有三讓，賓有三賓，國有三卿，上法於月，則三日成魄，三月成時，政教所本，禮之所以法也。禮記集説卷第一百五十七。又見藍田呂氏禮記傳卷十二。

射義第四十六

射義言射者，男子之所有事者也。天下無事，則用之於禮義，故有大射、鄉射之禮，所以習容、習藝、觀德而選士；天下有事，則用之於戰勝，故主皮、呈力，所以禦侮克敵也。禮記集説卷第一百五十七。又見藍田呂氏禮記傳卷十三。

古者諸侯之射也，必先行燕禮；卿、大夫、士之射也，必先行鄉飲酒之禮。故燕禮者，所以明君臣之義也；鄉飲酒之禮者，所以明長幼之序也。

諸侯之射必先行燕禮者，大射也；卿、大夫之射必先行鄉飲酒之禮者，鄉射也。射者，男子之事，必飾之以禮樂者，所以養人之德，使之周旋中禮也。蓋燕與鄉飲酒皆燕也，因燕以娛賓，不可以無禮，故有大射、鄉射之禮。禮不可無義，故明君臣之義、長幼之序焉。禮記集説卷第一百五十七。又見藍田呂氏禮記傳卷十三。

故射者，進退周還必中禮，内志正，外體直，然後持弓矢審固；持弓矢審固，然後可以言中。此可以觀德行矣。

孔子曰：「射不主皮，爲力不同科，古之道也。」〔蓋有〕[一]禮射，有主皮之射。「射不主皮」者，禮射也，所謂大射、鄉射是也。爲力者，主皮之射也。主皮者主於獲而已，尚力而不習禮，故「爲力不同科」也。禮射必先比耦，故一耦皆有上射、下射，皆執弓而挾矢。其進也，當階、及階，當物、及物，皆揖；其退也亦如之。其行有左右，其升降有先後，其射皆拾發。其取矢于楅也，始進揖，當楅揖，取矢揖，既搢挾揖，退與將進者揖。其取矢也，有横弓卻手，兼弣順羽拾取之節焉。卒射而飲，勝者袒決遂，執張弓；不勝者襲，説決拾，加弛弓，升飲，相揖如初，則「進退周旋必中禮」可見矣。夫先王制禮，豈苟爲繁文末節，使人難行哉？亦曰「以善養人」而已。蓋君子之於天下，必無所不中節然後成

〔一〕「蓋有」：諸本皆脱，據四庫本楊復儀禮圖卷五補。

德，必力行而後有功。其四肢欲安佚也，苟恭敬之心不勝，則怠惰傲慢之氣生；怠惰傲慢之氣生，則動容周旋不能中乎節，體雖佚而心亦爲之不安；安〔一〕其所不安，則手足不知其所措，故放辟邪侈，踰分犯上，將無所不至，天下之亂自此始矣。聖人憂之，故常謹於繁文末節，以養人於無所事之時，使其習之而不憚煩，則不遜之行，亦無自而作，至于久而安之，則非法不行，無所往而非義矣。「君子敬以直内，義以方外，敬義立而德不孤」，則不疑其所行矣。故發而不中節者，常生乎不敬；所存乎内者敬，則所以形乎外者莊矣；内外交脩，則發乎事者中矣。故曰「内志正，外體直，然後持弓矢審固；持弓矢審固，然後可以言中」也。射，一藝也，容比於禮，節比於樂，發而不失正鵠，是必有樂於義理〔二〕，久於敬恭〔三〕，用志不分之心，然後可以得之，則其所以得之者，其德可知矣，故曰「可以觀德行矣」。禮記集説卷第一百五十七。又見藍田呂氏禮記傳卷十三、禮記集解卷六十。

其節：天子以騶虞爲節，諸侯以貍首爲節，卿大夫以采蘋爲節，士以采蘩爲節。騶虞者，樂官備也；貍首者，樂會時也；采蘋者，樂循法也；采蘩者，樂不失職也。是故天子以備官爲節，諸侯以時會天子爲節，卿大夫以循法爲節，士以不失職爲節。故明乎其節之志，以不失其事，則功成而德行立。德行立則無暴亂之禍矣，功成則國安，故曰「射者，所以觀盛德也」。

騶虞「樂官備」者，騶，廄官也，所以豢養六畜也；虞，山澤之官也，所以阜繁鳥獸草木者也；騶虞之官，以生物爲之職，惟恐庶類之不繁殖。王者之政，仁及草木，皆如騶虞之用心，則未有不王者也，故曰「仁如騶虞，則王道成也」。王政行則騶虞之官脩，騶虞之官脩則庶類繁殖，蒐田以時矣。「彼茁者葭」，則草木遂其生矣；「一發五豝」，則

〔一〕「安」：四庫本、通志堂本、清麓本作「於」。
〔二〕「理」：禮記集解作「禮」。
〔三〕「敬恭」：四庫本、通志堂本、清麓本作「恭敬」。

鳥獸蕃息矣；「于嗟乎騶虞」者，所以歸功乎二官。故天子之射以是爲節者，言天子繼天，當推天地好生之德以育萬物，此所以「樂官備也」。先儒謂：「騶虞者義獸，白質黑文，不食生物。」其説既無據；而又曰：「樂官備者，謂一發五豝，喻得賢多。」亦牽會爲之説也。貍首「樂會時」者，貍首之詩亡矣，記有原壤所歌之辭曰「貍首之斑然，執女手之卷然」，及此篇所引詩曰「曾孫侯氏，四正具舉。大夫君子，凡以庶士。小大莫處，御于君所。以燕以射，則燕則譽」，疑皆貍首之詩也。貍首，田之所獲，物之至薄者也。君子相會，不以微薄廢禮，猶白茅死麕可以聘如玉之女，匏葉兔罝〔二〕可以爲君子之獻也。執手者，所以道舊結歡也。自「曾孫侯氏」而下，言諸侯以燕射會其士大夫，物薄誠至，君臣相與習禮而結歡，奉天子，脩朝事，故諸侯之射以是爲節，所以「樂會時也」。采蘋「樂循法」者，采蘋之詩，言大夫妻能循法度也，所以采蘩、采藻，盛之、湘之、奠之，皆在家所習教成之事也。大夫妻已嫁，能循在家姆教之法度，乃可以承先祖、共祭祀矣；卿大夫已命，能循其未仕所學先王之法，非法不言，非道不行，乃可以與國政矣。故卿大夫之射，以是爲節，所以「樂循法也」。采蘩「不失職」者，采蘩之詩，言夫人不失職，所謂采蘩于澗沼之中，用之公侯之事。「被之僮僮，夙夜在公」者，蓋夫人無外事，祭祀乃其職也，唯敬以從事，是爲不失。士之事君，何以異此？敬恭朝夕，事事而已，然後盡士之職而不愧，故士之射以此爲節者，所以「樂不失職也」。天子之德莫大於好生，好生，繼天者也；諸侯之德莫大於奉朝事，奉朝事，事君者也；卿大夫之事莫大於法先王，法先王，守道者也；士之德莫大於敬事，敬事，死命者也。先王制禮作樂以養人起居動作，多爲文章，以寓於聲色臭味之間，無非所以示人者也。薰沐漸漬，日遷於善而不自知也。射之爲藝〔三〕，容體既比於禮，又欲其節比於樂，樂不可以無尊卑，故天子、諸侯、卿、大夫之詩各異；詩不可以無義，故各以其所樂告之，此所以「明乎其節之志，以不失其事，則功成而德行立，無暴亂之禍矣」。夫使君

〔二〕「葉」：四庫本、通志堂本作「菜」；「罝」清麓本作「首」。

〔三〕「藝」：四庫本、通志堂本、清麓本作「義」，從上條注文有「射，一藝也，容比於禮，節比於樂」之話看，底本爲是。

臣上下，皆習是禮，聽是詩，以進是德，成是功，則國不安者，未之有也。故明於禮樂，其盛德之事歟！故曰「射者，所以觀盛德也」。禮記集說卷第一百五十七。又見藍田呂氏禮記傳卷十三。

是故古者天子以射選諸侯、卿、大夫、士。射者，男子之事也，因而飾之以禮樂也。故事之盡禮樂而可數爲以立德行者，莫若射，故聖王務焉。是故古者天子之制：諸侯歲獻貢士於天子，天子試之於射宮。其容體比於禮，其節比於樂，而中多者，得與於祭；其容體不比於禮，其節不比於樂，而中少者，不得與於祭；數與於祭而君有慶，數不與於祭而君有讓；數有慶而益地，數有讓而削地。故曰「射者，射爲諸侯也」。是以諸侯君臣盡志於射，以習禮樂，夫君臣習禮樂而以流亡者，未之有也。

古之選士必以射者，非專事於射也。「諸侯歲貢士於天子」，固以德進言揚選也。天子又試于射宮而進退之，將以考諸侯所選之中否，而從之有賞罰也。射者，男子之事也。男子之事，必有志於四方，禦侮扞難則其任也。故桑弧蓬矢，設於始生，士不能射則辭以疾，蓋不能射，則幾於非男子也。及其禮射，則容體欲比於禮，節欲比於樂，而中欲多，非其志專一則不能也，非動容閑習則不能也，非心夷氣平、強有力而不憚煩則不能也。由此觀之，射雖一藝，而可以觀人之德行，則先王選士之意，微矣！學者間燕肄業，樂而不流，究節文之義理，亟習之而不倦，足以正志意，和容體，以養人於善，此先王所以制射禮，故曰「事之盡禮樂而可數爲以立德行者，莫若射，故聖王務焉」也。天子試士於射宮，以容體比於禮，節比於樂，而中多者得與於祭，反此者不得與於祭。蓋禮樂節文之多，唯射與祭爲然，能盡射之節文而不失其敬[一]，可以奉祭祀矣；能心平體正，持弓矢審固而中多，則其誠[二]可以事鬼神矣。諸侯以貢士之數與於祭、不與於祭而有賞罰，以行益地、削地之法焉，則諸侯所以爲諸侯，亦以射選也，故曰「射者，射爲諸侯」。禮記集說

[一]「敬」：禮記集解作「誠」。
[二]「誠」：禮記集解作「敬」。

卷第一百五十八。又見藍田呂氏禮記傳卷十三、禮記集解卷六十。

故詩曰：「曾孫侯氏，四正具舉。大夫君子，凡以庶士，小大莫處，御于君所。以燕以射，則燕則譽。」言君臣相與盡志於射以習禮樂，則安則譽也。是以天子制之，而諸侯務焉。此天子之所以養諸侯而兵不用，諸侯自爲正之具也。

國家閒暇，諸侯與其卿、大夫盡志於射以習禮樂，是諸侯以禮樂養其羣臣也。諸侯貢士於天子，天子試之以射，以中選之多寡爲諸侯賞罰，則諸侯皆勉習禮樂以事天子，是天子以禮樂養諸侯也。諸侯養其羣臣至于「則安則譽」，則無流亡之禍矣；天子養其諸侯至于「則安則譽」，則兵不用矣。此所以「天子制之而諸侯務焉」者也。禮記集説卷第一百五十八。又見藍田呂氏禮記傳卷十三。

孔子射於矍相之圃，蓋觀者如堵牆。射至於司馬，使子路執弓矢出延射，曰：「賁軍之將，亡國之大夫，與爲人後者，不入，其餘皆入。」蓋去者半，入者半。又使公罔之裘、序點揚觶而語。公罔之裘揚觶而語曰：「幼、壯孝弟，耆、耋好禮，不從流俗，修身以俟死者，不在此位也？」蓋去者半，處者半。序點又揚觶而語曰：「好學不倦，好禮不變，旄、期稱道不亂者，不在此位也？」蓋廑有存者。

孔子於鄉黨，恂恂如也；互鄉，難與言也，猶與其進。陽虎勸之仕，則諾之，以温良恭儉讓之德行於天下，未聞拒人如是之甚也。孟子曰〔一〕：「仲尼不爲已甚者。」故矍相之事，疑不出聖人。聖人没，門人弟子欲阿所好而爲此說，將以推尊聖人，而或不知其德，雖逆聖人之意或及於是，而不知非聖人之所當言。如記稱孔子曰：「我戰則克，祭則受福。」固孔子之事也，而謂孔子言之，則非也。故矍相之事，謂聖人有是意，則可矣，謂聖人使門人言之，則非也。雖然，語亦有理也，故不得不解。鄉射之禮，先行鄉飲酒，至於將射，以司正爲司馬，故曰「射至於司馬」也。記云：「既

〔一〕「孟子」：底本、通志堂本作「孔子」，據四庫本、清麓本及孟子離婁下原文改。

旅，士不入。」明未旅士猶可入而與射。故子路執弓延射，有「入」、「不入」及「去者」、「入者」之詞〔一〕也。卒射，司馬反爲司正，然後行旅酬；卒旅，然後使二人舉觶於賓與大夫；射事既卒，則衆賓皆在賓位。故公罔之裘與序點舉觶，以衆賓〔二〕皆在賓位，故有「不在此位」及「去者」、「處者」、「存者」之詞〔三〕也。賓在門外，則司馬誓之，使惡者不入；賓在賓位，則二人舉觶而語，不復斥惡，但使善者處耳。「賁軍之將，亡國之大夫，與爲人後者」，皆有負於世，非賢能者也。舍其親而爲人後，有所利之而與求焉，是爲「與人爲後」。與人爲後者，見利而忘親，此君子之所不取也。「幼、壯孝弟，耆、耋好禮，不從流俗，脩身以俟死者」，德有立矣。「好學不倦，好禮不變，旄、期稱道不亂者」，德有成矣。蓋士之立於世，無惡者寡矣；無惡者有之，有立者寡矣；有立者有之，成德者寡矣。「不在此位也」者，疑詞〔四〕也，蓋言在此位也。衆所會聚，簡别賢不肖，人所難言也，故以疑詞〔五〕示之，猶言「文不在兹乎」，蓋言在兹也。不曰「乎」而曰「也」者，蓋深示其不斥言也。禮記集説卷第一百五十八。又見藍田呂氏禮記傳卷十三。

射之爲言者繹也，或曰舍也。繹者，各繹己之志也。故心平體正，持弓矢審固，持弓矢審固則射中矣。故曰：「爲人父者以爲父鵠，爲人子者以爲子鵠，爲人君者以爲君鵠，爲人臣者以爲臣鵠。」故射者，各射己之鵠。故天子之大射謂之射侯，射侯者，射爲諸侯也。射中則得爲諸侯，射不中則不得爲諸侯。

謂之射者有二義，曰繹也，曰舍也。繹者，各紬繹己之志，如所謂「爲人父者以爲父鵠，爲人子者以爲子鵠」是也。舍者，發也。詩云：「不失其馳，舍矢如破。」蓋言「心平體正，持弓矢審固」，則發必中矣。謂之「鵠」者，取名於鳱鵠。

〔一〕「詞」：四庫本、通志堂本、清麓本作「辭」。
〔二〕「衆賓」：四庫本、通志堂本、清麓本作「衆官」。
〔三〕「詞」：四庫本、通志堂本、清麓本作「辭」。
〔四〕「詞」：四庫本、通志堂本、清麓本作「辭」。
〔五〕「詞」：四庫本、通志堂本、清麓本作「辭」。

鳭鵠，鵠名，小鳥而難中。參分其侯而鵠居一，則鵠者方制之，置侯之中以爲的者也。射之爲藝，不專心致志則不得也。所以父子君臣各以己爲之鵠，「射者各射己之鵠」，意曰：爲人父者不中則不得爲人父，爲人子者不中則不得爲人子，爲人君、爲人臣亦然。故雖諸侯之射，亦以中則得爲諸侯，不中則不得爲諸侯，是以謂之「射侯」。故古之射者，志於中也，其專如是，豈特志於中鵠中侯而已哉？中父之鵠則反求所以中爲人父之道；中子之鵠則反求所以中爲人子之道，是乃所以充其類、繹其志也。天子將祭，擇所以與祭者，故先射於澤，後射於射宮，所以重黜陟，且明天子所以嚴祭祀也。以是爲諸侯之賞罰，所以明政刑，且帥諸侯之事天子也。禮記集説卷第一百五十八。又見藍田呂氏禮記傳卷十三。

故男子生，桑弧，蓬矢六，以射天地四方。天地四方者，男子之所有事也。故必先有志於其所有事，然後敢用穀也，飯食之謂也。

天地之性，人爲貴也。人之類，男子爲貴也，其配則天也、陽也、乾也，可以服人而不可以服於人者也。故天地四方之大，皆吾之所當有事也，不能，則幾於非男子也。故於其始生，所以用桑弧蓬矢六，以射天地四方也。士無事而食，不可也，故君子寧功浮於食，不使食浮於功。有事於天地四方，而後敢用穀，則功浮於食，無愧於食，是亦男子之事也，故因射義及之。禮記集説卷第一百五十八。又見藍田呂氏禮記傳卷十三。

射者，仁之道也。射求正諸己，己正而後發，發而不中則不怨勝己者，反求諸己而已矣。孔子曰：「君子無所争，必也射乎！揖讓而升，下而飲，其争也君子。」

仁者之道，不怨天，不尤人，行有不至，反求諸己而已。蓋以仁爲己任，無待於外也。射者求中，有似於此，故曰「射者，仁之道也」。射者正己而後發，發而不中，知反求諸己，而不怨勝己者，知所以中不中，莫不在於己，非人之罪也。至於愛人不親，治人不治，禮人不答，則反尤諸人，蓋不以爲己任，不知其類者也。君子無所不用其學，故於射也，得反己之道焉。争者，争勝負也。君子之於天下也，所以與人交際辭讓而已，「爵位相先」，「患難相死」，「道途不争險易之利，冬夏不爭陰陽之和」，則無所事於爭矣；而獨於射也求中，是以勝負爭也。然射禮勝飲不勝，所以爭中者，爭辭乎飲也。禮記集説卷第一百五十八。又見藍田呂氏禮記傳卷十三。

孔子曰：「射者何以射？何以聽？循聲而發，發而不失正鵠者，其唯賢者乎！若夫不肖之人，則彼將安能以中？」詩云：「發彼有的，以祈爾爵。」祈，求也，求中以辭爵也。酒者，所以養老也，所以養病也。求中以辭爵者，辭養也。

君子責己重而責人輕，我之不中則反求諸己，曰：非病也，不能也。必「心平體正，持弓矢審固」，「循聲而發，發而不失正鵠者」，唯賢者能之，若「不肖之人，彼將安能以中」？此責己重也。彼之不中，則曰：非不能也，病也，老也。酒者，所以養老與病也。揖讓而升，以禮相下，以飲其不勝者，此責人之輕也。詩曰：「發彼有的，以祈爾爵。」「求中以辭爵」，則所以爭者，乃所以辭也。養則利之也，爭辭養乃所以爭辭利也，異於衆人之所以勝負爭也，故曰「其爭也君子」。射之爲藝，非專心致志則不得也。射以樂爲節，射者欲其容體比於禮而中多，故曰「何以射」；欲其節比於樂，循聲而發，發而不失正鵠，故曰「何以聽」。「何以射」者，體之所動不在乎他也；「何以聽」者，耳之所司不在乎他也。是謂用志不分，不過乎物。推是道也，將無入而不自得，况於射乎！居是位也，行是事也，其心也或之乎彼也，或之乎此也，一出焉一入焉，將無所往而可也。故射雖一藝，而可以分賢不肖者，以此。禮記集説卷第一百五十八。又見藍田呂氏禮記傳卷十三。

燕義第四十七

古之君臣賓主之相接，有饗、有燕、有食，饗禮亡矣，獨燕、食之禮存焉，儀禮公食大夫禮是也。燕以飲爲主，食以食爲主，故燕禮之始，主人酌以獻賓，薦脯醢，設折俎，而無黍稷；食禮之始，主人親設醯醬大羹，宰夫爲主，葅醢之豆六，三牲、魚、腊、腸胃、膚之俎七，黍稷之簋六，牛羊豕之鉶四，宰夫執觶酒，設于豆東而不獻，此燕、食之別也。饗禮雖無文，然雜見于傳記之間：「饗以訓恭儉，燕以示慈惠」；「饗有體薦，燕有折俎」。又云：「几設而不倚，爵盈而不飲。」又云：「若不親饗，致饗以酬幣。」又云：「大饗卷三牲之俎于賓館。」故知饗禮之始，如燕之始獻。言「爵盈而不飲」，則啐而不卒爵矣；言「有體薦」，則俎肉不折矣；言「几設而不倚」，則無脱屨而升堂矣。又有酬幣，又卷俎歸于賓館，此燕、饗之别也。蓋禮者主於接驩，故至于請安請醉，旅酬無筭爵，少紓其敬也，故其辭曰「寡君有不腆之酒，以請吾子之與寡君須臾焉」，此所以示慈惠也。古之燕禮，有天子燕諸侯者，湛露之詩是也；有燕羣臣者，鹿鳴之詩及記云「君與卿燕，則大夫爲賓，與大夫燕，亦大夫爲賓」是也；有燕賓客[者][一]，則記云「若與四方之賓燕」，聘禮云「燕羞俶獻無常數」，大行人云上公「三饗，三食三燕」是也；有燕族人者，文王世子「公與族燕則以齒」是也；有養老者，王制云「凡養老，有虞氏以燕禮，夏后氏以饗禮，殷人以食禮，周人脩而兼用之」是也；有因燕而射者，大射禮是也。禮記集説卷第一百五十九。又見藍田呂氏禮記傳卷十四。

古者周天子之官有庶子官。庶子官職諸侯、卿、大夫、士之庶子之卒，掌其戒令，與其教治，别其等，正其位；國有大事，則率國子而致於大子，唯所用之；若有甲兵之事，則授之以車甲，合其卒伍，置其有司，以軍法治之，司馬弗正。凡國之政事，國子存游卒，使之脩德學道，春合諸學，秋合諸射，以考其藝而進退之。

此篇所陳，即周官諸子之職也。其文有少異，諸子「掌國[子][二]之倅」，此篇云庶子職諸侯、卿、大夫、士、庶子之卒。「國子」即「卿、大夫、士」之子也；「倅」者，貳也。子之爲父後者，皆所以貳於父也。必用國子之卒者，蓋古之爲國，其使君臣相信，非一日積也。大子，君之貳也；國子之倅，諸侯諸臣之貳也。以諸侯諸臣之貳事其君之貳，學相同則好相合矣，王制曰「春秋教以禮樂，冬夏教以詩書」是也；事相同則情相信矣，「率國子致於大子，唯所用之」是

[一] 底本脱「者」字，據四庫本、通志堂本、清麓本補。

[二] 底本脱「子」字，據清麓本、十三經注疏本周禮夏官諸子及下文有對「國子」之解釋補。

也。故大子雖未爲君，君臣之交相際而已久，賢不肖之别已悉，可任使之才已備，則先王所以慮後世者，不爲不豫也。「戒令」，謂任之征役也；「别其等」，謂父爵爲之等也；「正其位」，謂在朝廷則尚爵，在學校則尚齒也。「國有大事」，謂大祭祀、大喪紀、大賓客、大燕饗之類也。「甲兵之事」，謂師旅之役也。「國之政事」，謂凡力役田獵追胥之事也。庶子之官者，國子之師也。「游倅」[一]，國子之未仕者也。未仕，則庶人力役田獵追胥之事不舍也。然以國子之倅，將使之脩德學道，故舍征而存之，以養材也。「合」，聚也，春聚之學宫，秋聚之射宫，考其詩、書、禮、樂之藝以進退，其能不能以選才也。禮記集説卷第一百五十九。又見藍田呂氏禮記傳卷十四。

諸侯燕禮之義：君立阼階之東南，南鄉，爾卿大夫，皆少進，定位也。君席阼階之上，居主位也。君獨升立席上，西面特立，莫敢適之義也。設賓主，飲酒之禮也。使宰夫爲獻主，臣莫敢與君亢禮也。不以公卿爲賓而以大夫爲賓，爲疑也，明嫌之義也。賓入中庭，君降一等而揖之，禮之也。君舉旅於賓，及君所賜爵，皆降，再拜稽首，升成拜，明臣禮也。君答拜之，禮無不答，明君上之禮也。臣下竭力盡能以立功於國，君必報之以爵禄，故臣下皆務竭力盡能以立功，是以國安而君寧。禮無不答，言上之不虚取於下也。上必明正道以道民，民道之而有功，然後取其什一，故上用足而下不匱也，是以上下和親而不相怨也。和寧，禮之用也。此君臣上下之大義也，故曰「燕禮者，所以明君臣之義也」。

燕禮：「射人告具，小臣設公席于阼階上，西鄉。公升即位于席，西鄉。」而與燕之諸臣，皆未入也。諸臣未入，而君特立於席，明是燕也，君爲之主，非諸臣之敢敵也。君既即位，小臣納卿、大夫、士，皆入門立，公乃降立于阼階之東南，南鄉爾卿，卿西面北上；爾大夫，皆少進。爾，近也，進之使前也。必爾之者，所以定臣位也。既爾卿大夫，然後射人請賓，公曰「命某爲賓」，賓以大夫不以公[二]卿之貴疑於君也。賓入及庭，公降一等揖之，公升就席，乃以宰夫

[一]「倅」：四庫本、通志堂本、清麓本作「卒」。
[二]「公」：清麓本作「卿」。

爲主人以獻賓，臣不敢亢君也。君不敢以己尊莫亢，而必伸賓主之敬，臣不敢以爲賓，而必屈君之尊，故燕禮之節，至于以宰夫爲獻主，則禮之於賓主，義之於君臣，並行而不相悖矣。君盡君之禮以下下，故賓入及庭，降一等揖之，賓受爵拜，君皆答拜。臣盡臣之禮以事上，故君舉旅、賜爵，賓皆降，再拜稽首，君辭，然後升成拜。天下之理〔二〕，未有不交而成者也，故天地交而萬物通，上下交而其志同，此所以君臣和、禮義行也。君臣、父子、長幼、夫婦之倫，吾性之所固有也，君子之所以學，先王之所以教，一出於是而已。故舜明於庶物，察於人倫，三代之學皆所以明人倫也。人倫之大分謂之經，其屈伸、進退、周旋、曲折之變謂之紀。「大德敦化」，經也；「小德川流」，紀也。「禮儀三百」，經也；「威儀三千」，紀也。故君臣之義，其經見於朝覲，其紀見於燕禮，故曰「燕禮者，所以明君臣之義也」。禮記集説卷第一百五十九。又見藍田呂氏禮記傳卷十四、禮記集解卷六十。

席：小卿次上卿，大夫次小卿，士、庶子以次就位於下。獻君，君舉旅行酬，而後獻卿；卿舉旅行酬，而後獻大夫；大夫舉旅行酬，而後獻士；士舉旅行酬，而後獻庶子。俎、豆、牲體、薦、羞，皆有等差，所以明貴賤也。

禮之所貴，别而已矣。親疏、長幼、貴賤、賢不肖，皆别也，大别之中又有細别存焉。均親也而有斬衰、大功、小功、緦麻、袒免之異，均長也而有父事、兄事、肩隨之異。故以賤事貴，有十等焉，所謂王、公、卿、士、皁、輿、隸、僚、僕、臺也。君者，積尊而爲之也。苟無差等，民可得而犯之，貴貴之義有所不行，此亂之所由生也。燕禮之别，故上卿、小卿、大夫、士、庶子，其席其就位，皆有次；獻君、獻卿、獻大夫、獻士、獻庶子，及舉旅行酬，皆有序；「俎、豆、牲體、薦、羞，皆有等差」。君臣貴賤之義，極其密察，至于此者，所以防亂也。禮記集説卷第一百五十九。又見藍田呂氏禮記傳卷十四。

〔二〕「理」：禮記集解作「禮」。

聘義第四十八

交際之義，人道之所以羣也。其交際也，必有相見以結其驩；間於見也，必有相問以繼其好。自天子至于庶人，雖有貴賤、親疏、遠邇、長幼之差，其所以相問一也。天子之與諸侯，諸侯之與鄰國，皆有朝禮，有聘禮，朝則相見，聘則相問也。朝、宗、覲、遇、會、同，皆朝也；存、覜、省、聘、問，皆聘也。故聘禮有天子所以撫諸侯者，大行人「一歲徧存，三歲徧覜，五歲徧省」是也；有諸侯所以事天子者，大行人「時聘以結諸侯之好，殷覜以除邦國之慝」是也；有鄰國交脩其好者，大行人「凡諸侯之邦交，歲相問，殷相聘」、「久無事則聘焉」是也。儀禮所載聘禮，鄰國交聘之禮也；聘義者，所以釋其所載聘禮之義也。禮記集說卷第一百五十九。又見藍田呂氏禮記傳卷十五。

聘禮：上公七介，侯伯五介，子男三介，所以明貴賤也。介紹而傳命，君子於其所尊弗敢質，敬之至也。三讓而後傳命，三讓而後入廟門，三揖而後至階，三讓而後升，所以致尊讓也。君使士迎于竟，大夫郊勞，君親拜迎于大門之內，而廟受，北面拜貺，拜君命之辱，所以致敬也。敬讓也者，君子之所以相接也。故諸侯相接以敬讓，則不相侵陵。

古者賓必有介。介，副也，所以輔行斯事，致文於斯禮者也。鄉飲酒之禮，主人就先生謀賓介，此飲酒之賓介也。大行人掌上公之禮介九人，侯伯七人，子男五人，此朝覲之賓介也。「聘禮：上公七介，侯伯五介，子男三介」，此聘問之賓介也。聘禮「上介奉束錦，士介四人皆奉玉[一]錦」，則介凡五人，舉侯伯之卿而言之也。禮之節文，少則質，多則文，同則質，異則文。致其文者，乃所以盡其敬也。故使人聘於鄰國，一人將命可矣，必有介者，以多爲[二]文也；爵

[一]「玉」：諸本皆作「五」，據嘉靖五年盧陵陳鳳梧刊本鄭玄注賈公彥疏儀禮注疏卷二十一聘禮第八改。

[二]「爲」：通志堂本作「爵」。

之高者，其介多，爵之卑者，其介寡，以異爲文也。人臣之義莫大乎敬君，敬君莫大乎敬命，使之受命，不宿于家，入竟而死，以棺造朝，介攝其命，備豫不虞，如此其至，不敢以死而棄之，則皆不敢質之義也。不敢質，故致文也。其所以必致文者，乃所以盡其敬也。七介以相見也，不然則已慤，三辭三讓而至，不然則已蹙。所謂已慤、已蹙，野人之義也，非君子交際之文也。君子之交際，動無不文，禮無不答，故於傳命、入門皆三讓。三揖至階，三讓而升，此賓所以敬主人也。士迎于竟，大夫郊勞，君親拜迎而廟受，拜貺，拜辱，此主人所以敬賓也。賓主之交，爭相爲敬讓，則暴慢侵陵無自而生，交日以親，好日以固，此兵所以不用，民所以休息也。傳命、入廟門皆三讓，而聘禮不載，有所略也。禮記集說卷第一百五十九。又見藍田呂氏禮記傳卷十五。

卿爲上擯，大夫爲承擯，士爲紹擯。君親禮賓，賓私面私覿，致饔餼，還圭、璋，賄贈，饗、食、燕，所以明賓客君臣之義也。

「擯」者，主國之君所使接賓者也。主之有擯，猶賓之有介也。大行人「五人」、「四人」、「三人」，此王迎朝賓之擯也。諸侯之卿，各下其君二等，則主待聘客之擯，上公當三人，侯伯二人，子男一人矣。聘禮、聘儀皆云：「卿爲上擯，大夫爲承擯，士爲紹擯。」必三人而後備，亦舉公禮而言之也。鄭氏云：「君，公也，則擯者五人，侯伯則四人，子男則三人。」以王所以待諸侯之擯，爲諸侯所以待賓客之擯，恐未然也。擯有三者，亦以多爲文也。大宗伯：「朝、覲、會、同，則爲上相。」相即擯也。入詔禮，曰「相」；出接賓，曰「擯」。宗伯，卿也，故曰「卿爲上擯」。小行人：「諸侯入王，則爲承而擯。」行人，大夫也，所以接承上擯之事，故曰「大夫爲承擯」。紹，繼也，士職卑，承官之乏以繼其擯之事，故曰「士爲紹擯」。聘禮：賓卒聘事，「奉束錦請覿」，所謂私覿也；「賓朝服問卿，既致命出，賓面，如覿幣」，所謂私面也。君命未致，使臣不敢以私見其君及其卿，卒君事，乃得申其私敬也。私覿見其君，私面見其卿。或有以私面爲見君者，蓋列而言之，則有見君、見卿之別，此篇及聘禮所云「私覿」、「私面」是也；離而言之，則私面即私覿，亦可爲見君。如司儀「諸公之臣，相爲國客」，私獻私面。楚公子棄疾見鄭伯，以乘馬八匹，私面於君是也。蓋使臣之義，則致其君臣之敬於所聘之君；主君之義，則致其賓主之敬於來聘之臣。故公之禮賓，及受私覿，皆揖讓而進之。臣降拜，公辭，然後升拜。賓覿，奉束錦，總乘馬，二人贊，入，北面奠幣，再拜稽首，以臣禮見也。擯者辭，賓出，擯者取幣牽馬出，請受于賓，賓禮辭，聽命，乃牽馬入設，授幣堂上，始以客禮見，此君臣交致其敬者也。既卒聘事，然後敢私面私覿，此臣獨致其敬者也。設三擯以接之，親禮以敬之，「致饔餼」、「賄贈」及「饗食燕」以盡其歡，「還圭璋」以成其信，此君〔一〕獨致其敬者也。禮記集說卷第一百五十九。又見藍田呂氏禮記傳卷十五。

故天子制諸侯，比年小聘，三年大聘，相厲以禮。使者聘而誤，主君弗親饗食也，所以愧厲之也。諸侯相厲以禮，則外不相侵，内不相陵。此天子之所以養諸侯，兵不用而諸侯自爲正之具也。

王制：「諸侯之於天子，比年一小聘，三年一大聘。」言諸侯之聘於天子也。此篇云「天子制諸侯，比年小聘，三年大聘」，言諸侯交相聘，天子制其禮也。「使者聘而誤，主君不親饗食」者，聘禮所謂「大夫來使，無罪饗之，過則餼之」異〔二〕也。上下不交，則天下無邦，人道所以不能羣也。故先王之御諸侯，使之相交以脩其好，必使之相敬以全其交。其相交也，必求乎疏數之中，故「比年小聘，三年大聘」也；其相敬也，必相厲以禮，故使者之誤，主君不親饗食，以愧厲之，然後仁達而禮行，外則四鄰相親而不相侵，内則君臣有義而不相陵也。「事豫則立，不豫則廢」，先王之制禮，以善養人於無事之際，多爲升降之文，酬酢之節，賓主有司有不可勝行之憂，先王未之有改者，蓋以養其德意使之安於是而不憚也。故不安於偷惰而安於行禮，不恥於相下而恥於無禮，則忿爭之心、暴慢之氣無所從〔三〕而作，此天下之亂所以止於未萌也。天子以是養諸侯，諸侯以是養其士大夫，上下交相養，此兵所以不用、天下所以平也。禮之節文之多，唯聘、射之禮爲然。節文之多，養人之至者也。射以選諸侯之貢士，以數與於祭、數不與於祭而行慶讓，則諸

〔一〕四庫本、通志堂本脫「君」字。
〔二〕「異」：疑爲「是」，禮記集解無「異」字。
〔三〕「從」：禮記集解作「自」。

侯必自爲正於射禮矣；聘以勸諸侯之交好，使者之誤，主君不親饗以愧之，使者之愧，有國者之愧也，則諸侯必自爲正於聘禮矣。故二禮之義，天子養諸侯之意爲深，故其義皆曰：兵不用，諸侯自爲正之具也。禮記集説卷第一百六十。又見藍田呂氏禮記傳卷十五、禮記集解卷六十一。

以圭、璋聘，重禮也。已聘而還圭、璋，此輕財而重禮之義也。諸侯相厲以輕財重禮，則民作讓矣。

聘禮，行人執[一]圭、璋以致命。天下之寶，無尚於玉，君子以玉比德焉。言重吾[二]聘禮如玉之重，且以達其君之信也。聘君以圭，聘夫人以璋。半圭曰璋，取法於陰陽之義也。其圭、璋，典瑞所謂「瑑圭璋璧琮以覜聘」者也。還圭璋而不還璧琮饗幣者，聘以致命，饗以致獻，重命而輕獻，所謂輕財而重禮也。禮記集説卷第一百六十。又見藍田呂氏禮記傳卷十五。

主國待客，出入三積，餼客於舍，五牢之具陳於內，米三十車，禾三十車，芻、薪倍禾，皆陳於外，乘禽日五雙，羣介皆有餼牢，壹食，再饗，燕與時賜無數，所以厚重禮也。古之用財者不能均如此，然而用財如此其厚者，言盡之於禮也。盡之於禮，則內君臣不相陵，而外不相侵，故天子制之而諸侯務焉爾。

上公五積，卿下其君二等，則三積也，三積皆有牢禮、米、禾、芻薪也。致積之禮，唯諸公之臣有[三]之，故聘禮不載也。積者，致重禮於其出入也；饔餼者，致重禮於其舍館也；乘禽二羞俶獻，將其勤也；饗食燕，盡其歡也，皆所謂「厚重禮」也。古者制國用，量入以爲出。至于國新殺禮，凶荒殺禮，故有祈以幣更、賓以特牲者，則用財于賓客，不皆如此之厚也。然禮存其數者，將使富而奢汰者不敢過制，而儉嗇者不敢不盡也；不敢過，不敢不盡，則盡之於禮。

[一]「行人執」：四庫本、通志堂本、清麓本作「執行人」。
[二]「吾」：四庫本、通志堂本、清麓本作「我」。
[三]清麓本「有」字上有「皆」字。

此天子所以養諸侯，使内外不相侵陵之道也。禮記集説卷第一百六十。又見藍田呂氏禮記傳卷十五。

聘、射之禮，至大禮也，質明而始行事，日幾中而後禮成，非强有力者弗能行也。故强有力者将以行禮也，酒清人渴而不敢飲也，肉乾人飢而不敢食也，日莫人倦，齊莊、正齊而不敢解惰，以成禮節，以正君臣，以親父子，以和長幼。此衆人之所難，而君子行之，故謂之有行。有行之謂有義，有義之謂勇敢。故所貴於勇敢者，貴其能以立義也；所貴於立義者，貴其有行也；所貴於有行者，貴其行禮也。故所貴於勇敢者，貴其敢行禮義也。故勇敢、强有力者，天下無事則用之於禮義，天下有事則用之於戰勝，用之於戰勝則無敵，用之於禮義則順治，外無敵，内順治，此之謂盛德。故聖王之貴勇敢、强有力如此也。勇敢、强有力而不用之於禮義、戰勝，而用之於爭鬬，則謂之亂人。刑罰行於國，所誅者亂人也。如此，則民順治而國安也。

節文之多，唯聘、射之禮爲然，故曰「至大禮也」。質明行事至于日幾中而禮成，酒清、肉乾而不敢飲、食，非心夷氣平、强有力而不憚煩則不能也，非齊莊中正、知所尊敬而不敢懈則不能也。君臣、父子、長幼之義，皆形見于節文之中。人之所難，我之所安；人之所懈，我之所敬，故能行之者，君子也。君子之自養也，養其强力、勇敢之氣，一用之〔於〕〔一〕禮義、戰勝，則德行立矣；其養人也，養其强力、勇敢之氣，一用之於禮義、戰勝，而教化行矣，此所以「外無敵，内順治」，國之所以安也。射禮：諸侯之射，必先行燕禮；卿、大夫、士之射，必先行鄉飲酒之禮；其未射也，先行獻酬之節，極於繁縟，故有酒清、肉乾而不敢飲、食者也。若聘禮，則受聘、受饗、請覿，然後酌醴禮賓，無酒清、肉乾之事，特以節文之繁與射禮等，皆至日幾中而禮成，故射禮兼言之也。禮記集説卷第一百六十。又見藍田呂氏禮記傳卷十五。

子貢問於孔子曰：「敢問君子貴玉而賤碈者何也？爲玉之寡而碈之多與？」孔子曰：「非爲碈之多故賤之也，玉之寡故貴之也。夫昔者君子比德於玉焉：温潤而澤，仁也；縝密以栗，知也；廉而不劌，義也；垂之如隊，禮也；叩之，

〔一〕底本脱「於」字，據四庫本、通志堂本、清麓本補。

其聲清越以長，其終詘然，樂也；　瑕不揜瑜，瑜不揜瑕，忠也；　孚尹旁達，信也；　氣如白虹，天也；　精神見于山川，地也；　圭璋特達，德也；　天下莫不貴者，道也。　詩云：『言念君子，温其如玉。』故君子貴之也。」

因聘禮用玉，故以「子貢問玉」一章附於聘義之末。　君子不貴難得之貨，故玉之貴非以寡，碈之賤非以多也。玉者，山川至精之所融結，其德之美，有似乎君子，故君子服之用之，所以比德而貴之也。　碈，石之似玉者也，似是而非，君子賤之，如紫之於朱、莠之於苗、鄉原之於德也。　玉氣粹精之所發，則「温潤而澤」，如君子之仁，温厚深淳之氣形諸外也。　玉理密緻而堅實，如君子之知，密而不疏則中理，堅而不解則可久也。　金之有廉，雖利也，用之則傷；　玉之有廉，雖不利也，用之則不能傷。　如君子之義，其威雖若不可犯，卒歸於愛人而已。　玉之體重，垂之則如墜而欲下，如君子之好禮，以謙恭下人爲事，故曰禮也。　凡聲，滯濁而韻短者，石也；　清越而韻長者，玉也；　始洪而終殺者，金也；始終若一者，玉也。　此玉之聲所以與金石異也。「其終詘然」，所謂始終若一，所謂玉振之也者，終條理也。　樂之始作，翕如，至于皦[一]如以成歌者，止如槁木，其合止皆無衰殺之漸，則君子於樂，其終詘然，如玉之聲也。　玉之瑜者，其美也；　瑕者，其病也。　玉之明，洞炤乎内外，瑜瑕不能相揜，如君子之忠無隱情，善惡盡露而無所蓋，故曰忠也。「孚尹」未詳，或曰：「信發於忠謂之孚也，信也；　尹或訓爲誠，亦信也」。　玉之明徹，蘊於内而達於外，猶君子之信由中出也。　先儒以「孚」爲「浮」、以「尹」爲「筠」，如竹箭之「筠」，謂玉采色也，其文其音，既悉有改，義亦無據，恐未然也。玉之瑩者，光氣能達于天，所謂「氣如白虹」也。　韞諸石中，則光輝必見，所謂「精神見于山川」也。　如君子之達于天，則與天同德；　充實而有光輝，則與地同德也。　玉之爲璧、琮，其用也，必有幣以將之；　玉爲圭、璋，特達而已，不用幣也，如君子之德無待乎外也。　莫非物也，玉之爲物，天下貴之；　莫非道也，君子之道，天下尊之。　故曰「天下莫不貴者，道也」。　禮記集説卷第一百六十。　又見藍田吕氏禮記傳卷十五。

[一]「皦」：清麓本作「繹」，據論語八佾，「繹」字爲優。

喪服四制第四十九

凡禮之大體，體天地，法四時，則陰陽，順人情，故謂之禮。訾之者，是不知禮之所由生也。夫禮吉凶異道，不得相干，取之陰陽也。喪有四制，變而從宜，取之四時也。有恩、有理、有節、有權，取之人情也。恩者仁也，理者義也，節者禮也，權者知也。仁、義、禮、知，人道具矣。

先王制禮之意，象法天地，以達天下之情而已。書曰「天敍有典」，體也，人倫之謂也；「天秩有禮」，用也，冠、昏、喪、祭、射、鄉、朝、聘之類也。二者皆本於天，此禮之所由生也。禮之有吉凶，猶天之有陰陽，可異而不可相干也。禮「有恩、有理、有節、有權」，猶天之有四時，可變而不可執一也。「仁、義、禮、知，人道具矣。」人道具則天道具，其實一也。禮記集説卷第一百六十。又見藍田呂氏禮記傳卷十六。

其恩厚者其服重，故爲父斬衰三年，以恩制者也。門内之治恩揜義，門外之治義斷恩。資於事父以事君而敬同，貴貴尊尊，義之大者也。故爲君亦斬衰三年，以義制者也。［三日而食，三月而沐，期而練，毁不滅性，不以死傷生也。喪不過三年，苴衰不補，墳墓不培，祥之日鼓素琴，告民有終也，以節制者也。資於事父以事母而愛同，天無二日，土無二王，國無二君，家無二尊，以一治之也。故父在爲母齊衰期者，見無二尊也。］〔一〕

父子之道，天之合也，其愛不可解於心，「以恩制者也」；君臣之道，人之合也，義則從，不義則去，此「以義制者也」。情之至者，遂之則無窮也；情至于無窮，則賢者過之，不肖者不可繼，道所以不行，此不可不以節制者也。遂其所不得申，則無等差；施之於所不必用，則事無實；責之於所不能具，則力不給；必之於所不能行，則人告病，此

〔一〕「三日而食……」條注釋爲「藍田呂氏解見前」，故將其正文移置此處。

不可不以權制也。故恩莫大於父，服莫重於斬衰，極其恩而制其服也。極天下之愛，莫愛於父；極天下之敬，莫敬於君。愛敬生乎心，與生俱生者。故門内以親爲重，故爲父斬衰，親親之至也；門外以君爲重，故爲君亦斬衰，尊尊之至也。内外尊親，其義一也，故以事父之義施之君，此君之服以義制者也。「創鉅者其日久，痛甚者其愈遲。」遂其無窮之情，則情之過者不至于滅性傷生則不止也，情之不及者不知其所勉矣。故三日而殯，未殯不食，既殯食粥納財，朝暮皆一溢米。三月而葬，未葬不沐，既葬將虞，然後沐浴。期而小祥，既小祥，然後練冠練衣，蓋毁不可以久，久則滅性，以死傷生，不得伸其孝矣。天性之恩，非不重也。然先王制禮，必立之中制，使賢者不敢盡〔一〕，不肖者不敢不勉，此道之所以行而無弊也。恩雖重也，歲月之久則不可不除，故喪不過三年。苴麻之衰，所以爲至痛飾也，非求乎完且久，故服雖敝而不補。葬之爲言藏也，封之所以識也，非求乎高大而終不夷也，故「墳墓不培」。哀雖甚也，已過則不可不樂，故既祥而後樂者，皆所以示（至）〔二〕恩重，哀亦不可以無終，此所以爲之節也。魯昭公十九有童心，比葬三易衰，傳亦記其違禮也。孔子既得合葬於防，封之崇四尺，孔子先反，門人後，雨甚至，曰：「防墓崩」。孔子泫然流涕曰：「吾聞之，古不脩墓。」蓋不脩墓〔三〕者，先王所以節孝子之心，孝子雖所不忍言，而不敢過也。檀弓曰：「祥而縞，是月禫，徙月樂。」又曰：「孔子既祥，五日彈琴而不成聲，十日而成笙歌。」又曰：「魯人有朝祥而暮歌者，子路笑之。子曰：『由，爾責於人，終無已夫！』子路出，子曰：『又多乎哉？踰月則善矣。』孟獻子禫，縣而不樂，夫子曰：『獻子加於人一等矣！』」由此觀之，既禫徙月，然後可樂。然孔子亦未以朝祥暮歌爲非，而既祥五日彈琴，乃躬行之，何也？蓋祥者，吉也，自練至于祥，漸而即吉，則古人既祥可樂矣。然又至于禫之徙月爲樂，不忍遽也，以「孟獻子禫，縣

〔一〕「盡」：四庫本作「過」。
〔二〕四庫本、通志堂本、清麓本無「至」字，疑衍。
〔三〕「墓」：通志堂本作「基」。

而不樂」、孔子謂「加於人一等」推之，則樂可行於既祥；然行於既祥善也，既禫猶不樂，此加於人一等也。記謂：「孔子既祥五日，而彈琴。」又曰：「踰月則其〔二〕善。」其說皆可疑也。此篇乃曰「祥之日鼓素琴，告民有終」，其說尤不可取。除喪乃可爲樂，未聞爲樂以告喪之終，仁人孝子之情，疑不出乎此也。謂既祥而樂，猶可矣；「祥之日鼓素琴」，或未然。禮記集說卷第一百六十。又見藍田呂氏禮記傳卷十六。

杖者何也？爵也。三日授子杖，五日授大夫杖，七日授士杖。或曰擔主，或曰輔病。婦人童子不杖，不能病也。百官備，百物具，不言而事行者，扶而起。言而後事行者，杖而起。身自執事而後行者，面垢而已。禿者不髽，傴者不袒，跛者不踊，老病不止酒肉。凡此八者，以權制者也。

先王〔三〕制禮，不遂其所不得申，上文「父在爲母齊衰期」是也；不施於所不必用，「婦人童子不杖」是也；不責其所不能給，「身自執事」、「面垢而已」是也；不必其所不能行，「禿者不髽，傴者不袒」之類是也。四者，禮有所不能行，故以權制之也。所謂「凡此八者」，「父在爲母齊衰期」，一也；「婦人童子不杖」，二也；「杖而起」，三也；「面垢」，四也；「禿者不髽」，五也；「傴者不袒」，六也；「跛者不踊」，七也；「老病不止酒肉」，八也。先儒以「爲母期」爲屬前章，而加「扶而起」爲一，夫「不言」與「扶而起」，乃喪禮之當然。貴者盡之，賤者有所不得遂，故有「杖而起」者，有「面垢」者，蓋以權制也。若「扶而起」，則禮之正，非權也。「父在爲母期」，正以權制，而云屬前章，非也。庾氏之取「父存爲母」爲一，而不知「扶而起」非權，又不數「婦人童子不杖」之科，亦非也。先王制禮，其本致一而不可二也。婦人已嫁爲夫斬，爲其父齊衰期，其致一於夫，雖父不得而抗也。親莫隆於父母，父在爲母齊衰期，其致一於父，雖母不得而抗也。故愛有等差，仁義所以並行，而禮所由立，致于一也。喪之有杖，所以輔病也；孝子毀瘠之至，非

〔二〕清麓本無「其」字。
〔三〕「王」：清麓本作「生」，疑誤。

杖不能起，後世因之以爲節文。親喪則親者杖，君喪則有爵者杖，童子當室則杖，皆以其主喪而有杖，故曰「擔主」也。喪服傳曰：「杖者何？爵也。無爵而杖者何？擔主也。」鄭氏以「擔」音「假」，曰：「擔，假也。尊其爲主，假之以杖。」字訓未之見，恐止音「擔」。擔，負荷也，負荷所主之喪，故授之以杖也。國君之喪，三日子夫人杖，五日大夫世婦杖。大夫之喪，既殯，主人主婦室老皆杖。士之喪，三日之朝主人杖，婦人皆杖，則婦人有杖矣。此云「婦人不杖」者，先儒云「謂皆以幼不能病，故不杖」，其義然也。禮記集説卷第一百六十。又見藍田呂氏禮記傳卷十六。

始死，三日不怠，三月不解，期悲哀，三年憂，恩之殺也。聖人因殺以制節，此喪之所以三年，賢者不得過，不肖者不得不及，此喪之中庸也，王者之所常行也。書曰：「高宗諒闇，三年不言。」善之也。王者莫不行此禮，何以獨善之也？曰：高宗者，武丁。武丁者，殷之賢王也，繼世即位，而慈良於喪，當此之時，殷衰而復興，禮廢而復起，故善之。善之，故載之書中而高之，故謂之「高宗」。三年之喪，君不言。書云：「高宗諒闇，三年不言。」此之謂也。然而曰「言不文」者，謂臣下也。

禮：斬衰之喪，唯而不對；齊衰之喪，對而不言；大功之喪，言而不議；緦、小功之喪，議而不及樂。

子之於親，天性也，不可解於心也。執親之喪，創鉅痛深，雖日月之久，豈有殺乎？此君子所以有終身之憂。然喪必有月筭，服必有變除，天地已易，四時已變，哀之感者亦安能無殺？「創鉅者其日久，痛甚者其愈遲」，此以恩之薄厚而有久近之殺也。「三日不怠，三月不解，期悲哀，三年憂」，此以日月之久近而有哀戚之殺也。始死，哭不絶聲，水漿不入口者三日，此「三日不怠」也；未葬，哭無時，居倚廬，寢不絶[一]絰、帶，此「三月不解」者也；既虞卒哭，惟朝夕哭，此「期悲哀」者也；既練，不朝夕哭，哭無時，謂哀至則哭，此「三年憂」也。君子之居喪，期合乎中者也。有如是之隆殺，聖人因隆殺而致[二]其禮，所謂「品節斯，斯之謂禮」者也。禮者，所以教民之中，故三年之喪，賢者不得

[一]「絶」：清麓本作「説」。
[二]「致」：四庫本、通志堂本、清麓本作「制」。

過，不肖者不敢不勉也。三年之喪，自天子達於庶人，古之道也。書獨稱「高宗諒闇，三年不言」者，先王之禮墜，王者之貴有不能行之者，高宗以善喪聞，而廢禮所由興，故「善之也」。「慈良於喪」，善喪之謂也。書云「高宗諒陰，三年不言」，此云「諒闇」，闇、陰同義，信默之謂也。鄭氏不見古文尚書，其説迂遠，殆不可取。不言而後事行，此人君之喪禮，故高宗「三年不言」也。言而後事行者，杖而起，故「言不文」，此士大夫之喪禮也。所謂「斬衰之喪，唯而不對；齊衰之喪，對而不言」，非人君而亦不言者，謂與賓客接也。若治喪之事，則亦言而後行事也。「唯而不對」，相者代之對也；「對而不言」，應之而不倡也；「言而不議」者，無往反酬問也；「議而不及樂」，有往反酬問而不及樂事也。此因論「三年不言」與「言不文」而及之也，故備引五服之喪，哀之發於言語之節也。禮記集説卷第一百六十。又見藍田呂氏禮記傳卷十六。

父母之喪，衰冠、繩纓、菅屨，三日而食粥，三月而沐，期十三月而練冠，三年而祥。比終茲三節者，仁者可以觀其愛焉，知者可以觀其理焉，强者可以觀其志焉。禮以治之，義以正之，孝子、弟弟、貞婦皆可得而察焉。

父母之喪，其大變有三：始死至于三月，一也；十三月而練，二也；三年而祥，三也。莫不執喪也，善於此者難；莫不善其始也，善於終者難。故「終茲三節」，以善喪稱者，則「孝子、弟弟、貞婦」可得而知也。惻怛痛疾，悲哀志懣，非仁者之篤於愛，則不能也。然哭踊無節，喪期無數，服不別精粗，位不別賓主，乃野人夷狄，直情徑行者，其知不足道也。哀之發於容體、發於聲音、發於言語、發於飲食、發於居處、發於衣服，輕重有等，變除有節[一]，至于襲含斂殯之具，賓客弔哭之文，無所不中於禮，非知者之明於理，則不能也。然有其文矣，實不足以稱之；有其始矣，力不足以終之；其强不足道也，喪事不敢不勉，此强有志者之所能也。故古之善觀人者，察其言動之所趨，而知其情；驗其行事之所久，而知其德。親喪者，人之所自致者也。哭死而哀，非爲生者，則其仁可知矣。「生，事之以禮；死，葬

[一]「節」：四庫本、通志堂本、清麓本作「等」。

之以禮，祭之以禮」，則其知可知矣；先王制禮，不敢不及，則其强可知矣。故君子之觀人，常於此而得之。禮記集説卷第一百六十。又見藍田呂氏禮記傳卷十六。

藍田儀禮説

綱領

冠、昏、射、鄉、燕、聘，天下之達禮也。儀禮所載謂之禮者，禮之經也。禮記所載謂之義者，訓其經之義耳。儀禮集編卷首上。

禮器云：「經禮三百，曲禮三千，其致一也。」中庸云：「禮儀三百，威儀三千，待其人而後行。」然則曲禮者，威儀之謂，皆經之細也。布帛之有經，一成而不可變者也，故經禮象之。經禮三百，蓋若祭祀、朝聘、燕饗、冠昏、鄉射、喪紀之禮，其節文之不可變者，有三百也。布帛之有緯，其文曲折有變而不可常者也，故曲禮象之。曲禮三千，蓋大小尊卑、親踈長幼，並行兼舉，屈伸損益之不可常者，有三千也。今之所傳儀禮者，經禮也。其篇末稱「記」者，記禮之變節，則曲禮也。禮記所載，皆孔子門人所傳授之書；雜收於遺編斷簡者，皆經禮之變節也。儀禮集編卷首下。

士冠禮第一

緇布冠缺項，青組纓屬于缺；緇纚廣終幅，長六尺；皮弁笄、爵弁笄；緇組紘纁邊：同篋。

以布爲卷幘，約四垂短髮而露其髻，冠禮謂之「缺項」。冠者先著此缺項，而後加冠。古者有罪，免冠而缺項存，因謂之免。喪服恐與「冕弁」之「冕」音相亂，故改音「問」。欽定儀禮義疏卷一。又見宋元學案補遺卷三十一。

母拜受。子拜送。母又拜。

冠禮所薦脯醢爲醴子設，非奠廟也。蓋禮有斯須之敬，母雖尊，有從子之道，故當其冠也，以成人之禮禮之。若謂脯自廟來，拜而受之，則子拜送之後，其母又拜，義復何居？欽定儀禮義疏卷二。又見宋元學案補遺卷三十一[一]。

士昏禮第二

昏禮。

物不可以苟合，受之以賁。天下之情不合，則不成其合也。敬則克終，苟則易離，必受以致飾者，所以敬而不苟也。昏禮者，其受賁之義乎？自納彩至親迎，皆男先于女，所以別疑遠恥，成婦之順正也。欽定儀禮義疏卷三。又見宋元學案補遺卷三十一。

納徵，玄纁束帛、儷皮，如納吉禮。

「納徵」者，納幣以聘之也。古之聘士、聘女，皆以幣交。貞潔之女非禮則不行，猶貞潔之士非其招則不往，是以有儷皮、束帛。欽定儀禮義疏卷三。又見宋元學案補遺卷三十一。

請期，用雁。主人辭，賓許告期，如納徵禮。

昏期主於男氏，必請於女氏，固辭然後告者，賓客之義不敢先也。欽定儀禮義疏卷三。又見宋元學案補遺卷三十一。

婦入三月，然後祭行。

宗子之弟死，其子欲祭其父，必從祖祔食祭于宗子之家乎？將就其宮而祭，使其子目主之乎？從祖祔食，止謂

[一] 此條宋元學案補遺爲第一條。

「殤與無後」，若有後者，亦使宗子主之，則是子有不得其事父矣。傳曰：「子不私其父，則不成爲子。」故兄弟生而異宮，所以盡子之私養。及其没也，反不得主其祭，于義可乎？蓋異宮者必祭於其宮，使其子主祭。其祭也，必告于宗子而後行。宗子有祭，必先與焉，卒祭而後祭其父，故曰「支子不祭，祭必告于宗子」，又曰「終事而後敢私祭，若非異宮，則禮有所不得申」；雖祔食于祖廟，亦可以安，所謂不得已焉者也」。儀禮集編卷四。

父醮子，命之曰：「往迎爾相，承我宗事。」

君子之祭也，既内自盡，又外求助，昏禮是也。醮子曰「承我宗事」，詩有「采蘩采蘋」，皆以承先祖，共祭祀爲不失職。欽定儀禮義疏卷三。又見宋元學案補遺卷三十一[一]。

士相見禮第三

士相見之禮。贄，冬用雉，夏用腒，左頭奉之。

諸臣執圭璧，孤執皮帛，婦人無外事，贄用棗栗脯脩，天子無客禮，唯告於鬼神，用鬯以爲贄。欽定儀禮義疏卷五。又見宋元學案補遺卷三十一。

非以君命使，則不稱寡大夫。士則曰寡君之老。

自天子至於士，其臣之貴者皆稱老。記曰：「天子之吏自稱於諸侯，曰天子之老；列國之大夫使于諸侯，自稱曰寡君之老。」又諸侯使卿弔于他國，辭曰「一介老某相執紼」，此天子諸侯之臣稱老者也。魯臧氏老將如晉問，此大夫之臣稱老者也。士昏禮「納采」主人降授老雁，此士之臣稱老者也。欽定儀禮義疏卷五。又見宋元學案補遺卷三十一。

[一] 宋元學案補遺注爲「士昏記」。

鄉飲酒禮第四

鄉飲酒之禮。

鄉人凡有會聚，皆當行此禮，恐不止四事〔一〕。論語載：「鄉人飲酒，杖者出，斯出矣。」〔二〕亦指鄉人而言之。欽定儀禮義疏卷六。又見儀禮集編卷六。

尊兩壺于房户間，斯禁，有玄酒在西。設篚于禁南，東肆。加二勺于兩壺。

〔玄〕〔三〕酒，水也，飲之始也，飲始於水，極味於酒。凡酒之設，皆尚玄酒；質之爲貴，不忘本也。欽定儀禮義疏卷六。

設洗于阼階東南，南北以堂深，東西當東榮。水在洗東。篚在洗西，南肆。

鄉飲酒義云：「洗當東榮，主人之所以自潔而以事〔四〕賓也。」賓雖亦就此洗，不曰賓主共之者，明以敬〔五〕人者自盡也。欽定儀禮義疏卷六。又見宋元學案補遺卷三十一。

降席坐，奠爵，拜告旨，執爵興。主人阼階上答拜。賓西階上北面坐，卒爵，興，坐奠爵，遂拜，執爵興。主人阼階上答拜。

賓敬主人，在禮不在食。鄉飲酒義曰：「卒觶，致實於西階上。言是席之上，非專爲飲食也。」欽定儀禮義疏卷六。

〔一〕欽定儀禮義疏無「恐不止四事」五字，據儀禮集編補。

〔二〕欽定儀禮義疏無「載」及「杖者出斯出矣」七字，據儀禮集編補。

〔三〕「玄」：原脱，據禮記集説卷一百五十六引呂注補。

〔四〕「事」：宋元學案補遺作「篤」，「事」上無「以」字。

〔五〕「敬」：宋元學案補遺作「教」。

揖，讓升。賓厭介，升。介厭衆賓，升。衆賓序升即席。

賓、介與衆賓異矣，賓與介又有等。故介不拜洗，主人不於阼階拜送，「不嚌肺，不啐酒，不告旨」，不自酌酢，主人不酬，省於賓可知矣。衆賓則升受坐祭，立飲不酢，其拜受者，賓長三人，餘則不拜，省於介可知矣。此所以辨隆殺也。欽定儀禮義疏卷六。又見宋元學案補遺卷三十一。

鄉射禮第五

鄉射之禮。

先王制射禮，以善養人於無事之時，使其習之久而安之。君子敬以直内，義以方外，則不疑其所行，故曰：「内志正，外體直，然後持弓矢審固，可以言中也。」欽定儀禮義疏卷八。又見宋元學案補遺卷三十一。

司射遂適階閒，堂下北面命曰：「不鼓不釋。」上射揖。司射退，反位。

孔子曰：「射者何以射？何以聽？循聲而發，發而不失正鵠者，其惟賢者乎！」蓋欲其容體比于禮而多中，故曰「何以射」，欲其節比于樂，故曰「何以聽」。體之所動，耳之所司，不在于他，是謂用志不分，不過于物。欽定儀禮義疏卷九。又見宋元學案補遺卷三十一。

楅髤。横而奉之，南面坐而奠之，南北當洗。

奉者，承之以兩手也。欽定儀禮義疏卷十。

君在，大夫射則肉袒。

孔子曰：「射不主皮，爲力不同科，古之道也。」蓋有禮射，有主皮之射。「不主皮」，禮射也，所謂大射、鄉射是也。爲力者，主皮之射也。主皮者主於獲而已，尚力而不習禮，故曰「爲力不同科」也。禮射者必先比耦，故一耦皆有上射，下射，皆執弓而搢挾矢。其進也，當階，及階，當物，及物，皆揖；其退也亦如之。其行有左右，其升降有先後，其射皆拾發。其取矢於楅也，始進揖，當楅揖，及楅揖，取矢揖，卒取矢揖，既搢挾揖，退與將進者揖。及取矢也，有橫弓卻手，兼弣順羽拾取之節焉。卒射而飲，勝者袒決遂，執張弓；不勝者襲，說決拾，加弛弓，升飲，相揖如初，則「進退周旋必中禮」可見矣。夫先王制禮，豈苟爲繁文末節，使人難行哉？亦曰「以善養人」而已。蓋君子之於天下，必無所不中節然後成德，必力行而後有功。其四支欲於安佚也，苟恭敬之心不勝，則怠惰敖慢之氣生；怠惰敖慢之氣生，則動容周旋不能中乎節，體雖佚而心亦爲之不安；安其所不安，則手足不知所措，故放辟邪侈，踰分犯上，將無所不至，天下之亂自此始矣。聖人憂之，故常謹於繁文末節，以養人於無所事之時，使其習之而不憚煩，則不遜之行亦無自而作，至於久而安之，則非法不行，無所往而非義矣。「君子敬以直內，義以方外，敬義立而德不孤」，則不疑其所行矣。故發而不中節者，常生乎不敬；所存乎內者敬，則所形乎外者莊矣；內外交修，則發乎事者中矣。故曰「內志正，外體直，然後持弓矢審固；持弓矢審固，然後可以言中」也。射，一藝也，容比於禮，節比於樂，而不失正鵠者，是必有樂於義理，久於恭敬，用志不分之心，然後可以得之，則其所以得之者，其德可知矣。故曰「可以觀德行矣」。儀禮集編卷十。

燕禮第六

古之燕禮，有天子燕諸侯者，湛露之詩是也；有燕羣臣者，鹿鳴之詩及記云「君與卿燕，則大夫爲賓；與大夫燕，亦大夫爲賓」是也；有燕賓客者，記云「若與四方之賓燕」，聘禮云「燕與羞俶獻無常數」，大行人（職）〔一〕云上公

〔一〕「職」字疑衍。

「三饗，三食三燕」是也；有燕族人者，文王世子「公與族燕則以齒」是也。欽定儀禮義疏卷十一。

燕禮。

燕以飲爲主，食以食爲主，故燕禮有薦俎而無黍稷，食禮酒漿以漱而不獻，此燕、食之别也。饗禮雖無文，然雜見於傳記者，言爵盈而不飲則不卒爵矣，言有體薦則俎不折矣，言几設不倚則無說〔二〕履升坐矣，此燕、饗之别也。欽定儀禮義疏卷十一。又見宋元學案補遺卷三十一。

射人納賓。賓入及庭，公降一等揖之，公升就席。

賓入，公降揖之，公升席，乃以宰夫爲主人。君不敢以己尊而略賓主之敬，臣不敢以爲賓而屈君之尊，故燕禮之節，禮之於賓主，義之於君臣，並行而不相悖。欽定儀禮義疏卷十一。

有房中之樂。

禮之所貴，别而已矣。貴賤相差，自王、公、卿、士以至皁、輿、隸、僚僕、臺各有其等。君者，積尊而爲之也。苟無差等，下將得而犯之。燕禮之别君、卿、大夫、士、庶子皆有次，其獻之皆有序，雖以施恵盡歡，而貴賤之義，極其密察矣。欽定儀禮義疏卷十二。

大射儀第七

古之選士，中多者得與於祭。蓋禮樂節文之多，惟射與祭爲然，能盡射之節文而不失其敬，可以奉祭祀矣。能心平體正，持弓矢審固而中多，其誠可以事鬼神矣。欽定儀禮義疏卷十三。又見宋元學案補遺卷三十一。

〔二〕「說」：宋元學案補遺作「脫」。

覲禮第十

古者謂相見曰「朝」，相問曰「聘」。臣見于君、子見于親、賤見于貴，皆謂之「朝」。以朝暮别之，則朝見曰「朝」，暮見曰「夕」。以春秋别之，則春見曰「朝」，秋見曰「覲」。然考之舜典「二月，東廵守，肆覲東后」，則春亦曰「覲」。蓋「朝」「覲」互名，至周始以春秋别之。又有夏宗冬遇，以備四時之朝。又曰「春朝以圖天下之事，秋覲以比邦國之功，夏宗以陳天下之謨，冬遇以協諸侯之慮」，則四者非獨時異，事亦異矣。曲禮言天子之立有「當依」、「當宁」之别，其朝位有「諸侯北面」及「諸公東面」、「諸侯西面」之别，則朝覲之禮，非獨事異，儀亦異矣。儀禮集編卷二十一。

同姓大國則曰伯父，其異姓則曰伯舅。同姓小邦則曰叔父，其異姓則曰叔舅。

父與舅以姓同異而别也，伯與叔以位尊卑而别也。謂之父與舅，尊之親之之辭也。欽定儀禮義疏卷二十一。

士喪禮第十二

主人髻髮，袒，衆主人免于房。

免以布爲卷幘，以約四垂短髮，而露其髻，於冠禮謂之「缺項」。冠者必先著此缺項，而後加冠。故古者有罪，免冠而缺項獨存，因謂之「免」者。「免」以其與「冕弁」之「冕」其音相亂，故改音「問」。儀禮集編卷二十七。

既夕禮第十三

猶朝夕哭，不奠，三虞。卒哭，明日以其班祔。

禮之祔祭，各以昭穆之班，祔于其祖，主人未除喪，主未遷于新廟，故以其主附藏于祖廟，有祭即而祭之。既除喪，而後主遷于新廟，故謂之「祔」。左氏傳云：「君薨，祔而作主，特祀于主，烝嘗禘于廟。」周人未葬，奠于殯，虞則立尸，有几筵，卒哭而祔，祔始作主。既祔之祭，有練、有祥、有禫，皆特祀其主于祔之廟。至除喪，然後主遷新廟，以時而烝嘗禘焉。不立主者，其祔亦然。士虞禮及雜記所載祔祭，皆是殷人練而祔，則未練以前，猶祭于寢，有未忍遽改之心，此孔子所以善殷。儀禮集編卷三十。

士虞禮第十四

饗辭曰：「哀子某，圭爲而哀薦之，饗。」明日以其班祔。

禮之祔祭，各以昭穆之班，祔於祖廟，有祭即而祭之。既除喪而後遷於新廟，此之謂「祔」。欽定儀禮義疏卷三十三。

少牢饋食禮第十六

遂述命曰：「假爾大筮有常，孝孫某，來日丁亥，用薦歲事於皇祖伯某，以某妃配某氏，尚饗。」

大夫之於卜，三命之，涖卜以主人所卜命卜史，如士喪禮：「宗人受卜人龜，示高；涖卜受視，反之；宗人還，少退受命，命曰：『哀子某，來日卜葬其父某甫，考降，無有近悔。』許諾，不述命。還即席，西面坐，命龜，興，授卜人龜。」蓋士禮畧，故不述命。若大夫，則命卜以主人之命命宗人，宗人述涖卜之命，即席坐，又命龜曰：「假爾泰龜有常。」是所謂三命之士。卜不述命，則二命之是也。大夫於筮，則二命之，少牢饋食禮「史受命於主人，主人曰：孝孫某，來日丁亥，用薦歲事云云。史曰諾，西面遂述命曰：假爾泰筮有常，孝孫某來日丁亥」云云是也。士筮則一命之，特牲禮云「宰自主人之左贊命，筮者許諾，即席坐筮」是也。言「泰龜」、「泰筮」，尊而大之也。「有常」，言吉凶不僭也。儀禮集編卷三十七。

藍田禮記説

禮聞取于人，不聞取人，學者之道也。禮聞來學，不聞往教，教者之道也。取，猶致也。致于人者，我爲人所致而教之，在教者言之，則來學者也。取人者，我致人以教己，在教者言之，則往教者也。師嚴然後道尊，道尊然後民知敬學，友不可以有挾，况于師乎？雖天子不召師，况于學者乎？

師弟之分不正，則學之意不誠；學之意不誠，則師弟之情不親而教不行。

人之所以異于禽獸者，以有别也。有别者先于男女，天地之義，人倫之始。内則曰：「禮始于謹夫婦，爲宫室，辨内外，男子居外，婦人居内，深宫固門，閽寺守之，男不入，女不出。」所以别于居處者至矣！「非祭非喪，不相授器。其相受，則女授以篚，其無篚，則皆坐奠之而後取之」，「不雜坐」，「不通乞假」，「内言不出，外言不入」，所以别于往來者至矣！道路，「男子由右，婦人由左」；「女子出門，必擁蔽其面，夜行以燭，無燭則止」；「御婦人則進左手」，所以别于出入者至矣！「外内不共井，不共湢浴，不通寢席，不通衣裳」；「不同椸枷，不同巾櫛」；「不敢縣于夫之楎椸，不敢藏于夫之篋笥」，所以别于服御器用者至矣！「姑姊妹女子子」，天屬也；許嫁，則「非有大故，不入其門」；「已嫁而反」，則不與「同席而坐」、「同器而食」。嫂與諸母，同宫之親也；嫂叔則不通問，諸母則不漱裳。妻之母，婚姻之近屬也。婿見主婦，闔扉立于其内，婿立于門外，東面，主婦一拜，婿答再拜，主婦又拜，婿出，所以别于宗族婚姻者至矣！「男女非有行媒，不相知名」；非受幣，不交不親；必日月以告君，齊戒以告鬼神，爲酒食以召鄉黨僚友。取妻不取同姓，買妾不知其姓則卜之。寡婦之子，非有見焉，則弗與爲友」，所以厚别于交際者至矣！「男女不雜坐」，經雖無文，然喪祭之禮、男女之位異矣：男子在堂，則女子在房；男子在堂下，則女子在堂上；男子在東方，則女子在西方。坐亦當然。

「出必告，反必面」，受命于親而不敢專也。「所遊必有常，所習必有業」，體親之愛而不敢貽其憂也。「恒言不稱老」，極子之慕而不忍忘也。出入而無所受命，是遺親也。親之愛子，至矣！所遊必欲其安，所習必欲其正，苟輕身而不自愛，則非可以養其志也。君子之事親，親雖老而不失乎孺子慕者，愛親之至也。孟子曰：「五十而慕，予于大舜見之矣。」故髧彼兩髦，爲孺子之飾。苟常言而稱老，則忘親而非慕也。以上曲禮上。

喪不貳事，則祭雖至重，亦有所不可行。蓋祭而誠至則忘哀，祭而誠不至不如不祭之爲愈也。後人哀死不如古人之隆，故多疑于此。王制。

祀天，禮之至敬者也，然人道有所未盡，故從其祖配之。所謂配者，當於祀天禮成之後迎祖尸，以人鬼之禮祭之。必配祭者，所以盡人道之至愛。凡言配天及郊祀之有尸者，義當如此。郊特牲。

内則一篇，首言「后王命冢宰，降德于衆兆民」，蓋三代所以教天下者皆以是。自秦、漢以來，外風俗而論政事，不復以人家事爲問矣。内則。

宗子法久不行，今雖士大夫，亦無收族之法，欲約小宗之法，且許士大夫家行之。其異宮同財，有餘則歸，不足則取，及昏冠喪祭必告，皆今可行。仍似古法，詳立條制，使之遵行，以爲睦宗之道，亦無所害于今法，可以漸消析居爭競之醜，所補當不細矣。大傳。

禮樂之原，在于一心。孔子閒居。

以聖人之所性而議道，則無不盡；以衆人之可爲而制法，則法無不行。

文王非無武，武王非無文，止取其一以爲謚，惟恐名浮于行。以上表記。

莊生之言非不善也，卒不可以治天下國家，此言之飾也。五霸假仁義而行，非不美也，而後世無傳焉，此行之飾也。緇衣。

深衣之用，上下不嫌同名，吉凶不嫌同制，男女不嫌同服。諸侯、大夫、士夕深衣，庶人吉服深衣，此上下之同也。有虞氏深衣而養老；將軍文子除喪而受越人弔，練冠、深衣；親迎，女在塗，婿之父母死，深衣、縞總以趨喪。此吉凶、男女之同也。深衣。

「其過失可微辨而不可面數」一句，乃尚氣好勝之言，于義理未合。成湯改過不吝，子路聞過則喜，推是心也，苟有過失，雖怨詈且將受之，况面數乎？

人有知不知，吾所恃者，尚論古之人而有命也；　時有遇不遇，吾所守者，不喪乎本心也；　志有行不行，吾所存者，不敢忘天下也。三者，義理之所在，至於窮不悔、達不變，自信之篤者也。以上儒行。

容體、顔色、辭令，三者脩身之要，必學而後成，必成人而後備。童子，未成人者也，自七年始教，至于二十，則三者備矣，然後可以冠而責成人之事。

父老則傳之子，姑老則傳之婦，所傳皆適也。故冠禮子冠於阼，昏禮舅姑饗婦，卒饗，降自西階，婦降自阼階，所以著其傳付之意也。未嘗傳而示之以傳付之意，所以使之知繼之之重，敬守而不敢墜也。

古者重事必行之廟中。昏禮納采至親迎，皆主人筵几于廟；　聘禮君親拜迎于大門之外而廟受；　爵有德，禄有功，君親策命于廟；　喪禮既啟則朝于廟，皆所以示有所尊而不敢專也。冠禮者，人道之始，所不可後也。孝子之事親也，有大事以告而後行，殁則行諸廟，猶是義也。故大孝終身慕父母者，非終父母之身，終其身之謂也。以上冠義。

古之大孝，養志而已。雖有三牲之養，而不能和其家人，則不足以解憂，其養也微矣。婦順舅姑，何以異此？故「和於室人，而後當於夫，以成絲麻、布帛之事，以審守委積、蓋藏」，是亦養志者也。養志者，順莫大焉，故「内和理而後家可長久也」。昏義。

禮之所尊，尊其義也。其文則擯相習之，其義則君子知之。脩其文，達其義，然後可以化民成俗也。貴賤明，隆殺辨，和樂而不流，弟長而無遺，安燕而不亂，此五者皆見于飲酒之禮，而可以化民成俗，故曰「吾觀于鄉，知王道之易易也」。易謂易行。

「一生二，二生三，三生萬物。」「三」者，物之所由致，是故禮有三讓，賓有三賓，國有三卿。上法於月，則三日成魄，三月成時，政教所本，禮之所以行也。以上鄉飲酒義。

君子責己重而責人輕，我之不中則反求諸己，曰：「非病也，不能也。」必「心平體正，持弓矢審固」，「循聲而發，發而不失正鵠者」，唯賢者能之，非不肖者所能也，此責己之重也。彼之不中，則曰：「非不能也，病也，老也。」酒者，所以養老與病也。揖讓而升，以禮相下，以飲其不勝者，此責人之輕也。射義。

禮之所貴，别而已矣。貴貴之義有所不行，此亂之所由生也。燕禮之别，故上卿、小卿、大夫、士、庶子，其席其就位，皆有次；獻君、獻卿、獻大夫、獻士、獻庶子，及舉旅行酬，皆有序；「俎、豆、牲體、薦、羞，皆有等」。養君臣貴賤之義，極其密察，至于此者，所以防亂也。燕義。

大行人「五人」、「四人」、「三人」，此王迎朝賓之擯也。諸侯之卿，各下其君二等，則主待聘客之擯，上公當三人，侯伯二人，子男一人矣。聘禮、聘義皆云：「卿爲上擯，大夫爲承擯，士爲紹擯。」必三人而後備，亦舉公禮言之也。鄭以王待諸侯之擯，爲諸侯待賓客之擯，恐未然。

古者制國用，量入以爲出。至于國新殺禮，凶荒殺禮，故有祈以幣更、賓以特牲者，則用財于賓客，不皆如此之厚也。然禮存其數，將使富而奢汰者不敢過制，貧而儉嗇者不敢不盡，則盡之於禮。此天子所以養諸侯，使内外不相侵陵之道也。以上聘義。

輯自四明叢書本宋元學案補遺卷三十一。

易章句

乾(卦一)

☰ 乾下乾上

乾。元、亨、利、貞。

元，所以本也。亨，所以交也。利，所以成功也。貞，所以爲主也。大易集義上經卷一。又見合訂刪補大易集義粹言卷一、大易擇言卷一。

用九，見羣龍無首，吉。

揲蓍三變，歸奇於初，其爲四者：有七則爲少陽，有八則爲少陰，有九則爲老陽，有六則爲老陰。占遇七八則不變，不變者，觀其彖辭而言吉凶；彖即卦辭。遇九六則變，變者，觀其爻而言吉凶也。爻辭稱九六而不稱七八，蓋變者有占，占必有辭，故繫辭於爻之下以定吉凶也。乾、坤稱用九、用六者，六爻皆九、皆六則俱變故，亦繫之以辭而有吉凶，他卦之所無也。左傳蔡墨以乾用九爲遇乾之坤，故知六爻皆變[一]。大易集義上經卷一。又見合訂刪補大易集義粹言卷一、厚齋易學卷五。

初九曰「潛龍勿用」，何謂也。子曰：「龍德而隱者也。不易乎世，不成乎名；遯世無悶，不見是而無悶；樂則行之，憂

[一] 此句釋文合訂誤刊爲正文。

則違之；確乎其不可拔，潛龍也。」

「不易乎世」與孔子所謂「天下有道，丘不與易也」之「易」同，孟子云「夷子思以易天下」亦然。「不成乎名」與「博學而無所成名」同。大易集義上經卷一。又見合訂刪補大易集義粹言卷三。

九二曰「見龍在田，利見大人」，何謂也？子曰：「龍德而正中者也。庸言之信，庸行之謹，閑邪而存其誠，善世而不伐，德博而化。易曰：『見龍在田，利見大人。』君德也。」

皆乾也，九二之中，君德也；九五之中，天德也。君德使民有所視傚，故曰「見」；天德卓越，積盛而至，不可階而升，故曰「飛」。人倫者，天下之常道，百世所不易，大君所先治也。九二，人道之極而位正中，惟人倫之爲務，故「庸言之信，庸行之謹」。九二成德所以常久而不敝，在乎「閑邪」、「不伐」而已。初「潛」，學也；二「見」，用也；三「乾乾」、四「或躍」，離乎人而未至於天也；五絶羣離類，位乎天也；上過則亢，大成若缺，則不至乎亢以有悔也。大易集義上經卷一。又見合訂刪補大易集義粹言卷三。

九三曰「君子終日乾乾，夕惕若，厲無咎」，何謂也？子曰：「君子進德脩業。忠信，所以進德也；脩辭立其誠，所以居業也。知至至之，可與幾也；知終終之，可與存義也。是故居上位而不驕，在下位而不憂。故乾乾因其時而惕，雖危無咎矣。」

忠信進德如有諸己，又知所以充實之也。「脩辭立其誠」，正名是事，行其實以稱之也。「所立卓爾」，而欲從之，「知至至之」也，於德有先見之明也；「人不堪其憂，而不改其樂」，「知終終之」也，於分有自〔一〕安之義也。大易集義上經卷一。又見合訂刪補大易集義粹言卷三。

九四曰「或躍在淵，無咎」，何謂也？子曰：「上下無常，非爲邪也。進退無常，非離羣也。君子進德脩業，欲及時也，故

〔一〕「自」：合訂作「當」。

無咎。」

淵者，水回旋者也。水之回旋，其下必深，故淵亦爲深物之隨流者，至於波瀾回旋，則非強有力者莫之能出矣。九四上不在天，下不在田，中不在人，進而不已，自於危疑之地，「或躍在淵」者也。大易集義上經卷一。又見合訂刪補大易集義粹言卷三。

坤（卦二）

䷁ 坤下坤上

坤。元亨，利牝馬之貞。君子有攸往，先迷，後得主，利。西南得朋，東北喪朋。安貞，吉。

馬之爲畜，爲人服習乘之以行地者，以柔順也。牝馬不事犇踶，柔順之至也。柔順之敝，必入於邪，苟爲利貞則[吉]〔一〕。大易集義上經卷二。又見合訂刪補大易集義粹言卷五。

彖曰：「至哉，坤元！萬物資生，乃順承天。坤厚載物，德合無疆。含弘光大，品物咸亨。牝馬地類，行地無疆，柔順利貞。君子攸行，先迷失道，後順得常。西南得朋，乃與類行；東北喪朋，乃終有慶。安貞之吉，應地無疆。」

乾之體，大矣！坤之効乾之法，至乾之大而後已，故乾元曰「大哉」，坤元曰「至哉」。大易集義上經卷二。又見合訂刪補大易集義粹言卷五、大易擇言卷二。

六二，直方大，不習無不利。象曰：「六二之動，直以方也。『不習無不利』，地道光也。」

理義者，人心之所同然，屈而不信，私意害之也；理義者，天下之所共由，畔而去之，無法以閑之也。私意害之，

〔一〕集義脫「吉」字，據合訂補。

不欽莫大焉；無法以閑之，未有不流於不義也。直，則信之而已，方，則匡之而已，非有加損於其間，使知不喪其所有、不失其所行而已。二者，克己復禮者也。克己復禮，則天下莫非吾體，此其所以大也。心誠求之，雖不中，不遠矣，此所以「不習無不利」也。六二居坤下體，柔順而中，君子存心治身，莫宜於此。大易集義上經卷二。又見合訂刪補大易集義粹言卷五。

六五，黃裳元吉。象曰：「『黃裳元吉』，文在中也。」

六五充實之至，將至於有光輝，大人之學至矣！大易集義上經卷二。又見合訂刪補大易集義粹言卷五。

上六，龍戰于野，其血玄黃。象曰：「『龍戰于野』，其道窮也。」

上六陰柔之物，極則變，居上則不利。大易集義上經卷二。又見合訂刪補大易集義粹言卷五。

屯（卦三）

䷂ 震下坎上

屯。元、亨、利、貞。勿用有攸往，利建侯。

象曰：「屯，剛柔相交而難生，動乎險中，大亨貞。雷雨之動滿盈，天造草昧，宜建侯而不寧。」

屯者，物始生而未達者也。震欲動而坎難之，抑鬱而未達，非「大亨貞」不足以濟之。「勿用有攸往」，久之以有待也；「利建侯」，各付其所主也。久之有待，故「滿盈」也；各付其所主以經綸於「草昧」，故「不寧」也。大易集義上經卷三。又見合訂刪補大易集義粹言卷七、厚齋易學卷六。

六二，屯如邅如，乘馬班如，匪寇婚媾。女子貞不字，十年乃字。象曰：「六二之難，乘剛也。『十年乃字』，反常也。」

左傳有「班馬之聲」，則「班」，分別也。「班如」者，別而相遠者也。六二近初而應五，六四應初而近五，皆與近者遠別而求正應，故皆曰「乘馬班如」。上六無應，雖比於五，不可得而親，故亦曰「班如」。大易集義上經卷三。又見合訂刪補大易集義粹言卷七。

女子者，常其德以待正，而不可與權者也。凡易之情，近而不相得則凶，或害之，悔且吝。屯者，人求其主之時。六二欲求其主，而初不相得，以爲之難也。厚齋易學卷六。

六三，即鹿無虞，唯入于林中，君子幾不如舍，往吝。象曰：「『即鹿無虞』，以從禽也。君子舍之，往吝窮也。」

二、四皆有正應，三〔一〕居其間，遠則無應，近不同志，而悵悵然欲進有所求，「即鹿無虞」者也。「惟入于林中」，終無獲也。父母之心，人皆有之，不待媒妁之言而行者，父母、國人皆賤之。惟君子見幾而作，不往以取吝也。大易集義上經卷三。又見合訂刪補大易集義粹言卷七、厚齋易學卷六。

蒙（卦四）

䷃　坎下艮上

彖曰：「蒙，山下有險，險而止，蒙。『蒙亨』，以亨行時中也。『匪我求童蒙，童蒙求我』，志應也。『初筮告』，以剛中也。『再三瀆，瀆則不告』，瀆蒙也。蒙以養正，聖功也。」

蒙者，物有所蔽而未發也。是卦也，主發蒙而言，故曰「蒙亨」，以發爲亨也。發蒙，教者也。蒙，學者也。教者之心所施於學者，皆亨道也。君子之教者五，所謂「以亨行時中」也。「匪我求童蒙，童蒙求我」，有來學，無往教也。「不憤不啟，不悱不發」，彼有來學之誠，乃可授之以教，「志應」也。童蒙之質，德性未喪，特未發耳，由是而養之以正，不

〔一〕「三」：厚齋易學作「爻」，誤。

流于邪，雖聖人之學不越于是，故曰「聖功也」。「利貞」者，貞則不失其性也。大易集義上經卷四。又見合訂删補大易集義粹言卷八。

象曰：「山下有泉，蒙。君子以果行育德。」

「險而止，蒙」，「山下出泉，蒙」，涵蓄而未發也。[一]合訂删補大易集義粹言卷八。

初六，發蒙，利用刑人，用説桎梏，以往吝。象曰：「『利用刑人』，以正法也。」

初六處蒙之初，前遇陽明，正性不流矣。「利用刑人」，有所斷也。「用説桎梏」，無所拘也。不知自反而唯克以勝之，術斯以往，吝道也。大易集義上經卷四。又見合訂删補大易集義粹言卷八。

九二，包蒙，吉。納婦，吉。子克家。象曰：「『子克家』，剛柔接也。」

九二以陽居二陰之中，含德而不用，故曰「包蒙」。婦從夫，子從親者也，以順爲正，故「納婦吉」。幹蠱無違，言必稱親，「子克家」者也。大易集義上經卷四。又見合訂删補大易集義粹言卷八。

六三，勿用取女，見金夫，不有躬，無攸利。象曰：「『勿用取女』，行不順也。」

六三以陰居陽，不正不中，流於邪者也。舍正，應於上而近比於二，「行不順也」。「金夫」，正也，以不正而見乎[二]正，故「不有躬，無攸利」。若斯之女，「勿用取」也。大易集義上經卷四。又見合訂删補大易集義粹言卷八。

六五，童蒙吉。象曰：「童蒙之吉，順以巽也。」

六五居蒙之時，在上居中，大人不失赤子之心者也。大易集義上經卷四。又見合訂删補大易集義粹言卷八。

上九，擊蒙，不利爲寇，利禦寇。象曰：「『利』用『禦寇』，上下順也。」

[一] 此條集義中印刷出現問題：該頁只有兩行，且第二行只存右半側。

[二] 「乎」：四庫本合訂作「于」。

上九以陽居上，群蒙之主，上下順以從之，可以「擊蒙」者也。蒙而怙，終不可教也，故至于擊。擊蒙〔一〕之時，明者勝而闇者不勝，寇者在彼，禦之者在我。凡爲寇者，以闇寇明也。彼蒙不發，必來爲寇。「不利爲寇」者，彼闇而物莫之助也。「利禦寇」者，我明而上下順也。大易集義上經卷四。又見合訂删補大易集義粹言卷八、厚齋易學卷六。

需（卦五）

䷄ 乾下坎上

需。有孚，光亨，貞吉。利涉大川。

需有所待而進也，乾健欲進而險在前，姑有所待，終必濟也。有所待者，久則孚，孚則光亨，乾之用也。「利涉大川」，剛健乃濟也〔二〕。大易集義上經卷五。又見合訂删補大易集義粹言卷九。

象曰：「雲上於天，需。君子以飲食宴樂。」

「雲上於天」，下必得澤。「飲食宴樂」〔三〕，以歡待下，上之澤也。大易集義上經卷五。又見合訂删補大易集義粹言卷九。

九五，需于酒食，貞吉。象曰：「酒食貞吉，以中正也。」

九五陽居至尊中正之位，三陽上進，志同情悅，「需于酒食」，以交歡也。交歡之事，以道相待，非苟悅也。大易集義

〔一〕「擊蒙」：四庫本合訂作「蒙蒙」，誤。

〔二〕此條陳俊民先生據文義改置於彖辭之下。而從集義來看，魏了翁在此句後和彖辭後均引程伊川注釋，這個旁證可以證明魏了翁並沒有將順序搞錯，呂大臨易章句也同樣不會。通志堂本和四庫本合訂亦將此句置於這個位置，它們可相互爲證。

〔三〕「宴樂」：合訂作「燕樂」。

上經卷五。又見合訂删補大易集義粹言卷九。

訟（卦六）

䷅ 坎下乾上

彖曰：「訟，上剛下險，險而健，訟。『訟有孚窒惕，中吉』，剛來而得中也。『終凶』，訟不可成也。『利見大人』，尚中正也。『不利涉大川』，入于淵也。」

訟，兩以曲直爭也。「險而健」，其勢必爭，此所以訟也。訟之時，可以理勝，而不可多上。人不得已而訟，求伸則已，此「有孚窒惕」然後可訟，中則吉，終則凶也。「利見大人」，曲直當也。訟，險事也，居訟之時，不求理勝而以力爭，是以健涉險，必不濟矣。需險在前，非健不濟。訟不尚力，愈健愈屈，此需所以利涉大川，而訟所以不利，所遭之時異也。「入于淵」，回旋而不得出也。居訟之時，陰爻終吉而陽多不克，不尚力也。合訂删補大易集義粹言卷十。

初六，不永所事，小有言，終吉。象曰：「『不永所事』，訟不可長也。雖『小有言』，其辯明也。」

六以柔弱而訟於下，其義固不可長〔一〕也，永其訟則不勝而禍難及矣。凡〔二〕於訟之初即戒訟，非可長之事也。柔弱居下，才不能訟。雖「不永所事」，既訟矣，必有小災，故「小有言」也。既不永其事，又上有剛陽正應，辯〔三〕之理明，故終得其吉也。不然，其能免乎？在訟之義：同位而相應，相與者也，故初於〔四〕四爲獲其「辯明」；同位而不相得，

〔一〕「不可長」：合訂作「不可長永」。
〔二〕「凡」：合訂作「又」。
〔三〕「辯」：四庫本作「辨」。
〔四〕「於」：疑爲「與」。

相訟者也，故二與五爲對敵也。大易集義上經卷六。又見合訂刪補大易集義粹言卷十〔一〕。

九二，不克訟，歸而逋其邑人三百戶，無眚。象曰：「『不克訟』，歸逋竄也。自下訟上，患至掇也。」

義既不敵，故不能訟。歸而逋竄，避去其所也。自下而訟其上，義乖勢屈，禍患之至，猶拾掇而取之，言易得也。「掇」，自取也。大易集義上經卷六。

九二居二陰之間，上無正應，比初則爲四所拒，比三則爲上所拒。剛體不屈，自下訟上，理卒不勝，不如退就窮約，克己自新，亦庶乎無過也。知歸而自反，以居中也。合訂刪補大易集義粹言卷十。

九四，不克訟，復即命，渝，安貞吉。象曰：「『復即命，渝』，安貞不失也。」

二欲比初，初應在四，固已自辯〔二〕，九四不諒，猶「小有言」。初卒明辯九四之訟，所以不克。然四雖以剛致訟，而居陰位，能以理自反者也，故曰「復即命，渝，安貞吉」也。合訂刪補大易集義粹言卷十。

師（卦七）

䷆ 坎下坤上

象曰：「師，衆也。貞，正也。能以衆正，可以王矣。剛中而應，行險而順，以此毒天下，而民從之，吉又何咎矣？」

師，帥衆有所治也。丈人，老成之稱也。「鄉人飲酒，杖者出，斯出矣！」「丈」、「杖」同。用杖者，即丈〔三〕人，故古

〔一〕此條合訂中誤刊入「伊川先生曰」條。

〔二〕「辯」：合訂作「辨」。

〔三〕「丈」：通志堂同治十二年刊本合訂作「大」。

者皆以老者爲丈人也。更事老成，乃可以帥衆治人而吉無咎矣。必曰「丈人」者，以剛中也。用師者，勞役其民而責之以死，毒莫甚焉。其勞乃所以求其佚，其死乃所以保其生也，故雖毒之而民從也。合訂刪補大易集義粹言卷十一。

初六，師出以律，否臧凶。象曰：「『師出以律』，失律，凶也。」

初六行師之始，以陰柔居之，失律也。合訂刪補大易集義粹言卷十一。

六四，師左次，無咎。象曰：「『左次無咎』，未失常也。」

「左次」，謂退舍也，陰柔不中而居陰得正，故其象如此。全師以退，賢於六三遠矣，故其占如此。行師之道，因時施宜，乃其常也，故「左次」未必爲失也。如四退次，乃得其宜，是以無咎。知難而退，師之常也。大易集義上經卷七。

六五，田有禽，利執言，無咎。長子帥師，弟子輿尸，貞凶。象曰：「『長子帥師』，以中行也。『弟子輿尸』，使不當也。」

六五犯而後應，可以奉辭伐罪。體上居中，雖長子之位，然以柔御柔，不足以令其屬，「弟子輿尸」者也。改之則可，守是不變，必凶，故曰「貞凶」。「弟子」，謂六三、六四也。合訂刪補大易集義粹言卷十一。

上六，大君有命，開國承家，小人勿用。象曰：「『大君有命』，以正功也。『小人勿用』，必亂邦也。」

上六用師之終，賞功之時也。以陰居上，小人有功而被賞者也。小人有功，多與之邑可矣，「開國承家」，不可用也。合訂刪補大易集義粹言卷十一。

比（卦八）

䷇ 坤下坎上

比，吉。原筮，元永貞，無咎。不寧方來，後夫凶。

人之不能自保其安寧，方且來求親比；得所比，則能保其安。當其不寧之時，固宜汲汲以求比。若獨立自恃，求比之志不速，而後則雖夫亦凶矣。夫猶凶，況柔弱者乎？夫，剛立之稱。傳曰：「子南，夫也。」又曰：「是謂我非夫。」凡生天地之間者，未有不相親比而能自存者也；雖剛強之至，未有能獨立者也。比之道，由兩志相求；兩志不相求，則睽矣。君懷撫其下，下親輔於上。親戚、朋友、鄉黨，皆然。故當上下合意以相從，苟無相求之意，則離而凶矣。大抵人情相求則合，相特則睽。相特，相待莫先也。人之相親，故有道然，而欲比之志不可緩也。大易集義上經卷八。

象曰：「比，吉也。比，輔也，下順從也。『原筮，元永貞，無咎』，以剛中也。『不寧方來』，上下應也。『後夫凶』，其道窮也。」

比，有所附合也。「君子周而不比」，比者二人同附，周則與衆合也。比以一陽居中在上，而五陰比之，顯比者也，顯比則周矣。人道主交，故比則吉。原有所究，筮有所占，信不信之情，必不可度。又有元永貞之德，則不入於邪，然後可與人比而無咎也。合訂刪補大易集義粹言卷十二。

象曰：「地上有水，比。先王以建萬國，親諸侯。」

地中有水，則容畜而不散，可以聯什伍而成軍。「地上有水」，則浸灌旁及，可以交四鄰而修好。合訂刪補大易集義粹言卷十二。

初六，有孚，比之無咎。有孚盈缶，終來有它，吉。象曰：「比之初六，無它吉也。」

初六前遇三陰，莫適比也。莫適比則無所私，無所私則有信而已。以信比之，何往不可，故以「有孚，比之無咎」矣。初位在下，其爲器也小，苟充其所受而不餒，亦足以感物，而助之者自能至矣，況充其大者乎？合訂刪補大易集義粹言卷十二。

六二，比之自內，貞吉。象曰：「『比之自內』，不自失也。」

比之時，主比而不主應。諸爻皆比，二獨應五，守貞性於內而不失者也。合訂刪補大易集義粹言卷十二。

六三，比之匪人。象曰：「『比之匪人』，不亦傷乎？」

六三居二陰之間，所比皆不善也，故曰「匪人」。合訂刪補大易集義粹言卷十二。

六四，外比之，貞吉。象曰：「外比於賢，以從上也。」

六四獨比於五，所比陽也。雖獨有所附，所附者賢。守是不變，亦可以獲吉。合訂刪補大易集義粹言卷十二。

九五，顯比，王用三驅，失前禽，邑人不誡，吉。象曰：「顯比之吉，位正中也。舍逆取順，失前禽也。『邑人不誡』，上使中也。」

九五以一陽爲衆陰之主，從之者吉，背之者凶，「顯比」者也。如三驅之法，明示以舍逆取順之道也。「邑」，國中也。天子之有天下，諸侯之有四境，其國中之民，近我者也。顯比之道不間於幽遠，則近者必不誡也。「使」，用也。上之所用以中，無遠近之情不合也。合訂刪補大易集義粹言卷十二。

小畜（卦九）

䷈ 乾下巽上

象曰：「小畜，柔得位而上下應之，曰小畜。健而巽，剛中而志行，乃亨。『密雲不雨』，尚往也。『自我西郊』，施未行也。」

小畜，大畜，據其所自得也，所得有小大，故謂之「大畜」、「小畜」。「柔得位而上下應之」，畜之小者也；剛上而尚賢，畜之大者也。以巽畜健，所畜小也；以止畜健，所畜大也。雲自東而徂西則雨，自西而徂東則不雨。陰生於西，陽生於東，陽往交陰，陰能固之，乃雨。陰往交陽，而陽不應，則何從而雨？故「自我西郊」者，言雲自西而徂東也。合訂刪補大易集義粹言卷十三。

初九，復自道，何其咎，吉。象曰：「『復其道』，其義吉也。」

乾體本上，乃今居下，求復者也。乾雖求復，當畜之時，巽陰固之而求獲乎復，然乾體當復自道也，巽雖固乾，其體則巽。六四以陰居陰，獨爲正應，以斯而復，雖若犯上，其義則吉，無所疑也。合訂刪補大易集義粹言卷十三。

九二，牽復，吉。象曰：「『牽復』在中，亦不自失也」。

巽雖固乾，而九五陽得尊位，與二同物。二不敢進，牽五求復，居中無邪，又不失乾，當復之義。合訂刪補大易集義粹言卷十三。

九三，輿説輻，夫妻反目。象曰：「『夫妻反目』，不能正室也。」

九三一爻雖比六四，當畜之時，陰爲主，故三陽不得進。上雖巽體，以陽居上，陰之盛者與三合志，畜之愈固。説輻而行，反目不媒者也。合訂刪補大易集義粹言卷十三。

六四，有孚血去，惕出，無咎。象曰：「『有孚』、『惕出』，上合志也。」

四既有孚，則五信任之，與之合志，所以得「惕出」而無咎也。陽出則血去，可知夆其輕者也。五既合志，衆陽皆從之矣。大易集義上經卷九。

九五，有孚攣如，富以其鄰。象曰：「『有孚攣如』，不獨富也。」

九五爲二所牽，二中無邪，乾體當復，不能深距者也。然陽居尊位，全盛之勢可以及鄰。鄰志不同，均富及之，冀爲吾用。鄰爲四與上也。合訂刪補大易集義粹言卷十三。

履（卦十）

䷉ 乾上兑下

象曰：「履，柔履剛也。説而應乎乾，是以『履虎尾，不咥人，亨』。剛中正，履帝位而不疚，光明也。」

履，踐而行也。兌有所進，居乾之後，六三以一陰進逼於乾，「柔履剛」者也；履道莫艱於此，此履所以名也。乾，虎也。六三進逼於乾，「履虎尾」者也。以説應者，物莫之傷，故「不咥人，亨」也。合訂刪補大易集義粹言卷十四。

九二，履道坦坦，幽人貞吉。象曰：「『幽人貞吉』，中不自亂也。」

二體陽居陰，以中自守，履道之所尚也。履斯以進，坦然易行；守斯以處，保乎終吉。隱顯同致，無所不宜也。合訂刪補大易集義粹言卷十四。

六三，眇能視，跛能履，履虎尾，咥人，凶。武人爲于大君。象曰：「『眇能視』，不足以有明也。『跛能履』，不足以與行也。」[咥人之凶，位不當也。「武人爲于大君」，志剛也。]〔一〕

六〔二〕以陰居陽，志欲剛而體本陰柔，安能堅其所履？故如盲眇之視，其見不明；跛躄之履，其行不遠。才旡不足而又處不得中，履非其正，以柔而務剛，其履如此，是履於危地，故曰「履虎尾」。以不善履履危地，必及禍患，故曰「咥人凶」。「武人爲于大君」，如武暴之人而居人上，肆其躁暴而已，非能順履而遠到也。不中正而志剛，乃爲羣陽所與，是以剛躁蹈危而得凶也。陰柔之人，其才不足，視不能明，行不能遠，而乃務剛，所以如此，其能免於害乎？以柔居三，履非其正，所以致禍害被咥而凶也。以武人爲喻者，以其處陽，才弱而志剛者也；志剛則妄動，所履不由其道，如武人而爲大君也。大易集義上經卷十。

「眇」、「跛」，廢者也。爻皆陽而已獨陰，位且不當，則其用偏廢，雖能視能履，不足任也。位既不當，而以柔履剛，必有咥人之凶也。體陰居陽，不中不正，柔邪而爲暴亂者也，質雖柔而志剛也。合訂刪補大易集義粹言卷十四。

九四，履虎尾，愬愬，終吉。象曰：「『愬愬，終吉』，志行也。」

〔一〕[ ]內文字集義缺，據十三經注疏本周易正義補。

〔二〕「六」：下疑脱「三」字。

履道尚行，則虎尾不可不履。四以陽居陰，質剛而志柔，懼而獲吉，志行也。合訂刪補大易集義粹言卷十四。

泰（卦十一）

䷊ 乾下坤上

九二，包荒，用馮河，不遐遺。朋亡，得尚于中行。象曰：「『包荒』，『得尚于中行』，以光大也。」

九二之德，以乾下坤上，中正無頗，此所以得尚乎中行。大易集義上經卷十一。又見合訂刪補大易集義粹言卷十五。

六四，翩翩，不富以其鄰，不戒以孚。象曰：「『翩翩』『不富』，皆失實也。『不戒以孚』，中心願也。」

小畜九五「富以其鄰」，鄰志不同，富以勸之也。泰六四「不富以其鄰」，鄰之所願，不待勸也。大易集義上經卷十一。又見合訂刪補大易集義粹言卷十五。

六五，帝乙歸妹，以祉元吉。象曰：「『以祉元吉』，中以行願也。」

六五，陰之貴盛者也。位尊，故曰「帝」；體陰，故曰「乙」。乙，亦陰之長也。大易集義上經卷十一。又見合訂刪補大易集義粹言卷十五、厚齋易學卷十。

上六，城復于隍，勿用師，自邑告命。貞吝。象曰：「『城復于隍』，其命亂也。」

「城復于隍」，上陵下替也。「勿用師」，征伐不自上出也。「自邑告命，貞吝」，夷于列國，不足以令諸侯也。大易集義上經卷十一。又見合訂刪補大易集義粹言卷十五、厚齋易學卷十。

否（卦十二）

䷋ 坤下乾上

彖曰：「『否之匪人，不利君子貞，大往小來』，則是天地不交而萬物不通也，上下不交而天下無邦也。內陰而外陽，內柔而外剛，內小人而外君子，小人道長，君子道消也。」

否，閉塞而不交也。「否之匪人，不利君子貞」，言否閉之世，非其人者惡直醜正，不利乎君子之守正。上下不交，則君臣異體，不可以爲國。大易集義上經卷十二。又見合訂删補大易集義粹言卷十六。

初六，拔茅茹以其彙。貞吉。亨。象曰：「『拔茅貞吉』，志在君也。」

否閉之世，上雖不交乎下，下不可以不係乎上，以柔居下，臣之分也。上下不交，共以聽命，有死靡它，臣之正也。引類守正，以保其身，時雖不泰，其道亨矣。故「天下有道，以道徇身；天下無道，以身徇〔一〕道」。困而不失其所亨，其亨由是也。大易集義上經卷十二。又見合訂删補大易集義粹言卷十六。

六二，包承，小人吉，大人否。亨。象曰：「『大人否亨』，不亂群也。」

六二上承下包，柔順且中，小人所以自容也。大人居之，迹同而志異，故與小人羣而不亂。然秉柔中之德，以道自處，雖否不失其所亨。大易集義上經卷十二。又見合訂删補大易集義粹言卷十六。

六三，包羞。

柔而不當其位，入于邪者也。下包二陰，羣相比也。厚齋易學卷十。

〔一〕「徇」：合訂作「狥」。

九四，有命，無咎。疇離祉。象曰：「『有命無咎』，志行也。」

上下不交，命不行矣。九四以陽居陰，雖否之時，獨有下交之志，可以有命于下，下必從之，志行而無咎也。「疇」，誰也。當否之時，上下既不交，則四與初亦不相應。四有下交之志，於下三陰無所偏係，孰爲應者，必受其福，故曰「疇離祉」。大易集義上經卷十二。又見合訂删補大易集義粹言卷十六。

上下不交，命不行矣。四切近于陰，獨有下交之情，可以有命于下，下必從之。厚齋易學卷十。

九五，休否，大人吉。其亡其亡，繫于苞桑。象曰：「大人之吉，位正當也。」

上下之志雖欲相交，而上下之分不可亂也。故君尊臣卑，禮無與抗，若否道然，乃否之美者也。天尊在上，地卑處下，九五居尊得位。君臣之位正當，在大人則吉，非大人則驕亢者也。君君臣臣，尊卑明辨，所以防微杜漸，安固基本，故曰「其亡，繫于苞桑」也。大易集義上經卷十二。又見合訂删補大易集義粹言卷十六。

上九，傾否，先否後喜。象曰：「否終則傾，何可長也！」

上九高極必顛，故曰「傾否」。否極必通，故「先否後喜」。大易集義上經卷十二。又見合訂删補大易集義粹言卷十六。

同人（卦十三）

䷌ 離下乾上

象曰：「同人，柔得位得中，而應乎乾，曰同人。同人曰『同人于野，亨。利涉大川』，乾行也。文明以健，中正而應，君子正也。唯君子爲能通天下之志。」

同人者，樂與天下共也。同乎人者，雖以柔合，應之不以正，則物所不與；濟之不以健，則爲物所遷。二者，皆不可與天下共也，故「柔得位得中，而應乎乾，曰同人」。「同人于野，亨」，應以正，則無所不合理義，人心之所同然者也。

「利涉大川」，濟以健也。「君子正」者，理義之心也，斯心也，天下之所同然，故「能通天下之志」。大易集義上經卷十三。又見合訂刪補大易集義粹言卷十七。

象曰：「天與火，同人。君子以類族辨物。」

「類族辨物」，大同而小異也。必有小異，然後有大同，如不容其異，必比同之，則勢有所不行，此墨氏「尚同」所以不合乎聖人也。惟天與火，雖同乎陽，然其體用固有異也。同人之時，志乎大則與天下共之，應以正則合乎理義，然後其道可以大同矣。大易集義上經卷十三。又見合訂刪補大易集義粹言卷十七。

初九，同人于門，無咎。象曰：「出門同人，又誰咎也？」

初九居同人之始，體剛而無應，志于大者也。志大則無所不同，誰與爲咎乎？大易集義上經卷十三。又見合訂刪補大易集義粹言卷十七。

六二，同人于宗，吝。象曰：「『同人于宗』，吝道也。」

六二獨應，其志狹吝，非同人之公也。大易集義上經卷十三。又見合訂刪補大易集義粹言卷十七。

九四，乘其墉，弗克攻，吉。象曰：「『乘其墉』，義弗克也。其吉，則困而反則也。」

三四不中，與五爭二，以私同人而有邪心，以力爭而不以義勝者也。三又居下卦之上，剛而不中，驕亢忮賊者也。忮賊之心，將潛以害物，故「伏戎于莽」。驕亢之心，惟自大以凌物，故「升其高陵」。由是以求同人，人莫之與，何可久乎？故雖三歲，卒莫之興也。四雖不中，然以陽居陰，困而知反者也。既與五爭，又與三競，以上攻下，「乘其墉」也。困而知反，卒不克攻，猶愈於三，故保其吉。大易集義上經卷十三。又見合訂刪補大易集義粹言卷十七。

大有（卦十四）

䷍ 乾下離上

大有，無所不容也。大易集義上經卷十四。又見合訂刪補大易集義粹言卷十八。

彖曰：「大有，柔得尊位大中，而上下應之，曰大有。其德剛健而文明，應乎天而時行，是以元亨。」

初九，無交害，匪咎，艱則無咎。象曰：「大有初九，『無交害』也。」

大有之時，以剛健居下，物莫之與，故「無交害」。剛健美德，卒非其咎。處之不易，有所畏難，泰而不驕，可以免咎。大易集義上經卷十四。又見合訂刪補大易集義粹言卷十八。

九二，大車以載，有攸往，無咎。象曰：「『大車以載』，積中不敗也。」

九二大有之時，以陽居陰，無所驕亢，以剛居中，無所偏邪，可以任天下之重而行者也。大易集義上經卷十四。又見合訂刪補大易集義粹言卷十八。

九三，公用亨于天子，小人弗克。象曰：「『公用亨于天子』，小人害也。」

九三以剛居下卦之上，猶公居卿、大夫、士之上也。居羣臣之上而上迫於君，如伊尹、周公之心，乃可以亨于天子。小人居（小）〔一〕權勢之盛，弗克負荷，必害于其家，凶于其國。大易集義上經卷十四。又見合訂刪補大易集義粹言卷十八。

九四，匪其彭，無咎。象曰：「『匪其彭，無咎』，明辯晳也。」

彭，如「四牡彭彭」之「彭」。彭，盛大也。九四當大有之世，居近至尊，其勢盛大；然以陽居陰，不以盛大。自有

〔一〕「小」：疑衍，據合訂刪。

明辨之知，燭知事幾之必然，故「無咎」也。大易集義上經卷十四。又見合訂删補大易集義粹言卷十八。

謙（卦十五）

䷎ 艮下坤上

象曰：「謙，亨。天道下濟而光明，地道卑而上行。天道虧盈而益謙，地道變盈而流謙，鬼神害盈而福謙，人道惡盈而好謙。謙，尊而光，卑而不可踰，君子之終也。」

謙，持盈若不足也。艮以陽下坤之陰而有止，所謂「天道下濟而光明」者也。坤以陰而居艮之上，「地道卑而上行」者也。謙道雖主[一]於自下，然不可以不執中。尊者之謙，有所止則光。夷王下堂而見諸侯，是太不自尊而無所止，招辱而已，不足光也。卑者之謙，不可爲物之所踰。庶人召之役，則往役，可也；召之見，則往見，不可也。可召而見，是在卑而可踰也。以謙下人，無有不亨。尊卑之謙，不失乎中，惟君子爲能終之。大易集義上經卷十五。又見合訂删補大易集義粹言卷十九。

初六，謙謙君子，用涉大川，吉。象曰：「『謙謙君子』，卑以自牧也。」

初六以陰居下，其謙不一，故曰「謙謙君子」。能止於始而上無偏應，可以涉難而無害。大易集義上經卷十五。又見合訂删補大易集義粹言卷十九。

六二，鳴謙，貞吉。象曰：「『鳴謙，貞吉』，中心得也。」

六二以柔居下體之中，謙道之至美，故其聲遠聞，反之中心而無憾，君子之所固守而獲吉也。大易集義上經卷十五。

[一]「主」：通志堂本合訂作「至」。

又見合訂刪補大易集義粹言卷十九。

九三，勞謙，君子有終，吉。象曰：「『勞謙君子』，萬民服也。」

九三居下體之上，其才剛，其德止。謙，尊而光者也，爲上下五陰之所歸，而安於下體，德有所止，勞而不伐，有功而不德者也。德有止而可以有終，位非中則慮其不克終，故戒之以「有終，吉」。大易集義上經卷十五。又見合訂刪補大易集義粹言卷十九。

六四，無不利，撝謙。象曰：「『無不利，撝謙』，不違則也。」

六四以陰居陰，其體則順，謙之至者也；然居上體之下，卑而不可踰者也。居謙之時，卑不可踰，不至卑柔，不失乎法則之中，故指撝進退，無所不利。大易集義上經卷十五。又見合訂刪補大易集義粹言卷十九。

六五，不富以其鄰，利用侵伐，無不利。象曰：「『利用侵伐』，征不服也。」

六五以柔中居尊位，其體又順，不以威武臨天下者也。然至于侵伐者，得道者多助，迫而後動，不得已而後起，故所征皆服也。「造攻自鳴條，朕載自亳[一]」，其迫而不得已，可知矣。大易集義上經卷十五。又見合訂刪補大易集義粹言卷十九。

上六，鳴謙，利用行師征邑國。象曰：「『鳴謙』，志未得也，可用行師，征邑國也。」

上六以柔居最上之位，與六二同德，其聲皆可以遠聞。然二居艮體之中，正而得中，中心得；上居坤體之末，至順而無位，可以小有爲，不可以大得志也。大易集義上經卷十五。又見合訂刪補大易集義粹言卷十九。

[一]「亳」：集義、四庫本合訂皆作「毫」，誤，據通志堂本合訂及十三經注疏本尚書正義改。

豫（卦十六）

䷏ 坤下震上

彖曰：「豫，剛應而志行，順以動，豫。豫，順以動，故天地如之，而況『建侯行師』乎？天地以順動，故日月不過，而四時不忒。聖人以順動，則刑罰清而民服。豫之時義大矣哉！」

豫，安佚無所事也；豫，前定也；事前定則安佚〔一〕無所事。其所以動，必有所不得已，不得已則莫非順也。大易集義上經卷十六。又見合訂刪補大易集義粹言卷二十。

初六，鳴豫，凶。象曰：「『鳴豫』，志窮凶也。」

初六處豫之初，不知所戒，恃四志，有所矜，其聲宜遠聞者也。恃交於外，有矜大之志，志窮必乖，取凶之道。大易集義上經卷十六。又見合訂刪補大易集義粹言卷二十。

六二，介于石，不終日，貞吉。象曰：「『不終日，貞吉』，以中正也。」

人道主交。上交下，交盡矣。交不以中正者，必流於諂瀆，其取凶悔必矣，何可以保其安佚而終吉乎？六二以柔順而守中正，知交際之道。易此，則不可先見之，幾不待久而後喻者也。大易集義上經卷十六。又見合訂刪補大易集義粹言卷二十。

六三，盱豫，悔；遲，有悔。象曰：「『盱豫』，有悔，位不當也。」

〔一〕此條中「安佚」合訂皆作「安逸」。

六三以陰居陽，迫近九四，位既不當，德亦無常，進退久速，皆未得其所安。以斯來〔一〕豫，宜有悔也。大易集義上經卷十六。又見合訂刪補大易集義粹言卷二十。

六五，貞疾，恒不死。象曰：「六五『貞疾』，乘剛也。『恒不死』，中未亡也。」

九四以一陽爲五陰之主，六五柔居其上，處至尊以臨之，有位號而無勢者也。居安豫之時，有位號而無勢，不可以令天下矣，如人之有疾常久而不死者，猶有中氣存焉，然不足賴也。大易集義上經卷十六。又見合訂刪補大易集義粹言卷二十。

隨（卦十七）

䷐ 震下兑上

彖曰：「隨：剛來而下柔，動而説，隨。大亨貞，無咎，而天下隨時。隨時之義大矣哉！」

隨，有從而無違也。剛來下柔者，隨自否來，乾之上九下居坤之初六也。以剛下柔，物所以隨我也；物不説則我不動，我所以隨物也。君子不固〔二〕時而已矣：以道徇身，隨時也；以身徇道，亦隨時也。惟變所適，無往而非義，故曰「隨時之義」。如不合於義，天下靡然成風，亦往隨之以取凶咎，非所謂「隨時之義」也，故必大亨無咎然後可隨。大易集義上經卷十七。又見合訂刪補大易集義粹言卷二十一。

象曰：「澤中有雷，隨。君子以嚮晦入宴息。」

〔一〕「來」：合訂作「求」。

〔二〕「固」：合訂作「過」。

雷入於澤，退藏不用，如日之嚮晦，羣動皆息，君子不得不隨。大易集義上經卷十七。又見合訂删補大易集義粹言卷二十一。

初九，官有渝，貞吉。出門交，有功。象曰：「『官有渝』，從正吉也。『出門交有功』，不失也。」

初九凡有所隨，皆以柔順剛也，居隨之始，獨以剛下柔，「官有渝」也。官，守也。所守不流於邪，變而從正，故吉也。上無偏應，又守之以正，無所交而不可，故「出門交有功」也。大易集義上經卷十七。又見合訂删補大易集義粹言卷二十一。

六二，係小子，失丈夫。象曰：「『係小子』，弗兼與也。」

六三，係丈夫，失小子，隨有求，得。利居貞。象曰：「『係丈夫』，志舍下也。」

九四，隨有獲，貞凶。有孚在道，以明，何咎？象曰：「『隨有獲』，其義凶也。『有孚在道』，明功也。」

六二、六三，隨彼則失此，能知所擇則無不得也。六三以柔隨剛，得其所求，故曰「隨有求得」。九四以剛帥柔而從己，以力驅三而使隨，如禽之獲，故曰「隨有獲」。隨陰求於陽，恐入於不正，故「利居貞」。陽帥於陰，以力制物，終必畔之，守此不變，取凶之道。貞者，守而不變之義也。然三亦無應，我以正帥，雖若力制，久則信之，故曰「有孚在道，以明何咎」。大易集義上經卷十七。又見合訂删補大易集義粹言卷二十一。

九五，孚于嘉，吉。象曰：「『孚于嘉吉』，位正中也。」

隨之爲義，惟恐不中不正。九五處尊而位正中，至美之德信於物者也。大易集義上經卷十七。又見合訂删補大易集義粹言卷二十一。

蠱（卦十八）

䷑ 巽下艮上

彖曰：「蠱，剛上而柔下，巽而止，蠱。蠱，元亨而天下治也。『利涉大川』，往有事也。『先甲三日，後甲三日』，終則有始，天行也。」

蠱，治壞者也。蠱之所治，可治而不可革之事也，故爻辭皆以父母爲言。成卦之義，取「巽而止」，巽則因故而脩之，止則幹蠱而使不壞。治壞者，不喪其本而能通於天下，乃可治也，故「蠱元亨」。甲者，令行之始。「先甲三日」，議是令也；「後甲三日」，申是令也。蠱壞之世，一有所治，先之後之如是之慎，所以俾勿壞也。大易集義上經卷十八。又見合訂刪補大易集義粹言卷二十二。

象曰：「山下有風，蠱。君子以振民育德。」

「山下有風」，振動草木使之有成者也。大易集義上經卷十八。又見合訂刪補大易集義粹言卷二十二。

初六，幹父之蠱，有子，考無咎。厲，終吉。象曰：「『幹父之蠱』，意承考也。」[一]

父母之蠱，人子所難治也。「幹」者，以身任其事，不敢避也。過則殘忍，不及則不勝其任。以人子之所難，故初則「厲」，二則「不可貞」，三則「小有悔」，然卒以任事爲功，故初「終吉」，三「無咎」，五「用譽」也。初六處蠱之初，始往治之，勝子之任，卒乎有成，乃可無咎。然子治父事，已爲之首厲也，以柔巽成之，終吉也。大易集義上經卷十八。又見合訂刪補大易集義粹言卷二十二、厚齋易學卷十二。

[一] 集義缺此句。

九二，幹母之蠱，不可貞。象曰：「『幹母之蠱』，得中道也。」

九二以剛居中，子幹母事者也。執不知變，賊恩之大。委而不幹，不孝也；幹而賊恩，亦不孝也。有中道存焉，惟君子能之。大易集義上經卷十八。又見合訂删補大易集義粹言卷二十二。

九三，幹父之蠱，小有悔，無大咎。象曰：「『幹父之蠱』，終無咎也。」

九三剛而不中，居下體之上，治事過中者也，故「小有悔」。然體本於巽，卒於能任，故「無大咎」。大易集義上經卷十八。又見合訂删補大易集義粹言卷二十二。

六四，裕父之蠱，往見，吝。象曰：「『裕父之蠱』，往未得也。」

六四以陰居陰，純柔爲用，其才不足以治蠱壞，姑能寬裕之而已。苟於順從，不勝子職，妾婦之道無往而得，蓋吝道也。大易集義上經卷十八。又見合訂删補大易集義粹言卷二十二。

六五，幹父之蠱，用譽。象曰：「『幹父』、『用譽』，承以德也。」

六四以姑息事其親，六五以德事其親。以姑息事者，苟安於一時，而親卒受其弊，用毀者也。以德事者，柔不失中，全其良貴，起敬起孝，使親不離於令名，「用譽」者也。大易集義上經卷十八。又見合訂删補大易集義粹言卷二十二。

上九，不事王侯，高尚其事。象曰：「『不事王侯』，志可則也。」

上九高而無位，以剛居之，遠於事而不屈者也。事君人者，事[一]是君以爲容悅者也。「不事王侯」，則非事君人者。雖非事人，然尊敬其事不敢慢也。斯人也，其事道者與？大易集義上經卷十八。又見合訂删補大易集義粹言卷二十二。

[一]「事」：集義無，據合訂補。

臨（卦十九）

䷒ 兌下坤上

臨，以上臨下。觀，以下觀上。臨，位之在上者臨下，在下者爲上所臨者也。觀，位之在下者觀上，在上者爲下所觀者也。以剛臨物，物所不與，以闇居上，下所不觀，故柔上剛下爲臨，上陽下陰爲觀。厚齋易學卷十三。

象曰：「澤上有地，臨。君子以教思無窮，容保民無疆。」

地居至下，非臨物者也。澤又卑於地，爲地所臨。臨之義至于地臨澤，尽矣。地廣無窮，故澤能容物而不辭。大易集義上經卷十九。又見合訂刪補大易集義粹言卷二十三。

六三，甘臨，無攸利；既憂之，無咎。象曰：「『甘臨』，位不當也。『既憂之』，咎不長也。」

六三以陰居陽，下臨二陽，位既不當，又非正應；下剛長上，逼所不賓，而苟說以從之，未見其所以利也。憂剛之長，雖說不邪，庶乎其無咎矣！大易集義上經卷十九。又見合訂刪補大易集義粹言卷二十三。

六四，至臨，無咎。象曰：「『至臨，無咎』，位當也。」

六四居臨之世，不尚以剛。四以陰[一]居陰，以柔臨下，臨道至矣！德位咸當，可以無咎。大易集義上經卷十九。又見合訂刪補大易集義粹言卷二十三。

六五，知臨，大君之宜，吉。象曰：「『大君之宜』，行中之謂也。」

六五居尊守中，以柔臨下，君佚臣勞，夫何爲哉？知臨之道，大君之所宜也。大易集義上經卷十九。又見合訂刪補大

[一] 集義原缺「四以陰」三字，據合訂補。

易集義粹言卷二十三。

上六，敦臨，吉，無咎。象曰：「『敦臨』之吉，志在内也。」

上六以柔居尊，其體至順。貴而無位，不與下爭；剛浸而長，柔不忌剛，以敦厚臨物者也。剛長害柔，吉乃無咎。大易集義上經卷十九。又見合訂删補大易集義粹言卷二十三。

觀（卦二十）

䷓ 坤下巽上

觀。盥而不薦，有孚顒若。

觀，以下觀上也。惟至誠可以交神明，然後動而爲天下信。信，心服也。聖人設教於上，天下不心服而化者，未之有也。祭祀之實，以誠敬交乎神明。誠敬之至，莫先乎盥。當是時也，恍惚以與神明交，使人觀之，斯心可以化天下矣。及乎饋薦之入，則其事也，其誠不若盥之始也。「有孚顒若」，不言而信也。荀卿云：「祭祀之未入尸也，大昏之未發齊也，喪之未小斂也，一也。」斯得之矣。「天何言哉！四時行焉，百物生焉」，天之神道也。惟聖人至誠，然後可與天通，此所以設教而天下服也。大易集義上經卷二十。又見合訂删補大易集義粹言卷二十四、厚齋易學卷十三。

象曰：「風行地上，觀。先王以省方觀民設教。」

「風行地上」，万物皆得其所以化。物性不一，其化一也。「先王省方觀民設教」，其道如此。大易集義上經卷二十。又見合訂删補大易集義粹言卷二十四。

初六，童觀，小人無咎，君子吝。

以下觀上，以陰觀陽，近者得之，遠者失之，初六、六二所以爲童、爲女也。厚齋易學卷十三。

六三，觀我生，進退。象曰：「『觀我生，進退』，未失道也。」

「觀我生」，自觀也；「觀其生」，觀彼也。六三柔順，居二卦之際，不苟進以比尊，不苟退以遠陽，知反己以自觀，不失進退之道也。大易集義上經卷二十。又見合訂删補大易集義粹言卷二十四。

六四，觀國之光，利用賓于王。象曰：「『觀國之光』，尚賓也。」

六四以柔居陰，處上體之下，比於貴而非王也，故「利用賓于王」。大易集義上經卷二十。又見合訂删補大易集義粹言卷二十四。

九五，觀我生，君子無咎。象曰：「『觀我生』，觀民也。」

解見上九爻。大易集義上經卷二十。又見合訂删補大易集義粹言卷二十四。

上九，觀其生，君子無咎。象曰：「『觀其生』，志未平也。」

九五以陽居尊，中正之位，爲下所觀，觀之盛者也。當觀之盛，我道已行，民之淑慝莫非我也，由是觀之，斯見我矣。書云：「人無於水監，當於民監。」上九陽居尊，處卦之末，有德而無位者也。高而過中，與物少可，下觀九五未合己，故「未平也」。觀民察己，得乎自觀，以免於咎，惟君子能之。以我觀彼反求己，志「極高明而道中庸」，以免於咎，惟君子能之。大易集義上經卷二十。又見合訂删補大易集義粹言卷二十四。

噬嗑（卦二十一）

䷔ 震下離上

噬嗑。亨。利用獄。

象曰：「頤中有物，曰噬嗑。噬嗑而『亨』，剛柔分，動而明，雷電合而章。柔得中而上行，雖不當位，『利用獄』也。」

象曰：「雷電，噬嗑。先王以明罰勑法。」

噬嗑，有所決而後合也。「噬嗑亨」，合乃亨也。「利用獄」，獄必決而後合也。「剛柔分，動而明，雷電合而章」，皆明斷之義。「柔得中而上行」，有恕心存焉。大易集義上經卷二十一。又見合訂刪補大易集義粹言卷二十五。

上九，何校滅耳，凶。象曰：「『何校滅耳』，聰不明也。」

「頤中有物」，四之謂也。三與五爲四所間，皆欲噬而合之，故四爻皆言噬。六二噬六三，六三、六五噬九四，九四復噬六三、六五。凡噬，遇柔則易，「膚」與「乾胏」是也；遇剛則難，「腊肉」、「乾肉」是也。二下乘剛，噬柔過分，至於「滅鼻」；然噬而求合，不失乎中，故「無咎」。六三以陰居陽，位既失當，所以「遇毒」；然物之所間，不可不噬，雖以失當，小吝不進，卒能噬之，故「無咎」。九四一卦之體，已爲之間，上下二陰，噬之雖易，理苟不直，不能無凶，故鈞金束矢，必得其直，利於艱貞，然後獲吉，不足光也。六五以陰處陽，以柔噬剛，雖正而厲也；居中得直，故「得黃金」；以中噬不中，雖厲而當，故「無咎」也。腊比乾肉，禽獸全體有骨堅焉，其噬也難。五以上噬下，故易；三以下噬上，故難。大易集義上經卷二十一。又見合訂刪補大易集義粹言卷二十五。

滅耳爲刵，滅趾爲剕。刵，輕刑也。剕，重典也。初小懲不應重典，上大罪胡用輕刑？易俟卷七。

賁（卦二十二）

䷕ 離下艮上

賁。亨。小利有攸往。

賁，致飾以文也。大易集義上經卷二十二。又見合訂刪補大易集義粹言卷二十六。

彖曰：「『賁，亨』。柔來而文剛，故『亨』。分，剛上而文柔，故『小利有攸往』。〔剛柔相錯〕〔二〕，天文也；文明以止，人文也。觀乎天文，以察時變；觀乎人文，以化成天下。」

「剛柔相錯」，自然之文；「文明以止」，人爲之文。文明不止，則文必勝質，名存實喪，不可以化成天下。大易集義上經卷二十二。又見合訂刪補大易集義粹言卷二十六。

象曰：「山下有火，賁。君子以明庶政，無敢折獄。」

「山下有火」，可以燭乎細微而不可以及遠。庶政之目細微不遺，獄情遠而難知也。大易集義上經卷二十二。又見合訂刪補大易集義粹言卷二十六。

初九，賁其趾，舍車而徒。象曰：「『舍車而徒』，義弗乘也。」

居賁之時，以剛居下。其體文明，致飾于其足者也。致飾其足，不可汚以不義。不義之車，不若行之潔也。大易集義上經卷二十二。又見合訂刪補大易集義粹言卷二十六。

六二，賁其須。象曰：「『賁其須』，與上興也。」

須以柔附其上，爲上之賁者也。大易集義上經卷二十二。又見合訂刪補大易集義粹言卷二十六。

九三，賁如濡如，永貞吉。象曰：「永貞之吉，終莫之陵也。」

「賁如濡如」，賁之盛也。居文明之極，處二陰之間，交錯成文至於潤澤，可謂盛矣！上陵下替，文不明也。知文明之盛，别嫌明微，等威以辨，守是不變，至于悠久，物莫之陵也。大易集義上經卷二十二。又見合訂刪補大易集義粹言卷二十六。

六四，賁如皤如，白馬翰如。匪寇，婚媾。象曰：「六四當位，疑也。『匪寇婚媾』，終無尤也。」

〔二〕「剛柔相錯」：四字原脱，據清葉西易經補義（清耕餘堂刻本）卷三及呂大臨注文作「剛柔相錯自然之文，文明以止人爲之文」補。

六四以陰居陰，當乎位，質也； 以四應初，剛柔相錯，文也。 雖與初應，而近比九三，近而不相得，以爲己寇。「賁如」者，欲應初也。「皤如」者，安於當位以辟寇也。 有是疑也，故或文或質。 然潔白其行以待之，寇卒不可得而犯，則婚媾諧矣。 大易集義上經卷二十二。 又見合訂刪補大易集義粹言卷二十六、厚齋易學卷十四。

六五，賁于丘園，束帛戔戔。 吝，終吉。 象曰：「六五之吉，有喜也。」

六五賁飾之時，以處尊位致乎文者也。 以柔居中，其體則止，文極知反，能止乎中矣。 飾乎丘園，樹藝而已，家給人足，束帛所以戔戔。 既知反本，則不妄費，能知吝而終吉者也。 文多滅質，反飾其本，以止乎中而保吉，故可喜也。

大易集義上經卷二十二。 又見合訂刪補大易集義粹言卷二十六。

上九，白賁，無咎。 象曰：「『白賁，無咎』，上得志也。」

上九以陽居上，至白之象也。 畫繪之事後素功，極乎藻絢。 必尚素功者，衆色淆亂，非白無以别之也。 畫繪至於素功，飾之道盡矣，上之志得矣。 大易集義上經卷二十二。 又見合訂刪補大易集義粹言卷二十六、厚齋易學卷十四。

剥（卦二十三）

䷖ 坤下艮上

象曰：「山附於地，剥。 上以厚下、安宅。」

剥，浸以衰而將落也。 山崩則附于地，高者雖下而其基固矣，君子有取焉。「厚下」、「安宅」，皆所以固基也。 大易集義上經卷二十三。 又見合訂刪補大易集義粹言卷二十七。

六五，貫魚，以宫人寵，無不利。 象曰：「『以宫人寵』，終無尤也。」

剥之時，小人長而君子消。 六五以柔中居尊位，其御小人以柔而不以威者也。 道以御之，小人不失其寵，雖曰道長，亦莫能害君子者，御得其道也[一]。大易集義上經卷二十三。又見合訂刪補大易集義粹言卷二十七。

復（卦二十四）

䷗ 震下坤上

彖曰：「『復，亨』。剛反，動而以順行。是以『出入無疾，朋來無咎』。『反復其道，七日來復』，天行也。『利有攸往』，剛長也。復，其見天地之心乎？」

復，極而反其本也。自姤至剝，陰日長而陽日消，至於坤則無陽而陰極矣。陰極則陽反，故彼長則此消，此盈則彼虛。消長盈虛，終則有始，循環無窮，理之必然者也。復，陽始生之卦也。「天地之大德曰生」，方陽之消，雖理之必然，然非天地之本心，故至陽始生則反，行天地之本心，故謂之復。「復，亨」，陽進必亨也。陽消爲入，長爲出，出入皆理之所必然，非所病也。方其未長，羣陰朋來不足咎也。所以無疾無咎者，以「反復其道，七日來復」故也。陽自姤而始消，剝盡六陽以爲坤，然後復，故七日也。陽之未長，止可以無疾無咎。至於來復，然後「利有攸往」，以「剛長」也。方陽之長，生生無窮，此天地之心也。合訂刪補大易集義粹言卷二十八。

象曰：「雷在地中，復。先王以至日閉關，商旅不行，後不省方。」

「雷在地中」，微陽始生，靜以養之，待盈而發也。閉關涂止行者，皆以養微陽也。合訂刪補大易集義粹言卷二十八。

初九，不遠復，無祇悔，元吉。象曰：「不遠之復，以脩身也。」

復者，陽反來復也。陽，君子之道，故復爲反善之義。初，剛陽來復，處卦之初，復之最先者也，是不遠而復也。失

[一] 此條集義至「亦莫能害君子」，下「者御得其道也」六字據合訂補。

而後有復，不失則何復之有？唯失之不遠而復，而不至於悔，大善而吉也。祇，宜音祇，抵也。玉篇云「適」也，義亦同。「無祇悔」，不至於悔也。次卦曰「祇既平，無咎」，謂至既平也。顏子無形顯之過，夫子謂其「庶幾」，乃「無祇悔」也。過既未形而改，何悔之有？既未能「不勉而中」、「所欲不踰矩」，是有過也。然其明而剛，故一有不善，未嘗不知，既知，未嘗不遽改，故不至於悔，乃「不遠復」也。不遠而復者，君子所以脩其身之道也。學問之道無它也，唯其知不善則速改以從善而已。大易集義上經卷二十四。

初九處復之初，而以一陽居衆陰之始，自坤而來，陽消未遠，故曰「不遠復」。合訂删補大易集義粹言卷二十八。

六二，休復，吉。象曰：「休復之吉，以下仁也。」

六二居中而下比於陽，所以爲休。合訂删補大易集義粹言卷二十八。

六三，頻復，厲，無咎。象曰：「頻復之厲，義無咎也。」

六三雖陷於衆陰之中，幾不能以自出，然去陽未遠，猶不得已而求復。不得已，故「頻」；陷於衆陰，故「厲」。有志於復，必與衆陰異趣，然不失吾義，故雖危無咎。合訂删補大易集義粹言卷二十八。

六五，敦復，無悔。象曰：「『敦復無悔』，中以自考也。」

六五雖遠於陽，而不失乎中，雖未盡美，而敦厚自守，可以無悔。合訂删補大易集義粹言卷二十八。

上六，迷復，凶，有災眚。用行師，終有大敗；以其國，君凶，至于十年不克征。象曰：「迷復之凶，反君道也。」

上六居衆陰之上，處復之後，最遠於陽，迷而不反者也。以治身則凶，趣時則有災眚。若用衆君國，其害滋大，其勢難復，非十年之久不能爲也。合訂删補大易集義粹言卷二十八。

處卦之終，最遠於陽，迷而不反者也。厚齋易學卷十五。

無妄（卦二十五）

䷘ 震下乾上

彖曰：「無妄，剛自外來而爲主於內，動而健，剛中而應，大亨以正，天之命也。『其匪正，有眚，不利有攸往』，無妄之往，何之矣？天命不祐，行矣哉！」

無妄，所遇以正命也。「剛自外來而爲主於內，動而健，剛中而應」，是三者無自而爲邪矣，是所謂「無妄」。有無妄之德，必有無妄之福，此「大亨以正」，所以爲「天之命」也。若「匪正有眚」，則妄矣。「匪正」，邪也；「有眚」，過也。天作孽，爲災。自作孽，爲眚，其過由己致也。有妄欲往於無妄，將何之乎？「天命不祐」，亦己致之，非正命也。合訂删補大易集義粹言卷二十九。

象曰：「天下雷行，物與無妄。先王以茂對時育萬物。」

「天下雷行」，萬物發生，皆以誠感，何可妄也？先王對時育物，用此道也。合訂删補大易集義粹言卷二十九。

初九，無妄往，吉。象曰：「無妄之往，得志也。」

初九以剛爲主於內，方動之始，不流於邪。理義者，人心之所同然，由是而往，無不得志。合訂删補大易集義粹言卷二十九。

六二，不耕穫，不菑畬，則利有攸往。象曰：「『不耕穫』，未富也。」

無妄之德，剛者得之。六二體柔，下比於初，未能無妄，殆未可以有行也。然動不失中，尚知循理舍下比，未爲私富之計，上應於五，不失中正之求，亦可以有行矣。合訂删補大易集義粹言卷二十九。

六三，無妄之災，或繫之牛，行人之得，邑人之災。象曰：「行人得牛，邑人災也。」

六三體柔，疑於有妄。然當無妄之世，以陰居陽，而上應於陽，非純柔者也，不可以致無妄之福，足以致無妄之災而已。六三上應上九，上九所以寄託於我，不幸爲九四所侵，失上九之寄託，此六三所以獲「無妄之災」也。如有繫牛以寄託於邑人之家者，不幸爲行人竊取而得，則邑人不得不任其失牛之責。蓋無妄之災出於非意，其狀如此。合訂刪補大易集義粹言卷二十九。

九四，可貞，無咎。象曰：「『可貞，無咎』，固有之也。」

九四無應，下比六三。三應於上，比之非正。當固有所守，不妄求比，乃可無咎。合訂刪補大易集義粹言卷二十九。

九五，無妄之疾，勿藥有喜。象曰：「無妄之藥，不可試也。」

九五下有六二之應，以正合者也。初九雖欲比二，非意見侵，乃「無妄之疾」，非己致也。二自守中，初莫能犯，卒獲正應。如疾非己致，治之愈亂，不治而自愈矣，雖有治疾之具，不可用也。合訂刪補大易集義粹言卷二十九。

上九，無妄行，有眚，無攸利。象曰：「無妄之行，窮之災也。」

上九雖以剛健居無妄之時，然過亢失中，知剛而不知柔者也。行不可過，過則窮，窮則災，物之理也。合訂刪補大易集義粹言卷二十九。

大畜（卦二十六）

䷙ 乾下艮上

大畜。利貞。不家食，吉；利涉大川。

大畜，據其所自得也。雖以陰畜陽，而一陽在上，尚賢之義也。大有所畜，止乎剛健，惟大正然後利；小有不正，莫能正也。大畜，天祿也，當與賢者共之。「不家食」，不敢私也。合訂刪補大易集義粹言卷三十。

象曰：「天在山中，大畜。君子以多識前言往行，以畜其德。」

莫大於天而在山中，所畜至大者也。君子修身以畜德之要，「好古，敏以求之」，「見賢而思齊」者也。合訂刪補大易集義粹言卷三十。

九二，輿說輹。象曰：「『輿說輹』，中無尤也。」

「輿說輹」而不行者，蓋其處得中道，動不失宜，故無過尤也。善莫善於剛中、柔中者，不至於過柔耳。剛中，中而才也。初九處不得中，故戒以有危，宜已。二得中，進止自無過差，故但言「輿說輹」，謂其能不行也，不行則無尤矣。初與二，乾體剛健而不足以進。四與五，陰柔而能止。時之盛衰，勢之強弱，孝易者所宜深識也。大易集義上經卷二十六。

「輿說輹」，則車敗不可行也。「輿說輹」，輹，車軸縛也，則不駕而已，車體猶完。九二以剛居中，自全不進，非若小畜九三與四力競至於敗也。合訂刪補大易集義粹言卷三十。

九三，良馬逐，利艱貞，曰閑輿衛，利有攸往。象曰：「『利有攸往』，上合志也。」

九三爲上九所畜，畜極而通天衢，已亨，可以馳逐而無阻，故曰「良馬逐」。然不可以不戒，故「利艱貞」。戒之之道，不可以不豫習，故「曰閑輿衛」。「曰」，命之也。「閑」，習也。輿衛習則馬不駭，以是馳逐，宜無不利，而又上志獲通，則無往不合。合訂刪補大易集義粹言卷三十。

六四，童牛之牿，元吉。象曰：「六四元吉，有喜也。」

六五，豶豕之牙，吉。象曰：「六五之吉，有慶也。」

六四、六五皆以柔畜剛，止健者也。牛之剛健在角，豕之剛健在牙。初九居健之始，其健未若童牛，然禁於未發，以牿閑之；及其長也，無所用其健，豈特不暴而已？安於馴柔，可駕而服，故可喜也。九二居健之中，其健已具，若豕之牙漸不可制。六五居尊守中，能以柔道殺其剛暴之氣，若豶豕；然其牙雖剛，莫之能暴，可以養畜而無虞，故有慶也。合訂刪補大易集義粹言卷三十、厚齋易學卷十六。

上九，何天之衢，亨。象曰：「『何天之衢』，道大行也。」

上九畜極而通，其道大行，無往不亨。言「何天之衢，亨」者，猶言「何所爲天道乎？所之皆亨」也。合訂刪補大易集義粹言卷三十。

頤（卦二十七）

䷚ 震下艮上

彖曰：「『頤貞吉』，養正則吉也。『觀頤』，觀其所養也。『自求口實』，觀其自養也。天地養萬物，聖人養賢以及萬民。頤之時大矣哉！」

頤，盡其所以養也。上止下動，外實内虚，頤之象也。莫非養也，「養正則吉」，「所養」、「自養」皆欲觀其邪正也。觀「天地養萬物」，則「自養」得其正；觀「聖人養賢以及萬民」，則「所養」得其正。大易集義卷二十七。又見合訂刪補大易集義粹言卷三十一。

象曰：「山下有雷，頤。君子以慎言語，節飲食。」

「山下有雷」，所震未遠，則慎其所發。陽氣未盈，「則」[一]節其所養。大易集義卷二十七。又見合訂刪補大易集義粹言卷三十一。

[一] 集義無「則」字，據合訂補。

大過（卦二十八）

䷛ 巽下兌上

彖曰：「『大過』，大者過也。『棟橈』，本末弱也。剛過而中，巽而說，行，『利有攸往』，乃『亨』。大過之時大矣哉！」

大過，非常情之所及也。二剛居二體之中，有二剛以輔之，大者過也；二柔居二體之中，有二柔以輔之，小者過也。本末皆弱，非大過不足以持之，必大有爲而後濟，故「利有攸往，乃亨」。剛過而不失其中，可與權也。「巽而說行」，得道者多助也。大易集義卷二十八。又見合訂刪補大易集義粹言卷三十二、厚齋易學卷十六。

象曰：「澤滅木，大過。君子以獨立不懼，遯世無悶。」

木資澤之潤以長茂，澤水之盛至於滅木，大過之象也。君子達命之變，得其所自信，雖大過之世，不與物推移，故能以「不懼」、「無悶」處之。合訂刪補大易集義粹言卷三十二。

初六，藉用白茅，無咎。象曰：「『藉用白茅』，柔在下也。」

解見九二。大易集義卷二十八。又見合訂刪補大易集義粹言卷三十二。

九二，枯楊生稊，老夫得其女妻，無不利。象曰：「老夫女妻，過以相與也。」

初六以柔在下，大過乎慎者也。茅，柔物。籍[一]，在下也。大過之世，老少不得當其耦。陽過於陰，則老陽與少陰耦；陰過於陽，則老陰與少陽耦。初六，少陰，女也。上六，老陰，老婦也。九二在初六之上，老於初六，故曰「老夫」。九五在上六之下，少於上六，故曰「士夫」，士未娶、女未嫁者也。大過，剛過也，柔過則不濟矣。九二比於初六，

[一]「籍」：合訂作「藉」。

剛過乎柔；上六比於九五，柔過乎剛。過則爲老，故「枯楊」爲老夫老婦。稊，柔物也，「枯楊生稊」，再秀也；華，陽物也，「枯楊生華」，再榮也。九二剛過，故得柔之助，楊之再秀，尚可久也；「老夫女妻」，未失宜也。上六柔過，九五以少陽配之，剛不足以助之，雖榮易落也；老婦士夫，雖配非耦也。大易集義卷二十八。又見合訂删補大易集義粹言卷三十二、厚齋易學卷十六。

楊，近水之木，感陰氣之多而易生者也。九二雖老夫，然得女妻則猶能生育，而無不利，亦猶枯楊近水而復生根稊也。巽下，長女也，而乃以初爲女妻；兑上，少女也，而乃以上爲老婦。此何也？蓋九二在初六之上，老於初六，故二爲老夫而初爲女妻；九五在上六之下，少於上六，故上爲老婦而五爲士夫。此但以爻之上下爲老少，非取於兑、巽之象也。周易參義卷一。

九三，棟橈，凶。象曰：「棟橈之凶，不可以有輔也。」

解見九四。大易集義卷二十八。又見合訂删補大易集義粹言卷三十二。

九四，棟隆，吉；有它，吝。象曰：「棟隆之吉，不橈乎下也。」

九三應上，柔上而剛下，「棟橈」者也。九四應初，剛上而柔下，「棟隆」者也。棟，在上之物也，大過主於剛，過柔在乎上，剛不足以輔之，故橈而凶。剛在乎上，雖不橈乎下，然係應在初，其志不弘，猶有它吝。大易集義卷二十八。又見合訂删補大易集義粹言卷三十二。

九五，枯楊生華，老婦得其大夫，無咎無譽。

九二在初六之上，老於初六，故曰「女妻」，女未嫁者也。九五在上六之下，少於上六，故曰「士夫」，士未娶者也。九五已是陽過之極，而猶曰士夫者，上六居五之上，視五猶爲老也。易經蒙引卷四下。

上六，過涉滅頂，凶，無咎。象曰：「過涉之凶，不可咎也。」

上六「深則厲，淺則揭」，涉而至于滅頂，過涉者也。以柔居大過之末，過涉而下濟者也。涉雖不濟，義不得已。

滅頂取凶，命不可逃。義命合一，非其咎也。大易集義卷二十八。又見合訂刪補大易集義粹言卷三十二。

習坎（卦二十九）

☵ 坎下坎上

彖曰：「習坎，重險也，水流而不盈。行險而不失其信，『維心亨』，乃以剛中也。『行有尚』，往有功也。天險不可升也，地險山川丘陵也。王公設險以守其國，險之時用大矣哉！」

習坎，更試乎至難也。八卦：乾健，坤順，震動，艮止，離明，坎險，巽入，兑説，惟險非吉德，君子所不取。故於坎也，獨以習坎爲名，更試重險，乃君子所有事〔一〕也。流水之爲物，雖行險不凝其必下也。君子之爲德，雖行險不失其必信也。剛陷二陰之間而皆得中心，亨者也。剛中而習險，往必有功也。險非吉德，而王公法天地以設險，其取於險也大矣！大易集義卷二十九。又見合訂刪補大易集義粹言卷三十三、大易擇言卷十六、厚齋易學卷十七。

象曰：「水洊至，習坎。君子以常德行，習教事。」

水之走下，繼至而不絕，有習險之義焉。德行、教事，非習不成也。大易集義卷二十九。又見合訂刪補大易集義粹言卷三十三。

六三，來之坎坎，險且枕，入于坎窞，勿用。象曰：「『來之坎坎』，終無功也。」

六三「險且枕」，安於所未安也。大易集義卷二十九。又見合訂刪補大易集義粹言卷三十三、大易擇言卷十六。

六四，樽酒，簋貳，用缶，納約自牖，終無咎。

〔一〕「所有事」：厚齋易學作「有所事」。

居重險之中，獨傳陽明，如自牖内約。物雖薄而必饗，明信著交際得也。厚齋易學卷十七。

離（卦三十）

☲ 離上離下

象曰：「離，麗也。日月麗乎天，百穀草木麗乎土，重明以麗乎正，乃化成天下。柔麗乎中正，故『亨』；是以『畜牝牛吉』也。」

離，明而有所麗也。火之爲物，麗於物而後見，故離爲明、爲麗。離之二陽，麗於一陰以爲明；陽麗於陰，正也。重離[一]之明，皆麗乎正。其文明，其義正，此所以「化成天下」也。二柔皆中故「利貞」，利貞故「亨」，柔體故也。牛順而畜於人，牝又其柔者，柔而麗於物，故畜之吉。大易集義卷三十。又見合訂删補大易集義粹言卷三十四。

初九，履錯然，敬之，無咎。象曰：「履錯之敬，以辟咎也。」

初九始與二比，剛麗乎柔，其履交錯；然剛柔之際，瀆亂生焉。欲辟乎咎，非敬不可。能敬之道，非剛而何？大易集義卷三十。又見合訂删補大易集義粹言卷三十四。

六二，黄離，元吉。象曰：「『黄離元吉』，得中道也。」

六二二陽來麗，不失乎中，中即本也，故曰「黄離元吉」。大易集義卷三十。又見合訂删補大易集義粹言卷三十四。

九三，日昃之離，不鼓缶而歌，則大耋之嗟，凶。象曰：「『日昃之離』，何可久也！」

九三陽過乎中，日昃之象。日昃之時，明始退矣，必至於没而後已。處斯時也，亦姑謀樂以待其終可矣。不及時

[一]「離」：通志堂本合訂作「麗」。

以自娛，至于耋老則無及矣，與詩云「今我不樂，逝者其耋」同義。大易集義卷三十。又見合訂刪補大易集義粹言卷三十四、厚齋易學卷十七。

九四，突如其來如，焚如，死如，棄如。象曰：「『突如其來如』，無所容也。」

離之四五與坎相反：坎之四五皆當位，離之四五皆不當位。剛柔不當位，則剛必陵柔，下必陵上，不順之勢，物所不容也。離於下體，其明再生，故「突如其来如」。物所不容，不戢自焚，故「焚如，死如，弃如」。六五爲四所陵，不堪其逼；然處尊居中，不失王公之義，物必助之，故吉。大易集義卷三十。又見合訂刪補大易集義粹言卷三十四。

咸（卦三十一）

䷞　艮下兌上

彖曰：「咸，感也。柔上而剛下，二氣感應以相與。止而說，男下女，是以『亨，利貞，取女吉』也。天地感而萬物化生，聖人感人心而天下和平。觀其所感，而天地萬物之情可見矣。」

象曰：「山上有澤，咸。君子以虛受人。」

咸，以無心感也。咸之所感不一，故咸之義又爲感。天與地相感，故萬物化生。聖人與人心相感，故天下和平。理義者，人心之所同然，感無不應，應無不同，好色、好貨、親親、長長，以斯心加諸彼，未有不和不平者也。天地万物形氣雖殊，同生乎一理，觀於所感，則其情亦未嘗不一也。澤居下而山居高，然山能出雲而致雨者，山内虛而澤氣通也。土灰候氣，可以知也[一]。故君子居物之上，物情交感者，亦以虛受也。大易集義卷三十一。又見合訂刪補大易集義粹言卷三

[一] 此條釋文合訂誤入正文。

十五。

初六，咸其拇。象曰：「『咸其拇』，志在外也。」

咸之六爻，皆以身爲之象：下卦象下體，上卦象上體。初六最下而應九四，四以心感而初以足行，然後相應。不曰「足」而曰「拇」者，初以陰居下，静而未行，足雖不行，不害拇之能動，蓋心與四應而迹未應也。大易集義卷三十一。又見合訂刪補大易集義粹言卷三十五、厚齋易學卷十八、易傒卷十。

六二，咸其腓，凶。居，吉。象曰：「雖凶居吉，順不害也。」

六二柔中，雖居不往，不失乎順。一作「雖柔而居中，不失乎順」。大易集義卷三十一。又見合訂刪補大易集義粹言卷三十五。

九三，咸其股，執其隨，往吝。象曰：「『咸其股』，亦不處也。志在隨人，所執下也。」

九三剛而不中，居下體之上，力雖不任而無所自執，股之象也。〔二〕大易集義卷三十一。又見合訂刪補大易集義粹言卷三十五。

九四，貞吉，悔亡。憧憧往來，朋從爾思。象曰：「『貞吉，悔亡』，未感害也。『憧憧往來』，未光大也。」

居上體之下，當一身之中，以心感（二）者也。〔三〕雖獨與初應，未能無心周物；然以陽居陰，制之以静，所感於初者未深，未涉於害，故「貞吉，悔亡」也。「憧憧往來，朋從爾思」者，有心於周物而未能無心，猶自思焉。天下何思何慮，將無所不感，斯所以光大矣！大易集義卷三十一。又見合訂刪補大易集義粹言卷三十五。

九五，咸其脢，無悔。象曰：「『咸其脢』，志末也。」

〔二〕 集義排版時將藍田呂氏注和龜山楊氏注連在一起，易將此段文字誤認爲藍田呂氏對楊氏之引用。今據合訂將龜山楊氏注从藍田呂氏注中刪除。

〔三〕 「以心感者」：集義作「以心感二者」，據合訂刪。

上六，咸其輔、頰、舌。象曰：「『咸其輔頰舌』，滕口說也。」

脢與輔、頰、舌居心之上，皆末也。脢無情，以「無悔」；「輔、頰、舌」，感不以誠而以言者也。大易集義卷三十一。又見合訂刪補大易集義粹言卷三十五。

恒（卦三十二）

䷟ 巽下震上

象曰：「雷風，恒。君子以立不易方。」

恒，居常而可久也。通於衆，處於無過，守正而不變其道，乃可久也。非常之道，可暫而不可[一]久者也。若夫遠而天下，久而萬世，無所往而不利，惟常道爲然。雷風雖若非常，其所以相與則恒。觀其所恒，則天地萬物之情亦一。「雷以動之，風以散之」，有天地以來其用未嘗易。君子所立之方，理義有常，亦萬世所莫能易。大易集義卷三十二。又見合訂刪補大易集義粹言卷三十六。

初六，浚恒，貞凶，無攸利。象曰：「浚恒之凶，始求深也。」

初六始求可久之道，當與時消息，而以陰居之。執一不變，涉於刻深，取凶之道。執一廢百，無往而利。大易集義卷三十二。又見合訂刪補大易集義粹言卷三十六。

九四，田無禽。象曰：「久非其位，安得禽也。」

九四以陽居陰，不處於位而遠於事者也。君子之於天下，可以仕則仕，可以已則已；不居所當居，不事所可事。

[一] 合訂脫「可」字。

以是爲常，卒於無所獲而已。大易集義卷三十二。又見合訂删補大易集義粹言卷三十六。

上六，振恒，凶。象曰：「振恒在上，大無功也。」

上六居恒之終，持守欲固。以柔居上，下應於三；三亦不恒，莫知所守。當震之極，動摇無止，失守無功，凶其宜也。大易集義卷三十二[一]。又見合訂删補大易集義粹言卷三十六。

遯（卦三十三）

䷠ 艮下乾上

遯。亨，小利貞。

象曰：「『遯亨』，遯而亨也。剛當位而應，與時行也。『小利貞』，浸而長也。遯之時義大矣哉！」

遯，遠於害也。柔浸而長，非貞不立，可以自令[二]，不足以求勝，故「小利貞」[三]。大易集義卷三十三。又見合訂删補大易集義粹言卷三十七。

象曰：「天下有山，遯。君子以遠小人，不惡而嚴。」

物居地上，莫高於山。天之至高雖非山比，然山之勢與天並高，天若遠避，遯之象也。君子之遠小人，如天之遠山。「不惡而嚴」，儼然望而畏之，不可犯也。大易集義卷三十三。又見合訂删補大易集義粹言卷三十七。

[一] 此條在集義中位於遯卦之「遯亨小利貞」條的注釋中，疑裝訂成冊時順序顛倒。

[二] 「令」：四庫本合訂作「全」。

[三] 此條集義中在遯卦之「遯亨小利貞」條的注釋里，然該版本不見象辭，故合訂的編排似更合情理。

六二，執之用黃牛之革，莫之勝說。象曰：「執用黃牛，固志也。」

六二以柔居中，又處乎内，故曰「黃牛」。「執」，言待〔一〕。「革」，言堅固也。方遯之時，衆陽皆遯，己不得而從之，以守中行順，堅持其志而不解，知所自信者也。大易集義卷三十三。又見合訂刪補大易集義粹言卷三十七。

九三，係遯，有疾厲，畜臣妾，吉。象曰：「係遯之厲，有疾憊也。『畜臣妾，吉』，不可大事也。」

九三獨近二陰，爲陰所係，臣妾後〔二〕於人者也。陰爲我役，則雖近之而無害。爲陰所係，則憊矣。臣妾亦陰類也。大易集義卷三十三。又見合訂刪補大易集義粹言卷三十七。

大壯（卦三十四）

䷡ 乾下震上

彖曰：「大壯，大者壯也。剛以動，故壯。『大壯利貞』，大者正也。正大，而天地之情可見矣！」

大壯，居強盛之勢也。「大者壯」，體大而勢盛也。「大者正」，體大勢盛而無邪僻也。天地之體大矣，勢盛矣，情正矣！大易集義卷三十四。又見合訂刪補大易集義粹言卷三十八。

象曰：「雷在天上，大壯。君子以非禮弗履。」

「雷在天上」，則天下震驚，體大而勢盛也。禮所以正心修身，「非禮弗履」，則威嚴行而天下服。大易集義卷三十四。又見合訂刪補大易集義粹言卷三十八。

〔一〕「待」：合訂作「持」。

〔二〕「後」：合訂作「役」。

初九，壯于趾，征凶，有孚。象曰：「『壯于趾』，其孚窮也。」

初九居下而壯，勢必犯上，繇是而往，其究必凶。大易集義卷三十四。又見合訂刪補大易集義粹言卷三十八。

九二，貞吉。象曰：「『九二貞吉』，以中也。」

九二以陽居陰，以謙居壯者也。又不失其中，居之安矣。大易集義卷三十四。又見合訂刪補大易集義粹言卷三十八。

九三，小人用壯，君子用罔。貞厲。羝羊觸藩，羸其角。象曰：「『小人用壯』，君子罔也。」

九三居健之極，以陽居陽。小人恃勢以陵物，故曰「用壯」。君子居勢以自檢，故曰「用罔」。罔謂羅，制其奔軼也。君子居安而畏危，故曰「貞厲」。小人恃勢很[二]以陵物，物莫之與則反爲所困，故曰「羝羊觸藩，羸其角」。藩，謂四也。大易集義卷三十四。又見合訂刪補大易集義粹言卷三十八。

九四，貞吉，悔亡。藩決不羸，壯于大輿之輹。象曰：「『藩決不羸』，尚往也。」

九四處三陽之上，居動之始，壯之甚者，而以陽居陰，亦以謙居壯者也。壯宜有悔，由謙故「貞吉」，貞吉悔乃亡也。上有二陰，不爲藩以阻己也。以剛居動之始，壯輿之輹也。故「藩決不羸」，進無阻也，「壯于大輿之輹」，行無病也，尚往無疑矣。大易集義卷三十四。又見合訂刪補大易集義粹言卷三十八。

六五，喪羊于易，無悔。象曰：「『喪羊于易』，位不當也。」

六五羊性壯很[三]，壯陽之象。四陽至壯而上進，六五之柔不足以制之，雖不當位而居乎中，能度可否者也。知不可制而不制，藩決不羸，陽得進往，故曰「喪羊于易」。能知可否，不與物競，故「無悔」也。大易集義卷三十四。又見合訂刪補大易集義粹言卷三十八。

[二]「很」：合訂作「狠」。

[三]「很」：合訂作「狠」。

上六，羝羊觸藩，不能退，不能遂，無攸利。艱則吉。象曰：「『不能退，不能遂』，不詳也。『艱則吉』，咎不長也。」

壯窮必衰，不可長也。四陽上進，羝羊也。上六居外，藩也。「不能退」，剛長不已也。「不能遂」，上窮也。窮極，其壯不衰不已，故「無攸利」也。六五、上六皆柔，不足以制剛。五以易而喪羊，上以難而獲吉。上處窮極，不敢以柔而自易，抑其壯而不使遂也。大易集義卷三十四。又見合訂删補大易集義粹言卷三十八。

晉（卦三十五）

☷☲ 坤下離上

象曰：「晉，進也。明出地上。順而麗乎大明，柔進而上行，是以『康侯，用錫馬蕃庶，晝日三接』也。」

晉，進而之于貴也。「明出地上」。順而麗乎大明，柔進而上行」，皆進而之于貴，人臣進受君寵之象也。康，美也，安也，如記所謂「康周公，以賜魯也」。「錫馬蕃庶，晝日三接」，君寵之多也。「明出地上」，晝也。歷三陰而至離之明，三接之象也。大易集義卷三十五。又見合訂删補大易集義粹言卷三十九、厚齋易學卷十九。

初六，晉如，摧如，貞吉。罔孚，裕無咎。象曰：「『晉如摧如』，獨行正也。『裕無咎』，未受命也。」

初六明進之始，故「晉如」。以陰居乎至下，未遂其進，故「摧如」。至柔居下，或晉或摧，宜無所立矣。然順而麗明，獨行乎正，故「貞吉」。居物之下，當事之始，物未信也，故「罔孚」。四離正應以順麗明，不獨繫四，裕而不狹，乃「無咎」也。「未受命」者，所麗在離之全體，未以四應而偏受命也。大易集義卷三十五。又見合訂删補大易集義粹言卷三十九。

六二，晉如，愁如，貞吉。受兹介福，于其王母。象曰：「『受兹介福』，以中正也。」

六二「晉如」，進而之明也；「愁如」，上無應也。六五以柔居尊，王母之象也。王母，祖母之稱，婦人之尊也。

二、五俱無應而皆處中正，以中正相感而不以它，故「受茲介福」也。大易集義卷三十五。又見合訂刪補大易集義粹言卷三十九。

九四，晉如鼫鼠，貞厲。象曰：「『鼫鼠貞厲』，位不當也。」

九四當明進時，以陽[居][一]陰，又處四陰之中，下應於初，進退失守，如鼫鼠然，「位不當」者也。守是不變，取危之道。大易集義卷三十五。又見合訂刪補大易集義粹言卷三十九。

六五，悔亡，失得勿恤。往，吉，無不利。象曰：「『失得勿恤往』，有慶也。」

六五居明之中，二陽所麗，體柔處尊，物之所歸，故「往，吉，無不利」也。明進之時而體陰柔，宜若有悔。柔居二陽所麗之間而下無應，宜若恤失得。然二陽所麗，物之所得，故悔亡而失得，可勿恤也。大易集義卷三十五。又見合訂刪補大易集義粹言卷三十九。

上九，晉其角，維用伐邑。厲，吉；無咎，貞吝。象曰：「『維用伐邑』，道未光也。」

上九居[二]明之終，明將窮矣，故「晉其角」。明不足以及遠，可以治其邑而不能及其境内，邑猶伐而後治，則「道未光」可知矣。明不足，故「厲」；伐而後可治，故「吉」，乃無咎。然守是不變，狹吝之道也。大易集義卷三十五。又見合訂刪補大易集義粹言卷三十九。

[一] 集義脫「居」字，據合訂補。

[二] 「居」：集義作「君」，據合訂改。

明夷（卦三十六）

䷣ 離下坤上

彖曰：「明入地中，明夷。内文明而外柔順，以蒙大難，文王以之。『利艱貞』，晦其明也。内難而能正其志，箕子以之。」

明夷，藏而不顯也。明夷之義，文王、箕子事紂之道也。君子之德非所尚於明夷，而涖衆之道不用明焉，於是乎取之。大易集義卷三十六。又見合訂删補大易集義粹言卷四十。

初九，明夷于飛，垂其翼。君子于行，三日不食。有攸往，主人有言。象曰：「『君子于行』，義不食也。」

初九明當升而反在下，飛而垂翼之象也。君子，明者也。明夷，不明者也。明與不明，義與不義之分也。不義者之食，義者不受也；明者所爲，不明者不信也。故「于行」則「三日不食」，「有攸往」則「主人有言」。大易集義卷三十六。又見合訂删補大易集義粹言卷四十。

六二，明夷，夷于左股，用拯馬壯，吉。象曰：「六二之吉，順以則也。」

六二以陰柔居中，在二陽之間，不自明而賴物以爲明，不自行而賴物以爲行。順物之則而不自用，晦其明者也，故曰「夷于左股，用拯馬壯，吉」。「夷于左股」，則不能自行。用拯斯難，馬壯乃吉也。大易集義卷三十六。又見合訂删補大易集義粹言卷四十、厚齋易學卷十九。

九三，明夷于南狩，得其大首，不可疾，貞。象曰：「南狩之志，乃大得也。」

九三居離之極，至明之主也。上六居坤之極，至暗之主也。離，南方之卦。離至南而益明，得其地也，故曰「明夷于南狩」。明夷之世，至明之主得其地以攻至闇之主，必大有得，故曰「得其大首」。君子之於物，無不愛也，雖有甚惡，閔之而已，正之而已，「不可疾」也。持不可疾之心以爲正，則君子用兵皆出於不得已也。大易集義卷三十六。又見合訂刪補大易集義粹言卷四十。

六四，入于左腹，獲明夷之心，于出門庭。象曰：「『入于左腹』，獲心意也。」

坤體，純柔至闇者也。六四當明夷之世，以陰居陰，入于至闇之始，在上者亦皆昏闇；然能獲在上者心意出之于門庭之間者，必以陰柔之資逆探在上之邪心。在上者既闇，又「不能察而拒之，此所以爲其所得也」〔一〕。大易集義卷三十六。又見合訂刪補大易集義粹言卷四十。

六五，箕子之明夷，利貞。象曰：「箕子之貞，明不可息也。」

六五居二陰至闇之間，不可與明，所以「利貞」者，知守中以爲正也。此箕子事紂之義乎？大易集義卷三十六。又見合訂刪補大易集義粹言卷四十。

上六，不明，晦。初登于天，後入于地。象曰：「『初登于天』，照四國也。『後入于地』，失則也。」

明當在上而入于地，上六所以失明之則。闇當在下而不用其明，六二所以順以則也。大易集義卷三十六。又見合訂刪補大易集義粹言卷四十。

家人（卦三十七）

䷤ 離下巽上

彖曰：「家人，女正位乎內，男正位乎外，男女正，天地之大義也。家人有嚴君焉，父母之謂也。父父、子子、兄兄、弟弟、夫夫、婦婦，而家道正。正家，而天下定矣！」

〔一〕集義脫「不能察而拒之，此所以爲其所得也」，據合訂補。合訂無「又」字。

家人，治内之道也。風能入火，風自火出，則火勢熾矣！言行之化可以正家，化自家出，則家道盛矣！大易集義卷三十七。又見合訂删補大易集義粹言卷四十一。

初九，閑有家，悔亡。象曰：「『閑有家』，志未變也。」

初九以剛居始，「閑有家」者也。禁之於未然，不傷乎恩，故「悔亡」。大易集義卷三十七。又見合訂删補大易集義粹言卷四十一。

九三，家人嗃嗃，悔，厲，吉；婦子嘻嘻，終吝。象曰：「『家人嗃嗃』，未失也。『婦子嘻嘻』，失家節也。」

九三以陽居陽，尚剛嚴以治家者也。法不閑於始，恩不得於衆，純以嚴治，家人所以「嗃嗃」也。「嗃嗃」者，讙言以聚議也。治家而不免家人議之，悔且厲也；彼雖議我，我未失道，悔、厲猶吉也。若過於剛嚴，責善已甚，賊恩之至，皆有離心。「婦子嘻嘻」，失治家之節，終吝道也。「嘻嘻」，嗟怨之聲也。大易集義卷三十七。又見合訂删補大易集義粹言卷四十一、厚齋易學卷二十。

六四，富家，大吉。象曰：「『富家大吉』，順在位也。」

六四以陰居于巽下，承乎九五，以順爲正，無非無儀者也。家人之順皆若是，則家道富盛，無所不足，故「大吉」。大易集義卷三十七。又見合訂删補大易集義粹言卷四十一。

九五，王假有家，勿恤，吉。象曰：「『王假有家』，交相愛也。」

九五以剛處尊，居中體巽，以道治其家。上下相親，法行而恩浹，有嚴君之治焉，故曰「王假有家」，得治家之本矣。末不足憂，故曰「勿恤，吉」。大易集義卷三十七。又見合訂删補大易集義粹言卷四十一。

上九，有孚，威如，終吉。象曰：「『威如之吉』，反身之謂也。」

上九以剛居終，有始有卒，道可繼人乎？聖人以治家之道莫尚於威嚴，慮後世不知所謂威嚴者正其身也。或不正而尚威怒，則父子相夷，愈不服矣，安得吉？故於上九發之。孟子曰：「身不行道，不行於妻子。」石慶家人有過輒不食，家人謝過而後復，是亦反身也，易傳曰：「慈也。」「身不行道，不行於妻子」，反身不嚴，人將安信？故「有孚，威如」，終乃吉也。大易集義卷三十七。

上九以剛居終，有始有卒，道可繼也。「身不行道，不行於妻子」，反身不嚴，人將安信？故「有孚，威如」，終乃吉也。合訂刪補大易集義粹言卷四十一。

睽（卦三十八）

☲☱ 兑下離上

象曰：「睽，火動而上，澤動而下；二女同居，其志不同行。說而麗乎明，柔進而上行，得中而應乎剛，是以『小事吉』。天地睽而其事同也，男女睽而其志通也，萬物睽而其事類也。睽之時用大矣哉！」

睽，趨異而不相合也。物有異而同者，天地、男女是也；有同而異者，「二女同居，其志不同行」是也。異而同者，迹異而心同，孟子曰「或遠或近，或去或不去，君子亦仁而已矣，何必同」，又曰「禹、稷、顔回同道，曾子、子思易地則皆然」是也。同而異者，迹同而心異，孟子曰「有伊尹之志則可，苟無伊尹之志則篡也」，魯人曰「柳下惠固可，吾固不可」是也。大易集義卷三十八。又見合訂刪補大易集義粹言卷四十二。

蹇（卦三十九）

☵☶ 艮下坎上

象曰：「蹇，難也，險在前也。見險而能止，知矣哉！『蹇利西南』，往得中也；『不利東北』，其道窮也；『利見大人』，

往有功也；當位『貞吉』，以正邦也。蹇之時用大矣哉！」

蹇，方涉於危難也。「利見大人」，謂九五以剛中處尊位也。危難之世，非大人不足以濟之，非當位履正不足以正之。大易集義卷三十九。又見合訂刪補大易集義粹言卷四十三。

象曰：「山上有水，蹇。君子以反身修德。」

「山上有水」，水行不利，不得其地，故蹇也。水行不得其地，猶君子之行不得於人，不得於人，反求諸己而已。故愛人不親反其仁，治人不治反其知，禮人不答反其敬。大易集義卷三十九。又見合訂刪補大易集義粹言卷四十三、大易擇言卷二十一[一]。

六四，往蹇，來連。象曰：「『往蹇，來連』，當位實也。」

六四往則益險，故曰「往蹇」；來則當位，與三、五比連，故曰「來連」。二陽交以下，雖無應，所賴實矣。大易集義卷三十九。又見合訂刪補大易集義粹言卷四十三。

上六，往蹇，來碩，吉。利見大人。象曰：「『往蹇，來碩』，志在內也。『利見大人』，以從貴也。」

上六往則窮險，來則獲內之應，故曰「往蹇，來碩，吉」。碩，大也，九三以陽居陽，故大也。「利見大人」，九五比也。大易集義卷三十九。又見合訂刪補大易集義粹言卷四十三。

解（卦四十）

䷧ 坎下震上

[一] 此條在大易擇言中列爲蹇卦彖辭的注釋。

象曰：「解，險以動，動而免乎險，解。『解利西南』，往得衆也。『其來復吉』，乃得中也。『有攸往，夙吉』，往有功也。天地解而雷雨作，雷雨作而百果草木皆甲拆。解之時大矣哉！」

解，出乎險難也。當解之時，無濟難之志，守中自居，來復可也；有濟難之志，不夙則失時，險而止蒙，其險在內，心有窒礙，失之止而不知學也。蹇「見險而能止」，其險在外，知不可進而自止也。屯「動乎險中」，險亦在外，動乎險中，求出而未得也。解「險以動，動而免乎險」，已出險外，動而遠之，以免斯難也。大易集義下經卷四十。又見合訂刪補大易集義粹言卷四十四。

初六，無咎。象曰：「剛柔之際，義無咎也。」

初六居解之始，以柔在險下，宜有咎也；然應於九四，比於九二，剛柔相濟，足以解難，「義無咎也」。大易集義下經卷四十。又見合訂刪補大易集義粹言卷四十四。

九二，田獲三狐，得黃矢，貞吉。象曰：「九二貞吉，得中道也。」

九二居解之時，處乎險中，剛中而應，可以大獲隱伏，故曰「田獲三狐」。雖大有獲，道不失中，義不失直，守是不變，可以獲吉，故曰「得黃矢，貞吉」。大易集義下經卷四十。又見合訂刪補大易集義粹言卷四十四。

六三，負且乘，致寇至，貞吝。象曰：「『負且乘』亦可醜也。自我致戎，又誰咎也？」

六三以陰居陽，柔邪之質，乃在下卦之上，小人居君子之位者也。不安於上，求媚於四而負之；不安於下，陵侮於二而乘之，其行可醜，自取於難矣，故曰「負且乘，致寇至」。守是不變，卒歸鄙狹，故曰「貞吝」。大易集義下經卷四十。又見合訂刪補大易集義粹言卷四十四。

九四，解而拇，朋至斯孚。象曰：「『解而拇』，未當位也。」[二]

[二] 集義缺頁，未見此條正文。

九四者解之時，有應在初，初在險下，拇之象。四雖剛陽而不當位，未足解難，然在動始，求免於剛，不專應初，故曰「解而拇」。係[一]應不私，朋信之矣，故曰「朋至斯孚」。大易集義下經卷四十。又見合訂刪補大易集義粹言卷四十四。

損（卦四十一）

䷨ 兌下艮上

彖曰：「損，損下益上，其道上行。損而『有孚，元吉，無咎，可貞，利有攸往。曷之用？二簋可用享』。二簋應有時，損剛益柔有時，損益盈虛，與時偕行。」

省約以爲善也。損下益上曰損，損上益下曰益，蓋陰從陽以益之，陽資陰以自益。艮止於上，兌說於下以從艮，損下益上也。雷動于下，巽居于上以入之，損上益下也。說之道上行，巽之動入于下也。凡物之情，則惡損而好益；天之道，則惡盈而好謙。知損之爲益，則物情有孚，天道合矣，故可以「元吉，無咎」。時損時益，則損之道不可以爲正，惟「損而有孚」，故乃以「元吉，無咎」，當損之時，故曰「可貞」。時損則損，時益則益，苟當其時，無往而不可，故損益皆「利有攸往」。當損之時，將何所用乎？然君子不以微薄廢禮，苟有明信，雖澗溪沼沚之毛，可薦於鬼神，故「二簋可用享」。陰陽消長，往反無常，惟其時而已。損益之氣在上，下則以柔益剛；然剛陽有餘，陰柔不足，則損剛益柔亦有時矣。由是觀之，天地陰陽，屈伸消長，與時偕行，惟變所適，君子取之以損益者也。大易集義下經卷四十一。又見合訂刪補大易集義粹言卷四十五。

象曰：「山下有澤，損。君子以懲忿窒欲。」

[一]「係」：合訂作「繫」。

「山下有澤」，則損澤之潤以益於山，山之物盛矣！損情之忿慾以益其德，則德益進矣！大易集義下經卷四十一。又見合訂刪補大易集義粹言卷四十五。

初九，已事遄往，無咎；酌損之。象曰：「『已事遄往』，尚合志也。」

初九當損之始而位乎下，時損則損，不可緩也，故以己之事遄往以益上，庶幾合上之志而已。雖損下益上，亦不爲已甚。以失己，故其損也，酌之而後行，所以酌者其剛也。大易集義下經卷四十一。又見合訂刪補大易集義粹言卷四十五、厚齋易學卷二十一。

九二，利貞，征凶。弗損，益之。象曰：「九二利貞，中以爲志也。」

九二以剛居中，雖當損下以益上，能守中以爲正，不委己以利彼，故曰「利貞，征凶」。蓋以利中爲正，征則凶也。損不失中，雖損弗損，有益之之道焉。上九損終反益，故亦「弗損益之」。大易集義下經卷四十一。又見合訂刪補大易集義粹言卷四十五。

六三，三人行，則損一人；一人行，則得其友。象曰：「一人行，三則疑也。」

六三與初九、九二皆在下卦，以相比，「三〔一〕人行」者也；二爻皆陽，己獨陰，「一人行」者也。陰陽相耦，其體雖兩，其致一也。二陽與一陰並行，則三疑而不一，必損一陽，然後陰陽各一而可合，故曰「損一人」。三雖獨陰，自與上九應，初二不與焉，故曰「得其友」。大易集義下經卷四十一。又見合訂刪補大易集義粹言卷四十五。

六四，損其疾，使遄有喜，無咎。象曰：「『損其疾』，亦可喜也。」

六四當損之時，以盈爲疾者也。六四以陰居陰，謙柔之至，「損其疾」也。有所損者必有所益，過損則無益，無益則有咎，故必「遄有喜」然後「無咎」。大易集義下經卷四十一。又見合訂刪補大易集義粹言卷四十五。

〔一〕「三」：集義作「二」，據合訂改。

六五，或益之十朋之龜，弗克違，元吉。象曰：「六五元吉，自上祐也。」

六五當損下益上之時，以柔中居上；二當損上益下之時，以柔中居下，天下之益皆歸焉。古者以龜貝爲貨。「十朋之龜」，利益多也。天下之益莫之致而至，至斯受之，故「弗克違」。凡損所以爲益，居損獲益，爲得其元，故曰「元吉」。居獲益則欲長保，故曰永貞之吉。損之六五，「元吉」。吉者以柔中在上而獲祐，故曰「自上祐也」。大易集義下經卷四十一。又見合訂删補大易集義粹言卷四十五、厚齋易學卷二十一。

益（卦四十二）

䷩ 震下巽上

象曰：「風雷，益。君子以見善則遷，有過則改。」

益，增長以爲利也。風雷振動，万物變而新之，有〔一〕遷善改過之義。大易集義下經卷四十二。又見合訂删補大易集義粹言卷四十六、厚齋易學卷四十。

初九，利用爲大作，元吉，無咎。象曰：「『元吉無咎』，下不厚事也。」

初九當益之時，損上益下。初九以剛處益之下，居動之始，受上之益，利於大有爲者也；然位卑而任重，不循其本以獲元吉，則未能免咎者也。大易集義下經卷四十二。又見合訂删補大易集義粹言卷四十六。

六二，或益之十朋之龜，弗克違。永貞吉。王用享于帝，吉。象曰：「『或益之』，自外來也。」

六二義見損之六五。然益之六二雖居下卦之中，天下之益歸之，有王者之象焉；莫尊於王而受上之益，則所謂

〔一〕厚齋易學「有」上有「在人」二字。

上者，帝而已矣。「享于帝，吉」，受天之益也。大易集義下經卷四十二。又見合訂删補大易集義粹言卷四十六。

六三，益之，用凶事，無咎。有孚中行，告公用圭。象曰：「益用凶事，固有之也。」

六四，中行告公，從。利用爲依遷國。象曰：「『告公從』，以益志也。」

六三居下體之上，不純乎下，六四居上體之下，不純乎上，當益之時，損上益下。三、四既不純乎上、下，則損益皆不過乎中，故二爻位雖不中，皆曰「中行」；又皆陰柔之質，不能有所大益，不足於王者之事，故皆曰「告公」。所可用利益者一事而已，故六三「益之用凶，事無咎」，六四「利用爲依遷國」，情[一]難求安而已，非過益也。三以陰居陽，可以有爲，故曰「益之用凶，事無咎」，以其所益固有以自任也。能固有以自任，少有爲而不過中，行足以信於上而鎮撫其國也，故曰「有孚中行，告公用圭」。賓玉，國之重器，所以鎮撫之也。四以陰居陰，不及三之有爲，無可益者，求安而已；告公而從，其志得矣，非有爲也。傳曰：「我周之東遷，晉、鄭焉依？」凡遷國者必有依於人而後濟，四不能有爲，可爲遷國之依而已。大易集義下經卷四十二。又見合訂删補大易集義粹言卷四十六。

夬（卦四十三）

䷪ 乾下兑上

象曰：「澤上於天，夬。君子以施禄及下，居德則忌。」

「施禄及下」，可遽決也。進有德以居位，不可遽決也。左右諸大夫、國人皆曰賢，猶察之，見賢而後用之，此「居德則忌」也。「忌」，謂戒慎也。大易集義下經卷四十三。又見合訂删補大易集義粹言卷四十七。

[一]「情」：合訂作「靖」。

初九，壯于前趾，往不勝，爲咎。象曰：「不勝而往，咎也。」

初九以健在下，「壯于前趾」者也。當决之始，畜鋭以待，度不勝不往，乃可以免咎。不能量敵慮勝，徼倖輕進，欲勝柔邪而反〔一〕長之，兹乃爲咎，不可不慎。大易集義下經卷四十三。又見合訂删補大易集義粹言卷四十七。

九二，惕號，莫夜有戎，勿恤。象曰：「『有戎勿恤』，得中道也。」

九二决之時，以剛得中，雖與物敵，先知所以備豫之道，不爲窮兵幸勝之計，則寇來不可犯，故曰「惕號，莫夜有戎，勿恤。」大易集義下經卷四十三。又見合訂删補大易集義粹言卷四十七。

九三，壯于頄，有凶。君子夬夬，獨行遇雨若濡，有愠，無咎。象曰：「『君子夬夬』，終無咎也。」

九三獨與上六應，上六居上，故曰「頄」。四剛决柔，己獨助之，違衆不祥，是以「凶」也。惟君子心無私係，亟欲决而不助，故曰「君子夬夬」。然位當其應，虽與四剛同行，獨爲上六之牢棪〔二〕，遠之則怨。如「獨行遇雨」，雖爲霑汚，貽彼之愠怒則有之，卒無咎也。大易集義下經卷四十三。又見合訂删補大易集義粹言卷四十七。

九四，臀無膚，其行次且。牽羊悔亡，聞言不信。象曰：「『其行次且』，位不當也。『聞言不信』，聰不明也。」

九四剛長决柔之時，以陽居陰，附於柔闇，從剛者之行則不果，聞剛者之言則不信，故「其行次且」、「聞言不信」也。後爲三陽近迫，則失所處，故曰「臀無膚」；前爲九五之所曳，則不得止，故曰「牽羊」。羊性柔很，可驅而不可牽。四苟從五之所牽，悔猶可亡。然「聞言不信」，則不聽可知。大易集義下經卷四十三。又見合訂删補大易集義粹言卷四十七。

〔一〕「反」：集義作「返」，據合訂改。

〔二〕「牢棪」：合訂作「牽援」。

姤(卦四十四)

䷫ 巽下乾上

象曰：「姤，遇也，柔遇剛也。『勿用取女』，不可與長也。天地相遇，品物咸章也。剛遇中正，天下大行也。姤之時義大矣哉！」

姤，寡遇衆，弱遇强也。姤一柔而遇五剛，乃一女子而遇五男，一臣而遇五君，壯而不可貞，不可取也。合訂刪補大易集義粹言卷四十八。

象曰：「天下有風，姤。后以施命誥四方。」

「天下有風」，則無不鼓動，施行命誥四方之義。一后之命告四方，亦寡遇衆也。大易集義下經卷四十四。又見合訂刪補大易集義粹言卷四十八。

初六，繫于金柅，貞吉。有攸往，見凶。羸豕孚蹢躅。象曰：「『繫于金柅』，柔道牽也。」

初六以一柔而遇[一]五剛，近者欲比，遠[二]者欲應，能不徇於近比而遠牽於正應，繫之於剛而能止者，則正吉矣。「有攸往，見凶」，舍正之它，則凶矣。舍正之他，乃羸豕之孚也。「羸豕孚」以淫，行信於衆者也。「蹢躅」，淫躁之狀也。大易集義下經卷四十四。又見合訂刪補大易集義粹言卷四十八。

九二，包有魚，無咎。不利賓。象曰：「『包有魚』，義不及賓也。」

[一]「遇」：集義作「過」，據合訂改。

[二]「遠」：集義作「速」，據合訂改。

九二與初相比，柔始爲剛而爲二所得，「包有魚」也。初非正應，苟可以自利而已，不可以及賓。蓋近而相比，近於義，非正也。古者遺魚肉皆包苴。包，喻二；魚，喻初也。魚，陰類也。大易集義下經卷四十四。又見合訂删補大易集義粹言卷四十八。

九三，臀無膚，其行次且，厲，無大咎。象曰：「『其行次且』，行未牽也。」

九三之於初六，後不如二之能比，故「臀無膚」；前不如四之能應，故「其行次且」。雖未牽初以自助，若孤危，然剛而當位，卒無大咎。大易集義下經卷四十四。又見合訂删補大易集義粹言卷四十八。

九四，包無魚，起凶。象曰：「無魚之凶，遠民也。」

九四以初爲應，初爲己民，二陽間之，遠而不可得；有民而不得其民，如有包無實，以靜猶可，作而起之，是以凶也。大易集義下經卷四十四。又見合訂删補大易集義粹言卷四十八。

九五，以杞包瓜，含章，有隕自天。象曰：「九五『含章』，中正也。『有隕自天』，志不舍命也。」〔一〕

九五，內守中正以待天命者也，姤之時，柔長而剛將消矣。九五以剛陽之質居尊履中，德之美也。不以剛將消而自失，全其美質，如「以杞包瓜」然。方其未壞，知愛之全之而已，「含章」之道也。「有隕自天」，非吾力之所能爲，斯可以俟命而無憾也。大易集義下經卷四十四。又見合訂删補大易集義粹言卷四十八。

上九，姤其角，吝，無咎。象曰：「『姤其角』，上窮吝也。」

上九角居首上，遇道至于角窮矣。窮雖吝狹，不可以及衆，亦庶乎不自失，故「無咎」。大易集義下經卷四十四。又見合訂删補大易集義粹言卷四十八。

〔一〕集義裝訂時錯頁，此條文字在注解之後，據合訂改。

萃（卦四十五）

䷬ 坤下兌上

彖曰：「萃，聚也。順以説，剛中而應，故聚也。『王假有廟』，致孝享也。『利見大人，亨』，聚以正也。『用大牲吉，利有攸往』，順天命也。觀其所聚，而天地萬物之情可見矣。」

萃而得其所主也。己之所聚則庶事備，庶事備而後道可通，故曰「萃亨」。天下以大聚，不知其本，則陵慢爭奪之禍生。王者治天下之大聚，所生者有本焉。「順以説」，知所以報其本。「剛中而應」，知所以正其本。親者，類之本，故「王假有廟，致孝享」，以報本也。有德有位者，治之本，故「利見大人，亨利貞」，立名分以正本也。天者，生之本，故「用大牲吉」，順天命以報本也。大易集義下經卷四十五。又見合訂删補大易集義粹言卷四十九。

象曰：「澤上於地，萃。君子以除戎器，戒不虞。」

「澤上於地」，則物物蒙潤，旱乾所不能害，有豫備不虞之象。大易集義下經卷四十五。又見合訂删補大易集義粹言卷四十九。

初六，有孚不終，乃亂乃萃，若號。一握爲笑，勿恤，往無咎。象曰：「『乃亂乃萃』，其志亂也。」

居萃之時，與應者爲聚。初六與九四應，宜其見信而得聚，而六三間之。四之所以交於初者，或信或否，故「有孚不終」；初不得其聚而志亂，則或聚或散，故「乃亂乃萃」。四既不信，初既志亂，或信或否，或聚或散，則或悲或懽[一]，故「若號，一握爲笑」。號，號哭也；一握爲笑，握手相懽笑也。正不可奪，久必信之，故「勿恤，往無咎」。大易

[一]「懽」：合訂作「懼」，從上下文看，前者爲是。

集義下經卷四十五。又見合訂刪補大易集義粹言卷四十九。

六二，引吉，無咎；孚乃利用禴。象曰：「『引吉無咎』，中未變也。」

六二居純柔之中，不變、淳一、寡欲，雖與五應，俟引之而後往，若有失時之咎，不失守正之義，故「吉無咎」。當聚之時，不求所聚，所用約矣。如見信於四，雖約亦亨，故「孚乃利用禴」。禴，薄祭也。大易集義下經卷四十五。又見合訂刪補大易集義粹言卷四十九。

九五，萃有位，無咎。匪孚；元永貞，悔亡。象曰：「『萃有位』，志未光也。」

九五雖以剛居尊，而下之三陰來萃，爲四所有，貴而無民，僅有位號，以保無咎而已，未足光也。既不見信於下，物莫之助，若與四爭，其悔可必。惟守夫「元永貞」之德，則悔可亡也。大易集義下經卷四十五。又見合訂刪補大易集義粹言卷四十九。

升（卦四十六）

䷭ 巽下坤上

象曰：「柔以時升，巽而順，剛中而應，是以大亨。『用見大人，勿恤(往)[一]』，有慶也。『南征吉』，志行也。」

升，柔而上也。以柔而升，則升不逼上，故「用見大人，勿恤」。柔之志不之於陽明之地，則邪僻陰闇無所不至，故「南征吉」。大易集義下經卷四十六。又見合訂刪補大易集義粹言卷五十。

初六，允升，大吉。象曰：「『允升大吉』，上合志也。」

〔一〕集義衍「往」字。

初六以柔居下，當升之時，柔進而上。雖處至下，志與三陰同升，衆[一]之所允，無所不利，故曰「允升大吉」。大易集義下經卷四十六。又見合訂删補大易集義粹言卷五十、大易擇言卷二十四、周易圖書質疑卷十、易翼説卷八。

九二，孚乃利用禴，無咎。象曰：「九二之孚，有喜也。」

九二柔升之時，以剛居中，若不相合。然上應於五，如見信於五，雖納約薦誠，無所不説，故「無咎」。所以信者，剛中而應故也。大易集義下經卷四十六。又見合訂删補大易集義粹言卷五十。

九三，升虚邑。象曰：「『升虚邑』，無所疑也。」

九三以陽居陽，將升於上。上體純陰，莫之違拒，如入無人之境，其行無疑，故曰「升虚邑」。大易集義下經卷四十六。又見合訂删補大易集義粹言卷五十。

六四，王用亨于岐山，吉，無咎。象曰：「『王用亨于岐山』，順事也。」

六四以太王之事明之，六五以文王之事明之。太王不忍戰其民，遂以避狄，策杖去豳，之岐山之下居焉，而從之者如歸市，因以肇基王迹，柔升之道莫盛於此。蓋六四以陰居陰，其柔至矣，而乃升於上體，順而上進，如太王之事也。文王有君民之大德，有事君之小心，三分天下有其二，以服事商。蓋大得天下之心，猶執柔中以事上，不失人臣之貞，而履人君之勢，故曰「貞吉升階」。大易集義下經卷四十六。又見合訂删補大易集義粹言卷五十。

上六，冥升，利于不息之貞。象曰：「冥升在上，消不富也。」

上六陰極必冥，又窮於上，升而不已者也。至誠不息，如是可也。施之於是，消息盈虚，當與時行。不息則消，安得富乎？大易集義下經卷四十六。又見合訂删補大易集義粹言卷五十。

[一]「衆」：大易擇言作「象」。

困（卦四十七）

䷮ 坎下兌上

象曰：「困，剛揜也。險以說，困而不失其所，亨，其唯君子乎！『貞大人吉』，以剛中也。『有言不信』，尚口乃窮也。」

困，窮而無可爲也。剛居中而爲柔所揜，剛不得伸，故「困」。「險以說，困而不失其所，亨」者，顏子居陋巷不改其樂者也。「貞大人吉，以剛中」者，孔子曰「莫我知也，知我者其天乎」者也。「有言不信」，孔子「欲無言」者也。大易集義下經卷四十七。又見合訂刪補大易集義粹言卷五十一。

象曰：「澤無水，困。君子以致命遂志。」

澤以潤物爲功，今無水者，功將安施？困之象也。推其窮之所由，致而不可得，此之謂「致命」。致，窮盡也。知其無可奈何而安之，此之謂「遂志」。遂，不撓也，命雖不遂，其志不撓也。大易集義下經卷四十七。又見合訂刪補大易集義粹言卷五十一。

初六，臀困于株木，入于幽谷，三歲不覿。象曰：「『入于幽谷』，幽不明也。」

初六以柔居下，雖有正應，爲二所間。「臀困于株木」，繫而坐之，卑柔不得行也；「入于幽谷」，蔽於九二，幽陰不得明也。三歲一閏，天道小變，困者必通，終獲正應。未滿三歲，不可覿也。大易集義下經卷四十七。又見合訂刪補大易集義粹言卷五十一。

九二，困于酒食，朱紱方來，利用享祀。征凶，無咎。象曰：「『困于酒食』，中有慶也。」

九二、九五皆揜於柔而無應，然皆剛中以自守，「困而不失其所亨」者也。九二以陽居陰，困而能謙，爲衆之所致養，故「困于酒食」；爲至尊之所下，故「朱紱方來」。朱者，天子之服。赤者，諸侯之服也。得天人之陰助，故利用享人鬼，祀天神也。居困之時，雖有上下幽明之助，自守則可，不可以有行。困而行，其窮必凶，無所咎也。九五以陽居陽，困而用壯，雖處尊位，不爲下之所服從，迫之以威而未聽，故「劓刖，困于赤紱」，謂諸侯也。剛中守直，久必信之，故「乃徐有説」。人雖未信，天地鑑之，故利祭地祇、祀天神也。大易集義下經卷四十七。又見合訂删補大易集義粹言卷五十一。

六三，困于石，據于蒺蔾；入于其宫，不見其妻，凶。象曰：「『據于蒺蔾』，乘剛也。『入于其宫，不見其妻』，不祥也。」

六三以陰居陽，不安於困，處二剛之間，求耦於非其耦；四堅拒而不納，二若芒刺而不可據焉。進退失圖，卒不得其耦，妄動以取禍也，故曰「困于石，據于蒺蔾；入于其宫，不見其妻，凶。」[一]合訂删補大易集義粹言卷五十一。

九四，來徐徐，困于金車，吝，有終。象曰：「『來徐徐』，志在下也，雖不當位，有與也。」

九四以陽居陰，知困而貞自守，有所待者也。志在於初，而不與二争，其行不速，故「來徐徐」。四以陽剛爲九五所乘，故曰「金[車]」[二]。困於貴者，所乘而失其正應，吝道也。雖不當位，履謙自守，物必與之，故「有終」。大易集義下經卷四十七。又見合訂删補大易集義粹言卷五十一。

上六，困于葛藟，于臲卼；曰動悔。有悔，征吉。象曰：「『困于葛藟』，未當也。『動悔有悔』，吉行也。」

上六以陰柔居困之極，乘剛無應，所處未當，欲去則繳繞而莫之説，欲居則臲卼而不得安，故曰「困于葛藟，于臲卼」。「曰」，自謂也。當是時也，自謂動必有悔。雖有悔也，不可苟安而不行，困極必通，行則吉矣，故曰「動悔有悔，征吉。」大易集義下經卷四十七。又見合訂删補大易集義粹言卷五十一。

[一] 集義缺頁，無上原文及此條注解。

[二] 集義脱「車」字，據合訂補。

井(卦四十八)

☵☴ 巽下坎上

井。改邑不改井，無喪無得，往來井井。汔至亦未繘井，羸其瓶，凶。

彖曰：「巽乎水而上水，井。井養而不窮也。『改邑不改井』，乃以剛中也。『汔至亦未繘井』，未有功也。『羸其瓶』，是以『凶』也。」

井，出之以濟物也。「無喪無得」：汲之無喪，不汲無得也。「往來井井」，邑有遷改，人有往來，而井不易也。「未繘井」，未說繘也。「羸其瓶」，覆而空也。「巽乎水而上水」，巽入也。凡汲者，入器于水中引水而上也。大易集義下經卷四十八。又見合訂刪補大易集義粹言卷五十二。

象曰：「木上有水，井。君子以勞民勸相。」

「木上有水，井」，井以木爲幹，出水於木上也。汲井者共力引之以利物，故有「勞民勸相」之象也。大易集義下經卷四十八。又見合訂刪補大易集義粹言卷五十二。

初六，井泥不食，舊井無禽。象曰：「『井泥不食』，下也。『舊井無禽』，時舍也。」

初六以柔居下，而無應於上。下無渫治，上無汲引，故曰「井泥不食」。即舊井也，無禽則人可知也。大易集義下經卷四十八。又見合訂刪補大易集義粹言卷五十二。

九五，井洌，寒泉食。象曰：「寒泉之食，中正也。」

九五剛中居上，井德之盛。井之所貴，潔而寒也，所以食者，水出於上也。中正則無物可汚，故全其寒潔以得食也。大易集義下經卷四十八。又見合訂刪補大易集義粹言卷五十二。

革（卦四十九）

䷰ 離下兑上

象曰：「革，水火相息，二女同居，其志不相得，曰革。『巳日乃孚』，革而信之。文明以説，大亨以正，革而當，其『悔』乃『亡』。天地革而四時成，湯武革命，順乎天而應乎人。革之時大矣哉！」

革，變舊而新之也。陽極生陰，陰極生陽，氣之所以革也。息，生也，水火相即，陰陽之義。二女同居，其志不同，行則所之各異，不可同其歸，故曰睽。二女同居，其志不相得，女子有行，不可終於此，故曰革。文明則民諭〔一〕而不疑，説則民服而不違，「大亨以正」則因時順理，無所不宜。革至於是然後當，當然後悔亡。大易集義下經卷四十九。又見合訂刪補大易集義粹言卷五十三。

初九，鞏用黄牛之革。象曰：「鞏用黄牛，不可以有爲也。」

初九當革之初，居下無位，比於六二，上無正應；雖有剛德不敢自任，惟固結六二以自固，不可有爲，待時而後革也，故「鞏用黄牛之革」。六二居中柔順，故曰「黄牛」；以其堅固，故曰「鞏」。與遁六二同義。大易集義下經卷四十九。又見合訂刪補大易集義粹言卷五十三。

六二，巳日乃革之，征吉，無咎。象曰：「巳日革之，行有嘉也。」

六二與九五爲應，以柔變剛，以下變上，用力也難，久而後能革之。然同處於中，水火相濟，行必有嘉，故「吉無咎」。大易集義下經卷四十九。又見合訂刪補大易集義粹言卷五十三。

〔一〕「諭」：四庫本合訂作「喻」。

九三，征凶，貞厲；革言三就，有孚。象曰：「『革言三就』，又何之矣？」

九三居下體之上，自初至三，遍[一]行三爻，革之有漸，革道以成，故曰「革言三就」。言三就，言至于三則民信之矣，故「有孚」。道成民信，姑待其革，不可以有行也。然以剛居陽，行猶不已，迫之已甚，民之不從，取凶之道。不知消息之理，雖正，危也。大易集義下經卷四十九。又見合訂删補大易集義粹言卷五十三、大易擇言卷二十六。

九四，悔亡。有孚改命，吉。象曰：「改命之吉，信志也。」

九四始入上體，其命當改，雖有無應之悔，而「革言三就」之後物情已信，不必私應，故「悔亡有孚」。「悔亡有孚」，吾志可信，改命無疑矣，故「改命吉」。大易集義下經卷四十九。又見合訂删補大易集義粹言卷五十三。

九五，大人虎變，未占有孚。象曰：「『大人虎變』，其文炳也。」

上六，君子豹變，小人革面，征凶。居貞吉。象曰：「『君子豹變』，其文蔚也。『小人革面』，順以從君也。」

九五以剛居尊而履中正，革道大成，聖人作而万物覩者也。「煥乎其有文章」，不待占而後信也。上六與九五，皆革道已成之時變而成文。五以剛得位居中，故爲大人；上以柔無位失中，故爲君子。虎之文脩大而有理，豹之文密茂而成班[二]。蓋「大人與天地合其德」，其文炳然，如火之照而易辨也；君子學以聚之，其文蔚然，如草之暢茂而叢聚也。當革之終，小人猶知革面，則革道亦可以已也。革而不已，變亂紛擾，「民無所措其手足矣」。正惟静而不變，則因革以時矣，故曰「貞吉，無咎」也。大易集義下經卷四十九。又見合訂删補大易集義粹言卷五十三、大易擇言卷二十六。

[一]「遍」：大易擇言作「偏」，疑形近而誤。

[二]「班」：合訂作「斑」。

鼎（卦五十）

䷱ 巽下離上

彖曰：「鼎，象也。以木巽火，亨飪也。聖人亨以享上帝，而大亨以養聖賢。巽而耳目聰明，柔進而上行，得中而應乎剛，是以元亨。」

鼎，新民以法度也。木入于火，亨飪之象，鼎所以名卦也。鼎，器也。制器必有法象，故曰「鼎，象也」。鼎之用至乎亨飪，故聖人以「享上帝」、「養聖賢」也。享上帝，奉天道以取法象也；養聖賢，尊有道、敬有德以取法象也。柔上行而得中，所以能奉天道；應乎剛，所以能尊有道、敬有德。凡鼎之義，皆主於柔，巽順於天人而不自用，此所以能「元吉亨」也。大易集義下經卷五十。又見合訂刪補大易集義粹言卷五十四。

象曰：「木上有火，鼎。君子以正位凝命。」

「正位凝命」，言所以新民以法度也；皆不自用，恭己正南面而已。大易集義下經卷五十。又見合訂刪補大易集義粹言卷五十四。

初六，鼎顛趾，利出否？得妾以其子，無咎。象曰：「『鼎顛趾』，未悖也。『利出否』，以從貴也。」

初六以一陰承二陽，上强下弱者也；上强下弱，其勢必顛，故「鼎顛趾」也。妾，賤者也。子，貴者也。君子以賤者進御不以爲非正者，以其子也；取妾以子不以爲非正者，所謂舍其賤而從其貴，猶鼎顛覆實，未以爲悖者，所以出其否。大易集義下經卷五十。又見合訂刪補大易集義粹言卷五十四。

九二，鼎有實，我仇有疾，不我能即，吉。象曰：「『鼎有實』，慎所之也。『我仇有疾』，終無尤也。」

九二剛中不虛，有加必盈。五雖正應，居二剛之間，爲其所間，「有疾」者也。九二不以有應爲盈，乃以彼不能應我爲吉，懼其盈以爲尤也。大易集義下經卷五十。又見合訂刪補大易集義粹言卷五十四。

九四，鼎折足，覆公餗，其形渥，凶。象曰：「『覆公餗』，信如何也！」

九四居上體之下，以陽居陰，下應初六，位則近尊，陽剛不足，「鼎折足」之象也。四以陽居上體，其實宜美，故曰「公餗」。折足覆餗，位高力柔，不勝其任者也。形體沾濡，污辱已甚，出於不度，取凶宜也。大易集義下經卷五十。又見合訂刪補大易集義粹言卷五十四。

震（卦五十一）

䷲ 震下震上

彖曰：「震，『亨』。『震來虩虩』，恐致福也。『笑言啞啞』，後有則也。『震驚百里』，驚遠而懼邇也。出可以守宗廟社稷，以爲祭主也。」

震，恐懼有戒心也。恐懼能戒，則用無不通，故「亨」。肅敬之心不少懈，則神物祐之，此所以「致福」。「笑言啞啞」，雖笑不失，則震而後能謹也。震及遠，則近者不待威也。能知所懼，乃可以保宗廟社稷而祭祀之也。大易集義下經卷五十一。又見合訂刪補大易集義粹言卷五十五。

六二，震來厲，億喪貝，躋于九陵，勿逐，七日得。象曰：「『震來厲』，乘剛也。」

六二當震之時，以柔乘剛，震來必危而無應，必大喪其所資。億，數之多，多故大也。應在六五，所居高險，故曰「躋于九陵」。若反而求之，柔中自守，則必得其所喪，故曰「勿逐，七日得」。七日，陽數之變。陽數之變則剛者從柔、危者獲安，故曰「七日」。大易集義下經卷五十一。又見合訂刪補大易集義粹言卷五十五。

六三，震蘇蘇，震行，無眚。象曰：「『震蘇蘇』，位不當也。」

六三不當其位，處之不安若除草然；不忘乎戒，則雖震不行，可以「無眚」矣。蘇，除草也。除草者恐有百蟲之害，故戒。大易集義下經卷五十一。又見合訂刪補大易集義粹言卷五十五。

九四，震遂泥。象曰：「『震遂泥』，未光也。」

九四一陽居四陰之中，爲陰所宗，乃以陽居陰。震懼已甚，泥而不通，自保則可，未足光也。大易集義下經卷五十一。又見合訂刪補大易集義粹言卷五十五。

六五，震往來，厲；億無喪，有事。象曰：「『震往來厲』，危行也。其事在中，大無喪也。」

六五與六二同爲乘剛而無應，然六二無應在下，故往亦厲；六五居中履尊，故「億無喪，有事」。居尊履中，雖以柔居，亦可以有事于天下。苟有事於天下，則大無所喪矣！大易集義下經卷五十一。又見合訂刪補大易集義粹言卷五十五。

艮（卦五十二）

䷳ 艮下艮上

彖曰：「艮，止也。時止則止，時行則行；動靜不失其時，其道光明。艮其止，止其所也。上下敵應，不相與也。是以『不獲其身，行其庭，不見其人，無咎』也。」

艮，止而不相交也。背之於身，五官之用，四體之運動，皆所不與，止其所而與物不相交者也。止道施於背，則一身之運動皆所不與，故曰「艮其背，不獲其身」。止其所而與物不相交，故「行其庭，不見其人」。時止則止，止不失時，所以「無咎」。時行而止，時止而不止，皆失之固。止而不止其所，則亂而失其所矣〔一〕。耳司聽，目司視，火之炎，水之

〔一〕「矣」：集義作「以」，疑音近而誤，據合訂改。

潤，各止其用而不可亂也。達于父子、夫婦、長幼、君臣、尊卑、貴賤、親踈之分，各安其所而不亂，此道所以光明也。大易集義下經卷五十二。又見合訂删補大易集義粹言卷五十六。

六二，艮其腓，不拯其隨，其心不快。象曰：「『不拯其隨』，未退聽也。」

六二居趾之上，腓之象也。腓之行止一隨於趾，不可得而專也。二以陰静，欲止其腓，而柔弱隨下，不能止其趾，乃欲止而不得止者也。腓既主隨，當退聽於趾以爲行止，則無患矣。今不能救趾之不止，又不聽趾之行止，此心所以不快，如孟子所謂「既不能令，又不受命」是也。大易集義下經卷五十二。又見合訂删補大易集義粹言卷五十六。

九三，艮其限，列其夤，厲薰心。象曰：「『艮其限』，危薰心也。」

九三當止之時，陽剛當位，分别名分，嚴不可犯，物情不安，故「危薰心」。大易集義下經卷五十二。又見合訂删補大易集義粹言卷五十六。

六四，艮其身，無咎。象曰：「『艮其身』，止諸躬也。」

六四以陰居陰，止乎至静，在上體之下，任一身之事，故曰「止諸躬也」。大易集義下經卷五十二。又見合訂删補大易集義粹言卷五十六。

六五，艮其輔，言有序，悔亡。象曰：「『艮其輔』，以中正也。」

六五柔得尊位，輔之象也。中正無邪，故止其輔而「言有序」也。大易集義下經卷五十二。又見合訂删補大易集義粹言卷五十六。

上九，敦艮，吉。象曰：「敦艮之吉，以厚終也。」

上九止之時，以剛居上，所守不遷，敦重其所止，以終其事也。大易集義下經卷五十二。又見合訂删補大易集義粹言卷五十六。

漸（卦五十三）

䷴ 艮下巽上

彖曰：「漸之進也，女歸吉也。進得位，往有功也；進以正，可以正邦也。其位，剛得中也；止而巽，動不窮也。」

漸，徐進而不迫也。艮止於下，巽進而上，不可以速，故其進徐也。女子之歸，必待父母之命、媒妁之言、備禮以聘然後行，故以漸進爲吉。君子之難進，亦斯道也。君子以漸進累其功，小人以漸進養其姦，故「進以正」，然後利也。「進以正」，故累功，可以正邦也。得位得中，故正而有功。止而又巽，無過越亢滿之憂，故其動無窮。大易集義下經卷五十三。又見合訂刪補大易集義粹言卷五十七。

象曰：「山上有木，漸。君子以居賢德善俗。」

「山上有木」，逮其成林，長養有漸矣。君子之處賢德使成美材，善風俗使成美俗，其長養亦有漸也。大易集義下經卷五十三。又見合訂刪補大易集義粹言卷五十七。

初六，鴻漸于干，小子厲，有言。無咎。象曰：「小子之厲，義無咎也。」

漸六爻皆以鴻喻。鴻集于澤，其飛戾天，其進必有漸矣。然漸于干、于磐、于陸、于木、于陵，皆謂所集而止之之地，亦有漸也。干，水濵也。磐，水濵之石也。陸，于田之遠乎水者也。初六以陰居下，在水之濵也。方進之始，柔弱無應，又位乎底下，所比所應皆陰柔之質，志不相得，必忌其進，故曰「小子厲，有言」。然在止之初，其進以正，人雖咎己，義無咎也。大易集義下經卷五十三。又見合訂刪補大易集義粹言卷五十七、厚齋易學卷二十七。

六二，鴻漸于磐，飲食衎衎。吉。象曰：「『飲食衎衎』，不素飽也。」

六二柔得中，則所居安，故曰「鴻漸于磐」；應乎剛，則所養充，故曰「飲食衎衎」。漸至六二，養道始備，故「不素飽」。大易集義下經卷五十三。又見合訂刪補大易集義粹言卷五十七。

九三，鴻漸于陸，夫征不復，婦孕不育，凶。利禦寇。象曰：「『夫征不復』，離羣醜也。『婦孕不育』，失其道也。『利用禦寇』，順相保也。」

九三居下卦之上，地不高而遠乎水，故曰「陸」。與初六、六二同處艮體，舍之而求巽之六四，既無正應，其行不及。四以近比，其偶不正，不正之偶既不孕，何由育？夫不夫，婦不婦，凶之道也。同舟而濟，胡、越無異心，雖非其正，猶「利禦寇」，三與四同順而相保也。大易集義下經卷五十三。又見合訂刪補大易集義粹言卷五十七。

六四，鴻漸于木，或得其桷。無咎。象曰：「『或得其桷』，順以巽也。」

六四居上體之下，高於陸而下於陵，故「漸于木」。漸進之時，以柔居陰，其進愈緩，姑求所安，順以巽焉，不敢擇也，故曰「鴻漸于木，或得其桷，無咎」。鴻，非集木之鳥，雖得其桷，非所安也。桷，木枝中乎桷者也。大易集義下經卷五十三。又見合訂刪補大易集義粹言卷五十七。

九五，鴻漸于陵，婦三歲不孕，終莫之勝。吉。象曰：「『終莫之勝吉』，得所願也。」

九五進居尊位，其地高矣，故曰「漸于陵」；與六二爲應，而三、四間之，故「婦三歲不孕」。中正而應，雖暫爲所間，卒得所願，故「終莫之勝，吉。」大易集義下經卷五十三。又見合訂刪補大易集義粹言卷五十七。

上九，鴻漸于陸，其羽可用爲儀。吉。象曰：「『其羽可用爲儀吉』，不可亂也。」

上九居上體之上，然居巽之極，復漸于陸，與下體同進退，雍容其序而不亂者也。「其羽可用爲儀吉」：儀，謂可則而象之也。大易集義下經卷五十三。又見合訂刪補大易集義粹言卷五十七。

歸妹（卦五十四）

䷵ 兑下震上

象曰：「歸妹，天地之大義也。天地不交，而萬物不興。歸妹，人之終始也。説以動，所歸妹也。『征凶』，位不當也。『無攸利』，柔乘剛也。」

歸妹，配不敵也。妹，少女之稱。女弟謂之妹，亦少女也。古之諸侯娶女，同姓之國以姪娣媵，即歸妹之義也。姪娣尚幼，則待年於父母之國，其少可知也。女子之色有時而衰，少者以繼，長者以退，所以待其君子之有始終也。少女之配長男，配雖不敵，「説以動」也。陰陽皆不當位，則嫡媵之分不明。柔乘剛，則姪娣之寵正於女君，故「征凶，無攸利」也。大臣不以而近臣用事，大賢不足而小賢獲用，皆歸妹之義也。大易集義下經卷五十四。又見合訂刪補大易集義粹言卷五十八。

象曰：「澤上有雷，歸妹。君子以永終知敝。」

雷在澤上，資澤之氣以震動万物，長男資少女之氣以廣嗣續。君子慮其所終，稽其所敝，故始娶必歸妹也。大易集義下經卷五十四。又見合訂刪補大易集義粹言卷五十八。

初九，歸妹以娣，跛能履，征吉。象曰：「『歸妹以娣』，以恒也。『跛能履』，吉相承也。」

剛柔之象，男剛而女柔，男女均則長剛而少柔。姪、娣，均少女也，娣長而姪少。初九以剛居歸妹之始，先娣而後姪，合常道也，故曰「歸妹以娣」。以少女配長男，其配不敵，然理之所不得不行，如足跛偏任，不得已而行，故曰「跛能履」。以娣承嫡，以姪承娣，長少相承有序，所以成家，故「吉」。大易集義下經卷五十四。又見合訂刪補大易集義粹言卷五十八。

九二，眇能視，利幽人之貞。象曰：「『利幽人之貞』，未變常也。」

九二卦之中，獨與六五應，遠而相應，如「視」也。雖有剛中，居陰處內，不在尊位，故不可與有明，如「眇能視」也；不可與有明，則不可與有爲，静而守中，不變其常，所以「利幽人之貞」。大易集義下經卷五十四。又見合訂删補大易集義粹言卷五十八。

六三，歸妹以須，反歸以娣。象曰：「『歸妹以須』，未當也。」

六三未當進，故反歸以須。九四當進而未進，故「遲以愆期」。六三以陰居陽，位既不當，無退避之意；上無正應，復不得其所欲，反歸待年，以娣而行者也。大易集義下經卷五十四。又見合訂删補大易集義粹言卷五十八。

六五，帝乙歸妹，其君之袂不如其娣之袂良，月幾望，吉。象曰：「『帝乙歸妹』，不如其娣之袂良也。其位在中，以貴行也。」

六五歸妹之時，以柔處尊，少女之至貴者，如天子之女下嫁於諸侯也。天子之女，雖以貴行，以爲女君，則不如其娣。歸妹之時，娣受寵也。「袂」，所以承君子，言寵之也。「月幾望，吉」，陰雖盛而不敢盈，能退下而無疾妬之心，故吉。大易集義下經卷五十四。又見合訂删補大易集義粹言卷五十八。

豐（卦五十五）

䷶ 離下震上

象曰：「豐，大也。明以動，故豐。『王假之』，尚大也。『勿憂，宜日中』，宜照天下也。日中則昃，月盈則食，天地盈虚，與時消息，而況於人乎，況於鬼神乎？」

豐，致廣大也。明而不動則明不大，動則大，大故豐。動而大，無不亨也。大則物無非我，王者之中也。假之者，惟王者能至之也。「日中則昃，月盈則食」，豐之極者未有不耗，此物之所共憂也。若夫致其廣大，擴而充之，如日之中，則必昃爲己憂，惟以照天下爲吾事，王道之盛者也。大易集義下經卷五十五。又見合訂刪補大易集義粹言卷五十九、厚齋易學卷二十八。

象曰：「雷電皆至，豐。君子以折獄致刑。」

「雷電皆至」，明且震也。「折獄致刑」，明則當理，震則莫敢犯。大易集義下經卷五十五。又見合訂刪補大易集義粹言卷五十九。

初九，遇其配主，雖旬無咎；往有尚。象曰：「『雖旬無咎』，過旬災也。」

初九與九四爲配，陽雖爲無應，然居豐之初，所尚者大。以陽之陽，兩陽合大，卒無咎者，「往有尚」也。十日謂之「旬」。旬，盈數也。兩陽合大，得其所尚，雖盈無咎。過盈必溢，故曰「災」也。大易集義下經卷五十五。又見合訂刪補大易集義粹言卷五十九。

六二，豐其蔀，日中見斗。往得疑疾，有孚發若。吉。象曰：「『有孚發若』，信以發志也。」

六二體雖離明，而以陰居陰，故「豐其蔀，日中見斗」；所應亦陰，不足以發，故「往得疑疾」。然履中當位，能信以發志，孚達于外，所蔽者必開，所疑者必釋，卒反其離明之質，故「吉」。大易集義下經卷五十五。又見合訂刪補大易集義粹言卷五十九、厚齋易學卷二十八。

九三，豐其沛，日中見沬。折其右肱，無咎。象曰：「『豐其沛』，不可大事也。『折其右肱』，終不可用也。」

九三尚大之時，以陽居陽，其明宜廣；而應於上六，一陰蔽之，油然作雲，沛然下雨，日中盛明不免障蔽，比之見斗，雖有間矣，然不能不晦，故曰「豐其沛，日中見沬」。言「見斗」者，如夜之闇，無所照也；「見沬」者，晝雖晦，猶可作也。猶可作，故可小事不可大事也。豐大之時，以陽應陰，陰乃在上。吉事尚右，右肱之象。陰闇而小，則右肱偏廢。左體雖完，不便於事，終不可用也。大易集義下經卷五十五。又見合訂刪補大易集義粹言卷五十九。

九四，豐其蔀，日中見斗。遇其夷主，吉。象曰：「『豐其蔀』，位不當也。『日中見斗』，幽不明也。『遇其夷主』，吉行也。」

九四體雖陽明，而居陰與二同，故亦曰「豐其蔀，日中見斗」。「豐其蔀」，自蔽覆而不見其明，明豐於蔀中而已。不見日而見斗，其幽如夜也然。而初九爲應，皆陽爻也，與我等夷，故曰「主」。豐尚乎大，兩陽合大，其行吉也。大易集義下經卷五十五。又見合訂刪補大易集義粹言卷五十九。

六五，來章，有慶譽，吉。象曰：「六五之吉，有慶也。」

六五豐大之時，以柔居尊，不私其應，不自滿假，與物無私。物不占而來，德不見而章，所以「有慶譽，吉」。大易集義下經卷五十五。又見合訂刪補大易集義粹言卷五十九。

旅（卦五十六）

䷷ 艮下離上

彖曰：「『旅，小亨』，柔得中乎外，而順乎剛。止而麗乎明，是以『小亨』、『旅貞吉』也。旅之時義大矣哉！」

旅，失居而未得也。旅，在外者也。處旅之道，「柔」而「得中」，以「順乎剛」，則知屈以求伸也。「止而麗乎明」，則知所以安而不之於邪闇也，此善處旅者所以得旅之「小亨」、得旅之「貞吉」也。大易集義下經卷五十六。又見合訂刪補大易集義粹言卷六十。

象曰：「山上有火，旅。君子以明慎用刑而不留獄。」

火，非山上之物。「山上有火」，火寓於山，故爲旅。「山上有火」，近者蒙其照，遠者觀其明，近者察而遠者服，故「明慎用刑而不留獄」。心服則情得，獄以其立斷，故「不留」也。不留，亦旅人之義。大易集義下經卷五十六。又見合訂刪補大易集義粹言卷六十。

初六，旅瑣瑣，斯其所取，災。象曰：「『旅瑣瑣』，志窮災也。」

居旅之時，以柔居下，方在羈旅而不能自振。柔弱卑下，其細已甚，爲物所陵，志窮而災，皆自取也。大易集義下經卷五十六。又見合訂删補大易集義粹言卷六十。

六二，旅即次，懷其資，得童僕，貞。象曰：「『得童僕貞』，終無尤也。」

六二以柔居中，承剛乘柔，無所不順，旅而即安者也。即次以爲居，懷資以爲用，得童僕之貞，以給使而不畔，羈旅之安莫甚於此。大易集義下經卷五十六。又見合訂删補大易集義粹言卷六十、厚齋易學卷二十八。

九三，旅焚其次，喪其童僕，貞厲。象曰：「『旅焚其次』，亦以傷矣，以旅與下，其義喪也。」

九三居旅之時，以陽居陽，下體之上，初、二二陰皆相與而已。爲之長物之所不與，故焚次、喪童僕皆危道也。大易集義下經卷五十六。又見合訂删補大易集義粹言卷六十。

九四，旅于處，得其資斧，我心不快。象曰：「『旅于處』，未得位也。『得其資斧』，心未快也。」

九四以陽居陰，旅而自降；然不當位，姑可處而已，故曰「旅于處」。而自降物之所與，雖「得其資斧」而不得其僮僕，躬自樵蘇，雖有資斧〔一〕，未得所安，故「心未快」。大易集義下經卷五十六。又見合訂删補大易集義粹言卷六十。

六五，射雉，一矢亡；終以譽命。象曰：「『終以譽命』，上逮也。」

六五旅之時，以柔居尊，當文明之中，以旅而不能自有，故思射而取之。然柔而無應，既莫之獲，且亡其矢，斯未得其所欲者也。然不安於尊，上承上九，終得上之譽命，雖〔二〕有所亡而不恤也。大易集義下經卷五十六。又見合訂删補大易

〔一〕「雖有資斧」：通志堂本合訂作「所有斧」。

〔二〕「雖」：合訂作「雉」。

集義粹言卷六十。

上九，鳥焚其巢，旅人先笑後號咷；喪牛于易，凶。象曰：「以旅在上，其義焚也。『喪牛于易』，終莫之聞也。」

上九旅而用剛，居物之上，如鳥巢然。將害之，故「焚其巢」。居物之上，故「先笑」。爲物所害，故「後號咷」。服牛引重，旅之所資，物所不與，「喪牛于易」而皆莫之告，此其所以凶也。大易集義下經卷五十六。又見合訂删補大易集義粹言卷六十。

巽（卦五十七）

䷸ 巽下巽上

彖曰：「重巽以申命。剛巽乎中正而志行。柔皆順乎剛，是以『小亨，利有攸往，利見大人』。」

巽，有所下而不亢也。柔皆下乎剛，巽也。出命而至申命，物無違者，非上下皆巽不足以能之，故「重巽以申命。剛巽乎中正而志行。柔皆順乎剛」。「小亨」而不可以大亨者，柔道終不可以大也。執巽而行，無往不利，巽乎中正而志行，故「利見大人」。大易集義下經卷五十七。又見合訂删補大易集義粹言卷六十一。

象曰：「隨風，巽。君子以申命行事。」

風行相隨，所向皆靡，故可以「申命行事」。大易集義下經卷五十七。又見合訂删補大易集義粹言卷六十一。

初六，進退，利武人之貞。象曰：「『進退』，志疑也。『利武人之貞』，志治也。」

初六居巽之時，以柔居下，爲剛所乘；「進」則必巽，「退」則過巽，疑而未決，失其所守。如有志於治，莫若執巽順之志，果敢以任事，故「利武人之貞」。利於武人之貞，所謂果敢以任事也。大易集義下經卷五十七。又見合訂删補大易集義粹言卷六十一。

九二，巽在牀下，用史巫紛若，吉，無咎。象曰：「紛若之吉，得中也。」

九二下體之中，以陽居陰，其巽已甚，故曰「巽在牀下」。以此事人，失之太卑，不能以自立；以此事神，雖史巫紛若，敬不過中，神享〔一〕之矣，故「用史巫紛若，吉，無咎」。大易集義下經卷五十七。又見合訂刪補大易集義粹言卷六十一。

九三，頻巽，吝。象曰：「頻巽之吝，志窮也。」

復之六三，陷衆陰之中而未遠於陽，不得已而求復，故致於「頻復」。巽之九三，以陽居陽，主於高亢而爲六四陰柔之所乘，不得已而卑巽，故至於「頻巽」。志窮而巽，勢不得已，吝道也。大易集義下經卷五十七。又見合訂刪補大易集義粹言卷六十一。

六四，悔亡，田獲三品。象曰：「『田獲三品』，有功也。」

六四乘剛宜悔，而以陰居陰，上承九五，能全巽道，非特悔亡，所獲亦多。大易集義下經卷五十七。又見合訂刪補大易集義粹言卷六十一。

上九，巽在牀下，喪其資斧，貞凶。象曰：「『巽在牀下』，上窮也。『喪其資斧』，正乎凶也。」

上九處巽之窮，以陽居亢位之地，其巽已甚，與九二同，故「巽在牀下」。窮矣其所養，失其備用，失其利，守是不變，正入于凶，故曰「喪其資斧，正凶」。大易集義下經卷五十七。又見合訂刪補大易集義粹言卷六十一。

兌（卦五十八）

䷹ 兌下兌上

〔一〕「享」：四庫本合訂作「亨」。

彖曰：「兌，說也。剛中而柔外，說以『利貞』，是以順乎天而應乎人。說以先民，民忘其勞；說以犯難，民忘其死。說之大，民勸矣哉！」

兌，有所說而不𣪍也。大易集義下經卷五十八。又見合訂刪補大易集義粹言卷六十二。

象曰：「麗澤，兌。君子以朋友講習。」

澤用麗，則相漸潤。「朋友講習」，有相漸潤之益。大易集義下經卷五十八。又見合訂刪補大易集義粹言卷六十二。

初九，和兌，吉。象曰：「和兌之吉，行未疑也。」

初九居兌之初，以剛在下，剛柔不過者也。以此行說，未有疑之者，故「吉」。大易集義下經卷五十八。又見合訂刪補大易集義粹言卷六十二。

九四，商兌未寧，介疾有喜。象曰：「九四之喜，有慶也。」

九四商兌，如賈求售。上說乎五，恐不獲乎上，是以「未寧」。能介六三諂邪之疾，故「有喜」。喜則「有慶」，受上寵也。大易集義下經卷五十八。又見合訂刪補大易集義粹言卷六十二。

渙（卦五十九）

䷺ 坎下巽上

彖曰：「渙，亨。剛來而不窮，柔得位乎外而上同。『王假有廟』，王乃在中也。『利涉大川』，乘木有功也。」

渙，離其羣而散也。渙之爲卦，自否而成。否之九四，來居于二，離乾之羣，與初六、六三相比，故曰「剛來而不窮」；六二上居于四，離坤之羣，上承九五，故曰「柔得位乎外而上同」。剛柔皆離其羣，故曰「涣」。離羣而上下交，故「亨」。萬物之散，剛得尊位而在中，則人神有主矣，故「王假有廟」。渙則物離，非涉難有功不足以濟，故「利涉大川」。巽在坎上，乘木涉川之象也。大易集義下經卷五十九。又見合訂删補大易集義粹言卷六十三。

象曰：「風行水上，渙。先王以享于帝，立廟。」

「風行水上」，波瀾必作，振蕩離散，不寧之時。王者求以合其散，莫若反其本。享帝立廟，所以明天人[一]之本也。大易集義下經卷五十九。又見合訂删補大易集義粹言卷六十三、大易擇言卷三十一。

初六，用拯馬壯。吉。象曰：「初六之吉，順也。」

初六居渙之初，以柔在下，力弱難濟，「用拯」斯難，「馬壯」乃「吉」。乘車者馬在前，前遇九二之剛，故曰「馬壯」，與明夷六二同義。柔能乘剛，其體順也。大易集義下經卷五十九。又見合訂删補大易集義粹言卷六十三、厚齋易學卷三十。

九二，渙奔其機，悔亡。象曰：「『渙奔其機』，得願也。」

九二機可憑依以爲安，物之在下而靜[二]止者也。二乘初六，柔靜在下，機之象也。俱無正應，近而相得，渙散之時，得所憑依，獲所願也。大易集義下經卷五十九。又見合訂删補大易集義粹言卷六十三。

六三，渙其躬，無悔。象曰：「『渙其躬』，志在外也。」

六三獨應上九，挺身出羣，雖未離險，志已在外，故得無悔。大易集義下經卷五十九。又見合訂删補大易集義粹言卷六十三。

六四，渙其羣，元吉。渙有丘，匪夷所思。象曰：「『渙其羣，元吉』，光大也。」

六四自否六二，上居於四，離陰之羣，上比於陽，「出幽谷而遷喬木」者也。知反其本，故「元吉」。丘[三]處乎高，謂

[一]「人」：大易擇言作「下」，疑形近而誤。
[二]「靜」：集義作「淨」，據合訂改。
[三]「丘」：四庫本合訂作「邱」。

九五也。散而升高，雖進於光大，然自下而上，疑非所安，心不得平，故「匪夷所思」。大易集義下經卷五十九。又見合訂刪補大易集義粹言卷六十三。

自坤六二上居於四，離陰之羣，上比於陽，「出幽谷而遷喬木」者，故「元吉」。五處乎高，九五也。馮當可曰四，以初、三兩爻爲羣，同類故也。然五方得位正中，最近于己，二又不應之，是賢明之君，未有其物以成濟，渙之功。四則渙其羣以傳之，故「元吉」。五在四上，高丘之象。厚齋易學卷三十。

九五，渙汗其大號。渙王居，無咎。象曰：「『王居無咎』，正位也。」

九五剛得位，尊而在中，爲渙之主者也。渙道既行，散上下之否而陰陽交，物情大通，渙然浹洽，發號出令而民悅服，故曰「渙汗其大號」。天之陰陽交則雨，人之陰陽交則汗也。「渙王居，無咎」，正位居中而爲之主也。大易集義下經卷五十九。又見合訂刪補大易集義粹言卷六十三。

上九，渙其血，去逖出，無咎。象曰：「『渙其血』，遠害也。」

上九雖與三應，而遠處物外，陰陽之所不爭，名位之所不累，全身遠害，得散之義，故「血去逖出，無咎」。大易集義下經卷五十九。又見合訂刪補大易集義粹言卷六十三。

節（卦六十）

䷻ 兌下坎上

彖曰：「節，亨。剛柔分而剛得中。『苦節不可貞』，其道窮也。説以行險，當位以節，中正以通。天地節而四時成。節以制度，不傷財，不害民。」

節，有所制而不過也。節有制度，節其已甚，則亨。其道大觳，不可以繼，所謂「苦節不可貞」，言不可守之以爲正也。大易集義下經卷六十。又見合訂刪補大易集義粹言卷六十四。

象曰：「澤上有水，節。君子以制數度，議德行。」

「澤上有水」，水過必溢，節之不可過也。以節議制度，則名分不可亂。以節議德行，則賢能大小稱其任。（戶庭是初爻之象，門庭是第二爻之象。戶庭未出去，在門庭則已稍出矣。就爻位上推，戶庭主心，門庭主事。）〔一〕大易集義下經卷六十。又見合訂刪補大易集義粹言卷六十四。

初九，不出户庭，無咎。象曰：「『不出户庭』，知通塞也。」

九以剛居節之初，宜立法以制節。人之有欲，爲上之所制節，其始多不說。君子知通塞之有時，與夫〔二〕人情難與慮始，故立法之初，慎密不出，則不爲異論之所近矣，故曰「不出户庭，無咎」。大易集義下經卷六十。又見合訂刪補大易集義粹言卷六十四。

九二，不出門庭，凶。象曰：「『不出門庭』，失時極也。」

九二以剛居中，法成中節，可以出矣；而以陽居陰，持慎密之意，失時不行，治道將廢，故曰「不出門庭，凶」。户，謂房室之户。户庭，内寢之庭，庭之不出乎内也。門，大門也；門庭，外寢之庭，自外寢達于大門之外及諸人也。大易集義下經卷六十。又見合訂刪補大易集義粹言卷六十四。

上六，苦節，貞凶，悔亡。象曰：「『苦節貞凶』，其道窮也。」

上六陰過乎中，居節之極，陽盈陰虛，其節已甚，「苦節」者也。用過乎節，物所不堪，守是不變，物窮必乖，故曰「貞凶」。禮奢寧儉，未害乎義，故可以「悔亡」。大易集義下經卷六十。又見合訂刪補大易集義粹言卷六十四、大易擇言卷三

〔一〕「戶庭……門庭主事」一段話合訂中無，集義則收入藍田呂氏注。經查證，此乃朱熹對節卦九二爻辭的解釋。

〔二〕「夫」：集義作「未」，據合訂改。

十一。

中孚（卦六十一）

䷼ 兑下巽上

彖曰：「中孚，柔在內而剛得中；說而巽，孚乃化邦也。『豚魚吉』，信及豚魚也。『利涉大川』，乘木舟虛也。中孚以利貞，乃〔一〕應乎天也。」

中孚，信由中而達外也。「乘木舟虛」者，巽體而柔在內也。大易集義下經卷六十一。又見合訂刪補大易集義粹言卷六十五。

象曰：「澤上有風，中孚。君子以議獄緩死。」

澤中之〔二〕氣，散而爲風；「澤上有風」，澤氣達其外者也。「中心憯怛」，則愛人之仁達之于外，則聽訟而求生。大易集義下經卷六十一。又見合訂刪補大易集義粹言卷六十五。

初九，虞，吉。有它不燕。象曰：「初九虞吉，志未變也。」

初九中孚之初，剛而有應，慮未孚于所應，自防而不安於宅〔三〕，志一不變者也，故曰「虞吉，有它不燕」。虞，如「虞行」，防守也。燕，安也。大易集義下經卷六十一。又見合訂刪補大易集義粹言卷六十五。

〔一〕集義脫「乃」字，據合訂補。

〔二〕合訂脫「之」字。

〔三〕「宅」：四庫本合訂作「它」。

九二，鶴鳴在陰，其子和之。我有好爵，吾與爾靡之。象曰：「『其子和之』，中心願也。」

九二中孚之時，以剛居中而無私應，至誠虛心，樂善者也。以陽居陰，又處二陰之下，慎獨爲善，不愧屋漏也。至誠慎獨，則凡同氣類者雖遠必應，故「鶴鳴在陰，其子和之」。至誠好善，則樂與賢者共之，故「我有好爵，吾與爾靡之」。大易集義下經卷六十一。又見合訂刪補大易集義粹言卷六十五。

六三，得敵，或鼓或罷，或泣或歌。象曰：「『或鼓或罷』，位不當也。」

六三以陰居陽，雖與上九應，而比于六四，近不相得，所以「得敵」。以柔處下，既不能勝，故「或鼓或罷」。位既不當，又不安常，故「或泣或歌」。大易集義下經卷六十一。又見合訂刪補大易集義粹言卷六十五。

六四，月幾望，馬匹亡，無咎。象曰：「『馬匹亡』，絶類上也。」

六四以陰居陰，陰之盛者，居巽之下，不敢盈也，故曰「月幾望」。與三皆陰，匹也。棄其類匹，上乘〔二〕九五，故曰「馬匹亡」。能體柔巽，舍不肖而尚賢，故「無咎」。大易集義下經卷六十一。又見合訂刪補大易集義粹言卷六十五。

九五，有孚攣如，無咎。象曰：「『有孚攣如』，位正當也。」

九五剛中居尊，信結于下，故曰「有孚攣如，無咎」。大易集義下經卷六十一。又見合訂刪補大易集義粹言卷六十五。

上九，翰音登于天，貞凶。象曰：「『翰音登于天』，何可長也。」

上九以陽居上，其聲遠聞而實不稱，以是爲正，勢不可長，是以「凶」也。翰者，飛而鳴也。飛而鳴者，雖遠聞，其聲虛也，況登于天乎？大易集義下經卷六十一。又見合訂刪補大易集義粹言卷六十五。

〔二〕「乘」疑爲「承」。

小過（卦六十二）

䷽ 艮下震上

彖曰：「小過，小者過而『亨』也。過以『利貞』，與時行也。柔得中，是以小事吉也。剛失位而不中，是以『不可大事』也。有飛鳥之象焉。『飛鳥遺之音，不宜上，宜下，大吉』，上逆而下順也。」

小過，過於小事者也。二柔居二體之中，有二柔以輔之，小者過也。君子之過，皆以濟其不及，然後可以會于中。大過以濟其大不及，小過以濟其小不及者，濟所以亨也。時過則過，以過爲正，故「利貞」。飛鳥張翼於外以舉其身，則外虛而內實矣。小過二陽居中，四陰在外以翼之，陽實陰虛，故「有飛鳥之象焉」。凡事之過，則聲遠聞而實不稱，如「飛鳥遺之音」也。飛鳥，不宜上，宜下，上窮而下有止也。過慢過奢則凶，「不宜上」也；過恭過儉則吉，「宜下也」。上偪下，則可；下僭上，則不可也。大易集義下經卷六十二。又見合訂刪補大易集義粹言卷六十六。

象曰：「山上有雷，小過。君子以行過乎恭，喪過乎哀，用過乎儉。」

「山上有雷」，未升于天，震動一山則有餘，震動天下則不足，此小者過也，過猶不及。君子不取於三者，許其過者，可過於厚，不可過於薄。大易集義下經卷六十二。又見合訂刪補大易集義粹言卷六十六、厚齋易學卷四十二。

六二，過其祖，遇其妣；不及其君，遇其臣。無咎。象曰：「『不及其君』，臣不可過也。」

六二過於初而處於內，故曰「過其祖，遇其妣」；不進於上而安於下，故曰「不及其君，遇其臣」。祖在初、妣處內，君居上、臣居下也。以陰居陰，妣也，臣也。行有加於初而得之於內，禮知有所尊而安於下，所以「無咎」。大易集義下經卷六十二。又見合訂刪補大易集義粹言卷六十六。

九四，無咎，弗過，遇之；往厲，必戒。勿用永貞。象曰：「『弗過遇之』，位不當也。『往厲必戒』，終不可長也。」

小過之時，柔過而剛不及，九三、九四所以皆「弗過」。九三以陽當位，陰之所疾，陽德不競，不能勝陰，雖防之至，不免受戕之凶。九四陽不當位，不與陰爭，故「無咎，弗過，遇之」。陽不過陰，勢不可長，終必危矣，故「往厲，必戒」。始遇終危，安可長守以爲正？故「勿用永貞」。大易集義下經卷六十二。又見合訂刪補大易集義粹言卷六十六。

六五，密雲不雨，自我西郊。公弋，取彼在穴。象曰：「『密雲不雨』，已上也。」

小畜一陰不足以固三陽，陽尚往而莫之畜。小過二陽在内，四陰足以固之，陰上於陽爲已甚，而陽不足，故皆足以致密雲而不雨也。六五得位，陰之盛者，且在二陽之上，故應斯象。「自我西郊」，陰生于西，陰盛陽弱而不交也。四，公位也。九四比於六五，不交於五而下應於初，故曰「公弋，取彼在穴」。穴，幽陰在下，謂初也。弋射飛鳥而反取在穴，不交於五而應於二也。大易集義下經卷六十二。又見合訂刪補大易集義粹言卷六十六、厚齋易學卷三十一。

上六，弗遇，過之。飛鳥離之，凶，是謂災眚。象曰：「『弗遇過之』，已亢也。」

上六陰過而極，至於已亢，飛鳥不下，離于網[一]羅之象，故曰「弗遇過之，飛鳥離之，凶」。非獨天災，亦有己過，故曰有災眚。大易集義下經卷六十二。又見合訂刪補大易集義粹言卷六十六。

既濟（卦六十三）

䷾ 離下坎上

彖曰：「『既濟，亨』，小者亨也。『利貞』，剛柔正而位當也。『初吉』，柔得中也。終止則亂，其道窮也。」

既濟，成功無所事也。「終止則亂」，恃濟而不爲，則事弛而日入于敝，所以亂也。大易集義下經卷六十三。又見合訂

[一]「網」：集義作「罔」，據合訂改。

删補大易集義粹言卷六十七。

九三，高宗伐鬼方，三年克之，小人勿用。象曰：「『三年克之』，憊也。」

九三既濟之時，以陽當位，備文明之德，宜伐闇者也。鬼方，幽闇之國。高宗，有九三之德者也。居斯時也，必如高宗，然後可以伐鬼方，猶至三年憊而後克之。是雖以明伐闇，不可易也。「小人勿用」，必亂邦也。大易集義下經卷六十三。又見合訂删補大易集義粹言卷六十七。

六四，繻有衣袽，終日戒。象曰：「『終日戒』，有所疑也。」

六二、六四皆處二陽之間，皆有正應，不私近比。近不相得，交來侵之。二以居中履正，不以喪茀易其志，卒得其所喪。四居多懼之地，備衣袽以防舟之漏，終日戒而不敢弛。二不以已侵而改其操，四疑其將侵而謹其備也。大易集義下經卷六十三。又見合訂删補大易集義粹言卷六十七。

九五，東鄰殺牛，不如西鄰之禴祭，實受其福。象曰：「『東鄰殺牛』，不如西鄰之時也。『實受其福』，吉大來也。」

九五剛中居尊，既濟之主也。保既濟者，不恃其全盛，而恃其克誠。物備而誠不至，不如誠至而物不備，故誠信可以感鬼神而不能保其邦家者，未之有也。大易集義下經卷六十三。又見合訂删補大易集義粹言卷六十七。

未濟（卦六十四）

䷿ 坎下離上

彖曰：「『未濟，亨』，柔得中也。『小狐汔濟』，未出中也。『濡其尾，無攸利』，不續終也。雖不當位，剛柔應也。」

未濟，有爲而未有功也。大易集義下經卷六十四。又見合訂删補大易集義粹言卷六十八。

象曰：「火在水上，未濟。君子以慎辨物居方。」

火炎上而水潤下，上下各當其所者也。〔二〕大易集義下經卷六十四。又見合訂删補大易集義粹言卷六十八。

初六，濡其尾，吝。象曰：「『濡其尾』，亦不知極也。」

初六未濟之始，以柔居險之下，不可以有進也；然上應於四，不量其力，陷溺於難，不能以自濟，故「濡其尾」。不可進而進，宜有悔，而曰「吝」者，私於其應，不能忘懷，以蹈濡尾之難，終吝道也。大易集義下經卷六十四。又見合訂删補大易集義粹言卷六十八。

九二，曳其輪，貞吉。象曰：「九二貞吉，中以行正也。」

九二剛中而應，志在出險，雖曳輪於險中，猶行之不止，「中以行正」，其難必濟，故曰「貞吉」。濡尾曳輪，在既濟則爲始濟之象，於未濟則爲涉難已深之象，故其義不同。大易集義下經卷六十四。又見合訂删補大易集義粹言卷六十八。

六三，未濟，征凶。利涉大川。象曰：「『未濟，征凶』，位不當也。」

六三陰不當位，不中不正，執此以行，非止未濟，取凶必矣。居二剛之間，所比者正。當是時也，以不正進則凶，比於正而濟乎難則利。大易集義下經卷六十四。又見合訂删補大易集義粹言卷六十八。

九四，貞吉，悔亡。震用伐鬼方，三年有賞於大國。象曰：「『貞吉悔亡』，志行也。」

九四與既濟九三皆離之體，有文明之德，利伐幽闇，故皆曰「伐鬼方」。既濟九三陽剛當位，故曰「高宗」。斯爻以陽居陰，剛德不盛，故必「貞吉悔亡」，然後可以行其志。「震用伐」者，先之以威也。不曰「克之」而曰「有賞于大國」者，既濟九三强剛之質，尚力以取勝，斯爻不純以武，脩文德以服之，不戰而服，故不曰「克之」而曰「有賞」也。大易集義下經卷六十四。又見合訂删補大易集義粹言卷六十八。

六五，貞吉，無悔。君子之光。有孚，吉。象曰：「『君子之光』，其暉吉也。」

〔二〕集義脱「藍田呂」三字，不能斷定是否爲藍田呂氏所注，據合訂補入此條。

六五離明之體，居尊履中，光之盛者；然柔而不强，或流於不正，故「貞吉」，然後「無悔」，然後全其「君子之光」。光達于外而有輝[一]，則離德充矣，故曰「有孚，吉」。凡言「悔亡」者，已有悔而今使之亡也；「無悔」，未有悔而不使之有悔也。大易集義下經卷六十四。又見合訂删補大易集義粹言卷六十八。

上九，有孚，于飲酒，無咎。濡其首，有孚，失是。象曰：「飲酒濡首，亦不知節也。」

上九以剛居未濟之終，濟未濟者也。既濟則無所事而佚樂矣。無事，佚樂之志形于外，可以飲酒而無咎，故曰「有孚于飲酒，無咎」。無事，佚樂[二]之志形於外，飲酒可也。不知其節，至於濡首，則有孚之[三]過也，故曰「濡其首，有孚失是」。大易集義下經卷六十四。又見合訂删補大易集義粹言卷六十八。

繫辭上

天尊地卑，乾坤定矣。卑高以陳，貴賤位矣。動靜有常，剛柔斷矣。方以類聚，物以羣分，吉凶生矣。在天成象，在地成形，變化見矣。是故剛柔相摩，八卦相盪；鼓之以雷霆，潤之以風雨；日月運行，一寒一暑；乾道成男，坤道成女。乾知大始，坤作成物。乾以易知，坤以簡能。易則易知，簡則易從。易知則有親，易從則有功。有親則可久，有功則可大。可久則賢人之德，可大則賢人之業。易簡而天下之理得矣。天下之理得，而成位乎其中矣。

知與能，聖人皆有所本。盡知，盡其大而不盡其細，盡其可及而不盡於所不可及，皆不害其爲盡也。坦然可見者，

[一]「輝」：合訂作「暉」。

[二]集義脱「無事佚樂」四字，據合訂補。

[三]集義脱「於濡首則有孚之」七字，據合訂補。

本也，本非健不立，故君子體乾以易知；順而可行者，理也，理非順不可，故君子體坤以簡能。簡，如簡冊之簡，順而有理。所知者，立天下之大本，雖有不知，不足憾也；所能者，順天下之衆理，雖有不能，未足咎也。其知其能，體天地之簡易而已。易則易知，道亦不遠，故曰「有親」。親，近也。簡則其功易成。所成近道，則可以進德而不息；所能有功，則可以廣業而不廢。一作喪。晦庵先生校正周易繫辭精義卷上。

聖人觀卦設象，繫辭焉而明吉凶，剛柔相推而生變化。是故吉凶者，失得之象也；悔吝者，憂虞之象也；變化者，進退之象也；剛柔者，晝夜之象也。六爻之動，三極之道也。是故君子所居而安者，易之序也；所樂而玩者，爻之辭也。是故君子居則觀其象而玩其辭，動則觀其變而玩其占。是以自天祐之，吉無不利。彖者，言乎象者也；爻者，言乎變者也。吉凶者，言乎其失得也；悔吝者，言乎其小疵也；無咎者，善補過也。是故列貴賤者存乎位，齊小大者存乎卦，辨吉凶者存乎辭，憂悔吝者存乎介，震無咎者存乎悔。是故卦有小大，辭有險易。辭也者，各指其所之。易與天地準，故能彌綸天地之道。仰以觀於天文，俯以察於地理，是故知幽明之故。原始反終，故知死生之說。精氣爲物，遊魂爲變，是故知鬼神之情狀。與天地相似，故不違。知周乎萬物而道濟天下，故不過。旁行而不流，樂天知命，故不憂。安土敦乎仁，故能愛。範圍天地之化而不過，曲成萬物而不遺，通乎晝夜之道而知，故神無方而易無體。一陰一陽之謂道。繼之者善也，成之者性也。仁者見之謂之仁，知者見之謂之知，百姓日用而不知，故君子之道鮮矣。

「成之者性」指吾分而言，曾有不相似者乎！凡動物無不有是性，由蔽固之開塞，故有人獸之別；由蔽固之厚薄，故有賢愚之別。塞者牢不可開，厚者開而蔽之也難，薄者開之也易。開者達於天道，與聖人一。

天地合德，日月合明，然後無方體；無方體，然後能無我。

「樂天」，隨所遇而安，不累於物也。

不通晝夜，未足以「樂天」。

「範圍天地之化而不過」，過則溺於空、淪於靜，既不能窮其神，又不能知夫化矣。晦庵先生校正周易繫辭精義卷上。

顯諸仁，藏諸用，鼓萬物而不與聖人同憂，盛德大業至矣哉！富有之謂大業，日新之謂盛德。生生之謂易。成象之謂乾，效法之謂坤。極數知來之謂占，通變之謂事，陰陽不測之謂神。夫易，廣矣，大矣！以言乎遠則不禦，以言乎邇則靜而正，以言乎天地之間則備矣。夫乾，其靜也專，其動也直，是以大生焉；夫坤，其靜也翕，其動也闢，是以廣生焉。廣大配天地，變通配四時，陰陽之義配日月，易簡之善配至德。

陽之爲德，「其動也直」。寒暑之變，隨吾進退而已，故自行一周而歲成。陰之爲物，從陽者也。陽之所次，陰亦至焉，故日行一次而月一會，所以化育萬物而不已者也。日行緩，無所屈也。月行速，急於從陽也。晦庵先生校正周易繫辭精義卷上。

子曰：「易，其至矣乎！夫易，聖人所以崇德而廣業也。知崇禮卑，崇效天，卑法地。天地設位，而易行乎其中矣。成性存存，道義之門。」

「知崇禮卑」，至于成性，則道義皆從此出矣[一]。晦庵先生校正周易繫辭精義卷上。

大衍之數五十，其用四十有九。分而爲二以象兩，掛一以象三，揲之以四以象四時，歸奇於扐以象閏。五歲再閏，故再扐而後掛。天數五，地數五，五位相得而各有合。天數二十有五，地數三十，凡天地之數五十有五。此所以成變化而行鬼神也。乾之策二百一十有六，坤之策百四十有四，凡三百有六十，當期之日。二篇之策，萬有一千五百二十，當萬物之數也。是故四營而成易，十有八變而成卦。八卦而小成。引而伸之，觸類而長之，天下之能事畢矣。顯道神德行，是故可與酬酢，可與祐神矣。

「閏」者歸餘於終，自然之數不得不爾。苟不置閏，故寒暑必差爾，必大成於三而變於五也。易之揲蓍取法閏之歸餘，非閏取法於揲蓍也。晦庵先生校正周易繫辭精義卷上。

[一] 周易繫辭精義注此條出自呂氏中庸解。

天參地兩，參天兩地而倚數。晦庵先生校正周易繫辭精義卷上。又見大衍索隱卷三。

參伍以變，錯綜其數，不獨以五，亦有叁焉、有兩焉。「天數二十有五」，五其五也。「地數三十」，六其五也。「地數五」，故又兩之爲三十。參天兩地以爲五，小衍之爲十，兩其五也。大衍之爲五十，十其五也。易之數皆類此。晦庵先生校正周易繫辭精義卷上。又見大衍索隱卷三。

子曰：「知變化之道者，其知神之所爲乎？易有聖人之道四焉：以言者尚其辭，以動者尚其變，以制器者尚其象，以卜筮者尚其占。」是以君子將有爲也，將有行也，問焉而以言，其受命也如響，無有遠近幽深，遂知來物。非天下之至精，其孰能與於此！參伍以變，錯綜其數。通其變，遂成天地之文；極其數，遂定天下之象。非天下之至變，其孰能與於此！易，無思也，無爲也，寂然不動，感而遂通天下之故。非天下之至神，其孰能與於此！夫易，聖人之所以極深而研幾也。唯深也，故能通天下之志；唯幾也，故能成天下之務；唯神也，故不疾而速，不行而至。子曰「易有聖人之道四焉」者，此之謂也。

天參地兩，參天兩地而倚數。餘見大衍數篇。晦庵先生校正周易繫辭精義卷上。

寂爲感體，感爲寂用，妙於應物。非寂則不周，虛寂而方，無機則難感。寂然之中，天機常動；應感之際，本原[一]常靜。洪鐘在虡，叩與不叩，鳴未嘗已；寶鑑在手，照與不照，明未嘗息。晦庵先生校正周易繫辭精義卷上。又見周易玩辭困學記卷十三。

人莫不知理義之當然，無過無不及之謂中，未及乎所以中也。喜怒哀樂未發之前，反求吾心，果便爲乎？易大傳曰：「寂然不動，感而遂通天下之故。」「子絶四：毋意、毋必、毋固、毋我」。孟子曰：「大人者，不失赤子之心。」此言何謂也？「回也其庶乎，屢空」，然後可以見乎中，而空非中也，必有事焉。喜怒哀樂未發，無私，以小智撓乎其間，

[一]「原」：周易玩辭困學記作「體」。

乃所謂空。由空然後見乎中，實則不見也〔一〕。晦庵先生校正周易繫辭精義卷上。

天一，地二；天三，地四；天五，地六；天七，地八；天九，地十。子曰：「夫易何爲者也？夫易，開物成務，冒天下之道，如斯而已者也。」是故聖人以通天下之志，以定天下之業，以斷天下之疑。是故蓍之德圓而神，卦之德方以知，六爻之義易以貢。聖人以此洗心，退藏於密，吉凶與民同患。神以知來，知以藏往，其孰能與於此哉！古之聰明睿知神武而不殺者夫！是以明於天之道，而察於民之故，是興神物以前民用。聖人以此齊戒，以神明其德夫！是故闔户謂之坤，闢户謂之乾。一闔一闢謂之變，往來不窮謂之通。見乃謂之象，形乃謂之器。制而用之謂之法，利用出入，民咸用之謂之神。

「洗心」、「退藏」，欲見二者在吾分中如何注措。

神武不殺，神武之理何入而不可，何必止據蓍龜而言？今曰欲明者，止爲武之爲義主乎殺。不殺之武，情狀如何？

大氣本一，所以爲陰陽者，闔闢而已。開闔二機無時止息，則陰陽二氣安得而離。一作雜。陽極則陰生，陰勝則陽復，消長凌奪，無俄頃之間，此天道所以運行而不息。入于地道，則爲剛柔；入于人道，則爲仁義。才雖三而道則一，體雖兩而用則一。

大氣本一，所以爲陰陽者，闔闢而已。氣闢，則溫燠發生；闔，則收斂肅殺。但〔二〕一體二用，不可以二物分之；分之二用物，則闔闔〔三〕之機露，則布生生之用息矣〔四〕。晦庵先生校正周易繫辭精義卷上。

〔一〕周易繫辭精義注此條出自呂氏中庸解。

〔二〕「但」：古逸叢書本晦庵先生校正周易繫辭精義作「伹」，據復性書院重刊本改。

〔三〕「闔」疑爲「闢」。

〔四〕此句疑有脱衍，於文意不通。

繫辭下

八卦成列，象在其中矣；　因而重之，爻在其中矣；　剛柔相推，變在其中矣；　繫辭焉而命之，動在其中矣；　吉凶悔吝者，生乎動者也。　剛柔者，立本者也；　變通者，趣時者也；　吉凶者，貞勝者也。　天地之道，貞觀者也；　日月之道，貞明者也。天下之動，貞夫一者也。　夫乾，確然示人易矣；　夫坤，隤然示人簡矣。　爻也者，效此者也。　象也者，像此者也。　爻象動乎内，吉凶見乎外，功業見乎變，聖人之情見乎辭。　天地之大德曰生，聖人之大寶曰位。　何以守位？　曰仁。　何以聚人？　曰財。　理財正辭，禁民爲非，曰義。

天下同歸而殊塗，一致而百慮。

「天下之動，貞夫一也」，故天下通一氣，万物通一理，出於天道之自然，人謀不與焉〔一〕。

利與人同者，非以利爲利，以義爲利也。「何以守位曰仁，何以聚人曰財」，故所以得國者以得衆也，所〔二〕以得衆者以有德也。有德者利與人同，以義爲利，不以利爲利也，故以財聚人，非仁何以得之？　晦庵先生校正周易繫辭精義卷下。

古者包犧氏之王天下也，仰則觀象於天，俯則觀法於地，觀鳥獸之文與地之宜，近取諸身，遠取諸物，於是始畫八卦，以通神明之德，以類萬物之情。　作結繩而爲網罟，以佃以漁，蓋取諸離。　包犧氏沒，神農氏作。　斲木爲耜，揉木爲耒，耒耨之利以教天下，蓋取諸益。　日中爲市，致天下之民，聚天下之貨，交易而退，各得其所，蓋取諸噬嗑。　神農氏沒，黃帝、堯、舜氏作。

〔一〕周易繫辭精義注此兩條出自呂氏大學解。
〔二〕古逸叢書本晦庵先生校正周易繫辭精義脫「所」字，據復性書院重刊本周易繫辭精義補。

通其變，使民不倦。神而化之，使民宜之。易，窮則變，變則通，通則久。是以自天祐之，吉無不利。黄帝、堯、舜垂衣裳而天下治，蓋取諸乾、坤。

一闔一闢，天機自然，無作無息，以生万變，蓋「神而化之」者也[一]。晦庵先生校正周易繫辭精義卷下。

刳木爲舟，剡木爲楫，舟楫之利以濟不通，致遠以利天下，蓋取諸渙。服牛乘馬，引重致遠以利天下，蓋取諸隨。重門擊柝以待暴客，蓋取諸豫。斷木爲杵，掘地爲臼，臼杵之利，萬民以濟，蓋取諸小過。弦木爲弧，剡木爲矢，弧矢之利，以威天下，蓋取諸睽。上古穴居而野處，後世聖人易之以宮室，上棟下宇，以待風雨，蓋取諸大壯。古之葬者，厚衣之以薪，葬之中野，不封不樹，喪期無數，後世聖人易之以棺槨，蓋取諸大過。上古結繩而治，後世聖人易之以書契，百官以治，萬民以察，蓋取諸夬。是故易者，象也。象也者，像也。彖者，材也；爻也者，效天下之動者也。是故吉凶生而悔吝著也。陽卦多陰，陰卦多陽，其故何也？陽卦奇，陰卦耦，其德行何也？陽一君而二民，君子之道也；陰二君而一民，小人之道也。易曰：「憧憧往來，朋從爾思。」子曰：「天下何思何慮？天下同歸而殊塗，一致而百慮，天下何思何慮？」日往則月來，月往則日來，日月相推而明生焉；寒往則暑來，暑往則寒來，寒暑相推而歲成焉。往者屈也，來者信也，屈信相感而利生焉。尺蠖之屈，以求信也；龍蛇之蟄，以存身也。精義入神，以致用也；利用安身，以崇德也。過此以往，未之或知也。窮神知化，德之盛也。

「窮神知化」與「知天命」之「知」，非苟知而已，與聞斯道也。其於化與天命，猶大臣與聞朝政。

陰受於[二]陽而成體，陽資於陰而發光。故月得日之陽，然後能成受光之魄；日得月之陰，然後能成發光之質。及合朔望，精魄乃交，故光爲之蝕，故曰「日月相推而明生焉」。水不自潤，火烝而成潤；火不自光，益薪而有光，其是之

[一] 周易繫辭精義注此條出自呂氏中庸解。

[二] 「於」：古逸叢書本晦庵先生校正周易繫辭精義作「與」，據復性書院重刊本周易繫辭精義改。

謂歟。

所謂「精義入神以致用」，則「精義」者，誠諒之謂也〔一〕。晦庵先生校正周易繫辭精義卷下。

說卦

昔者聖人之作易也，幽贊於神明而生蓍，參天兩地而倚數，觀變於陰陽而立卦，發揮於剛柔而生爻，和順於道德而理於義，窮理盡性以至於命。

「天參地兩」、「叄天兩地而倚數」至〔二〕「易之取數皆此類」。見大衍之編。

理、性與命，所言三者之狀猶各言之，未見較然一體之實，欲近取譬，庶可共言所見。

「窮理盡性」，性盡〔三〕至命。理窮無有不盡性者，所謂未善但未化；所云入性之始，非盡性而何？正猶驟居富貴之人，富貴已歸，尚未安爾。不已之說，恐未盡「至命」之義，更願求之。晦庵先生校正周易繫辭精義卷下。

昔者聖人之作易也，將以順性命之理。是以立天之道，曰陰與陽；立地之道，曰柔與剛；立人之道，曰仁與義。兼三才而兩之，故易六畫而成卦。分陰分陽，迭用柔剛，故易六位而成章。

「大氣本一」至〔四〕「體雖兩而用則一」。見天一地二編〔五〕。

〔一〕周易繫辭精義注此條出自呂氏中庸解。
〔二〕「至」：古逸叢書本晦庵先生校正周易繫辭精義作「止」。
〔三〕「性盡」：復性書院重刊本周易繫辭精義作「盡性」。
〔四〕「至」：古逸叢書本晦庵先生校正周易繫辭精義作「止」。
〔五〕「編」：古逸叢書本晦庵先生校正周易繫辭精義作「論」，據復性書院重刊本周易繫辭精義改。

奇爲陽，耦爲陰，初見何義？爻必以三見，何體？蓋奇見所合，耦見所分，三者之中必有物焉；此爻所以三也，三才之道於是乎生。晦庵先生校正周易繫辭精義卷下。

天地定位，山澤通氣，雷風相薄，水火不相射。八卦相錯，數往者順，知來者逆，是故易，逆數也。

逆數者，原其始；順數者，要其終。要其終者，本於「數往」，安已過之逆，知其終也，盛衰生息皆有常數而已。原始者，可以「知來」，知未來之事，其始也皆出於造化生生之所以然而已。造化之所以然，乃易之本也，故曰「易，逆數也」。晦庵先生校正周易繫辭精義卷下。

神也者，妙萬物而爲言者也。

指所以妙萬物者，姑謂之「神」。神，固難言也。晦庵先生校正周易繫辭精義卷下。

統論〔一〕

六十四卦統計三百八十四爻。三百六十者，去乾、坤、坎、離二十四爻而言也。六十四卦三千八百四十之變，何也？悔之道也。六十四卦各變六十四卦也，萬有一千五百二十當六十四卦六爻之策數也。三千八百四十卦，何數也？貞用悔也。三其三千八百四十，而萬有一千五百二十之用備矣。清錢澄之田間易學卷七，四庫本。

〔一〕標題乃整理者所加。據晁公武郡齋讀書志記載，呂與叔易章句有「統論數篇」（卷一上，四庫本）。從文義看，此段疑屬統論。

詩傳

卷一

六義

詩舉有此六義，得風之體多者爲國風，得雅之體多者爲大、小雅，得頌之體多者爲頌。風非無雅，雅非無頌也。呂氏家塾讀詩記卷一。

賦者，敍事之由，以盡其情狀。呂氏家塾讀詩記卷一。

雅者，正言也，無所抑揚。呂氏家塾讀詩記卷一。

頌者，稱美之辭〔一〕也，無所諷議。呂氏家塾讀詩記卷一。

〔一〕「辭」：四庫本、墨海本、退補齋本作「詞」。

卷二

周南一之一

關雎

哀，至誠惻怛之意，禮記所謂「無服之喪，内恕孔悲」。蓋求賢之情，其惻隱有〔一〕如此者。呂氏家塾讀詩記卷二。

關關雎鳩，在河之洲。窈窕淑女，君子好逑。

參差荇菜，左右流之。窈窕淑女，寤寐求之。求之不得，寤寐思服。悠哉悠哉，輾轉反側。

參差荇菜，左右采之。窈窕淑女，琴瑟友之。參差荇菜，左右芼之。窈窕淑女，鐘鼓樂之。

卷耳

采采卷耳，不盈頃筐。嗟我懷人，寘彼周行。

酒醴，婦人之職。臣下之勤勞，君必有以勞之，因采卷耳而有所感，念及酒醴之用以勞人。賢者不當使之遠行從

〔一〕「有」：墨海本作「自」。

役，此首章所以言「嗟我懷人，寘彼周行」。周行，周〔二〕道也。大東詩曰：「佻佻公子，行彼周行。」行，亦道也。呂氏家塾讀詩記卷二。又見段氏毛詩集解卷一。

陟彼崔嵬，我馬虺隤。我姑酌彼金罍，維以不永懷。

陟彼高岡，我馬玄黃。我姑酌彼兕觥，維以不永傷。

陟彼砠矣，我馬瘏矣，我僕痡矣，云何吁矣！

極言其勤勞之情而不言勞者，以勞爲不足，故至於吁嗟，則其情愈深矣。段氏毛詩集解卷一。

樛木

南有樛木，葛藟纍之。樂只君子，福履綏之。

南有樛木，葛藟荒之。樂只君子，福履將之。

荒，芘〔三〕覆也。呂氏家塾讀詩記卷二。

南有樛木，葛藟縈之。樂只君子，福履成之。

螽斯

螽斯羽，詵詵兮。宜爾子孫，振振兮。

〔二〕「周」：段氏毛詩集解作「大」。

〔三〕「芘」：四庫本、墨海本、退補齋本作「庇」。

螽斯羽，薨薨兮。宜爾子孫，繩繩兮。

螽斯羽，揖揖兮。宜爾子孫，蟄蟄兮。

螽斯始〔一〕化其羽，詵詵然比次而起。已化則齊飛，薨薨然有聲。既飛復斂羽〔二〕，揖揖然而聚。歷言衆多之狀，其變如此也。呂氏家塾讀詩記卷二。又見段氏毛詩集解卷一、詩傳通釋卷一、詩傳大全卷一、虞東學詩卷一。

芣苢

采采芣苢，薄言采之。采采芣苢，薄言有之。

六章皆言采者之情狀，以見其所以樂也。段氏毛詩集解卷一。

采采芣苢，薄言掇之。采采芣苢，薄言捋之。

采采芣苢，薄言袺之。采采芣苢，薄言襭之。

汝墳

遵彼汝墳，伐其條枚。未見君子，惄如調飢。

遵彼汝墳，伐其條肄。既見君子，不我遐棄。

〔一〕「始」：詩傳大全作「將」。

〔二〕四庫本「羽」上有「則」字。

魴魚赬尾，王室如燬。雖則如燬，父母孔邇。

鯉尾赤。魴〔一〕尾白，今亦赤，則勞甚〔二〕矣。呂氏家塾讀詩記卷二。又見段氏毛詩集解卷一、詩傳大全卷一。

卷三

召南一之二

羔羊

德如羔羊，如羔羊之詩也。［或曰：猶言好賢如緇衣，惡惡如巷伯也。］〔三〕呂氏家塾讀詩記卷三。又見段氏毛詩集解卷二、讀詩質疑卷二。

羔羊之皮，素絲五紽。退食自公，委蛇委蛇。

羔羊之革，素絲五緎。委蛇委蛇，自公退食。

羔羊之縫，素絲五總。委蛇委蛇，退食自公。

〔一〕段氏毛詩集解「鯉」「魴」下有「魚」字。

〔二〕段氏毛詩集解「甚」上有「亦」字。

〔三〕［ ］文字據段氏毛詩集解補。

殷其靁

殷其靁，在南山之陽。何斯違斯，莫敢或遑。振振君子，歸哉歸哉！

「振振君子，歸哉歸哉」[一]，勸以義也。再言「歸哉」者，欲慎[二]其歸，以復命也。遠行從役，不辱君命，然後可以言歸。呂氏家塾讀詩記卷三。又見段氏毛詩集解卷二。

殷其靁，在南山之側。何斯違斯，莫敢遑息。振振君子，歸哉歸哉！

殷其靁，在南山之下。何斯違斯，莫或遑處。振振君子，歸哉歸哉！

小星

夫人無妬忌之行，而賤妾安於其命，所謂上好仁而下必好義者也。呂氏家塾讀詩記卷三。又見詩集傳卷一、段氏毛詩集解卷二、詩傳通釋卷一、詩經疏義會通卷一、詩傳大全卷一、欽定詩經傳說彙纂卷二。

嘒彼小星，三五在東。肅肅宵征，夙夜在公。寔命不同。

嘒彼小星，維參與昴。肅肅宵征，抱衾與裯。寔命不猶。

[一]「振振君子，歸哉歸哉」：段氏毛詩集解作「此」。

[二]「慎」：段氏毛詩集解作「謹」。

卷四

邶一之三

柏舟

汎彼柏舟，亦汎其流。耿耿不寐，如有隱憂。微我無酒，以敖以遊。

如舟汎汎無所依泊。慈湖詩傳卷三。

我心匪鑑，不可以茹。亦有兄弟，不可以據。薄言往愬，逢彼之怒。我心匪石，不可轉也。我心匪席，不可卷也。威儀棣棣，不可選也。

以威儀爲可簡則無禮，故不敢改其度也。呂氏家塾讀詩記卷四。又見段氏毛詩集解卷三。

憂心悄悄，愠于羣小。覯閔既多，受侮不少。静言思之，寤辟有摽。日居月諸，胡迭而微。心之憂矣，如匪澣衣。静言思之，不能奮飛。

旄丘

旄丘之葛兮，何誕之節兮。叔兮伯兮，何多日也。

何其處也，必有與也。何其久也，必有以也。

狐裘蒙戎，匪車不東。叔兮伯兮，靡所與同。

蒙戎，狐裘之貌。慈湖詩傳卷三。

瑣兮尾兮，流離之子。叔兮伯兮，褎如充耳。

泉水

毖彼泉水，亦流于淇。有懷于衛，靡日不思。孌彼諸姬，聊與之謀。

泉水，即今衛州共城之百泉也。淇水出相州林慮縣東流，泉水自西北來注之，故曰「亦流于淇」。而竹竿詩言「泉源在左，淇水在右」者，蓋主山而言之。相、衛之山東面，故以北爲左，南爲右。呂氏家塾讀詩記卷四。又見段氏毛詩集解卷三。

出宿于泲，飲餞于禰。女子有行，遠父母兄弟。問我諸姑，遂及伯姊。

出宿于干，飲餞于言。載脂載舝，還車言邁。遄臻于衛，不瑕有害？

我思肥泉，兹之永歎。思須與漕，我心悠悠。駕言出遊，以寫我憂。

「不瑕有害」，謂歸衛不爲過差有害也。此意其或可之辭也，而終於不敢往，故曰「我思肥泉，兹之永歎」。慈湖詩傳卷三。

靜女

靜女其姝，俟我於城隅。愛而不見，搔首踟蹰。

古之人君夫人媵妾散處後宮。「城隅」者，後宮幽閒之地也。女有静德，又處於幽閒而待進御，此有道之君所好也。呂氏家塾讀詩記卷四。又見段氏毛詩集解卷三。

「城隅」者，後宮幽閒之地。處於幽閒而待進御，君雖愛之而不得見，惟搔首踟蹰而已，以非當進御之時，不敢輒見也。慈湖詩傳卷三。

靜女其孌，貽我彤管。彤管有煒，説懌女美。

「孌」，婉美也。慈湖詩傳卷三。

自牧歸荑，洵美且異。匪女之爲美，美人之貽。

大過，枯楊生稊。慈湖詩傳卷三。

卷五

鄘一之四

柏舟

序〔一〕言父母，詩獨云母。蓋止是母意，序〔二〕并言之，文勢當爾。如將仲子云：「父母之言」，時鄭莊公亦止有母〔三〕，姜氏此其比也。呂氏家塾讀詩記卷五。又見段氏毛詩集解卷四。

汎彼柏舟，在彼中河。髧彼兩髦，實維我儀。之死矢靡它！母也天只，不諒人只！

儀，以夫爲法也。猶夫曰皇辟，辟亦法也。呂氏家塾讀詩記卷五。又見段氏毛詩集解卷三。

汎彼柏舟，在彼河側。髧彼兩髦，實維我特。之死矢靡慝！母也天只，不諒人只！

止是母意。虞東學詩卷二。

〔一〕「序」：四庫本、墨海本、退補齋本作「敍」。

〔二〕「序」：四庫本、墨海本、退補齋本作「敍」。

〔三〕「母」：四庫本作「毋」。

卷六

衛一之五

竹竿

籊籊竹竿，以釣于淇。豈不爾思，遠莫致之。

泉源在左，淇水在右。女子有行，遠父母兄弟。

水以山爲主，衛之山東面，故以北爲左、南爲右也。言思釣于淇者，非思淇也。泉源、淇水在衛左右，女子有行，乃遠其父母兄弟而不得常在左右，故思之也。御纂詩義折中卷四。

淇水在右，泉源在左。巧笑之瑳，佩玉之儺。

淇水滺滺，檜楫松舟。駕言出遊，以寫我憂。

卷七

王一之六

大車

大車檻檻，毳衣如菼。豈不爾思？畏子不敢。
大車啍啍，毳衣如璊。豈不爾思？畏子不奔。
穀則異室，死則同穴。謂予不信，有如皦日！

古之所謂合葬者，同其兆而已，非同坎而葬也。蓋死有先後，前喪已葬，復〔二〕啟之以納後喪，仁人有所不忍，有禮者有所不取也。此云「同穴」者，亦同兆也。呂氏家塾讀詩記卷七。又見段氏毛詩集解卷六。

丘中有麻

丘中有麻，彼留子嗟。彼留子嗟，將其來施施。

〔二〕「復」：墨海本作「後」。

將之爲言，猶欲也、願也。段氏毛詩集解卷六。

丘中有麥，彼留子國。彼留子國，將其來食。

丘中有李，彼留之子。彼留之子，貽我佩玖。

卷八

鄭一之七

將仲子

將仲子兮，無踰我里，無折我樹杞。豈敢愛之，畏我父母。仲可懷也，父母之言，亦可畏也。

將仲子兮，無踰我牆，無折我樹桑。豈敢愛之，畏我諸兄。仲可懷也，諸兄之言，亦可畏也。

孟子曰：「樹牆下以桑。」則桑在牆下也。呂氏家塾讀詩記卷八。又見段氏毛詩集解卷七。

將仲子兮，無踰我園，無折我樹檀。豈敢愛之，畏人之多言。仲可懷也，人之多言，亦可畏也。

叔于田

叔于田，巷無居人。豈無居人，不如叔也，洵美且仁！

國人稱之如是者，亦不義而得衆也。以得衆心爲仁，以飲酒爲好，以善服馬爲武。呂氏家塾讀詩記卷八。又見段氏毛詩集解卷七。

叔于狩，巷無飲酒。豈無飲酒，不如叔也，洵美且好！

叔適野，巷無服馬。豈無服馬，不如叔也，洵美且武。！

女曰雞鳴

女曰雞鳴，士曰昧旦。子興視夜，明星有爛。將翱將翔，弋鳧與雁。

弋言加之，與子宜之。宜言飲酒，與子偕老。琴瑟在御，莫不靜好。

知子之來之，雜佩以贈之。知子之順之，雜佩以問之。知子之好之，雜佩以報之。

雜佩，非特玉也，鑴[一]、燧、箴、筦、帉、帨，凡可佩之物也。呂氏家塾讀詩記卷八。又見段氏毛詩集解卷七。

非獨玉也，觿、燧、箴、管，凡可佩者皆是也。贈，送[二]。順，愛。問，遺也。詩集傳卷四。又見詩傳通釋卷四、詩經疏義會通卷四、詩傳大全卷四、欽定詩經傳說彙纂卷五。

[一]「鑴」：退補齋本作「觿」。

[二]「送」：詩傳通釋作「進」。

卷九

齊一之八

著

俟我於著乎而，充耳以素乎而，尚之以瓊華乎而。

俟我於庭乎而，充耳以青乎而，尚之以瓊瑩乎而。

此昏禮謂婿道婦及寢門揖入時〔一〕也。詩集傳卷五。又見詩傳通釋卷五、詩經疏義會通卷五、欽定詩經傳說彙纂卷六。

俟我於堂乎而，充耳以黃乎而，尚之以瓊英乎而。

升階而後至堂，此昏禮所謂升自西階之時也。詩集傳卷五。又見詩傳通釋卷五、詩經疏義會通卷五、欽定詩經傳說彙纂卷六。

南山

南山崔崔，雄狐綏綏。魯道有蕩，齊子由歸。既曰歸止，曷又懷止？

〔一〕元本詩集傳及詩傳通釋、詩經疏義會通、欽定詩經傳說彙纂「謂」上有「所」字、「時」上有「之」字。

上二章罪襄公。所謂「曷又懷止」、「曷又從止」者，言其理如是，而襄公違之以淫泆，何也？下二章罪魯桓公。所謂「曷又鞠止」、「曷又極止」者，言其理如是，桓公縱之，窮極其惡，何也？呂氏家塾讀詩記卷九。又見段氏毛詩集解卷八、詩傳大全卷五、欽定詩經傳說彙纂卷六。

葛屨五兩，冠緌雙止。魯道有蕩，齊子庸止。既曰庸止，曷又從止？

貴賤各有耦也，屨與屨爲耦，雖五兩之多，各相耦。冠緌之雙，自爲耦也。襄公、文姜非其耦，猶冠屨之不可雙也。呂氏家塾讀詩記卷九。又見段氏毛詩集解卷八、詩傳大全卷五。

蓺麻如之何？衡從其畝。取妻如之何？必告父母。既曰告止，曷又鞠止？析薪如之何？匪斧不克。取妻如之何？匪媒不得。既曰得止，曷又極止？

卷十

魏一之九

伐檀

君子小人相爲盛衰，小人肆而君子窮，此所以不得進仕也。段氏毛詩集解卷九。

坎坎伐檀兮，寘之河之干兮，河水清且漣猗。不稼不穡，胡取禾三百廛兮？不狩不獵，胡瞻爾庭有縣貆兮？彼君子兮，不素餐兮。

坎坎伐輻兮，寘之河之側兮，河水清且直猗。不稼不穡，胡取禾三百億兮？不狩不獵，胡瞻爾庭有縣特兮？彼君子兮，不素食兮。

坎坎伐輪兮，寘之河之漘兮，河水清且淪猗。不稼不穡，胡取禾三百囷兮？不狩不獵，胡瞻爾庭有縣鶉兮？彼君子兮，不素飧兮。

卷十一

唐一之十

山有樞

有鐘鼓不能以自樂，非其節也；有財不能用，非其愛也；有朝廷不能以洒埽，非不好絜也。大抵無政不能令其下，瞢然無所知，將爲他人有也。呂氏家塾讀詩記卷十一。

山有樞，隰有榆。子有衣裳，弗曳弗婁。子有車馬，弗馳弗驅。宛其死矣，他人是愉。

山有栲，隰有杻。子有庭内，弗洒弗埽。子有鐘鼓，弗鼓弗考。宛其死矣，他人是保。

山有漆，隰有栗。子有酒食，何不日鼓瑟？且以喜樂，且以永日。宛其死矣，他人入室。

椒聊

椒聊之實，蕃衍盈升。彼其之子，碩大無朋。椒聊且，遠條且！

椒聊之實，蕃衍盈匊。彼其之子，碩大且篤。椒聊且，遠條且！

古量二升曰匊。匊大於升。呂氏家塾讀詩記卷十一。

無衣

豈曰無衣七兮！不如子之衣，安且吉兮。

豈曰無衣六兮！不如子之衣，安且燠兮。

義理有所未安，雖食不飽，雖衣不暖。呂氏家塾讀詩記卷十一。又見詩傳大全卷六。

卷十二

秦一之十一

駟驖

駟驖孔阜，六轡在手。公之媚子，從公于狩。

公之媚子，不必如媚于天子、媚于國[一]人者也。此詩稱其始爲諸侯，未必能用賢，但人君之奉稍備云耳。呂氏家塾讀詩記卷十二。又見段氏毛詩集解卷十一。

奉時辰牡，辰牡孔碩。公曰左之，舍拔則獲。

遊于北園，四馬既閑。輶車鸞鑣，載獫歇驕。

[一]「國」：段氏毛詩集解作「庶」。

卷十四

檜一之十三

隰有萇楚

隰有萇楚，猗儺其枝。夭之沃沃，樂子之無知。

萇楚始生，猶能自立，然枝幹柔弱。至于長則引蔓于草上，則既長不如初生之自立，故引以爲喻。呂氏家塾讀詩記卷十四。又見段氏毛詩集解卷十三。

隰有萇楚，猗儺其華。夭之沃沃，樂子之無家。

隰有萇楚，猗儺其實。夭之沃沃，樂子之無室。

卷十六

豳一之十五

七月

先時感物，預慮趨時，皆憂勤艱難之狀也。段氏毛詩集解卷十五。

七月流火，九月授衣。一之日觱發，二之日栗烈。無衣無褐，何以卒歲？三之日于耜，四之日舉趾。同我婦子，饁彼南畝，田畯至喜。

「七月流火」，則憂卒歲之無衣。「三之日于耜」，以備秋成而有食。詩傳大全卷八。

七月流火，九月授衣。春日載陽，有鳴倉庚。女執懿筐，遵彼微行，爰求柔桑。春日遲遲，采蘩祁祁。女心傷悲，殆及公子同歸。

「七月流火」三章，言叮嚀之也。段氏毛詩集解卷十五。

七月流火，八月萑葦。蠶月條桑，取彼斧斨，以伐遠揚，猗彼女桑。七月鳴鵙，八月載績。載玄載黄，我朱孔陽，爲公子裳。

四月秀葽，五月鳴蜩。八月其穫，十月隕蘀。一之日于貉，取彼狐狸，爲公子裘。二之日其同，載纘武功，言私其豵，獻豜于公。

五月斯螽動股，六月莎雞振羽。七月在野，八月在宇，九月在戶，十月蟋蟀入我牀下。穹窒熏鼠，塞向墐戶。嗟我婦子，曰

爲改歲，入此室處。

六月食鬱及薁，七月亨葵及菽，八月剥棗，十月穫稻。爲此春酒，以介眉壽。七月食瓜，八月斷壺，九月叔苴，采荼薪樗，食我農夫。

衣裘具矣，居室安矣，老者之養不可以無加也。農夫之勤其養，不可以不蓄〔一〕也。呂氏家塾讀詩記卷十六。又見段氏毛詩集解卷十五。

九月築場圃，十月納禾稼。黍稷重穋，禾麻菽麥，嗟我農夫，我稼既同，上入執宫功。晝爾于茅，宵爾索綯。亟其乘屋，其始播百穀。

此章終始農事，以極憂勤艱難之意。呂氏家塾讀詩記卷十六。又見詩集傳卷八、段氏毛詩集解卷十五、詩傳通釋卷八、詩經疏義會通卷八、欽定詩經傳説彙纂卷九。

二之日鑿冰沖沖，三之日納于凌陰，四之日其蚤，獻羔祭韭。九月肅霜，十月滌場。朋酒斯饗，曰殺羔羊，躋彼公堂，稱彼兕觥，萬壽無疆。

鴟鴞

鴟鴞鴟鴞，既取我子，無毁我室。恩斯勤斯，鬻子之閔斯。

鴟鴞，惡聲之鷙鳥也。詩「有鴞萃止」，又「翩彼飛鴞」，又「爲梟爲鴟」，蓋梟之類。呂氏家塾讀詩記卷十六。又見詩經原始卷八、詩傳大全卷八。

〔一〕「蓄」：四庫本、墨海本、退補齋本作「畜」。

殷民欲叛，馮附二叔之親，欺惑其人，使之流言云：「周公〔一〕將不利于孺子。」欲王取信兄弟之言，中傷周公，謀危王室也。故周公曰：「管、蔡，親也。爾既以惡汙染，使陷於罪，是汝殷民入吾〔二〕國害我兄弟矣，又欲危王室則不可也。」呂氏家塾讀詩記卷十六。又見段氏毛詩集解卷十五。

迨天之未陰雨，徹彼桑土，綢繆牖戶。今女下民，或敢侮予！

予手拮据，予所捋荼，予所蓄租，予口卒瘏，曰予未有室家。

予羽譙譙，予尾翛翛，予室翹翹，風雨所漂搖，予維音嘵嘵。

卷十七

鹿鳴之什二之一

常棣

常棣之華，鄂不韡韡。凡今之人，莫如兄弟。

死喪之威，兄弟孔懷。原隰裒矣，兄弟求矣。

〔一〕段氏毛詩集解無「周」字。

〔二〕「吾」：四庫本作「我」。

脊令在原，兄弟急難。每有良朋，況也永歎。

兄弟鬩于墻，外禦其務。每有良朋，烝也無戎。

「鬩」，窺伺，謂寇至而兄弟同力以相死也〔一〕。呂氏家塾讀詩記卷十七。

喪亂既平，既安且寧。雖有兄弟，不如友生。

儐爾籩豆，飲酒之飫。兄弟既具，和樂且孺。

妻子好合，如鼓瑟琴。兄弟既翕，和樂且湛。

宜爾室家，樂爾妻帑。是究是圖，亶其然乎。

天保

天保定爾，亦孔之固。俾爾單厚，何福不除？俾爾多益，以莫不庶。

天保定爾，俾爾戩穀。罄無不宜，受天百祿。降爾遐福，維日不足。

天保定爾，以莫不興。如山如阜，如岡如陵。如川之方至，以莫不增。

上章言受百祿、降遐福，其「莫不庶」也。既庶矣，則欲積累至于崇高，故曰「以莫不興」。如山、阜、岡、陵，言其興也。既興矣，增益而不絶，故曰「以莫不增」。如川方至，言其增也。詩傳大全卷九。

吉蠲爲饎，是用孝享。禴祠烝嘗，于公先王。君曰卜爾，萬壽無疆。

神之弔矣，詒爾多福。民之質矣，日用飲食。羣黎百姓，徧爲爾德。

〔一〕此條在「朱氏曰：……」句中，原文作「呂與叔解『鬩』爲『窺伺』，……」，輯出時稍作改動，以符合句法。

如月之恒，如日之升。如南山之壽，不騫不崩。如松栢之茂，無不爾或承。

上言神享之矣，民信[一]之矣，福禄無以加矣。又欲常享是福，有進而無退，有成而無虧，相承而無衰，故以日、月、南山、松柏喻焉。詩傳大全卷九、欽定詩經傳說彙纂卷十。

杕杜

將帥，君子也。君子志在名節，故出車述其憂，勤王事以彰其義。兵役，小人也。小人恤於私者多，故杕杜道其思，望以序其情。此二詩之言所以爲異也。又見段氏毛詩集解卷十六。

有杕之杜，有睆其實。王事靡盬，繼嗣我日。日月陽止，女心傷止，征夫遑止。

杜之有實，秋冬之交也。歲將暮矣，猶歎其未至也。呂氏家塾讀詩記卷十七。又見慈湖詩傳卷十一、段氏毛詩集解卷十六。

有杕之杜，其葉萋萋。王事靡盬，我心傷悲。卉木萋止，女心悲止，征夫歸止。

［杜葉萋萋，則春矣］[二]。卉木亦萋然有葉，則春將暮矣。歲莫之期既不至，將至春之莫，猶未歸也。呂氏家塾讀詩記卷十七。又見段氏毛詩集解卷十六、詩傳大全卷九。

陟彼北山，言采其杞。王事靡盬，憂我父母。檀車幝幝，四牡痯痯，征夫不遠。

杞之可食，春莫矣。呂氏家塾讀詩記卷十七。又見慈湖詩傳卷十一、段氏毛詩集解卷十六。

[一]「信」：欽定詩經傳說彙纂作「服」。

[二]［］內文字據段氏毛詩集解補。

白華之什二之二

魚麗

魚麗于罶，鱨鯊。君子有酒，旨且多。
魚麗于罶，魴鱧。君子有酒，多且旨
魚麗于罶，鰋鯉。君子有酒，旨且有。
物其多矣，維其嘉矣。
物其旨矣，維其偕矣。
物其有矣，維其時矣。

物常有而不乏，則可以待時而取之，故曰「維其時矣」。物不常有，不可必其時也。呂氏家塾讀詩記卷十七。又見段氏毛詩集解卷十六、欽定詩經傳説彙纂卷十。

卷十九

彤弓之什二之三

彤弓

彤弓弨兮，受言藏之。我有嘉賓，中心貺之。鐘鼓既設，一朝饗之。

天子錫〔一〕有功諸侯，必曰「中心貺之，喜之好之」者，言是錫〔二〕也，非以爲儀也，出於吾情而非勉也。「饗之」、「右之」、「醻之」者，言功之大者情必厚，情之厚者賜必多，賜之多者儀必盛，所謂本末情文，無所不稱者也。呂氏家塾讀詩記卷十九。又見段氏毛詩集解卷十七、欽定詩經傳說彙纂卷十一。

彤弓弨兮，受言載之。我有嘉賓，中心喜之。鐘鼓既設，一朝右之。

彤弓弨兮，受言櫜之。我有嘉賓，中心好之。鐘鼓既設，一朝醻之。

〔一〕「錫」：墨海本、退補齋本、欽定詩經傳說彙纂作「賜」。

〔二〕「錫」：退補齋本「賜」。

菁菁者莪

長育人材之道固多術矣，而莫先於禮儀。禮儀者，内外兼養，非心過行，無所從入，此人材所以成也。故曰：菁菁者莪廢，則無禮儀矣。呂氏家塾讀詩記卷十九。又見詩疑辨證卷四。

菁菁者莪，在彼中阿。既見君子，樂且有儀。

菁菁者莪，在彼中沚。既見君子，我心則喜。

菁菁者莪，在彼中陵。既見君子，錫我百朋。

汎汎楊舟，載沉載浮。既見君子，我心則休。

法度以成天下之治，法度具〔一〕矣，而非得人材則不能以自存，故由鹿鳴至於彤弓，其法度見於政事者如此其悉。非得人才衆多，有繼而不乏，則無以垂裕於後，此正小雅所以終〔二〕以此篇也。段氏毛詩集解卷十七。又見學詩詳説卷十七、欽定詩經傳説彙纂卷十一。

〔一〕 段氏毛詩集解、欽定詩經傳説彙纂「具」上有「雖」字。

〔二〕 段氏毛詩集解、欽定詩經傳説彙纂「終」下有「之」字。

變小雅

六月

六月棲棲，戎車既飭。四牡騤騤，載是常服。玁狁孔熾，我是用急。王于出征，以匡王國。比物四驪，閑之維則。維此六月，既成我服。我服既成，于三十里。王于出征，以佐天子。四牡脩廣，其大有顒。薄伐玁狁，以奏膚公。有嚴有翼，共武之服。共武之服，以定王國。

上三章皆言自治之備。呂氏家塾讀詩記卷十九。又見段氏毛詩集解卷十七。

玁狁匪茹，整居焦穫。侵鎬及方，至于涇陽。織文鳥章，白旆央央。元戎十乘，以先啓行。戎車既安，如輊如軒。四牡既佶，既佶且閑。薄伐玁狁，至于大原。文武吉甫，萬邦爲憲。

治戎有備，車馬安閑，驅之出竟而不窮追也。呂氏家塾讀詩記卷十九。又見段氏毛詩集解卷十七。

吉甫燕喜，既多受祉。來歸自鎬，我行永久。飲御諸友，炰鱉膾鯉。侯誰在矣？張仲孝友。

上三章言自治之備。四章言玁狁來侵，從而禦之。五章言治戎有備，車馬安閑，驅之出境不窮追也。六章言休兵飲至樂，與孝友之臣同其燕樂，則窮兵黷武之意消矣。詩傳大全卷十。又見欽定詩經傳說彙纂卷十一。

北伐之事所以自治者，常優暇而有餘，所[一]治於彼者，常[二]簡略而不盡。詩傳大全卷十。又見張邦奇集養心亭集卷五。

采芑

薄言采芑，于彼新田，于此菑畝。方叔涖止，其車三千，師干之試。方叔率止，乘其四騏，四騏翼翼。路車有奭，簟茀魚服，鉤膺鞗革。

因治田而講武事，古之法皆然。如六月云「我服既成，于三十里」，與「駿發爾私，終三十里」之義同。畎澮溝洫之法，即行伍營陣也。呂氏家塾讀詩記卷十九。又見段氏毛詩集解卷十七。

「涖止」則布其行陣，故止曰「其車三千」；「率止」則作而用之，故言其車馬之盛、服飾之美。呂氏家塾讀詩記卷十九。又見段氏毛詩集解卷十七。

「涖止」，布其行陣，「率止」，作而用之是也。「翼翼」，順序貌。「路車」，戎路也。「奭」，赤也。「簟茀」，以竹簟爲車蔽也。「鉤膺」，樊纓也。「鞗革」，轡首也。極言其車馬之美，見軍容之盛也。御纂詩義折中卷十一。

薄言采芑，于彼新田，于此中鄉。方叔涖止，其車三千，旂旐央央。方叔率止，約軧錯衡，八鸞瑲瑲。服其命服，朱芾斯皇，有瑲葱珩。

鴥彼飛隼，其飛戾天，亦集爰止。方叔涖止，其車三千，師干之試。方叔率止，鉦人伐鼓，陳師鞠旅。顯允方叔，伐鼓淵淵，振旅闐闐。

[一] 張邦奇集「所」上有「而」字。

[二] 「常」：張邦奇集作「則」。

蠢爾蠻荆，大邦爲讎。方叔元老，克壯其猶。方叔率止，執訊獲醜。戎車嘽嘽，嘽嘽焞焞，如霆如雷。顯允方叔，征伐玁狁，蠻荆來威。

四章方及南征之事，不言戰而「執訊獲醜」者，我武素備震疊，奔北未嘗加兵也。段氏毛詩集解卷十七。

車攻

我車既攻，我馬既同。四牡龐龐，駕言徂東。

言備車馬以如東都也。呂氏家塾讀詩記卷十九。又見段氏毛詩集解卷十七。

田車既好，四牡孔阜。東有甫草，駕言行狩。之子于苗，選徒囂囂。建旐設旄，搏獸于敖。駕彼四牡，四牡奕奕。赤芾金舄，會同有繹。決拾既佽，弓矢既調。射夫既同，助我舉柴。四黄既駕，兩驂不猗。不失其馳，舍矢如破。蕭蕭馬鳴，悠悠旆旌。徒御不驚，大庖不盈。之子于征，有聞無聲。允矣君子，展也大成。

鶴鳴

鶴鳴于九皋，聲聞于野。魚潛在淵，或在于渚。樂彼之園，爰有樹檀，其下維蘀。它山之石，可以爲錯。

落葉[一]穢雜。呂氏家塾讀詩記卷十九。又見段氏毛詩集解卷十八、詩傳大全卷十。

鶴鳴于九皋，聲聞于天。魚在于渚，或潛在淵。樂彼之園，爰有樹檀，其下維穀。他山之石，可以攻玉。

卷二十

祈父之什二之四

白駒

皎皎白駒，食我場苗。縶之維之，以永今朝。所謂伊人，於焉逍遥。

賢者將去而不留，我猶願縶維之，以永今朝、今夕而已。「逍遥」者，徘徊少留之貌。呂氏家塾讀詩記卷二十。又見段氏毛詩集解卷十八。

皎皎白駒，食我場藿。縶之維之，以永今夕。所謂伊人，於焉嘉客。

「嘉客」者，暫客於斯，亦將去也。呂氏家塾讀詩記卷二十。又見段氏毛詩集解卷十八、欽定詩經傳說彙纂卷十二、詩經原始卷十。

皎皎白駒，賁然來思。爾公爾侯，逸豫無期。慎爾優游，勉爾遁思。

[一]「葉」：四庫本作「桑」。

詩人好賢之至，故賢者「賁然來思」。而在位者悠悠而不切也，雖斯人也，亦不能留賢，故勉之使遁去也。言「爾公爾侯」者，不敢斥君也。呂氏家塾讀詩記卷二十。又見段氏毛詩集解卷十八。

皎皎白駒，在彼空谷。生芻一束，其人如玉。毋金玉爾音，而有遐心。

斯干

秩秩斯干，幽幽南山。如竹苞矣，如松茂矣。兄及弟矣，式相好矣，無相猶矣。

「猶」者，放傚之辭。欲相故傚，以相責望，則兄弟不能相好矣。段氏毛詩集解卷十八。

保吾兄弟於斯，繼吾祖妣於斯，安吾身於斯，傳吾子孫於斯，故曰「兄及弟矣，式相好矣，無相猶矣」，又曰「似續妣祖」，又曰「君子攸芋」、「攸躋」、「攸寧」，又曰「乃占我夢」、「男子之祥」、「女子之祥」也。呂氏家塾讀詩記卷二十。又見段氏毛詩集解卷十八。

似續妣祖，築室百堵，西南其户。爰居爰處，爰笑爰語。約之閣閣，椓之橐橐。風雨攸除，鳥鼠攸去，君子攸芋。如跂斯翼，如矢斯棘，如鳥斯革，如翬斯飛，君子攸躋。

書云：「鳥獸希革。」段氏毛詩集解卷十八。

「如翬斯飛」，覆以瓦而加丹雘，有文采而勢騫舉也。呂氏家塾讀詩記卷二十。

殖殖其庭，有覺其楹。噲噲其正，噦噦其冥，君子攸寧。

「正」謂正寢。「冥」謂室之奥窔也。呂氏家塾讀詩記卷二十。段氏毛詩集解卷十八。

下莞上簟，乃安斯寢，乃寢乃興，乃占我夢。吉夢維何，維熊維羆，維虺維蛇。

大人占之，維熊維羆，男子之祥。維虺維蛇，女子之祥。

乃生男子，載寢之牀，載衣之裳，載弄之璋。其泣喤喤，朱芾斯皇，室家君王。

乃生女子，載寢之地，載衣之裼，載弄之瓦。無非無儀，唯酒食是議，無父母貽罹。

一章願其保兄弟於斯。二章願其繼祖妣於斯。三章、四章、五章願其安身體於斯。自六章以至末章，願其傳子孫於斯。詩傳大全卷十一。

正月

正月繁霜，我心憂傷。民之訛言，亦孔之將。念我獨兮，憂心京京。哀我小心，癙憂以痒。

「癙憂」，幽憂也。與下「鼠思泣血」，文雖小異，義亦同也。呂氏家塾讀詩記卷二十。又見段氏毛詩集解卷十九、詩傳大全卷十一、又見欽定詩經傳說彙纂卷十二。

父母生我，胡俾我瘉。不自我先，不自我後。好言自口，莠言自口。憂心愈愈，是以有侮。

憂心惸惸，念我無禄。民之無辜，并其臣僕。哀我人斯，于何從禄。瞻烏爰止，于誰之屋。

瞻彼中林，侯薪侯蒸。民今方殆，視天夢夢。既克有定，靡人弗勝。有皇上帝，伊誰云憎。

謂山蓋卑，爲岡爲陵。民之訛言，寧莫之懲。召彼故老，訊之占夢。具曰予聖，誰知烏之雌雄。

「召彼故老，訊之占夢」，「執我仇仇，亦不我力」，「其車既載，乃棄爾輔」，皆不信仁賢之實也。呂氏家塾讀詩記卷二十。又見段氏毛詩集解卷十九。

謂天蓋高，不敢不局。謂地蓋厚，不敢不蹐。維號斯言，有倫有脊。哀今之人，胡爲虺蜴？

瞻彼阪田，有菀其特。天之扤我，如不我克。彼求我則，如不我得。執我仇仇，亦不我力。

心之憂矣，如或結之。今兹之正，胡然厲矣。燎之方揚，寧或滅之。赫赫宗周，褒姒威之。

終其永懷，又窘陰雨。其車既載，乃棄爾輔。載輸爾載，將伯助予。

無棄爾輔，員于爾輻。屢顧爾僕，不輸爾載。終踰絶險，曾是不意。

魚在于沼，亦匪克樂。潛雖伏矣，亦孔之炤。憂心慘慘，念國之爲虐。

彼有旨酒，又有嘉殽。洽比其鄰，昏姻孔云。念我獨兮，憂心慇慇。

佌佌彼有屋，蔌蔌方有穀。民今之無禄，天夭是椓。哿矣富人，哀此惸獨。

卷二十一

小旻之什二之五

小旻、小宛、小弁、小明言小者，篇在小雅，恐與大雅相亂，以别之。今大雅止有大明，餘篇疑亡。呂氏家塾讀詩記卷二十一。又見段氏毛詩集解卷十九。

小旻

旻天疾威，敷于下土。謀猶回遹，何日斯沮。謀臧不從，不臧覆用。我視謀猶，亦孔之邛。

潝潝訿訿，亦孔之哀。謀之其臧，則具是違。謀之不臧，則具是依。我視謀猶，伊于胡底。

我龜既厭，不我告猶。謀夫孔多，是用不集。發言盈庭，誰敢執其咎。如匪行邁謀，是用不得于道。哀哉爲猶，匪先民是程，匪大猶是經。維邇言是聽，維邇言是爭。如彼築室于道謀，是用不潰于成。國雖靡止，或聖或否。民雖靡膴，或哲或謀。或肅或艾，如彼泉流，無淪胥以敗。

今國與民皆有善有惡，謀而擇其善可矣。乃無所分別，則善者亦混而同於惡，如泉流之清淪而爲濁也。呂氏家塾讀詩記卷二十一。又見段氏毛詩集解卷十九。

不敢暴虎，不敢馮河。人知其一，莫知其他。戰戰兢兢，如臨深淵，如履薄冰。

小宛

宛彼鳴鳩，翰飛戾天。我心憂傷，念昔先人。明發不寐，有懷二人。人之齊聖，飲酒溫克。彼昏不知，壹醉日富。各敬爾儀，天命不又。中原有菽，庶民采之。螟蛉有子，蜾蠃負之。教誨爾子，式穀似之。題彼脊令，載飛載鳴。我日斯邁，而月斯征。夙興夜寐，無忝爾所生。交交桑扈，率場啄粟。哀我塡寡，宜岸宜獄。握粟出卜，自何能穀。

五章言下民無告。六章言善人不安也。呂氏家塾讀詩記卷二十一。又見段氏毛詩集解卷十九。

溫溫恭人，如集于木。惴惴小心，如臨于谷。戰戰兢兢，如履薄冰。

小弁

弁彼鸒斯，歸飛提提。民莫不穀，我獨于罹。何辜于天，我罪伊何？心之憂矣，云如之何？

反於己而無罪，父母之不我愛，何哉？求其說而不得，則不能無怨。故所以怨者，乃所以慕也。呂氏家塾讀詩記卷二十一。又見段氏毛詩集解卷十九。

踧踧周道，鞫爲茂草。我心憂傷，惄焉如擣。假寐永歎，維憂用老。心之憂矣，疢如疾首。維桑與梓，必恭敬止。靡瞻匪父，靡依匪母。不屬于毛，不離于裏。天之生我，我辰安在？菀彼柳斯，鳴蜩嘒嘒。有漼者淵，萑葦淠淠。譬彼舟流，不知所届。心之憂矣，不遑假寐。鹿斯之奔，維足伎伎。雉之朝雊，尚求其雌。譬彼壞木，疾用無枝。心之憂矣，寧莫之知。相彼投兔，尚或先之。行有死人，尚或墐之。君子秉心，維其忍之。心之憂矣，涕既隕之。君子信讒，如或醻之。君子不惠，不舒究之。伐木掎矣，析薪扡矣。舍彼有罪，予之佗矣。莫高匪山，莫浚匪泉。君子無易由言，耳屬于垣。無逝我梁，無發我笱。我躬不閱，遑恤我後。

何人斯

彼何人斯，其心孔艱。胡逝我梁，不入我門？伊誰云從，維暴之云。

託過門不入之喻，以道其反側之情。情之不直，讒我必矣。呂氏家塾讀詩記卷二十一。又見段氏毛詩集解卷十九。

二人從行，誰爲此禍？胡逝我梁，不入唁我？始者不如今，云不我可。

彼何人斯，胡逝我陳？我聞其聲，不見其身。不愧于人，不畏于天。
彼何人斯，其爲飄風？胡不自北，胡不自南？胡逝我梁，祇攪我心。
爾之安行，亦不遑舍。爾之亟行，遑脂爾車。壹者之來，云何其盱？
爾還而入，我心易也。還而不入，否難知也。壹者之來，俾我祇也。
伯氏吹壎，仲氏吹篪。及爾如貫，諒不我知。出此三物，以詛爾斯。
爲鬼爲蜮，則不可得。有靦面目，視人罔極。作此好歌，以極反側。

巷伯

寺人，近習也。近習日見于君，然猶傷於讒，則幽王之不明可知。呂氏家塾讀詩記卷二十一。又見段氏毛詩集解卷十九。

萋兮斐兮，成是貝錦。彼譖人者，亦已大甚。
哆兮侈兮，成是南箕。彼譖人者，誰適與謀？
緝緝翩翩，謀欲譖人。慎爾言也，謂爾不信。
捷捷幡幡，謀欲譖言。豈不爾受，既其女遷。
驕人好好，勞人草草。蒼天蒼天，視彼驕人，矜此勞人。
彼譖人者，誰適與謀？取彼譖人，投畀豺虎。豺虎不食，投畀有北。有北不受，投畀有昊。
楊園之道，猗于畝丘。寺人孟子，作爲此詩。凡百君子，敬而聽之。

谷風

急則相求，緩則相棄；恩厚不知，怨小必記，皆〔一〕小人之交也。天下俗薄，朋友道絶，則莫非小人之交。呂氏家塾讀詩記卷二十一。又見段氏毛詩集解卷二十、詩傳大全卷十二、御纂詩義折中卷十三。

習習谷風，維風及雨。將恐將懼，維予與女。將安將樂，女轉棄予。

習習谷風，維風及頽。將恐將懼，寘予于懷。將安將樂，棄予如遺。

習習谷風，維山崔嵬。無草不死，無木不萎。忘我大德，思我小怨。

生物之恩，及於崔嵬之山，不知以爲德；一草一木，偶然死絶，則怨其恩之不足。此「忘我大德，思我小怨」也。呂氏家塾讀詩記卷二十一。又見段氏毛詩集解卷二十。

蓼莪

蓼蓼者莪，匪莪伊蒿。哀哀父母，生我劬勞。

蓼蓼者莪，匪莪伊蔚。哀哀父母，生我勞瘁。

瓶之罄矣，維罍之恥。鮮民之生，不如死之久矣。無父何怙？無母何恃？出則銜恤，入則靡至。

鮮猶窮獨之義。言窮獨而從役，其生不如死也。呂氏家塾讀詩記卷二十一。又見段氏毛詩集解卷二十。

〔一〕「皆」：御纂詩義折中作「真」。

父兮生我，母兮鞠我。拊我畜我，長我育我，顧我復我，出入腹我。欲報之德，昊天罔極。
南山烈烈，飄風發發。民莫不穀，我獨何害。
南山律律，飄風弗弗。民莫不穀，我獨不卒。

大東

有饛簋飧，有捄棘匕。周道如砥，其直如矢。君子所履，小人所視。睠言顧之，潸焉出涕。
小東大東，杼柚其空。糾糾葛屨，可以履霜。佻佻公子，行彼周行。既往既來，使我心疚。

「佻佻」，輕儇驕傲之貌。行即道也。「周行」，周之道路。呂氏家塾讀詩記卷二十一。

有洌氿泉，無浸穫薪。契契寤歎，哀我憚人。薪是穫薪，尚可載也。哀我憚人，亦可息也。
東人之子，職勞不來。西人之子，粲粲衣服。舟人之子，熊羆是裘。私人之子，百僚是試。
或以其酒，不以其漿。鞙鞙佩璲，不以其長。維天有漢，監亦有光。跂彼織女，終日七襄。
雖則七襄，不成報章。睆彼牽牛，不以服箱。東有啟明，西有長庚。有捄天畢，載施之行。
維南有箕，不可以簸揚。維北有斗，不可以挹酒漿。維南有箕，載翕其舌。維北有斗，西柄之揭。

卷二十二

北山之什二之六

小明

明明上天，照臨下土。我征徂西，至于艽野。二月初吉，載離寒暑。心之憂矣，其毒大苦。念彼共人，涕零如雨。豈不懷歸？畏此罪罟。

昔我往矣，日月方除。曷云其還，歲聿云莫。念我獨兮，我事孔庶。心之憂矣，憚我不暇。念彼共人，睠睠懷顧。豈不懷歸？畏此譴怒。

昔我往矣，日月方奧。曷云其還，政事愈蹙。歲聿云莫，采蕭穫菽。心之憂矣，自詒伊戚。念彼共人，興言出宿。豈不懷歸？畏此反覆。

嗟爾君子，無恒安處。靖共爾位，正直是與。神之聽之，式穀以女。

上達者進乎高明，下達者趣乎汙下。自者，所由以爲主也。彼謂孔子主癰疽與侍人瘠環，非其人而自之也。呂氏家塾讀詩記卷二十二。

嗟爾君子，無恒安息。靖共爾位，好是正直。神之聽之，介爾景福。

楚茨

楚茨極言祭祀所以事神受福之節，致詳致備。所以推明先王致力於民者盡，則致力於神者詳。觀其威儀之盛、物品之豐，所以交神明、逮羣下，至于受福無疆者，非德盛政修，何以致之？詩集傳卷十三。又見呂氏家塾讀詩記卷二十二、段氏毛詩集解卷二十、詩傳通釋卷十三、詩經疏義會通卷十三、詩傳大全卷十三、欽定詩經傳說彙纂卷十四。

楚楚者茨，言抽其棘。自昔何爲？我蓺黍稷。我黍與與，我稷翼翼。我倉既盈，我庾維億。以爲酒食，以享以祀，以妥以侑，以介景福。

濟濟蹌蹌，絜爾牛羊，以往烝嘗。或剝或亨，或肆或將，祝祭于祊。祀事孔明，先祖是皇，神保是饗。孝孫有慶，報以介福，萬壽無疆。

執爨踖踖，爲俎孔碩。或燔或炙，君婦莫莫。爲豆孔庶，爲賓爲客。獻酬交錯，禮儀卒度。笑語卒獲，神保是格。報以介福，萬壽攸酢。

我孔熯矣，式禮莫愆。工祝致告，徂賚孝孫。苾芬孝祀，神嗜飲食。卜爾百福，如幾如式。既齊既稷，既匡既敕。永錫爾極，時萬時億。

禮儀既備，鐘鼓既戒。孝孫徂位，工祝致告。神具醉止，皇尸載起。鼓鐘送尸，神保聿歸。諸宰君婦，廢徹不遲。諸父兄弟，備言燕私。

樂具入奏，以綏後禄。爾殽既將，莫怨具慶。既醉既飽，小大稽首。神嗜飲食，使君壽考。孔惠孔時，維其盡之。子子孫孫，勿替引之。

卷二十三

桑扈之什二之七

桑扈

桑扈之詩作，則君臣肆其心、易其事矣。呂氏家塾讀詩記卷二十三。段氏毛詩集解卷二十一。

交交桑扈，有鶯其羽。君子樂胥，受天之祜。交交桑扈，有鶯其領。君子樂胥，萬邦之屏。之屏之翰，百辟爲憲。不戢不難，受福不那。兕觥其觩，旨酒思柔。彼交匪敖，萬福來求。

鴛鴦

自〔一〕楚茨至鴛鴦八篇，皆陳古以刺今也。呂氏家塾讀詩記卷二十三。又見段氏毛詩集解卷二十一、讀詩質疑卷二十二。

〔一〕四庫本、墨海本、退補齋本呂氏家塾讀詩記、讀詩質疑脱「自」字。

鴛鴦于飛，畢之羅之。君子萬年，福禄宜之。
鴛鴦在梁，戢其左翼。君子萬年，宜其遐福。
乘馬在廄，摧之秣之。君子萬年，福禄艾之。
乘馬在廄，秣之摧之。君子萬年，福禄綏之。

魚藻

魚藻之詩，與孟子所謂「惟賢者而後樂此，不賢者雖有此不樂也」及王制「旱乾水溢，民無菜色，然後天子食日舉以樂」之義同。呂氏家塾讀詩記卷二十三。

魚在在藻，有頒其首。王在在鎬，豈樂飲酒。
魚在在藻，有莘其尾。王在在鎬，飲酒樂豈。
魚在在藻，依于其蒲。王在在鎬，有那其居。

采菽

采菽采菽，筐之筥之。君子來朝，何錫予之？雖無予之，路車乘馬。又何予之？玄衮及黼。
觱沸檻泉，言采其芹。君子來朝，言觀其旂。其旂淠淠，鸞聲嘒嘒。載驂載駟，君子所届。
赤芾在股，邪幅在下。彼交匪紓，天子所予。樂只君子，天子命之。樂只君子，福禄申之。
維柞之枝，其葉蓬蓬。樂只君子，殿天子之邦。樂只君子，萬福攸同。平平左右，亦是率從。

汎汎楊舟，紼纚維之。樂只君子，天子葵之。樂只君子，福禄膍之。優哉游哉，亦是戾矣。

王以信義聯諸侯，優游而不迫。呂氏家塾讀詩記卷二十三。

角弓

騂騂角弓，翩其反矣。兄弟昏姻，無胥遠矣。

爾之遠矣，民胥然矣。爾之教矣，民胥傚矣。

此令兄弟，綽綽有裕。不令兄弟，交相爲瘉。

民之無良，相怨一方。受爵不讓，至于已斯亡。

老馬反爲駒，不顧其後。如食宜饇，如酌孔取。

「孔取」，甚取也。呂氏家塾讀詩記卷二十三。

毋教猱升木，如塗塗附。君子有徽猷，小人與屬。

雨雪瀌瀌，見晛曰消。莫肯下遺，式居婁驕。

「見晛曰消」，謂君子有徽猷也。雨雪之消，喻小人道消也。呂氏家塾讀詩記卷二十三。

雨雪浮浮，見晛曰流。如蠻如髦，我是用憂。

卷二十四

都人士之什二之八

都人士

彼都人士，狐裘黄黄。其容不改，出言有章。行歸于周，萬民所望。

「都人士」者，即喪服傳所謂「都邑之士」，所以别野人也。呂氏家塾讀詩記卷二十四。

彼都人士，臺笠緇撮。彼君子女，綢直如髮。我不見兮，我心不說。

「君子女」者，貴人之女，所以别民女也。呂氏家塾讀詩記卷二十四。

「禮不下於庶人」，則長民者所齊，野人有不與也。呂氏家塾讀詩記卷二十四。

彼都人士，充耳琇實。彼君子女，謂之尹吉。我不見兮，我心苑結。

彼都人士，垂帶而厲。彼君子女，卷髮如蠆。我不見兮，言從之邁。

匪伊垂之，帶則有餘。匪伊卷之，髮則有旟。我不見兮，云何盱矣。

卷二十五

文王之什三之一

文王

文王在上，於昭于天。周雖舊邦，其命維新。有周不顯，帝命不時。文王陟降，在帝左右。亹亹文王，令聞不已。陳錫哉周，侯文王孫子。文王孫子，本支百世。凡周之士，不顯亦世。世之不顯，厥猶翼翼。思皇多士，生此王國。王國克生，維周之楨。濟濟多士，文王以寧。穆穆文王，於緝熙敬止！假哉天命，有商孫子。商之孫子，其麗不億。上帝既命，侯于周服。侯服于周，天命靡常。殷士膚敏，祼將于京。厥作祼將，常服黼冔。王之藎臣，無念爾祖。無念爾祖，聿修厥德。永言配命，自求多福。殷之未喪師，克配上帝。宜鑒于殷，駿命不易。命之不易，無遏爾躬。宣昭義問，有虞殷自天。上天之載，無聲無臭。儀刑文王，萬邦作孚。

凡欲配天命者，當法天。然天無聲臭可求，苟儀刑文王，則天德全矣。此萬邦所以作孚。呂氏家塾讀詩記卷二十五。

又見詩傳大全卷十六、欽定詩經傳說彙纂卷十七。

緜

緜緜瓜瓞，民之初生，自土沮、漆。古公亶父，陶復陶穴，未有家室。古公亶父，来朝走馬。率西水滸，至于岐下。爰及姜女，聿来胥宇。周原膴膴，堇荼如飴。爰始爰謀，爰契我龜，曰止曰時，築室于茲。迺慰迺止，迺左迺右，迺疆迺理，迺宣迺畝。自西徂東，周爰執事。乃召司空，乃召司徒，俾立室家。其繩則直，縮版以載，作廟翼翼。捄之陾陾，度之薨薨，築之登登，削屢馮馮。百堵皆興，鼛鼓弗勝。迺立皋門，皋門有伉。迺立應門，應門將將。迺立冢土，戎醜攸行。肆不殄厥愠，亦不隕厥問。柞棫拔矣，行道兑矣，混夷駾矣，維其喙矣。

喙，張喙而息也，奔趨者其狀如此。呂氏家塾讀詩記卷二十五。又見詩傳大全卷十六。

混夷所以爲患者，恃其深林大箐路塞不通耳。今柞棫拔去，道可通行〔一〕，彼〔二〕失其所恃，是以駾奔而喙息也。御纂詩義折中卷十六。又見詩序補義卷二十。

虞、芮質厥成，文王蹶厥生。予曰有疏附，予曰有先後，予曰有奔奏，予曰有禦侮。

〔一〕「道可通行」：詩序補義作「道路可通」。

〔二〕詩序補義無「彼」字。

棫樸

芃芃棫樸，薪之槱之。濟濟辟王，左右趣之。濟濟辟王，左右奉璋。奉璋峩峩，髦士攸宜。淠彼涇舟，烝徒楫之。周王于邁，六師及之。倬彼雲漢，爲章于天。周王壽考，遐不作人。追琢其章，金玉其相。勉勉我王，綱紀四方。

所以綱紀四方，維持而不墜者，皆官人之效。雖文王無爲，猶勉勉於斯而不已也。呂氏家塾讀詩記卷二十五。

皇矣

皇矣上帝，臨下有赫。監觀四方，求民之莫。維此二國，其政不獲。維彼四國，爰究爰度。上帝耆之，憎其式廓。乃眷西顧，此維與宅。作之屏之，其菑其翳。脩之平之，其灌其栵。啓之辟之，其檉其椐。攘之剔之，其檿其柘。帝遷明德，串夷載路。天立厥配，受命既固。

「串夷載路」，言民歸往也。其來者習其平易。呂氏家塾讀詩記卷二十五。

帝省其山，柞棫斯拔，松柏斯兑。帝作邦作對，自大伯、王季。維此王季，因心則友。則友其兄，則篤其慶，載錫之光。受禄無喪，奄有四方。

維此王季，帝度其心，貊其德音。其德克明，克明克類，克長克君。王此大邦，克順克比，比于文王，其德靡悔。既受帝祉，施于孫子。

帝謂文王：「無然畔援，無然歆羨，誕先登于岸。」密人不恭，敢拒[一]大邦，侵阮徂共。王赫斯怒，爰整其旅，以按徂旅，以篤于周祜，以對于天下。

文王以無心得天下，雖赫怒用師，皆出於無心也。「畔援」、「歆羨」者，皆有心者也。文王之心，與斯民速濟乎大難者也。呂氏家塾讀詩記卷二十五。又見詩傳大全卷十六。

「畔援」，中有所離，「歆羨」，外有所慕，皆私心也。雖赫怒用師，皆出於無心也。「畔援」、「歆羨」者，皆有心者也。詩傳通釋卷十六

依其在京，侵自阮疆，陟我高岡。無矢我陵，我陵我阿。無飲我泉，我泉我池。度其鮮原，居岐之陽，在渭之將。萬邦之方，下民之王。

帝謂文王：「予懷明德，不大聲以色，不長夏以革。不識不知，順帝之則。」帝謂文王：「詢爾仇方，同爾兄弟，以爾鉤援，與爾臨衝，以伐崇墉。」

言文王其德不形[二]，而功無跡，與天同體而已。雖興兵以伐崇，莫非順帝則[三]，而非我也。詩集傳卷十六。又見呂氏家塾讀詩記卷二十五、詩傳通釋卷十六、詩經疏義會通卷十六、詩傳大全卷十六、欽定詩經傳說彙纂卷十七、大學衍義補卷一百四十。

臨衝閑閑，崇墉言言。執訊連連，攸馘安安。是類是禡，是致是附，四方以無侮。臨衝茀茀，崇墉仡仡。是伐是肆，是絕是

[一]「拒」：原作「距」，據四部本、四庫本、墨海本改。

[二]詩集傳、詩傳通釋、詩經疏義會通「言」上有「此」字，「德」上無「其」字。

[三]墨海本無「順」字，「則」下多一「則」字。詩集傳、詩傳通釋「則」上有「之」字。

忽，四方以無拂。

下武

下武維周，世有哲王。三后在天，王配于京。王配于京，世德作求。永言配命，成王之孚。成王之孚，下土之式。永言孝思，孝思維則。媚茲一人，應侯順德。永言孝思，昭哉嗣服。昭茲来許，繩其祖武。於萬斯年，受天之祜。受天之祜，四方來賀。於萬斯年，不遐有佐。

「不遐有佐」者，四方皆來佐助，雖萬年不以爲遠也。呂氏家塾讀詩記卷二十五。

文王有聲

文王有聲，遹駿有聲。遹求厥寧，遹觀厥成。文王烝哉！

烝，君也，衆也，皆所以得衆爲君也。呂氏家塾讀詩記卷二十五。

文王征伐，皆求所以安民，皆觀所以成業之效。詩傳大全卷十六。

文王受命，有此武功。既伐于崇，作邑于豐。文王烝哉！築城伊淢，作豐伊匹。匪棘其欲，遹追来孝。王后烝哉！

王公伊濯，維豐之垣。四方攸同，王后維翰。王后烝哉！

濯如滌，言明白而不昧。文王〔一〕至此明建都邑，示天下知所歸往，天下皆倚以爲賴。呂氏家塾讀詩記卷二十五。又見詩傳大全卷十六。

豐水東注，維禹之績。四方攸同，皇王維辟。皇王烝哉！

鎬京辟廱，自西自東，自南自北，無思不服。皇王烝哉！

考卜維王，宅是鎬京。維龜正之，武王成之。武王烝哉！

言武王稽天命，宅鎬京，定都以爲天下君也。呂氏家塾讀詩記卷二十五。

豐水有芑，武王豈不仕。詒厥孫謀，以燕翼子。武王烝哉！

卷二十六

生民之什三之二

生民

厥初生民，時維姜嫄。生民如何？克禋克祀，以弗無子。履帝武敏歆，攸介攸止，載震載夙，載生載育，時維后稷。

〔一〕「文王」：墨海本誤作「文明」。

誕彌厥月，先生如達。不坼不副，無菑無害。以赫厥靈，上帝不寧。不康禋祀，居然生子。

誕寘之隘巷，牛羊腓字之。誕寘之平林，會伐平林。誕寘之寒冰，鳥覆翼之。鳥乃去矣，后稷呱矣。

實覃實訏，厥聲載路。誕實匍匐，克岐克嶷，以就口食。蓺之荏菽，荏菽旆旆，禾役穟穟，麻麥幪幪，瓜瓞唪唪。

誕后稷之穡，有相之道。茀厥豐草，種之黄茂。實方實苞，實種實褎，實發實秀，實堅實好，實穎實栗，即有邰家室。

秀，始穟也。呂氏家塾讀詩記卷二十六。

誕降嘉種，維秬維秠，維穈維芑。恒之秬秠，是穫是畝。恒之穈芑，是任是負。以歸肇祀。

誕我祀如何？或舂或揄，或簸或蹂。釋之叟叟，烝之浮浮。載謀載惟，取蕭祭脂，取羝以軷。載燔載烈，以興嗣歲。

卬盛于豆，于豆于登。其香始升，上帝居歆。胡臭亶時，后稷肇祀，庶無罪悔，以迄于今。

既醉

既醉以酒，既飽以德。君子萬年，介爾景福。

「既飽以德」，孰觀是禮而有得也。呂氏家塾讀詩記卷二十六。又見段氏毛詩集解卷二十四。

既醉以酒，爾殽既將。君子萬年，介爾昭明。

昭明有融，高朗令終。令終有俶，公尸嘉告。

其告維何？籩豆靜嘉。朋友攸攝，攝以威儀。

威儀孔時，君子有孝子。孝子不匱，永錫爾類。

祭祀之終，有嗣舉奠，所以致其傳付祖考德澤之意深矣。呂氏家塾讀詩記卷二十六。又見段氏毛詩集解卷二十四。

孝子飲奠，所以致其傳付祖考德澤之意深矣。詩傳大全卷十七。

其類維何？室家之壼。君子萬年，永錫祚胤。

其胤維何？天被爾禄。君子萬年，景命有僕。

其僕維何？釐爾女士。釐爾女士，從以孫子。

鳧鷖

鳧鷖在涇，公尸來燕來寧。爾酒既清，爾殽既馨。公尸燕飲，福禄來成。

鳧鷖在沙，公尸來燕來宜。爾酒既多，爾殽既嘉。公尸燕飲，福禄來爲。

鳧鷖在渚，公尸來燕來處。爾酒既湑，爾殽伊脯。公尸燕飲，福禄來下。

鳧鷖在潨，公尸來燕來宗。既燕于宗，福禄攸降。公尸燕飲，福禄來崇。

崇，積而高大也。呂氏家塾讀詩記卷二十六。又見段氏毛詩集解卷二十四。

鳧鷖在亹，公尸來止熏熏。旨酒欣欣，燔炙芬芬。公尸燕飲，無有後艱。

假樂

假樂君子，顯顯令德。宜民宜人，受禄于天。保右命之，自天申之。

既有顯顯之令德，而又有宜民、人之大功，此宜受天禄矣。故天既保右之，又申命之也。詩傳大全卷十七。

干禄百福，子孫千億。穆穆皇皇，宜君宜王。不愆不忘，率由舊章。

威儀抑抑，德音秩秩。無怨無惡，率由羣匹。受福無疆，四方之綱。

之綱之紀，燕及朋友。百辟卿士，媚于天子。不解于位，民之攸塈。

民勞

民勞，皆諫辭也。呂氏家塾讀詩記卷二十六。

民亦勞止，汔可小康。惠此中國，以綏四方。無縱詭隨，以謹無良。式遏寇虐，憯不畏明。柔遠能邇，以定我王。

五章章之始皆言「民亦勞止」、「惠此中國」者，欲王息民而固根本也；中言「無縱詭隨」、「式遏寇虐」者，欲王謹察小人，將以害政也；章末[一]之言，皆丁寧反復勸王之辭，使之去危即安、去惡從善也。「憯不畏明」，不畏天明也。呂氏家塾讀詩記卷二十六。又見段氏毛詩集解卷二十四、詩傳大全卷十七。

民亦勞止，汔可小休。惠此中國，以爲民逑。無縱詭隨，以謹惛怓。式遏寇虐，無俾民憂。無棄爾勞，以爲王休。

民亦勞止，汔可小息。惠此京師，以綏四國。無縱詭隨，以謹罔極。式遏寇虐，無俾作慝。敬慎威儀，以近有德。

民亦勞止，汔可小愒。惠此中國，俾民憂泄。無縱詭隨，以謹醜厲。式遏寇虐，無俾正敗。戎雖小子，而式弘大。

「戎雖小子」，言王尚幼也，抑詩亦言「小子後」云，借曰未知，亦既抱子言漸長也。古者謂童子爲子，記云「小子侯」是也。段氏毛詩集解卷二十四。

民亦勞止，汔可小安。惠此中國，國無有殘。無縱詭隨，以謹繾綣。式遏寇虐，無俾正反。王欲玉女，是用大諫。

[一]「章末」：四庫本作「言末」，疑形近而誤。

板

上帝板板，下民卒癉。出話不然，爲猶不遠。靡聖管管，不實於亶。猶之未遠，是用大諫。天之方難，無然憲憲。天之方蹶，無然泄泄。辭之輯矣，民之洽矣。辭之懌矣，民之莫矣。我雖異事，及爾同寮。我即爾謀，聽我囂囂。我言維服，勿以爲笑。先民有言，詢于芻蕘。

「我雖異事，及爾同寮」者，與執政公卿言也。不敢斥王，託與執政公卿之言而風之也。呂氏家塾讀詩記卷二十六。

天之方虐，無然謔謔。老夫灌灌，小子蹻蹻。匪我言耄，爾用憂謔。多將熇熇，不可救藥。天之方懠，無爲夸毗。威儀卒迷，善人載尸。民之方殿屎，則莫我敢葵。喪亂蔑資，曾莫惠我師。天之牖民，如壎如篪，如璋如圭，如取如攜。攜無曰益，牖民孔易。民之多辟，無自立辟。价人維藩，大師維垣，大邦維屏，大宗維翰。懷德維寧，宗子維城。無俾城壞，無獨斯畏。敬天之怒，無敢戲豫。敬天之渝，無敢馳驅。昊天曰明，及爾出王。昊天曰旦，及爾游衍。

卷二十七

蕩之什三之三

蕩

蕩蕩上帝，下民之辟。疾威上帝，其命多辟。天生烝民，其命匪諶。靡不有初，鮮克有終。

蕩蕩乎上帝，吾王非下民之君乎？疾威乎〔一〕上帝，吾王之命何多僻乎？窮而呼天之辭也。呂氏家塾讀詩記卷二十七。又見段氏毛詩集解卷二十五。

文王曰咨，咨女殷商。曾是彊禦，曾是掊克，曾是在位，曾是在服。天降滔德，女興是力。

文王曰咨，咨女殷商。而秉義類，彊禦多懟，流言以對，寇攘式內。侯作侯祝，靡屆靡究。

文王曰咨，咨女殷商。女炰烋于中國，斂怨以爲德。不明爾德，時無背無側。爾德不明，以無陪無卿。

文王曰咨，咨女殷商。天不湎爾以酒，不義從式。既愆爾止，靡明靡晦，式號式呼，俾晝作夜。

文王曰咨，咨女殷商。如蜩如螗，如沸如羹。小大近喪，人尚乎由行。內奰于中國，覃及鬼方。

文王曰咨，咨女殷商。匪上帝不時，殷不用舊。雖無老成人，尚有典刑。曾是莫聽，大命以傾。

〔一〕四庫本、墨海本、退補齋本脫「乎」字。

文王曰咨，咨女殷商。人亦有言，顛沛之揭，枝葉未有害，本實先撥。殷鑑不遠在夏后之世。

雲漢

倬彼雲漢，昭回于天。王曰於乎，何辜今之人！天降喪亂，饑饉薦臻。靡神不舉，靡愛斯牲。圭璧既卒，寧莫我聽？

旱既大甚，蘊隆蟲蟲。不殄禋祀，自郊徂宮。上下奠瘞，靡神不宗。后稷不克，上帝不臨。耗斁下土，寧丁我躬？

旱既大甚，則不可推。兢兢業業，如霆如雷。周餘黎民，靡有孑遺。昊天上帝，則不我遺。胡不相畏，先祖于摧。

旱既大甚，則不可沮。赫赫炎炎，云我無所。大命近止，靡瞻靡顧。羣公先正，則不我助。父母先祖，胡寧忍予？

旱既大甚，滌滌山川。旱魃爲虐，如惔如焚。我心憚暑，憂心如熏。羣公先正，則不我聞。昊天上帝，寧俾我遁？

旱既大甚，黽勉畏去。胡寧瘨我以旱，憯不知其故。祈年孔夙，方社不莫。昊天上帝，則不我虞。敬恭明神，宜無悔怒。

旱既大甚，散無友紀。鞫哉庶正，疚哉冢宰，趣馬師氏，膳夫左右，靡人不周，無不能止。瞻卬昊天，云如何里。

瞻卬昊天，有嘒其星。大夫君子，昭假無贏。大命近止，無棄爾成。何求爲我，以戾庶正？瞻卬昊天，曷惠其寧？

「昭」，明也。「贏」，餘也，所以事神者無餘矣。呂氏家塾讀詩記卷二十七。又見段氏毛詩集解卷二十五。

崧高

崧高維嶽，駿極于天。維嶽降神，生甫及申。維申及甫，維周之翰。四國于蕃，四方于宣。

亹亹申伯，王纘之事。于邑于謝，南國是式。王命召伯，定申伯之宅。登是南邦，世執其功。

王命申伯，式是南邦。因是謝人，以作爾庸。王命召伯，徹申伯土田。王命傅御，遷其私人。

申伯之功，召伯是營。有俶其城，寢廟既成。既成藐藐，王錫申伯，四牡蹻蹻，鉤膺濯濯。王遣申伯，路車乘馬。我圖爾居，莫如南土。錫爾介圭，以作爾寶。往近王舅，南土是保。

古之封建，營其城邑寢廟，遷私人，徹土田，必其所封諸侯自爲之，天子有所不與。申伯以親且賢，王欲褒賞而尊顯之，皆使召伯先爲營之，然後以禮遣之，所以建國親侯者，恩禮無不曲盡。段氏毛詩集解卷二十五。

申伯信邁，王餞于郿。申伯還南，謝于誠歸。王命召伯，徹申伯土疆，以峙其粻，式遄其行。申伯番番，既入于謝，徒御嘽嘽。周邦咸喜，戎有良翰。不顯申伯，王之元舅，文武是憲。申伯之德，柔惠且直。揉此萬邦，聞于四國。吉甫作誦，其詩孔碩，其風肆好，以贈申伯。

卷三十

閔予小子之什四之三

絲衣

絲衣其紑，載弁俅俅。自堂徂基，自羊徂牛，鼐鼎及鼒。兕觥其觩，旨酒思柔。不吳不敖，胡考之休。

「自堂徂基」，乃所謂於彼乎？於此乎？呂氏家塾讀詩記卷三十。

卷三十一

魯頌四之四

駉

駉駉牡馬，在坰之野。薄言駉者，有驈有皇，有驪有黄，以車彭彭。思無疆，思馬斯臧。

駉駉牡馬，在坰之野。薄言駉者，有騅有駓，有騂有騏，以車伾伾。思無期，思馬斯才。

駉駉牡馬，在坰之野。薄言駉者，有驒有駱，有駵有雒，以車繹繹。思無斁，思馬斯作。

駉駉牡馬，在坰之野。薄言駉者，有駰有騢，有驔有魚，以車祛祛。思無邪，思馬斯徂。

僖公修牧馬之政，以誠心行之，故言「思無疆」、「思無期」、「思無斁」、「思無邪」。馬之所以臧、才、作、徂者，其効也，與衛風「秉心塞淵，騋牝三千」之意同。古之賢君誠心以行善政，其效皆若此，然非獨牧馬而已。呂氏家塾讀詩記卷三十一。又見詩傳大全卷二十、大學衍義補卷一百二十三。

閟宫

閟宫有侐，實實枚枚。赫赫姜嫄，其德不回。上帝是依，無災無害。彌月不遲，是生后稷。降之百福，黍稷重穋，稙穉菽麥。

奄有下國，俾民稼穡。有稷有黍，有稻有秬。奄有下土，纘禹之緒。

閟宮，魯廟，非姜嫄廟也。言「赫赫姜嫄」者，推本周家所由興。呂氏家塾讀詩記卷三十一。又見詩經原始卷十八、詩傳大全卷二十。

后稷之孫，實維大王，居岐之陽，實始翦商。至于文武，纘大王之緒。致天之届，于牧之野。無貳無虞，上帝臨女。敦商之旅，克咸厥功。

王曰叔父，建爾元子，俾侯于魯，大啟爾宇，爲周室輔。乃命魯公，俾侯于東。錫之山川，土田附庸。周公之孫，莊公之子，龍旂承祀，六轡耳耳。春秋匪解，享祀不忒。皇皇后帝，皇祖后稷，享以騂犧，是饗是宜，降福既多。周公皇祖，亦其福女。

秋而載嘗，夏而楅衡。白牡騂剛，犧尊将将。毛炰胾羹，籩豆大房。萬舞洋洋，孝孫有慶。俾爾熾而昌，俾爾壽而臧。保彼東方，魯邦是常。不虧不崩，不震不騰。三壽作朋，如岡如陵。

公車千乘，朱英緑縢，二矛重弓。公徒三萬，貝冑朱綅，烝徒增增。戎狄是膺，荆舒是懲，則莫我敢承。俾爾昌而熾，俾爾壽而富。黄髮台背，壽胥與試。俾爾昌而大，俾爾耆而艾。萬有千歲，眉壽無有害。

泰山巖巖，魯邦所詹。奄有龜、蒙，遂荒大東，至于海邦，淮夷來同。莫不率從，魯侯之功。

保有鳧、繹，遂荒徐宅，至于海邦，淮夷蠻貊，及彼南夷，莫不率從。莫敢不諾，魯侯是若。

天錫公純嘏，眉壽保魯。居常與許，復周公之宇。魯侯燕喜，令妻壽母。宜大夫庶士，邦國是有。既多受祉，黄髮兒齒。

徂來之松，新甫之柏。是斷是度，是尋是尺。松桷有舄，路寢孔碩。新廟奕奕，奚斯所作。孔曼且碩，萬民是若。

論語解

學而第一

子曰：「**學而時習之，不亦説乎？有朋自遠方來，不亦樂乎？人不知而不愠，不亦君子乎？**」

信於始而不疑，故時習而不捨；信於中而有孚，故朋來乎遠方；信於終而不悔，故「人不知而不愠」。見國朝諸老先生論語精義卷第一上。

子曰：「**巧言令色，鮮矣仁！**」

君子言非不欲巧，色非不欲令，蓋修於外者本有所不立，修於內者末足以兼之。見國朝諸老先生論語精義卷第一上。

子曰：「**弟子入則孝，出則弟，謹而信，汎愛衆而親仁。行有餘力，則以學文。**」

行謹而言信。見國朝諸老先生論語精義卷第一上。

子夏曰：「**賢賢易色；事父母，能竭其力；事君，能致其身；與朋友交，言而有信。雖曰未學，吾必謂之學矣。**」

質具矣而文有不足，非所謂患也。所謂質者，誠而已矣。賢賢至于改色，好善有誠矣；事親不愛其力，孝有誠矣；事君不有其身，忠有誠矣；待朋友而不欺，交際有誠矣。四者先立乎誠，所未學者文耳。見國朝諸老先生論語精義卷第一上。

子曰：「**君子不重則不威，學則不固。主忠信。無友不如己者。過則勿憚改。**」

學則知類通達，故不至於蔽固。「主」，讀如「於衛主顔讎由」之「主」。主，所託也；友，所輔也；改過，所以自治。所託失人，則勢窮；所輔不如己，則德不進；所以自治不勇，則惡日長。見國朝諸老先生論語精義卷第一上。又見論語集說卷一。

曾子曰：「慎終追遠，民德歸厚矣。」

喪祭者，慎終追遠之一端耳。見國朝諸老先生論語精義卷第一上。

子禽問於子貢曰：「夫子至於是邦也，必聞其政，求之與？抑與之與？」子貢曰：「夫子温良恭儉讓以得之。夫子之求之也，其諸異乎人之求之與？」

温良恭儉讓，皆謙德也。人道惡盈而好謙，况聖人之謙乎？此所以求而人與之也。見國朝諸老先生論語精義卷第一上。

有子曰：「信近於義，言可復也。恭近於禮，遠恥辱也。因不失其親，亦可宗也。」

信主復言，然非義之信，有不必復其言。恭主遠恥，然非禮之恭，有不足遠其恥。親親主於有宗，然親失其等，有不足正其宗。義理之差，必至於此，不可不察。尾生復言，非義之信也；夷王下堂，非禮之恭也；墨子兼愛，不可宗之義也。見國朝諸老先生論語精義卷第一上。

子曰：「君子食無求飽，居無求安，敏於事而慎於言，就有道而正焉，可謂好學也已。」

不志於私[一]養，學所以專；不事於徒言，必見於行事[二]，學所以實；所趨不謬於道，學所以正。學至於此，可謂「好」矣。見國朝諸老先生論語精義卷第一上。又見論語集說卷一。

子貢曰：「貧而無諂，富而無驕，何如？」子曰：「可也。未若貧而樂、富而好禮者也。」子貢曰：「詩云：『如切如磋，如琢

[一]「私」：論語集說作「奉」。

[二]「不事於徒言，必見於行事」：論語集說作「不苟於言行」。

如磨。』其斯之謂與？」子曰：「賜也，始可與言詩已矣，告諸往而知來者。」

孟子曰：「無常産而有常〔一〕心者，惟士爲能。」夫士苟能守其恒心，雖死生之際可以無變，況貧富之間哉！有玉於斯，使之成器，必切磋琢磨之，工不同而玉質未嘗變也。士之處於貧富，亦猶是也。貧則以道自樂，富則以禮自好，皆欲吾身之入於善，雖貧富之異，而吾心未嘗動也。若夫「無諂」、「無驕」，則其心亦有動矣。此孔子所以謂「未若貧而樂、富而好禮」之爲美也。見國朝諸老先生論語精義卷第一上。

子曰：「不患人之不己知，患不知人也。」

「不患人之不己知」：知，人知也；君子之學自充其知爾，若人之不知，則亦有命而已矣。孟子曰：「修身以俟之，所以立命也。」見國朝諸老先生論語精義卷第一上。

爲政第二

子曰：「爲政以德，譬如北辰，居其所而衆星共之。」

「爲政以德」，自治之道備，則不求於民而民歸之。故大人之政，正己而已。見國朝諸老先生論語精義卷第一下。

子曰：「道之以政，齊之以刑，民免而無恥；道之以德，齊之以禮，有恥且格。」

知本末先後，然後可以言治矣。德禮者，所以治内；刑政者，所以治外。治内者，先格人之非心，使之可以爲君子，則政足以不煩，刑足以不用也。乃若一切任治外之法，則民將失其本心，不知有德禮之美，冒犯不義，無所不作，雖有格者，畏罪而已。

〔一〕此句中二「常」字四庫本作「恒」。

德禮者，先王之所以治內，而刑政所以治外。治內之教行，則人皆可以爲君子，雖有政刑，非先務也；治外之法行，則不知爲善之美，雖有本心，無從發也。故政刑之用，能使懦者畏，不能使強者革，此之謂失其本心。見國朝諸老先生論語精義卷第一下。

子曰：「吾十有五而志於學，三十而立，四十而不惑，五十而知天命，六十而耳順，七十而從心所欲不踰矩。」

信有諸己，故「志於學」。「富貴不能淫，貧賤不能移，威武不能屈」，故「立」。酬酢萬變，用無不利，故「不惑」。六十，心知之虛通貫乎全體。至七十，然後化。見國朝諸老先生論語精義卷第一下。

孟懿子問孝，子曰：「無違。」樊遲御，子告之曰：「孟孫問孝於我，我對曰：『無違。』」樊遲曰：「何謂也？」子曰：「生，事之以禮；死，葬之以禮，祭之以禮。」

孝者仁之出也。不以仁之道事親，謂之孝可乎？孟懿子於魯列於三家，而與逐昭公，其不仁甚矣！親之生也，以卿之禄不足養而竊君之禄；其沒也，以卿之禮不足以奉喪祭而僭君之禮；雖曰厚其親，而非孝也。故孔子因其問孝而對以「無違」。夫能無違於禮，豈特孝而已哉？所謂「我欲仁，斯仁至矣」。見國朝諸老先生論語精義卷第一下。

子夏問孝，子曰：「色難。有事，弟子服其勞，有酒食，先生饌，曾是以爲孝乎？」

「色難」，養志者也。「有事，弟子服其勞，有酒食，先生饌」，養口體者也。

「色難」，先意承志之謂。見國朝諸老先生論語精義卷第一下。

子曰：「視其所以，觀其所由，察其所安。人焉廋哉？人焉廋哉？」

「所以」，今所自[始]〔一〕；「所由」，昔所經由；「所安」，卒所歸宿。見國朝諸老先生論語精義卷第一下。

子曰：「温故而知新，可以爲師矣。」

〔一〕底本、清麓正編本脱「始」，據四庫本補。

師尚多聞，故温故知新，「可以爲師矣」。見國朝諸老先生論語精義卷第一下。

子曰：「君子周而不比，小人比而不周。」

「周」者，以至公交物；「比」者，以私意交物。故「周」訓爲「遍」，又爲「忠信」，至公之交以忠信也。見國朝諸老先生論語精義卷第一下。

子曰：「學而不思則罔，思而不學則殆。」

「學而不思」，如罔之無綱；「思而不學」，則不得其所安。「罔」，罔羅也；「殆」，危也，不安也。見國朝諸老先生論語精義卷第一下。

子曰：「攻乎異端，斯害也已。」

君子反經而已矣，經正斯無邪慝。今惡乎異端，而以力攻之，適足以自敝而已。見國朝諸老先生論語精義卷第一下。

君子反經而已，經正斯無邪慝。今惡邪説之害正而攻之，則適所以自敝而已。經典稽疑卷上。又見經濟文衡後集卷十三。

子張學干禄。子曰：「多聞闕疑，慎言其餘，則寡尤；多見闕殆，慎行其餘，則寡悔。言寡尤，行寡悔，禄在其中矣。」

「疑」者，所未達；「殆」者，所未安。見國朝諸老先生論語精義卷第一下。

季康子問：「使民敬、忠以勸，如之何？」子曰：「臨之以莊，則敬；孝慈，則忠；舉善而教不能，則勸。」

既孝且慈，上下交盡，此所以使民忠也。孝以盡乎內，慈以盡乎外，「內外」[一]交盡，忠之本也，故可使民忠。見國朝諸老先生論語精義卷第一下。

子張問：「十世可知也？」子曰：「殷因於夏禮，所損益可知也；周因於殷禮，所損益可知也；其或繼周者，雖百世可

〔一〕底本脱「內外」二字，據四庫本補。

知也。」

按殷、周已見之迹，知理勢之必然，故可以推知百世。見國朝諸老先生論語精義卷第一下。

子曰：「**非其鬼而祭之，諂也。見義不爲，無勇也。**」

「諂」，生於過；「無勇」，生於不及也。推是二端，以明過與不及之害。見國朝諸老先生論語精義卷第一下。

八佾第三

孔子謂季氏：「**八佾舞於庭，是可忍也，孰不可忍也？**」

陪臣忍僭天子，則降自天子，無所不可忍爲。見國朝諸老先生論語精義卷第二上。

子曰：「**人而不仁，如禮何？人而不仁，如樂何？**」

禮樂之情，皆出於仁。不用禮樂則已，如用之，則不仁之人何所措手足乎？見國朝諸老先生論語精義卷第二上。

子曰：「**夷狄之有君，不如諸夏之亡也。**」

所貴於諸夏者，禮義存焉耳。植遺腹，朝委裘，而天下不亂者，蓋有禮義以維之。此夷狄所以不可入〔一〕也。見國朝諸老先生論語精義卷第二上。

子曰：「**君子無所爭，必也射乎！揖讓而升，下而飲，其爭也君子。**」

古之射禮，勝飲不勝。勝者之爭，爭於辭爵；不勝者之爭，爭於自下。故「揖讓而升」，相爲讓而已；「下而飲」，非謂下堂，止謂自貶下而自飲。執弛弓，說決拾，皆自貶下之義。見國朝諸老先生論語精義卷第二上。

〔一〕「入」：明抄本作「偕」，四庫本作「棄」，清麓正編本作「如」。

子曰：「夏禮吾能言之，杞不足徵也。殷禮吾能言之，宋不足徵也。文獻不足故也，足則吾能徵之矣。」

「徵」，考據也。二代之禮，以孔子之學，亦止能言其制作之意爾。若求實跡以考據，必在杞、宋二國，有史書可考，有賢者可訪，然後得之。由二者之不足，故無所考據。見國朝諸老先生論語精義卷第二上。

子曰：「禘自既灌而往者，吾不欲觀之矣。」

荀卿言喪之未小斂也，大昏之未發齊也，祭祀之未納尸也〔一〕，正與此意合。禮既灌，然後迎牲迎尸，則未灌之前，其誠意交於神明者至矣；既灌而後，特人事耳，故有不必觀也。見國朝諸老先生論語精義卷第二上。

或問禘之説。子曰：「不知也。知其説者之於天下也，其如示諸斯乎？」指其掌。

「禘」者，禘其祖之所自出，其所以尊祖之意，莫重乎此。人本乎祖，天下之本皆從此出，雖聖人亦未易言之，故曰「不知也」。不知者，不可盡知也。見國朝諸老先生論語精義卷第二上。

王孫賈問曰：「與其媚於奧，寧媚於竈，何謂也？」子曰：「不然，獲罪於天，無所禱也。」

室西南隅謂之「奧」，尊者所居也；「竈」主飲食，家之所有事也；故以奧況人君，竈況執事。當孔子之時，天下之國皆執政用事，王孫賈所以勸孔子者，猶彌子云「夫〔二〕子主我，衛卿可得」之意也。孔子以爲有命自天，若無義無命，是所謂「獲罪於天」也。見國朝諸老先生論語精義卷第二上。又見論語集説卷二。

子入太廟，每事問。或曰：「孰謂鄹人之子知禮乎？入太廟，每事問。」子聞之曰：「是禮也。」

禮雖有經，不能無變。所以問者，慮有所變不可不知，問而知之，然後可以議禮之得失。禮所當問，非獨慎也。見國朝諸老先生論語精義卷第二上。

〔一〕意引自荀子禮論，原文作：「大昏之未發齊也，太廟之未入尸也，始卒之未小斂也。」

〔二〕「夫」：四庫本作「孔」。

定公問：「君使臣，臣事君，如之何？」孔子對曰：「君使臣以禮，臣事君以忠。」

使臣不患不忠，患禮之不至；事君不患無禮，患忠之不足。見國朝諸老先生論語精義卷第二上。又見西山讀書記卷十二。

子曰：「關雎，樂而不淫，哀而不傷。」

哀，謂惻怛至誠而已，如禮傳所謂「無服之喪，内恕孔悲」也。見國朝諸老先生論語精義卷第二上。

哀公問社於宰我。宰我對曰：「夏后氏以松，殷人以柏，周人以栗。」曰：「使民戰栗。」子聞之曰：「成事不說，遂事不諫，既往不咎。」

「使民戰栗」者，哀公之言也。哀公爲政，將以刑威民，故緣「周人以栗」之說而爲解，以傅〔一〕會其意。宰我知松、柏、栗皆所以宜木，而非所取義，不爲之辨，故孔子以三言責之。蓋哀公初有此意，尚在可救，不可便同「成事」、「遂事」之比。見國朝諸老先生論語精義卷第二上。

里仁第四

子曰：「里仁爲美。擇不處仁，焉得知？」

所居之里有仁人焉，猶以爲美。擇術以自處，而不居於仁，則居仁之里者不如也。見國朝諸老先生論語精義卷第二下。

子曰：「不仁者不可以久處約，不可以長處樂。仁者安仁，知者利仁。」

〔一〕「傅」：清麓正編本作「附」。

仁者仁在己，其仁乃吾分之所安。知者仁猶在外，其知爲己利，嚮慕勉強以行之。見國朝諸老先生論語精義卷第二下。

子曰：「富與貴，是人之所欲也，不以其道得之，不處也；貧與賤，是人之所惡也，不以其道得之，不去也。君子去仁，惡乎成名？君子無終食之間違仁，造次必於是，顛沛必於是。」

「造次」者，苟且之時。「顛沛」者，急遽涉難之時也。造次，謂所之所舍苟且而已，非常居。顛沛者，顛覆陷溺，迫遽涉難可知矣。見國朝諸老先生論語精義卷第二下。

子曰：「我未見好仁者，惡不仁者。好仁者，無以尚之；惡不仁者，其爲仁矣，不使不仁者加乎其身。有能一日用其力於仁矣乎？我未見力不足者。蓋有之矣，我未之見也。」

「尚」讀如「君子不欲多上人」之「上」，謂加陵之也。好仁者天下無敵，故曰「無以尚之」。惡不仁者劣於好仁者，不能天下無敵，故其效止可使不仁之不敢加陵其身而已。用力於仁雖有差等，皆有如是功效，人莫之敢抗，豈患力不足哉！見國朝諸老先生論語精義卷第二下。

子曰：「人之過也，各於其黨。觀過斯知仁矣。」

仁道之大，貴於類族辨物，以通天下之志。如不分其黨，持一法以平物，則物必有窮，仁術狹矣。君子有君子之過，小人有小人之過，「各於其黨」以觀其過，則物物得其所，而仁術弘矣。惟弘所以爲仁，故因觀過然後知仁之所以然。功者人之所勉，過者非人之所欲爲，故求其誠心，視功不若視過也。見國朝諸老先生論語精義卷第二下。

子曰：「朝聞道，夕死可矣。」

聞道而死，死而不亡。見國朝諸老先生論語精義卷第二下。

子曰：「君子之於天下也，無適也，無莫也，義之與比。」

「適」，主也。「莫」，無所主。君子之於天下，無所主亦無所不主，所與親者，惟義而已。見國朝諸老先生論語精義卷第二下。

子曰：「參乎！吾道一以貫之。」曾子曰「唯。」子出。門人問曰：「何謂也？」曾子曰：「夫子之道，忠恕而已矣。」

本末貫徹而不可不然者，忠恕而已。忠則待天下以誠，恕則與天下共利。道之所以行於天下者，非此不可。見國朝諸老先生論語精義卷第二下。

子曰：「君子喻於義，小人喻於利。」

「喻」者，聞見而心解，通達者也。見國朝諸老先生論語精義卷第二下。

子曰：「事父母幾諫，見志不從，又敬不違，勞而不怨。」

見幾而諫，不至於犯，如先意承志，喻父母於道之謂。見國朝諸老先生論語精義卷第二下。

子游曰：「事君數，斯辱矣；朋友數，斯疏矣。」

「數」，亟改也。事是君而不忠〔一〕，又改事一君，至於數，則君不信，所以取辱。朋友亦然，至於數，亦不信，所以取疏也。見國朝諸老先生論語精義卷第二下。

公冶長第五

或曰：「雍也仁而不佞。」子曰：「焉用佞？禦人以口給，屢憎於人。不知其仁，焉用佞？」

「口給」，無其實而取足於口也。「仁而不佞」則可，不仁而佞，不若仁而不佞。見國朝諸老先生論語精義卷第三上。

子曰：「道不行，乘桴浮於海。從我者其由與？」子路聞之，喜。子曰：「由也好勇過我，無所取材。」

〔一〕「忠」：明抄本作「終」。

浮海居夷，歎道不行而有是言；然卒不行者，不忍絶中國也。道不行而去，子路之所知，不忍絶中國，子路之所不知。孔子以子路勇於進退，故許同其行；然子路往而不返，不及知變，故不許其喜。「無所取材」者，不適用也。見國朝諸老先生論語精義卷第三上。

子謂子貢曰：「女與回也孰愈？」對曰：「賜也何敢望回？回也聞一以知十，賜也聞一以知二。」子曰：「弗如也。吾與女弗如也。」

知類通達，至極其數者，顔子也。凡物有對，舉其偏而知其對者，子貢也。見國朝諸老先生論語精義卷第三上。

子貢曰：「夫子之文章，可得而聞也。夫子之言性與天道，不可得而聞也。」

吾無隱乎爾，與人爲善也。學不躐等，非隱也，未可也。竭兩端於鄙夫，非躐等也，言近而指遠也。以微罪去，非隱情也，衆人自有所不識。性與天道，非不言也，弟子亦自有所不聞。見國朝諸老先生論語精義卷第三上。

子貢問曰：「孔文子何以謂之『文』也？」子曰：「敏而好學，不恥下問，是以謂之『文』也。」

物相雜故曰「文」。凡事之交錯，不守一偏，乃所以成文。敏者多不好學，居上者多恥下問。今孔文子不守一偏而交錯，乃謂之文。見國朝諸老先生論語精義卷第三上。

子張問曰：「令尹子文三仕爲令尹，無喜色；三已之，無愠色；舊令尹之政，必以告新令尹。何如？」子曰：「忠矣。」曰：「仁矣乎？」曰：「未知，焉得仁？」「崔子弑齊君，陳文子有馬十乘，棄而違之。至於他邦，則曰：『猶吾大夫崔子也。』違之。之一邦，則又曰：『猶吾大夫崔子也。』違之。何如？」子曰：「清矣。」曰：「仁矣乎？」曰：「未知，焉得仁？」

子文至於三仕三已，不知進退之義者也。陳文子至於崔子弑齊君而後去，是不知去就之義者也。不知進退去就之義，不免於有懷；行至於有懷，雖曰清忠而仁不足道也。見國朝諸老先生論語精義卷第三上。

子曰：「甯武子邦有道則知，邦無道則愚。其知可及也，其愚不可及也。」

以聖人之行爲不可及，則過於知，過也。見國朝諸老先生論語精義卷第三上

子在陳曰：「歸與！歸與！吾黨之小子狂簡，斐然成章，不知所以裁之。」

「狂簡」當爲「狂狷」。「狂者進取」，進取則過；「狷者有所不爲」，不爲則不及。自非聖人，立言舉不能悉合乎中，雖未合乎中，固已雜然成章矣，成章則達矣。其中者尚矣，其不中者尚在裁以就中爾。道之不行也，既不得中行而取狂狷，又不得其行而卒歸乎立言，則聖人之不遇可知矣。見國朝諸老先生論語精義卷第三上。

子曰：「伯夷、叔齊不念舊惡，怨是用希。」

夷、齊，聖之清者，清則能遠乎怨。「不念舊惡」，乃遠怨之義。見國朝諸老先生論語精義卷第三上。

子曰：「巧言、令色、足恭，左丘明恥之，丘亦恥之。匿怨而友其人，左丘明恥之，丘亦恥之。」

二恥者，誠心之所不至，世不以爲恥，惟左丘明者與聖人同心，此孔子所以取之。「巧言、令色、足恭」，謂外事於言、色、貌者也。見國朝諸老先生論語精義卷第三上。

顔淵、季路侍。子曰：「盍各言爾志？」子路曰：「願車馬衣輕裘，與朋友共敝之而無憾。」顔淵曰：「願無伐善，無施勞。」子路曰：「願聞子之志。」子曰：「老者安之，朋友信之，少者懷之。」

子路喜功，與人共利。顔子爲己，不倍於人。孔子體天，不言而信。見國朝諸老先生論語精義卷第三上。

子曰：「十室之邑，必有忠信如丘者焉，不如丘之好學也。」

所貴乎士，學而已矣。學之功，可使愚者明，柔者剛。苟不志於學，雖聖人之質，不免爲鄉人而已。自盡不欺，苟質厚者皆能之，故十室之邑必有。見國朝諸老先生論語精義卷第三上。

雍也第六

子曰：「雍也可使南面。」

仲弓問子桑伯子，子曰：「可也簡。」仲弓曰：「居敬而行簡，以臨其民，不亦可乎？居簡而行簡，無乃大簡乎？」子曰：「雍之言然。」

此兩章相發明。子曰「雍也可使南面」，不見可使之迹，故以後章對子桑伯子之言爲證。見國朝諸老先生論語精義卷第三下。

哀公問：「弟子孰爲好學？」孔子對曰：「有顔回者好學，不遷怒，不貳過，不幸短命死矣。今也則亡，未聞好學者也。」

爲己之至，則好學不厭。人之有惡，己必怒之，不使可怒之惡反遷諸己而爲人之所怒，是謂「不遷怒」。有不善未嘗不知，知之未嘗復行，是謂「不貳過」。皆爲己之至者也。見國朝諸老先生論語精義卷第三下。

子華使於齊，冉子爲其母請粟。子曰：「與之釜。」請益。曰：「與之庾。」冉子與之粟五秉。子曰：「赤之適齊也，乘肥馬，衣輕裘。吾聞之也，君子周急不繼富。」原思爲之宰，與之粟九百，辭。子曰：「毋！以與爾鄰里鄉黨乎！」

富而與人分之，則廉者無辭於富。見國朝諸老先生論語精義卷第三下。

子謂仲弓曰：「犂牛之子騂且角，雖欲勿用，山川其舍諸？」

祭祀之牛角繭栗，角握則用牛之子；可知牛色雖不純，但「騂且角」，猶可以用山川。蓋大者立，小者未純，猶未害也。見國朝諸老先生論語精義卷第三下。

子曰：「回也，其心三月不違仁，其餘則日月至焉而已矣。」

仁之爲德，兼容遍體，學者莫能勝，行者莫能至；唯聖人性之，然後能不息，賢者身之，可久而已，其下隨其力爲至之久近也。「三月不違」，可久也，以身之而未能性之，故久則不能不懈。

君子之學，必致養其氣。養之功有緩有速，則氣之守有遠近，及其成性，則不繫所稟之盛衰。如顔子之所養，苟未成性，其於仁也至於三月，久之[一]猶不能無違，非欲違之，氣有不能守也，則「日月至焉」者，從何如[二]矣？若夫從心所欲不踰矩，則其義將與天始終，無有歲月之限。故可久則賢人之德，如聖人則不可以久言。

大而化之，則氣與天地一，故其爲德自強不息，至於悠久、博厚、高明，莫之能已也。其次，則未至於化，必繫所稟、所養之盛衰，故其爲德或久或不久，勢使之然，非致養之功不能移也。如顔子所稟之厚，所養之勤，苟未至於化，雖與「日月至焉者」有間，然至於三月之久，其氣亦不能無衰，雖欲勉而不違仁，不可得也；非仁之有所不足守，蓋氣有不能任也；猶有力者其力足以負百鈞而日行百里，力既竭矣，雖欲加以一鈞之重、一里之遠，而力不勝矣。故君子之學，必致養其氣而成性，則不繫所稟之盛衰，所謂「縱心所欲不踰矩」、「不勉而中，不思而得」者，安得違仁者哉？可久，賢人之德，顔子其幾矣。見國朝諸老先生論語精義卷第三下。

季康子問：「仲由可使從政也與？」子曰：「由也果，於從政乎何有？」曰：「賜也可使從政也與？」曰：「賜也達，於從政乎何有？」曰：「求也可使從政也與？」曰：「求也藝，於從政乎何有？」

果則有斷，達則不滯，藝則善裁，皆可使從政也。見國朝諸老先生論語精義卷第三下。

子曰：「賢哉，回也！一簞食，一瓢飲，在陋巷，人不堪其憂，回也不改其樂。賢哉，回也！」

[一]「久之」：清麓正編本作「之久」，如此，「之久」當屬上句。
[二]「何如」：清麓正編本作「可知」。

禮[一]義悅心之至，不知貧賤富貴可爲[二]吾之憂樂？疑[三]。見國朝諸老先生論語精義卷第三下。

冉有曰：「非不説子之道，力不足也。」子曰：「力不足者，中道而廢。今女畫。」

「力不足者，中道而廢」，如不幸足廢，決不能行。冉有不行，非力不足也，自畫而已。見國朝諸老先生論語精義卷第三下。

子曰：「孟之反不伐，奔而殿，將入門，策其馬曰：『非敢後也，馬不進也。』」

人之不伐，能不自言而已。孟之反不伐，則以言以事自揜其功，加於人一等矣。見國朝諸老先生論語精義卷第三下。

子曰：「不有祝鮀之佞而有宋朝之美，難乎免於今之世矣！」

惟巧言令色，可以免今世之患。見國朝諸老先生論語精義卷第三下。

子曰：「誰能出不由戶？何莫由斯道也？」

出而不能不由戶，則可[四]行而非達道也哉。見國朝諸老先生論語精義卷第三下。

子曰：「質勝文則野，文勝質則史。文質彬彬，然後君子。」

史者，治書之稱，治官府之文書曰史，即「府史」之「史」。善爲辭説亦曰史。即「國史」之「史」。見國朝諸老先生論語精義卷第三下。

子曰：「人之生也直，罔之生也幸而免。」

[一]「禮」：清麓正編本作「理」。

[二]「可爲」：原作「何以」，四庫本、清麓正編本亦作「何以」，據明抄本改。

[三]「疑」：四庫本作「闕」。

[四]「可」：朱子全書第七冊（第220頁）及陳俊民藍田呂氏遺著輯校之儒藏本（儒藏〔精華編第220冊〕，北京大學出版社，2007年版，第291頁）改作「何」，不知何據？

凡人之生，直道而行，足以免於世。無常之人，其免也，幸而已。「罔」如網，無常者也。見國朝諸老先生論語精義卷第三下。

子曰：「知之者不如好之者，好之者不如樂之者。」

知之則不惑，好之則勉，樂則不可已也。見國朝諸老先生論語精義卷第三下。

樊遲問知。子曰：「務民之義，敬鬼神而遠之，可謂知矣。」問仁。曰：「仁者先難而後獲，可謂仁矣。」

當務爲急，不[一]求所難知；力行所知，不憚所難爲。此樊遲可進於知與仁之實。見國朝諸老先生論語精義卷第三下。又見西山讀書記卷九。

子曰：「知者樂水，仁者樂山；知者動，仁者靜；知者樂，仁者壽。」

「山」、「水」，言其體；「動」、「靜」，言其用；「樂」、「壽」，言其效。精義入神，庸非樂乎？澤及萬世，庸非壽乎？見國朝諸老先生論語精義卷第三下。

子曰：「齊一變，至於魯；魯一變，至於道。」

齊政雖修，未能用禮；魯秉周禮，故幾於道。見國朝諸老先生論語精義卷第三下。

子曰：「觚不觚，觚哉！觚哉！」

名失其實，非特在觚。見國朝諸老先生論語精義卷第三下。

宰我問曰：「仁者，雖告之曰：『井有仁焉。』其從之也？」子曰：「何爲其然也？君子可逝也，不可陷也；可欺也，不可罔也。」

[一] 西山讀書記「不」上有「而」字。

「井有仁焉」，猶言自投陷阱以施仁術也已。己〔二〕自陷，仁將何施？當是時也，君子可往以思救，不能自陷以行救；可欺之以可救，不可罔之使必救。見國朝諸老先生論語精義卷第三下。

子曰：「君子博學於文，約之以禮，亦可以弗畔矣夫！」

學貴造約，愈約愈深，博文約禮，非其至者，然在人事，莫非當務。故於道也雖未深造，亦可以弗畔於道。見國朝諸老先生論語精義卷第三下。

子見南子，子路不說。夫子矢之曰：「予所否者，天厭之！天厭之！」

道之不行，天實厭之，此聖人所以不遇。小君禮所當見，南子無德，子路所以不悅。孔子以爲使我不得賢小君而見之，天厭乎吾道也。「矢」，陳也。見國朝諸老先生論語精義卷第三下。

子曰：「中庸之爲德也，其至矣乎！民鮮久矣。」

「中庸」者，經德達道，人所共有，人所常行；不能至者，不能久而已。見國朝諸老先生論語精義卷第三下。

子貢曰：「如有博施於民而能濟衆，何如？可謂仁乎？」子曰：「何事於仁，必也聖乎！堯舜其猶病諸！夫仁者，己欲立而立人，己欲達而達人。能近取譬，可謂仁之方也已。」

「博施於民」，仁之事；「能濟衆」，聖之事也。苟非其人，道不虛行。博施濟衆，乃聖人之事，堯、舜猶病，非子貢所及。子貢有志於仁，徒事高遠，未知其方。孔子教以於己取之，庶近而可入，是乃爲仁之方。雖博施濟衆，亦由此進。見國朝諸老先生論語精義卷第三下。

〔二〕「己己」：清麓正編本作「己己」，朱子全書第七冊（第231頁）于上句在「也」後斷句，此句作「己已自陷」，與清麓正編本同。

述而第七

子曰：「述而不作，信而好古，竊比於我老彭。」

老聃、彭祖，殷、周之老成人。二者皆老、彭之事，故孔子取之。見國朝諸老先生論語精義卷第四上。

子曰：「默而識之，學而不厭，誨人不倦，何有於我哉？」

默識所以存諸心，學不厭所以成諸己，誨不倦所以成諸人，合内外物我之道也。我之道舍是三者，復何所有？見國朝諸老先生論語精義卷第四上。又見癸巳論語解卷四。

子之燕居，申申如也，夭夭如也。

「申申」，舒而不至於倨。「夭夭」，屈而不失其和。皆温舒之貌。見國朝諸老先生論語精義卷第四上。

子曰：「志於道，據於德，依於仁，游於藝。」

志所存，據所執，依所行，游所養。見國朝諸老先生論語精義卷第四上。

子曰：「不憤不啟，不悱不發，舉一隅不以三隅反，則不復也。」

憤者不得於心，悱者不得於言。見國朝諸老先生論語精義卷第四上。

子路曰：「子行三軍，則誰與？」子曰：「暴虎馮河，死而無悔者，吾不與也。必也臨事而懼，好謀而成者也。」

「用之則行，舍之則藏」，孔、顔所同也；「可以仕則仕，可以止則止」，孔子所獨也。「臨事而懼」，則備必豫；「好謀而成」，則動不妄。見國朝諸老先生論語精義卷第四上。

子曰：「富而可求也，雖執鞭之士，吾亦爲之。如不可求，從吾所好。」

居卑居貧，君子有時而願爲，惟得之有命，故無心於求。見國朝諸老先生論語精義卷第四上。

子之所慎：齊、戰、疾。

三者，神、人、己而已。事神之至，莫先於齊；用人之先，無慎於戰；養己之功，無過於疾。見國朝諸老先生論語精義卷第四上。

子曰：「我非生而知之者，好古，敏以求之者也。」

好古、敏求，及其知之，一也。孔子誠以致學之功，而齊生知之德。見國朝諸老先生論語精義卷第四上。

子不語怪、力、亂、神。

「怪」，不中也，如「素隱行怪」之「怪」；「力」，勇力也；「亂」，不治；「神」，妙理也。語怪則道不中，語力則德不立，語亂則術不修，語神則聞者惑。見國朝諸老先生論語精義卷第四上。

子曰：「二三子以我爲隱乎？吾無隱乎爾。吾無行而不與二三子者，是丘也。」

聖人體道無隱，與天象昭然，莫非至教，常以示人，而人自不察。見國朝諸老先生論語精義卷第四上。

子曰：「蓋有不知而作之者，我無是也。多聞，擇其善者而從之；多見而識之，知之次也。」

「不知而作」，不免乎狂。聞見之學，雖曰未達，而所行所知未悖於道。「見」者，目之所及；「聞」者，知所不見；「從」者，敏於行；「識」者，識之心而將行；「知」者，明之而已，亦不失於心。聞廣於見，從愈於識，識愈於知，此其序也。見國朝諸老先生論語精義卷第四上。

陳司敗問：「昭公知禮乎？」孔子曰：「知禮。」孔子退，揖巫馬期而進之，曰：「吾聞君子不黨，君子亦黨乎？君取於吳，爲同姓，謂之吳孟子。君而知禮，孰不知禮？」巫馬期以告。子曰：「丘也幸，苟有過，人必知之。」

此與「以微罪行」同義。黨君之過小，彰君之惡其過大，乃所以爲義。見國朝諸老先生論語精義卷第四上。

子與人歌而善，必使反之，而後和之。

「使反之，而後和之」，亦與人爲善之義。見國朝諸老先生論語精義卷第四上。

子曰：「文，莫吾猶人也。躬行君子，則吾未之有得。」

「莫」之爲言，猶曰「得不」也。孔子自謂，我之文章得不與人同乎？但「躬行君子」，自謂未得耳。此非謙辭，亦庸言庸行之至，聖人有所不能。見國朝諸老先生論語精義卷第四上。

子温而厲，威而不猛，恭而安。

言「温而厲」，故孫出而可法。色「威而不猛」，故望之儼然，即之也温。貌「恭而安」，故動容周旋中禮。見國朝諸老先生論語精義卷第四上。

泰伯第八

子曰：「恭而無禮則勞，慎而無禮則葸，勇而無禮則亂，直而無禮則絞。君子篤於親，則民興於仁；故舊不遺，則民不偷。」

禮所以節文也。恭無節文，則罷於接物；慎無節文，則畏而失我；勇無節文，則暴而上人；直無節文，則切而賊恩。見國朝諸老先生論語精義卷第四下。又見論語集説卷四。

曾子有疾，召門弟子曰：「啟予足！啟予手！詩云：『戰戰兢兢，如臨深淵，如履薄冰。』而今而後，吾知免夫！小子！」

啟手足者，非特全其軀而已，以明德體亦無所傷。推易簀之事，可見其然。見國朝諸老先生論語精義卷第四下。

曾子有疾，孟敬子問之。曾子言曰：「鳥之將死，其鳴也哀；人之將死，其言也善。君子所貴乎道者三：動容貌，斯遠暴慢矣；正顔色，斯近信矣；出辭氣，斯遠鄙倍矣。籩豆之事，則有司存。」

貌也、色也、言也，皆以道正之，則心正而身修矣。見國朝諸老先生論語精義卷第四下。

曾子曰：「可以託六尺之孤，可以寄百里之命，臨大節而不可奪也。君子人與？君子人也。」

「託六尺之孤」，謂大臣輔幼主；「寄百里之命」，謂爲諸侯。見國朝諸老先生論語精義卷第四下。

子曰：「興於詩，立於禮，成於樂。」

興則起好，立則不反，成則有生。諷誦善言，所以起好；莊敬日强，所以不反；沛然自得，手足舞蹈，所以有生。見國朝諸老先生論語精義卷第四下。

子曰：「民可使由之，不可使知之。」

「不可使知」，非以愚民，蓋知之不至，適以起機心而生惑志。見國朝諸老先生論語精義卷第四下。

子曰：「好勇疾貧，亂也。人而不仁，疾之已甚，亂也。」

「亂」，謂志意失其序也。「好勇」本以禦寇，「疾貧」則必自爲寇。疾不仁，本以爲仁，「已甚」則流於不仁。皆失序也。見國朝諸老先生論語精義卷第四下。

子曰：「如有周公之才之美，使驕且吝，其餘不足觀也矣。」

「驕」則不欲人共善，「吝」則不欲人共利，其志已入於不仁，雖才如周公，適以長其不善而已。見國朝諸老先生論語精義卷第四下。

子曰：「巍巍乎！舜、禹之有天下也，而不與焉。」

舜、禹以天下爲心，而無心於得喪。見國朝諸老先生論語精義卷第四下。

舜有臣五人而天下治。武王曰：「予有亂臣十人。」孔子曰：「才難不其然乎？唐虞之際，於斯爲盛。有婦人焉，九人而已。三分天下有其二，以服事殷，周之德其可謂至德也已矣。」

「至德」者，樂天而已。故泰伯之讓，民無得稱；文王「三分天下有其二，以服事殷」，皆爲至德。見國朝諸老先生論語精義卷第四下。

子曰：「禹，吾無間然矣。菲飲食，而致孝乎鬼神；惡衣服，而致美乎黻冕；卑宮室，而盡力乎溝洫。禹，吾無間然矣。」

無間隙可言其失。見國朝諸老先生論語精義卷第四下。

子罕第九

達巷黨人曰：「大哉孔子！博學而無所成名。」子聞之，謂門弟子曰：「吾何執？執御乎？執射乎？吾執御矣。」

「無所成名」，聖也。不欲自居，故願名一藝。見國朝諸老先生論語精義卷第五上。

子絶四：毋意、毋必、毋固、毋我。

「意」則無義，「必」則無命，「固」則無時，「我」則無天。

孔子絶四者，皆私意也，一物存乎其中，則與天地不相似，亦與孟子異矣。見國朝諸老先生論語精義卷第五上。

子畏於匡。曰：「文王既没，文不在兹乎？天之將喪斯文也，後死者不得與於斯文也；天之未喪斯文也，匡人其如予何？」

「畏」者，有戒心之謂。孔子自謂能傳文王之文章；文章者，前後聖之所修，道則出乎天而已。斯文在己，斯文得喪在天，匡人何與乎？

道有興有廢，文有得有喪。道出乎天，非聖人不興，無聖人則廢而已。故孔子以道之廢興付諸命，以文之得喪任諸己。及秦滅學焚書，禮壞樂崩，數千百年莫之能復，殆天之喪斯文也。然道未嘗喪，苟有作者，斯文其復興乎？見國朝諸老先生論語精義卷第五上。又見癸巳論語解卷五。

子曰：「吾有知乎哉？無知也。有鄙夫問於我，空空如也。我叩其兩端而竭焉。」

空空無知，有感必應，雖鄙夫有問，無不盡焉。見國朝諸老先生論語精義卷第五上。

顏淵喟然歎曰：「仰之彌高，鑽之彌堅。瞻之在前，忽焉在後。夫子循循然善誘人，博我以文，約我以禮。欲罷不能，既竭吾才，如有所立卓爾。雖欲從之，末由也已。」

「高」、「堅」、「前」、「後」，恍惚不可爲象，不可趨向[也][一]。然[二]夫子循循善誘，博文約禮，使有入德之途。竭才而進，自以爲至矣，則又卓焉者如不可企而及之，此皆循循善誘者也。見國朝諸老先生論語精義卷第五上。

子曰：「出則事公卿，入則事父兄，喪事不敢不勉，不爲酒困，何有於我哉？」

庸行之謹，是迺所以爲難能。見國朝諸老先生論語精義卷第五上。

子曰：「語之而不惰者，其回也與！」

惰，則志不在而之他；不惰者，專心致志而已。禮：「父母有疾」，「言不惰」。蓋方憂親疾，所語者切務，不暇語他事也。見國朝諸老先生論語精義卷第五上。

子曰：「後生可畏，焉知來者之不如今也？四十、五十而無聞焉，斯亦不足畏也已。」

四十、五十，血氣盈而將衰，好惡習而成性，善惡已定，幾不可易。故無聞者不足畏，見惡者至於終。見國朝諸老先生論語精義卷第五上。

子曰：「衣敝緼袍，與衣狐貉者立而不恥者，其由也與？『不忮不求，何用不臧？』」子路終身誦之。子曰：「是道也，何足以臧？」

貧與富交，強者必忮，弱者必求。見國朝諸老先生論語精義卷第五上。

子曰：「知者不惑，仁者不憂，勇者不懼。」

〔一〕底本脫「也」字，據四庫本補。

〔二〕四庫本脫「然」字，據四庫本補。

「不憂」，謂無私憂。憂以天下，不謂之憂。見國朝諸老先生論語精義卷第五上。

子曰：「可與共學，未可與適道；可與適道，未可與立；可與立，未可與權。」「唐棣之華，偏其反而。豈不爾思？室是遠而。」子曰：「未之思也，夫何遠之有？」

質美，故「可與共學」；未知好，故「未可與適道」；志未定，故「未可與立」；義未精，故「未可與權」。學之始，知道之在我，則「可與適道」；學之中，見道之全體，則「可與立」；學之終，造道而上達，則「可與權」。見國朝諸老先生論語精義卷第五上。

鄉黨第十

自「孔子於鄉黨」至「誾誾如也」，言孔子言語之變。自「君在，踧踖如也」至「私覿，愉愉如也」，言孔子動容〔一〕之變。自「君子不以紺緅飾」至「齊必有明衣布」，言孔子衣服之變。自「齊，必變食」至「必齊如也」〔二〕，言孔子飲食之〔三〕變。自「席不正不坐」〔四〕至「不親指」，言孔子應接事物〔五〕之變。見國朝諸老先生論語精義卷第五下。又見論語集說卷六。

孔子於鄉黨，恂恂如也，似不能言者。其在宗廟朝廷，便便言，惟謹爾。

〔一〕「動容」：論語集說作「容貌」。
〔二〕「必齊如也」：論語集說作「席不正不坐」。
〔三〕論語集說「之」上有「居處」二字。
〔四〕「席不正不坐」：論語集說作「鄉人飲酒」。
〔五〕「應接事物」：論語集說作「事上接下處事應物」。

朝，與下大夫言，侃侃如也；與上大夫言，誾誾如也。

此章言孔子言語之變。鄉黨尚齒，「恂恂」似不能言，所以事長而貴讓；宗廟朝廷尚尊，「便便言」，「〔惟〕〔二〕謹」，所以稟命而從事。自「孔子於鄉黨」至此。見國朝諸老先生論語精義卷第五下。

色斯舉矣，翔而後集。

曰：「山梁雌雉，時哉！時哉！」子路共之，三嗅而作。

孔子之於諸侯，未嘗三年淹也者，「色斯舉矣，翔而後集」之義也。孔子覩山雉之作，有似乎此，故曰「時哉」，以況乎己也。言「雌雉」者，又見應而不倡。自「色斯舉矣」至此。見國朝諸老先生論語精義卷第五下。

先進第十一

子曰：「先進於禮樂，野人也；後進於禮樂，君子也。如用之，則吾從先進。」

「野人」，郊外之民；「君子」，士大夫也。士大夫之文，不備物不行，如衣服不具、牲殺器皿不備，不敢以祭之謂；野人之文，雖不備物亦行，如「野有死麕」、「瓠葉」之謂。蓋禮樂之文，在野人則不候物備而先進，在君子則必候物備而後進。當禮壞之時，必候物備，則文必墜地，故孔子救世之急，寧失之野，以振斯文。見國朝諸老先生論語精義卷第六上。

子曰：「孝哉閔子騫！人不間於其父母昆弟之言。」

至行誠篤，取信於父母昆弟，人不得而間焉，非成身之至不足以及是，故曰孝子成身。見國朝諸老先生論語精義卷第

〔二〕底本、四庫本脫「惟」，據清麓正編本補。

六上。

顔淵死，顔路請子之車以爲之槨。子曰：「才不才，亦各言其子也。鯉也死，有棺而無槨。吾不徒行以爲之槨。以吾從大夫之後，不可徒行也。」

喪，稱家之有無，不以子之才而加厚。見國朝諸老先生論語精義卷第六上。

季路問事鬼神。子曰：「未能事人，焉能事鬼？」「敢問死？」曰：「未知生，焉知死？」

能盡人之道，則事鬼之道備；知所以生之理，則死之理明。蓋通乎晝夜之道，則人鬼無異事，生死爲一貫爾。此所以答子路，非拒之之辭。見國朝諸老先生論語精義卷第六上。

柴也愚，參也魯，師也辟，由也喭。

「愚」，謂專而少變。「魯」，謂質而少文。「辟」，謂便而少誠。「喭」，謂俗而少學〔一〕，傳稱「喭」者，俗論也。見國朝諸老先生論語精義卷第六上。又見石鼓論語答問卷中。

子曰：「回也其庶乎？屢空。賜不受命而貨殖焉，億則屢中。」

貨殖之學，聚所聞見，而聞見有數，故從億；億度可以屢中，而不能悉中；空空無知，則無所不達，自得自生，豈見聞之比乎？「不受命」者，貨殖之學，聚聞見以度物，以己知求中而不受命於天；空空無知，則未始有己，所以應物如響，一受於天而已。吾何與乎？然屢空而未能常空，所以幾聖而未至。

貨殖之學，不殖則窮。空空無知，則道所由出。雖屢而未久，亦庶乎前定而不窮矣。見國朝諸老先生論語精義卷第六上。

子張問善人之道。子曰：「不踐迹，亦不入於室。」

〔一〕石鼓論語答問此句作「喭者，俗學也。」

子張躬〔一〕行有所未至，而問善人之道。孔子以爲善人之德，雖曰未優，苟不踐其迹，亦不能入其室也，況聖人乎？見國朝諸老先生論語精義卷第六上。

子畏於匡，顏淵後。子曰：「吾以女爲死矣。」曰：「子在，回何敢死？」

顏淵志道，以孔子之存亡爲己存亡。「死」，謂死戰。見國朝諸老先生論語精義卷第六上。

子路使子羔爲費宰。子曰：「賊夫人之子。」子路曰：「有民人焉，有社稷焉，何必讀書，然後爲學？」子曰：「是故惡夫佞者。」

子路之禦人，以口給而已。有美錦猶不使學製，況民人乎？見國朝諸老先生論語精義卷第六上。

子路、曾皙、冉有、公西華侍坐。子曰：「以吾一日長乎爾，毋吾以也。居則曰：『不吾知也！』如或知爾，則何以哉？」子路率爾而對曰：「千乘之國，攝乎大國之間，加之以師旅，因之以饑饉；由也爲之，比及三年，可使有勇，且知方也。」夫子哂之。「求！爾何如？」對曰：「方六七十，如五六十，求也爲之，比及三年，可使足民。如其禮樂，以俟君子。」「赤！爾何如？」對曰：「非曰能之，願學焉。宗廟之事，如會同，端章甫，願爲小相焉。」「點！爾何如？」鼓瑟希，鏗爾，舍瑟而作，對曰：「異乎三子者之撰。」子曰：「何傷乎？亦各言其志也。」曰：「莫春者，春服既成，冠者五六人，童子六七人，浴乎沂，風乎舞雩，詠而歸。」夫子喟然歎曰：「吾與點也！」三子者出，曾皙後。曾皙曰：「夫三子者之言何如？」子曰：「亦各言其志也已矣。」曰：「夫子何哂由也？」曰：「爲國以禮，其言不讓，是故哂之。」「唯求則非邦也與？」「安見方六七十如五六十而非邦也者？」「唯赤則非邦也與？」「宗廟會同，非諸侯而何？赤也爲之小，孰能爲之大？」

三子皆有諸侯之志，願試其能，而冉有、公西華言稍加讓，至於曾皙，有志樂道，不希近用，故孔子取之。見國朝諸

〔一〕「躬」：四庫本作「於」。

老先生論語精義卷第六上。

顏淵第十二

顏淵問仁。子曰：「克己復禮爲仁。一日克己復禮，天下歸仁焉。爲仁由己，而由人乎哉？」顏淵曰：「請問其目。」子曰：「非禮勿視，非禮勿聽，非禮勿言，非禮勿動。」顏淵曰：「回雖不敏，請事斯語矣。」

仁者以天下爲一體，天秩、天敍莫不具存。人之所以不仁，己自己，物自物，不以爲同體。勝一己之私，以反乎天秩、天敍，則物我兼體，雖天下之大，皆歸於吾仁術之中。一日有是心，則一日有是德。

有己則喪其爲仁，天下非吾體；忘己則反得吾仁，天下爲一人。故「克己復禮」，昔之所喪，今復得之，非天下歸仁者與？安仁者，以天下爲一人而已。克己復禮贊曰：「凡厥有生，均氣同體。胡爲不仁？我則有己。立己與物，私爲町畦。勝心横生，擾擾不齊。大人存誠，心見帝則。初無吝驕，作我蟊賊。志以爲帥，氣爲卒徒。奉辭於天，孰敢侮予？且戰且徠，勝私窒慾。昔焉寇讐，今則臣僕。方其未克，窘我室廬。婦姑勃蹊[二]，安取厥餘？亦既克之，皇皇四達。洞然八荒，皆在我闥。孰曰天下，不歸吾仁？癢痾[三]疾痛，舉切吾身。一日至之，莫非吾事。顏何人哉？希之則是。」見國朝諸老先生論語精義卷第六下。

仲弓問仁。子曰：「出門如見大賓，使民如承大祭。己所不欲，勿施於人。在邦無怨，在家無怨。」仲弓曰：「雍雖不敏，請事斯語矣。」

[二]「蹊」：清麓正編本作「徯」。

[三]「痾」：底本、清麓正編本作「苛」，據四庫本改。

以敬恕行仁，則人無所慊。見國朝諸老先生論語精義卷第六下。

司馬牛問仁。子曰：「仁者其言也訒。」曰：「其言也訒，斯謂之仁矣乎？」子曰：「爲之難，言之得無訒乎？」

言之輕，則爲之不篤。仁術雖大，不離乎人倫，雖曰庸行，不察則不至。見國朝諸老先生論語精義卷第六下。

子張問明。子曰：「浸潤之譖，膚受之愬，不行焉，可謂明也已矣。浸潤之譖，膚受之愬，不行焉，可謂遠也已矣。」

「譖」者毁人之行，「愬」者愬己之私。「浸潤」者，漸進而已，内有所未入。「膚受」者，面從而已，心有所未然。「明」者知幾，「遠」者慮終，必拒其始，然後譖愬不得行。不然，則始雖漸進，久則言入；始雖面從，久則心然。見國朝諸老先生論語精義卷第六下。又見癸巳論語解卷六。

子貢問政。子曰：「足食，足兵，民信之矣。」子貢曰：「必不得已而去，於斯三者何先？」曰：「去兵。」子貢曰：「必不得已而去，於斯二者何先？」曰：「去食。自古皆有死，民無信不立。」

去食必死，失信則不立，不立則死。均死爾，故不若守信。見國朝諸老先生論語精義卷第六下。

子張問：「士何如斯可謂之達矣？」子曰：「何哉，爾所謂達者？」子張對曰：「在邦必聞，在家必聞。」子曰：「是聞也，非達也。夫達也者，質直而好義，察言而觀色，慮以下人。在邦必達，在家必達。夫聞也者，色取仁而行違，居之不疑。在邦必聞，在家必聞。」

德孚於人者，必達。矯行求名者，必聞。見國朝諸老先生論語精義卷第六下

子貢問友。子曰：「忠告而善道之，不可則止，無自辱焉。」

以忠言告諭，以善術誘掖，則友之義盡。見國朝諸老先生論語精義卷第六下

子路第十三

仲弓爲季氏宰，問政。子曰：「先有司，赦小過，舉賢才。」曰：「焉知賢才而舉之？」曰：「舉爾所知。爾所不知，人其舍諸？」

有司，政之綱。始爲政者，不可遽革乎舊政，先正其綱而已；不可遽易乎舊人，去其〔一〕太甚而已。然後徐舉賢才而任之，則事不紛而人不駭，治過半矣。見國朝諸老先生論語精義卷第七上。

子曰：「魯、衛之政，兄弟也。」

魯、衛，兄弟之國也，當時二國之政，猶存兄弟之道。見國朝諸老先生論語精義卷第七上。

冉子退朝。子曰：「何晏也？」對曰：「有政。」子曰：「其事也。如有政，雖不吾以，吾其與聞之。」

大夫雖不治事，猶得與聞國政。見國朝諸老先生論語精義卷第七上。

葉公語孔子曰：「吾黨有直躬者，其父攘羊，而子證之。」孔子曰：「吾黨之直者異於是：父爲子隱，子爲父隱。——直在其中矣。」

屈小信而申大恩，乃所以爲宜〔二〕。見國朝諸老先生論語精義卷第七上。

子貢問曰：「何如斯可謂之士矣？」子曰：「行己有恥，使於四方，不辱君命，可謂士矣。」曰：「敢問其次？」曰：「宗族稱孝焉，鄉黨稱弟焉。」曰：「敢問其次？」曰：「言必信，行必果，硜硜然小人哉！抑亦可以爲次矣。」「今之從政者何

〔一〕「其」：四庫本作「甚」。
〔二〕「宜」：清麓正編本作「直」。

如？」子曰：「噫！斗筲之人，何足算也？」

「行己有恥」者，有知也；使不辱命者，有能也；有知有能，足以爲士。其次有行，其次有節。見國朝諸老先生論語精義卷第七上。

子曰：「君子和而不同，小人同而不和。」

和則可否相濟，同則隨彼可否。調羹者五味相合爲和，以水濟水爲同。見國朝諸老先生論語精義卷第七上。

憲問第十四

「克、伐、怨、欲不行焉，可以爲仁矣？」子曰：「可以爲難矣，仁則吾不知也。」

克、伐、怨、欲之不行，可以去不仁，而未可以爲仁。見國朝諸老先生論語精義卷第七下。

子曰：「有德者必有言，有言者不必有德。仁者必有勇，勇者不必有仁。」

有德者然後知德，故能言；尚辭者德有所不察。仁者推愛，不勇則不至；尚勇者愛有所不行。見國朝諸老先生論語精義卷第七下。

子曰：「君子而不仁者有矣〔一〕夫，未有小人而仁者也。」

君子志於公天下，德心稍懈，則流入於私。小人志於私一己，則不得盡其公。見國朝諸老先生論語精義卷第七下。

公叔文子之臣大夫僎，與文子同升諸公。子聞之曰：「可以爲文矣。」

與家臣同升而無嫌，上賢之至也。物相雜，故曰文。不專於貴貴，而雜之以上賢，此所以爲文。見國朝諸老先生論

〔一〕「矣」：原作「以」，據十三經注疏本論語改。

語精義卷第七下。

陳成子弒簡公。孔子沐浴而朝，告於哀公曰：「陳恒弒其君，請討之。」公曰：「告夫三子。」孔子曰：「以吾從大夫之後，不敢不告也。君曰『告夫三子』者？」之三子告，不可。孔子曰：「以吾從大夫之後，不敢不告也。」

使魯從孔子而討陳恒，則湯征葛伯之舉也，何患天下之無助乎？見國朝諸老先生論語精義卷第七下。

子曰：「君子上達，小人下達。」

君子日進乎高明，小人日究乎汙下。見國朝諸老先生論語精義卷第七下。

子曰：「古之學者爲己，今之學者爲人。」

「爲己」者，自信而已，遁世不見知而不悔。「爲人」者，人不用則不學，人不知則不修。見國朝諸老先生論語精義卷第七下。

子貢方人。子曰：「賜也賢乎哉？夫我則不暇。」

「方人」非不謂之學，然有急於方人者，故「知所先後，則近道矣」。見國朝諸老先生論語精義卷第七下。

子曰：「不逆詐，不億不信。抑亦先覺者，是賢乎！」

不見其詐，不逆謂人之詐；不知其不信，不億度人之不信也。雖然，君子豈容物之見欺？燭乎事幾之先，不容詐與不信加乎己。見國朝諸老先生論語精義卷第七下。

子曰：「驥不稱其力，稱其德也。」

才受於天，德繫乎學，故君子尚學之功，不以受於天者爲貴。見國朝諸老先生論語精義卷第七下。

子曰：「莫我知也夫！」子貢曰：「何爲其莫知子也？」子曰：「不怨天，不尤人，下學而上達，知我者其天乎！」

「不怨天，不尤人」，則道在我矣。「下學而上達」，則天人一矣。德至於是，則其所獨知，非聖人有所不與。見國朝諸老先生論語精義卷第七下。

子擊磬於衛。有荷蕢而過孔氏之門者，曰：「有心哉，擊磬乎！」既而曰：「鄙哉，硜硜乎！莫己知也，斯己而已矣。深則厲，淺則揭。」子曰：「果哉！末之難矣。」

「晨門」、「荷蕢」，皆德之固也。區區果於去就，不知聖人之仁無絶物之道也。「末之難矣」，猶云「終之難矣」。見國朝諸老先生論語精義卷第七下。

子路問君子。子曰：「修己以敬。」曰：「如斯而已乎？」曰：「修己以安人。」曰：「如斯而已乎？」曰：「修己以安百姓。修己以安百姓，堯舜其猶病諸！」

修己不敬，則道不立。進之則「安人」，人者以人對己；進之則「安百姓」，百姓者則盡乎人矣，此「堯舜猶病諸」者也。「修己以安百姓」，所謂「不言而信，不怒而威」者與？見國朝諸老先生論語精義卷第七下。

衛靈公第十五

子曰：「無爲而治者，其舜也與？夫何爲哉？恭己正南面而已矣。」

體信達順，德乎於人。從欲以治，則四方風動；與人爲善，則人效其能。夫何爲哉？君，猶心也；天下，四體也。仁義禮智根於心，其生色也，睟然見於面，盎於背，施於四體，四體不言而喻，其是之謂與？見國朝諸老先生論語精義卷第八上。

子曰：「志士仁人，無求生以害仁，有殺身以成仁。」

不私至德，以私至德。見國朝諸老先生論語精義卷第八上。

子貢問爲仁。子曰：「工欲善其事，必先利其器。居是邦也，事其大夫之賢者，友其士之仁者。」

仁者兼容徧體，不與物共則不達。事賢友仁，達仁之先務與？見國朝諸老先生論語精義卷第八上。

子曰：「君子疾没世而名不稱焉。」

論爲善之效，則「疾没世而名不稱」。語信道之至，則「遁世不見知而不悔」。見國朝諸老先生論語精義卷第八上。

子曰：「君子謀道不謀食。耕也，餒在其中矣；學也，禄在其中矣。君子憂道不憂貧。」

使人易「憂貧」以「憂道」，則何所不至？見國朝諸老先生論語精義卷第八上。

子曰：「知及之，仁不能守之，雖得之，必失之。知及之，仁能守之，不莊以涖之，則民不敬。知及之，仁能守之，莊以涖之，動之不以禮，未善也。」

德不據則雖得必失，德輕則「民不敬」，文則不足則「未善」。見國朝諸老先生論語精義卷第八上。

子曰：「君子不可小知而可大受也，小人不可大受而可小知也。」

君子不可以小事取知，可以大事自受也，故不以能自名而自任以天下之重。小人反是。見國朝諸老先生論語精義卷第八上。

子曰：「當仁，不讓於師。」

人之患在好爲人師，當其成物則不可以不教人，故不以師道自讓。見國朝諸老先生論語精義卷第八上。

季氏第十六

季氏將伐顓臾。冉有、季路見於孔子曰：「季氏將有事於顓臾。」孔子曰：「求！無乃爾是過與？夫顓臾，昔者先王以爲東蒙主，且在邦域之中矣，是社稷之臣也。何以伐爲？」冉有曰：「夫子欲之，吾二臣者皆不欲也。」孔子曰：「求！周任有言曰：『陳力就列，不能者止。』危而不持，顛而不扶，則將焉用彼相矣？且爾言過矣。虎兕出於柙，龜玉毁於櫝中，是誰之過與？」冉有曰：「今夫顓臾，固而近於費。今不取，後世必爲子孫憂。」孔子曰：「求！君子疾夫舍曰欲之而必爲之辭。丘也聞有國有家者，不患寡而患不均，不患貧而患不安。蓋均無貧，和無寡，安無傾。夫如是，故遠人不服，則修文德以來之。既來之，則安之。今由與求也，相夫子，遠人不服而不能來也，邦分崩離析而不能守也，而謀動干戈於邦內。吾恐季孫之憂，不在顓臾，而在蕭牆之內也。」

「均」則貧富等，故「無貧」。「和」則多助，故「無寡」。「安」則人懷，故「無傾」。見國朝諸老先生論語精義卷第八下。

孔子曰：「天下有道，則禮樂征伐自天子出；天下無道，則禮樂征伐自諸侯出。自諸侯出，蓋十世希不失矣；自大夫出，五世希不失矣；陪臣執國命，三世希不失矣。天下有道，則政不在大夫；天下有道，則庶人不議。」

孔子曰：「祿之去公室，五世矣；政逮於大夫，四世矣；故夫三桓之子孫，微矣。」

「十世」、「五世」、「三世」云者，蓋所出不順，物理之所不容，其久近之效，隨大小而爲等。「庶人不議」，直謂民自無可[一]議，非不使之議。見國朝諸老先生論語精義卷第八下。

孔子曰：「益者三友，損者三友。友直，友諒，友多聞，益矣。友便辟，友善柔，友便佞，損矣。」

「友直」則知過，「友諒」則進於誠，「友多聞」則進於明。「便辟」習於容，「善柔」能爲卑屈，「便佞」習於口才。「友便辟」則德不修，「友善柔」則志不立，「友便佞」則過不聞。見國朝諸老先生論語精義卷第八下。

孔子曰：「益者三樂，損者三樂。樂節禮樂，樂道人之善，樂多賢友，益矣。樂驕樂，樂佚遊，樂宴樂，損矣。」

「節禮樂」則義精通，道人善則道弘，「多賢友」則德有輔。「驕樂」則淫，「佚遊」則荒，「宴樂」則惰。見國朝諸老先生論語精義卷第八下。

孔子曰：「侍於君子有三愆：言未及之而言謂之躁，言及之而不言謂之隱，未見顔色而言謂之瞽。」

「躁」則不重，「隱」則不忠，「瞽」則不强。見國朝諸老先生論語精義卷第八下。

[一]「可」：底本、清麓正編本作「非」，據四庫本改。

孔子曰：「君子有三戒：少之時，血氣未定，戒之在色；及其壯也，血氣方剛，戒之在鬭；及其老也，血氣既衰，戒之在得。」

少則動，壯則好勝，老則收斂，皆氣使然。唯君子以德勝氣。見國朝諸老先生論語精義卷第八下。

孔子曰：「君子有三畏：畏天命，畏大人，畏聖人之言。小人不知天命而不畏也，狎大人，侮聖人之言。」

心服曰「畏」。畏[一]天命者，吾命之所由出；大人者，吾身之所以制；聖人言者，吾德之所以入。無大於三者。「大人」，乃王公大人之稱。見國朝諸老先生論語精義卷第八下。

陳亢問於伯魚曰：「子亦有異聞乎？」對曰：「未也。嘗獨立，鯉趨而過庭，曰：『學詩乎？』對曰：『未也。』『不學詩，無以言。』鯉退而學詩。他日又獨立，鯉趨而過庭，曰：『學禮乎？』對曰：『未也。』『不學禮，無以立。』鯉退而學禮。聞斯二者。」陳亢退而喜曰：「問一得三：聞詩，聞禮，又聞君子之遠其子[二]也。」

君子之教其子，其法如是。見國朝諸老先生論語精義卷第八下。

陽貨第十七

子曰：「性相近也，習相遠也。」

人性均善，其以同然，理義而已。然不能無淺深厚薄，此所謂「相近」。習而成性，則善惡殊途。見國朝諸老先生論語精義卷第九上。

[一]「畏」字疑衍。

[二]「子」：原作「志」，據十三經注疏本論語及四庫本、清麓正編本改。

子曰：「唯上知與下愚不移。」

所謂雖柔必强、雖愚必明者，指中人而言，習而善則可以上，習而惡則可以下。若上智〔一〕，雖不學不流爲下愚；下愚，雖學亦不能進於上知，此謂「不移」。見國朝諸老先生論語精義卷第九上。

子之武城，聞絃歌之聲。夫子莞爾而笑曰：「割雞焉用牛刀？」子游對曰：「昔者偃也聞諸夫子曰：『君子學道則愛人，小人學道則易使也。』」子曰：「二三子！偃之言是也，前言戲之耳。」

「笑」者，樂其有進善之心。未許，其所施之未當也。使人學道，固爲善教；然武城小邑，其效也微。子游未喻是意，故以所聞爲對。仲尼以爲辨之則愈惑，不辨猶未有害，故自受以爲戲。見國朝諸老先生論語精義卷第九上。

公山弗擾以費畔，召，子欲往。子路不説，曰：「末之也已，何必公山氏之之也？」子曰：「夫召我者而豈徒哉？如有用我者，吾其爲東周乎！」

弗擾以費畔，召孔子，其意必有所謂，此所以「欲往」也。見國朝諸老先生論語精義卷第九上。

佛肸召，子欲往。子路曰：「昔者由也聞諸夫子曰：『親於其身爲不善者，君子不入也。』佛肸以中牟畔，子之往也，如之何？」子曰：「然。有是言也。不曰堅乎，磨而不磷；不曰白乎，涅而不緇。吾豈匏瓜也哉？焉能繫而不食？」

此謂「毋固」，此所謂「無可無不可」。有可有不可，子路之所及；無可無不可，非子路之所及。見國朝諸老先生論語精義卷第九上。

子曰：「小子何莫學夫詩？詩，可以興，可以觀，可以羣，可以怨。邇之事父，遠之事君。多識於鳥獸草木之名。」

「興」者，起志意；「觀」者，察事變；羣居相語以詩，則情易達；有怨於人以詩，則意不迫。其爲言也，婉而有

〔一〕「智」：四庫本作「知」。

激，切[一]而能反，所以事父與君盡之矣。其緒餘又足以資多識。見國朝諸老先生論語精義卷第九上。

子謂伯魚曰：「女爲周南、召南矣乎？人而不爲周南、召南，其猶正牆面而立也與？」

周南、召南，正始之道。自身及家，主於內，行之至。不先爲此而事其末，則猶「正牆面」之無識。見國朝諸老先生論語精義卷第九上。

子曰：「鄉原，德之賊也。」

「鄉原」者，同汙合俗，爲一鄉之所宗。有德者，人所矜式，亦爲一鄉之所宗。以其與有德者似是而非，非知德者不能辨，故謂之德賊。見國朝諸老先生論語精義卷第九上。

子曰：「鄙夫可與事君也與哉？其未得之也，患得之；既得之，患失之。苟患失之，無所不至矣。」

憚于任事，故未得而患得；好利無厭，故既得而患失。見國朝諸老先生論語精義卷第九上。

子曰：「予欲無言。」子貢曰：「子如不言，則小子何述焉？」子曰：「天何言哉？四時行焉，百物生焉，天何言哉？」

德乎于人，故不言而信。見國朝諸老先生論語精義卷第九上。

宰我問：「三年之喪，期已久矣。君子三年不爲禮，禮必壞；三年不爲樂，樂必崩。舊穀既没，新穀既升，鑽燧改火，期可已矣。」子曰：「食夫稻，衣夫錦，於女安乎？」曰：「安。」「女安則爲之！夫君子之居喪，食旨不甘，聞樂不樂，居處不安，故不爲也。今女安，則爲之！」宰我出，子曰：「予之不仁也！子生三年，然後免於父母之懷。夫三年之喪，天下之通喪也。予也有三年之愛於其父母乎？」

宰我欲短喪，自以爲義當如是，不知三年之愛於父母，故食稻、衣錦自以爲安。見國朝諸老先生論語精義卷第九上。

子路曰：「君子尚勇乎？」子曰：「君子義以爲上。君子有勇而無義爲亂，小人有勇而無義爲盜。」

[一]「切」：底本、四庫本作「功」，據明抄本、清麓正編本改。

君子雖志於善，苟「勇而無義」，必有「爲亂」之迹，如鬻拳兵諫之類。見國朝諸老先生論語精義卷第九上。

微子第十八

微子去之，箕子爲之奴，比干諫而死。孔子曰：「殷有三仁焉。」

「去之」、「爲之奴」、「諫而死」者，皆欲納君于善，故同謂之「仁」。見國朝諸老先生論語精義卷第九下。

長沮、桀溺耦而耕，孔子過之，使子路問津焉。長沮曰：「夫執輿者爲誰？」子路曰：「爲孔丘。」曰：「是魯孔丘與？」曰：「是也。」曰：「是知津矣。」問於桀溺，桀溺曰：「子爲誰？」曰：「爲仲由。」曰：「是魯孔丘之徒與？」對曰：「然。」曰：「滔滔者天下皆是也，而誰以易之？且而與其從辟人之士也，豈若從辟世之士哉？」耰而不輟。子路行以告。夫子憮然曰：「鳥獸不可與同羣，吾非斯人之徒與而誰與？天下有道，丘不與易也。」

孔子皇皇，蓋以天下皆無道，將以斯道易天下而已。如使天下有道，則無所用易。桀溺果于進退，故謂天下皆無道，舍此適彼，將何所易？正惟「辟世」而已，此不與人爲徒者也。故孔子以爲不然。見國朝諸老先生論語精義卷第九下。

逸民：伯夷、叔齊、虞仲、夷逸、朱張、柳下惠、少連。子曰：「不降其志，不辱其身，伯夷、叔齊與？」謂「柳下惠、少連，降志辱身矣。言中倫，行中慮，其斯而已矣。」謂「虞仲、夷逸，隱居放言。身中清，廢中權。我則異於是，無可無不可。」

「慮」者，志之所在，雖不可以爲法「中」，其素志之所在，不至于不揜。虞仲、夷逸，身隱而不仕，合乎道之「清」；言放而不拘，合乎道之「權」；惟是二者，中于道而已。柳下惠、少連，亦二者中乎道，而得乎言行之大，故愈于此。見國朝諸老先生論語精義卷第九下。

周公謂魯公曰：「君子不施其親，不使大臣怨乎不以。故舊無大故，則不棄也。無求備於一人。」

四者，正謂親親、敬大臣、篤故舊、寬衆，此其序也。「施」讀爲「弛」，不相維也。按：陸氏釋文正作「弛」字，音：詩紙反。大臣非其人則去之，居其位而不用，此所以取怨也。見國朝諸老先生論語精義卷第九下。

子張第十九

子夏曰：「仕而優則學，學而優則仕。」

仕優而不學，則志卑而不進于文；學優而不仕，則志高而不中於義〔一〕。見國朝諸老先生論語精義卷第十上。

曾子曰：「吾聞諸夫子：孟莊子之孝也，其他可能也，其不改父之臣與父之政，是難能也。」

人之孝，「三年無改於父之道」而已。孟莊子終身不改，故爲難能。「難能」者，稱其善而不許其過之詞。見國朝諸老先生論語精義卷第十上。

子貢曰：「紂之不善，不如是之甚也。是以君子惡居下流，天下之惡皆歸焉。」

「君子」，貴者；「下流」，賤者也。紂貴爲天子，至貴而自爲至賤之行，人情之所惡，故「天下之惡皆歸焉」。見國朝諸老先生論語精義卷第十上。

堯曰第二十

謹權量，審法度，修廢官，四方之政行焉。興滅國，繼絶世，舉逸民，天下之民歸心焉。所重：民、食、喪、祭。寬則得衆，信則民任焉，敏則有公，公則說。

〔一〕「義」：明抄本作「用」。

天命在己，以相授，堯、舜、禹也。禀天之命，任天下之責，湯也。好仁獎善，任百姓之責，修政厚民，急所先務，武王也。見國朝諸老先生論語精義卷第十下。

孟子解

梁惠王章句下

「齊宣王問曰：交隣國有道乎」章

畏天者，以人畏天，天人未合。樂天者，天人已合，天道在己。國朝諸老先生孟子精義卷第二。

「孟子見齊宣王曰：所謂故國者」章

世臣，如畢公弼亮四世之類。國朝諸老先生孟子精義卷第二。

公孫丑章句上

「公孫丑問曰：夫子加齊之卿相」章〔一〕

北宫黝守外形，孟施舍守我氣，曾子守約義。

浩然之氣是集義所生，其所以充塞天地，固非一日之力。思無邪以養諸内，行無不慊以防諸外，積之有漸，至于睟

〔一〕底本脱「章」字，據四庫本補。

面盎背，其充塞之驗與？

守約必先博學，窮大必先執中，致一必先合兩，用權必先反經。學不博而求守約，則識蔽於小，故言人於詖。中未執而欲窮大，則心陷於大，故言放于淫。兩未合而求致一，則守固而道離，故言附于邪。經未正而欲用權，則失守而道窮，故言流于遁。

蔽者見小而不見大，故其辭詖，如申、韓只見刑名便謂可以治國，此目不見大道，如坐井觀天，井蛙不可以語東海之樂。陷者務多不務約，故其辭淫，如司馬遷之類，汎濫雜駁，不知統要，蓋陷在衆多之中不能自出，如人陷入大水，杳無津涯，罔知所濟。離者見左而不見〔一〕右，如楊子爲我、墨子兼愛、夷清、惠和，皆只是一偏，不能兼濟，蓋將道分離開，故其辭邪。窮者知所避而不知歸，故其辭遁，如莊周、浮屠務欲脱去形迹，殊無歸著，故其言惟欲逃避所惡而不知所向，如人逃難，不得其所，益以窮矣。

仁者誠于此者也，智者明于此者也。反身而誠，知未必盡，如仲弓是也。致知而明，未必能體，如子貢是也。惟以致知之明誠其意，以反身之誠充其知，則將至于不勉而中、不思而得，故曰「仁且智，夫子既聖矣」。

仲尼有其德而無其位，于禮嘗言而不制，故或行夏，或善殷，或從周；于樂嘗正而不作，故樂正，雅、頌各得其所。如有用者，則以其所言制爲之禮，以其所正作爲之樂。故其禮貫先後聖之精義，其政有不盡乎？樂集古今之正聲，其德有不至乎？可加損者，文也；不可加損者，道也。自百世之後觀之，以比百世之王，皆莫之能違。此子貢所以知聖人之深，謂生民以來未之有也。國朝諸老先生孟子精義卷第三。

「孟子曰：尊賢使能」章

〔一〕「見」：清麓正編本作「知」。

奉行天命之謂天吏。廢興存亡，惟天所命，不敢不從，故湯、武得天吏之稱[一]。國朝諸老先生孟子精義卷第三。又見大學衍義補卷一百十六。

「孟子曰：人皆有不忍人之心」章

「人皆有不忍人之心」，忍之則憯怛而不安，蓋實傷吾心，非譬之也，然後知天下皆吾體，生物之心皆吾心，彼傷則我傷，「非」[二]謀慮所及，非勉強所能。彼忍人者，蔽固極深，與物隔絕，故其心靈梏于一身而不達于外爾。國朝諸老先生孟子精義卷第三。

公孫丑章句下

「燕人畔」章

周公不知管叔將畔而使之，周公之過也。周公之心，以弟待兄，度其必不畔，親親之恩過厚爾。若求無過，則宜知舜之使象。國朝諸老先生孟子精義卷第四。

滕文公章句上

「滕文公問爲國」章

[一] 「故」、「得天吏之稱」：大學衍義補分別作「若」、「是也」。

[二] 底本脫「非」字，據明抄本、清麓正編本補。

古之取民，貢、助、徹三法而已。較數歲之中以爲常，是爲貢。一井之地八家，八家皆私百畝，同治公田百畝，是爲助。不爲公田，俟歲之成，通以什一之法取于百畝，是爲徹。國朝諸老先生孟子精義卷第五。

「有爲神農之言者許行」章〔一〕

言治者必曰太平，習聞其名而未見其象。「勞心者治人，勞力者治於人，治於人者食人，治人者食於人」，則勞佚平矣。富有天下不爲有餘，貧食百畝不爲不足，則貧富均矣。至于禄厚者責重，禄薄者責輕，役重則賦重，役輕則賦重，視其迹若參差不齊，要其實則其道如砥。若夫以封建均邦國，以井田均萬民，則又太平之著見者也。國朝諸老先生孟子精義卷第五。

離婁章句上

「孟子曰：爲政不難」章

「巨室」，大家也。仰而有父母，俯而有妻子，有兄有弟，有臣有妾，〔二〕尊〔三〕卑親戚，一國之事具矣。嚴而不厲，寬而有閑，此家之所以正也。大家難齊也，不得罪於大家，則於治國、治天下也何有？國朝諸老先生孟子精義卷第七。又見癸巳孟子説卷四。

「孟子曰：居下位而不獲於上」章

〔一〕底本脱「章」字，據四庫本補。

〔二〕四庫本脱「有兄有弟」四字，「有臣有妾」上有「而亦且」三字。

〔三〕「尊」：癸巳孟子説作「妾」。

自治民而造約，必至於明善然後已。明善者，能明其善而已。如明仁義，則知凡在我者以何爲仁、以何爲義。能明其情狀而知所從來，則在我者非徒悦之而已〔一〕，在吾身誠有是善，所以能誠其身也。

君子之於天下，志在及民而已。反求諸約，不至於明善，則雖有民不可得而治矣。蓋明善則誠，誠則有物，不誠則無物矣。明善者，致知之所及也。及乎知至，則所謂善者乃吾性之所〔二〕固有，非思勉之所能及也。反求身而萬物皆備，則斯善也知有諸己矣。善而不知有諸己，則雖父子之恩猶疑出於非性，則所以事乎親者或幾乎僞矣。如舜之事親，好色、富貴不足以解憂，惟順父母可以解憂，則其誠乎身者可知矣。「不得乎親，不可以爲人；不順乎親，不可以爲子」，則人之所信於朋友者豈可以聲音笑貌爲哉？內誠盡乎父母，內行孚於家人，則朋友者不期信而信之矣〔三〕，故曰「不順乎親，不信乎朋友矣」。上之所求乎下者，不察乎鄉則不得；察乎鄉者，不見乎家則不得。苟誠其身矣，則患行之不著、人之不知，未之有也，故曰「不信乎朋友，不獲乎上矣」。獲乎上者，有善而見信，有功而見知，吾所加於民者，莫非善也。不獲乎上者，德進而見忌，功高而見疑，身且不保，尚何民之可治哉？故曰「不獲乎上，民不可得而治矣」。

誠者，理之實然，致一而不可易者也。大而天下，遠而萬古，求之人情，參之物理；理之所同然者，有一無二，雖前聖後聖，若合符節；理本如是，非人私智所能爲，此之謂誠。誠即天道也，天道自然，何勉何思？莫非性命之理而已。故誠者，天之道，性之者也；誠之者，人之道，反之者也。聖人之於天道，性之者也；賢者之於天道，反之者也。

〔一〕四庫本無「已」字。
〔二〕四庫本無「所」字。
〔三〕四庫本無「矣」字。

性之者，成性而與天無間也，天即聖人，聖人即天，從心所欲，由仁義行也，出於自然，從容不迫，不容乎思勉而後中也；反之者，求復乎性而未至也，雖誠而猶雜之僞，雖行而未能無息，則善不可不思而擇，德不可不勉而執，不如是，則不足以至乎誠矣。國朝諸老先生孟子精義卷第七。

「孟子曰：有不虞之譽」章

行不足以致譽而妄〔一〕得譽，是謂「不虞之譽」。求免於毀而反致毀，是謂「求全之毀」〔二〕。不虞之譽得于非義，而求全之毀猶不失仁，此不可不察也。陳仲子欲潔一身而顯處母兄於不義，其爲不義均矣，而時人反譽以爲廉；匡章責父以善而不相遇，是愛親之過者，而時人反毀以不孝。夫二人之行皆不近〔三〕義，而一毀一譽以亂其真。故仲子得譽，孟子以不義排〔四〕之；匡章遭毀，孟子以近仁取之。夫君子之取人，如不得已，取其心可矣，毀譽豈可盡信哉？國朝諸老先生孟子精義卷第七。又見癸巳孟子說卷四。

「孟子曰：天下大悦而將歸己」章

「養志」云者，養善志也；「順親」云者，順常理也。瞽不志於善而舜日以進善，不害爲養志；瞽日爲不善而舜不順乎不善，不害爲順親。

不盡事親之道，則父子之經不正。故瞽瞍底豫，然後天下之爲父子者定。國朝諸老先生孟子精義卷第七。

〔一〕「妄」：朱熹孟子集注宋刊本作「偶」。

〔二〕朱熹孟子集注宋刊本，此下有「言毀譽之言未必皆實，脩己者不可以是遽爲憂喜，觀人者不可以是輕爲進退」。

〔三〕「近」：癸巳孟子說作「合」。

〔四〕「排」：癸巳孟子說作「闢」。

離婁章句下

「孟子曰：大人者，不失其赤子之心者也」章

喜怒哀樂之未發，則赤子之心。當其未發，此心至虛，無所偏倚，故謂之中。以此心應萬物之變，無所往而非中矣。先生曰：「喜怒哀樂未發之謂中。赤子之心發而未遠[一]乎中，若便謂之中，是不識大本也。」問：「雜説中以赤子之心爲已發，是否？」曰：「已發而去道未遠也。」曰：「大人不失赤子之心，若何？」曰：「取其純一近道也。」曰：「赤子之心與聖人之心，若何？」曰：「聖人之心如明鏡、如止水。」國朝諸老先生孟子精義卷第八。

「孟子曰：博學而詳説之」章

學以聚之，不博則約不可得；博學而詳説之，將以反説約也。爲學之道，造約爲功，約即誠也。不能至是，則多聞多見徒足以飾口耳而已，語誠則未也。國朝諸老先生孟子精義卷第八。

「孟子曰：以善服人者」章

古之君子養人以善，而不厚望于人，故人得罪于君子，心服焉。今之君子不以善養人，而責人也深，故愈深而人莫之服。國朝諸老先生孟子精義卷第八。

[一]「遠」：四庫本作「達」。

萬章章句上

「萬章問曰：人有言『伊尹以割烹要湯』」章

伊尹知道之在我，當使天下均被其澤，不知時之不可以有爲，不見治亂之有間。所謂先覺者，覺其在我者爾。五就湯、桀，其無傷于先覺乎？

孟子言：伊尹，聖之任，匹夫匹婦有不被其澤，若己推而納諸溝中，其自任以天下之重如此。然猶〔一〕未及聖人之大成者，豈非聖人之憂天下不如是乎？蓋亦有命無必而已，如五就湯、桀，孔子之所以不爲。今學者任道之心不可不如伊尹，視天下不得其所與失其性，若有疾痛在身，未有不求其所以治者；其得志不得志，則亦有命，如疾不可不治，愈不愈則有命存焉。國朝諸老先生孟子精義卷第九。

「萬章問曰：或謂孔子」章

辭受有義，得不得有命，皆理之所必然。有命有義，是有可得可受之理，故舜可以受堯之天下。無命無義，是無可得可受之理，故孔子不主彌子以受衛卿。二者，義命有自合之理，無從而間焉。有義無命，雖有可受之義而無可得之命，究其理安得而受之？是謂義合于命，故益避啟而不受禹之天下。有命無義，雖有可得之命而無可受之義，亦安得而受之？是謂命合于義，故中國授室養弟子以萬鍾，爲孟子之所辭。二者，義命有正合之理，時中而已焉。國朝諸老先生孟子精義卷第九。又見大儒心學語録卷之九。

〔一〕「猶」：四庫本作「又」。

萬章章句下

「萬章曰：敢問不見諸侯」章

往役，義也；往見，不義也。人不我知，則賤當役貴，君子不耻役而世人恥之。人知我，則不肖當事賢，君子恥見之而世人不恥也。

君子進退去就之義，孟子論之曲盡矣。聖賢之所守，蓋如此。此條當係尹氏，或屬上文。國朝諸老先生孟子精義卷第十。

告子章句上

「孟子曰：富歲子弟多賴」章

世之言性，以似是之惑而反亂其真。或以善惡不出於性，則曰「性無善[無不善][一]」；或以習成爲性，則曰「性可以爲善，可以爲不善」；或以氣禀厚薄爲性，則曰「有性善，有性不善」。三者，皆自其流而觀之，蓋世人未嘗知性也。天之道，虚而誠，所以命于人者，亦虚而誠，故謂之性。虚而不誠，則荒唐而無徵；誠而不虚，則多蔽于物而流于惡。性者，雖若未可以善惡名，猶循其本以求之，皆可以爲善而不可以爲不善，是則虚而誠者，善之所由出，此孟子所以言性善也。今夫麰麥，皆可以爲美實，是不可言無善無不善也。地有肥磽，猶禀厚者惡有不能移，禀薄者善亦不易

[一] 底本、四庫本、明抄本皆脱「無不善」三字，據清麓正編本補。

以進，非人十己百，未足以若人。故堯君而有象，瞽父而有舜，非性也。雨露之養，人事之不齊，猶習之變化。雨露之滋，播種以時，猶習善者也；不滋不時，猶習惡者。習善則成善，習惡則成惡，性本相近而習相遠。故「文武興而好善，幽厲興而好暴」，亦非性也。

我心所然〔一〕，即天理天德。孟子言同然者，恐人有私意蔽之，苟無私意，我心即天心。國朝諸老先生孟子精義卷第十一。又見大儒心學語録卷之九。

「孟子曰：魚我所欲也」章

死生、貴賤、貧富、榮辱，此衆物者，君子莫適就也。君子心存目見，惟義而已，無是衆物之紛紛也，故所守至約，無所往而不爲義。孟子謂「舍生取義」者，乃喻未知者爾。義在生則生，義在死則死，我之所知者義也，何生死之擇哉？國朝諸老先生孟子精義卷第十一。

盡心章句上

「孟子曰：盡其心者」章

「盡其心」者，大其心也。心之知思，足以盡天地萬物之理，然而不及者，不大其心也。大其心與天地合，則可知思之所及乃吾性也。性即天道，故知性則知天。

天道性命，自道觀之則一，自物觀之則異。自道觀者，上達至於不可名，下達至於物，皆天道也。「乾道變化，各正

〔一〕「然」：四庫本作「同」，大儒心學語録作「同然」。

性命」： 彼所謂性者，猶吾以職授之而已，或偏或正，惟其所受； 人得之正，故可達天； 物得之偏，故不得達。 彼所謂命者，猶吾以令使之而已，死生壽夭，惟令是從。 自物觀者，犬異於牛，牛異於人，皆謂之性； 不得於仁義禮智，與桎梏而死，皆謂之命。 事天者如事君，性，天職也，不敢〔一〕不盡； 命，天命也，不敢〔二〕不順； 盡性順命爲幾矣，而猶未與天一。 達天德者，物我幽明不出吾體，屈伸聚散莫非吾用，性命之稟雖與物同，其達乃與天一。 大德必受命，則命合於性； 位禄名壽，皆吾性之所能致。 天命之謂性，則性合於命， 我受於天，亦天所命。 性命一也。 聖人之於天道，有性焉，則性於天道一也。 國朝諸老先生孟子精義卷第十三。

「孟子曰： 有事君人者」章

如伊尹乃得天民之稱。 孟子所謂「天民之窮而無告」，伊尹所謂「予，天民之先覺」，止謂天生之民，與此義皆異。

爲政以德，自治之道備，則不求於民而民歸之。 故大人之政，正己而已。 國朝諸老先生孟子精義卷第十三。

「孟子曰： 楊子取爲我」章

執中無權，雖君子之所惡，苟〔三〕無忌憚，則不若無權之爲愈也。 國朝諸老先生孟子精義卷第十三。

〔一〕「敢」： 原作「散」，據明抄本、四庫本改。
〔二〕「敢」： 原作「散」，據明抄本、四庫本改。
〔三〕「苟」： 四庫本作「若」。

盡心章句下

「孟子曰：口之於味也，目之於色也，耳之於聲也，鼻之於臭也，四肢之於安佚也」章

雖命不易，惟至誠不息，亦足以移之，此大德所以必受命，君子所以不謂命也。國朝諸老先生孟子精義卷第十四。

「孟子曰：堯、舜，性者也」章

無意而安行，性也。有意而利行，非性也。有意利行，蘄至于無意，復性者也。堯舜不失其性，湯武善反其性，及其成性〔一〕則一也。故四聖人者皆爲盛德，由仁義行而周旋中禮也。爲生而哀，非真哀也。干禄而不回，非真德也。正行而信，非真信也〔二〕。仁義，德也；禮，德之法也。真哀、真德、真信，則德出于性矣；德出于性，則法行于己者安；法行于己者安，則得乎天者盡。如是，則天命之至，我何與哉？亦順受之而已。法由此立，命由此出，聖人也。行法以俟命，君子也。聖人性之，君子所以復其性。國朝諸老先生孟子精義卷第十四。

「萬章問曰：孔子在陳」章

「君子反經而已矣，經正則庶民興。」所謂經者，百世不易之常道。大經者，親親、長長、貴貴、尊賢而已。正經之道，必如舜盡事親之道而瞽瞍底豫，然後親親之經正；必如王者父事三老、兄事五更，然後長長之經正；必如國君

〔一〕朱子全書第七册（第八五〇頁）校勘記：「『性』當爲『功』字。」

〔二〕四庫本脱「也」字。

臣諸父兄弟，大夫降其兄弟之服，然後貴貴之經正；必如堯饗舜迭爲賓主，湯於伊尹學焉而後臣之，然後尊賢之經正也。國朝諸老先生孟子精義卷第十四。

中庸解

天命之謂性，率性之謂道，修道之謂教。

此章先明性、道、教三者所以名。性與天道，一也。天道降而在人，故謂之性。性者，生生之所固有也。循是而之焉，莫非道也。道之在人，有時與位之不同，必欲爲法於後，不可不修。

道也者不可須臾離也，止**故君子必慎其獨也。**

此章明道之要，不可不誠。道之在我，猶飲食居處之不可去，可去皆外物也。誠以爲己，故不欺其心。人心至靈，一萌于思，善與不善，莫不知之。他人雖明，有所不與也。故慎其獨者，知爲己而已。

喜怒哀樂之未發謂之中，止**萬物育焉。**

此章明中和及言其效。情之未發，乃其本心。本心元無過與不及，所謂「物皆然，心爲甚」，所取準則以爲中者，本心而已。由是而出，無有不合，故謂之和。非中不立，非和不行。所出所由，未嘗離此大本根也。達道，衆所出入之道。極吾中以盡天地之中，極吾和以盡天地之和，天地以此立，化育亦以此行。

仲尼曰：君子中庸，止**小人而無忌憚也。**

此章言中庸之用。時中者，當其可而已，猶冬飲湯、夏飲冰而已之謂。無忌憚，以無所取則也，不中不常，妄行而已。

子曰：中庸其至矣乎！民鮮能久矣。

人莫不中庸，善〔一〕能久而已。久則爲賢人，不息則爲聖人。

子曰：道之不行也，我知之矣。止**道其不行矣夫！**

此章言失中之害。必知所以然，然後道行；必可常行，然後道明。知之過，無徵而不適用；不及，則卑陋不足爲，是不行之因也。行之過，不與衆共；不及，則無以異於衆，是不明之因也。行之不著，習矣不察，是皆飲食而不知味者。如此而望道之行，難矣夫！

子曰：舜其大知也與！止**其斯以爲舜乎！**

此章言舜所以用中。舜之知所以爲大者，樂取諸人以爲善而已。好問而好察邇言，隱惡而揚善，皆樂取諸人者也。兩端，過與不及也。執其兩端，乃所以用其時中，猶持權衡而稱物輕重，皆得其平。故舜之所以爲舜，樂取諸人，用諸民，皆以能執兩端而不失中也。

子曰：人皆曰予知，止**則拳拳服膺而弗失之矣。**

此章辨惑。陷阱之可避，中庸之可守，人莫不知之，鮮能蹈之，烏在其爲知也歟？惟顏子擇中庸而守之，此所以爲顏子也。衆人之不能期月守，聞見之知，非心知也。顏子服膺而弗失，心知而已，此所以與衆人異。

子曰：天下國家可均也，止**中庸不可能也。**

此章言中庸之難能。均，平治也。一事之能，一節之廉，一朝之勇，有志者皆能之；久於中庸，惟聖者能之。

子路問強，止**至死不變，強哉矯。**

此章言強之中，南方之強，不及強者也，北方之強，過強者也。南方，中國也，雖不及強，然犯而不校，未害爲君子。北方任力，故止爲強者，能矯以就中，乃得君子之強。自「和而不流」以下，皆君子自矯其強者也。塞，未通也。不變

〔一〕徐本「善」作「鮮」，義較長。

未達之所守，所謂富貴不能淫也。

子曰：素隱行怪，止**惟聖者能之。**

此章言行之中。素隱行怪，未當行而行，行之過者也。半途而廢，當行而不行，行之不及者也。惟君子依乎中庸，自信不悔，聖人之事也。

君子之道費而隱，止**及其至也察乎天地。**

此已上論中，此已下論庸。此章言常道之終始。費，用之廣也。隱，微密也。聖人有所不知不能，所謂隱也。費則常道，隱則至道。惟能盡常道，乃所以爲至道。天地之大，亦有所不能，故人猶有憾，況聖人乎？天地之大猶有憾，語大者也。有憾於天地，則大於天地矣，此所以天下莫能載。愚不肖之夫婦所常行，語小者也。愚不肖所常行，雖聖人亦有不可廢，此所謂天下莫能破。上至乎天地所不能，下至於愚不肖之所能，則至道備矣。自夫婦之能，至察乎天地，則常道盡矣。

子曰：道不遠人，止**君子胡不慥慥爾！**

言治人治己之常道。苟非其人，道不虛行。人能弘道，非道弘人。故道而遠人，是爲外物。一人之身，而具有天地之道，遠而古今，大而天下，同之是理，無毫釐之差。故君子之治人，治其不及人者使及人而已。將欲治人，必先治己，故以忠恕自治。責子之孝，而自知乎未能事父；責臣，責弟，責朋友，皆然。故惟安常守中務實，是乃治己之務。

君子素其位而行，止**子曰：父母其順矣乎！**

此章言安土順命，乃所以守常。素其位，不援上，不陵下，不怨天，不尤人，居易俟命，自邇自卑，皆安土順命之道。

子曰：鬼神之爲德，其盛矣乎！止**誠之不可揜如此夫！**

此章論誠之本。惟誠所以能中庸。神以知來，知以藏往。往者屈也，來者神也。所屈者不亡，所伸者無息。雖無形聲可求，而物物皆體。弗聞弗見，可謂微矣。然體物弗遺，此之謂顯。不亡不息，可謂誠矣。因感必見，此之謂不可揜。

子曰：舜其大孝也與！止故大德者必受命。

中庸之行，孝弟而已。如舜之德位皆極，流澤之遠，始可盡其孝。故禄位名壽之皆得，非大德其孰能致之？故夫婦之不肖，可以能焉，及其至也，雖聖人亦有所不能焉。

子曰：無憂者，其惟文王乎！止治國其如示諸掌乎！

此章亦言庸行本於孝。文、武、周公皆盡孝者也，所以父作子述而無憂者。文王之所致，猶舜之德爲聖人，尊爲天子；武王之孝，能不失顯名，而尊爲天子；周公則達孝於天下，是皆盡孝者也。武王、周公蓋善繼文王之志，善述文王之事。故修其祖廟，所以繼文王事親之志，序爵序事所以述文王事親之事也。追王之禮，下達於士庶人；繼志述事，上達乎祖，此之謂達孝。

哀公問政，止思知人不可以不知天。

此章言爲政，蓋本於庸行也。盡修身之行，至於以道以仁，行之至也。思修身，至於事親，知人知天，知道之至也。

天下之達道五，止思知所以治天下國家矣。

天下古今之所共由，謂之達道。所謂達道者，天下古今之所共行。所謂達德者，天下古今之所共有。雖有共行之道，必知之，體之，勉之，然後可行。雖知之，體之，勉之，不一於誠，則有時而息。求之有三，知之則一。行之有三，成功則一。所入之途，則不能不異；所至之域，則不可不同。故君子論其所至，則生知與困知，安行與勉行，未始有異也。既不有異，是乃所以爲中庸。若乃企生知安行之資爲不可幾及，輕困知勉行爲不能有成，此道之所以不明不行，中庸之所以難久也。愚者自是而不求，自私者以天下非吾事，懦者甘爲人下而不辭。有是三者，欲修之身，未之有也。故好學非知，然足以破愚；力行非仁，然足以忘私；知恥非勇，然足以起懦。知是三者，未有不能修身者也。天下之理，一而已。小以成小，大以成大，無異事也。舉斯心以加諸彼，遠而推之四海而準，久而推之萬世而準。故一修身而知所以治人，知所以治人而知所以治天下國家。皆出乎此者何？中庸而已。

凡爲天下國家有九經，止**凡爲天下國家有九經，所以行之者一也。**

此章言庸行，至于九經，盡矣。自知天至於九經，無精粗之別，必備，乃所以爲常道。經者，百世所不變也。九經之用，皆本於德懷，無一物不在所撫，而刑有不與焉。修身，九經之本。必親友，然後修身之道進，故次之以尊賢。道之所進，莫先其家，故次之以親親。由親親以及朝廷，故敬大臣，體羣臣。由朝廷以及其國，故子庶民，來百工。由其國以及天下，故柔遠人，懷諸侯。此九經之序。視羣臣猶吾四體，視庶民猶吾子，此視臣視民之别。禮義由賢者出，尊賢則不爲異端所惑。大臣，人所瞻仰，所以取法，非其人，黜之可也。在其位，不可不敬，不敬則民眩，不知所從。讒、色、貨，皆害德。舍是三者，惟德之貴，則人勸而爲賢。尊之欲其貴，愛之欲其富。所欲與之聚之，所惡勿施爾，而不責以善，此所以諸父兄弟相勸而親。官盛任使，如注說。注云：大臣皆有屬官，所任使，不親小事也。待之以忠信，養之以厚禄，士無有不勸者也。遠人惟可以柔道馭之。送往迎來，嘉善而矜不能者，柔道也。厚往薄來，不爲歸己者，厚也。一說，謂燕賜厚而納貢薄。一以貫九者誠也，故其下論誠。

凡事豫則立，止**道前定則不窮。**

豫，謂成己素定也。成而素定，非誠而何？有諸己之謂信。無信不立，有信不廢。如誠有之，何往而不可？苟無其實，幾何不窮？言前定，如宰我、子貢以說辭成。事前定，如冉有、季路以政事成。行前定，如顔淵、仲弓以德成。道前定，如孔子之集大成。此章論在事之誠。

在下位不獲乎上，止**不誠乎身矣。**

自治民而造約，必至於明善而後已。明善者，能明其善而已。如明仁義，則知凡在我者，以何爲仁，以何爲義。能明其情狀，而知所從來，則在我者，非徒說之而已。在吾身誠有是善，故所以能誠其身。此章論在身之誠。

誠者天之道也，止**雖柔必強。**

誠者，理之實然，致一而不可易也。天下萬古，人心物理，皆所同然，有一無二，雖前聖後聖，若合符節，是乃所謂誠，誠即天道也。天道無勉無思，然其中其得，自然而已。聖人誠一於天，天即聖人，聖人即天。由仁義行，何思勉之有？故從容中道而不迫。誠之者，以人求天者也，思誠而復之，故明有未窮，於善必擇，誠有未至，所執必固。善不擇，道不精；執不固，德將去。學問思辨，所以求之也；行，所以至之也。至之，非人一己百，人十己千，不足以化氣質。

自誠明謂之性，止**明則誠矣。**

謂之性者，生之所固有以得之。謂之教者，由學以復之。理之實然者，至簡至易。既已至之，則天下之理，如開目睹萬象，不假思慮而後知，此之謂誠則明。致知以窮天下之理，則天下之理皆得，卒亦至于簡易實然之地，而行其所無事，此之謂明則誠。

唯天下至誠，爲能盡其性，止**則可以與天地參矣。**

至於實理之極，則吾生之所固有者，不越乎是。吾生所有，既一於理，則理之所有，皆吾性也。人受天地之中，其生也，具有天地之德，柔強昏明之質雖異，其心之所同者皆然。特蔽有淺深，故別而爲昏明；稟有多寡，故分而爲強柔；至於理之所同然，雖聖愚有所不異。盡己之性，則天下之性皆然，故能盡人之性。蔽有淺深，故爲昏明；蔽有開塞，故爲人物。稟有多寡，故爲強柔；稟有偏正，故爲人物。故物之性與人異者幾希，惟塞而不開，故知不若人之明；偏而不正，故才不若人之美。然人有近物之性者，物有近人之性者，亦係於此。於人之性，開塞偏正，無所不盡，則物之性，未有不能盡也。己也，人也，物也，莫不盡其性，則天地之化幾矣。故行其無事，順以養之而已，是所謂贊天地之化育。天地之化育，猶有所不及，必人贊之而後備，則天地非人不立，故人與天地並立爲三才，此之謂天地參。

其次致曲，止**惟天下至誠爲能化。**

人具有天地之德，自當遍覆包含，無所不盡。然而稟於天，不能無少偏曲，則其所存所發，在偏曲處必多，此謂致曲。雖曰致曲，如專壹於是，未有不成；德之成矣，未有不見乎文章。致曲至於成章，無以加矣。無以加，則必能知類通達，見其所不盡。幾者，動之微也。知至而不能至之，不可與幾。故知至，未有不動者也。君子豹變，其文蔚也；大人虎變，其文炳也。有心乎動，動而不息，雖文有大小，未有不變者也。變者，復之初。復于故，則一於理，不知其所以變，故惟至誠爲能化。

至誠之道，可以前知，止故至誠如神。

誠一於理，無所閒雜，則天地人物，古今後世，融徹洞達，一體而已。興亡之兆，今之有思慮，如有萌焉，無不前知。蓋有方所，則有彼此先後之別。既無方所，彼即我也，先即後也，未嘗分別隔礙，自將達乎神明，非特前知而已。

誠者自成也，止故時措之宜也。

誠不爲己，則誠爲外物；道不自道，而其道虛行。既曰誠矣，苟不自成就，如何致力？既曰道矣，非己所自行，將誰與行乎？實有是理，乃有是物。有所從來，有以致之，物之始也；有所從亡，有以喪之，物之終也。皆無是理，雖有物象接於耳目，耳目猶不可信，謂之非物可也。天大無外，造化發育，皆在其閒，故有內外生焉。性生內外之別，故與天地不相似。若性命之德，自合乎內外，故具仁與知。無己無物，誠一以貫之，合大德而施化育，故能時措之宜也。理義者，人心之所同然者也。吾信乎此，則吾德實矣，故曰「誠者自成也」。吾用乎此，則吾道行矣，故曰「道自道也」。夫誠者，實而已矣。實有是理，故實有是物；實有是物，故實有是用；實有是用，故實有是心；實有是心，故實有是事。是皆原始要終而言也。箕不可以簸揚，則箕非箕矣。斗不可以挹酒漿，則斗非斗矣。種禾於此，則禾之實可收也。種麥於此，則麥之實可收也。如未嘗種而望其收，雖荑稗且不可得，況禾麥乎？是所謂「誠者物之終始，不誠無物」也。故君子必明乎善，知至意誠矣。既有惻怛之誠意，乃能竭不倦之強力，然後有可見之成功。苟不如是，雖博聞多見，舉歸於虛而已。是則誠之爲貴也。誠雖自成也，道雖自道也，非有我之得私也，與天下同之而已。故思成己，必思所以成物，乃謂仁知之具也。性之所固有，合內外而無閒者也。夫天大無外，造化發育，皆在其閒，自無內外之別。人有是形，而爲形所梏，故有内外生焉。内外一生，則物自物，己自己，與天地不相似矣。反乎性之德，則安有物我之異，内外之別哉？故時措之宜者，凡以反乎性之德，而得乎喜怒哀樂未發之中，發而皆中節者也。

故至誠無息，止**故曰：苟不至德，至道不凝焉。**

此章言至約之理，惟至誠而已。盡天地之道，亦不越此。窮盡實理，得之有之，其勢自能至於悠久、博厚、高明，但積之而已。蓋實理不二，則其體無雜。其體無雜，則其行無間。故至誠無息，非使之也，機自動爾，乃乾坤之所以開闔。如使之非實，則有時而息矣。久，堪任也。徵，驗也。悠，久長也。凡物用之不窮者，其才堪任是用也。如有所窮，則其用必息。故誠之所以久者，不息而已。不能堪任，廢敝必矣，又安所效驗於外哉？不息至於有徵，則傳之百世，亦猶是也。能傳百世而不已，則其積必多。博者能積衆狹，厚者能積衆卑。有如是廣博，其勢不得不高；有如是深厚，其積不得不明；是皆積之之效也。所以覆物、載物、成物者，其能也；所以章、所以變、所以成者，其功也。能非力之所任，非用而後有，其勢自然，不得不爾，是乃天地之道也。天地所以生物不測者，止於至誠而已，天地之所以神者，積之無疆而已。如使天地爲物有貳，則必有已；積之有已，則其積不多。昭昭撮土之微，不同乎衆物，又烏有博厚高明悠久之功能哉？天之爲天，不已其命而已。聖人之爲聖人，不已其德而已。其爲天人德命則異，其所以不已則一。故聖人之道，可以配天者，如此而已。禮儀威儀，道也，所以行之者德也。小德可以任大道，至德可以守至道。故道不虚行，必待人而後行。故必有人而行，然後可名之道也。

故君子尊德性而道問學，止**敦厚以崇禮。**

德性，廣大高明皆至德；問學，精微中庸皆至道。惟至德所以凝至道也。雖有問學，不尊吾自德之性，則問學失其道矣。雖有精微之理，不致廣大以自求，則精微不足以自信矣。雖有中庸之道，不極高明以行之，則同污合俗矣。雖知所未知，不溫故以存之，則德不可積；雖有崇禮之志，不敦厚以持之，則其行不久。此皆合德與道而言，然後可以有成矣。

是故居上不驕，止其此之謂與！

居上不驕，知上而不知下；　爲下不倍，知下而不知上。　國有道，不知言之足興，知藏而不知行。

子曰：　愚而好自用，止其寡過矣乎！

無德爲愚，無位爲賤。　有位無德，而作禮樂，所謂「愚而好自用」。　有德無位，而作禮樂，所謂「賤而好自專」。　生周之世，而從夏、殷之禮，所謂「居今世，反古之道」。　三者有一焉，取災之道也。　故王天下者，有三重焉：　議禮所以制行，故行必同倫；　制度所以爲法，故車必同軌；　考文所以合俗，故書必同文。　惟王天下者行之，諸侯有所不與，故國無異政，家不殊俗，蓋有以一之也。　如此則寡過矣。

仲尼祖述堯、舜，止此天地之所以爲大也。

祖述堯、舜，善有所尊；　憲章文、武，善有所徵。　上律天時，如祖述堯、舜。　下襲水土，如憲章文、武。　蓋稱堯、舜者，以道言之，天時者道之所由出也。　稱文、武者，以政事言之，水土者人之所有事也。　律之言法，襲之言服也。　此言仲尼之中庸，如是之大，如是之備，故譬言天地之大也。　其博厚，足以任天下；　其高明，足以冒天下；　其化循環而無窮，達消息之理也；　其用照鑑而不已，達書夜之道也。　尊賢容衆，嘉善而矜不能，並育不相害之理也；　貴貴尊賢，賞功罰罪，各當其理，並行不相悖之義也；　禮儀三百，威儀三千，此小德所以川流；　洋洋乎發育，峻極于天，此大德所以敦化也。

惟天下至聖，爲能聰明睿知，止故曰配天。

此章言聖人成德之用，其效如此。　聖人成德，非萬物皆備，足以應物而已；　其停蓄充盛，至深至大，出之以時，人莫不敬信悅服，至於血氣之類，莫不尊親，惟天德爲能配。

惟天下至誠，爲能經綸天下之大經，止其孰能知之！

大經，庸也。　大本，中也。　化育，化也。　莫非經也。　親親，長長，貴貴，尊賢，其大經歟！　莫非本也。　致公平，極廣大，不偏倚，不係累，其大本歟！莫非化也。陰陽，合散，屈伸，其化育歟！誠者，實有是理也。反而求之，理之所固有而不可易者，是謂庸。體其所固有之義，則經綸至矣。理之所自出而不可易者，是謂之中。尊其所自出，則立之至矣。理之所不得已者，是謂化育。明其所不得已之機，則知之至矣。至誠而至於此，則至誠之事盡矣，天德全矣。夫天德無所不覆者，不越不倚於物而已。有倚於物，則覆物也有數矣。由不倚，然後積而至厚，厚則深，深則大。厚也，深也，大也，不至於天則不已。卒所以浩浩者，天而已。故非達天德，不足以知之。

詩曰：「衣錦尚絅。」惡其文之著也，止**無聲無臭至矣。**

自此至終篇，言德成反本，自內省至於不動而敬，不言而信，自不動不言至於不大聲色，自不大聲色至於無聲無臭。聲臭微矣，有物而不可見，猶曰無之，則誠於一天可知。闇然而日章，中有本也；的然而日亡，暴於外而無實以繼之也。故君子貴乎反本。君子之道，深厚悠遠而有本，故淡而不厭，簡而文，溫而理，本我心之所固有也。習矣而不察，日用而不知，非失之也，不自知其在我爾。故君子之學，將以求其本心。本心之微，非聲色臭味之可得，此不可得而致力焉。惟循本以趣之，是乃入德之要。推末流之大小，則至於本源之淺深，其知遠之近歟！以見聞之廣，動作之利，推所從來，莫非心之所出，其知風之自歟！心之精微，至隱至妙，無聲無臭，然其理明達暴著，若懸日月，其知微之顯歟！凡德之本，不越是矣。如此，則入德其幾矣。反本之要，吾心誠然而已。心誠然之，豈係乎人之見與不見？惟內省不疚可矣。其中有本，不待言動，而人敬信。天何言哉？四時行焉，百物生焉。不必賞罰，而人知勸沮。其盛德之盛，足以使人愛敬。愛之則樂從，故不待勸；敬之則不敢慢，故不待懲。其斯之謂歟！君子之於天下，正己斯可矣。正己，則物孰與不正？篤恭而天下平，正己而已。自明之德，若日月有明，容光必照，何聲色之用乎？德之端，夫婦之愚可以與知，其不肖也，可以能行。其輕而易舉，豈特毛之比乎？故毛輶有倫。如誠一於天，則無聲無臭之間，得其實理，斯盡之矣。

按晁昭德讀書志，有明道中庸解一卷，伊川大全集亦載此卷。竊嘗考之，中庸，明道不及爲書，伊川雖言已成中庸之書，自以不滿其意，已火之矣。反復此解，其即朱子所辨藍田呂氏講堂之初本、改本無疑矣。用仍其舊，以備參考。

輯自中華書局點校本二程集河南程氏經説卷第八。

中庸講義

謹按：此篇録自禮記集説，以其爲講義體，故以講義名其篇。

中庸之書，學者所以近德之要，本末具備矣。既以淺陋之學，爲諸君道之，抑又有所以告諸君者。孔子曰：「古之學者爲己，今之學者爲人。」爲己者，心存乎德行而無意乎功名；爲人者，心存乎功名而未及乎德行。若後世學者，有未及乎爲人而濟其私欲者，今學聖人之道而先以私意害之，則語之而不入，道之而不行，教之者亦何望哉？聖人立教以示後世，未嘗使學者如是也；朝廷建學設科以取天下之士，亦未嘗使學者如是也，學者亦何必捨此而趨彼哉？聖人之學，不使人過，不使人不及，立喜怒哀樂未發之中以爲之本，使學者擇善而固執之，其學固有序矣。學者盍亦用心於此乎？用心於此，則義理必明，德行必脩，師友必稱，州里必譽；仰而上古，可以不負聖人之傳；付達於當今，可以不負朝廷之教養。世之有道君子，樂得而親之，王公大人，樂聞而取之。與夫自輕其身，涉獵無本，徼幸一旦之利者，果何如哉？諸君有意乎？於今日所講有望焉；無意乎？則不肖今日自爲譊譊無益，不幾於侮聖言乎？諸君其亦念之哉！

輯自牛兆濂續修藍田縣志卷二十一（一九四一年鉛印本）。

呂與叔中庸口義

「君子中庸」章[一]。

總論中庸之大體。中庸之書，聖門學者盡心以知性、躬行以盡性，始卒不越乎此書；孔子傳之曾子，曾子傳之子思，子思述所授之言以著於[二]篇，故此書所論皆聖人之緒言、入德之大要也。

「鬼神之爲德」章。

此章論誠之本。

輯自宋呂希哲呂氏雜記卷上。

[一] 指海本「章」前有「此」字。
[二] 「於」：指海本作「乎」。

呂與叔大學解

大學之書，聖人所以教人之大者，見序如此。蓋古之學者，有小學，有大學。小學之學，藝也、行也；大學之學，道也、德也。禮樂射御書數，藝也；孝友睦婣任恤，行也；自致而至于修身，德也；所以治天下國家，道也。古之教者，學不躐等，而由小學然後進於大學。自學者言之，不至于大學所正則不進；自成德言之，不盡乎小學之事則不成。

輯自宋楊萬里十先生奧論注，後集卷十，四庫全書本。

與呂大臨論中書

此書其全不可復見，今只據呂氏所録到者編之。

大臨云：中者，道之所由出。

先生曰：中者道之所由出，此語有病。

大臨云：謂中者道之所由出，此語有病，已悉所諭。但論其所同，不容更有二名；別而言之，亦不可混〔一〕爲一事。如所謂「天命之謂性，率性之謂道」，又曰「中者天下之大本，和者天下之達道」，則性與道，大本與達道，豈有二乎？

先生曰：中即道也。若謂道出於中，則道在中外，别爲一物矣。所謂「論其所同，不容更有二名；别而言之，亦不可混爲一事」，此語固無病。若謂性與道，大本與達道，可混而爲一，即未安。在天曰命，在人曰性，循性曰道。性也，命也，道也，各有所當。大本言其體，達道言其用，體用自殊，安得不爲二乎？

大臨云：既云「率性之謂道」，則循性而行莫非道。此非性中别有道也，中即性也。在天爲命，在人爲性，由中而出者莫非道，所以言道之所由出也，與「率性之謂道」之義同，亦非道中别有中也。

先生曰：「中即性也」，此語極未安。中也者，所以狀性之體段。若謂性有體段亦不可，姑假此以明彼。如稱天圓地方，遂謂方

〔一〕「混」：四庫本作「泥」。

圓即〔一〕天地可乎？方圓既不可謂之天地，則萬物決非方圓之所出。如中既不可謂之性，則道何從稱出於中？蓋中之爲義，無〔二〕過不及而立名。若只以中爲性，則中與性不合，與「率性之謂道」其義自異。性道不可一作可以。合一而言。中止可言體，而不可與性同德。

又曰：觀此義，一作語。謂不可與性同德，字亦未安。子居對以「中者，性之德」，却爲近之。子居，和叔之子，一云義山之字〔三〕。

又曰：不偏之謂中。道無不中，故以中形道。若謂道出於中，則天圓地方，謂方圓者天地所自出，可乎？

大臨云：不倚之謂中，不雜之謂和。

先生曰：「不倚之謂中」，甚善。語猶未瑩。「不雜之謂和」，未當。

大臨云：喜怒哀樂之未發，則赤子之心。當其未發，此心至虛，無所偏倚，故謂之中。以此心應萬物之變，無往而非中矣。孟子曰：「權然後知輕重，度然後知長短，物皆然，心爲甚。」此心度物，所以甚於權衡之審者，正以至虛無所偏倚故也。有一物存乎其間，則輕重長短皆失其中矣，又安得如權如度乎？故大人不失其赤子之心，乃所謂允執其中也。大臨始者有見於此，便指此心名爲中，故前言「中者道之所由出」也。今細思之，乃命名未當爾。此心之狀，可以言中，未可便指此心名之曰中。所謂以中形道，正此意也。「率性之謂道」者，循性而行，無往而非理義也。以此心應萬事之變，亦無往而非理義也。皆非指道體而言也。若論道體，又安可言由中而出乎？先生以爲此言未是。

先生曰：「喜怒哀樂未發謂之中。」赤子之心，發而未遠于中，若便謂之中，是不識大本也。

〔一〕「即」：四庫本作「而」。

〔二〕「無」：四庫本、正誼堂本作「自」。

〔三〕「字」：四庫本作「子」。

大臨云：聖人智周萬物，赤子全未有知，其心固有不同矣。然推孟子所云，豈非止取純一無僞，可與聖人同乎？非謂無毫髮之異也。大臨前日所云，亦取諸此而已。此義，大臨昔者既聞先生君子之教，反求諸己，若有所自得，參之前言往行，將無所不合。由是而之焉，似得其所安，以是自信不疑，拳拳服膺，不敢失墜。今承教，乃云已失大本，茫然不知所向。竊恐辭命不明，言不逮意，致高明或未深喻，輒露所見，求益左右。卒爲賜教，指其迷謬，幸甚。

聖人之學，以中爲大本。雖堯、舜相授以天下，亦云「允執其中」。中者，無過不及之謂也。何所準則而知過不及乎？求之此心而已。此心之動，出入無時，何從而守之乎？求之於喜怒哀樂未發之際而已。當是時也，此心即赤子之心，純一無僞。即天地之心，神明不測。即孔子之絶四，四者有一物存乎其間，則不得其中。即孟子所謂「物皆然，心爲甚」，心無偏倚，則至明至平，其察物甚於權度之審。即易所謂「寂然不動，感而遂通天下之故」。此心所發，純是義理，與天下之所同然，安得不和？大臨前日敢指赤子之心爲中者，其說如此。

來教云：「赤子之心可謂之和，不可謂之中。」大臨思之，所謂和者，指已發而言之。今言赤子之心，乃論其未發之際，一有竊謂字。純一無僞，無所偏倚，可以言中。若謂已發，恐不可言心。

來教云：「所謂循性而行，無往而非理義[一]，言雖無病，而聖人氣味殊少。」大臨反而思之，方覺辭氣迫窘，無沉浸醲厚之風，此則淺陋之罪，敢不承教？大臨更不敢拜書先生左右，恐煩枉[二]答，只令義山持此請教。蒙塞未達，不免再三浼瀆，惟望乘閒口諭義山，傳誨一二，幸甚！幸甚！

先生曰：所云非謂無毫髮之異，是有異也。有異者得爲大本乎？推此一言，餘皆可見。

大臨云：大臨以赤子之心爲未發，先生以赤子之心爲已發。所謂大本之實，則先生與大臨之言，未有異也。但

[一]「理義」：四庫本作「義理」。
[二]「枉」：四庫本、正誼堂本作「往」。

一解赤子之心一句不同爾。大臨初謂赤子之心，止取純一無僞，與聖人同。一有處字。恐孟子之義亦然，更不曲折。一一較其同異，故指以爲言，固未嘗以已發不同處爲大本也。先生謂凡言心者，皆指已發而言。然則未發之前，謂之無心可乎？竊謂未發之前，心體昭昭具在，已發乃心之用也。此所深疑未喻，又恐傳言者失指，切望指教。

先生曰：所論意，雖以已發者爲未發，反一作及。求諸言，卻是認已發者爲說。詞之未瑩，乃是擇之未精爾。凡言心者，指已發而言，此固未當。心一也，有指體而言者，寂然不動是也。有指用而言者，感而遂通天下之故是也。惟觀其所見如何耳。大抵論愈精微，言愈易差。所謂傳言者失指，及反覆觀之，雖曰有差，亦不失大意。又如前論「中即性也」，已是分而爲二，不若謂之性中。性中語未甚瑩。以謂聖人氣味殊少，亦不須言聖人。第二書所以答去者，極分明矣。

輯自中華書局校點本二程集，以四庫全書本、正誼堂全書本爲校本。

呂大臨與二程論中

呂大臨曰：「中者，道之所由出也。」子曰：「非也。」大臨曰：「所謂道也，性也，中也，和也，名雖不同，混之則一歟？」子曰：「中即道也。汝以道出於中，是道之於中也，又爲一物矣。在天曰命，在人曰性，循性曰道，各有當也。大本言其體，達道言其用，烏得混而一之乎？」大臨曰：「中即性也。循性而行，無非道者。則由中而出，莫非道也。豈爲性中又有中哉？」子曰：「性道可以合一而言，中不可并性而一。中也者，狀性與道之言也。猶稱天圓地方，而不可謂方圓即天地。方圓不可謂之天地，則萬物非出於方圓矣。中不可謂之性〔一〕，則道非出於中矣。中之爲義，自過與不及而立名，而指中爲性可乎？性不可容聲而論也。率性之謂道，則無不中也，故稱中所以形容之也。」大臨曰：「喜怒哀樂之未發，赤子之心，至虛無倚，豈非中乎？此心所發，無往而不中。大人不失赤子之心，所謂允執厥中也。」子曰：「赤子之心，已發而未遠於中者也，而爾指爲中，是不明大本也。」大臨曰：「聖人智周萬物，赤子未有所知，其心固不同也。孟子所言，特取其純一無僞，可與聖人同爾，非謂無毫髮之異也。無過不及之謂中，何從而知之乎？求之此心而已。此心之動，出入無時，何從而守之乎？求之喜怒哀樂未發之際而已。當是時也，至虛不倚，純一無僞，以應萬物之變，何往而非禮義哉？故大臨以赤子之心爲中，而曰中者道之所由出也。」子曰：「非謂無毫髮之異，斯異矣，大本則無異爾。於喜怒哀樂未發之際，而求中之中，去中不亦遠乎？」大臨曰：「然則夫子以赤子之心爲已發者，而未發之時謂之無心可乎？」子曰：「心一也，有指體而言者，寂然不動是也；有指用而言者，感而遂通天下之故是也。在人所見何如耳。論愈析微，則愈易差失。言之未瑩，則亦擇之未精耳。」大臨曰：「此則淺陋之辠也，敢不承教！」

〔一〕「性」：四庫本作「道」。

輯自中華書局點校本二程集河南程氏粹言卷第一論道篇。

西銘解

乾稱父，坤稱母；予茲藐焉，乃混然中處。

人者，万物之靈，「受天地之中以生」，爲天地之心者也。能知其所自出，故事天如事親。

故天地之塞，吾其體；天地之帥，吾其性。

「克己復禮，天下歸仁」，此之謂「體」。盡其心則知其性，知其性則知生矣，此之謂「性」。

民吾同胞，物吾與也。

均有是性，彼傷則我傷，故有怵惕惻隱之心。均有是生，彼傷則我所不欲，故「血氣之類弗身踐」，而「草木以時伐」。

大君者，吾父母宗子；其大臣，宗子之家相也。尊高年，所以長其長；慈孤弱，所以幼吾〔一〕幼。聖其合德，賢其秀也。凡天下疲癃殘疾、惸獨鰥寡，皆吾兄弟之顛連而無告者也。

大君者，「裁成天地之道，輔相天地之宜」，奉天命，代天治，猶宗子治吾父母之家事也。大臣「燮理陰陽」，「寅亮天地」，相其大君，猶家相也。宗子、家相，吾所以敬者，治吾父母之事云乎。大君大臣治吾天地之事，可不敬乎？以「天下爲一家，中國爲一人」，則天下之長於我者皆吾父兄，天下之幼於我者皆吾子弟。天下之有聖人，其敬之也，猶父之執友，蓋與天地合德也。天下之有賢者，皆吾之執友，天地之秀賢於我者也。天下之貧民，皆吾宗族兄弟之貧者也。

〔一〕「吾」：四庫本作「其」。

于時保之，子之翼也；　樂且不憂，純乎孝者也。

「聽於無聲，視於無形」，敬親不敢慢也。恐懼乎其所不睹，戒謹乎其所不聞，敬天不敢慢也。惟順於父母可以解憂，樂於事親者也。「不識不知，順帝之則」，樂於事天者也。舉天下之重，無以加此，誠敬乎此者也。舉天下之樂，無以間此，誠樂乎此者也。事親事天雖異，所以敬樂則一也。

違曰悖德，害仁曰賊；　濟惡者不才，其踐形，惟肖者也。

違天者，天之悖德之子。害仁者，天之賊子。長惡不悛者，天之不才之子。與天地相似者，天之克肖之子。

知化則善述其事，窮神則善繼其志。

「可以贊天地之化育」，則能述天地之事矣。「齋戒以神明其德」，則能繼天地之志矣。事所以行也，志所以存也。

不愧屋漏爲無忝，存心養性爲匪懈。

天命我以信而不信，則辱天之命。天付我以道而墮不守，則擴天之職。

惡旨酒，崇伯子之顧養；　育英材，潁封人之錫類。

不窮人欲，所以存天德。以善養人，所以廣天德。

不施勞而底豫，舜其功也。無所逃而待烹，申生其恭也。

自強不息，至於與天地合德，則天下底豫，故「先天而天弗違」。無妄之以大，非其自取，則天無所逃，故順受其正。

體其受而歸全者，參乎！　勇於從而順令者，伯奇也。

天全德於予，既全而予之，可不全而帰之？　故行一不義、殺一不辜而得天下，不爲也。曾子曰：「吾得正而斃焉，斯已矣，吾又何求？」皆全而歸之者也。子之於父母，東西南北惟令之從，素其位而行，不願乎其外，安時處順，其順令之至者焉。

富貴福澤，將厚吾之生也；　貧賤憂戚，庸玉汝於成也。

父母厚汝之生，使汝仁及宗族，天地厚汝之禄，使汝澤及於民，皆不可自致危暗。父母苦汝，使汝知艱難，以成其身。天地窮汝，使汝由疾疢，以成其德。愛汝故苦汝，福汝故窮汝，皆不可妄生疾怨。

存，吾順事；　没，吾寧也。

「無終食之間違仁」，足以順吾生。無一行之有不慊，足以安吾死。

呂博士西銘贊

吁！精矣哉，橫渠之道也！至矣哉，明道之訓也[一]！夫西銘一書，理義奥閫，發前聖未發之藴，啟人心未啟之機，真可與天地同其體。渾渾乎無所名，恢恢乎無所不及；範圍不可得而過，形器不可得而繫。

輯自宋林駉古今源流至論前集。

[一] 明道之訓即上文所說：愚嘗敬誦明道之訓矣，曰：「西銘之書，仁孝之理備乎此，須臾而不於此，則不爲仁不爲孝矣。」見古今源流至論前集卷一。

藍田語要

萬物之生，莫不有氣，氣也者，神之盛也；莫不有魄，魄也者，鬼之盛也，故人亦鬼神之會爾。鬼神者，周流天地之間，無所不在，雖寂然不動，而有感必通，雖無形無聲，而有所謂昭昭不可欺者。

人受天地之中，其生也具有天地之德，柔強昏明之質雖異，其心之所然者皆同。特蔽有淺深，故別而爲昏明；稟有多寡，故分而爲強柔。至於理之所同然，雖聖愚有所不異。盡己之性，則天下之性皆然，故能盡人之性。蔽有淺深，故爲昏明；蔽有開塞，故爲人物。稟有多寡，故爲強柔；稟有偏正，故爲人物。故物之性與人異者幾希，惟塞而不開，故知不若人之明，偏而不正，故才不若人之美。然人有近物之性者，物有近人之性者，亦繫乎此。於人之性開塞偏正無所不盡，則物之性未有不能盡也。己也，人也，物也，莫不盡其性，則天地之化成矣。

赤子之心，良心也。天之所以降衷，民之所以受天地之中也。寂然不動，虛明純一，與天地相似，與神明爲一。傳曰：「喜怒哀樂之未發謂之中。」其謂此歟！此心自正，不待人[正]〔一〕而後正，而賢者能勿喪，不爲物欲之所遷動。如衡之平，不加以物；如鑑之明，不蔽以垢，乃所謂正也。惟先立乎大者，則小者不能奪。如使忿懥、恐懼、好惡、憂患一奪其良心，則視聽食息從而失守，欲區區脩身以正其外，難矣！

我心所同然，即天理天德。孟子言「同然」者，恐人有私意蔽之。苟無私意，我心即天心。

人受天地之中以生，良心所發，莫非道也。在我者，惻隱、羞惡、辭遜、是非，皆道也；在彼者，君臣、父子、夫婦、昆弟、

〔一〕「正」：原脫，據四庫本宋衛湜禮記集説引呂大臨禮記解補。

朋友之交，亦道也。在物之分，則有彼我之殊；在性之分，則合乎内外一體而已。是皆人心所同然，乃吾性之所固有也。

誠者，理之實然，一而不可易者也。實理不二，則其體無雜；其體不雜，則其行無間，故至誠無息。

先生負特立之才，知大學之要，博聞強記，躬行力究，察倫明物，極其所止，涣然心釋，洞見道體。其造於約也，雖事變之感不一，應之以是心而無窮；雖天下之理至衆，知反之吾身而自足。其致於一也，異端並立而不能移，聖人復起而不與易。其養之成也，和氣充浹，見于聲容，然望之崇深，不敢慢也。遇事優爲，從容不迫，然誠心懇惻，弗之措也。其自任之重也，寧學聖人而未至，不欲以一善成名；寧以一物不被澤爲己病，不欲以一時之利爲己功。其自信之篤也，吾志可行，不苟潔其去就；吾義所安，小官有所不屑也。

先生志氣不群，少孤自立，無所不學。與邠人焦寅遊，寅喜談兵，先生説其言。當康定用兵時，年十八，慨然以功名自許，上書謁范文正公。公一見知其遠器，欲成就之，乃責之曰：「儒者自有名教，何事於兵！」因勸讀中庸。先生讀其書，雖愛之，猶未以爲足也，於是又訪諸釋老之書，累年盡究其説，知無所得，反而求之六經。嘉祐初，見洛陽程伯淳、正叔昆弟于京師，共語道學之要。先生涣然自信曰：「吾道自足，何事旁求！」乃盡棄異學，淳如也。間起從仕，日益久，學益明。方未第時，文潞公以故相判長安，聞先生名行之美，聘以束帛，延之學宫，異其禮際，士子矜式焉。晚自崇文移疾西歸，終日危坐一室，左右簡編，俯而讀，仰而思，有得則識之，或中〔二〕夜起坐，取燭以書，其志道精思，未始須臾息，亦未嘗須臾忘也。學者有問，多告以知禮成性、變化氣質之道，學必如聖人而後已，聞者莫不動心有進。而自得之者，窮神知化，一天人，立大本，斥異學，自孟子以來，未之有也。先生氣質剛毅，德盛貌嚴，然與人居，久而日親。其治家接物，大要正己以感人，人未之信，反躬自治，不以語人，雖有未喻，安行而無悔，故識與不識，聞風而畏。聞人之善，喜見顔色。答問學者，雖多不倦，有

〔二〕「中」：原作「終」，據文義改。

不能者，未嘗不開其端。有可語者，必丁寧以誨之，惟恐其成就之晚。

辭受有義，得不得有命，皆理之所必然。有命有義，是有可得可受之理，故舜可以受堯之天下；無命無義，是無可得可受之理，故孔子不主彌子以受衛卿。二者義命有自合之理，無從而間焉。有義無命，雖有可受之義，而無可得之命，究其理，安得而受之，是謂義合於命，故益避啟而不受禹之天下；有命無義，雖有可得之命，而無可受之義，亦安得而受之，是謂命合於義，故中國受室養弟子以萬鍾，爲孟子之所辭。二者義命有正合之理，時中而已焉。

自灑掃應對，上達乎天道性命，聖人未嘗不竭以教人；但人所造，自有淺深，故所得亦有小大也。仲尼曰：「吾無隱乎爾。」又曰：「有鄙夫問於我，我叩其兩端而竭焉。」然子貢高弟猶未聞乎性與天道，非聖人之有隱，而人自不能盡耳。如天降時雨，百果草木皆甲坼，其盛衰小大之不齊，膏澤豈私於物哉？横渠張子教學者，多告以知禮成性、變化氣質之道，學必如聖人而後已，聞者莫不動心，有自得之者。

君子之道，莫大乎孝；孝之本，莫大乎順親。故仁人孝子欲順乎親，必先乎妻子不失其好，兄弟不失其和，室家宜之，妻孥樂之，致家道成，然後可以養父母之志而無違也。故身不行道，不行於妻子，文王「刑于寡妻，至於兄弟」，則治家之道，必自妻子始。

古者憲老而不乞言。憲者，儀刑其德而已，無所事於問也；其次，則有問有答，問答之間，然猶不憤則不啟，不悱則不發；又其次，則有講有聽，講者不待問也，聽者不致問也，學至於有講有聽，則師益勤而道益輕，學者之功益不進矣；又其次，則有講而未必聽，學至於有講而未必聽，則無聽可矣。

人之患在好爲人師，故舍我而去者，不追呼之使來；有教無類，故從我而來者，不拒逆之使去。但能以此，求道之心至，則受而教之。論語稱：「互鄉難與言，童子見，門人惑。」子曰：「與其進也，不與其退也。人潔己以進，與其潔也，不保其往也。」故聖賢在下，其所以取人，苟有向善之心皆取之，亦以進人爲善，不爲異日之不保，而廢其今日與人爲善之意。

古之取民，貢、助、徹三法而已。較數歲之中以爲常，是爲貢。一井之地八家，八家皆私百畝，同治公田百畝，是爲助。不爲公田，俟歲之成，通以十一之法取於百畝，是爲徹。

輯自四庫本性理大全書。

赤子之心，良心也。天之所以降衷，人之所以受天地之中也。寂然不動，虛明純一，與天地相似，與神明爲一。傳曰「喜怒哀樂之未發謂之中」，其謂此與！此心自正，不待人[正][一]而後正，而賢者能勿喪，不爲物欲之所遷動。如衡之平，不加以物，如鑑之明，不蔽以垢，乃所謂正也。惟先立乎其大者，則小者不能奪。如使忿懥、恐懼、好樂、憂患一奪其良心，則視聽食息從而失守，欲區區修身以正其外，難矣！

我心所同然，即天理天德。孟子言「同然」者，恐人有私意蔽之。苟無私意，我心即天心。

萬物之生，莫不有氣，氣也者，神之盛也；莫不有魄，魄也者，鬼之盛也，故人亦鬼神之會爾。鬼神者，周流天地之間，無所不在，雖寂然不動，而有感必通，雖無形無聲，而有所謂昭昭不可欺者。人受天地之中以生，良心所發，莫非道也。在我者，惻隱、羞惡、辭讓、是非，皆道也；在彼者，君臣、父子、夫婦、昆弟、朋友之交，亦道也。在物之分，則有彼我之殊；在性之分，則合乎內外，一體而已。是皆人心所同然，乃吾性之所固有也。

誠者，理之實然，一而不可易者也。

實理不二，則其體無雜；其體不雜，則其行無間，故至誠無息。

[一]「正」：原脱，據四庫本宋衛湜禮記集説引呂大臨禮記解補。

自灑掃應對，上達乎天道性命，聖人未嘗不竭以教人，但人所造，自有淺深，所得亦有大小也。仲尼曰：「吾無隱乎爾！」又曰：「有鄙夫問于我，我叩其兩端而竭焉。」然子貢高弟，猶未聞乎性與天道。非聖人之有隱，而人自不能盡爾。如天降時雨，百果草木皆甲坼，其盛衰大小之不齊，膏澤豈私于物哉！

必有事焉而勿正，浩然之氣，充塞天地，雖難得，而言非虛無也。必有事焉，但正其名而取之，則失之矣。

輯自中華書局校點本宋元學案卷三十一。

君子之道，莫大乎孝；孝之本，莫大乎順親。故仁人孝子欲順乎親，必先乎妻子不失其好，兄弟不失其和，室家宜之，妻孥樂之，然後可以養父母之志而無違也。故身不行道，不行于妻子，文王「刑於寡妻，至於兄弟」，則治家之道，必自妻子始。

古者憲老而不乞言。憲者，儀刑其德而已，無所事於問也；其次，則有問有答，問答之間，然猶不憤則不啟，不悱則不發；又其次，則有講有聽，講者不待問也，聽者不致問也，學至于有講有聽，則師益勤而道益輕，學者之功益不進矣；又其次，則有講而未必聽，學至于有講而未必聽，則無講可矣。

蔽有淺深，故爲昏明；蔽有開塞，故爲人物。禀有多寡，故爲強柔；禀有偏正，故爲人物。物之性與人異者幾希，惟塞而不開，故知不若人之明；偏而不正，故才不若人之美。然人有近物之性者，物有近人之性者，亦繫乎此。

小學之學，藝也，行也；大學之學，道也，德也。禮樂、射御、書數，藝也；孝友、睦姻、任恤，行也。古之教者，學不躐等，必由小學進于大學。自學者言之，不至于大學所止則不進；自成德言之，不盡乎小學之事則不成。

四端之在我者，人倫之在彼者，皆吾性命之理，受乎天地之中，立人之道，不可須臾離也。

不明人倫，則性命之旨無所措；不本性命，則理義之文無所出。孔子之言「性與天道」，合天人，兼本末，妙道精義常存乎父子、君臣、夫婦、朋友之間，不遠乎交際酬酢灑掃應對之末。非如異端之學，絶倫離類，造乎難行難知之域。

天之誠，行健而已；人之誠，自强不息而已。天之所以爲天，不已其命而已；聖人之所以爲聖，不已其德而已。夫大禹惜寸陰，成湯坐以待旦，文王自朝至于日中昃，不遑暇食，召公告成王夙夜罔或不勤，成王戒卿士業廣惟勤，子張、仲由問政，夫子皆誨之以無倦：聖人莫不以自暇自逸爲戒也。

持一法以待物，則物必有窮而人狹矣。

古之學者純意于德行，而無意于功名；今之學者有意于功名，而未純于德行。至其下，則又爲利而學也。

周禮直欲無一物不得其所，其書無一言而非仁。

輯自四明叢書本宋元學案補遺卷三十一。

国家出版基金項目
NATIONAL PUBLICATION FOUNDATION

陝西出版資金資助項目

「十二五」國家重點圖書出版規劃項目

關學文庫·關學文獻整理系列

總主編 劉學智 方光華

藍田呂氏集（下册）

[宋]呂大臨等著
曹樹明 點校整理

西北大學出版社

考古圖

考古圖記

莊周氏謂儒者逐迹喪真，學不善變，故爲「輪扁」之説，「芻狗」之諭，重以「漁父」、「盜跖」、「詩禮發冢」之言，極其詆訾。夫學不知變，信有罪矣；變而不知止於中，其敝殆有甚焉。以學爲僞，以智爲鑿，以仁爲姑息，以禮爲虛飾，蕩〔一〕然不知聖人之可尊、先王之可法；克己從義謂之失性，是古非今謂之亂政，至於坑殺學士，燔爇典籍，盡愚天下之民而後慊。由是觀之，二者之學，其害孰多？堯、舜、禹、皋陶之言皆曰「稽古」，孔子自道亦曰「好古，敏以求之」。所謂古者，雖先王之陳迹，稽之好之者必求其所以迹也，制度法象之所寓，聖人之精義存焉。有古今之所〔二〕同，然百代所不得變者，豈芻狗、輪扁之謂哉？漢承秦火之餘，上視三代，如更晝夜夢覺之變，雖遺編斷簡僅存二三，然世移俗革〔三〕，人亡書殘，不復想見先王之緒餘，至人之〔四〕謦欬。不意數千百年後，尊彝鼎敦之器猶出於山巖、屋壁、隴畝、墟墓之間〔五〕，形制文字且非世所能知，況能知所用乎？當天下無事時，好事者畜之，徒爲耳目奇異玩好之具而已。噫！天之果喪斯文也，則是器也胡爲而出

〔一〕四庫本脱「蕩」字。
〔二〕四庫本脱「所」字。
〔三〕「世移俗革」四庫本作「世態遷移」。
〔四〕亦政堂本、四庫本皆脱「之」字。
〔五〕四庫本「隴」作「田」，脱「之」字。

哉？予於士大夫之家，所閲多矣。每得傳摹圖寫，寖盈卷軸，尚病竅啓〔一〕未能深考，暇日論次成書，非敢以器爲玩也。觀其器，誦其言，形容髣髴，以追三代之遺風，如見其人矣。以意逆志，或探其制作之原，以補經傳之闕亡，正諸儒之謬誤。天下後世之君子，有意於古者，亦將有考焉。

元祐七年二月汲郡呂大臨記

考古，匪玩物也，六一翁劉遼父窮年攟〔二〕摭，至趙明誠金石集録，浩如煙海。虞彝、商簋、紀甗、秦匜，鑄物肖形，殫今人智巧營之，未必不更精麄奇偉，徛〔三〕以典刑峻嚴，辭語靚深，相去不知迴隔幾塵。凡物興替各有時，鼎淪而泗水波，劍藏而牛斗射，其間人力不容穗。雖然，其器亡，其書存，可也。器之竇傳，或弊書之，流傳匪窮。汲郡呂公彙諸大家所藏尊、卣、敦、盂之屬，繪爲巨〔四〕編。兵後多磨滅。吾弟翼俌又廣呂公好古素志，屬羅兄更翁臨本，且更翁刻以傳世，并採諸老辨證附左方，用心良苦，世俗争嗜盡至。狀蟲魚花草，童稚知愛，誰肯挂眼是器？凡格把玩真，若是身周旋揖讓三代間。奇哉！維先秦器物，摽經典尚多，安得摸取曲阜之履、岐陽之鼓、兊戈、和弓、封父繁弱，輯爲全書。時時觀覽，并濯胸次俗氣。

大德己亥冬至古迂陳才子謹題

〔一〕「啓」：四庫本作「綮」。

〔二〕「攟」：亦政堂本、四庫本作「攈」。

〔三〕「徛」：四庫本作「倚」。

〔四〕「巨」：亦政堂本作「臣」，疑形近而誤。

予嗜古，凡花卉泉石，遊心經目間冥搜歷覽，未盡留意。及得先秦罍、洗、錞、釪，奇物多珍，襲不釋手。偶閲汲郡呂先生舊輯考古圖十卷，慨慕古先聖賢制作大意，真若隔世，胸次芥蒂不能屛棄，命友臨本，刊訛刻傳，且採諸君子辯證附其下。或嗤予刓精弱狗之器者，予曰：「物生而有象，物成而有器。器即道，道即器，本不相離也。輪輿軫輻寓天地也，權衡斗量寓律呂也，深衣十三幅寓朞而閏也。錯然而陳，維理之存；窾兮而虛，維德之居，豈徒器乎哉？是以觀湯盤者，知日新之義；觀周杖者，知嗜慾之失；觀叔向讒鼎者，知昧爽丕顯之勤。聖賢君子，或因是洗心。若鄙爲器，則世方熙熙壤壤，與接爲搆。古道且弗貴，而奚但器乎？寧刻此以淑好古者。」

大德己亥陽復日茶陵陳翼子、翼偁識

易曰：「形而上者謂之道，形而下者謂之器。」古人制器尚象，蓋有深意存焉，而道未嘗不托乎其間也。宋儒正字呂與叔先生圖古器物，并録其銘篆，彙爲十卷，將使好古之士考古人制器之義，因粗以求精，下學而上達也。其嘉惠後學之心，不亦深且厚哉？

重刊考古圖序〔二〕

易曰：「形而上者謂之道，形而下者謂之器。」古聖人埏金合土，以前民用，無不參三才而運之，匪直爲觀美而已。將使天下後世，由形下之粗迹，溯形上之精微也。昔夫子入廟而觀欹器，詔弟子以持滿之戒。由是推之，雞彝、龍勺、玉瓚、金

〔二〕 明刻本無，據亦政堂本録入，「刊」四庫本作「刻」。

疊之屬，引伸觸類，何獨不然哉？歷刧以來，消融剥蝕，其委棄于圻墟，沈埋于朽壤[一]者，胡可勝紀？而非常之物終不[二]汩没，往往奮起于山澤陵谷之間，不旋踵而王公大人復什襲而珍藏之一二，閭巷之士思覩一班[三]，杳不可得，則圖譜之作，厥功懋矣。宋元祐中，汲郡呂公嘗集考古圖十卷。夫公始受業于横渠張子，後竟業于伊川程子，和靖尹氏推爲醇篤之士，其定是書也，豈矜奇炫博之謂哉？亦藉是以傳往聖之心學也，是即張子之所謂「糟粕灰燼，無非教也」，是即程子之所謂「灑掃應對，便是形而上也」。顧自原本刊行二百餘年，茶陵陳氏更梓之，茶陵距今又四百餘秊，竊恐是書之泯没無聞也，爰撿家藏古本，倩工繕寫，參互考証，重付剞劂，以廣流傳。俾海内學者得斯編而玩索之，由形下之器而會形上之道，庶幾不失古聖人之遺意也夫！

旹

乾隆十八年歲次癸酉秋八月天都黄晟曉峯氏校刊於槐蔭草堂

考古圖述評[四]

容庚

呂大臨字與叔，京兆藍田人，大防弟，學于程頤，與謝良佐、游酢、楊時在程門號「四先生」。通六經，尤邃於禮，每欲掇習三代遺文舊制令可行，不爲空言以拂世駭俗。元祐中，爲大學博士，遷秘書省正字。范祖禹荐其好學修身如古人，可備

[一]「壤」：四庫本作「壞」，疑形近而誤。
[二]「終不」：亦政堂本作「不終」。
[三]「班」：四庫本作「斑」。
[四]據中華書局一九八七年版宋人著録金文叢刊之考古圖録入。

勸學。未及用而卒（宋史卷三四〇呂大防傳）。

此書前列所藏姓氏： 自秘閣、太常、内藏以外，目列凡三十七家。然按之本書，東平王氏、京兆孫氏默、廬江高氏三家均無一器。漏列者有河南劉氏、京兆苏氏、蘇臺蔣氏、河東王氏四家，共三十八家。計秘閣九器，太常六器，内藏十六器。各家以廬江李氏爲最多，四十九器，玉器十三器，河南文氏十六器，臨江劉氏、新平張氏均十三器，河南張氏十器，開封劉氏九器，睢陽王氏、京兆呂氏均七器，丹陽蘇氏五器，京兆田氏四器，扶風乞伏氏、東平榮氏、京兆孫氏、成都大慈寺僧均三器，京兆薛氏、洛陽曾氏、河南許氏均二器，其餘眉山蘇氏等二十家各一器，缺名者二十二器，扶風王氏石一器，共銅器二百二十四，石器一，玉器十三。卷一鼎屬十八器，卷二鬲、甗、鬵十九器，卷三簋屬三十器（原目祇列二十五器），卷四彝、卣、尊、壺、罍四十七器，卷五爵屬、豆屬、雜食器十八器，卷六盤、匜、盂、弩機、戈、削十一器，卷七鍾、石磬、錞十五器（原目祇列十器），卷八玉器十三器，卷九秦、漢器三十九器，卷十秦、漢器二十八器（原目祇列二十四器）。每器備載大小、容量、重量及出土之地、收藏之人。中多引李氏録語，薛氏彝器款識作李氏古器録，即籀史所載之李伯時考古圖五卷也。

其所定器名多舛： 如父己鬲、方乳曲文大鬲、方乳曲文次鬲、父癸方彝乃鼎也，單𢍉從彝一乃斷足方鼎也，三牛敦乃鼎蓋也，單𢍉從彝五乃甗也，七旅鬲、四足鬲、單𢍉從彝四乃盉也，圜乳方文尊乃敦也，中朝事後中尊、象尊乃壺也，單伯彝（銘乃品伯）、龍文三耳卣、三耳大壺乃罍也，商兄癸彝、單𢍉癸彝、父辛旅彝、祖丁彝、父己人形彝、主父己足跡彝、挈壺乃卣也，單𢍉從彝二、癸舉乃觚也，持戈父癸卣、父乙卣、木父己卣、父己足跡卣乃觶也，從單彝、師艅象彝乃尊也，非有圖孰從而知之。

卷八琥按語引復齋漫録謂元祐八年（公元一〇九三年），伯時仕京師，居紅橋，子弟得陳峽州馬臺石，斵石爲沼，號曰洗玉池。所謂玉者，凡十有六。伯時既沒，池亦湮晦。徽宗嘗即其家訪之，得於積壤中。十六玉惟鹿盧環從葬龍眠，餘者咸歸内府。此書自序作於元祐七年，而所記乃徽宗取玉事，若非後人所增，則其成書乃在作序十年以後矣。

錢曾藏考古圖十卷，續考古圖五卷，釋文一卷，謂系北宋鏤板。其續圖及釋文，文獻通考未載。間以元刻讎校，牴牾脱落，幾不成書。後爲季振宜借去不還。振宜歿，此書歸之徐乾學。曾從乾學借來，亲自摹寫，其圖象命良工繪畫，不失毫髮，楮墨更精於槧本（讀書敏求記二：十七，小瑯環仙館本）。此影宋鈔本曾歸清内府，天禄琳琅書目（四：一九）箸録。今與原刻本俱未見。據四庫總目（一一五：六四，存古齋石印本）所記錢曾所手録，以較世所行本云：

卷一多孔文父歓鼎圖一，銘十四字，説五十一字。卷三郱敦圖多一蓋圖。卷四開封劉氏小方壺圖，乃秘閣方文方壺圖；秘閣方文方壺圖乃開封劉氏小方壺圖，今本互相顛倒。卷六目録多標題「盤、匜、盂、弩、戈、削」一行。卷八多玉鹿盧劍具圖三，説一百五十五字。又多白玉雲鉤、玉環、玉玦圖各一。卷九多京兆田氏鹿盧鐙圖一，説四十七字。又犀鐙第二圖與今本迥別。又内藏環耳甗多一蓋圖。卷十新平張氏連環壺鼎無「右所從得及度量銘識皆缺失無可考，惟樣存於此」二十字。又多廬江李氏鐎斗圖一，又獸鑪第二圖後多説三十五字。又卷末多卬州天寧寺僧捧敕佩圖二，説四十六字。卷首大臨自序本題曰後記，附載卷末。其餘字句行款之異同不可縷舉，而參驗文義，皆以此本爲長。

由此可知北宋刻本與今通行本異同之大概。

公元一九二六年八月，余曾借北京圖書館藏黑字本，謂是元刻，圖識皆極劣。陳才子序云：「汲郡呂公彙諸大家所藏尊、卣、敦、盂之屬繪爲巨編，兵後多磨滅。吾弟翼倩又广呂公好古素志，屬羅兄更翁臨本，且更翁刻以傳世，並採諸老辯證附左方。」器目前有「默齋羅更翁考訂」一，器目下不注銘。若乾字，銘文不依原字數分行，而黑字相連直下。每半頁八行，每行低一格，十六字至二十字不等，卷一有孔文父歓鼎，目下注「京兆田氏」四字。圖形製似尊罍，圈足無耳。銘文一行，釋文「佳（惟）三月孔文父作此邵（歓）鼎，子孫寶用」亦一行。説云：「右銘文十有四字，余未考。按此器銘謂之鼎，而制度乃類尊壺之屬，疑古人製器規模亦有出入不一者。不然，或文同而音異，皆未考也。」考此器形製、花紋、文字皆不合，乃僞器。他本器目有之，下注「闕」字，而無圖說。卷三弡中簠銘文後云：「薛尚功編鼎彝款識有此釋文五十一字，附見於此」兩行，又於圖前每注「薛編作某」者，即陳翼子序所云「採諸君子辯證附其下也」。吾邱衍學古編言此書「有黑白兩樣，黑字者後有韻，圖中欠璊玉璏。」此即黑字者，惟後無韻，或缺失也。

傳世較佳之明刻本，當推泊如齋及寶古堂。泊如齋祇刻考古、博古兩種。寶古堂並及朱德潤考玉圖，合稱三古圖。泊如齋本前有程士莊重修考古圖題辭，呂大臨考古圖記，陳才子、陳翼子兩序。「考古圖所藏姓氏」，每行兩家。姓氏之末，有「元默齋羅更翁考訂，明新都丁雲鵬、吳廷羽、汪耕繪圖，吳元滿篆銘，劉然書録，汪泉補録，黃德時、德懋刻」八行。丁雲鵬、吳廷羽皆休寧名畫家，以白描人物、佛像著稱。劉然字子矜，歙縣諸生，楷書學趙孟頫。得其繪圖、書録，故圖說皆勝於元刻。寶古堂重刻泊如齋本，重刻之精善，幾不易辯其優劣。前刪去程士莊題辭而易以歐陽序、篆書焦竑序。「所藏姓氏」，每行一家。姓氏之末，有「考訂，默齋羅更翁，黃德時刻」三行，而刪去丁雲鵬等人名。卷第一器目，「鼎屬」二字之下寶古本有「匾鍾二」三字，而書内實無此器，泊如本無之。泊如本器目每二器名作一行，而寶古本則大加修正。如王子吳鼎銘文，泊如本作四行，寶古本作六行。虢叔鬲及叔殷敦（寶古本改作敦）、鬲，泊如本作兩行，寶古本作一行，試一校勘，可知寶古本乃據薛氏款識修改。庚甗寶古本於釋文之左增入兩行云：「薛尚功云，此器藏開封劉氏，銘文极古，惟辨庚、玄二字。」解說亦有改正，如泊如本伯勛父圓旅甗云，「愚按：甗，說文云：『無底甑也。』魚軒、語偃、□蹇、魚無四切。」寶古本末六字改作「語蹇、魚蹇四切。」寶古本吳萬化跋云：「乃諦加參考，壹以呂氏、歐氏、薛氏爲標準，期還舊觀。」寧知參考之足以失其舊觀耶。

泊如齋縮刻此書及博古圖録，以博古之圖竄入此書中。有博古之圖與此全同者，如癸鼎、⿰阝鬳彝、仲姞旅匜、季姜盂是也。有此器而同於博古他器者，如鄭方鼎同於博古之亞虎父丁鼎，太公缶同於博古之叔邦父簠，虎彝同於博古之己舉彝，秦銘勛鐘同於博古之齊侯鎛鐘，楚邛仲嬭南和鐘同於博古之蛟篆鐘是也。某父鬲同於博古之仲父鬲，當是一器，乃其一銘文十二字，其一銘文十六字，薛氏款識兩收之。散季敦「惟九年大統未集」之下據薛氏款識所引，尚有「武王以明年改元，十三年伐紂，乃壬午歲，實」一行十七字，籀史所引略同。非二書互校，不知此書之改竄，脱誤失真也。

寶古本三古圖板，乾隆間爲天都黄晟所得，修補爲亦政堂。黄氏重刊考古圖序云：「顧自原本刊行二百餘年，茶陵陳氏更梓之。茶陵距今又四百餘年，竊恐是書之泯没無聞也，爰撿家藏古本，倩工繕寫，參互考證，重付鋟（剞之誤）劂，以廣流傳。」一若不知明萬歷間有寶古堂本，而已所重刊者實即修補寶古堂本而成，不亦誣乎！

鄭樸本楊明時刻，後有萬歷庚子（公元一六〇〇年）吳廷後序，略稱「鄭公博學多識，以元本考古圖剥蝕刓缺，命楊不棄重梓」云。

考古圖所藏姓氏

秘閣

太常

内藏皇佑中降付修文伏樂所

河南文氏潞公

丹陽蘇氏子容

臨江劉氏邍父

河南張氏景先

睢陽王氏仲至

新平張氏舜民芸叟

廬江李氏辟伯時

開封劉氏瑗伯玉
京兆田氏概
扶風乞伏氏
京兆呂氏
京兆薛氏紹彭道祖
眉山蘇氏子瞻
潁川韓氏持正
京兆范氏巽之
洛陽魯氏
東平榮氏咨道
河南寇氏準
丹陽蔡氏肇天啓
河南許氏
河南
扶風王氏銓子真
京兆孫氏求祖修
鄴郡竇氏
河南王氏康功師文
鄱陽法相院

河南李氏
東平王氏禹玉
京兆毋氏沅清臣
京兆李氏庠彭
東明劉氏概仲平
京兆陳氏
華陰宋氏子安道卿
京兆孫氏默
成都大慈寺僧
廬江高氏
淮陽趙氏
序例終

考古圖第一

默齋羅更翁考訂

鼎屬

庚鼎

辛鼎

癸鼎

晉姜鼎

公諴鼎〔一〕

蠆鼎

敔氏鼎

東宮方鼎

孔文父飲鼎

鄭方鼎

牛鼎

雲鼎

直耳饕餮鼎

直耳篆帶鼎

〔一〕「諴」：亦政堂本、四庫本作「誠」。

王子吳飤鼎

宋君夫人餗釪鼎

乙鼎三

饕餮鼎

庚鼎廬江李氏

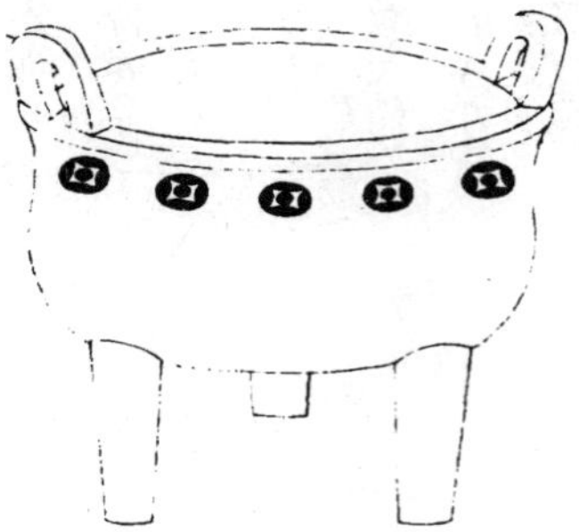

庚

辛鼎同上

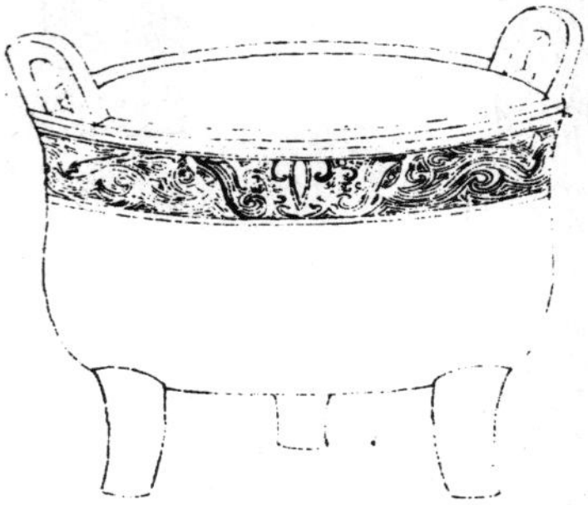

辛

癸鼎同上

癸

右三鼎皆得於京師。

庚鼎高六寸有半，深三寸有半，徑五寸三分，容二升有半。

辛鼎高八寸，深四寸有半，徑七寸，容五升。

癸鼎高九寸有半，深五寸，徑八寸，容一斗。

銘皆有一字在其腹。權度量皆用今大府法，有云黍尺、黍量者，各識其下。

按：史記：「夏、商未有謚其君，皆以甲乙爲號。」則此三鼎疑皆夏、商之器。

李氏録云：「自庚至癸一體，每變以大而文有加。庚、癸二字與説文小異，許慎云：『庚者，秋時萬物，庚庚有實。』

今庚作□，無垂實之象，此□字乃有之。今癸作□，具四中，而此□字，一中三包。癸次丑而居寅之前，有紐而未引達之象。」又癸鼎文作「龍虎中有獸面」，蓋饕餮之象。呂氏春秋曰：「周鼎著饕餮，有首無身，食人未咽，害及其身。」春秋左氏傳：「縉雲氏有不才子，貪于飲食，冒于貨賄」，天下之民謂之饕餮。「古者鑄鼎象物，以知神姦」，鼎有此象，「蓋示飲食之戒」。又按：陶隱居刀劍録云：「夏孔甲鑄劍一，名曰甲〔一〕。」銘止一字。

晉姜鼎

集古作「韓城鼎」。臨江劉氏

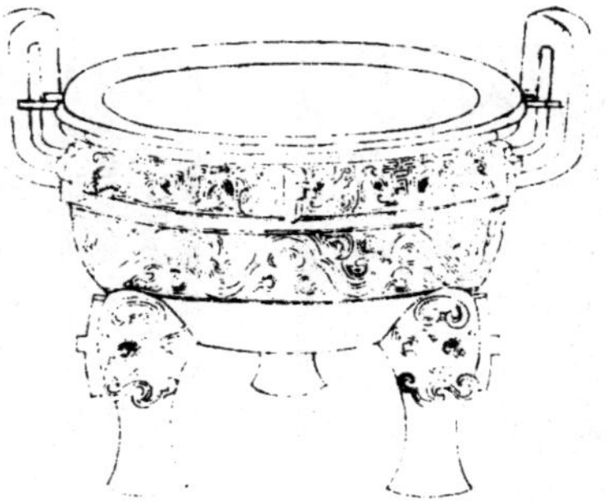

〔一〕「名曰甲」：百川學海本古今刀劍録作「銘曰夹」。

集古本

劉原父釋

惟王九月乙亥晉姜曰余
惟司朕先姑君晉邦余不
〇安寧巠雝明德宣〇我
猷用〇所辟辟〇〇〇〇
劉虔不〇〇〇〇巳寵我
萬民嘉　我〇閑齋十兩
彡　文　〇〇〇〇〇〇
征綏〇〇　〇吉金用作
寶尊彝用康　安　遠邦
君子晉姜用蘄〇〇康壽
作愈〇虫萬年無疆用享
用德畯保其孫子三壽是利

太常博士豫章楊南仲釋

佳（惟）古字多省偏旁，鄭司農說周禮云：「四者書二二，但爲義。」又云：「立、位同字。古文春秋經位爲立是也。」王九月乙亥，晉姜曰：余隹同上司嗣肵朕先姑君晉邦，余不叟敌今作敢者，籀文省，進取也。从叉，故叟疑爲敌安寧，巠經□疑雝明德，宣邳疑邸省隸作卹我□，用□広辟辟，□疑作母。□从女而象乳子形，故疑爲母，而□讀爲□。□久光剌，虔不豖疑豕字，讀爲墜□諸魯字古作□，即旅字。古文旅作□，而□者字用□爲聲。蓋古文魯、旅□二字通用，故疑譇爲諸。□覃□享自師，□我萬民，□遻我，沪疑易字。易者，篆文蜥蜴形，故沪疑爲易而讀爲錫、賜，皆以聲假借也。□□，或胸字省中，象盬形。胸、胃，上象胃中穀形，故疑卤、胃二字。賚千兩，勿灋文侯□令，□疑卑字。卑者，從□，在甲下，□今但用左。古者尚右，故□在甲下爲卑，故□疑爲卑，亦忠，借爲俾讀。□疑毌字，讀爲貫。毌音冠，象穿貫宝貨形。貫字從二□，或即毌字。今毛詩有串夷字，俗用爲串穿之串。說文不載，豈非□字之省也？故疑讀爲貫。甬通，凡从辶彳，古字多通用。弘，征□疑緐字湯，□叚受久吉金，用□作寶□□鼎，用康□疑西夏字。古語二字相屬者多爲一字。書之若秦鐘銘有□，小子，三方，四方之字是也。卤古西字，故疑爲兩字。□妥妥讀爲綏。說文無妥字，蓋古綏字省糸爾，其後相承讀如婿，故疑爲綏。褱□□君子。晉姜用□疑旂字，讀爲祈聲〔一〕。□音偃，石鼓文皆作□。古之旌旂悉載於車，故疑□即旂字，而以車借讀爲旂。近嘗有得敦藍田者，二銘皆用「□萬壽」之文，故知其然也。□□□疑釁字，讀爲眉。釁今幡〔二〕，爲許刃而□芑之□，音門。用之爲聲。詩「鳧鷖在□」，又省爲亹。易係辭又讀如尾。□、門、尾、眉，聲相近，又古者字音多與今異。徐鉉所謂如皀，亦音□。□亦音門，乃辨音，仍它皆倣此是也，豈□、眉古亦同音歟？秦鐘銘亦有此字。□，□□爲爲者，母猴也。从爪而象其形，故疑爲爲。亟極，萬年無彊疆，用亯享用德，㽘疑允字。字書所無，而於文勢宜爲允。蓋用吮省聲也。保□其孫子，三□是利。它字不可識者猶十一二，皆今所不傳。以小篆參求之，不能彷彿；以今揆之，其間或當。時書者、鑄器者，不能無謬誤矣。

〔一〕明刻本、亦政堂本脫「聲」，據四庫本補。

〔二〕「幡」：四庫本作「音」。

右得於韓城。徑尺有七寸四分，高尺有二寸半，深七寸六分，容四斗二升。銘百有二十一字。

公諴鼎臨江劉氏

集古作商雒鼎

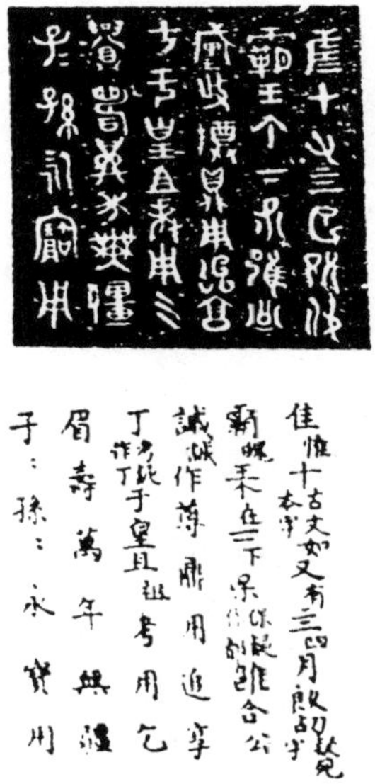

右得于上雒。徑尺有七分，高八寸八分，深五寸八分，容斗有八升。銘四十有一字。

按：「惟王十有四月」，古器多有是文，或云「十有三月」，或云「十有九月」。疑銅[一]王居憂，雖踰年未改元，故以月數也。乖雒，或宮名，如西雒之類。集古云：「雒公不知爲何人？」原父謂：「『古丁、寧通用。』蓋古字簡略，以意求之，則得爾。」

[一]「銅」：亦政堂本作「飼」、四庫本作「嗣」。

蠆鼎秘閣

蠆

右銘一字，餘未考。古蠆字全象蠆形，疑人名，若公孫蠆之類。周景王十三年，鄭獻公蠆立。

娟氏鼎河南

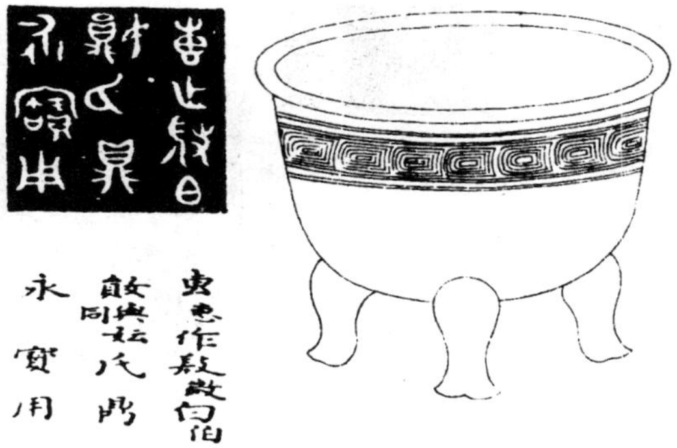

右銘十字，餘未考。

按：娟〔一〕姓，祝融之後，亦作妘。說文云：「籀文作𡟼。」

〔一〕明刻本、亦政堂本皆脱「娟」字，據四庫本補。

東宮方鼎扶風乞伏氏

東宮

右得於扶風。量度未考。銘二字曰「東宮」。

孔文父飲鼎〔二〕京兆田氏

隹三月孔文父作
𠨍飲鼎子孫寶用

右銘十四字，餘未考。

按：此器銘謂之鼎，而制度乃類尊壺之屬，疑古人制器規模亦有出入不一者；不然，則或文同而音異。皆未可考。

〔二〕亦政堂本無此鼎。

鄭方鼎 廬江李氏[一]

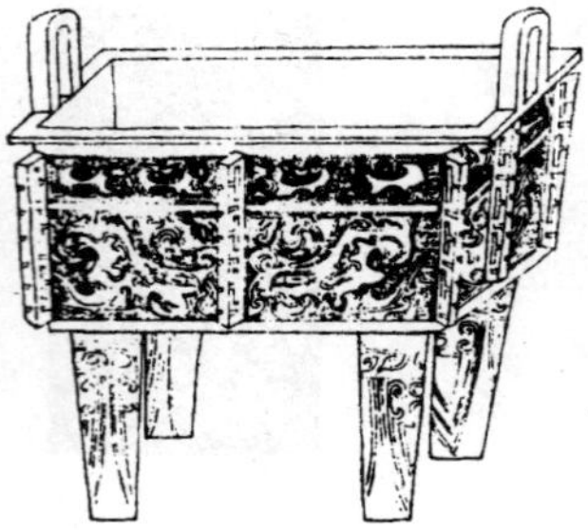

右元祐丙寅春新鄭野人耕而得之。高七寸有半，深三寸一分，縮六寸，衡四寸有半，容二升有半。無銘識。

按：此器與東宮方鼎相似。

李氏録云：「春秋左氏傳：晉侯賜鄭子産莒之二方鼎。今得之新鄭，蓋鄭鼎也。」

[一] 明刻本、亦政堂本無「廬江李氏」四字，據四庫本補。

牛鼎內藏

右不知所從得。以黍尺、黍量校之，深八寸六分，徑尺有八寸，容一斛。無銘識。

按：今禮圖所載牛羊豕鼎各以其首飾其足，此鼎之足以牛首爲飾，蓋牛鼎也。

雲鼎丹陽蘇氏〔一〕

右所從得及度量皆未考。無銘識。鼎口及足皆以雲氣爲飾。

〔一〕四庫本無「丹陽蘇氏」四字。

直耳饕餮鼎新平張氏

右所從得及度量皆未考。無銘識。鼎腹有饕餮象，文皆隱出。

直耳篆帶鼎同上

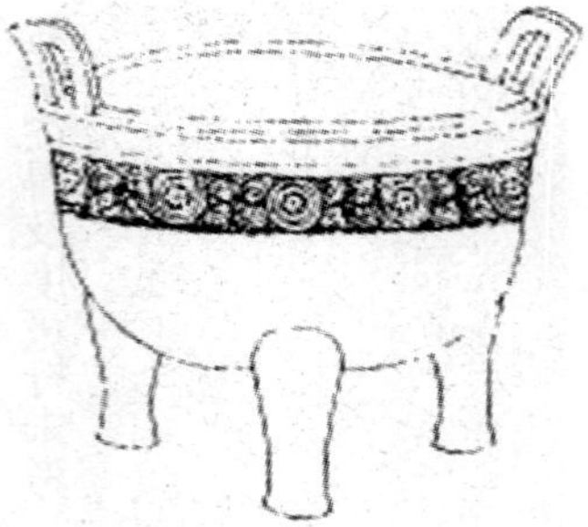

右所從得及度量皆未考。無銘識。

王子吴飤⿰爿干河南文氏。飤飼同。

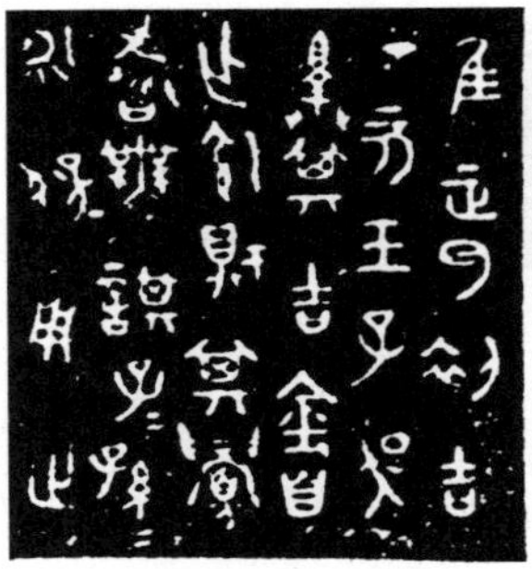

惟正月初吉
丁亥王子吴
擇其吉金自
作飤⿰爿干其眉
壽無期子子孫孫
永保用之

右得於京兆。高尺有三分，深八寸有半，徑尺有三寸半，容四斗三升有半。銘三十有一字。

按：此器銘云：「作飤⿰爿干。」⿰爿干字，字書所不載。其形制則鼎也，字體與無子鐘相似，蓋周末接戰國之物。

宋君夫人餗釪鼎秘閣

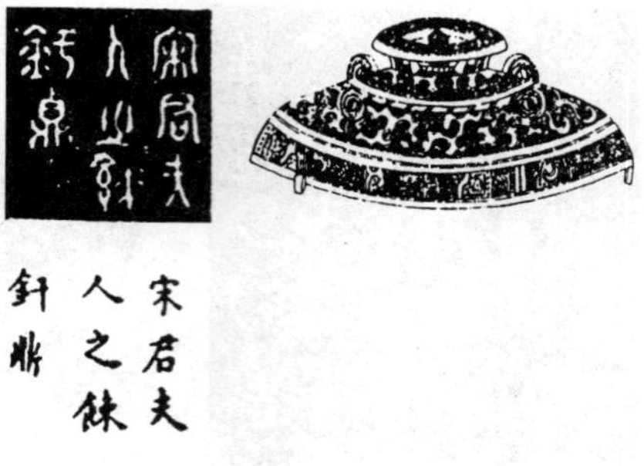

右得於京兆。惟蓋存。徑七寸，高二寸。銘八字。

按：釪字疑作鈃，省音刑。王子吳飤[illegible]從鼎，此從金。又，干字與幵字，筆畫相似而不類，亦未可考。

乙鼎河南王〔一〕氏

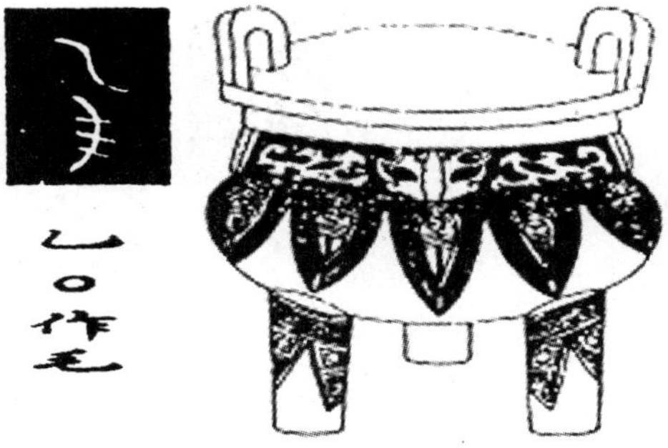

右得於鄴郡亶甲城。高五寸八分，深三寸七分，徑五寸二分，容二升。銘二字。

按：鼎銘「乙」下一字，不可識。考其形制文字及所從得，蓋商器也。

〔一〕「王」：亦政堂本、四庫本作「文」。

饕餮鼎鄴郡竇氏

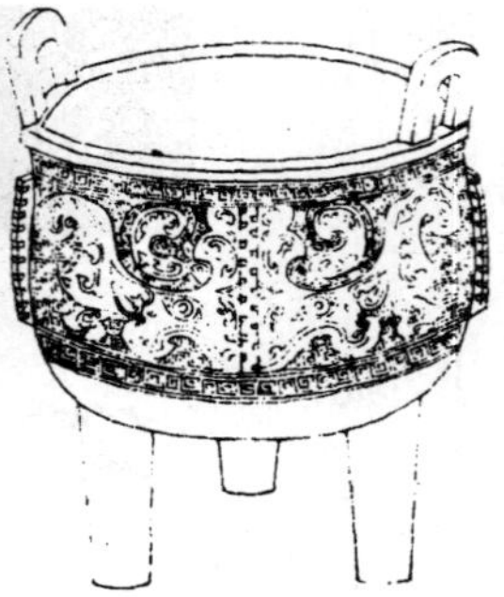

戊

右得於鄴郡漳河之濱。高五寸有半，深三寸四分，徑四寸有半，容二升一合。銘一字。

按：鼎銘一字，奇古不可識，亦商器也。愚謂銘字疑作戊，蓋乙鼎、庚鼎之屬。

考古圖第二

默齋羅更翁考訂

鬲甗鬶

丁父鬲

弇口鬲

父己鬲

虢叔鬲

其父鬲

匚旅鬲

方乳曲文大鬲

方乳曲文次鬲

垂環鬲

直耳鬲

四足鬲

叔殷敄鬲

伯勳父圓旅甗

仲信父方旅甗

圓篆甗

文足甗
圜甗
庚甗
細文鬵

丁父鬲盧江李氏

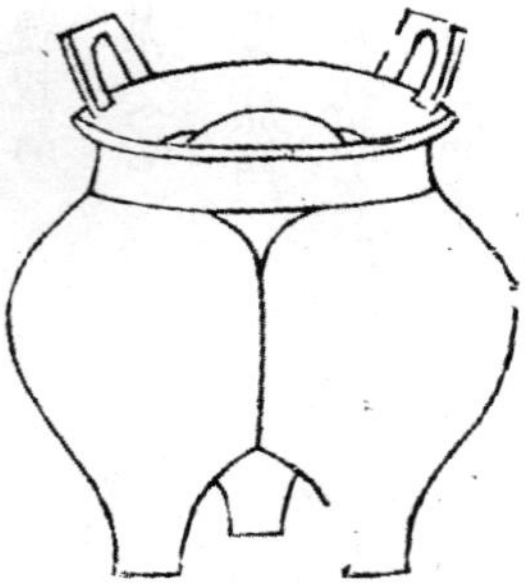

孫丁父

右不知所從得。高五寸有半，深三寸二分，徑四寸有半，容二升。銘三字。

李氏録云：「爾雅：『款足曰鬲。』此器自腹所容通足間，若股膊然，三體合爲一。丁父所作商器也。」虢叔鬲及祕閣所藏二周高鬲，有瀾足爲欵者，有自下空爲欵者，皆圜而不分三體，與此少異。

弇口鬲河南文氏

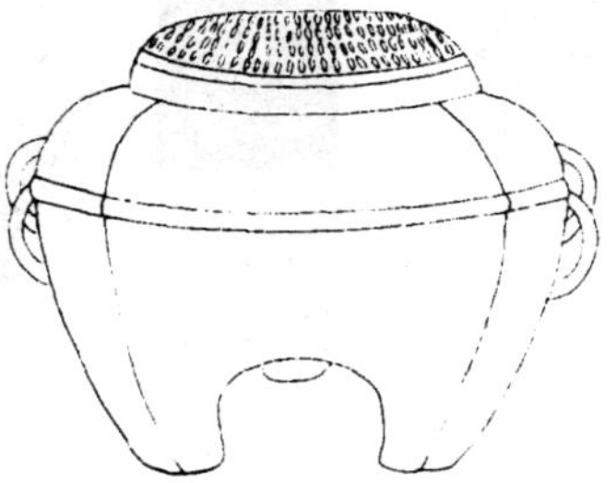

右無銘識。餘未考。

父己鬲京兆呂氏

鬲

父己

右得於郟城。高五寸七分，深二寸九分，徑二寸有半，容二升有半。銘三字。

虢父鬲

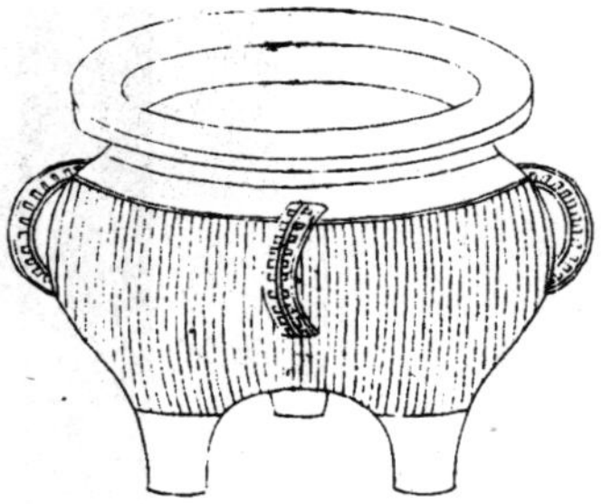

虢叔作尊鬲

右不知所從得。高四寸有半，深二寸六分，徑五寸有半，容升有七合，重二斤十兩。銘五字。

萁父鬲河南張氏

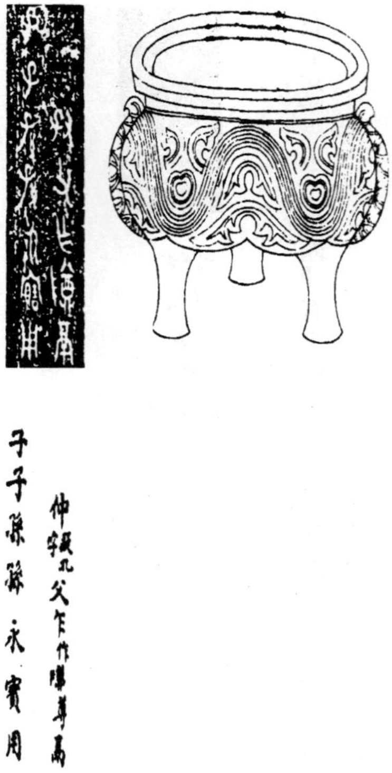

右熙寧中得於鳳翔、盩厔。高三寸八分，深三寸二分，徑五寸六分，容二升。銘十有二字。

□旅鬲 河南文氏

薛尚功云：商父己卣有□字，此乃其半，蓋析字也。 一字，竒古未可考〔一〕。

按：周憬功勳銘内「鴻」字「工」作「□」，疑此作□旅鬲。

右得於京兆。高一尺，深五寸八分，徑四寸，容五升。銘二字。

按：此器銘有□字。李氏所藏父己卣有□字，乃其半，皆不可考。古文鑛字作□，似近之。形〔二〕制有款足，故名曰

〔一〕明刻本無此條，四庫本作「釋闕」，據亦政堂本補。

〔二〕「形」：四庫本作「其」。

鬲。其〔二〕文皆隱起，作獸面，亦饕餮象，亦有柄有流，流口作牛首，蓋有連環系于柄，與他鬲小異。

方乳曲文大鬲內藏

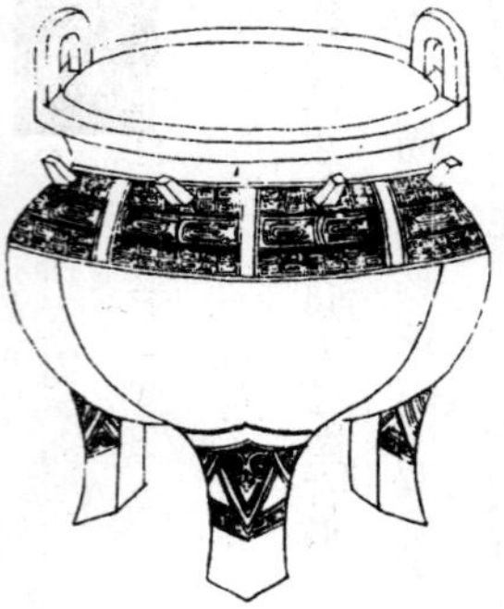

〔二〕「其」：四庫本作「其」。

方乳曲文次鬲同上

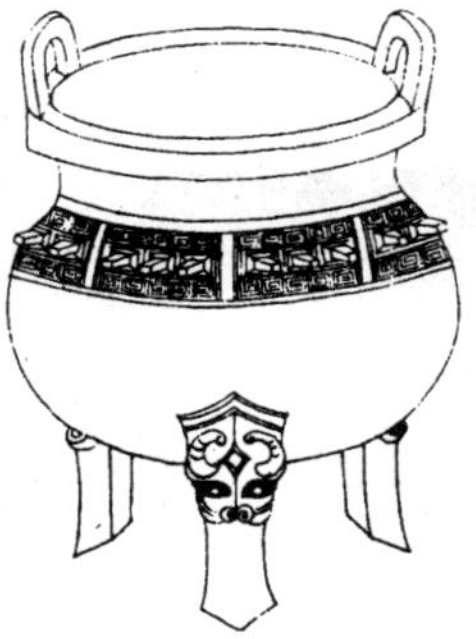

右二器不知所從得。以黍尺、黍量校之，大者深尺有一分，徑尺有四寸耳，高四寸，圜唇厚半寸，容一斛；次者深八寸九分，徑尺有二寸半耳，高三寸，容五斗。足皆中空，有界篆「方乳曲文」爲飾。無銘識。

按：周禮：「陶人爲甗」，「鬲實五觳」。又，「豆實三而成觳」，「四升爲豆」，觳容斗二升，五之則六斗。皇祐中，詔定大樂，有司校之，皆與周官不合。

垂環鬲河南文氏

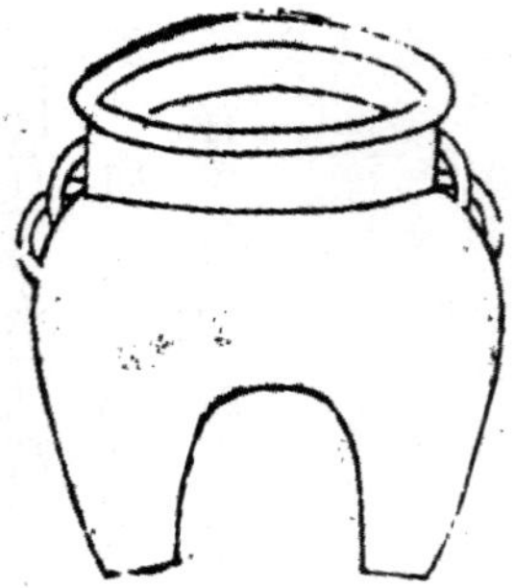

直耳鬲河南張氏

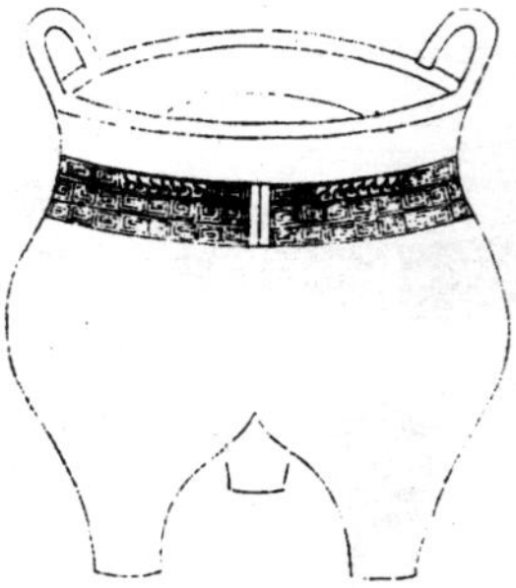

右得於河南河清。高四寸七分，深三寸二分，徑四寸六分，容一升六合。

四足鬲 開封劉氏

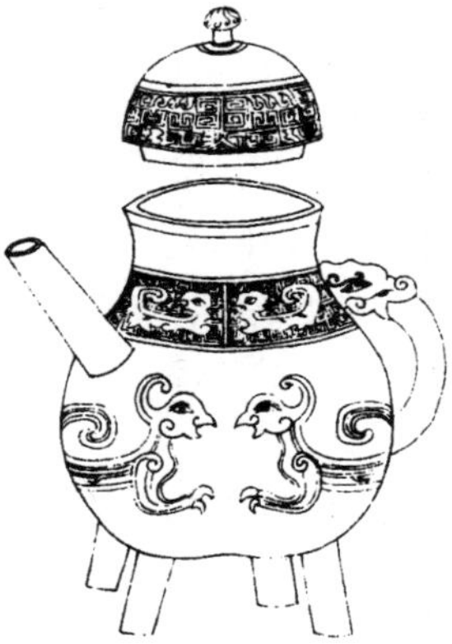

右不知所從得。高七寸七分，深五寸六分，徑三寸八分，容三升半。無銘識。

叔殷敍鬲 敍奴豆公豆二切

樣闕。疑與前虢叔鬲同銘，少異爾。

虢（虢）叔乍（作）叔殷穀隮鬲

右不知所從得。銘八字。形制未傳。

伯勲父圓旅甗內藏

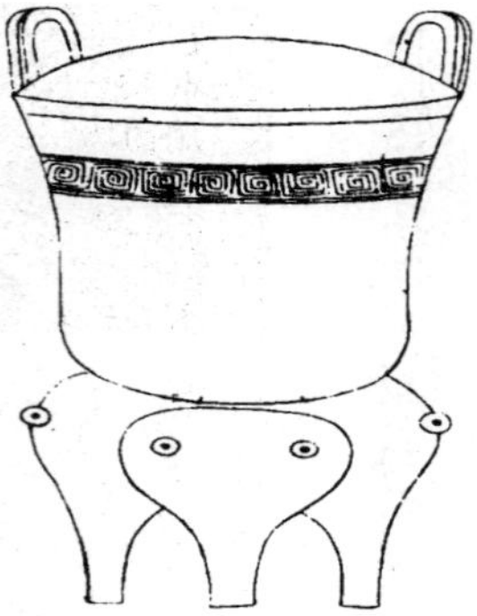

右不知所從得。以黍尺、黍量校之，徑有三寸八分，有脣而無劃記。自口至底，隔深六寸八分耳，高三寸，足皆中空，容二斗。甗容三斗六升。銘六字。

按：周禮：「陶人爲甗，實二鬴。」四升爲豆，四豆爲區，四區爲鬴。鬴容六斗四升，二鬴則斛，有二斗八升。皇祐中，詔定大樂，有司校之，與周官不合。文曰：「旅甗者，旅食所用。」燕禮：「司官尊于東楹之西，兩方壺」；「公尊瓦大兩，有豐」；「士旅食于門西，兩圜壺。」言旅者，以別公尊與堂上尊也。餘器皆然。故此圖所謂有旅彝、旅鬲、旅簠、旅卣、旅匜，皆此義也。愚按：甗，說文云：「無底甑也。」魚軒、語偃、語蹇、魚蹇四切。

仲信父方旅甗同上

維六月初吉
史仲信父作旅
甗其萬年子子
孫孫永寶用

右得於好畤。以黍尺、黍[一]量校之，縮八寸有半，衡尺有二寸，自唇至隔底，深八寸四分，四足皆中空，甗容六斗四升，足容斗有六升。

[一] 自此字以下四庫本闕。

按：舊圖云：「咸平三年，好時令黃鄆獲是器，詣闕以獻，詔句中正、杜鎬詳[一]其文。惟□字楊南仲謂不必讀爲史，當作中，音仲。」

集古云：「中設銅箄，可以開闔，製作甚精。」

圓篆甗淮陽趙氏

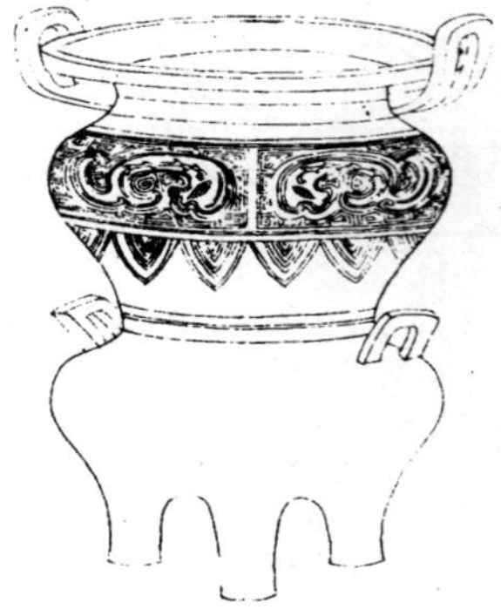

[一]「詳」：四庫本宋薛尚功歷代鐘鼎彝器款識卷十六作「注」。

右不知所從得。甗口徑尺，底隔徑六寸。自口至底隔，深七寸有半。下有三角鼎，鼎口徑六寸，深四寸，足高三寸，中實。上下皆有耳。形制與圜旅甗相似。無銘識。

文足甗 河南文氏

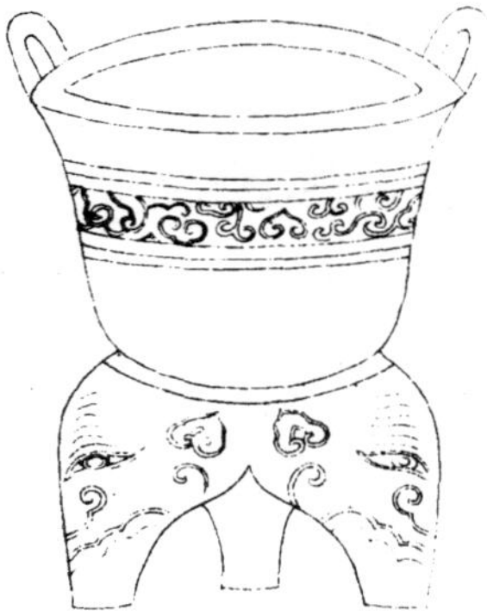

右所從得及度量皆未考。無銘識，足有文。

按：此器與匕鬲略相似。

圜甗河南文氏并隔底

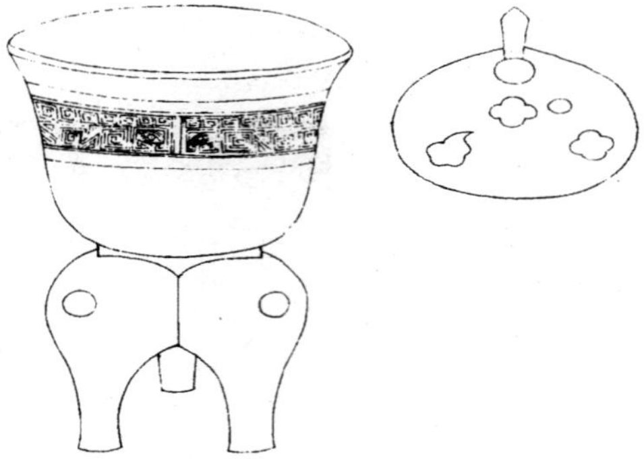

右所從得及度量皆未考。無銘識。

按：此器與伯勲父圜旅甗相似。

庚甗

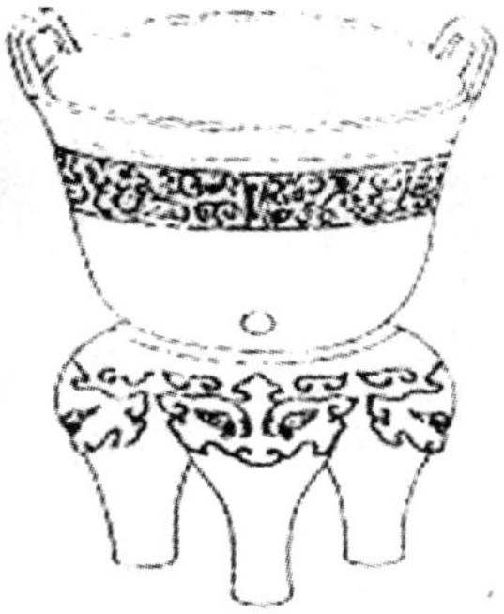

庚午爲午一作壬
應婦彝
薛尚功云此甗藏開封劉氏銘文
極古惟辨庚壬二字

右得於京師。高六寸有半，深五寸，徑五寸，容二升一合。銘六字。

按：古甗皆下體連鬲，此器殊小，未知所用。銘文惟辨字，餘不可訓釋。

細文鬵河南文氏

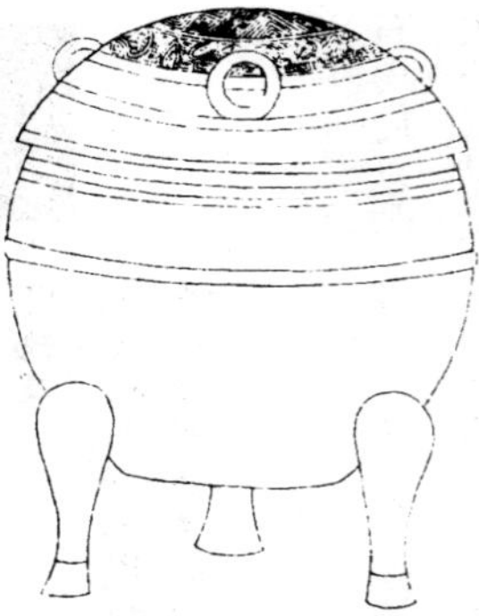

右得於滎陽。高七寸，深四寸二分，口徑五寸有半，腹徑六寸有半，容四升。無銘識。文極細巧，多爲物象，不可圖寫。

按：爾雅：「䰝，謂之鬵。」說〔一〕文云：「鼎大上小下若甑曰鬵。」

考古圖第三

默齋羅更翁考訂

〔一〕「說」：原作「甑」，據引文乃說文鬲部之內容改。

簋屬

散季敦
[illegible]敦
郱敦
伯庶父敦
周敦
雁侯敦
虢姜敦
伯百父敦
中言父旅敦
戠敦
牧敦
螭耳敦
篆口耳足敦
四足䟽蓋小敦
三牛敦

己丁敦

叔高父旅敦

寅簋

師奕父旅簋

小子師簋

太公缶

弡中𠥲

史剢𨼭

杜嬬鋪

簋蓋

散季敦京兆呂氏〔一〕

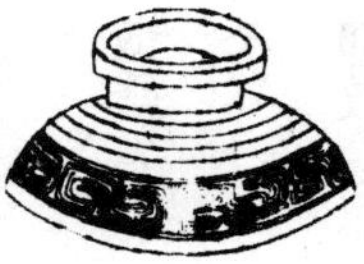

〔一〕「京兆呂氏」原脫，據四庫本補。

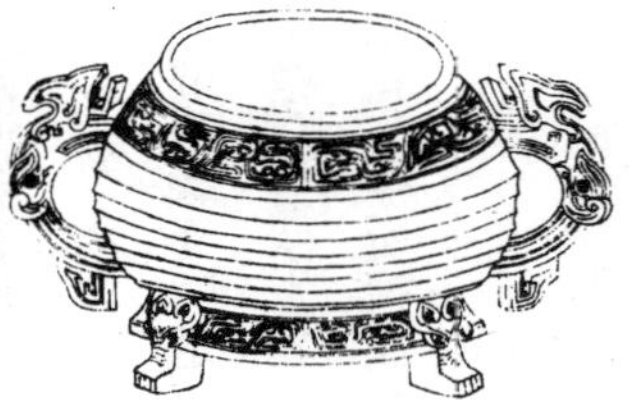

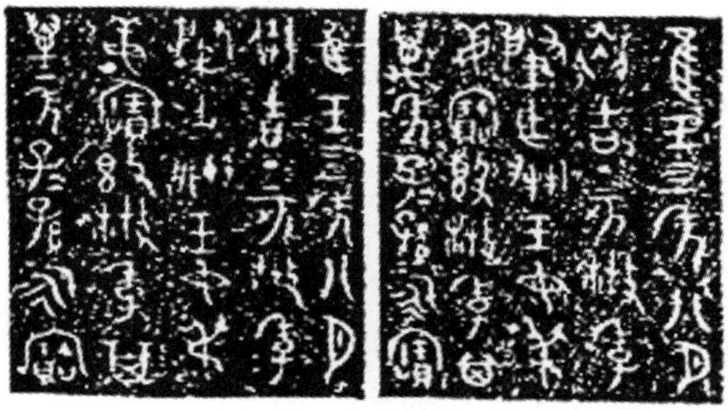

惟王三四　年八月
初吉[illegible]丁亥　散季
肇作　王母叔作鼎姑古
安姜寶敦散季其
萬年子子孫孫永寶

同前

右得於乾之永壽。高六寸，深四寸，徑六寸三分，容九升三合。蓋高五寸。銘三十有二字。

以太初曆推之，文王受命，歲在庚午，九年而終，歲在己卯。書曰：「惟九年，大統未集。」武王即位之四年，敦文曰：「惟王四年」，蓋武王也。是年一月辛卯朔。書曰：「惟一月壬辰旁死魄。」旁死魄，二日也。是歲二月後有閏。自一月至八月小盡者四，故八月丁亥朔，與敦文合。武王之時，散氏惟聞散宜生，季，疑其字也。永壽在幽〔二〕、岐之間，皆周地。

按：禮記明堂位云：「有虞氏之兩敦，夏后氏之四璉，殷之六瑚，周之八簋。」敦，簋屬也，所以實黍稷。上古以瓦，亦謂之土簋；見韓非子。中古始用金，少牢禮：主婦執一金敦黍是也。古敦形制尚質，未有耳足，士喪禮所用廢敦是也，又謂之敦牟；見内則。冠亦象之，所謂「毋追，夏后氏之冠」。今禮圖所傳毋追全似敦形。敦牟，毋追，聲轉耳。周人以簋爲祭器，乃以有虞氏之敦爲用器。士喪禮：用器兩敦。士大夫，祭器則有之，以文爲貴，則貴者用文，而賤者用質。故士喪禮：朔月，奠用瓦敦；虞禮、特牲饋食皆有兩敦黍稷；少牢饋食有四敦黍稷而一金敦；聘禮：待鄰國之卿則八簋二簠，簋實黍稷，簠加稻粱也；公食大夫則六簋二簠；掌客：主待諸侯，上公簠十，侯伯八，男六，簋皆十有二，則天子諸侯不用敦矣；周官玉府：「若合諸侯，則共珠盤玉敦。」蓋金敦而以玉飾。今李氏所藏小敦，其文猶有可以容玉飾者，蓋玉敦也。

此圖所載敦形制不一，有如鼎三足、腹旁兩耳、大腹而卑、耳足皆有獸形、其蓋有圈足卻之可置諸地者，如散季敦、郱敦、伯庶父敦、周敦、雁侯敦之類；有如尊而夾腹、兩耳、圈足者，伯百父敦是也；有如盂而高、圈足、無耳者，戠敦是也；有略如散季敦而圈足、足下又連一圈高三寸許者，牧敦是也。豈古人制器，自爲規摹，皆在法度之中，亦容有小不同？抑世衰禮壞，僭偪不常？未可考也。今禮圖所畫敦正如伯百父者，殆學禮者止能傳其一爾。少牢禮：敦皆南首。鄭氏謂其飾象龜。今所圖無有象龜者，則其首當以足文獸形之首爲正。

〔二〕「幽」：四庫本作「豳」。

㬅敦 臨江劉氏

㬅作皇祖益公
文公武伯皇考
龔白䵼彝㬅其
汦=萬年無疆霝
終霝令其子=孫=
永寶用享于宗室

右得於盩厔。徑七寸三分，深四寸，容八升。銘四十字。

按：此器乃敦而銘云「鼎彝」。鼎彝者，舉器之總名，故不言敦。𡚁，必大夫也。祭及四世，則知古之大夫惟止三廟，而祭必及高祖。大傳云：大夫士子祫及其高祖。武伯、龔伯，其祖考之爲大夫者，以諡配字，如文仲、穆伯之類。益公、文公，其曾高之爲諸侯者。大夫祖諸侯，末世之僭亂也。

郲敦〔一〕一臨江劉氏 一京兆孫氏

〔一〕明刻本、亦政堂本無蓋圖，據四庫本補。

蓋

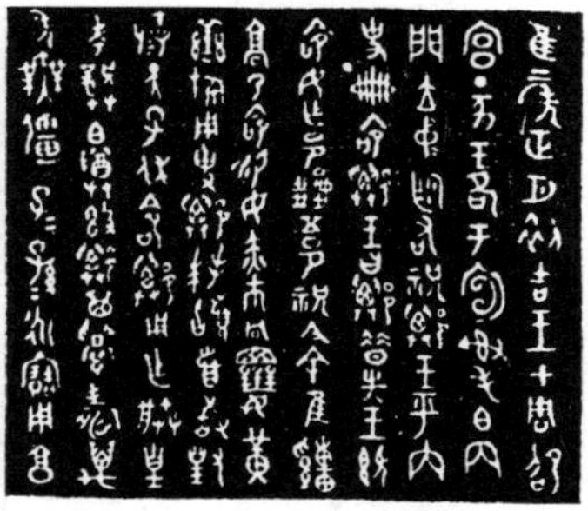

惟二年正月初吉王在周邰

宮丁亥王格于宣射毛伯

門立中庭右祝鄭王乎內（乎乎）

史冊命鄭王曰鄭昔先王既

命汝作邑維五邑祝今余惟（[illegible]）

商乃命汝赤芾同冕齊黄

鑾旂用事鄭拜稽首敢對（同彤）

揚天子休命鄭用作朕皇

考龔伯尊敦鄭其眉壽萬

年無疆子子孫孫永寶用享

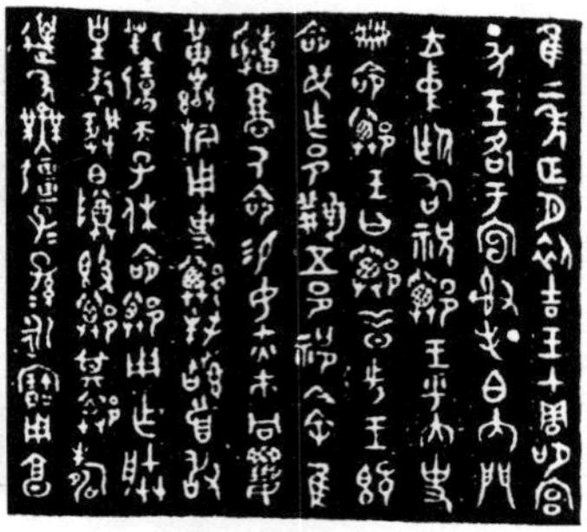

同前

右二敦得於扶風，惟蓋存，藏於臨江劉氏。後又得一敦，敦、蓋具全，藏於京兆孫氏，制度款識悉同。高五寸有半，深四寸，口徑五寸九分，容六升一合。蓋徑六寸六分，高二寸四分。銘皆百有七字。

按：此敦二器，同制同文，則知古人作器勒銘非一物，器器皆有是銘也。𨛬，周大夫也，有功錫命，爲古考作祭器也。宣榭者，蓋宣王之廟也。榭，射堂之制也，其文作[illegible]，古射字，執弓矢以射之象，因名其堂曰射。音謝，後从木。古〔一〕堂無室以便射事，故凡無室者皆謂之榭。爾雅云。宣王之廟制如榭，故謂之宣榭。春秋記「成、周宣榭火」，以宗廟之重而書之，如威〔二〕僖公之比。二傳云：「藏禮樂之器，非也。」後有敔敦云：「王格于大室」；牧敦云：「格大室」，亦廟也。古者爵有德而禄有功，必賜於太廟，示不敢專也。「祭之日，一〔三〕獻，君行立於阼階之南，南鄉，所命北面，史由君右執策命之」；再

〔一〕「古」：亦政堂本、四庫本作「其」。
〔二〕「威」：四庫本作「桓」。
〔三〕「日一」：諸本原作「旦」，疑二字作一字，據十三經注疏本禮記祭統改。

拜稽首，受書以歸，而舍奠于其廟。」「毛伯内門立中庭，右祝𨛜」者，毛伯，執政之上卿也，入廟門，中其庭立，祝與𨛜皆在其右也。「王呼内史策命𨛜」者，内史，掌諸侯、孤卿、大夫之策命也。「王曰」者，史執策贊，王命以告𨛜也。「赤芾同冕齊黄鑾旂所錫車服齊黄」者，馬，齊色也。「𨛜拜稽首，用作皇考龔伯寶尊敦」者，所謂「受書以歸，奠于其廟」也。此策命之禮，所圖器多有是辭，故詳釋之。

按：集古作「毛伯敦」，云：「劉原父考按其事謂：史記：『武王克商』，『尚父牽牲』，『毛叔鄭奉明水』。則此銘謂鄭者，毛叔鄭也。銘稱伯者，爵也；史稱叔者，字也。敦乃武王時器。」此云宣樹爲宣王之樹，則非矣。

伯庶父敦 臨江劉氏

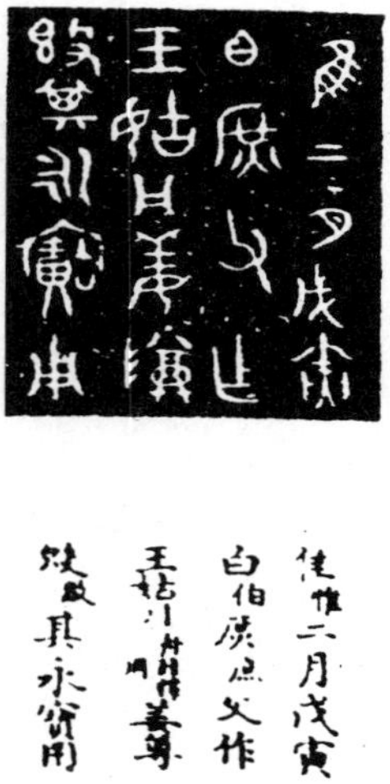

右得於扶風。徑六寸，深四寸，容六升有半。銘十有九字。

按：此器稱「王姑舟姜」，稱姑婦辭也。王姑，夫之母也。作器者乃「庶父」，未詳。或謂王姑者王父之姊妹，然王父姊妹當從人，否則有歸宗及殤祔祭可也，亦不容制器以祭。

周敦 內藏

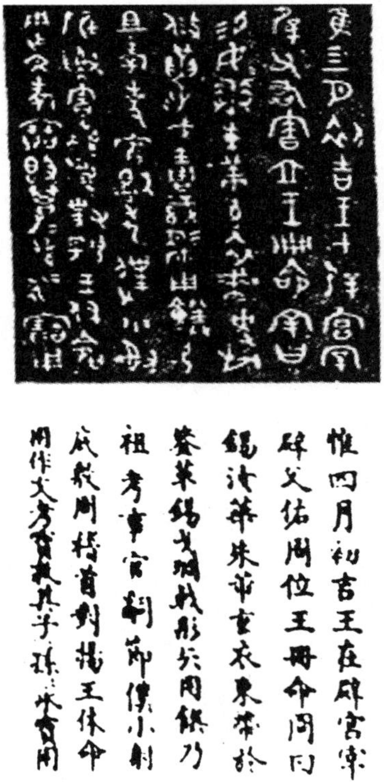

右不知所從得。以黍尺、黍量校之，徑八寸四分，深五寸二分，容二斗。銘七十有四字。

雁侯敦 扶風乙伏氏

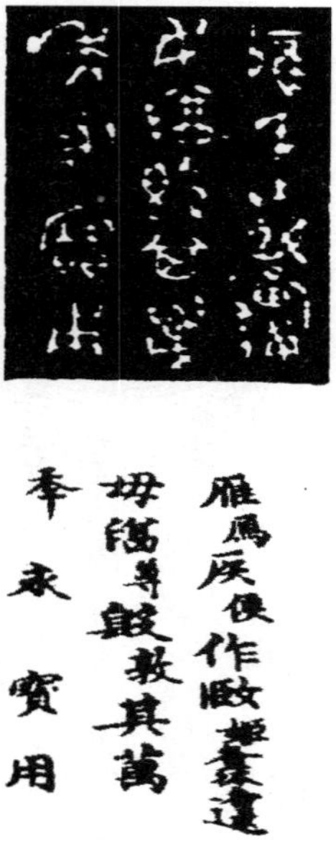

右不知所從得。量度未考。銘十有四字。

按：雁，古鴈字。謂「雁侯」，或其名士婦人以字配姓，如伯姬仲子之類。此云「姬邅母」者，疑雁侯之妾，邅母〔二〕必字也。姓加字上，與伯姬仲子不同。母字又在其下，不知何義？

〔二〕「邅母」：明刻本、亦政堂本作「母邅」，據四庫本及上下文改。

虢姜敦 睢陽王氏

虢虢姜作寶尊敦用
禪追孝于皇考叀惠
中仲斷此康𢊁慶讃釋辭屯純右祐
通彔祿永命虢姜其
萬年眉壽𠭥受福無
彊子子孫孫永寶用享

右不知所從得。惟蓋存。徑尺九分，高四寸六分。銘四十有四字。

伯百父敦臨江劉氏

白伯百冏集古作冏父作周姜
寶敦用夙夜亯
用蘄萬年壽

同前

右得於驪山白鹿原。皆徑六寸五分，深三寸，容二升半。銘十有六字。

按：此敦與諸敦形制全異，底一作「冏」，蓋一作「目」，皆當作「𦣻」字。

集古云：「尚書冏命序曰：『穆王命伯冏爲周太僕正。』則此敦周穆王時器也。」〔二〕

〔二〕明刻本無後兩條文字。

中言父旅敦同上

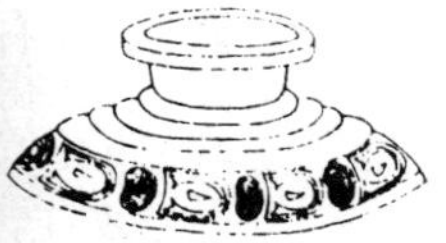

中仲言父

作旅敦

右不知所從得。惟蓋存。徑四寸六分，容升有一合〔二〕。銘六字。

〔二〕「合」：四庫本作「各」，疑形近而誤。

戠敦 廣韻：「之翼切。」河南張氏

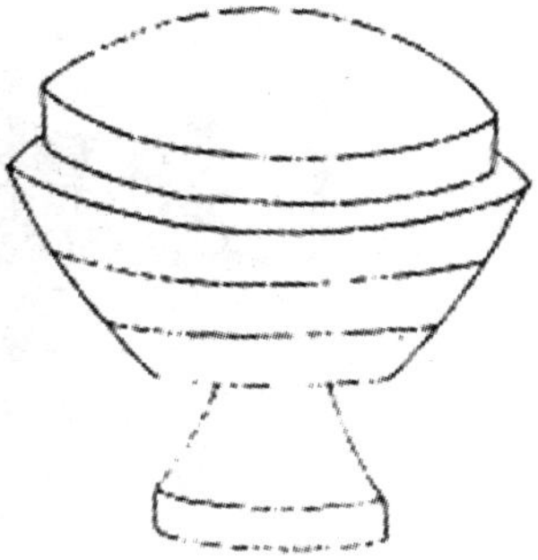

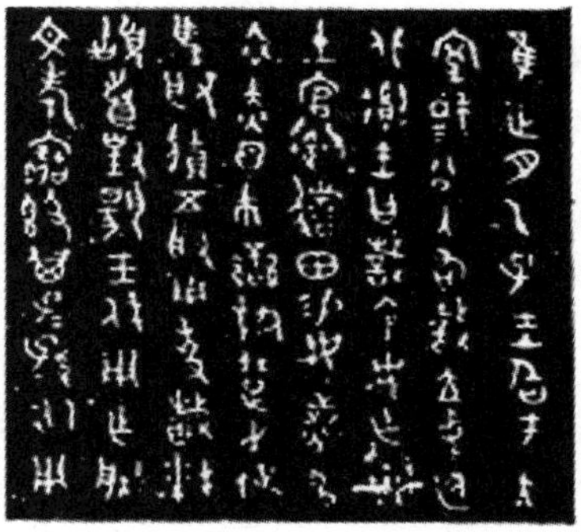

惟正月乙子王各（格）于大
室室䧹公入右（佑）戠（戠）立中廷（庭）
壯䋣王曰戠命女作𤔲（治）
土官治籍田錫女戠玄
衣赤環市（芾）䜌旂楚（楚）徒
馬取五取用事戠拜
稽首對䫂（揚）王休用作朕
文考寶敦其子孫永用

右得於扶風。惟蓋存。高二寸有半，深一寸四分，徑七寸有半。銘七十有三字。

按：此敦形制與伯百父者略相似而無耳。其銘與⿰弟阝相似，文云「正月乙子」，及商癸彝亦曰「丁子」，日辰剛柔不相配，疑乙子即甲子、丁子即丙子。世質人淳，取其同類，未甚區別。不然，殆不可考。蔡博士肇云：「晉文公城濮之戰，獻楚俘於周，駟介百乘，徒兵千。」而敦文有曰「楚徒」者，乃以楚之徒兵錫之。禮，諸侯不相遺俘，天王得以錫侯國。

愚按：前云「惟蓋存」，又云「形制與伯百父者略相似而無耳」。圖象亦非蓋形，必是謬誤。

牧敦 京兆范氏

隹王十年十又三月既生霸甲
寅王十周十師汘父宮各大
室即立公令入右牧立中
庭王乎內史吳
曰牧昔先王既令女作𤔲土
令余唯或𢼸改令女辟百寮
有同吏𠧟多亂不用先
王作井亦多虐庶民厥
右𪒠不刑不中乃侯止龏
从令𢦏司匐久𦓝乃敁王曰
牧女母敄先王作明井

用雩乃敫庶右𪒠毋敢不明不
中不刑乃申政吏毋敢不尹其不
中不刑令余惟𧿈𢍏乃命
女鬯一卣金車𠦪𩊒書𩎟
朱虢𩎟𠂤𩏙畫轉𣃔余
四匹服𢒯敬夙夕勿
𧭿朕命牧𩒨首敢對揚王
不顯休用作朕皇文考益
白寶𢽣敦牧其萬年壽考
子子孫孫永寶用

右得於扶風。量度未考。銘二百二十有一字。

按：此敦形制與諸敦不類，其銘與郝敦、戠敦相似。所錫有秬鬯一卣，及虎冕練裏之類，與寅簋相似。司服所掌五冕無虎冕。先儒釋「毳冕」之章，宗彝爲首。宗彝有虎蜼，故謂之毳。音誄。以是考之，虎冕即毳冕也。如荀卿云：「天子山冕。」山冕，即龍衮也，有山龍之文，故或曰山冕，或曰龍衮，皆舉一物以名其服。

螭耳敦 內藏

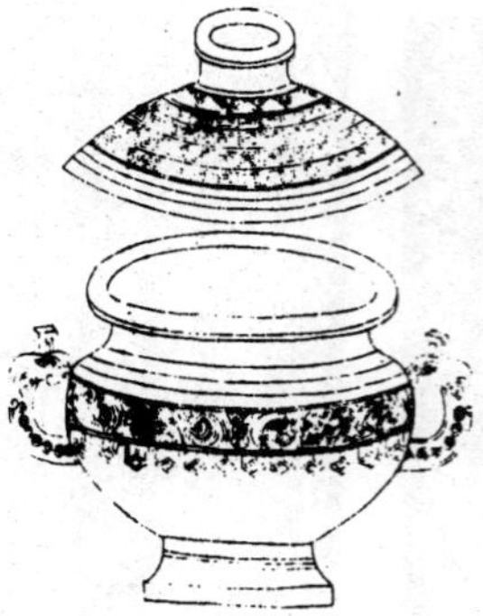

右不知所從得。以黍尺、黍量校之，深四寸一分，徑尺有八寸，容二斗。無銘識。

按：此敦與散季敦、郝敦相似，但圈足爲異，而百百父敦亦有圈足，當銘爲敦。

篆口耳足敦河南文氏

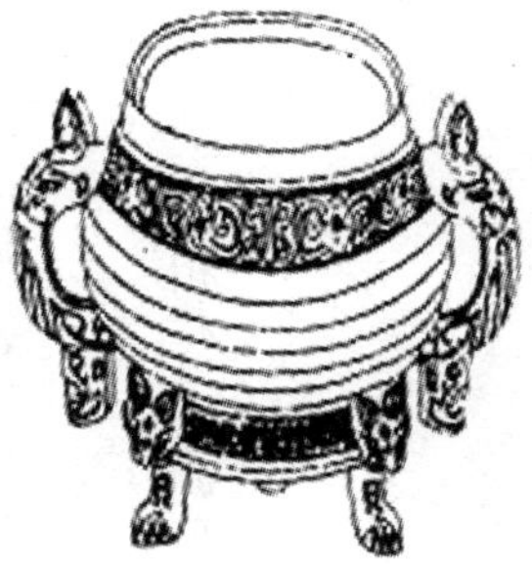

右所從得及度量皆未考。無銘識。

按：此器與散季敦、𨚗敦相似。

四足疏蓋小敦 廬江李氏

右得於京師。有四足，蓋有圈足疏之。高五寸，縮六寸半，衡五寸半，容二升。無銘識。

李氏録云：「少牢禮：『敦皆南首。』注謂：有首，象龜形。明堂位：『兩敦』、『四璉』、『六瑚』、『八簋』，皆黍稷器，則形制大體相若。」今四足，形羡，象龜也；兩獸開口有飾玉處，若非玉敦，即瑚璉也；耳爲饕餮，足爲蚩尤，亦著貪暴之戒。李云：「今畫本以飛獸有肉翅者，謂之蚩尤。」陰符經序引廣成子傳云：「榆剛、蚩尤，炎帝之後，銅頭砍石，飛空走險，以馗牛皮爲鼓，九擊而止之，尤不能飛走，遂殺之。」〔一〕

〔一〕四庫本脱「尤不能飛走遂殺之」八字。

三牛敦 盧江李氏

右得於京師。惟蓋存。徑九寸，高五寸半，容三升，重四斤四兩。

按：「鼎、敦、簋多以三物爲飾，卻而可置諸地」，語在金飾小鼎篇。此蓋伏三牛以爲足，蟠三蛟以戲於中。

己丁敦 曾氏

孫己丁

己孫丁

右得於龍游。高七寸，深四寸八分，徑四寸八分，容六升。銘三字。

叔高父旅簋

臨江劉氏。「旅」集古作「煮」

右得於扶風。縮五寸，衡六寸九分，深二寸八分，容三升有半。底蓋有銘，皆十有六字。

按：簠簋制度不見于經，而傳注之説：「方曰簠，圜曰簋」；或曰：「簠外方内圜，簋外圜内方。」惟周官旊人：「爲簋，陶器必圜則簋。」可知今所圖三簋，其形皆美而不方，有四隅而刓之，亦可謂之圜矣。「旊人之簋，實一觳。」觳容斗二升。古量二升爲匊，今量二匊爲升，大略古量當四之一。古斗二升爲今三升。此止容三升有半，與周官近之。

集古云：「原甫曰：『簋容四升，其形内圜外方而小堉之，似龜，有首、有尾、有足、有甲、有腹。』今禮家所作，亦外方内圜，而其形如桶，但於蓋刻龜形，與原父所得不同。蔡君謨謂：『禮家不見其形制，故名存實亡。』原父所見，可以正其謬也。」此云「容三升有半」，未知孰是？

寅簋 睢陽王氏

右得於京兆。高四寸有半，深三寸六分，縮尺有一寸，衡七寸半，容斗有二升四合。銘一百五十七字。

按：此簋容受亦與旅人不同。

師奐父旅簋

一河南張氏一開封張氏「奐」一本作「奕」。

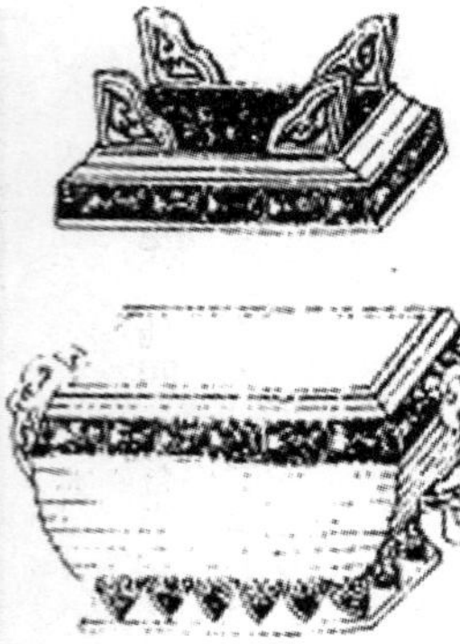

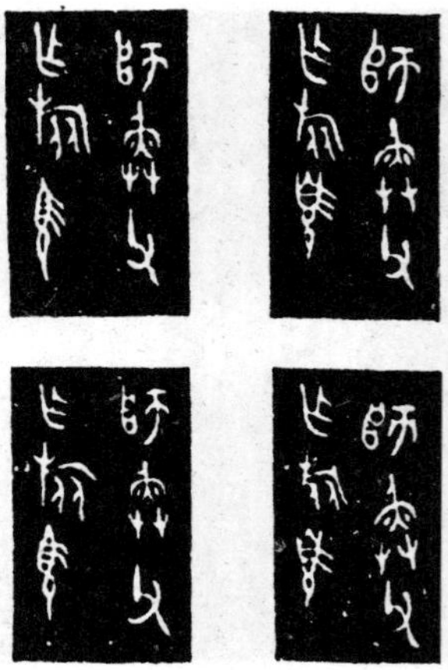

右張氏簋，得於扶風。高六寸，深三寸有半，縮八寸六分，衡五寸有半，容四升七合。底、蓋有銘，銘皆六字。

劉氏簋不知所從得。高七寸，深三寸三分，縮五寸七分，衡七寸七分，容五升半。銘及形制與張同，而銘筆畫小異。

小子師簋丹陽蘇氏〔一〕

太師小子師　薛釋太師小子師

眂作作[illegible]彝　望作[illegible]彝

同前

右不知所從得。高六寸二分，深三寸，縮七寸三分，衡五寸一分，容三升八合。銘九字。

〔一〕明刻本脫「氏」字，據亦政堂本、四庫本補。

按：此器銘曰「鼎彝」而其制簠也。蓋鼎彝者，祭器之總名，爲銘必有衆器，故止舉其總名而已。「太師小子師」，或官號，「⿰目尺」，其名也。⿰目尺，字書所不載，不知其音，愚謂疑作「服」〔一〕。懷人趙九成以爲「從臣從月爲朢字」，理或然也。呂氏以小子師爲官號，考之傳古，無有是。若以師配朢爲其名，小子猶武王自稱，小子太師爲官號，其說頗通。

太公缶內藏

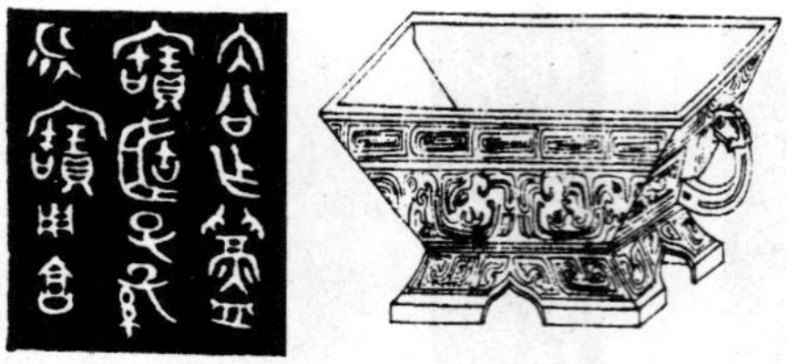

太公作盬寶
寶匳子子孫孫
永寶用享

右得於馮翊。以黍尺、黍量校之，縮尺有六寸，衡尺有四寸四分，深三寸，下狹，容二斗。銘十有二字。

〔一〕四庫本無此五字，然明刻本、亦政堂本至此止，此後六十字據四庫本補。

按：舊圖云：咸平年，同州民湯善德獲於河濱以獻。此器與後所圖弡中及史剢二器形制全相類，銘皆從[匚古]與匚同音，方。而文不同。此器從[𠂉古]，弡中器從夫，史剢器從古，亦[𠂉古]字、医字，即古簠字。[𠂉古]與簠聲相近，又形制皆如簋而，方文雖不同，疑皆簠〔一〕也。

弡中[匚古]臨江劉氏

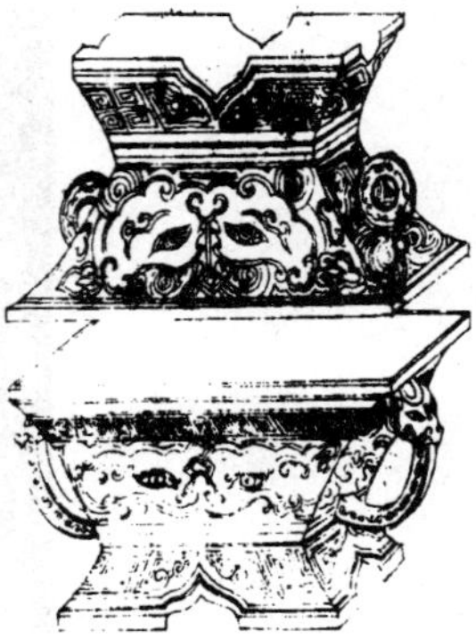

〔一〕「簠」：四庫本作「簋」。

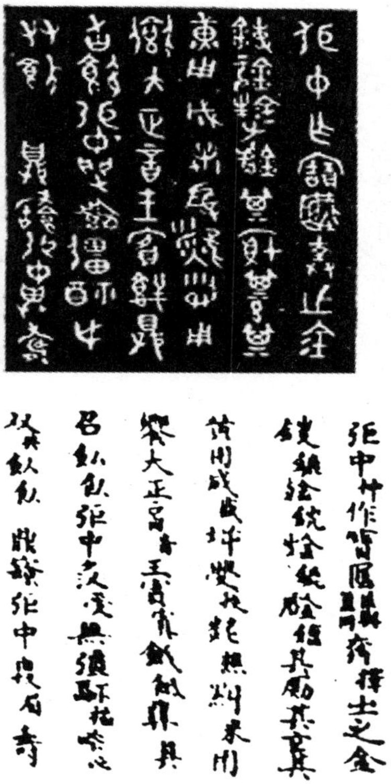

集古本

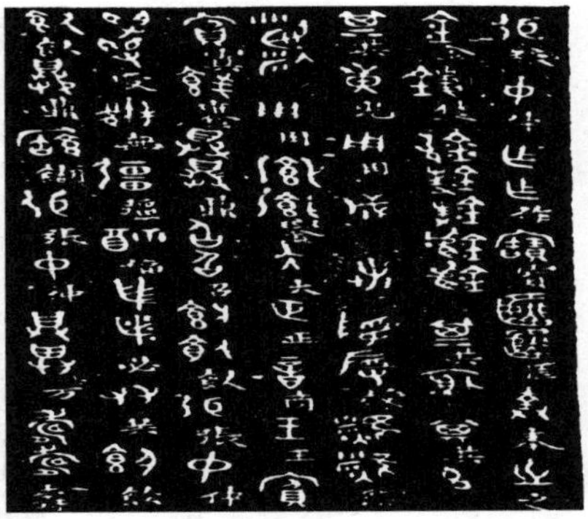

⿷匚夫銘雖四而文則一，今類轉注偏旁之或異者，分注釋文四十一字於其下。

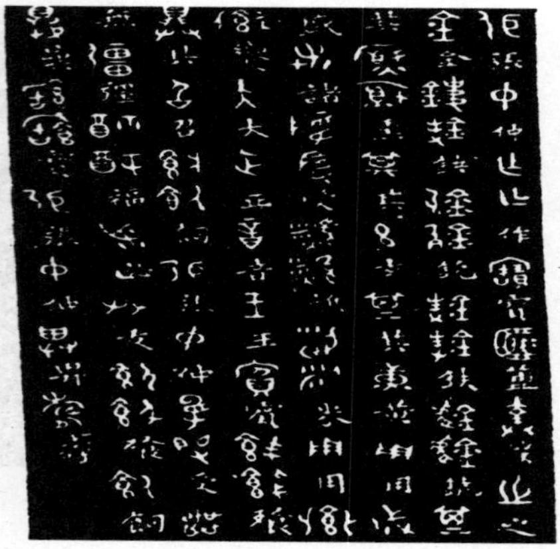

薛尚功編鼎彝款識，有此釋文五十一字，附見于此。

右得於藍田。形制皆同，縮七寸有半，衡九寸有半，深二寸，容四升。脣蓋有銘。銘皆五十有一字。

按：原父新得者，蓋二器四銘，字有不同。今附于前。詩六月卒章曰：「侯誰在矣？張仲孝友。」蓋周宣王時人也。

史剢𩛥音缶　扶風乞伏氏

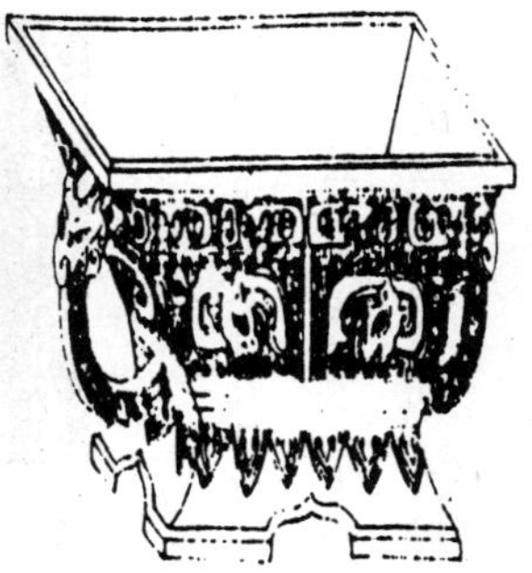

史剢旅作𩛥

右得於扶風。量度未考。銘四字。

杜嬬鋪 廬江李氏

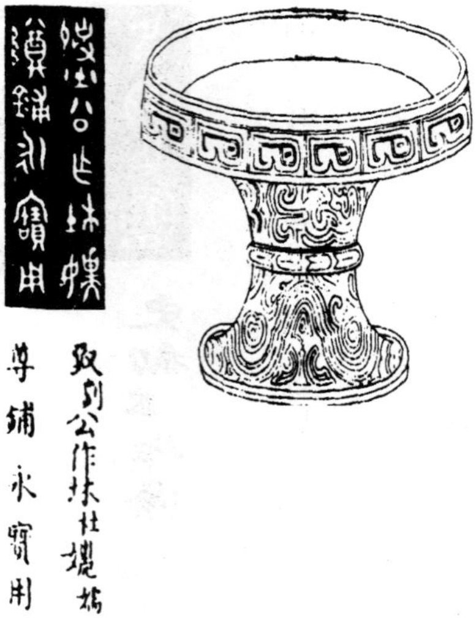

右得於京師。高五寸有半，深寸有半，徑八寸，柄高四寸。銘十字。

按：公食大夫禮：大羹湇，不和實于鐙。鐙文从金，即金豆也。此器字从金从甫，其形制似豆，而卑以爲簠，則非其類；以爲豆，則不名鋪。古無是器，皆不可考。

簋蓋廬江李氏

右得於京師。惟蓋存。徑八寸。無銘識。

李氏録云：「管仲鏤簋，注刻爲蟲獸。則此蓋之類，其國君所用者乎？」

按：鏤簋，必外爲刻鏤之文而不疏，疏則不可以實黍稷。其蓋之制文，與前圖諸簋有異，皆未可考。

考古圖第四

默齋羅更翁考訂

彝卣尊壺罍

父己人形彝
主父己足跡彝
虢叔彝
父癸方彝
父丁彝
欒司徒從卣
田卣
立戈父己卣
持戈父癸卣
父乙卣
木父己卣
父己足跡卣
龍文三耳卣
中朝事後中尊
象尊
圓乳方文尊
足跡罍
方壺
獸環細文壺一

同上二

同上三

壺尊

挈壺

獸環大腹四廉壺

召中丁〔一〕父壺

小方壺

方文方壺

三耳大壺

獸環壺

同上二

三耳壺

〔一〕「丁」：亦政堂本作「考」。

商兄癸彝潁川韓氏

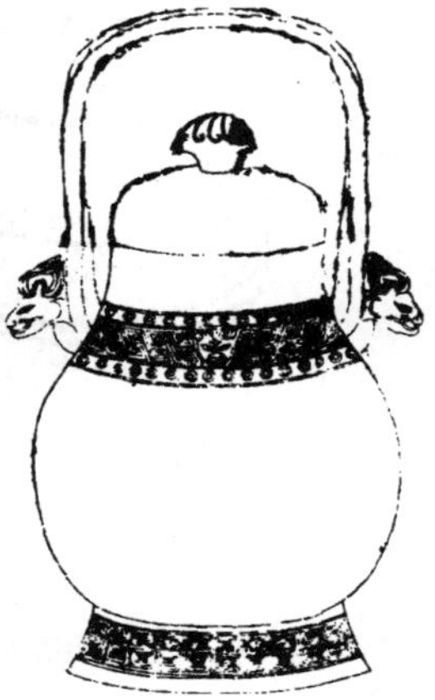

丁子王錫嶲兩
八㠯申月在寢用
作癸九彝十九月
惟王九祀世昌

丁子王錫嶲兩八申
月在寢用作癸九
彝十九月惟
王九祀世昌鬲

右得於鄴。高七寸，腹徑三寸有奇，口徑少差。蓋、底皆有銘，銘皆廿有六字。

按：「河亶甲居相」即鄴郡。其文又稱「九祀」，爲商器無疑。云「兄癸」者，商以兄弟相及之辭也。故祀其先王，或稱祖如祖丁卣之類，或稱父若父辛旅彝之類，或稱兄若此彝之類。商人質，無謚，皆以甲乙記「之」[一]。

單䙹癸彝河南張氏　薛編作單癸卣[二]

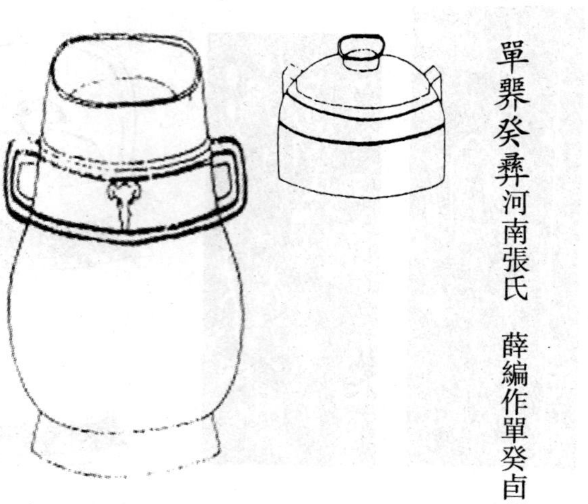

[一] 明刻本、亦政堂本脱「之」字，據四庫本補。

[二] 明刻本無此六字，據亦政堂本、四庫本補。

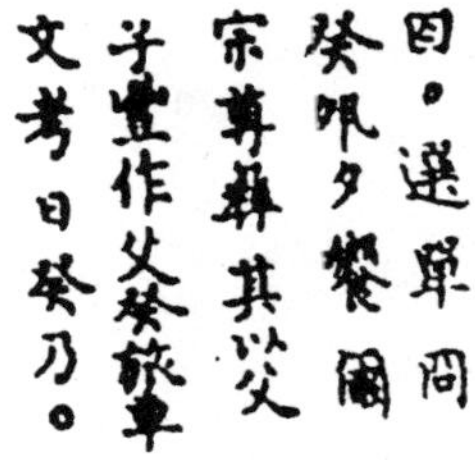

右得於河南河清。高五寸有半，深四寸三分，縮三寸二分，衡三寸九分。銘二十九字。

按：此器與商癸彝相似，必有提梁，今不存。初，河濱岸崩，聞得十數物。今所存者，此彝外尚有五物，形制多不同。今列于後，皆曰單作從彝。疑五物者爲此彝陪設，故謂之從彝。以器銘不著其名，故皆附于後。

又有「」字當作「⿱罒廾」，蓋隸古字，筆畫必有少差，音誆，又音冏。愚按：廣韻「誆」字下但作亞，「冏」字下却同，當止音冏。

單⿱罒廾從彝一　河南張氏

若方鼎而無足

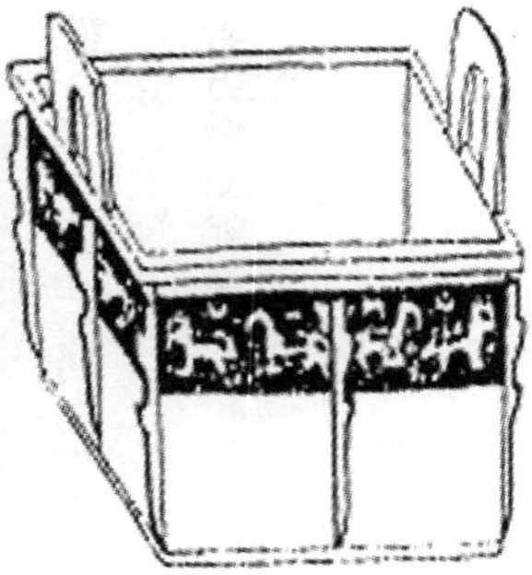

單作從彝同

右高二寸有半，深二寸二分，縮四寸，衡五寸，容一升三合。銘五字。

按：此器若簠屬。

同上二

同上若觚而無稜

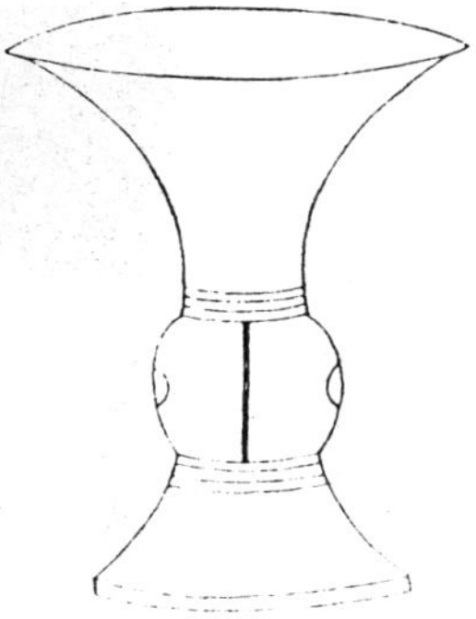

單從作同彝

右量度未考。銘五字。

同上三

右高三寸八分，深三寸二分，徑五寸六分，容二升三勺。銘五字。

同上四 與伯毅盉同盧江李氏

右高七寸七分，深三寸七分，徑五寸有半，容二升一合。銘五字。

按：此器與伯毅盉全相似。盉，調味器也，户戈、胡臥二切。

同上五 乃甗鬲中有疏底蔽

河南張氏

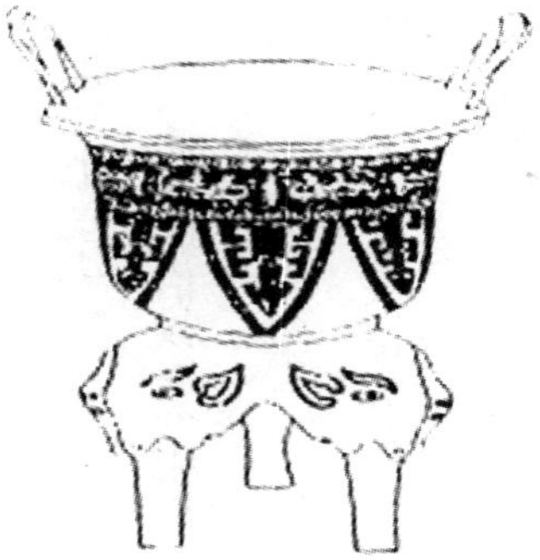

單作從彝
冏

右高九寸七分，深五寸，蔽下又深二寸三分，徑七寸九分，容五升二合，蔽下又容一升七合，足中空。銘五字。

從單彝東平榮氏　薛編作從單尊〔一〕

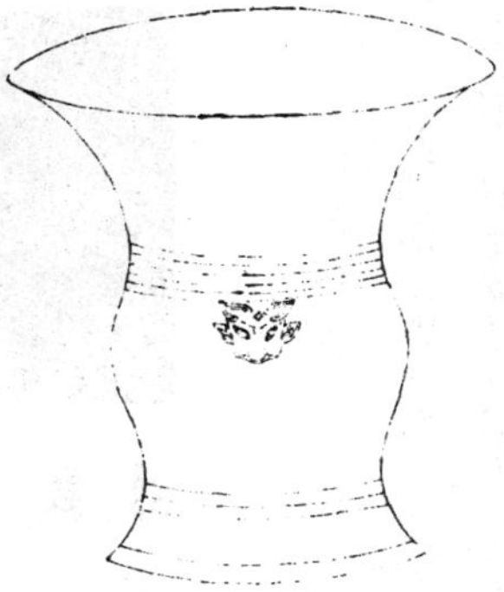

作從單

右得於河南河清。高六寸一分，深五寸一分，徑五寸有半，容二升二合。銘三字。

〔一〕明刻本「從單」作「單從」，無「薛編作從單尊」六字，據亦政堂本、四庫本補。

父辛旅彝秘閣

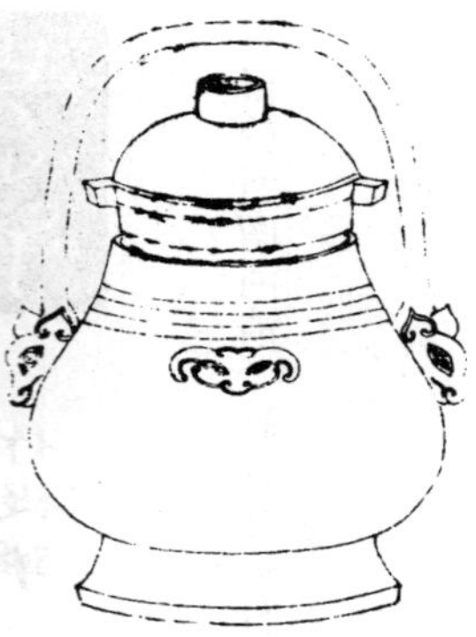

右不知所從得。高七寸二分，深四寸，徑縮四寸，衡三寸，容三升有半。銘七字。

按：此器與單𦋇父癸彝相類，兩耳之間皆犬首爲飾。公食大夫禮云：士設俎，魚右、牛南，腊腸胃亞之；亞者〔一〕，在正俎之次，則此彝之設，亦在其次矣。

〔一〕「者」：明刻本、亦政堂本作「也」，據四庫本改。

單伯彝河南文氏

品伯作
寶尊彝

右得於京兆。高尺有一寸半，深九寸有半，徑五寸三分，容斗有六升。銘六字。

按：此器與諸彝小異，兩耳及腹間爲鼻，皆有垂環。文有□字，从三口而一覆在下，不知何字，或云爲品字。

師艅象彝睢陽王氏

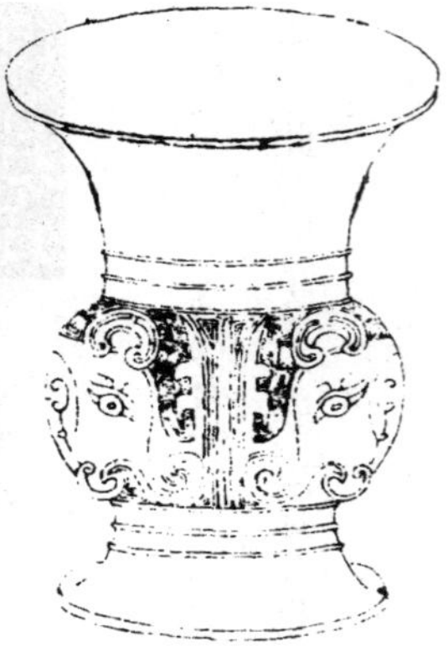

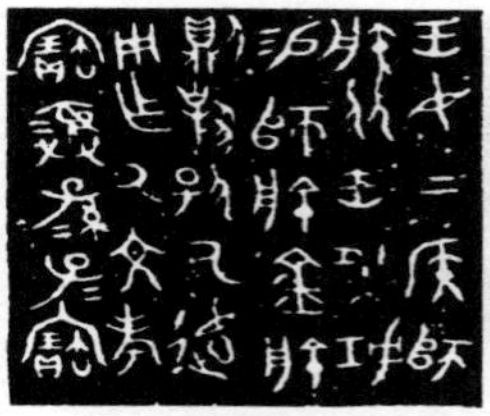

王汝上侯師
艅從王夜功
錫師艅金艅
則對揚乃德
用作乃文考
寶彝孫子寶

右得於京兆。高六寸七分，深五寸三分，徑六寸二分，容二升七合。銘三十有二字。

按：此器略如今禮圖所載，其腹文爲象。禮有象尊，而不聞象彝，疑記有脱略。

䵼彝䵼與盧同　新平張氏

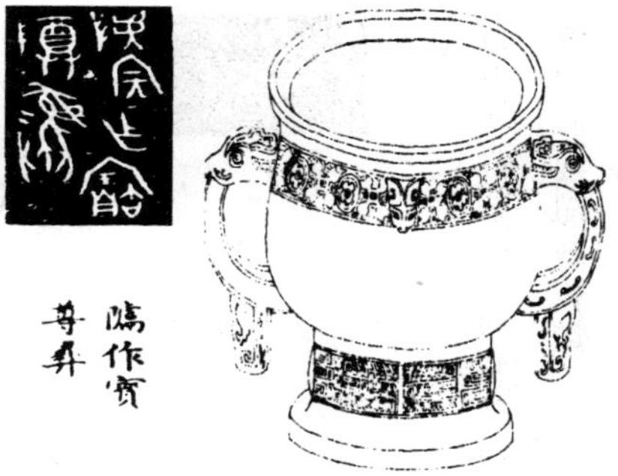

右不知所從得。高五寸有半，徑七寸四分，容五升七合。銘五字。

五彝 新平張氏

五

右不知所從得。高五寸，徑八寸，容四升。銘一字。

按：此器與前相類。

虎彝廬江李氏

作寶彝

右得於新鄭。高四寸四分，深三寸五分，徑六寸，容三升六合。銘三字。

按：此器與[illegible]彝、五彝相類，兩耳飾以虎首，蓋虎彝也。司尊彝：「四時之間祀、追享、朝享，祼用虎彝、蜼彝，皆有舟。」

篆帶彝京兆田氏

作寶尊彝

右不知所從得。蓋存。徑五寸一分，高寸有七分，深寸有三分。銘四字。

按：此器似敦而蓋文曰「尊彝」，如鬳彝、五彝、虎彝之類。面徑略相近，皆無蓋，此獨有蓋，皆未可考。

祖丁彝丹陽蔡氏　薛編作瞿祖丁卣

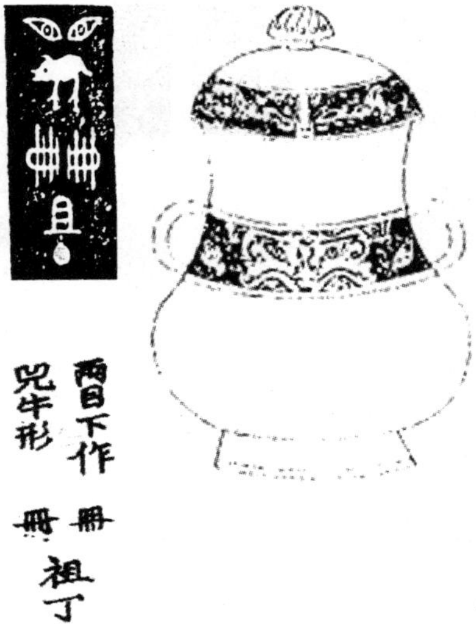

右所從得及度量皆未考。銘六字。

按：此器與前圖二癸彝、父辛彝相類，必有提梁，今不存，當名曰彝。

李氏録云：「銘之可辨者，『祖丁』，商之十四帝祖丁也。上爲兩目，中爲兕牛，下爲兩冊，純作畫象，時方尚質故也。至周，有黃目尊、犧尊，蓋法始於此而分以名尊，廣備禮乎！」

父己人形彝廬江李氏

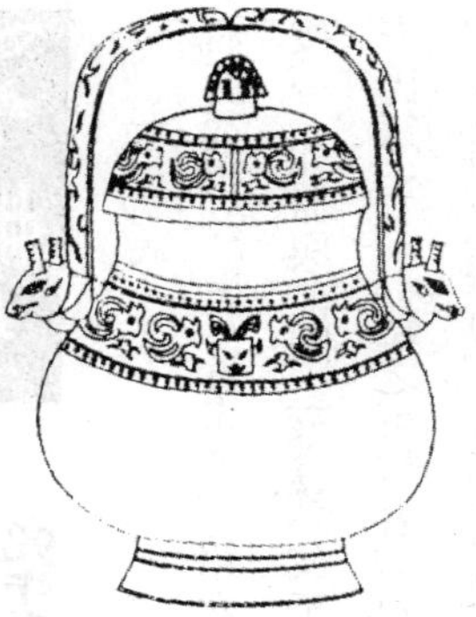

父己析子孫

同

右得於壽陽紫金山。其蓋得於維之硤石下。縮六寸，衡八寸，高尺有一寸，深六寸五分，容一升五合。銘五字。

主父己足跡彝盧江李氏

亞形中主足父己

同

右得於京兆。高尺有二寸，深九寸七分，徑三寸四分，容六升一合。銘四字。

按：以上二器，雖大小不同，其形制與二癸彝、父辛彝相類，當名曰彝。推「父己」之稱，皆商器也，語在父己鬲篇。自祖丁彝而下三彝，字純作畫象，蓋造書之始，其象形者如此，後世彌文，漸更筆畫，此便於書其文。有若大小人形者，蓋謂孫與子：小者孫，大者子，如稱「子孫永寶用」之類，未詳。若足迹者，如以𠂇又手形之爲左右也。李氏又有一罍爲左足跡，疑古之左右字如此。

虢叔彝[一]京兆田氏

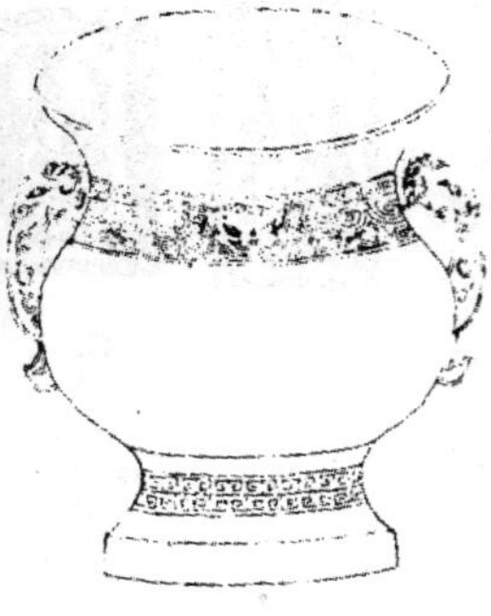

虢叔作

右得於京兆。高四寸四分，深三寸，徑五寸半，容二升有半。銘三字。

[一] 亦政堂本無此彝。

父癸方彝京兆呂氏

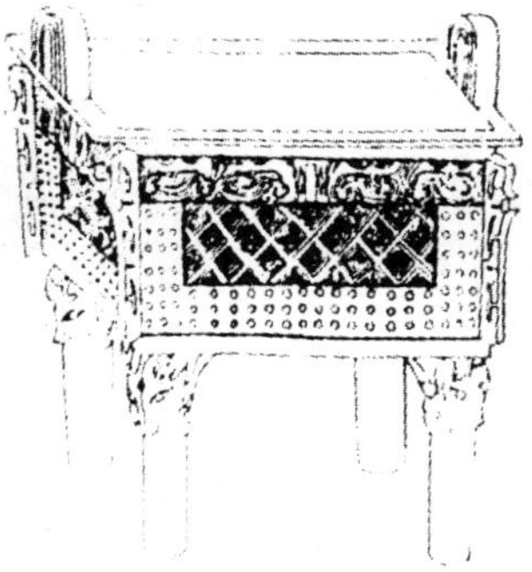

亞言
作父癸
尊彝

右得於京兆。高七寸六分，深三寸，縮五寸三分，衡四寸六分，容二升二合。銘六字。

父丁彝形制未傳

乙酉商貝王曰市鍚
工毋不戒遣旅武
乙四日惟王六祀四日
雀內　廣豐
用作父丁尊彝帀子

右得於洛郊。銘四十字。

樂司徒從卣 開封劉氏

樂大司徒
子象之子
弘作從卣
其眉壽子
孫永寶用

右不知所從得。高八寸九分，深八寸八分，縮四寸，衡三寸有半，容八升七合。銘二十有一字。

按：此器三耳，必有提梁，今不存。其文作，二字上從㫃從從，下字從卣從比，未知何字；推其義，當作從卣，所加於比，未詳。樂氏，宋大夫，則宋器也。詩、書所稱卣所以盛賜鬯也。爾雅曰：「卣，中尊也。」其制大於彝，彝亦盛鬯，如二癸彝、父辛彝之類，皆與卣相似。

田卣 新平張氏

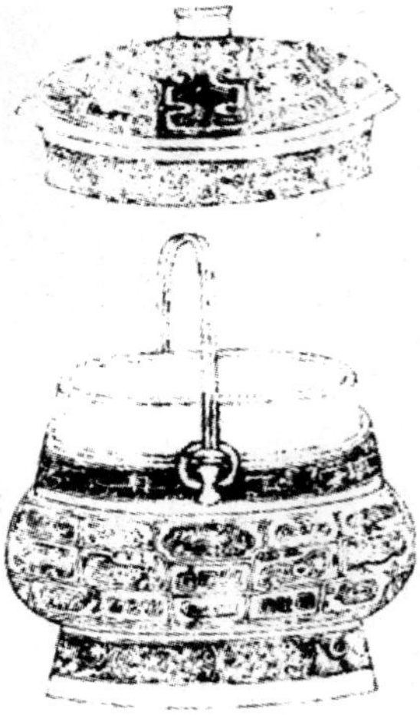

田

田

右不知所從得。高八寸有半，徑五寸，容三升四合。底、蓋有銘，銘皆一字。

按：此器文飾與樂司徒相似而有提梁，其異者兩耳而已。銘曰「田」，疑人名。

立戈父己卣洛陽曾氏

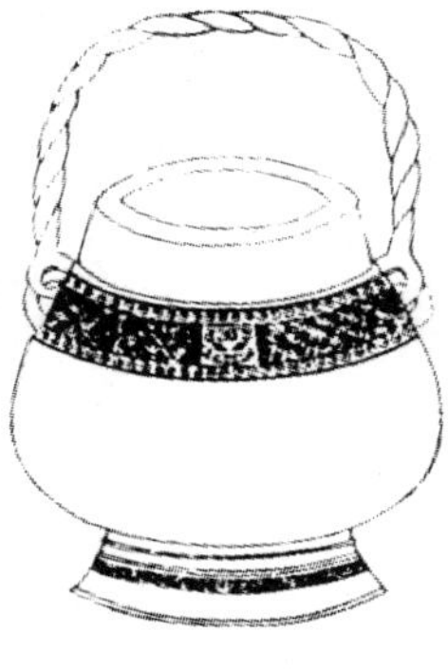

右得於龍游。高七寸，徑三寸，衡四寸有半，容六升。銘三字。

按：此器文作「立戈」，狀未詳。

持戈父癸卣盧江李氏

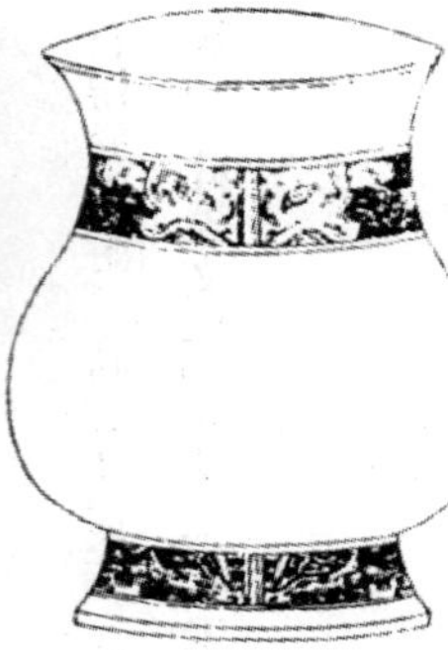

子作持戈形　父癸

右得於京師。高五寸九分，徑縮三寸，衡一寸有半，容六合。銘三字。

按：此器作人持戈形，人如己丁敦，文戈如父己卣，文未詳其義。

父乙卣

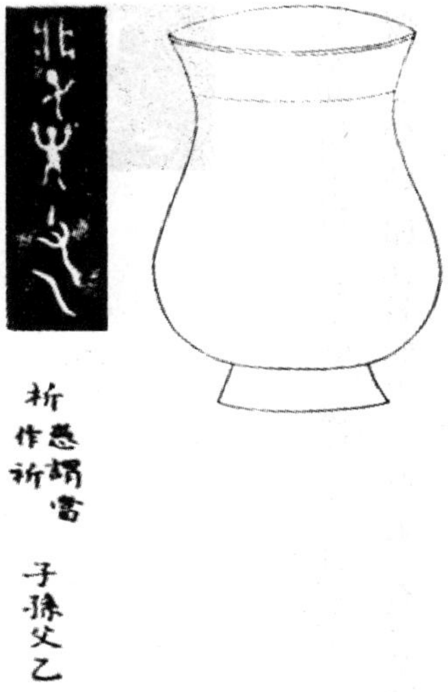

右不知所從得。高五寸九分，徑縮三寸，衡二寸有半，容六合。銘五字。

按：廬江李氏所藏人形父己卣文作「北」字，又爲大小二人形相重。此器亦然，惟改非爲兆，疑皆析字。父己之文，省也，彼曰「父己」，此曰「父乙」，蓋兄弟行也。

木父己卣 東平榮氏

右不知所從得。高七寸，深四寸一分，徑衡三寸三分，縮二寸八分，容八合有半。銘三字。

按：「父己」即其名或字；云「木」者，恐氏族也。

父己足跡卣盧江李氏

右銘五字，餘未考。

按：所圖古器，有「𢿌作父辛旅彝」，有「單畀作父癸旅彝」，有鬲文曰「父丁」，有彝文曰「父己」、曰「主父己」、曰「父丁」，有卣文曰「祖丁」，又有鬲文曰「父己」。而李氏録又記：「所傳有曰『父甲』者，有曰『父乙』者，如『父丁』又稱『惟王六祀』，則凡稱甲乙以祖父加之者，疑皆商器也。商人尚質，爲其祖考作祭器者，猶稱父也。」李氏所藏主父己彝有足跡，此卣亦然，疑一人所作也。其形制與丁父鬲略相似。

龍文三耳卣鄱陽法相院

右得於彭澤馬山洞穴中。量度未考。無銘識。

按：此器亦三耳，與樂司徒卣相類，但文縟而煩差細。今法相院僧傳摹其器以示人，有誤指爲陶淵明酒壺。

中朝事後中尊睢陽王氏

惟十又有六季年
十月既生而疑是霸字當作兎諸
乙未白伯大師
沪錫伯 僕山
大伯 敢歎
瑀天右祐王伯
以是用作朕穆
考後中噛尊寺
用丐眉㝊壽
無疆 其
子子孫孫永寶用

右得於岐山。高尺有六寸，深尺有二寸半，徑五寸有半，容二斗三升。銘五十有七字。

按：周禮：「籩人，掌朝事之籩」；「醢人，掌朝事之豆。」司尊彝：裸皆用彝；春祠、夏禴，朝踐兩獻尊；秋嘗、冬烝，朝獻用兩著尊；追享、朝享，朝踐用兩大尊，再獻用兩山尊。四時之祀，惟烝、嘗饋食，祠、禴、追、朝皆不饋食，止有籩豆之薦，故謂之朝踐。詩云：「籩豆有踐。」踐，行列也；朝踐，即朝事也。其籩加麷槀〔二〕，故知不饋食也。既祼，然後迎尸；尸入，乃薦朝事之籩豆，而有獻，此朝事所用尊也。祠禴朝踐用獻尊，追朝朝踐用大尊。先儒謂「獻」讀爲「犧」，音「莎」，云「飾以翡翠」，不知何所據。大尊爲瓦尊，即〔三〕瓦大也。今觀此尊，環頸飾以山，而腹文若龍蛇相蟠糾，謂之山尊，則追、朝再獻所用，非朝事也，又非犧尊。瓦大，皆不可考。竊意獻尊不以爲飾名尊，則斯尊也或是其物。中中者，二仲也；後中者，尊在後列而居中也。

象尊 廬江李氏

〔二〕「槀」：四庫本作「蕡」。

〔三〕四庫本脫「瓦尊即」三字。

右不知所從得。高尺有一寸，徑三寸有半，深七寸有半，容九升四合。無銘識。

按：司尊彝：春[一]祠、夏禴，「再獻用兩象尊」。鄭衆謂：「象尊以象鳳凰。」或曰：「以象骨飾之。」阮諶禮圖曰：「畫象形於尊腹。」王肅以爲犧、象尊爲牛象之形，背上負尊。魏太和中，青州掘得齊大夫送女器，爲牛形背上負尊。先儒之說既不同，乃爲立象之形於蓋上，又與先儒之解不同。

圓乳方文尊 新平張氏

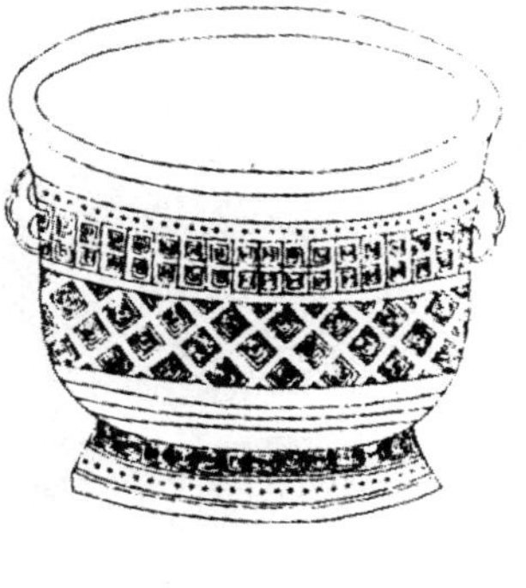

右所從得及度量皆未考。無銘識。

[一]「春」：四庫本作「眷」，疑形近而誤。

按：此器形制與蜼彝、虎彝相似而無耳，蓋尊屬。

足跡罍 盧江李氏

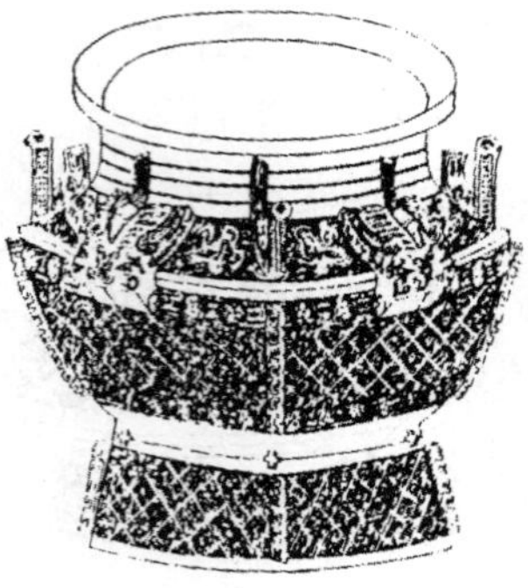

亞中足跡

右得於鄴。高九寸八分，徑九寸六分，深七寸六分，容六升二合。有足跡文一。

聞此器在洹水之濱亶甲墓旁得之。司尊彝：祭祀，祼皆有彝，獻皆有尊，酢皆有罍。彝爲上尊，罍金下尊；上者宜小，下者宜大。此器形制與師艅彝略相似，而容受加大，蓋罍屬也。詩云：「我姑酌彼金罍。」罍，亦用金也。環頸之文，與後所圖獸環細文三壺相似，或以爲象山形，謂之山罍。然比之中中朝事尊之頸文，則彼之山形著，此不甚似也；但其文極細，物象〔二〕頗多，中有右足跡，又圈之，與主父巳足跡彝相似，語在本篇。

方壺河南文氏

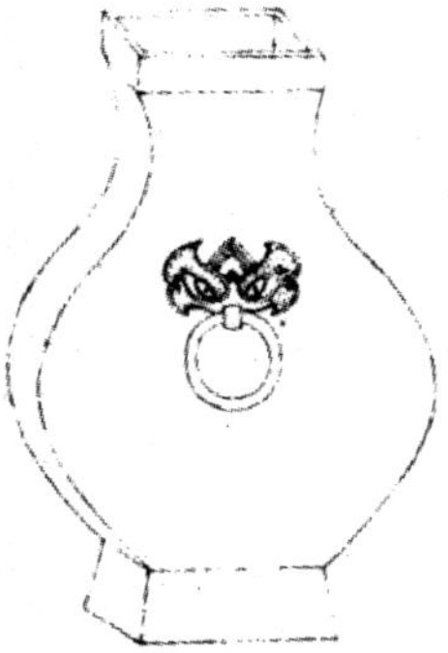

右所從得及度量皆未考。無銘識。

按：周禮：「司宮尊于東楹之西，兩方壺。」此器無文飾，挾腹，兩鼻皆銜方環。

〔二〕「象」：四庫本作「相」。

獸環細文壺一廬江李氏

右得於壽陽紫金山。高尺有一寸四分，徑三寸七分，深九寸，容斗有一升。無銘識。

同上二京兆呂氏

右得於乾之永壽。高尺，徑三寸二分，深八寸七分，容七升二合。無銘識。

同上三 東明劉氏

右不知所從得。有蓋，爲三鹿形。高尺有四分，徑三寸三分，容六升二合。無銘識。

按：此三器形制、文飾全相似，但大小精粗有差。古文壺字作盇，象形，此器類之，當名爲壺。

壺尊內藏

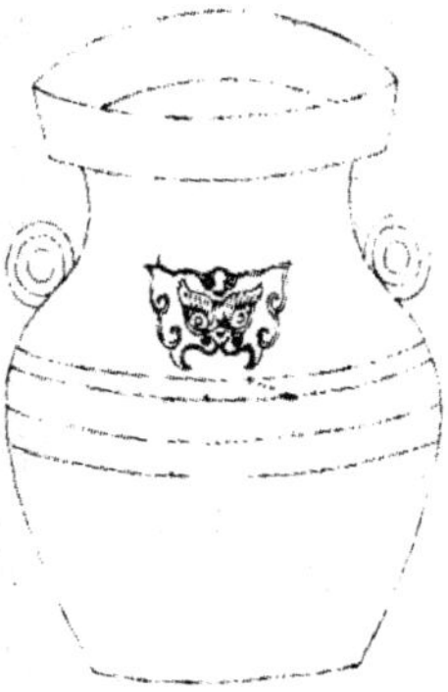

右未審所得。以黍尺、黍量校之，徑一尺四分，深九寸一分，容六斗四升。無銘識。

皇祐中，議樂官既逸、胡琴〔二〕等云：「明堂位有著尊。」注云：「著地無足。」舊題曰：「䑥。」䑥，無脰而有足，曰壺尊；有脰，春秋傳所謂「尊以魯壺」是也。今按：此器有脰，無文飾，腹爲獸面，挾肩有〔三〕兩耳，著地無足。據有脰則可名爲壺尊，著地無足則可名著尊。

〔二〕「既」、「琴」：四庫本作「阮」、「瑗」。

〔三〕四庫本脱「有」字。

挈壺廬江李氏

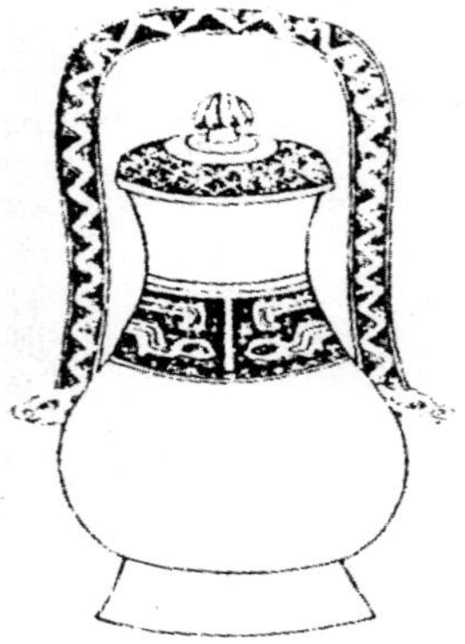

右得於河濱。高九寸，口徑二寸三分，腹徑四寸，深六寸二分，容升有三合。無銘識。

按：此器形制、文飾與父己人形彝、足跡彝相類而差小，必同時物也。其形類而有提，故謂之挈壺。

獸環大腹四廉壺新平張氏

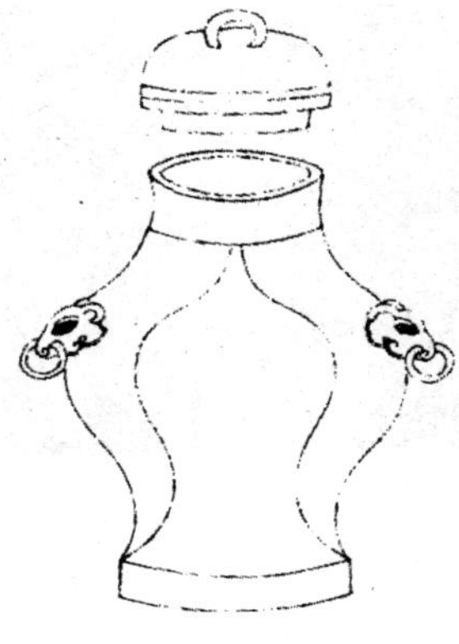

右所從得及度量皆未考。無銘識。

按：此器似方壺，而口頸不方。

召中丁〔一〕父壺盧江李氏

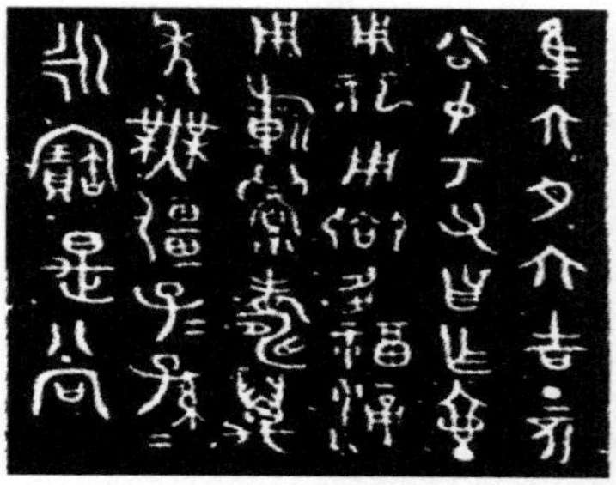

惟六月初吉丁亥
召仲考父自作壺
用祀用饗多福滂
用蘄眉壽萬
年無疆子子孫孫
永寶是尚

〔一〕「丁」：亦政堂本、四庫本作「考」。

右得於京師。高尺有四寸半，深尺有二寸半，徑七寸六分，容二斗七升。銘三十五字。

李氏録云：「周景王、燕晉文伯尊，以魯壺用饗也。周官司尊彝：『烝嘗饋獻用兩壺尊。』用祀也。公食大夫禮：門内用兩圜壺。坊記曰：『敬則用祭器。』故祀饗兼用也。」

小方壺〔二〕開封劉氏

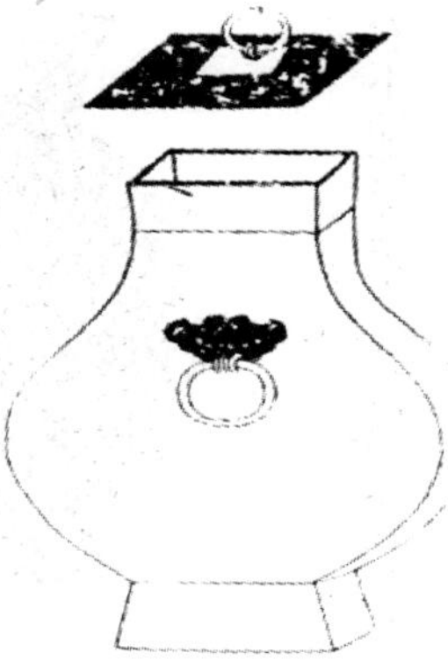

右不知所從得。高五寸六分，深五寸四分，徑二寸一分，容升有四合。無銘識，有蓋。

按：此器形制甚小，疑是明器。

〔二〕明刻本、亦政堂本中小方壺、方文方壺之圖正好反置，據四庫本己小方壺下釋文中「有蓋」二字改。

方文方壺秘閣

右不知所從得。高尺，深八寸八分，徑二寸二分，容八升。無銘識。

三耳大壺同上

右不知所從得。高二尺五寸，深二尺，徑八寸八分，容一斛。

獸環壺河南文氏

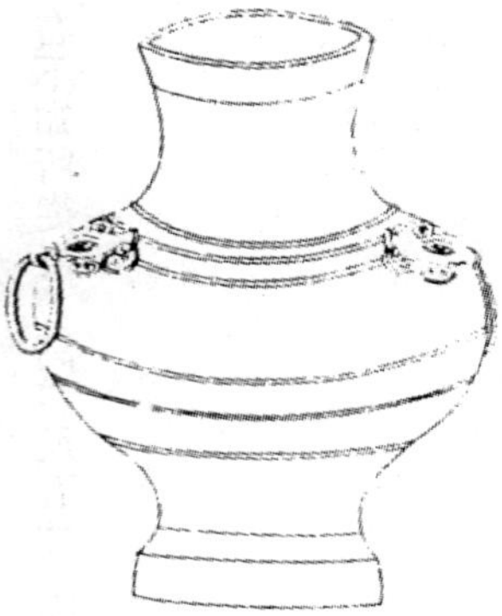

同上京兆呂氏

右無銘識。

一得於京兆。容五升七合。呂氏

一不知所從得。文氏

餘未考。

三耳壺東平榮氏

右不知所從得。高一尺六分，深九寸，徑二寸二分，容八升。無銘識。

考古圖第五

默齋羅更翁考訂

爵屬豆屬雜食器

父丁爵
己舉爵
主人舉爵
中爵
言父爵
單爵
篆帶爵
細足爵
亶甲觚
觚
癸舉
齊豆
篆足豆
鐙
伯玉敦盉
伯戔饋盖

龍文瓿

獸環細文瓿

父丁爵 盧江李氏

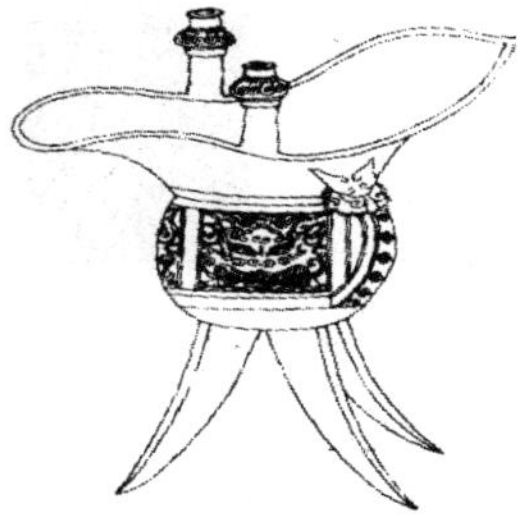

右得於新鄭。高七寸五分，縮五寸有半，衡二寸有半，深三寸，柱高二寸，足高三寸，容一合有半。銘一字在左柱，二字在腹當耳上。一字人形者，與父己彝同，亦疑爲子字。

己舉爵同上

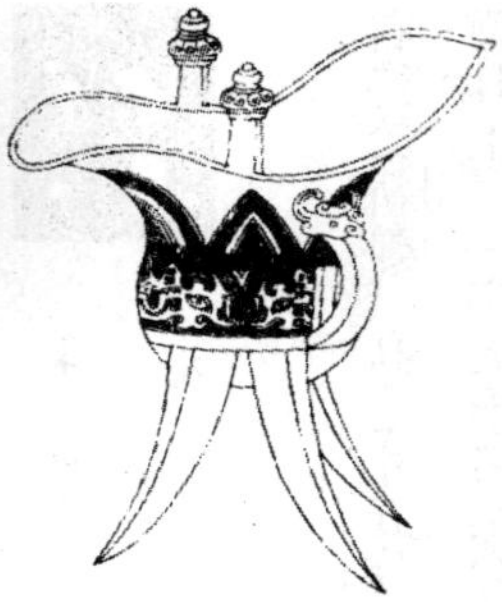

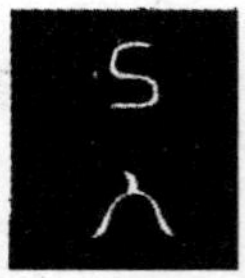

己舉

右得於壽陽紫金山。高七寸，縮六寸，衡二寸有半，足高三寸，容四合。銘二字，在腹當耳。已下有八，亦恐是舉字。

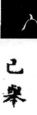

主人舉爵 新平張氏

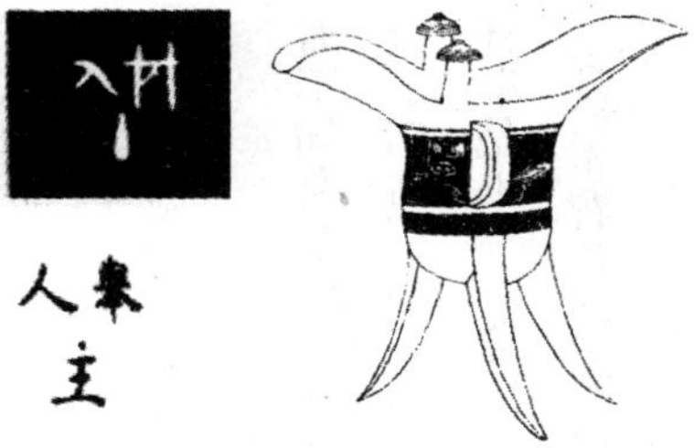

右，容四合。銘三〔一〕字在耳，餘未考。

〔一〕「三」：原作「二」，據亦政堂本、四庫本和文字圖片改。

中爵開封劉氏

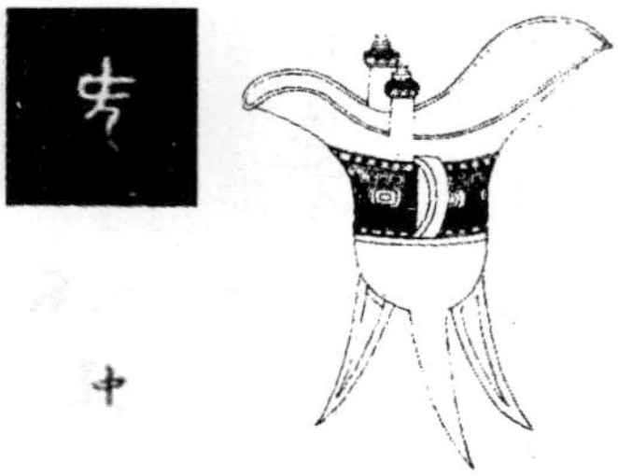

右不知所從得。高寸七分，深三寸，縮四寸九分，衡二寸六分。銘一字，在腹當耳。

以上四器，形制、文飾相似，謂之舉者，舉亦爵觶之名，因獻酬而舉之，故名其器曰舉。如杜蕢洗而揚觶，以飲平公，因謂之杜舉是也。[一]鄉飲酒記：「凡舉爵，三作而不從[二]爵。」知獻必舉爵也。主人舉者，主人所舉獻賓之爵也。今禮圖所載爵，皆於雀背負琖，經傳所不見，固疑不然。今觀是器，跡[三]若噣，後若尾，足脩而鋭，其全體有象於雀，其名又曰舉，其量

[一] 此句中「杜」原皆作「柱」，疑形近而誤，據亦政堂本、四庫本及禮記檀弓下改。

[二] 「從」：四庫本儀禮注疏鄉飲酒禮第四作「徒」。

[三] 「跡」：亦政堂本、四庫本作「前」。

有容升者則可謂之爵無疑。梓人爲飲器，爵一升。父丁爵，容二合半，乃古一升。今兩柱爲耳，所以反爵於坫，如鼎敦蓋以二物爲足也。

言父爵

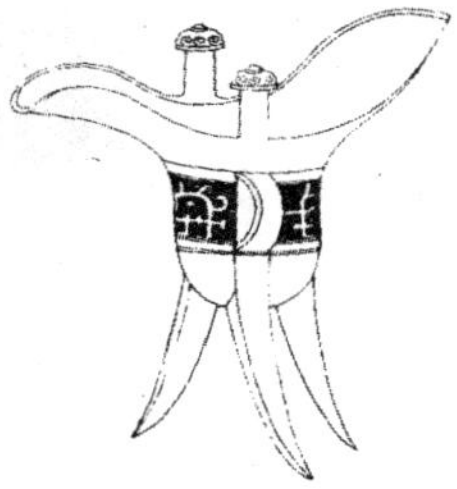

言父

單爵河南劉氏

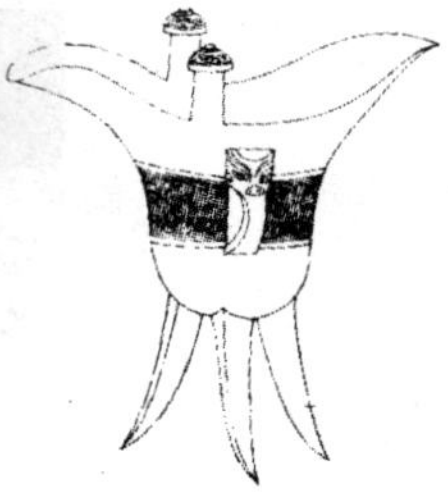

單

右二器得於洛陽。量度未考。一有銘二字，一有銘一字。

按：此二爵與前所圖父丁以下三爵形制大同，而質少文飾。士虞禮三獻：「主人洗慶爵，慶則無足；主婦洗足爵，有足而無文；賓長洗繶爵，繶則如屨之繶，其文在中也。」屨有約繶純：約以絲綦；純緣口；繶綖底縫，故在中。言父爵有足無文，蓋足爵也。單爵及後篆帶爵，環腹有篆飾如帶，蓋清爵也。繶爵猶未純，古如前三爵，口腹間編爲篆飾，乃吉爵也。

篆帶爵 睢陽王氏

舉

右不知所從得。高五寸四分，深三寸二分，縮五寸三分，衡二寸有半，柱高寸有二分，足高二寸有半，容三合有半。銘一字，在左柱。解見前。

細足爵京兆薛氏

右不知所從得。高四寸一分，縮六寸三分，深二寸九分，柱高二寸，容三合。無銘識。

按：此器與諸爵文飾不甚精。外唇前後平，兩柱極短，三足如箸，上大而下細，形質小異。

亶甲觚 河南王氏

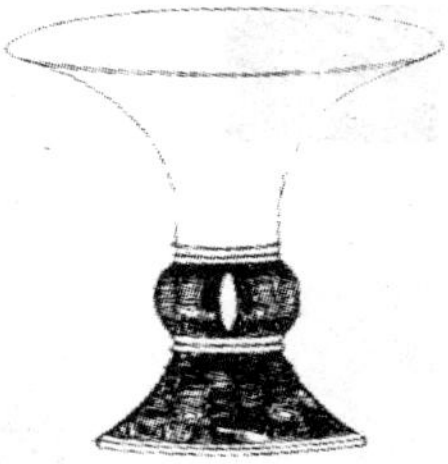

右得於鄴郡亶甲城。高八寸四分，深五寸六分，徑四寸四分，容一升。無銘識。

觚 廬江李氏

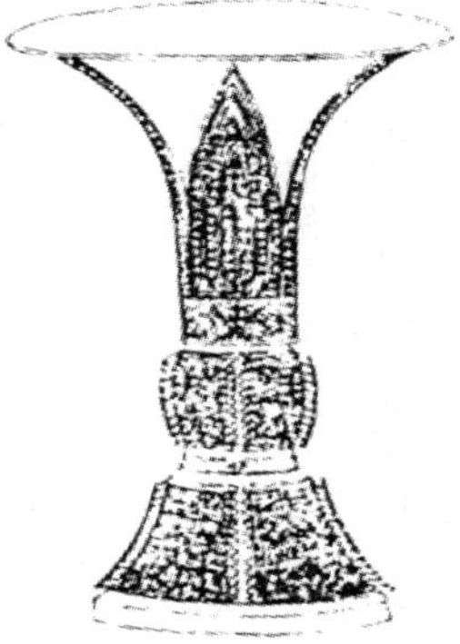

右得於京師。高尺有一分，口徑五寸有半，深六寸有半，足徑二寸，深三寸有半，容六合，足半之。李氏録云：「此器口可容二爵，前所圖父丁爵。足容一爵，禮圖所謂『二升曰觚』出韓詩外傳。也。腹作四稜，削之可以爲圜，故曰『破觚爲圓』。足之四稜，漢宮鳳闕取以爲角隅，今四隅乃安獸處。故曰『上觚稜而棲金爵』。下爲四象，禮所謂象觚也。」愚按：論語：「子曰：觚不觚，觚哉！觚哉！」疑即此也。

癸舉新平張氏

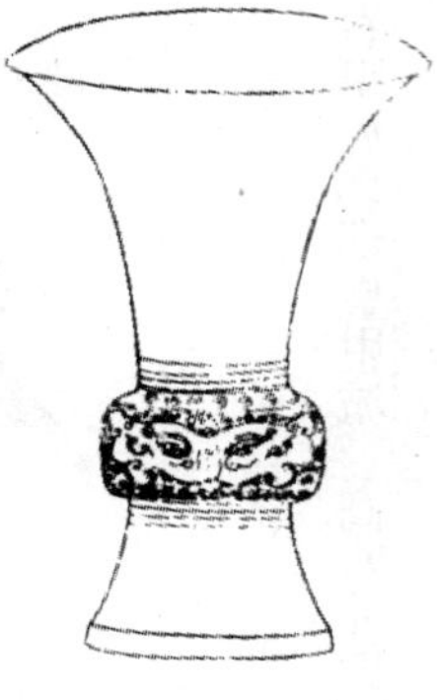

癸舉

右，容三升。銘二字在足。餘未考。

按：此器與前觚形制略相似，其容受有加，與禮書不合，姑附于後。

齊豆 河南張氏

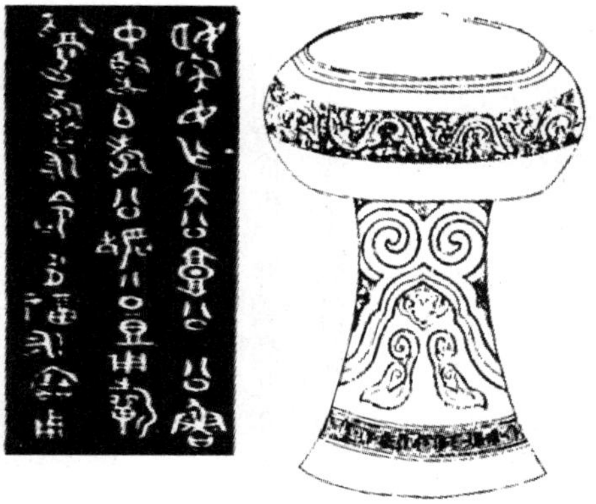

姬寏母作太公郜公　公魯
中覽伯孝公静公豆用蘄
眉壽永命多福永寶用

右熙寧中得於扶風。高五寸八分，深一寸半，徑四寸八分，容六合半。銘三十字。有蓋。

蔡博士云：「按，齊世家言：『太公之卒百有餘年，子丁公呂伋始立。』如享公以下三世至孝公始見於史，自呂伋十四世矣。」餘文不可考。然知爲秦〔二〕豆無疑。

篆足豆秘閣

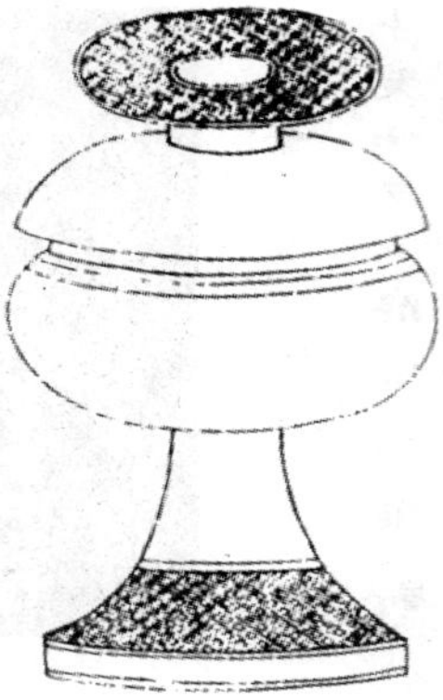

右不知所從得。并蓋高九寸，深三寸有半，徑五寸有半，容二升。無銘識。

按：此豆其蓋與齊豆異。

〔二〕「秦」：亦政堂本、四庫本作「齊」。

鐙 京兆蘇氏

右不知所從得。高六寸有半，面徑五寸，深四分。無銘識。

按：公食大夫禮：大羹湆實于鐙。鐙文以金，即金豆也。爾雅：「瓦豆謂之登。」則金豆不嫌同名。漢制多有行鐙，形制類此，其中有丶，音主。以爲燈炷而加膏油，爲説文「主」字，作生，亦象鐙形。古之燎燭皆以薪蒸，未有膏蜜，厥後知膏油可以供照，爲丶於鐙而用之，因名曰鐙。愚按：詩：「于豆于登。」〔一〕注：豆，木豆；登，瓦豆也，字上从肉，與登字不同。

〔一〕「登」：明刻本、亦政堂本作「鐙」，據四庫本及詩經大雅生民改。

伯玉敦盉 河南文氏

伯玉敦作寶盉其
萬年子孫永寶用

右得於京兆。高五寸八分，深四寸，徑五寸二分，容三升四合。銘十有四字。

按：盉不見于經。説文曰：「盉，調味也。」蓋整和五味以共調也。洛陽匠獲一器，形制類此，名曰單畀作從彝，蓋爲彝陪設，是器已附見于彝屬。

伯戔饋盦河南許氏

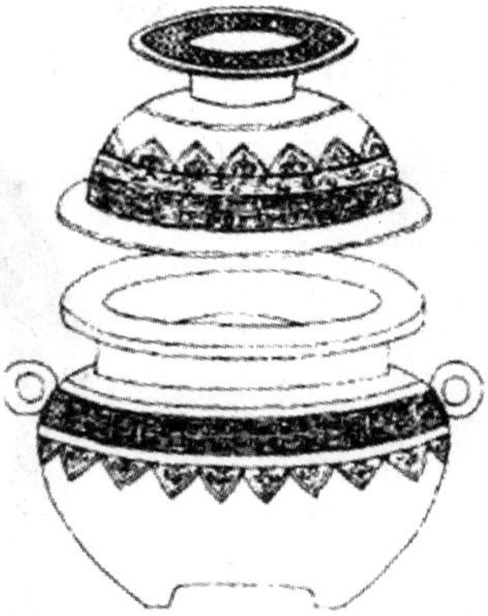

邛中之孫

伯戔自作

饋盦永保

用之

右得於河内太行石室中。有蓋。高五寸有半，徑七寸有半，容四升有半。銘三十有一字在脣，十有四字在蓋。

李氏録云：「説文：『卭在濟陰』，玉篇云：『在山陽。』『饋〔一〕，滫飯〔二〕也』，『瓿，甂也，大口而卑用食』。又皿部有『盦，烏合切。覆蓋也』，徐鉉謂『今俗作箁』，非是。細詳盦字，音頭酉足而加於皿，定非瓿字，乃是饋〔三〕盦以捧連湯飯而加

〔一〕「饋」：亦政堂本、四庫本作「饙」。
〔二〕「飯」：亦政堂本、四庫本作「飲」。
〔三〕「饋」：亦政堂本、四庫本作「饙」。

覆蓋爾。商末器以字，非模範中來故也。」

龍文瓿廬江李氏

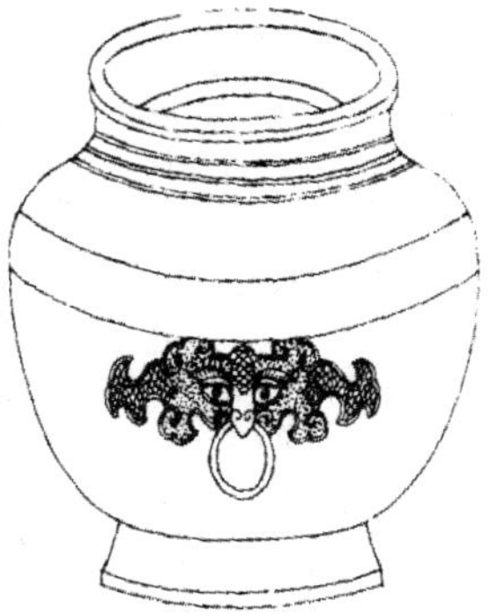

右得於京師。高五寸有半，深四寸八分，徑五寸二分，可容六升有半。無銘識。

按：此器文銘有圜乳龍文獸面，與孔文父飲鼎相似。内有二鼻，必以貫提梁，不知何器。説文云：「瓿，甌也，大口而卑用食。」疑爲此器，姑以瓿名之。

獸環細文瓿秘閣

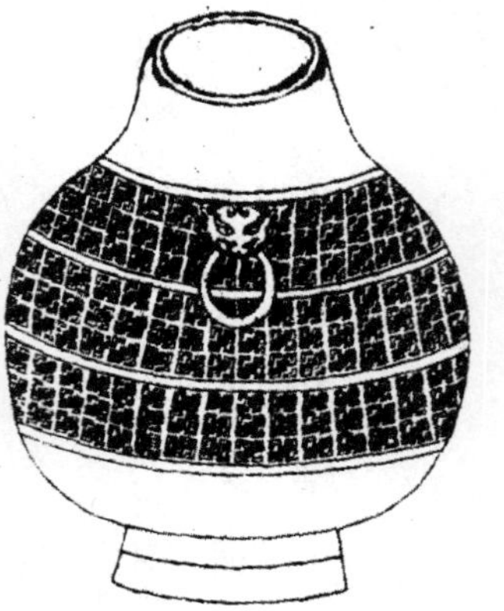

右不知所從得。高九寸，深八寸，徑三寸七分，容斗有一升。無銘識。

按：秘閣所藏。此器及小方壺皆二器，謂之壺、甒則比常器爲小，疑皆明器也。此器制度亦大口而卑，與龍文瓿略相似，但二環在外，爲異。

考古圖第六

默齋羅更翁考訂

伯戔頮盤
史孫[illegible]盤
弡伯旅匜
季姬匜
仲姞旅匜
牛匜
季姜盂
獸環盂
弩機
戈
削

伯戔類盤 河內許氏

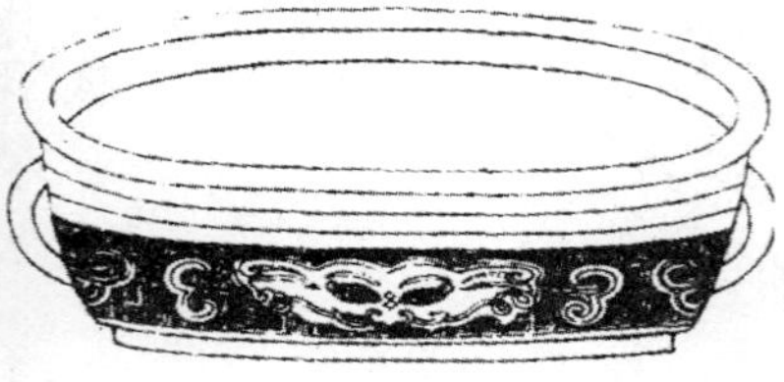

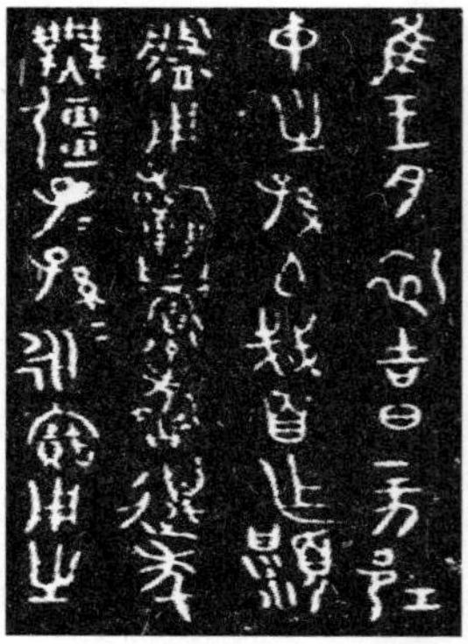

惟正月初吉日丁亥卬
仲之孫伯戔自作類
盤用蘄眉壽萬年
無疆子孫〻永寶用之

右得於河內。徑尺，深二寸，足高寸半。銘三十有三字。

按：此器與饋盦二物皆曰「卭仲之孫伯戔自作」，同得於河內太行山石室中。

史孫鯪盤京兆田氏

樣闕

史孫鯪作盤

右不知所從得。銘五字。形制未傳。

按：此器，盤也。文云「作〇」，疑古盤字，象形。

弡伯旅匜臨江劉氏

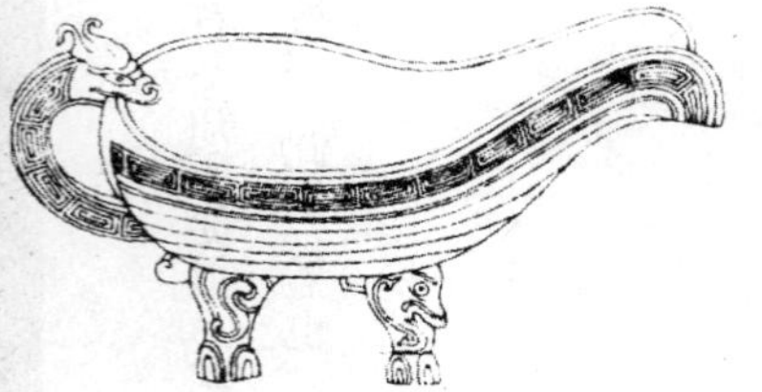

弡伯作旅匜

子=孫=永寶用

右得於藍田。徑四寸有半，深二寸七分，容二升。銘十有二字。

按：「弡」字依前弡仲簠當作「張」。匜，餘支，移爾二切，左傳「奉匜沃盥」器也，說文「杯匜有柄」。

季姬匜 河南文氏

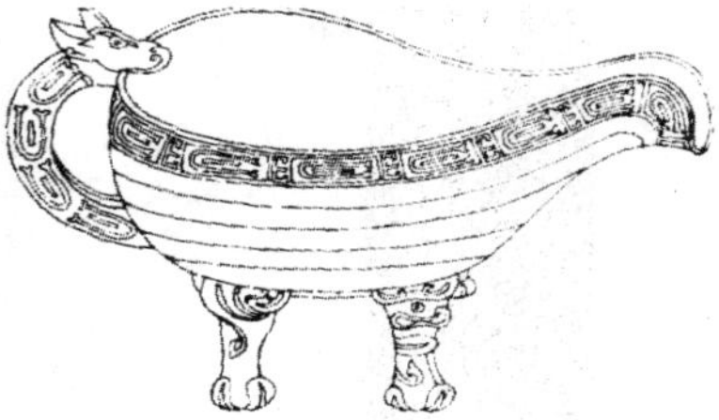

季姬作匜

右得於京兆。高三寸八分，深二寸七分，縮八寸六分，容一升五合。銘四字。

仲姑旅匜 廬江李氏

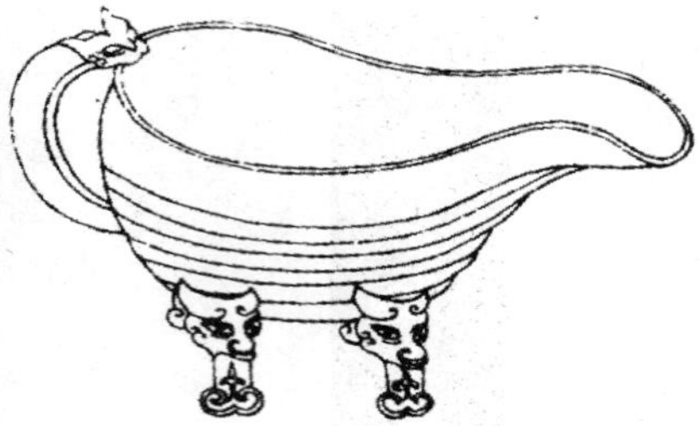

仲姑義母作
旅匜其萬年
子=孫=永寶用

右得於京兆。高四寸八分，縮尺，衡六寸一分，深三寸有半，足二寸有半，容四升。銘十有七字。

牛匜丹陽蘇氏

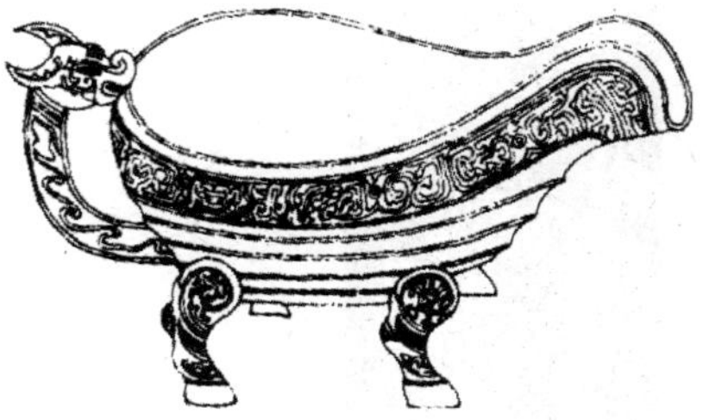

右不知所從得。高四寸七分，深二寸七分，縮九寸三分，衡五寸一分，容三升二合。無銘識。爲牛首，衡柄下爲四牛足。

按：公食大夫禮：「具盤匜。」君尊，不就洗也。士虞禮：特牲、少牢、饋食皆設盤匜，尸尊，不就洗也；匜水錯于盤中，南流。流匜，所以注水也。「沃尸盥者一人，奉盤者東面，執匜者西面。」淳沃，此用匜之事也。婦人之侍君子，亦用之。晉公子重耳使懷嬴奉匜沃盥。今所圖數匜，有季姬、仲姞者是也，有謂之旅匜者，少者賤者爲所尊貴，執事非一人，共用斯器，故曰：旅足多象牛，順事也。

季姜盂 睢陽王氏

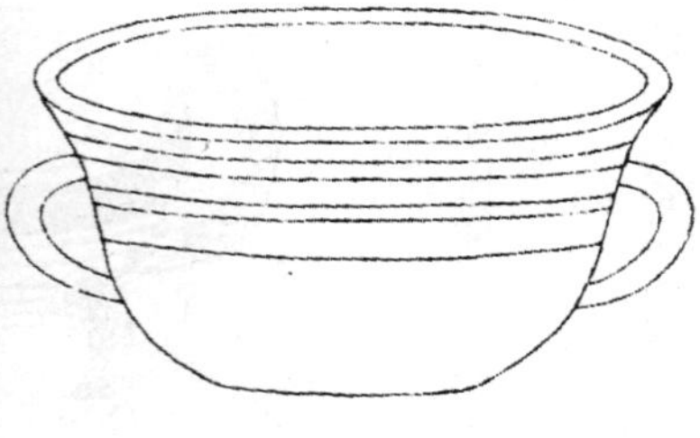

伯索史作季
姜寶盂其萬
年子孫永用

右不知所從得。深六寸，徑尺有二寸半，容斗有六升。銘十有五字。

獸環盂新平張氏

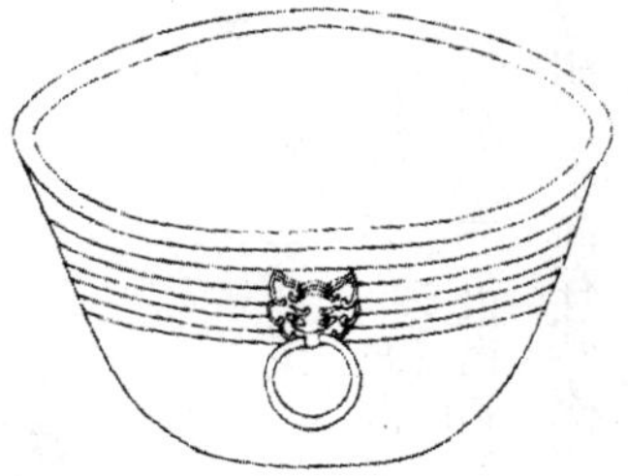

右容七升。無銘識。餘未考。

按：說文：「盂，飮器也。」禮記玉藻：浴，「出杅，履蒯席。」浴器亦曰杅，則大小不一也。荀子曰：「槃圜則水圜」，「盂方則水方。」則方圜不一也。

弩機廬江李氏

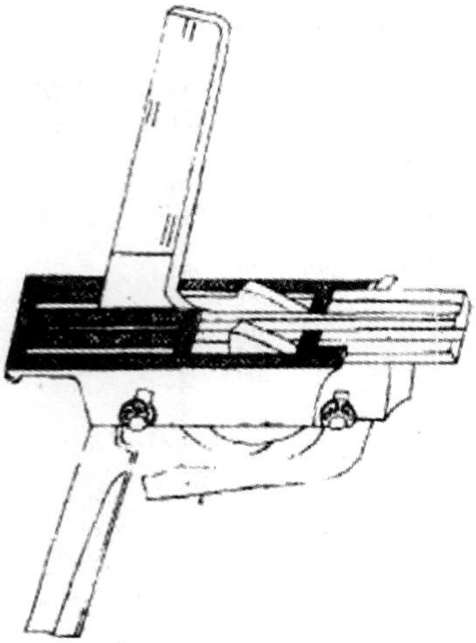

右得於婺之蘭溪。重一斤六兩。

李氏録云：「商書曰：『若虞機張，往省括于度則釋。』孔氏注謂：『機有度以準望。此機在度，以銀約之爲五寸，以省括以準望。世俗謂之望，山子但立人物而無尺寸。蓋準省之法不傳。』元祐三年春，虜〔一〕使射于玉津園，其首所用弩有度，豈胡〔二〕中尚存其法耶。」

〔一〕「虜」：四庫本作「北」。
〔二〕「胡」：四庫本作「彼」。

戈同上

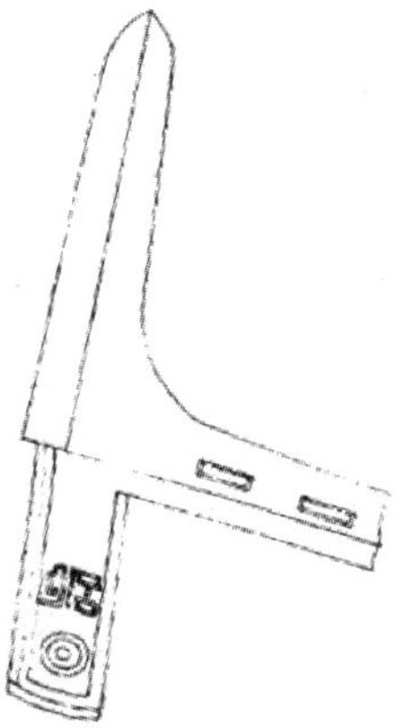

金文象形篆庚肩吾所謂蚑脚旁低鵠頭仰立者也

右得於壽陽紫金山，漢淮南王之故宮。以前所圖，古弩機之度。度之刃，廣寸半，内長四寸半，胡長六寸，援七寸半。胡有銘六字，蟲鳥書，黄金文。

李氏録云：「考工記：冶氏爲戟，『廣寸有半，内三之，胡四之，援鄭司農云：援，直刃也。胡，其子。五之，倨句中矩。』今所度正應考工。戟胡横貫之；胡中矩，則援之外句磬折也。鄭氏云：『戈曰句子戟，一曰雞鳴子，横插之，微斜向上也。』揚雄方言曰：『句子戟，楚謂之戈，王莽時甄豐文字部六曰：蟲鳥書以題幡信。』晉王愔文字志亦有『蟲書，象形』。張懷瓘書録云：『往在翰林，見古鐘二枚，高二尺許，有古文三百餘字，紀夏禹功績，皆紫金鈿，似大篆，神彩驚人。』蓋三代鈿金爲篆，其精類如此。」

削同上

右得於京師。以博爲寸，其長尺，重三兩。

李氏録云：「考工記：『築氏爲削，長尺博寸，合六而成視。〔一〕』鄭氏注云：〔二〕『誚之書力，以滅青削槧，如仲尼作春秋筆削是也。』少儀曰：『削授拊注。拊謂把。』蓋授人削者以〔三〕把也。」

〔一〕「視」：疑當作「規」。

〔二〕底本脱「注云」二字，據四庫本補。

〔三〕「蓋授人削者以」：明刻本、亦政堂本作「削人者通」，文義不通，據四庫本改。

考古圖第七

默齋羅更翁考訂

鐘磬錞

走鐘太常

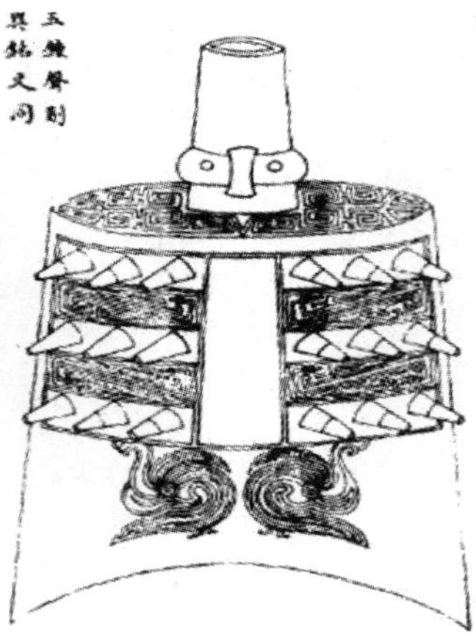

右五鐘不知所從得。其銘同文，皆廿〔二〕有二字。

〔二〕「廿」：亦政堂本、四庫本作「二十」。

一鐘中今黄鐘。下二律長尺有九寸八分。内甬衡長六寸九分。兩舞相距尺有三寸七分，横七寸三分。兩彎相距縱尺有六寸五分，横九寸三分。令律即景祐中李照等所定，不同。

一鐘中今㽔賓。下二律長尺有八寸八分。内甬横長六寸八分。兩舞相距縱尺有五分，横七分。兩彎相距縱尺有五寸，横七寸。

一鐘中今太簇。下二律長尺有九寸五分。内甬衡長六寸八分。兩舞相距縱尺有二寸一分，横八寸六分。兩彎相距縱尺有七寸三分，横九寸七分。

一鐘特懸，中今林鐘。律長二尺二寸五分。内甬衡長八寸一分。兩舞相距縱尺有二寸一分，横九寸。兩彎相距縱尺有八寸四分，横九寸有半。

一鐘特懸，中今太簇。律長二尺八分。内甬衡長七寸三分。兩舞相距縱尺有一寸一分。兩彎相距縱尺有七寸半，横尺有九寸半。

按：集古云：「景祐中，修大樂，冶工給銅更鑄編鐘，得古鐘，有銘于腹，因存而不毁，即寶龢鐘也。余知太常禮院時，嘗於太常寺按樂，命工扣之，與王朴『夷則清聲』合。初，王朴作編鐘，皆不圓。至李照等奉詔修樂，皆以朴鐘爲非，及得寶龢，其狀正與朴鐘同，乃知朴爲有法也。」

遲父鐘同上

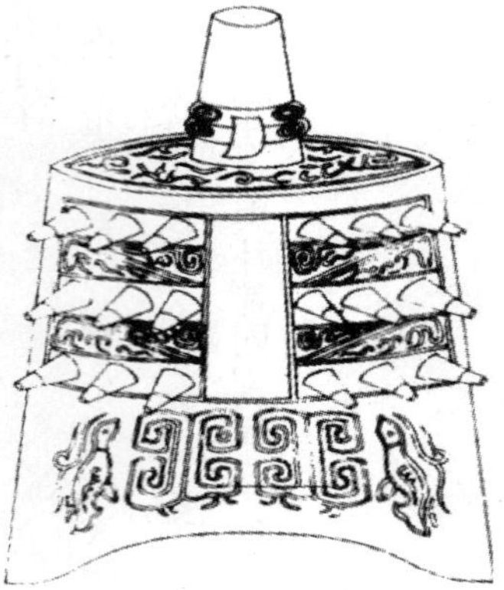

遟父作姬齊姜和林夾鐘
用昭乃穆丕顯龍光乃
用旂匄多福侯父眔齊
萬年眉壽子孫亡疆寶

右不知所從得。中今太簇。下二律長二尺一寸有半。內甬亦長八寸八分。兩舞相距縱尺有二寸一分，橫八寸六分。兩鸞相距縱尺有八寸四分，橫九寸有半。銘三十有七字。

按：考工記：「鳧氏爲鐘，兩欒謂之銑，銑間謂之于，于上謂之鼓，鼓上謂之鉦，鉦上謂之舞，舞上謂之甬，甬上謂之衡。」注云：「銑，鐘口兩角。于，鐘脣之上祛也，鼓所擊處。甬與衡，鐘柄也。」又：「鐘帶謂之篆，篆間謂之枚，枚謂之景。」注云：「帶所以介其名也。介在于鼓、鉦、舞、甬、衡之間，凡四。」又云：「枚，鐘乳也。」今時鐘乳俠鼓與舞，每處有九，面三十六。以此制考古鐘，皆合。古之樂鐘，羨而不圓，皆有篆間之枚，故其聲一定而不游，與衆樂不相奪。今鍾多圓而無枚，故其聲與古相反。又此鐘銘云「林夾鐘」，今考其聲，甚下。蓋不可考。

鄦子鐘丹陽蘇氏

惟正月初吉丁亥鄦
子將以擇其吉金自
作鈴鐘中翰且揚元
鳴孔龤穆和鐘用宴
以喜用樂嘉賓大夫
及我朋友[illegible]、[illegible]：萬
年無期眉壽毋已
子：孫：永保鼓之

右得於潁川。高寸七分，縮五寸，衡三寸八分，重四斤十二兩。聲未考。銘六十有五字。

按：史記：「鄭悼公元年，鄦公惡鄭於楚。」徐廣曰：「鄦音許，許公，靈公也。左氏傳魯成公五年：『許靈公愬鄭伯于楚。鄭悼公如楚，訟不勝。』以是推之，許靈公即鄦公。鄦、許文異而音義同。」

秦銘勳鐘 內藏 薛編作盄和鍾[一]

秦公曰丕顯
朕皇祖受天
命奄有下國
十有二公不
墜上帝嚴公
寅天命保業
畯秦虩事蠻
夏曰余雖小子
穆穆帥秉明德

[一] 明刻本無此六字，據四庫本補。

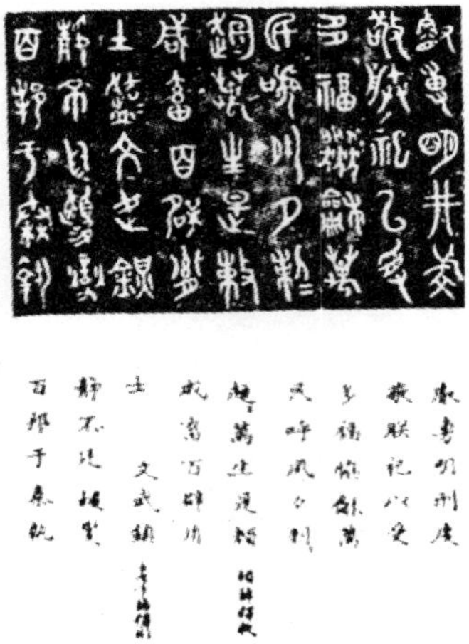

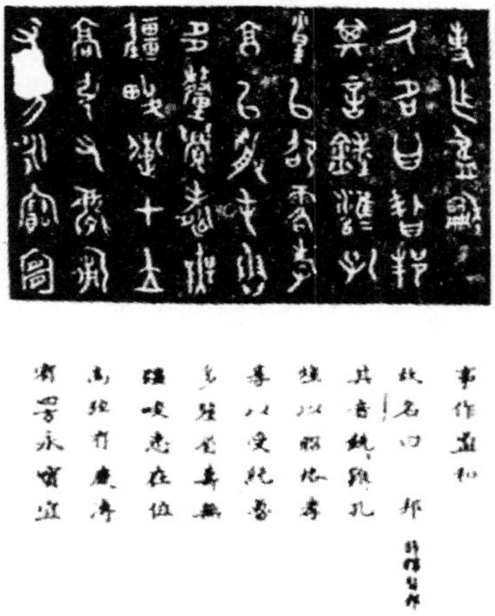

右不知所從得。口徑衡尺有五寸，縮尺有三寸九分，深二尺二寸六分。頂徑衡尺有二寸，縮尺有一寸。柄高八寸。卦柄四垂，爲卷雲藻文之飾。聲未考。銘百有三十九字。

楊南仲云：「秦鐘。其銘云：十有二公。」按：秦自周孝王始邑非子于秦爲附庸，平王始封襄公爲諸侯，非子至宣爲十二世，自襄公至桓公爲十二世，莫可考知矣。

集古云：「按：史記本紀自非子邑秦而秦仲始爲公，襄公始爲諸侯；於諸侯年表則以秦仲爲始。今據年表始秦仲，則至康公爲十二公，此鐘爲諸侯作也。據本紀自襄公始，則至桓公爲十二公，而銘鐘著當爲景公也。未知孰是，姑俟博識君子定之。」

楚卭仲嬭南和鐘眉山蘇氏

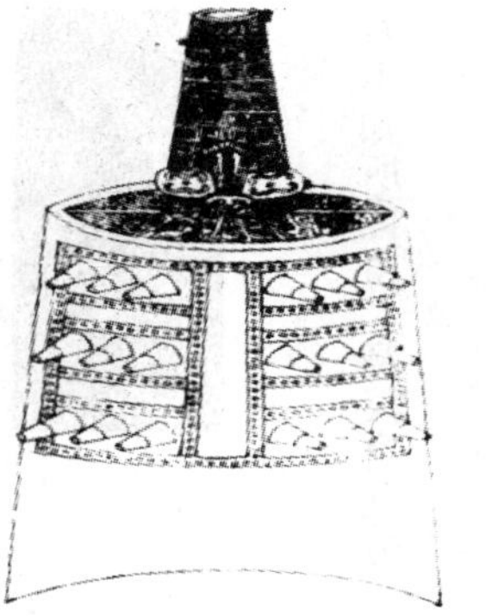

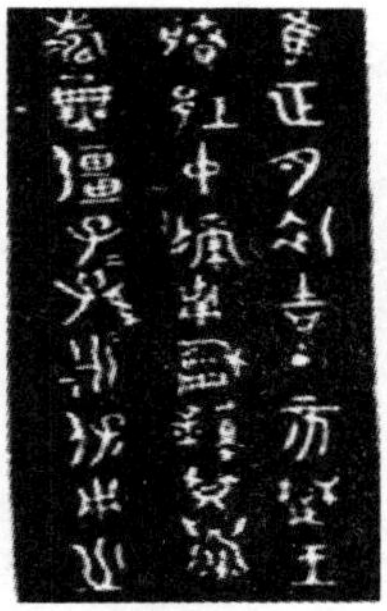

右得於錢塘。量度聲未考。銘二十有九字。

按：類編云：「賸，送也。嬭，姊也。」蓋楚之送女之器，謂之南和鐘者，樂縣在南也。儀禮大射禮云：「阼階東，笙磬西面〔一〕；其南笙鐘〔二〕」，「西階之西，頌磬東面〔三〕，其南鐘」。

⿱⿰由由丂鐘 河南寇氏

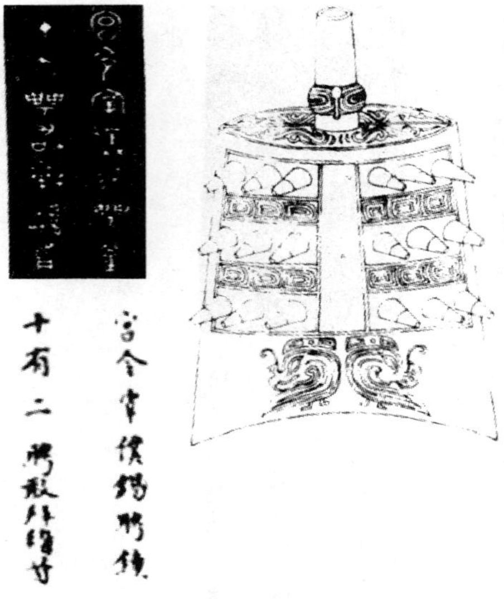

右不知所從得。高尺有九分。兩舞相距縱七寸。兩鑾相距縱八寸八分。銘十有四字。聲未考。

〔一〕「面」：諸本皆作「南」，據十三經注疏本儀禮改。
〔二〕「鐘」：諸本皆作「磬」，據十三經注疏本儀禮改。
〔三〕「面」：諸本皆作「西」，據十三經注疏本儀禮改。

特鐘京兆呂氏

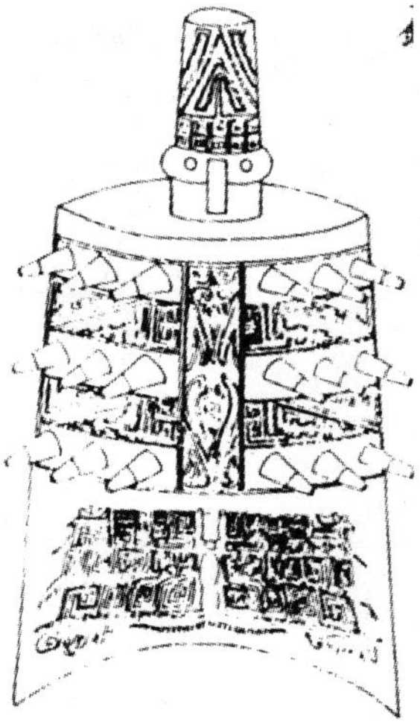

編鐘同上

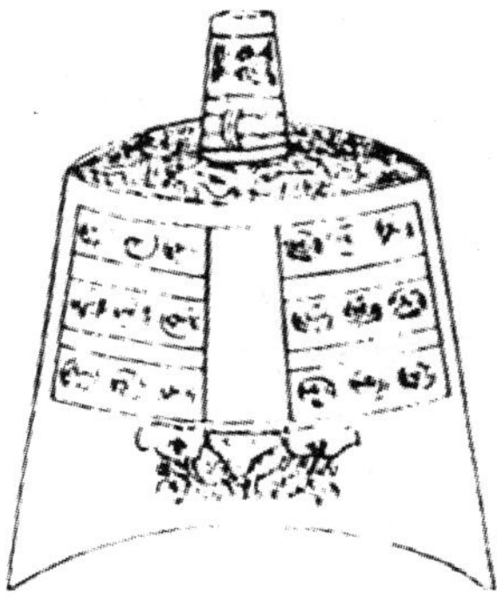

遽磬扶風王氏[一]

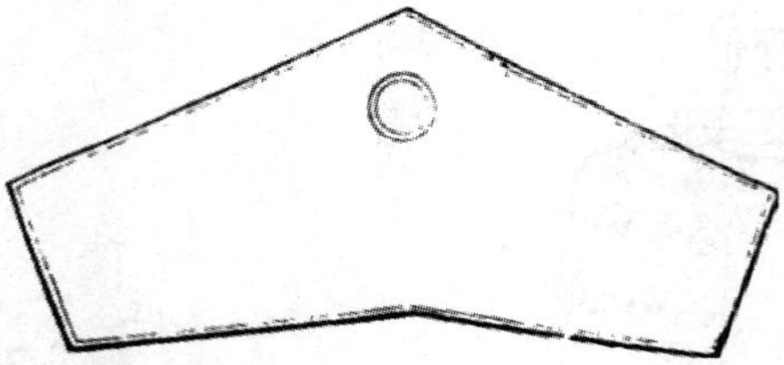

[一] 明刻本注「様闕」，無圖，圖片據四庫本補。

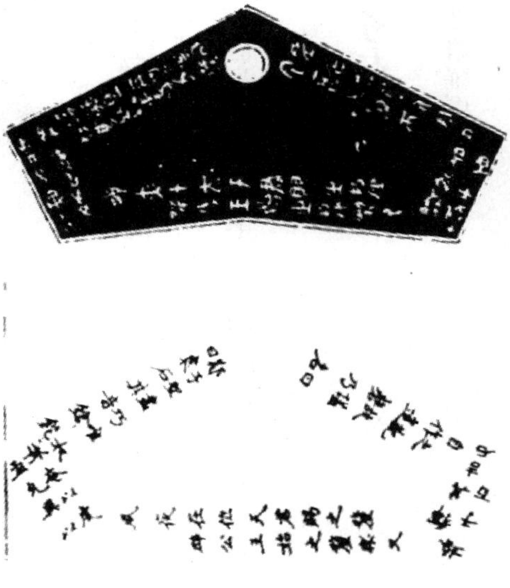

錞 秘閣

右二器皆得於豫章。

一器高尺有九寸。首負圍三尺一寸七分。底徑二尺七寸一分，厚三分。重三十六斤。

一器高尺有三寸半。首圍二尺四寸七分。底徑尺有八寸九分，厚二分。重十有五斤半。皆無銘識。

考古圖第八

默齋羅更翁考訂

玉器皆廬江李氏所藏

琥
琫珌
璧
璊玉璏
水蒼珮
玉帶鈎
玉杯
玉鹿盧
白玉雲鈎
玉環
玉玦
琱玉蟠螭
玉環玦

琥

右得於京師。博二寸六分，長八寸三分，前足之旁銘三字。

按：大宗伯：「以玉作六器」，「以白琥禮西方。」覲禮：「諸侯覲于天子」，天子爲壇祀方明，「加方明於其上」，「設六玉」，「西方琥。」小行人：「合六幣」，「以和諸侯之好」，「琥以繡。」禮器云珪、璋、特、琥、璜、爵。蓋珪、璋、璧、琮、琥、璜之器，以象天地四方；天子以是禮神，諸侯以是享天子而已。説文曰：「琥，發兵瑞玉，爲虎文。」不見于經，不知許慎何所據？然漢用虎符發兵，雖以銅爲之，其原疑出于此。文曰「午十三」者，亦兵符之次第。午字蓋以日辰爲號；或云：

午與五同。發兵遣將，畜威〔一〕以待，如虎之將搏，卷尾屈足，俯地而伏，此器之虎形則然。魯哀公疾，賜子象子雙琥一璞而爲二物，是以可以爲得〔二〕矣。嘗見世有得古含玉者，旁側汙蠛，有若塗漆不可磨洗。蓋親身之久，雖玉亦渝，此器亦然。又疑如典瑞所載「琥璜之渠眉」也。

按：東坡洗玉池銘：「維伯時父，弔古啜泣。道逢玉人〔三〕，解驂推食。劍璏鏚柲，錯落其室。復齊漫録云：『李伯時石刻謂，元祐八年，伯時仕京師，居紅橋，子弟得陳峽州馬臺石，愛而置之山中。』一日，東坡過而謂曰：『斲石爲沼，當以所藏玉時出而浴之，具刻其形于四旁，予爲子銘其唇而號曰洗玉池。』所謂玉者，凡十有六雙，琥璏、三鹿盧、帶鉤、琫珌、瑞瑑、杯水蒼珮、螳蜋帶鉤、佩刀柄、珈瑱拱璧是也。伯時既沒，池亦湮晦。徽宗嘗即其家訪之，得於積壤中。其子碩以時禁蘇文，因潛磨其銘文，以授使者十六玉，惟鹿盧環從葬龍眠，餘者咸歸内府矣。」

〔一〕「威」：四庫本作「盛」。
〔二〕「得」：四庫本作「雙」。
〔三〕「人」：原作「佩」，據四庫本東坡全集卷九十六改。

琫珌

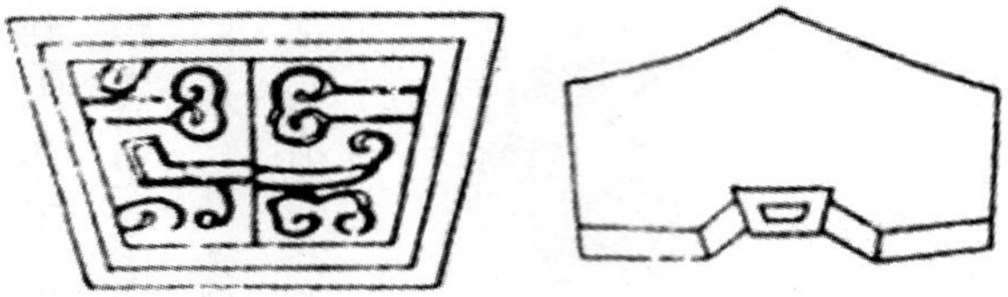

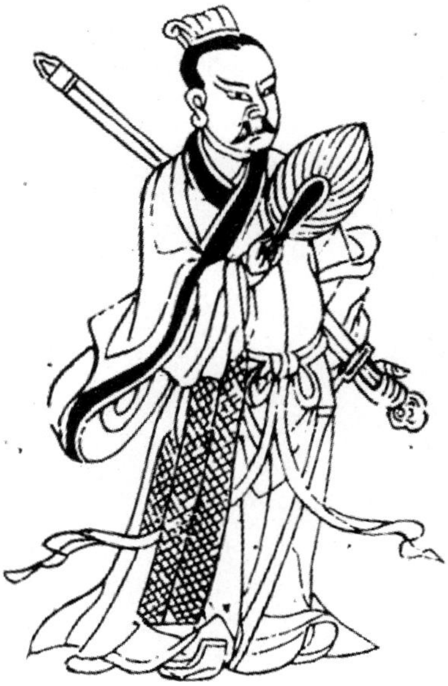

右得於京師。

李氏録云：「詩曰：『鞞琫有珌。』又曰：『鞞琫容刀。』春秋傳曰：『藻率鞞鞛。』皆注爲佩刀之上下飾，乃刀削具裝之首尾。觀顧長康所畫烈女圖有楚武王所佩刀如是，是以知其爲上下飾者，名曰琫珌。」

璧〔一〕

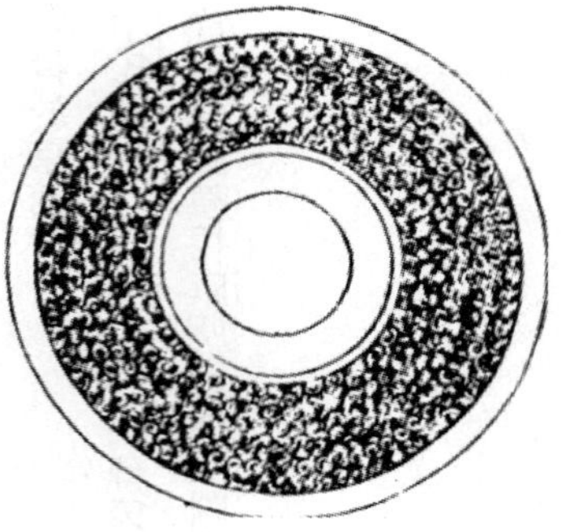

右得於洛陽。

李氏録云：「爾雅：『肉倍好爲璧，好倍肉爲瑗，肉好若一謂之環。』邊曰肉，中空曰好。此邊大而空小，璧也。色非蒼，非禮天之用；文非蒲穀，非子男所執。其加幣贄藏之器也。」

〔一〕明刻本闕此字和下圖，據四庫本補。

璊玉璏

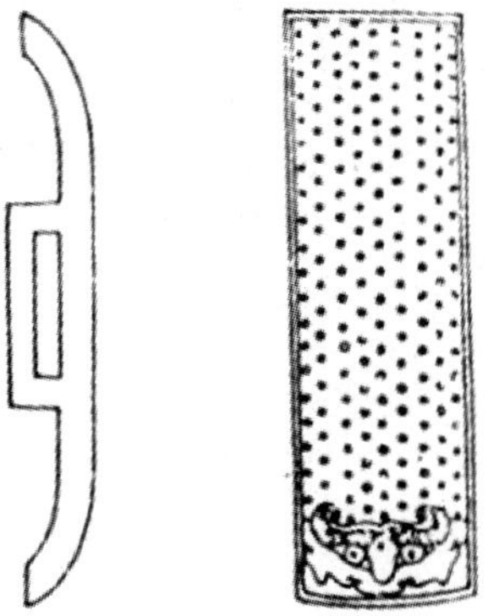

右得於壽陽。

李氏録云：「璊玉，䞓色也。禾之赤苗謂之虋。言璊，玉色如之。璏，劍鼻也。雉例切。又音衛。王莽進休玉具劍，休不受，莽曰：『美玉可以滅瘢。』即解其璏，碎而獻之。蜀張惡子廟有『唐僖宗解賜玉具裝劍，其室之上下，雙綴以管緺。』正此物，非劍鼻而何？」

水蒼珮

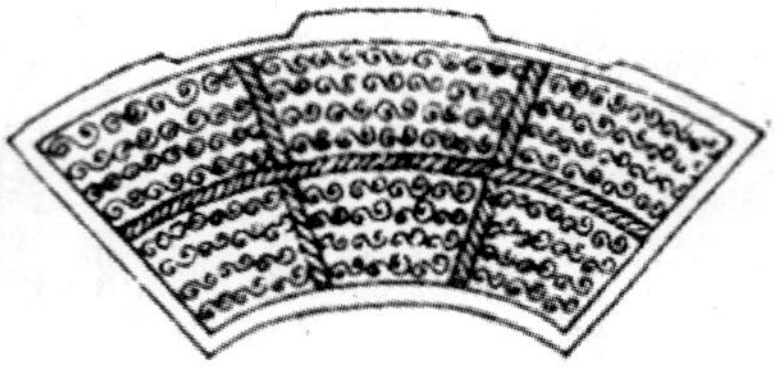

右得於京師。

李氏録云：「禮玉藻云：『公侯佩山玄玉，大夫佩水蒼玉。』注云：『山玄、水蒼，玉之文也。』此珮玉水中亦有魚尾文。」

玉帶鈎

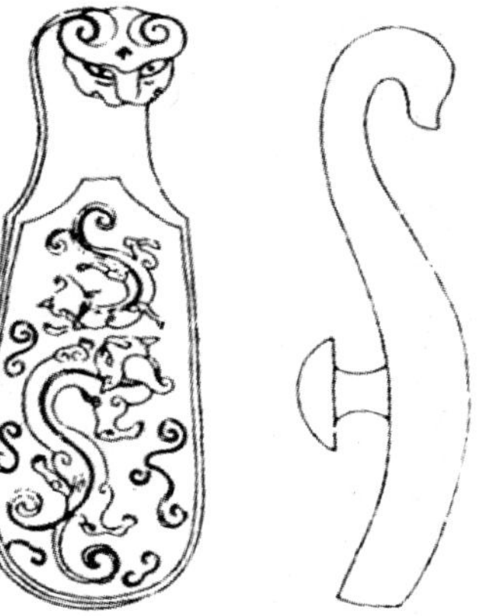

右得於長垣。

李氏録云：「聶崇義引古衣服令『大裘革、帶玉鈎、鞢丑列切。鞢〔一〕也。鹿盧、玉具劍以祀天地，至於服衮冕、祭宗廟、冠通天、袍絳紗、朝元會并用之。』此三代琱玉鈎也，説者謂，蟾肪、昆吾刀能治之如蠟。觀其鏤文深妙，瑑飾高下委曲圓平，盡滿人意。信其説之非妄。自秦、漢以來無其法。」

〔一〕「鞢」：四庫本作「韘」。

玉杯

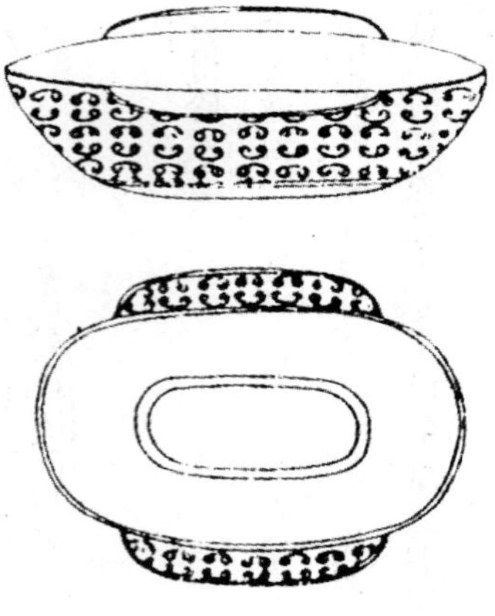

右不知所從得。

李氏録云：「漢高祖以玉杯爲太上皇壽，以横長，故後人謂之玉東西。」

按：淮南子：「鬭面於盤水則圓，於杯〔則〕〔一〕隨。面形不變其故，有所圜、有所隨者，所自鬭之異也。」隨當讀橢，他果切。狹長也。蓋古杯之形皆狹長。又聞使虜〔二〕士大夫言遼主燕用玉杯，狹長有舟，其世子亦用之，形制少殺。

〔一〕「則」：原脱，據四部叢刊本淮南鴻烈解卷十一補。

〔二〕「虜」：四庫本作「北」。

按：元本此二物無名，疑後文所謂玉具劍及漫録所謂佩刀柄即此。〔一〕

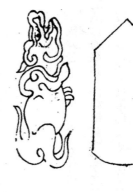

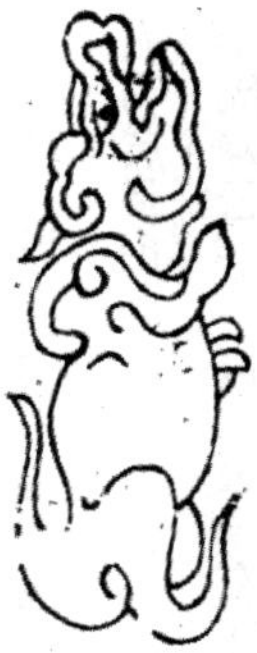

〔一〕此條及下二圖四庫本無。

玉鹿盧

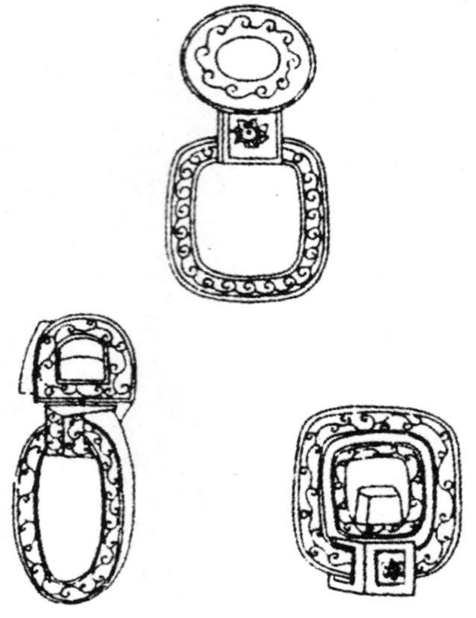

右得於長垣。

李氏録云：「古衣服令有鹿盧、玉具劍。古樂府曰：『腰間鹿盧劍。』此器以塊然之璞，既解爲環中，復爲轉関，而上下之隙僅通絲髮，作宛轉其間，今之名玉工皆歎其所未覩。」

按：漢雋不疑帶櫑具劍。晉灼曰：「古長劍首以玉，作井鹿盧形，上刻木作山形，如蓮花初生未敷時。今大劍木首，其狀如此。」

白玉雲鈎

玉環

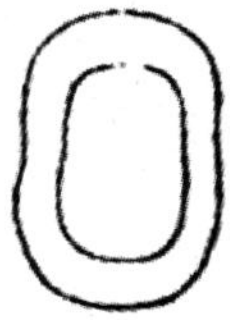

玉玦

琱玉蟠螭

玉環玦

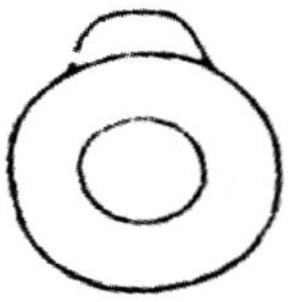

右不知所從得。諸遭帶鈎玦也〔一〕。

〔一〕「諸遭帶鈎玦也」六字四庫本無。

捧勑珮 卭州天寧寺僧道〔一〕

〔一〕明刻本、亦政堂本無捧勑珮，據四庫本補。

右二器得於臨卭天寧僧，皆白玉爲之；鏤以盤龍戲珠，繞以雲氣；上下徑二寸八分，橫徑三寸八分，厚一分半。又名阿繫。

考古圖第九

默齋羅更翁考訂

秦漢器

首山宮雁足燈
甘泉上林宮行鐙
甘泉內者鐙
車宮承燭槃
漢鐙
有柄行鐙
有柄鳳龜鐙
蛟鐙
一華鷄足鐙
辟邪鐙
鹿盧燈
龍虎鹿盧燈
犀燈
羊燈
雙魚四錢大洗
雙魚洗

秦權
丞相府漏壺
大官銅鍊
周陽侯甗鍑
好畤共厨鼎
軹家釜
軹家甑
熏爐
金飾小鼎
曲耳小鼎
方耳鼎
環耳鬲
直耳鬲
侈耳區鬲
侈耳鬲
高奴鬲

首山宮雁足燈京兆李氏

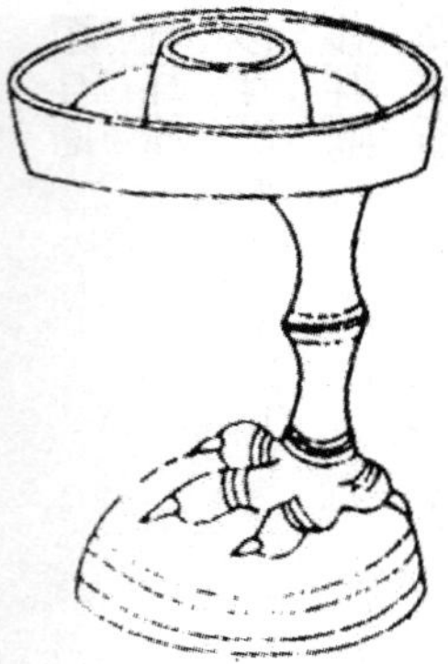

蒲反首山宮銅雁足八寸并重六斤水始四年二月工貞廣造

右不知所從得。高六寸三分，面徑四寸有半，足縮四寸，衡三寸七分。銘廿有四字。

甘泉上林宮行鐙同上

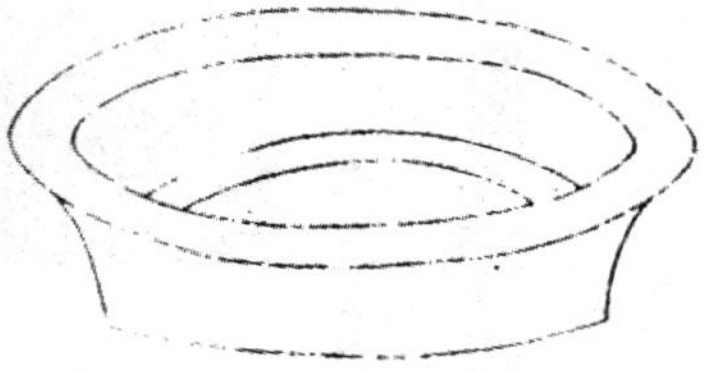

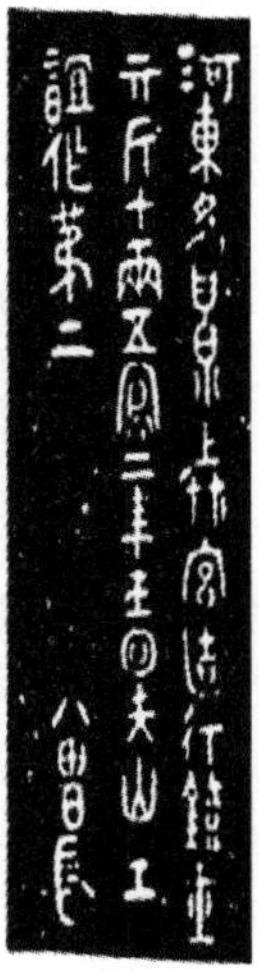

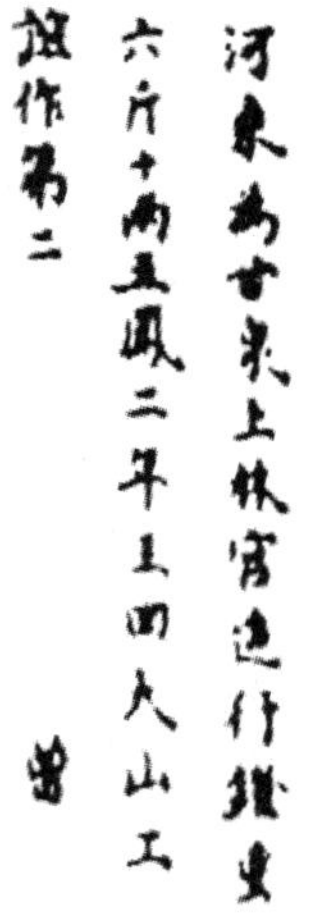

右不知所從得。惟承槃存。徑七寸有半，深寸有二分。銘三十有一字。并雁足燈共重三斤一十四兩。

甘泉內者鐙 京兆陳氏

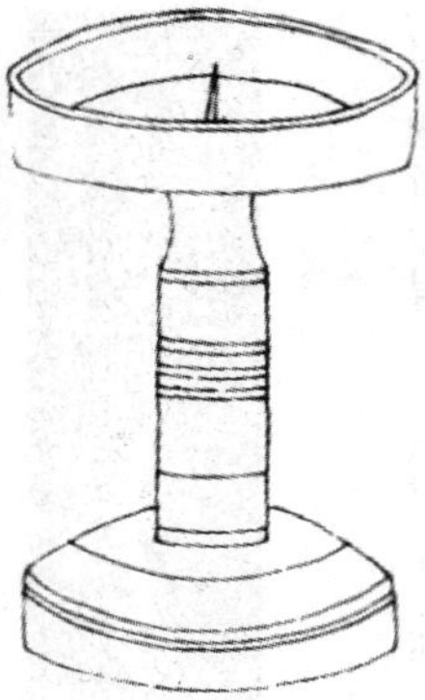

甘泉內者

內者元康二年三月河東安邑守者宣王軒造重廿五斤十一兩

右不知所從得。高尺有一寸，面徑六寸三分，底徑五寸七分，中有仰錐長二分，重十斤四兩。銘大小三十字。

車宮承燭槃 京兆毋氏

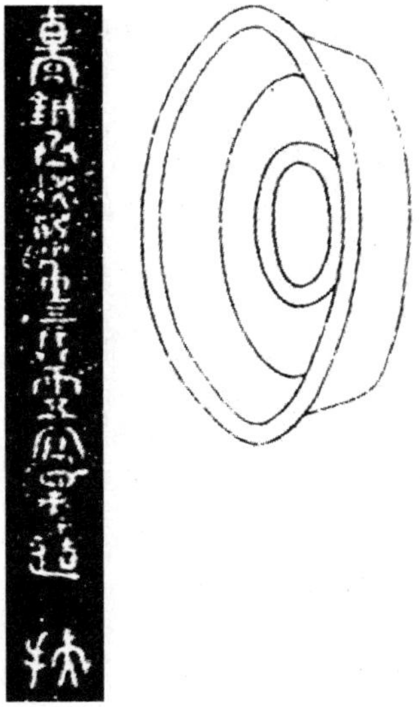

車宮銅承燭槃重三斤八兩五鳳四年造　扶

右不知所從得。面徑七寸六分，深八分，底徑四寸三分，重一斤五兩。銘十七字。

以上四鐙皆漢宣帝時器。地理志：「蒲坂有首山祠。」其宮即祠宮也。甘泉、上林皆以〔一〕衡所掌。內者有令丞少府之屬，掌中存張諸衣物。奄人，職也。車宮，不知在何所。所權輕重以今權校之，首山、上林二鐙五兩奇，內者鐙六兩半有奇。車宮槃六兩，當漢之一斤，數皆不同。

〔一〕「以」：四庫本作「水」。

漢鐙新平張氏

右不知所從得。高四寸，重十有二兩。無銘識。

此器與内者鐙相類而形制卑，雖無銘識，亦漢器也。

有柄行鐙 廬江李氏

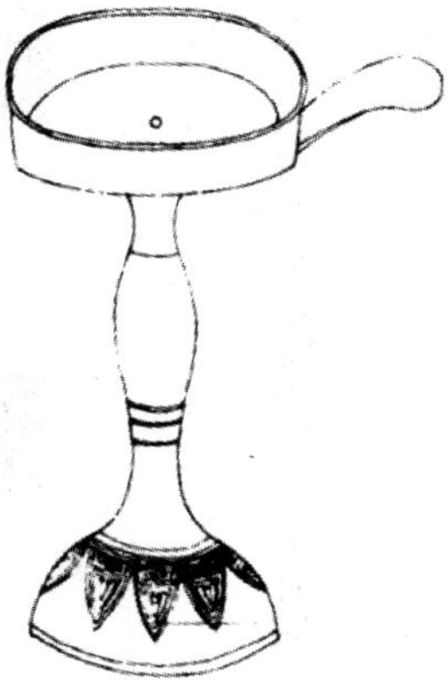

右得於京師。高五寸，面徑三寸，重一斤。

此與前二鐙相似而有柄，亦漢行鐙也[一]。

[一] 上二條文字明刻本無，據四庫本補。

有柄鳳龜鐙 京兆薛氏

右不知所從得。高五寸，面徑二寸八分。上下有銘，皆四字。

此鐙以鳳爲柄，龜爲趺，其上有柄，如上行鐙。

蛟鐙 蘇臺蔣氏

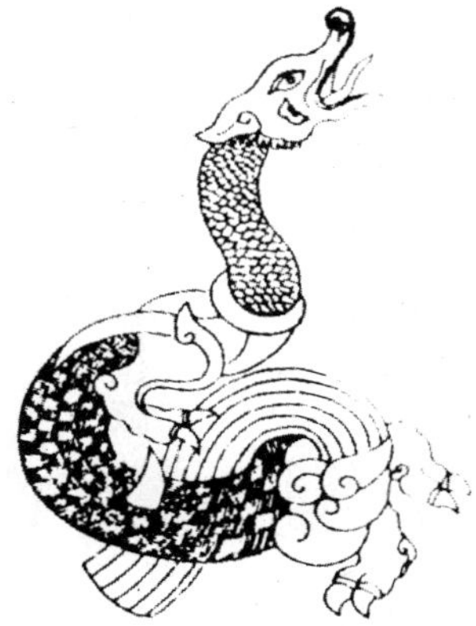

右不知所從得。高三寸八分，口縮三寸，横二寸。無銘識。

一華鷄足鐙開封劉氏

右不知所從得。無銘識〔一〕。

〔一〕明刻本無此條文字，據四庫本補。

辟邪鐙廬江李氏

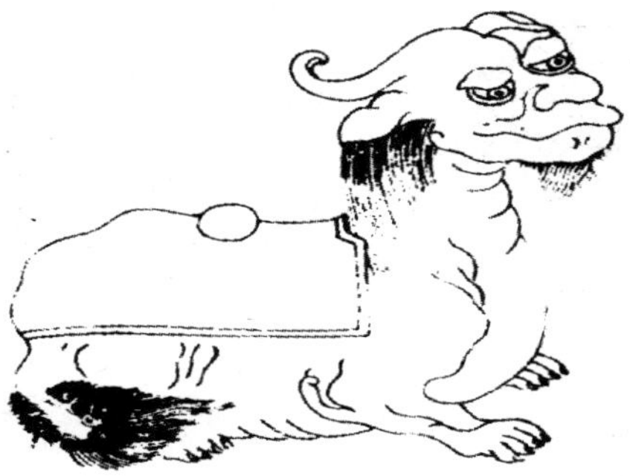

右得於河濵。

李氏録云：「古人以盤貯油，立獸其中，負炷于背穴，使火氣吸油胸〔二〕竅入，作明無窮。後漢李尤金羊燈銘曰：『金羊載輝，作明以續。』」

〔二〕「胸」：四库本作「自」。

鹿盧燈京兆田氏

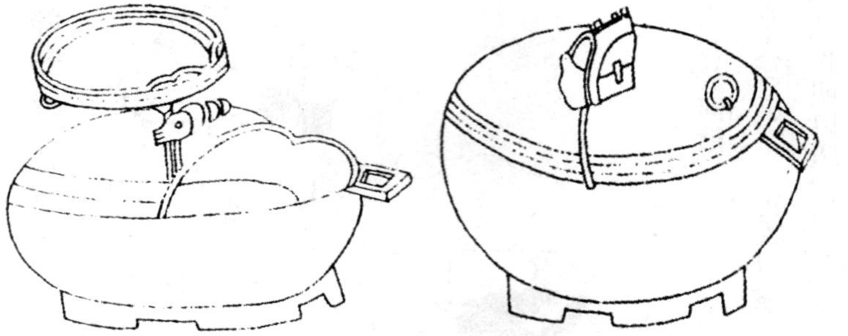

右不知所從得。高二寸七分，徑縮四寸半，衡二寸一分，容七合，重一斤。無銘識。有蓋爲轉關，鹿盧以開闔。蓋上貯油，以仰錐爲炷〔一〕。

龍虎鹿盧燈 廬江李氏

宜子孫吉

〔一〕「以仰錐爲炷」：四庫本作「有仰錐以爲炷」。

右不知所從得。量度未考。銘四〔一〕字。

以上三燈，形制一體。此有龍虎文爲飾。

犀燈 成都大慈寺僧

〔一〕「四」：明刻本作「三」，據四庫本及銘文改。

羊燈同上

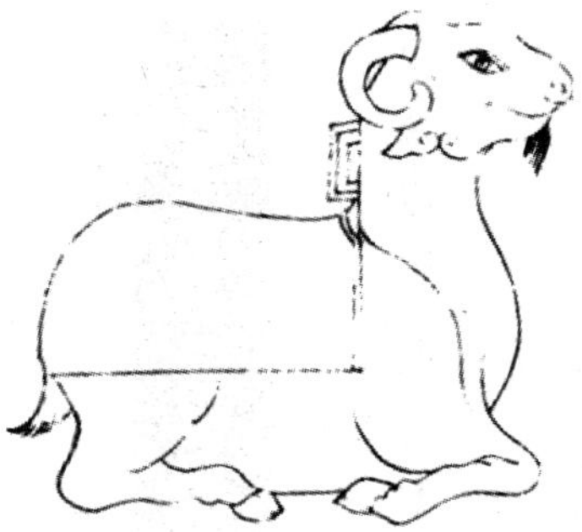

右不知所從得。量度未考。無銘識。亡其蓋。

以上二燈與鹿盧燈略相似，但其蓋不爲鹿盧形，亦無仰錐以爲炷，但於蓋背有圓空負炷，如辟邪之比也。

雙魚四錢大洗 內藏〔一〕

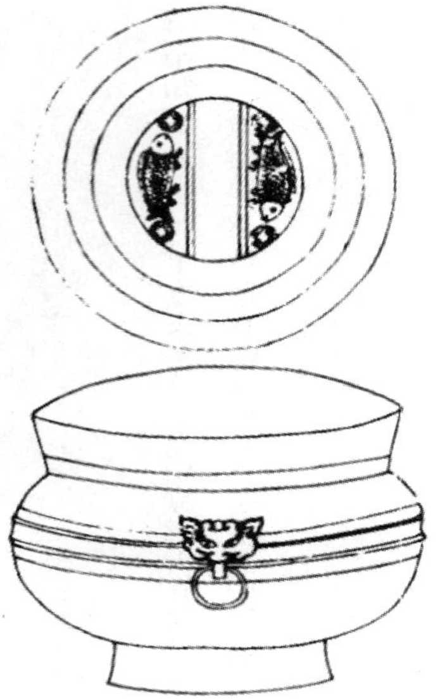

右不知所從得。徑尺有七寸，深八寸四分。銘七字。有雙魚、四古錢、菱花爲飾。

〔一〕明刻本闕頁，無雙魚四錢大洗及雙魚洗，據亦政堂本、四庫本補。

雙魚洗四器

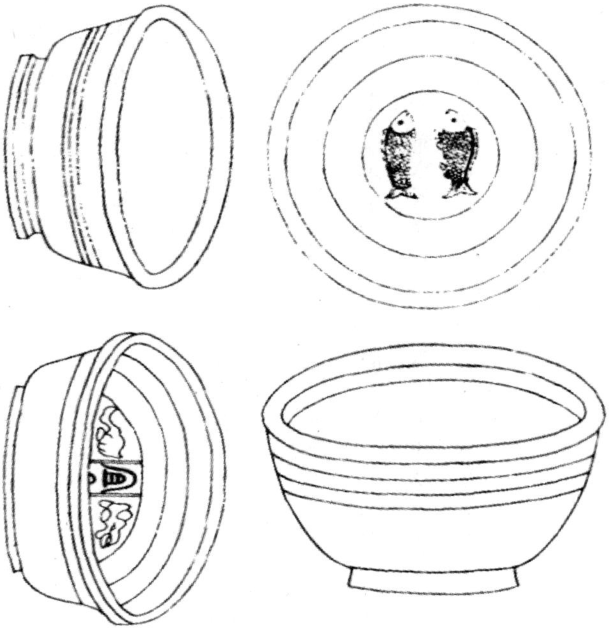

宜子孫

呂榮

右一洗內藏。徑尺有五寸，深二寸四分。

一洗廬江李氏。徑尺有一寸半，深一寸三分，容六升八合。

一洗同上。徑尺有二寸，深二寸半，容九升。唇又有「呂榮」字。

前一洗不知所從得，後二洗得於新鄭。形制與大洗同而差小，皆有「宜子孫」三字。旁有雙魚爲飾。按：舊禮圖云：「洗乘槃，棄水之器，其爲畫，水紋、菱花及魚以飾之。」唐會要云：「上元二年，高宗命韋弘機營東都上陽宮，於澗曲疏建陰殿，掘得古銅器，似盆而淺，中有蹙起雙鯉之象，魚間有四篆字『長宜子孫』。與此器同，皆漢洗也。」

秦權 一河南李氏 一河東王氏

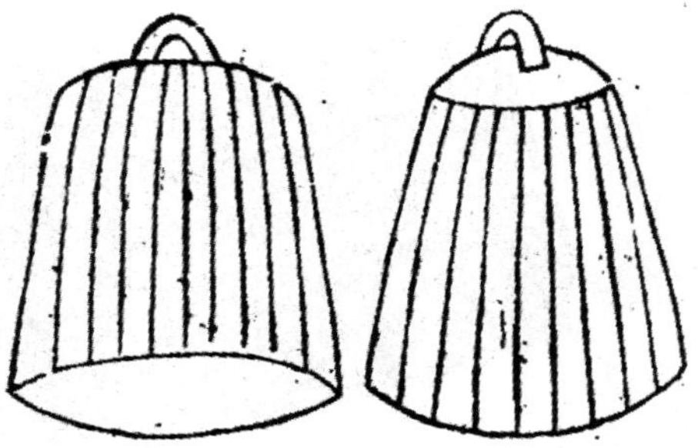

廿六年皇帝盡并
兼天下諸侯黔首
大安立號爲皇帝
乃詔丞相狀綰灋
度量則不壹歉
疑者皆明壹之
元年制詔丞相斯
去疾灋度量盡始
皇帝爲之者有刻
辭焉今襲號而
刻辭不稱始皇帝
其於久遠也如後
嗣爲之者不稱成
功盛德刻此詔
故刻左使毋疑
平陽斤

右不知所從得。各高二寸，徑寸有九分，容合，重六兩。銘一百有二字。又有三字，曰「平陽斤」。王氏同。

按：秦本紀：「始皇二十六年，平六國，號皇帝，一法度衡石丈尺。」丞相綰者，王綰也。「二世元年，皇帝曰：『金石刻盡始皇帝所爲也，今襲號而金石刻辭不稱始皇帝，其於久遠也，如後嗣爲之者，不稱成功盛德。』丞相臣斯、臣去疾，御史大夫臣德言：『請具刻詔書刻石，因明白矣。臣昧死請。』制曰：『可。』」始言「金石刻」而卒止言「刻石」，據權之文云「故刻左」，則史記「石」字當爲「左」字。丞相去疾，徐廣作魔非曰：「姓馮。」

丞相府漏壺丹陽蘇氏

丞相府漏壺 丹陽蘇氏

廿一斤十二兩六年三月己亥年史神工譚正丞相府

右不知所從得。高九寸有半，深七寸有半，徑五寸六分，容五升。有蓋。銘廿有一字。

按：此器制度，其蓋有長方孔，而壺底之上有旅〔一〕筩，乃漏壺也。視其銘文，則漢器也。

〔一〕「旅」：亦政堂本、四庫本作「流」。

大官銅錬 睢陽王氏

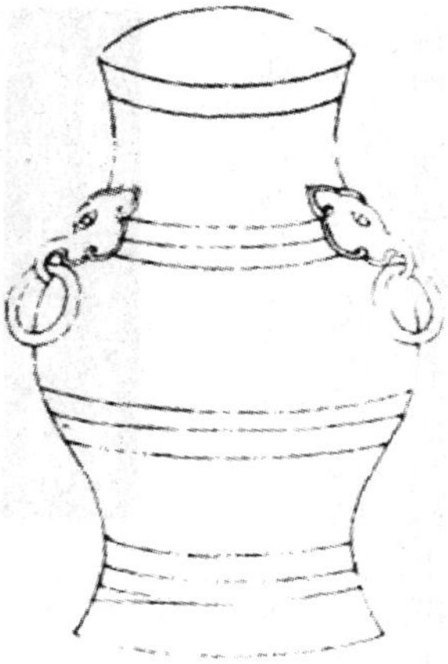

大官銅鍾容一斛建
武二十年工伍輿造
考工令史由丞或令
通主太僕監掾蒼省

右不知所從得。以黍尺度之，高二尺，口徑八寸，腹圍五尺一寸。銘三十有二字。

按：此器形制如壺而謂之銅錬，未詳。或云：錬或從重字，與銅鐘同。釜鐘，量器也。

周陽侯甗鍑河南文氏

周陽侯家銅三習䧢甗鍑一容五斗重十
八斤六兩侯治國五年五月國輸第四

右所從得及量度皆未考。銘三十有一字。

按：說文：「鍑，大口釜也。」鍑上有甗，故曰甗鍑。言「三習䧢」者，習，重也，其制三重，習，一作摺，疊也。䧢字未詳，疑讀爲鬲。漢恩澤侯表有「周陽侯上淮南王長舅趙兼，孝文元封，六年免；孝景太后弟田勝，孝景後三年封，傳子祖，元狩三年免。」文曰：「侯治國〔一〕五年，自以侯受侯嗣位之年數也。」此疑宣帝時器，文字皆未可考。

〔一〕「國」：原作「門」，據亦政堂本、四庫本改。

好畤共厨鼎廬江李氏

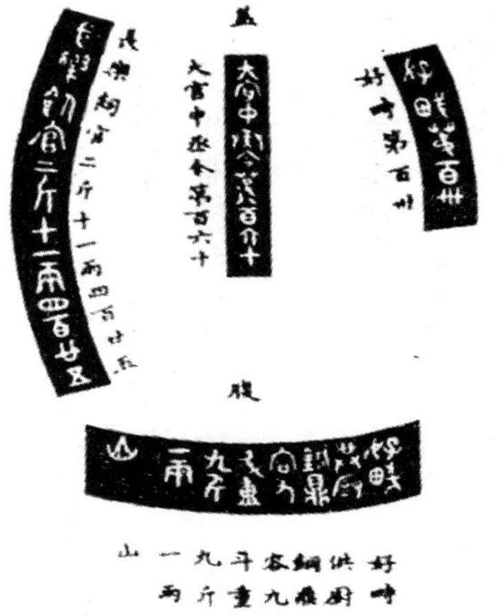

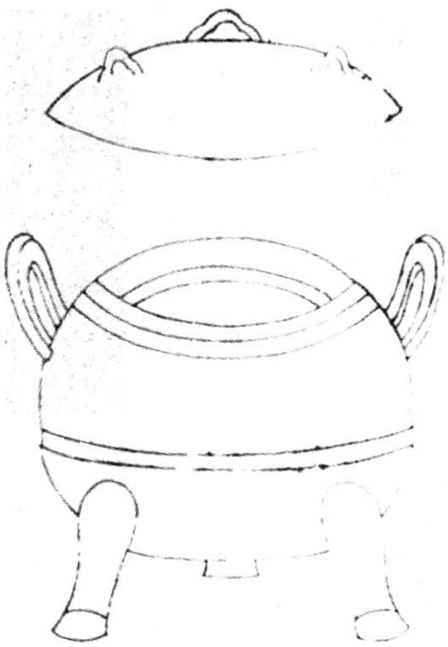

右不知所從得。高五寸，深三寸，徑五寸有半，容三升一合，重三斤六兩。有銘十五字在腹，二十有一字在蓋。據下解廿有六字。

按：此器文曰「好時共厨鼎」，又曰「好時第百三十」，又曰「長樂宫第四百廿五」，「大回中第八百六十」。好時在雍東，秦以東郊祀上帝。長樂、未央、建章皆在長安回中宫。三輔黄圖云。太官從帝行幸，移用其器，而次第不一，皆刻以記之，備淆錯也。此器刻云「重九斤一兩」，今重三斤六兩。今六兩當漢之一〔一〕斤，與車宫槊之法同。

軹家釜京兆孫氏

形制與今同。

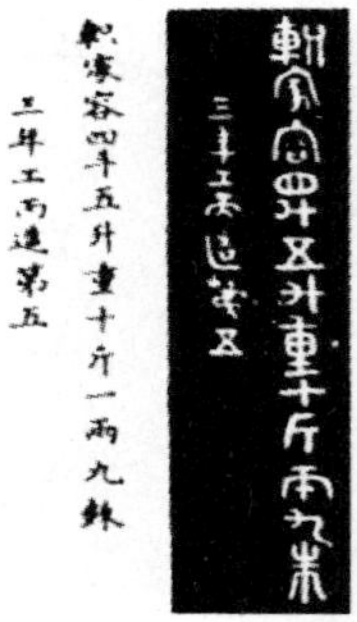

軹家甑同上

形制與今同。

〔一〕明刻本脱「一」字，據亦政堂本、四庫本補。

軹家容三升重四斤廿銖

三年工丙造第五

右二器皆得於京兆。形制與今器同，更不圖寫。

釜重二十一兩六銖，容斗有二升九合。銘廿有一字。

甑重一斤七兩，容斗。銘一十有七字。

按：「軹家」不可考。釜、甑皆漢器也。以今權量校之，釜四兩七銖，甑五兩十八銖，當漢之一斤；釜三斗弱，甑三斗一升，當漢之一斗〔二〕，二器亦不同。

〔二〕「斗」：亦政堂本、四庫本作「十」，據上下文，當以「斗」爲是。

熏爐 廬江李氏

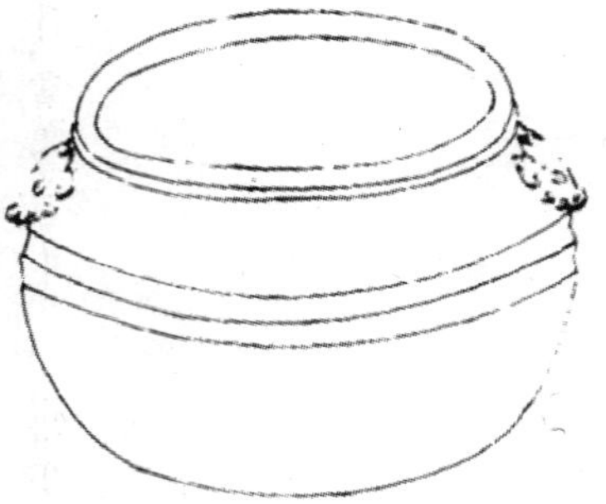

齊安宮銅熏鑪容五升具盖重五斤六兩神爵四年
與宮嗇夫忠佐史工司馬誤造第一百卌一　卄三

右得於京師。重一斤三兩。銘三十有六字。

按：「齊安宮」不可考。銘云「重五斤六兩」，以今權校之，三兩十八銖，當漢之一斤。

金飾小鼎內藏

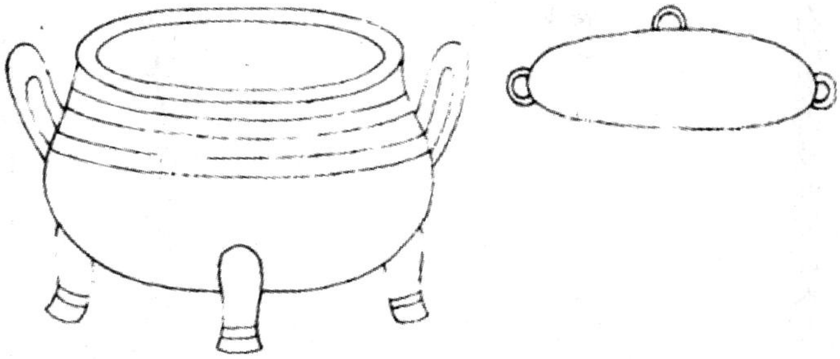

右不知所從得。以黍尺、黍量校之，深二寸一分，徑三寸有半，耳高一寸，容二升。有黃金飾。無銘識。

按：舊禮圖云：「鼎，士以鐵爲之，大夫以銅爲之，諸侯飾以白金，天子飾以黃金。」聘禮：牢鼎之次有陪鼎、差[一]鼎，皆小鼎也。古鼎、敦之蓋多以三物爲飾，卻而置諸地如鼎足然，亦可以盛。公食大夫禮：賓卒食，會飯。特牲饋食禮：將籑，佐食分簋、鉶，皆分盛於蓋。會亦蓋也。籑與餕同。

曲耳小鼎 河南文氏

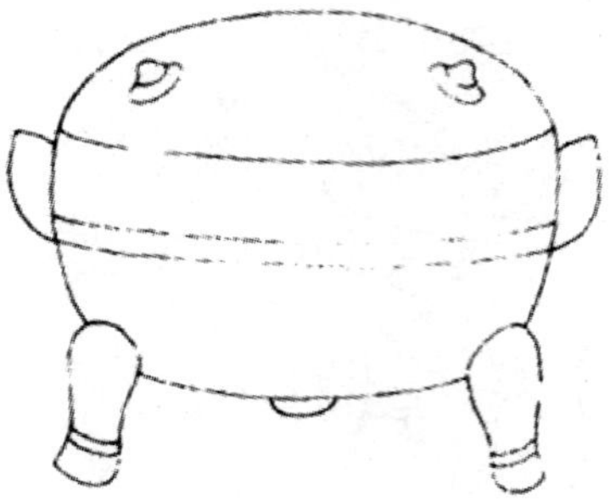

右所從得及度量皆未考。無銘識。形制與金飾小鼎略相似。

[一]「差」：四庫本作「羞」。

方耳鼎

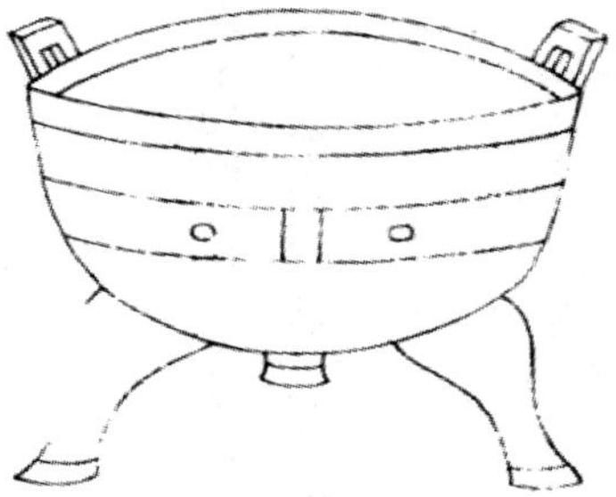

右所從得及度量皆未考。無銘識。

環耳鼎內藏

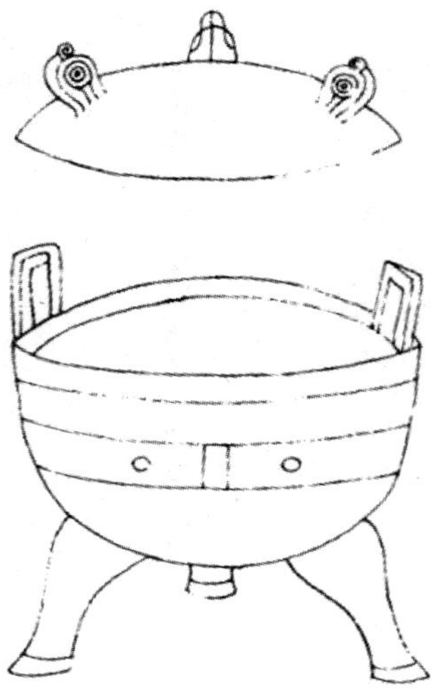

右不知所從得。以黍尺、黍量校之，深四寸，徑六寸，容斗有二升。無銘識。耳如刀柄環。

按：爾雅：鼎，「圓弇上謂之鼒。」周官：旊人「豆實三而成觳。」此器之容實一觳，與簋實同〔二〕。

〔二〕亦政堂本、四庫本無此二條文字，釋文爲「右所從得及度量皆未考。無銘識。」

直耳鬲同上

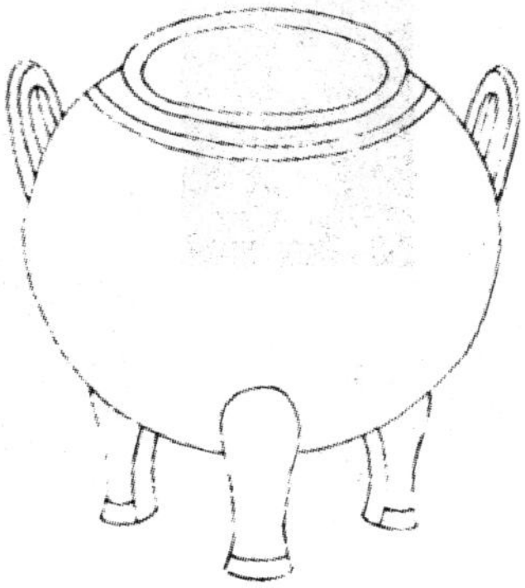

右不知所從得。以黍尺、黍量校之，深一寸，徑九寸，耳高三寸，容一斗。無銘識。

按：此器舊説以爲陪鼎，非也。其制亦圓弇上，當謂之鬲。

侈耳區鼐新平張氏

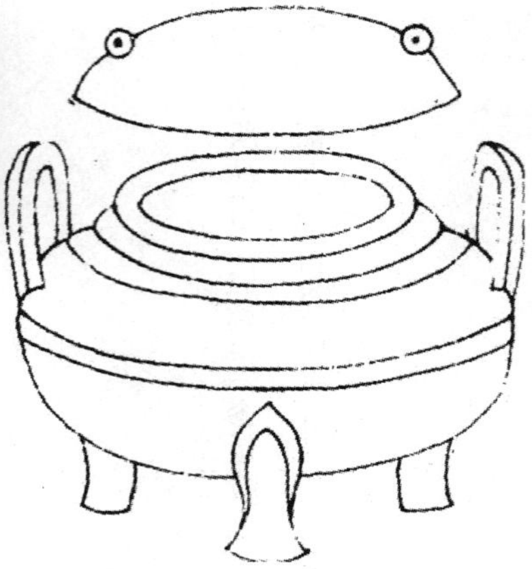

吴寘

右有銘二字，餘未考。

移耳鬲盧江李氏

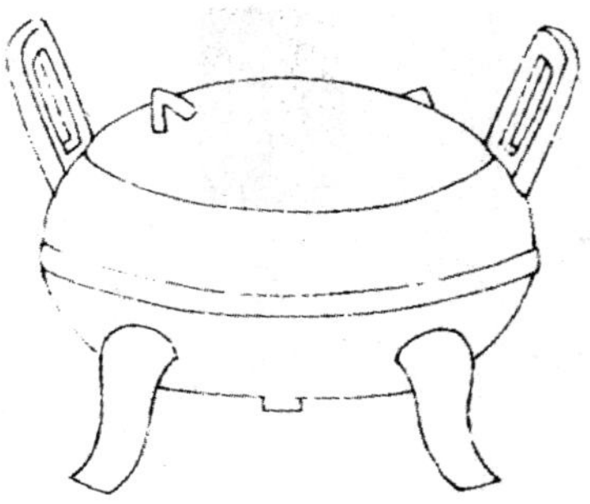

右得於京師。量度未考。無銘識。與區鬲形制全相類。

高奴鼐華陰〔一〕宋氏

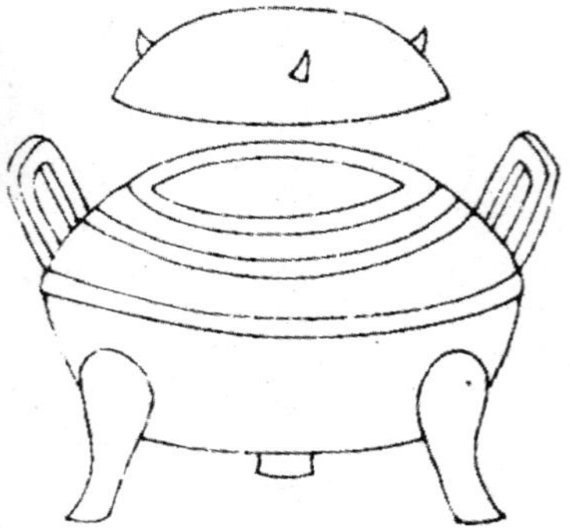

高奴

右與前侈耳二鼐相類。銘二字。餘未考。

〔一〕明刻本脫「華陰」二字，據四庫本補。

按：此器銘曰「高奴」。高奴〔一〕，工〔二〕郡地名也。

考古圖第十

默齋羅更翁考訂

秦漢器

連環壺鼎

鐎斗

弇上象斗

螭首平底斗

攜瓶

溫壺

一耳巵

兩耳杯

〔一〕四庫本脱「高奴」二字。
〔二〕「工」：四庫本作「上」。

琖槃

有柄溫爐

博山香爐

三足香爐

獸爐

攜奩

鳳奩

書鎮

舞鏡

玉甲帶鈎

金蟠螭革帶鈎

瑟瑟鈿山水字鈎

銀錯螳蜋鈎

鵰狐鈎

寶釘鈎

連環壺鼎廬江李氏

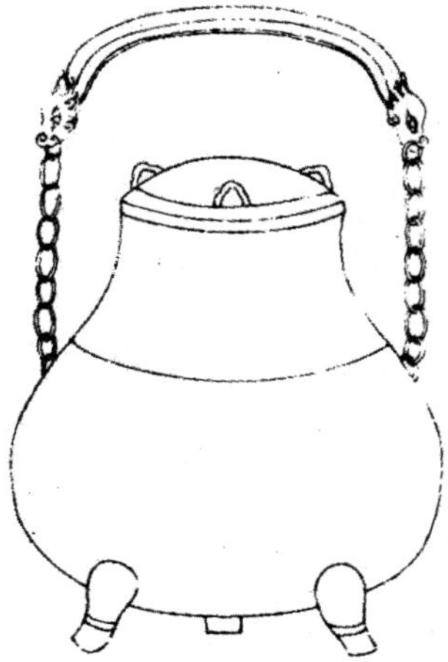

連環壺鼎 新平張氏

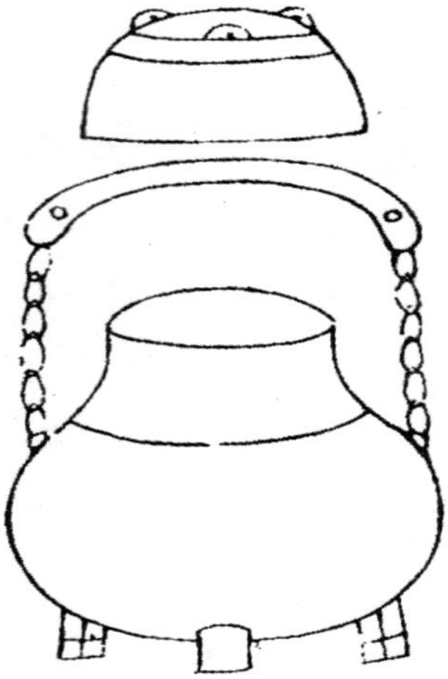

右所從得及度量、銘識皆闕失無可考，惟樣存於此〔一〕。

右一器得於壽陽，高五寸，深四寸六分，徑二寸半，容二升有半；一器不知所從得，量度未考，皆無銘識。其形制頗同，如壺而三足。其蓋皆爲三環，如鼎、敦蓋，卻之可以置諸地，皆有連環以爲提〔二〕。

〔一〕明刻本釋文。
〔二〕四庫本釋文。

鐎斗 廬江李氏[一]

右得於京師。高四寸，深三寸，徑五寸二分，容升有二合。無銘識。

李氏録云：「詩云：『維北有斗，不可以挹酒漿。』此斗乃可挹者也。又曰：『挹彼注兹。』此有流乃可注也。於文，斛从斗，即此器；酌从勺，則用勺也。聞長安有人收一器，刻曰『杜陵馮氏銅鐎』。廣韻云：『鐎，刁斗也，溫器，三足而有柄。』蓋謂之斗者，有魁有柄，取象於北斗也。」

[一] 明刻本、亦政堂本無此四字，且注「様闕」。様圖據四庫本補。

按：史記：「趙襄子使厨人操銅斗以食代王及從者，行斟，陰令宰人各一作惟以料擊殺代王及從官。」古者行食以料，所以盛羹鐥〔二〕也。其形制雖不同，凡有柄有流三足可以溫物而斟之者，皆料也。下有二器類此，故舉是例。

弇上象斗 廬江李氏

右得於天台。量度未考。無銘識。

〔二〕「鐥」：亦政堂本、四庫本作「湇」。

螭首平底斗京兆呂氏

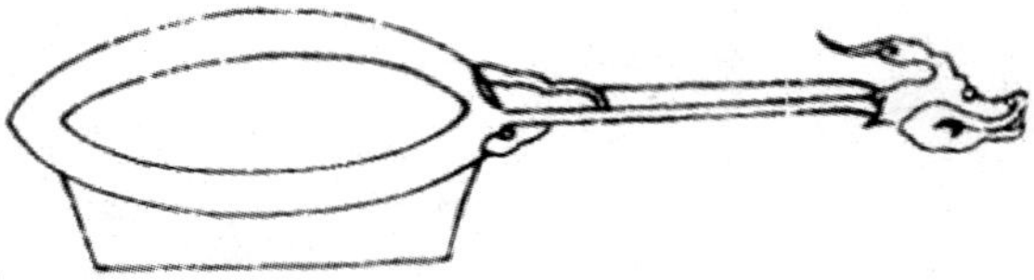

蠏首平底三足鐺京兆呂氏〔一〕

右得於郟城。高四寸八分，深二寸半，徑五寸三分，容升有半。無銘識。

〔一〕明刻本作「同上」，據四庫本改。

攜瓶廬江李氏

右得於京師。高八寸有半，深七寸有半，徑寸有三分，容二升二合。無銘識。

李氏録云：「吏部蘇尚書子容頃使虜〔一〕中，於帳中嘗見之。」

〔一〕「虜」：四庫本作「敵」。

温壺同上

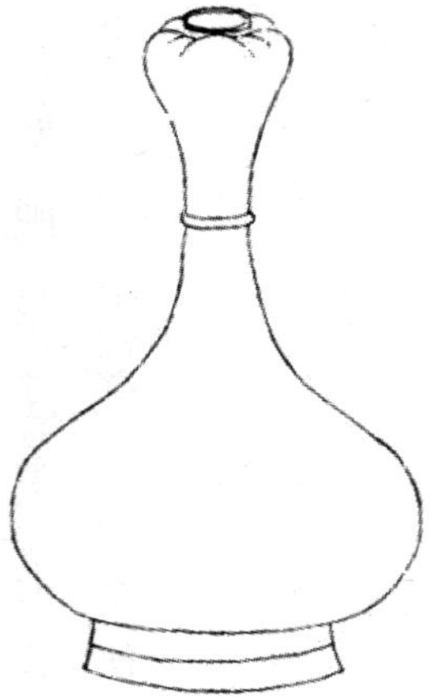

右得於京師。高一尺三寸，深一尺二寸三分，徑寸，容七升。無銘識。

李氏録云：「温器也，以貼湯而窒其口，自環以上手主之，環以下足主之。」

一耳巵同上

右得於投子山。深二寸，徑四寸有半，容一升。無銘識。

按：此器旁一耳，乃古酒巵。

兩耳杯開封劉氏

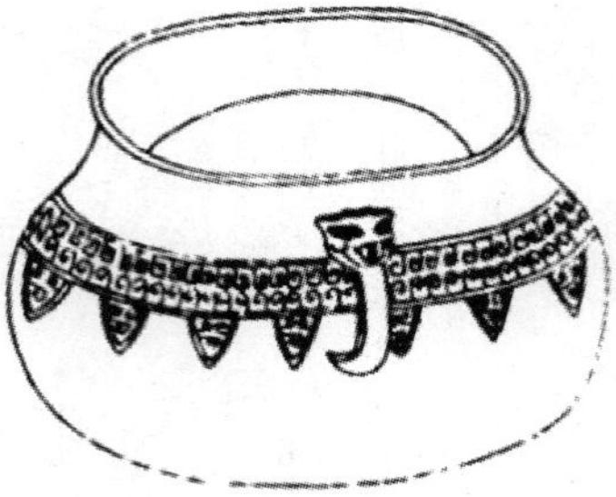

右不知所從得。高二寸二分，深二寸一分，縮三寸六分，衡二寸八分，容八合。無銘識。

按：古杯多狹長，事見淮南子。見玉杯門。

琖槃内藏

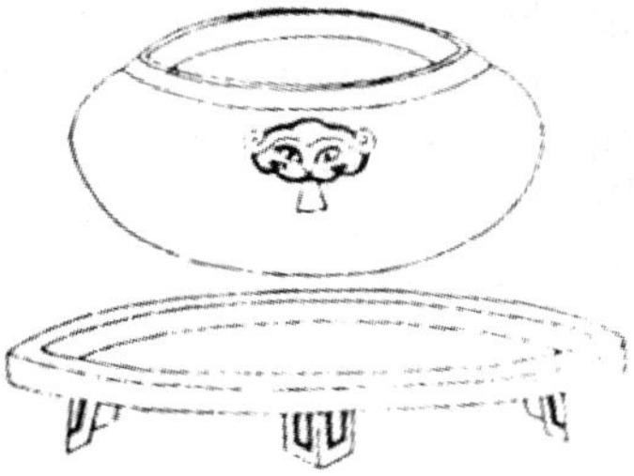

右不知所從得。深二寸三分，縮四寸九分，衡六寸有半。旁一耳，有承槃[一]如舟，有足。黍量校之，容三升四龠。

按：古之杯形皆橢，狹長也。此器亦然。周禮[司][二]尊彝：「皆有舟。」注云：「若今承槃。」[三]則漢之杯琖亦有承槃，其形如舟，即古舟也。

[一]「槃」：亦政堂本、四庫本作「盤」。

[二]「司」：原脱，據引文出自周禮司尊彝補。

[三]「槃」：亦政堂本、四庫本作「盤」。

有柄温爐廬江李氏

右不知所從得。重二斤三兩。無銘識。

李氏録云：「上爐圓而長，周以鏤座四獸；下箱方底，爲風窗，承以一板，四胡人負之，以火温湯煮酒杯者也。規模乃漢器，與鐙柄同。」

按：四獸之名，始見於曲禮，出於二十八舍之象。東方，壽星、大火、析木、蒼龍之象；南方，鶉首、賜〔二〕火、鶉尾、朱鳥之象；西方、北方亦然。交龍爲旂，熊虎爲旗，鳥隼爲旟，龜蛇爲旐，亦此義也。

〔二〕「賜」：四庫本作「鶉」，疑涉上下文而誤。

博山香爐同上

右得於投子山。重一斤七兩。中間荇葉有文曰「天興子孫」，又曰「富貴昌宜」。

按：漢朝故事：諸王出間〔二〕，則賜博山香爐。晉東宮舊事曰：太子服用，則有博山香爐。一云爐〔三〕象海中博山，下有槃貯湯，使潤氣蒸香，以象海之回環。此器世多有之，形制大小不一。

〔二〕「間」：四庫本作「閤」。

〔三〕四庫本無「一云爐」三字。

三足香爐廬江李氏

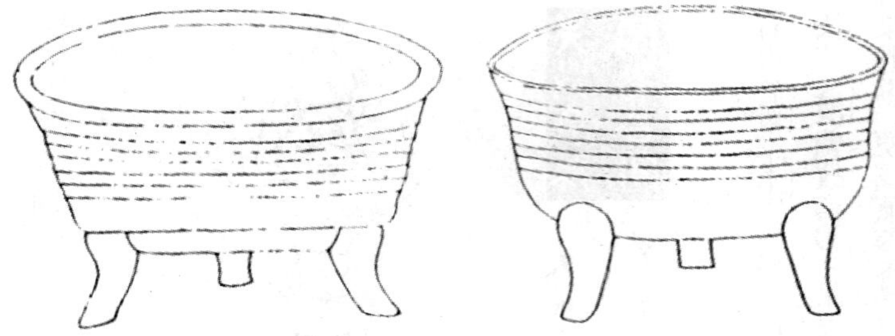

右得於京師。

獸爐同上

右得於壽春。

李氏録云：「此獸爐今爲狻猊，則俗差矣。遍閱山海經諸書，無吐煙操蛇獸，以待博識者名之。」〔二〕

攜奩 開封劉氏

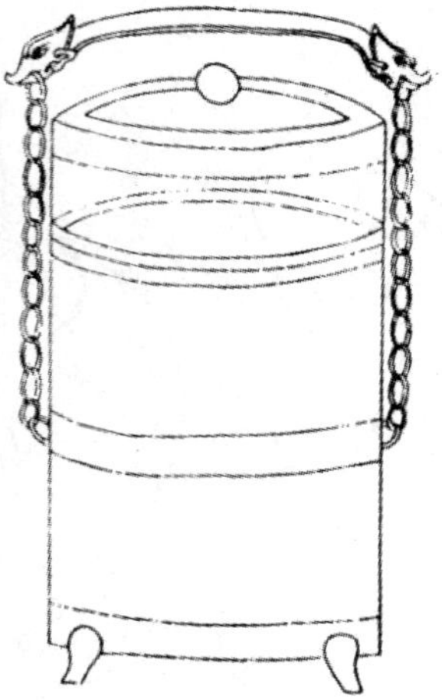

右不知所從得。高五寸八分，深五寸二分，徑四寸，容三升。無銘識。

按：此器與鳳匳略相似而有提梁，蓋攜奩也。

〔二〕明刻本僅上條文字，無此條文字，據四庫本補。

鳳匳盧江李氏

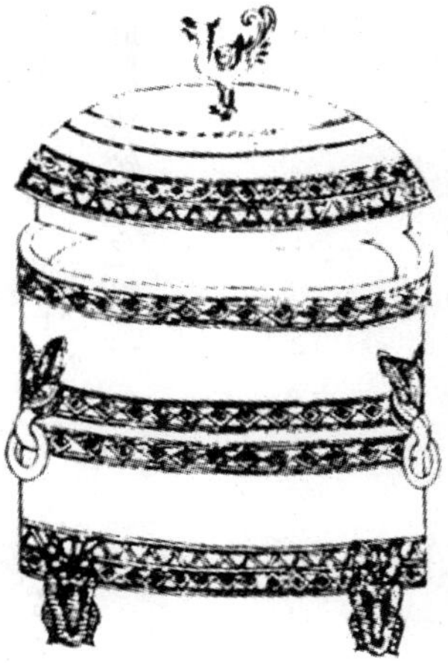

右得於京師。高六寸，徑六寸，深五寸八分，容二升八合。無銘識。蓋有立鳳爲飾。

李氏録云：「匳，或作籢。説文云：『鏡奩也。』後漢明帝上陵親視太后，鏡奩中物感動，則非獨藏鏡也。世説云：『彈棋起自魏後宮，粧奩之戲。』今觀蓋勢，頗類棋局。」

按：今洛都宮中有弹棋局，中隆外陀如奩。

書鎮同上

右不知所從得。重一斤五兩。

李氏録云：「屈平九歌曰：『瑤席方玉鎮。』注謂：『以鎮坐席。』古詩云：『海牛壓簾風不起。』又覩古圖畫几案間多有此類，皆鎮壓之飾。」

舞鏡同上

右不知所從得。

李氏録云：「漢武帝時舞人所執鏡也。」

玉甲帶鈎 盧江李氏。以下皆然。

金蟠螭革帶鈎

瑟瑟鈿山水字鈎

銀錯螳蜋鈎

鵰狐鈎

寶釘鉤

右不知所從得。

李氏録云：「春秋傳：『管仲射威公，中帶鉤。』蓋胸腹之間能捍矢也。脉經曰：『前曲後倨如帶鉤。』言其形也。莊子曰：『以鉤注者憚。』亦古所重也。傳曰：『坐客滿堂，其帶鉤無有同者，惟第一鉤有銘曰：玉田鉤。手抱魚，若守宮。書似漢隸，亦頗奇巧。惟鶡狐鉤、寶釘鉤以佩懸物，餘皆革帶鉤也。』注曰：『革帶，博二寸。』晉語：『乾時之役，申孫之矢集于稱〔一〕鉤，鉤邊〔二〕於袪而無怨言。』阮其曰：『韘蝗蜋鉤以相拘帶謂之鉤韘。』荀卿曰：『搢紳而無鉤帶。』蓋革有鉤而無垂綴與佩而已。笏則搢於二帶間。」

自「晉語」以下至「阮其曰」數句，疑有訛謬。〔三〕

〔一〕「稱」：亦政堂本、四庫本作「桓」。
〔二〕「邊」：亦政堂本、四庫本作「近」。
〔三〕宣統庚戌江陰繆荃孫重裝明刻本有此注。

考古圖跋〔一〕

蓋自五帝三后之世，鐘鼎、金石、蟲魚、蝌蚪之文孳乳變化，莫可紀極。登封泰山者七十有二君，靡有同焉。列國不統於王，田疇異畮，車塗異軌，律令異法，文字異形，或宗史籀，或本倉頡。迨嬴氏之一天下也，李斯、程邈輩從約趣簡，變爲小篆，省爲隸書，以示顓一，而古文之六義隱矣。所可見者，則有大禹岣嶁之碣，宣王岐陽之鼓，及古器欵識而已。呂大臨考古圖、歐陽永叔集古録、薛尚功鐘鼎欵識，班班可考也。嗣後翻本迭出，愈摹愈譌。予竊慨焉，乃諦加參考，壹以呂氏、歐氏、薛氏爲標準，期還舊觀已耳，不敢少益臆說也。超超逖覽，神而明之，以俟博物君子。

萬歷辛丑九日古彰公弘吳萬化識于石林之天籟閣

別本考古圖十卷 **內府藏本**

宋呂大臨撰。大臨原書十六卷，已著録。此本無續圖及釋文，乃元大德已亥茶陵陳翼子所重刊，附以諸家之考證，已非呂氏之舊，且亦自多謬誤，如「河南張氏戠敦」條下云「愚案前惟蓋存」，又云「形制與伯百父敦相似而無耳，圖像亦非蓋形」，必是謬誤。今考所云「惟蓋存者」，乃中言父旅敦正作蓋形。此條原文但有「形制與伯百父敦略相似」字，無「惟蓋存」字，翼子所云殊爲舛誤。明萬歷中遂州鄭樸重刊之，新都楊明時繪圖及摹篆而題其首曰：「元黙齋羅更翁考訂。」今考卷

〔一〕録自亦政堂本。

前陳才子序稱：「吾弟翼甫廣呂公好古素志，屬羅兄更翁臨本，且更翁刻以傳世，併采諸老辨證附左方。」則似繪圖刊板並考證皆出更翁。至翼子序則云「命友臨本刊訛刻傳，且採諸君子辨證附其下，或嗤予刓精竭狗之器」云云，則似臨圖及篆者爲更翁，增考證者實翼子。兩序皆語意蹇澁，其出誰手，竟不可明。今既未見荼陵刊板作何題署，姑闕疑焉可矣。欽定四庫全書總目卷一百十六。

文集佚存

哀詞

嗚呼！去聖遠矣，斯文喪矣。先王之流風善政，泯沒而不可見；明師賢弟子傳授之學，斷絕而不得聞。以章句訓詁爲能窮遺經，以儀章度數爲能盡儒術；使聖人之道玩於腐儒諷誦之餘，隱於百姓日用之末；反求諸己，則罔然無得；施之於天下，則若不可行；異端争衡，猶不與此。

先生負特立之才，知大學之要；博聞[一]强識，躬行力究；察倫明物，極其所止；焕然心釋，洞見道體。其造於約也，雖事變之感不一，知應以是心而不窮；雖天下之理之衆，知反之吾身而自足。其致於一也，異端並立而不能移，聖人復起而不與易。其養之成也，和氣充浹，見於聲容，然望之崇深，不可慢也；遇事優爲，從容不迫，然誠心懇惻，弗之措也。其自任之重也，寧學聖人而未至，不欲以一善成名；寧以一物不被澤爲己病，不欲以一時之利爲己功。其自信之篤也，吾志可行，不苟潔其去就；吾義所安，雖小官有所不屑。

夫位天地、育萬物者，道也；傳斯道者，斯文也；振已墜之文，達未行之道者，先生也。使學不卒傳，志不卒行，至於此極者，天也。先生之德，可形容者，猶可道也；其獨智自得，合乎天，契乎先聖者，不可得而道也。元豐八年六月，明道先生卒。門人學者皆以所自得者名先生之德，先生之德未易名也，亦各伸其志爾。汲郡呂大臨書。

[一]「聞」：原作「文」，據四庫本二程遺書改。

輯自中華書局校點本二程集河南程氏遺書附録。又見牛兆濂續修藍田縣志卷二十一。

横渠先生行狀

先生諱載，字子厚，世大梁人。曾祖某，生唐末，歷五代不仕，以子貴贈禮部侍郎。祖復，仕真宗朝，爲給事中、集賢院學士，贈司空。父迪，仕仁宗朝，終於殿中丞、知涪州事，贈尚書都官郎中。涪州卒於西官，諸孤皆幼，不克歸，僑寓於鳳翔郿縣横渠鎮之南大振谷口，因徙而家焉。

先生嘉祐二年登進士第，始仕祁州司法參軍，遷丹州雲巖縣令，又遷著作佐郎，簽書渭州軍事判官公事。熙寧二年冬被召入對，除崇文院校書。明年移疾。十年春復召還館，同知太常禮院。是年冬謁告西歸。十有二月乙亥，行次臨潼，卒於館舍，享年五十有八。是月以其喪歸殯於家，卜以元豐元年八月癸酉葬於涪州墓南之兆。先生娶南陽郭氏，有子曰因，尚幼。

先生始就外傅，志氣不羣，知虔奉父命，守不可奪，涪州器之。少孤自立，無所不學。與邠人焦寅遊，寅喜談兵，先生説其言。當康定用兵時，年十八，慨然以功名自許，上書謁范文正公。公一見知其遠器，欲成就之，乃責之曰：「儒者自有名教，何事於兵！」因勸讀中庸。先生讀其書，雖愛之，猶未以爲足也，於是又訪諸釋老之書，累年盡究其説，知無所得，反而求之六經。嘉祐初，見洛陽程伯淳、正叔昆弟於京師，共語道學之要，先生涣然自信曰：「吾道自足，何事旁求！」乃盡棄異學，淳如也。間起從仕，日益久，學益明。

方未第時，文潞公以故相判長安，聞先生名行之美，聘以束帛，延之學宫，異其禮際，士子矜式焉。其在雲巖，政事大抵以敦本善俗爲先，每以月吉具酒食，召鄉人高年會於縣庭，親爲勸酬，使人知養老事長之義，因問民疾苦及告所以訓戒子弟之意。有所教告，常患文檄之出不能盡達於民，每召鄉長於庭，諄諄口諭，使往告其里閭。間有民因事至庭或行遇於道，必問「某時命某告某事，聞否」，聞即已，否則罪其受命者。故一言之出，雖愚夫孺子無不預聞知。京兆王公樂道嘗延致郡學，先生多教人以德，從容語學者曰：「孰能少置意科舉，相從於堯舜之域否？」學者聞法語，亦多有從之者。在渭，渭帥蔡公子正特所尊禮，軍府之政，大小咨之，先生夙夜從事，所以贊助之力爲多。並塞之民常苦乏食而貸於官，帑不能足，又屬霜旱，先生力言於府，取軍儲數十萬以救之。又言戍兵徒往來，不可爲用，不若損數以募土人爲便。

上嗣位之二年，登用大臣，思有變更，御史中丞呂晦叔薦先生於朝曰：「張載學有本原，四方之學者皆宗之，可以召對訪問。」上即命召。既入見，上問治道，皆以漸復三代爲對。上悅之，曰：「卿宜日見二府議事，朕且將大用卿。」先生謝曰：「臣自外官赴召，未測朝廷新政所安，願徐觀旬月，繼有所獻。」上然之。他日見執政，執政嘗語曰：「新政之更，懼不能任事，求助於子何如？」先生對曰：「朝廷將大有爲，天下之士願與下風。若與人爲善，則孰敢不盡！如教玉人追琢，則人亦故有不能。」執政默然，所語多不合，寖不悅。既命校書崇文，先生辭，未得謝，復命案獄浙東。或有爲之言曰：「張載以道德進，不能使之治獄。」執政曰：「淑問如皋陶，猶且獻囚，此庸何傷！」獄成，還朝。會弟天祺以言得罪，先生益不安，乃謁告西歸，居於橫渠故居，遂移疾不起。

橫渠至僻陋，有田數百畝以供歲計，約而能足，人不堪其憂，而先生處之益安。終日危坐一室，左右簡編，俯而讀，仰而思，有得則識之，或中夜起坐，取燭以書，其志道精思，未使須臾息，亦未嘗須臾忘也。學者有問，多告以知禮成性變化氣質之道，學必如聖人而後已，聞者莫不動心有進。又以爲教之必能養之然後信，故雖貧不能自給，苟門人之無貲者，雖糲蔬亦共之。其自得之者，窮神化，一天人，立大本，斥異學，自孟子以來，未之有也。嘗謂門人曰：「吾學既得於心，則修其辭命，辭其差，然後斷事，斷事無失，吾乃沛然。精義入神者，豫而已矣。」

近世喪祭無法，喪惟致隆三年，自期以下，未始有衰麻之變；祭先之禮，一用流俗節序，燕褻不嚴。先生繼遭期功之喪，始治喪服，輕重如禮；家祭始行四時之薦，曲盡誠潔。聞者始或疑笑，終乃信而從之，一變從古者甚衆，皆先生倡之。

先生氣質剛毅，德盛貌嚴，然與人居，久而日親。其治家接物，大要正己以感人，人未之信，反躬自治，不以語人，雖有未喻，安行而無悔，故識與不識，聞風而畏，非其義也，不敢以一毫及之。其家童子，必使灑掃應對，給侍長者；女子之未嫁者，必使親祭祀，納酒漿，皆所以養孫弟，就成德。嘗曰：「事親奉祭，豈可使人爲之！」聞人之善，喜見顏色。答問學者，雖多不倦，有不能者，未嘗不開其端。其所至必訪人才，有可語者，必丁寧以誨之，惟恐其成就之晚。歲值大歉，至人相食，家人惡米不鑿，將春之，先生亟止之曰：「餓殍滿野，雖蔬食且自愧，又安忍有擇乎！」甚或咨嗟對案不食者數四。

熙寧九年秋，先生感異夢，忽以書屬門人，乃集所立言，謂之正蒙，出示門人曰：「此書予歷年致思之所得，其言殆於前聖合與！大要發端示人而已，其觸類廣之，則吾將有待於學者。正如老木之株，枝別固多，所少者潤澤華葉爾。」又嘗謂：「春秋之爲書，在古無有，乃聖人所自作，惟孟子爲能知之，非理明義精殆未可學。先儒未及此而治之，故其說多穿鑿，及詩、書、禮、樂之言，多不能平易其心，以意逆志。」方且條舉大例，考察文理，與學者緒正其說。

先生慨然有意三代之治，望道而欲見。論治人先務，未始不以經界爲急，講求法制，粲然備具，要之可以行於今，如有用我者，舉而措之爾。嘗曰：「仁政必自經界始。貧富不均，教養無法，雖欲言治，皆苟而已。世之病難行者，未始不以亟奪富人之田爲辭，然茲法之行，悅之者衆，苟處之有術，期以數年，不刑一人而可復，所病者特上未之行爾。」乃言曰：「縱不能行之天下，猶可驗之一鄉。」方與學者議古之法，共買田一方，畫爲數井，上不失公家之賦役，退以其私正經界，分宅里，立斂法，廣儲蓄，興學校，成禮俗，救災恤患，敦本抑末，足以推先王之遺法，明當今之可行。此皆有志未就。

會秦鳳帥呂公薦之曰：「張載之學，善法聖人之遺意，其術略可措之以復古，乞召還舊職，訪以治體。」詔從之。先生曰：「吾是行也，不敢以疾辭，庶幾有遇焉。」及至都，公卿聞風慕之，然未有深知先生者，以所欲言嘗試於人，多未之信。會有言者欲請行冠婚喪祭之禮，詔下禮官。禮官安習故常，以古今異俗爲說，先生獨以爲可行，且謂「稱不可非儒生博士所宜」，衆莫能奪，然議卒不決。郊廟之禮，禮官預焉。先生見禮不致嚴，亟欲正之，而衆莫之助，先生益不悅。會有疾，謁告以歸，知道之難行，欲與門人成其初志，不幸告終，不卒其願。

歿之日，惟一甥在側，囊中索然。明日，門人之在長安者，繼來奔哭致賻襚，始克斂，遂奉柩歸殯以葬。又卜以三月而葬，其治喪禮一用古，以終先生之志。

某惟先生之學之至，備存於書，略述於謚議矣，然欲求文以表其墓，必得行事之跡，敢次以書。

朱熹伊洛淵源録：「按行狀今有兩本，一云『盡棄其學而學焉』，一云『盡棄異學淳如也』。其他不同處亦多，要皆後本爲勝。疑與叔後嘗删改如此，今特據以爲定。然龜山集中有跋横渠與伊川簡云：『横渠之學，其源出於程氏，而關中諸生尊其書，欲自爲一家。故予録此簡以示學者，使知横渠雖細務必資於二程，則其他固可知已。』按横渠有一簡與伊川，問其叔父葬事，末有『提耳悲激』之言，疑龜山所跋即此簡也。然與伊川此言，蓋退讓不居之意。而横渠之學，實亦自成一家，但其源則自二先生發之耳。」

輯自中華書局校點本張載集附録。

宋故清和縣君張氏夫人墓誌銘 有序

左宣德郎、宗正寺主簿、汲郡呂大臨撰。

奉議郎、權陝府西路轉運判官、賜緋魚袋游師雄書。

朝散郎、權同管勾成都府利州陝西等路茶事、兼權提舉陝西等路買馬公事、上輕車都尉、賜緋魚袋仇伯玉篆蓋。

昔者聞諸横渠先生曰：「吾伯姊以賢行聞。」其所以爲賢人，或未之知也。大臨既學於先生之門，繼又受室于張氏，得以外姻見，且稔於族人之言而後信之。元祐四年十有二月戊戌，夫人以疾卒于家。其孤卜以明年三月壬申之吉，祔于其先人之宅。遣使走京師，求予誄其行。予考夫人之遺德，其遇人無戚踈，無恩怨，一主於愛。有不得所，怵然傷之，或對按忘食，達旦不瞑，皆出於誠，非有要譽內交之心存乎其中也。接人必信，人我欺不責也；待人以厚，人我薄不恨也。內恕惻怛，犯而不校；聞人之過，絕口不道。力可及人，不知有餘不足爲可計。雖古之篤厚長者之風，夫人亦可以無憾矣。嗚呼！予之於斯誄也，其無愧乎！

夫人之先，開封人，給事中集賢院學士復之孫，少從其父殿中丞迪徙家長安，遂適同郡尚書虞部員外郎宋君壽昌。生子翊、京，以夫貴，封清河縣君。後二十有六年，虞部君卒，嫠居者又二十有七年，享年八十，卒以壽終。執其喪者，有二子六孫三曾孫焉。

夫人孝友出於其性，已嫁不衰。逮事少姑，視其顏色之悅戚，拳拳致養，唯恐失之。春秋奉其祭祀，盥饋贊奠，極其敬而後慊。奉其夫子有禮，接其族人有恩。虞部君初娶師氏，有子六七人，夫人一撫之以慈，人莫知其繼也。夫人嘗有疾，甚，夢師氏爲厲，或欲命巫者祓除之，夫人曰：「師氏，吾君子之元妃也，今欲祓之，使不得食于宗氏之祧，吾不仁也，吾無禮也。死生有命，以是求免，吾弗爲也。」疾亦尋愈。喜誦浮屠氏之書，樂玩其說，爲可以懲忿窒慾，有平均廣大之意，非徼福於斯教也。不喜殺生，物雖蜂蠆之毒，亦莫之傷，出於誠愛，非有望乎其報也。虞部君嘗仕爲獄官縣令，所以夙夜儆戒，惟恐刑一不辜，以爲終身病也。有販夫販婦鬻物于門者，隨所索而售之，不復評其直之高下。或告之以不可信，夫人曰：「彼待是之贏以活其家，吾不忍以錐刀之末與若人計哉！」平居終日衎衎，未嘗見起喜慍之色。循循法度內，終老而莫之違。待婦子，御僕妾，恩意有等。雖及教戒，不繼之以怒。其待人有懷其德，老身服事而不忍去者。洞知人情之曲折，與內外族婣無間言，人人皆得其懽心。歿之日，弔者在位皆哭之哀。嗚呼！賢呼哉！豈獨無愧於誄乎？書之信史，傳之後世，殆將與古之列女並立而無愧乎！銘曰：

孰勸而懷，孰迫而哀，非德之孚，其有是哉！

輯自陝西碑石精華(三秦出版社，二〇〇六年，第二一三頁)。

記种將軍事〔一〕

始，元昊寇邊，王師屢撓，虜之氣焰益張，常有并吞關中之意。其將剛浪唛號野利王，某號天都王，各統精兵于別都，天都，失其姓名。元昊倚以爲腹心，凡所以能勝我軍，皆二將之策也。种將軍方城青澗，謀有以去之。有王嵩者，本青澗僧，將軍察其堅朴，誘令冠帶，因出師以賊級予之，白於帥府，表授三班借職，充經略司指使，且力爲辦其家事，凡居室、騎從、衣食之具，悉出將軍。嵩感恩既深，將軍反不禮，以奴畜之，或掠治械繫數日，嵩雖不勝其苦，卒無一辭望將軍。將軍知可任以事，居半年，召嵩謂之曰：「吾將以事使汝，吾戒汝所不言，其苦雖有甚於此者，汝能爲吾卒不言否？」嵩泣對曰：「嵩貧賤無狀，蒙將軍恩教，致身榮顯，常誓以死報，而未知其所，況敢辭捶楚乎！」將軍乃草遺野利書，書辭大抵如世間問起居之儀，惟以數句隱辭，如嘗有私約，而勸其速行之意。書於尺素，且膏以蠟，置衲衣間密縫之，告嵩：「此非瀕死不得泄，如泄之，當以負恩不能成吾事爲言。」并以畫龜一幅，棗一節爲信，俾遺野利。嵩受教至野利所居，致將軍命，出棗龜投之。野利知見侮，笑曰：「吾素奇种將軍，今何兒女子見識？」度嵩別有書，索之。嵩佯目左右，既而答以無有。野利不敢匿，乃封其信上元昊。數日，元昊召野利與嵩俱，西北行數百里，至一大城，曰興州。先詣一官寺，曰樞密院，次曰中書，有數胡人雜坐，野利與焉。召嵩廷詰將軍書問所在。嵩堅執前對，稍稍去巾櫛，加執縛，至於捶楚極苦，嵩終不易其言。又數日，召入一官寺，廳事廣楹，皆垂班竹箔，綠衣小豎立其左右。嵩意元昊宮室也。少頃，箔中有人出，又以前問責之，曰：「若速言！死矣。」嵩對如前，乃命曳出誅之。嵩大號，且言曰：「始，將軍遣嵩密遺野利王書，戒不得妄泄。今不幸空死，不了

〔一〕五朝名臣言行錄無題名。

將軍事，吾負將軍，吾負將軍！」篋中急使人追問之，嵩具以對。乃褫衲衣，取書以進。書入移刻，始命嵩就館，優待以禮。元昊於是疑野利，陰遣愛將假爲野利使，使于將軍。將軍知元昊所遣，未即見，命屬官日館勞之。問虜中山川地形，在興州左右言則詳，迫野利所部多不能悉。適擒生虜數人，因令隙中視之，生虜能言其姓名，果元昊使。將軍意決，乃見之。將軍燕服據案坐，屬官皆朝衣抱文籍，鳧雁侍左右。於是賓贊引使者出拜，使者傳野利語，將軍慢罵元昊，而稱野利有心內附，乃厚遺使者曰：「爲吾語若王，速決無遲留也。」度使者至，嵩即還，而野利已報死矣。將軍知謀已行，因欲并間天都，又爲置祭境上，作文書於版以弔，多述野利與天都相結，有意本朝，悼其垂成而失。其文雜紙幣，伺有虜至，急爇之以歸。版字不可遽滅，虜人得之，以獻元昊。天都以此亦得罪。元昊既失二將，久之，始悟爲將軍所賣，遂定講和之策焉〔一〕。西師既平，天子録諸將功，元帥蔽將軍不以聞。將軍不自辨，至于終身。嘉祐元年，其子古詣匭訴之，事下御史府，按驗如古狀不誣，詔付史官，於是士大夫始知將軍之功。將軍果決縱横，有城府，不測人也。舉秦之人皆能道之。呂與叔文集。後記聞、筆談所載與此小異，疑當以此爲正。

輯自牛兆濂續修藍田縣志卷二十一。又見朱熹五朝名臣言行録卷七。

克己銘

凡厥有生，均氣同體。胡爲不仁？我則有己。立己與物，私爲町畦，勝心横生，擾擾不齊。大人存誠，心見帝則，初無吝驕，作我蟊賊。志以爲帥，氣爲卒徒，奉辭于天，孰敢侮予？且戰且徠，勝私窒慾，昔爲寇讎，今則臣僕。方其未克，窘我

〔一〕五朝名臣言行録至此止。

室廬，婦姑勃蹊，安取厥餘？亦既克之，皇皇四達，洞然八荒，皆在我闥。孰曰天下，不歸吾仁？痒痾疾痛，舉切吾身。一日至之，莫非吾事；顔何人哉，晞之則是。

輯自四部叢刊影宋本皇朝文鑑卷七十三。

中庸後解序

中庸之書，學者所以進德之要，本末具備矣。既以浅陋之學爲諸君道之，抑又有所以告諸君者。古者憲老而不乞言，憲者儀刑其德而已，無所事於問也。其次，則有問有答，問答之間，然猶不憤則不啓，不悱則不發。又其次，有講有聽，講者不待問也，聽者不至問也，學至于有講有聽，則師益勤而道益輕，學者之功益不進矣。又其次，講而未必聽。有講而未必聽，則無講可也。然朝廷建學設官，職事有不得已者，此不肖今日爲諸君强言之也。諸君果有聽乎？無聽乎？孔子曰：「古之學者爲己，今之學者爲人。」爲己者，必存乎德行，而無意於功名；爲人者，必存乎功名，而未及乎德行。若後世學者，有未及乎爲人，而濟其私欲者多矣。

今學聖人之道，而先以私欲害之，則語之而不入，道之而不行，如是則教者亦何望哉？聖人立教以示後世，未嘗使學者如是也；朝廷建官設科，以取天下之士，亦未嘗使學者如是也；學者亦何心舍此而趨彼哉？聖人之學，不使人過，不使人不及，喜怒哀樂未發之前以爲之本，使學者擇善而固執之，其學故有序矣。學者盍亦用心於此乎，則義禮必明，德行必修，師友必稱，鄉黨必譽。仰而上古，可以不負聖人之傳付；達於當今，可以不負朝廷之教養。世之有道君子，樂得而親之；王公大人，樂聞而取之。與夫自輕其身，涉獵無本，徼幸一旦之利者，果何如哉？諸君有意乎，今日之講，猶有望焉；無意，則不肖今日自爲譊譊無益，不幾乎侮聖言者乎？諸君其亦念之哉！

皇朝文鑑卷九十一。

論選舉六事奏 元祐元年〔一〕

臣竊謂〔二〕古之長育人才者，以士衆多爲樂；今之主選舉者，以士衆多爲患。古之以禮聘士，常恐士之不至；今之以法抑士，常恐士之競進。古今豈有異哉，蓋未之思爾，夫爲國之要，不越得人以治其事而已。如爲治必欲得人，唯恐才之不足，不患乎衆多也；如治事皆任其責，惟恐士之不至，不憂乎競進也。今也取人而用，不問其可任何事；任人以事，不問其才之所堪。如此而欲得人而事治，未之有也。今欲立士規以養德厲行，更學制以量才進藝，立貢法以取賢斂才，立試法以試用養才，立辟法以興能備用，立舉法以覈實得人，立考法以責任考功，其事目之詳具于後。

士規

州縣皆立學，皆立士籍，學官正録掌之。凡士人不以僑寓土著，已仕未仕，已仕至升朝官，未冠及年及七十者皆不籍。并居學不居學，應舉不應舉，皆委自鄉郭鄰里博訪以姓名，申州縣長吏，再加審覈無遺，與學官參考行實無濫，然後書于籍。皆供本貫、三代、年齒。其在學及應舉者皆供所習舉業，已任者供出身歷任。除居學者自有學制外，別立士規，略如學規禁過條目。其大過，如兼爲工商，所遊非僻，博賭鬬訟之類；其小過，如遊匪人，非義干求之類，皆禁之。簿二道，一道記善，凡有善可記皆記之。一道書

〔一〕自論選舉六事奏至祭李巘文二十七文，均輯自全宋文卷二三八五至卷二三八七。

〔二〕「謂」：原作「惟」，依文義改。

過。凡犯士規者皆書之。委州縣學正於學外士人中推擇爲衆所服者，爲外學正。州城内量郡大小，自二人至六人，分坊總之；自一人至三人，分坊及鄉總之。凡預籍者，又月輪一人，主書善記過，謂之直月。每月約日羣集于學，釋菜于先聖，退而食于堂。直月以所記過之狀白于外學正，外學正與衆評其可否而書之，而告其人。凡善行許衆采之，告于直月，直月審其實而記之。有過則準許直月察之，至會人悉告于學正，過亦立罰。如犯大過，既書許其改過，不願改及終不悛者去其籍，不得與士齒，不得服士衣冠。先定士及庶人衣冠以別之。朝廷考察德行，皆質于此。其學行素高，爲衆所推者，別加尊禮，不與衆同。如出遊他所，皆具所以遊之事告。

古者四民不雜處，士所習皆有業。今也農工商賈尚各有事，惟士一職，多容遊手罷惰之流。士風淪喪，人才不興，皆原於此。自祖宗以來，州縣立學，惟守令留意者，僅能勸督應舉課業而已。鄉里服士衣冠，而與士大夫遊，皆名爲士，而賢不肖混淆，莫之能辨。德學之進者既無以旌別，無行之人又無忌憚，欲望美風俗，育人才，難矣。然比見所立學制，多欲士人居學日久，此極有害。大抵爲士者，莫不有家，仰事父母，俯育妻子，皆人之大倫，養道安可有闕？今必使捨此而居學，先廢人之大倫，縱博聞多識，將安用之？此失其本，不可不革。況古之至學，亦不在乎朝夕羣聚，課試誦讀，然後爲學。蓋必立明師，使時往請教，有所矜式可矣。今之議立士規，所以防其失。月書善惡，所以進善改過。非其人者，不得與士齒，所以清士流。此爲之兆矣。兆足以行，則潤澤之方，更繫善治者措置如何耳。

學制

凡學之制，皆立大學、小學。小學課讀誦訓詁，習少儀。十年以上至于十九，皆入小學。二十以上，擇業成者，旬一試之。十試中格者，始得入大學，方許應舉。未中格者，且居小學，未得應舉。大學分四科，一曰德行，二曰學術，三曰文辭，四曰政事。德行之科，居縣者，縣之令佐與學官，令衆推擇，察得其實，以其名薦于州。其學行略道其故。州之長吏與學官，再加審察，得其實，以禮聘之，縣令津遣赴州學。州命學官館之，數與議論，以察其學識。旬月而歸，以簿籍其姓名，俟科場。州長吏及學官又參求可以應詔者，貢于朝。如居州學者，惟學官薦之，州長吏察之。學術之科，以多聞博識，明義理，辨節文，考典故爲業，一曰明經，經無多少，自一經至於六經。經爲易、詩、書、春秋、禮、樂。如禮兼明三禮，如樂雖無經，亦參取六經所言而求之。凡明經必兼治孝經、論語、孟子。二曰習史。究量歷代治體安危成敗及典故沿革。文辭之科，皆習雜文爲業，如制誥、章奏、文檄、書問、碑銘、詩賦之類，如唐制。政事皆務究知利害本末及措置之法，如吏文條陳利害，如法令修立條約，不必文辭，惟取措置議論優長爲善。已上惟德行一科，皆從推擇禮聘外，自學術、文辭、政事三科，并依科場法，許人應舉。亦自逐縣官以格升之州學，州學學官又選其能者籍之。每有科場，學官以其名聞于州，州申轉運司，轉運司選官考試，如舊法。額定中選人數貢于尚書禮部，其課試高下之法，以所習之高下多少爲等。凡學術文辭之科，皆兼習史及文辭爲上，所兼習或史或文辭者次之，止習三經者又次之，止習二經者又次之，止習一經或習史者又次之，習文辭者次之，習政事者爲下。明經者一經爲一場，試義三道。習史者試策三道，文辭者試雜文二場，每場問目五道。如兼習文辭政事，止各試一場。已上德行科比制舉，學術文辭科比進士，政事科比諸科。

古者四十始仕，今則成童以上皆得應舉。故人之子弟不務積學蓄德，自稍有知，已奔馳仕進之門。又爲學之序未嘗分別大小，往往躐等以進，羣應有司。其藝稍中有司之格者，十無二三。使人才不成，實原於此。故今立學制，分大小學之法，自十九以下皆居小學，二十以上其藝可升大學者，方升之大學，始得應舉。則童子必能安業，所習有序，不致有違越之心，庶幾成材，可得而取。又或以德進，或以事舉，或以言揚，未嘗一科取之。自漢、唐之盛，雖未能方古，亦數路設科，以收人才。今專以進士一科取之，其所試者止於經義、策論而已。及其中選，則百官之事皆得而任之。就其素學而論，蓋欲明義理而習文辭也。當官決事，則所知義理，莫知所以施爲。一有辭命，則所習之文不足以應用。謂之賢歟，而不知其德之可任；謂之能歟，而不知其才之可使。蓋所養非所求，所求非所用。養才取人之失，無甚於此。議更改科舉，復用詩賦，此特少濟有司考校之末，無益朝廷育才用人之實。若明立四科，以籠人才，則庶幾有得。又古之仕者，莫非上之人取之，非下有求而後予也。故上有下賢之美，士無失己之恥。今一切使之投牒自進，無以異於市井臣僕，非所以養士之廉。

其本已喪，則爲士者輕；爲士者輕，則雖有美才令德，不足任也。今欲悉命學官采擇，然後州長吏召而試之，少厲士風，不爲無補。

試法

試法者，凡初入仕人，如初及第人，奏薦未出官之類。在京委開封府及府界提點司，在外委監司郡守審察人才，可當何等職事，先令權攝管局，或差委定奪公事，以試其才。滿歲考定，分爲四等。政迹可觀爲上等，職事粗舉爲中等，職事不廢爲下等，職事曠廢爲劣等。除劣等且令守選習學外，餘皆保明其才，委實可任何官，申吏部。吏部再審察人才，如所保明，即依所定等所任官差注。所定等爲名次高下，所任官各分差注。其第一任謂之試官，於銜中帶試字。任滿如前法，監司郡守考定四等，上等注優便官，中等者注合入官，下等者再試一任，劣等者勒令守選習學。凡守選習學者，皆滿二年方令再試一年。雖係上等遷一資，中等不遷，改優便官，下等如故，劣等降一資。禄官亦合守選，不給俸錢。次任，依此考定優劣遷降。

辟法

辟法者，官長皆許辟屬官一員以自助，内則尚書侍郎卿監，尚書侍郎許辟郎中、員外，卿監許辟丞、簿，各二員。外則帥臣監司郡守，帥臣監司各舉二員，郡守舉職官或曹官一員。各辟所知。所辟者去官，則從而罷。所辟非其人，許御史録奏。學官同此。

舉法

舉法者内則諫官、御史、郎中、秘書、博士，外則監司、郡守、縣令、學官、監局，皆得舉授。内官及監司許待制以上舉，郡守許監司及待制以上舉，縣令許監司郡守舉，外學官許監司及兩省官、御史、郎中、司業、待制以上舉，外監局許監司舉係課利及萬者。凡内官及監司、郡守、學官，皆云舉者籍其名，有闕則擇而用之。縣令及監司，許監司指名指闕奏舉。政迹在優劣等者，舉主皆有賞罰。

考法

考法者，先立所涖職事主意所在，以爲責任之詞。如守令則曰政平訟理，民足士勸，恤困窮，止姦盜，辨賦役之類。如監司則曰察舉愆違而不入苛細，長財足用而不涉掊克，薦滯才，舉廢事，申無告，去積弊之類。獄官則曰必得情，無久繫，冤者得伸，有罪者不可苟免。學官則曰長育人才，必有成就，激厲風俗，無使媮薄。如此類例修立百官殿最之目，而有司條格略立大法，餘皆聽其自爲。歲終一考，則定其殿最而升黜之。雖無顯過，但不如所責者，皆在所黜。凡授官者，如自度不足以當責任，許自陳改授他官。

此四法於選官，庶幾盡知。蓋試法之立，足以區別能否，不致多容濫進；辟法之立，使官長自擇僚佐，足以深任其責。舉法之立，使在上者多知人才緩急之用，不患乏人。考法之立，使非才者不敢幸進，無功者不可苟容。仕路之清，無越於是。今之入仕亦有試法，止於經義斷案而已。所試經義，方欲酬封有司，非能究達義理，固未適於實用。如律義斷案，但可粗施於法官，然亦泥文，執法不可常行，不若實試以事，自見其才。舊格惟帥臣監司及朝廷專使，許辟一二屬官而已。近制復亦罷去，大抵關防朋比私謁之敝。然自漢、唐以來，僚屬皆官長辟除，所以深責治效。雖不能無請求私徇之意，苟朝廷責任之嚴，人人欲得寮吏以爲己助，亦安肯多取不才之人？如果得其人，雖舉子，夫復何恤？此法不行，止可革其小害，而失其大利，非計之得也。非其人，既立彈奏之法，又孰敢以非才充選乎？竊見朝廷每有除授，常患乏才，此蓋未常素求人物，以備一旦之用。緩急之際，選擇不審，則授任失當，殊非用人之法。莫若立法使各舉所知而籍之，又命執政大臣及吏部更審訪其才，應與不應所舉。一官有闕，擇而用之。以其人之殿最，爲舉者之賞罰，則濫進者寡矣。今之選曹，所患者員多闕少，按其治行，則舉職者寡，而不職者衆。此乃全無考法，責任不精之所致。夫樂貴而惡賤，樂富而惡貧，人之情也。如使居高位者責重，居下位者責輕，則才薄之人必不敢冀其高位矣。有祿者有責，無祿者無責，則無才之人亦不敢徼幸於寵禄矣。無他，責之以實之效也。

國朝諸臣奏議卷八〇。又見玉海卷一一六，宋史卷三四〇呂大臨傳，歷代名臣奏議卷一六七，續通典卷二一。

論禦邊奏

臣聞古將之有爲者，未嘗有不先審處其宜，而能收其後功者也。有不可取之勢於己，然後可以有所處；必有機械足以應萬變而不窮，然後可以有所爲。是以其處必獲，其爲必成。不幸而不獲不成，則可以言天，而非數之失也。兵法曰：「無恃其不來，恃吾有以待之；無恃其不攻，恃吾之不可攻。」今不先修其戰之具，而望其必不來；不先修其可守之備，而望其必不攻；不忍悁悁之忿，而輕於一舉，殆非善〔一〕戰者也。臣竊聞夏人背約犯邊，陛下惻然不忍邊民之被害，忿犬羊之無禮，議者直欲絕累世之好，止常歲之賜，徐議興師，討其不共，此乃羣臣誤陛下也。陛下試思今日絕好，明日必大舉而來，其將何以待之？任何將可以當禦侮之寄？用何兵可以應敵？以何力可以供軍興之費？此不可不慮也。臣儒生，素不知兵，但生長關陝，當任邊郡，至於夷狄之情、禦備之要，亦妄留心，知其一二。不敢以疏賤自絕，敢爲陛下梗概而陳之。臣觀今三邊之兵，僅可以自守而不可以戰，食僅足以支歲月而不足以横費。今不幸輕絕虜好，致其舉國而來，與之戰則不足敵，堅壁清野以待，則吾未必能邀其師，被邊之民傷殘亦已多矣。又不幸夷人知吾之不戰，委城不攻，長驅而入，則關中非朝廷有也。當此時又何以待之？議者必曰：康定之戰，元昊舉國不敢過潘原，今安敢委城而深入？臣獨以爲元昊不過潘原，元昊未爲知兵，而不知中國之虛實也。使其知兵與吾之虛實焉，長驅而入，不知中國之兵可與腹背攻之乎？

〔一〕「善」：原作「害」，曾棗莊依文義改，今從之。

其衆寡强弱可以敵之乎？景德之難，北虜棄魏都六七郡不攻，而直犯澶淵，其勢可知也。伏惟陛下知勇，聖算深遠，當以天下根本爲慮。然而議臣不慮後害，輕起兵端，臣恐虜難未已而中國坐困。惜一歲之賜，而殫十歲之賜，未足平也，臣深爲陛下惜之。伏願陛下少留聖慮，延問老成，姑忍一朝之忿，與圖萬全〔一〕之計。擇仁厚之師，戒生事之臣，聚兵畜財，常若寇至。俟數年間，將足以用，兵足以戰，財足以養，然後下詔問罪。彼將惕然承命，可不戰而服矣，又焉敢輕犯盟約，侮慢朝廷哉？伏惟陛下少留意焉。臣亦有愚策，可使兵足而費少，邊寧而民不困。如陛下不以臣言爲無取，少加采擇，則臣敢繼此以獻。

國朝二百家名賢文粹卷三八。

代伯兄薦蘇昞狀

右，臣伏見京兆府處士蘇昞，德性純茂，强學篤志，行年四十，不求仕進。從故崇文校書張載之學，爲門人之秀，秦之賢士大夫亦多稱之。如蒙朝廷擢用，俾充學官之選，必能盡其素學，以副朝廷樂育之意。或不如所舉，臣甘罔上不忠之罪。

伊洛淵源録卷九，正誼堂全書本。又見永樂大典卷二一四〇四。

〔一〕「全」：原作「金」，曾棗莊據文義改，今從之。

上富丞相書

某皇恐啓：　伏自明公以上公還第，終未獲一侍几杖。每問東來人，頗談燕閒輔養之樂，不交世務，惟野夫山叟相與之遊。某聞而疑之，尚意傳者有所未識。雖然，所見乎外者，固足以起有識之論矣。某聞古者三公無職事，惟有德者居之。内則論道于朝，外則主教于鄉。自天子至于鄉之學士，皆從而學，故謂之鄉老，亦謂之天子之老。老則成德更事之稱也。古之大人當是任者，必將以斯道覺斯人，成己以成物，豈以爵位進退、體力盛衰爲之變哉？惟公道問學，守中庸，以道致君，中立不倚，去就之際，有古大臣之風。雖功成身退，不在其位，然爵德與齒，三者備享。正論正行一倡于家，則朝廷四方將不遠千里而應。利勢如是，可無意乎？筋力齒髮固有消長，至于心術德慮，老當益壯，未容與形俱衰。今大道未明，人趨異學，不入于莊，則入于釋，疑聖人爲未盡，輕禮義爲不足，學以苟安偷惰爲德性，不知養民教民爲先務，致人倫不明，萬物憔悴。此老成大人惻隱存心之時，以道自任，動爲世法，正國大經，振起敝俗，使人人皆被其澤，在公之力，宜無難矣。配義與道，以養吾氣，心廣體胖，安身利用，將與天地始終，其緒餘之獲，亦足以全吾身之壽考。若夫移精變氣，務求年長，此山谷辟世之士獨善其身者之所好，豈世之所以望於公者哉？某早辱厚遇，不敏不強，道不加進。私竊自謂，欲爲知己者報，直不過此，未識公意以爲何如？狂身無取，尚冀開納，不勝下情怛惻之望。不宣。

國朝二百家名賢文粹卷八二。又見三朝名臣言行録卷二，名賢氏族言行類稿卷三六，宋史卷三四〇呂大臨傳，古今圖書集成神異典卷七五。

上横渠先生書一

某啓：　近得伏見門墻，累日侍坐，雖君子愛人無隱，賜教諄諄，然以不敏之資，祈進大學，恐不克奉承，以負師訓。拜違而來，夙夜聳懼。屬盤桓盤辨，華旦初，始還敝邑，踰月之久，不獲上問，當在矜照。

國朝二百家名賢文粹卷一〇〇。

上横渠先生書二

某稽顙再拜：　前日往哭太傅之殯，雖得見于次，以未終親喪，弗克敍弔。至于敦匠執紼，又不與事，誠心痛恨，殆不勝言。拜違未幾，奄朔日，不審與奠感慟，氣力何似？　某還舍執喪，苟生如昨，不願念衈。每見先生哀發至隱，不獨繫於私愛。某雖不得切與聞焉，反求諸心，猶不能處，先生耆艾，豈易勝喪？　去聖既没，道有所在。雖廢興有命，亦當天下同憂。敢祈節抑自重，以慰士望，不勝區區之願。　謹奉疏，不次。

國朝二百家名賢文粹卷一〇〇。

上橫渠先生書二

某啓：天道性命之微，承學亦久，嘗以所聞，反求所自得，自謂無足疑者，方將勉學存養之道而已。屢蒙待問，致思以求，亦未之得。雖然彌堅，豈能遽達？大懼學不加勉，未見所疑。惟先生見愛之深，敢望略舉問端，使之詳對，則疑否可決。煩瀆視聽，怵惕之至。

國朝二百家名賢文粹卷一〇〇。

與友人書

某再拜：某至此一見足下，鄙心油然已有願交之心，庶幾日親講學，少進於道。然同處一城中，或十數日不相過。雖言笑猶不接，則道義之益，無以望矣。某嘗謂世之學者，名爲文章，未始不欲立言者，將以爲後世法也。使其言中於義理，則先聖人固已道之，學者將習讀發明之不暇，又何其私有其說而自欺也？使其言不中於義理，則雖中人且不屑取之，況欲齒於先王之言，而爲法於後世哉？蓋道始于堯而備于孔子，孔子之後，無以加矣，可加非道也。孟子之徒知義理無出於孔子，故未嘗立言，然而反復論辨不止者，直欲終身盡心於孔子之道而已。故其大則欲發明聖人之微意，使吾道有所傳授而不可息；其次則排斥異説，與吾道爲之禦侮而不可勝。唯有所傳授，故道益行；唯爲之禦侮，故道益明。世之學者有功於道，不及孟子之徒遠甚，而立言乃欲過之，余見其自絶於道也。某往者輒不自量，學爲文章，既而若有所發。中道自悔，視前所爲，殊可羞惡，乃一切棄去。又不自量，將以鄙滯不明之質，執殘編斷簡，欲逆求聖人之意於數千百年之上。其爲力雖勤，而不知其果有得之歟？非歟？然鄙心以爲聖人雖亡，而義理固在。果知義理之所在，則雖數百千年之上，猶今日也。譬諸觀水，苟知性之趣下，則雖江河淮瀆之別、細大曲直之殊，以此理求之，無往而不得其性也。某近以此說求論語，因妄爲之解；不敢自異於先儒，欲少發聖人之微意；但精粗得失，自知不明。首篇雖已具稿，未敢自謂其然，輒取質於左右。苟不叛道，願教示之，庶幾得卒所學，幸甚。不宣。

國朝二百家名賢文粹卷一〇三。

與程正叔書

某啓：某嘗謂聖人智周萬物，赤子全未有知，其心固知〔二〕有不同矣。然推孟子之言，豈止取純一無僞，可與聖人同乎？前日所云，亦取諸此，非謂無毫髮之異也。此義某昔者既聞先生君子之言，嘗反而求之，若有所得，參諸前言往行，又無所不合，拳拳服膺，不敢失墜，似得其所安，以是自信不疑。切謂堯舜相授，亦云「允執厥中」，則所謂中者無他，此心而已。此心即天地之心，以其有知，故謂之心；至虛而無所偏倚，故謂之中；高明廣大，無所不盡，故謂之性；變化不測，故謂之神；可以推而行之，故謂之道；可以得而有之，故謂之德。孔子絕四，四者皆私意也。一物存乎其中，則與天地不相似，亦與孟子異矣。孟子云：「操則存，舍則亡」，「學問之道，求其放心而已矣。」又云：「權然後知輕重，度然後知長短。物皆然，心爲甚。」絕四之外，此心無所偏倚，其至明至平，甚於權度之審。又云：「盡其心者知其性，知其性則知天矣。」天之神與此心無二，惟有所不盡，故與天地不相似。易之「寂然不動，感而遂通天下之故」，皆此心之謂也。此心所

〔二〕「知」字疑衍。

發，莫非義理，人心之所同然。故中之所發，無有不和也，以人心之所同故和。來教云：「赤子之心，可謂之和。」某思之，所謂和者，指已發而言之。今言赤子之心，正論其未發之際。故切謂純一無僞可以言中。若謂已發，恐不可言心。來教云：「所謂『循性而行，無往而非義理』，言雖無病，殊少聖人氣味。」某反而思之，方覺其謂窘迫無沉浸醲郁之氣，此則淺陋之罪，敢不承教。先生以已發爲赤子之心，某以未發爲赤子之心。若大本之實，則其與先生之言未有異也，但解赤子之心一句〔一〕不同耳。某切謂赤子之心，恐止取純一無僞，可與聖人同，故孟子言之，更不必一一曲折校其同異，此所以取而爲言，固未嘗以已發爲大本也。先生凡言心者，皆謂已發而言，但未發而前，心體昭昭具在，謂之無心可乎？切謂心自有體，已發者乃其用耳。此事乃所深疑未喻，又恐傳言者失指，切望教示。不宣。

國朝二百家名賢文粹卷一〇三。

與程伯淳書

某啓：昔在京嘗得走見，今茲累年憂病居家，久不治問。每聞動止，以慰瞻仰。比日時寒，伏惟奉親養德，福祿寧止。某自聞橫渠見誨，始有不敢自棄之心。乃知聖學雖微，道在有德。不能千里往見，有愧昔人，然求有餘師，方懼不勉。但執事伯仲與橫渠始倡此道，世俗訕訕，和者蓋寡。雖自明之德，上達不已，而禮樂之文，尚有未進，學士大夫無所效法。道將興歟，不應如是之晦，此有道者當任其責。嘗侍橫渠，每語及此，心實病之。蓋欲見一執事，共圖振起，不識執事以爲然乎？未獲侍坐，敢祈自愛以道。

〔一〕「句」：原脱，據中華書局校點本二程集內與呂大臨論中書補。

國朝二百家名賢文粹卷一〇四。

仲兄赴官休寧序

治平三年春正月辛巳，來自河陽，省兄長。會兄長以御史論事于朝，不纳，还第待罪者数日矣。詔三論不起，請益堅。明日，詔奪御史，以博士爲歙之休寧。拜命即出國門，館于門南之佛舍。都城士大夫相與就見之，有齎咨顰蹙，以去位爲喭者；有賞其風節，撫手歎嘉，以得名爲賀者。二者之詞，日交于前。兄方毅然不動，其感激之氣，尚見于色，發於語言之間。噫！學之功果如是，是亦至矣。固其寵者奪其寵則悲，徇於名者獲其名則樂。凡悲樂之起，殆非至誠君子愛其君之所爲也。君子以至誠事君，有善必告，曰吾君其行之；有過必諫，曰吾君其改之。一言不聽，再〔一〕三言之；再三不聽，反復而言之；又不聽，乃曰吾君果不聽矣，吾可以去矣。猶曰，庶幾吾君知吾去之所以然而少悟也。由此觀之，苟使其言行，其諫聽，推其中心之樂，雖軒冕印綬日加其身，而不願以易此。然其不得於君，舍位而去，豈其心哉？故夫進與退，名與否，皆非吾之所存，則其去也何悲乎？何樂也乎？某之見其兄，不賀不喭，默然知兄之至誠不可掩也。兄將行矣，終不可以無言。蓋君子所貴乎全者，以無所處而不宜也。人之情，處其小則志於大，得其大則忽於小。昔兄爲御史，抗言大事于天子之前。今反屈首治一邑，日與吏民會計簿書，辨析牒訴，宜其有不樂爲之心。然兄既能於進退矣，又豈不能忘於小大之間哉？二月庚寅，餞于陳留，謹書以送。

〔一〕「再」：原無，曾棗莊據文義補，今從之。

別高都諸友序

自予得冠卿，俗氣蛻去，有放人傲世之真體；　自予得仲文，心忘矯激，而不苟毀譽於物；　自予得退仲，言不敢離法之頃刻，行不敢違道之尺寸；　自予得正夫，憤激愁怨，恐懾悲樂之來，如浮雲春冰，不暇瞻視，而隨已消釋；　自予得明叔，其心嚮義，常欲竭蹷而趨之。予來高都，從此五人遊，得此五人益，而亦竊自怪，求友於天下，而不意五人者皆聚于此也。求友之法，始拒之太深，則後有善而愧於復交；　始與之太密，則後有缺而不可以絕，此世所共敝也。予欲觀其操履，必與之久處；　欲觀其趣向，必接之以議論；　欲觀其器量，必試以非意之事；　欲觀其所守，必臨之以禍福；　欲觀其誠僞，必辨其參五。故處稠人而許其短，不可謂忠；　斥其門庭之私，不可謂直；　可爲而不爲，不可謂讓；　無善而過稱，不可謂延譽；　齎咨涕泣，閔人之窮，而不以力振之，不可謂仁；　遇事許可，而不卒成之，不可謂義。予以此求友，故得五人而友之。五人者，又皆有益於予，是予求友之不誣也。冠卿遠爲萬里官，海涯孤客，其會固不可期；　仲文去我，守官於邊；　退仲去我，而守僻邑；　獨正夫、明叔有里巷相過之樂，今我又自舍二友而西游。予嘗喜此五人不意俱會于此，又歎其未必常相聚也。平時盃酒間笑語倡和，以理相責，以義相告，及離羣而去，遇物牽感，必有深思而不得見者。故必取其舊文而讀之，如與其人語言從容，亦可少解別後之思。予之別諸友，故以此爲遺我。使我遠行，宿于羈亭野館，疏林槭槭，晚色落莫，出而無人與語，往往沽酒獨酌，面諸友所居，引吭而望之不見，既發篋，又無諸友之文使予吟諷而念之，則予懸懸之情其可以已耶？行有日矣，敢以此告。治平元年閏月五日序。

國朝二百家名賢文粹卷一六八。

張公文集後序

在祥符、天禧間，以辭學久官爲一時名卿者，有集賢院學〔一〕士、給事中張公，博聞強識，篤實忠亮，歷書館，備史官者二十年。方是時，天子巡狩四方，尊禮儒學，其登延訪問，賡載歌詠，未始不在從官之先。凡典籍謬訛，儀章未講，多識舊聞，折衷惟允，學士大夫有考必稽焉。公之歿，遺稿藏于其家而未傳也。元豐二年春，公之曾孫伯子革以遺文二十卷屬其所識呂大臨而告之曰：「昔者吾諸父少罹閔凶，僑寓于關中不克歸，惟是吾曾祖集賢之緒言，蓋未之聞也。嘗累訪之東都諸族，久之弗獲。熙寧末，叔父崇文君被召還館，始得其書于從祖父殿直君之家。於是公殁五十年矣，意將散亡而不傳，而從祖父獨能存其完書，又不幸崇文不禄，不克敍次。革謹藏以須，惟恐失墜。從祖父重有命，將傳于時，界求文以敍，惟子言之，毋辭。」大臨亟謝不能，而不得已焉。竊思君子之事其先，其祭也必齊，其齋也必思。雖其居處笑語之常，志意嗜樂之異，未始斯須或忘于心。况如公之文章一出於德意，不爲夸淫浮靡之辭。其指説之要，厚人倫，樂循理，仁民物，亹亹好善，有古君子長者之言，豈特笑語嗜樂之比乎？記稱「君子論譔先祖之美，以有善不知爲不明，知而弗傳爲不仁。」則是書也，固在於可傳。又嘗聞之，「自仁率親，等而上之至于祖，名曰輕」。惟仁人孝子，達孝子之心，則等而上之，雖至于祖，亦不忍加親之重。是以繼親之志，述親之事其祖，而不改親之故焉。斯道也，先王未之有行，而武王、周公實行之。故君子謂之達孝。崇文之於集賢，行斯心者也。嗣其業，訪其書，雖終身而弗措。今伯子也，又不替諸父之志，述而藏之，則達孝之心爲有繼，而斯文之傳益不疑於君子矣。公諱復，字元易，崇文諱載，殿直名威，皆公孫。汲郡呂大臨序。

〔一〕「院學」：原無，曾棗莊據横渠先生行狀補，今從之。

明微論

昔之妄意天下之事者，其威力雖足以制人，亦未能直行其志，亦必有所顧忌。顧忌之者，威力之不足恃，公義一失，雖千乘之國，將孤立而坐受其斃。故姦人欲有爲也，常託公義之名。公義之行，其迹猶涉於不順，乃取古人不得已之事而師之。欲禪代於君，則曰吾師舜；欲謀其上者，則曰吾師湯。至於伊尹之廢於，周公之攝政，趙鞅之誅君側之惡，皆有以師之。前日之師古人者，古人之心固亡矣，其迹猶粗有所依焉。今日學之者，迹亡其大略矣，而尚有取焉。後日學之者，徒以虛名鼓動之，而心迹俱亡矣。此乃假人之物，異日必將假而不歸，又私竊之，又強奪之，而後已也。嗚呼！弊至于此，學者不爲聖人明不得已之微意，使後世姦人有所顧忌而無以託名，反竊議古人有首亂之罪。殆非古人之罪也，學者不明之故也。昔舜於堯猶爲臣，受其權不受其位。堯崩，服堯之喪畢，乃即天子位。以至公之道相受，未嘗不臣於堯，而以邪說惑之也。至燕子之力以邪說惑子會而伐之，然猶其君願予，而位號猶在也。曹丕乃非山陽之所願，又奪其位號而臣之，然猶不至於害也。劉裕之取晉，殺其長而立其幼，就孺子之手而奪之矣。湯之伐桀，以救民爲心，然猶顧犯上之迹，故放之南巢而不殺，猶有慙德。及武王伐紂，親提黃鉞而斬之，不復有所顧，然救民之心尚在也。至項羽之取秦，既不顧君而又不顧民，殺子嬰，屠咸陽，收其寶貨而東，其暴又甚矣。伊尹當太甲居湯之喪，百官總己以聽冢宰，而太甲未與於政。太甲既縱欲而不明，伊尹之不聽，乃營桐宮，使居而思過。及除湯之喪，太甲悔而復善，伊尹乃以冕服迎太甲而授之政。此特太甲居喪，未與於政，伊尹遺之思過而已，固非放君也。而霍光廢昌邑，假此爲名，而更置其君，終身不復以政，然猶以公議而廢也。至司馬昭之廢齊王，桓溫之廢海西公，則主無毫末之過可絕，特以私忿棄置，振威以脅天下，公議又無復有矣。周公以成王之幼，懼天下之亂，故攝行政事七年。及成王長，乃稽首而復政，未嘗苟貪其權也。霍光之攝漢政，至宣帝已長，而猶不歸之，眷眷然唯恐權失而禍至，然猶未有私奪之心也。至王莽則久據而遂有之矣。趙鞅雖不足法，然後世以晉陽之甲誅君側之惡人，亦有靖亂之意，非苟託名以爲它也。吴王濞之誅晁錯，王敦之誅劉隗、刁協，則意不在於錯與隗、協也。由此觀之，變愈久而亂甚，亦不足怪也，其出於學者異説惑之也。舜未嘗不臣於堯，而學者謂舜受禪而不復爲堯臣。伊尹未嘗廢太甲，而學者謂廢之。虞商之書具在，而學者之説如此，又心知其不順，由爲區區之論以救其迹，是誣人之罪，反飾詞以赦之，宜其後世姦人有以爲名，亦不足怪也。夫趙鞅固不足數，舜、湯、伊尹、周公，亦將爲首亂之罪乎？

國朝二百家名賢文粹卷三〇。

建官正官論

古之建官，有爵有官而已。五等諸侯、公卿、大夫皆爵也，三公、六卿、二伯、三監及其屬皆官也。爵以制禄，定命秩之差；官以任事，責事功之實，未有有名而非事者。至戰國，始有封君之號，如武信、文信之類，爲寵名；漢始立異數，如特進、侍中、給事中之類，爲加官；雖若虚名無實，然猶存所以加寵之意。至於隋唐，有正官，有散〔一〕官，有勳官，有爵，有加官，有兼官，有遥授官，有檢校試官，有員外官，有食邑，有功臣，於是官制始亂，名實不正。然猶官必有事，内外異名。自外而入，則削外官之名，而改京職事，如刺史入爲郎官，縣令入爲御史之類；自内而出，則帶檢校之名，而爲外職事，如吏部郎中爲同州刺史，則帶檢校吏部郎中。散官、勳官亦堪當敍封，爵五等皆有命數。加官如學士、待詔，實備文學之選。兼官如外官之帶御史，實專刺察之事。食邑有課戶之輸，功臣緣實績而賜。雖曰不正，猶未失義。至本朝官名不一爲甚，大率

〔一〕「散」：原作「加」，曾棗莊據下文改，今從之。

多本唐舊，而正官外又有職，如兩制、三館之類；　又有差遣，以它官主判省寺，以京官出領外任之類。官及差遣有不治者，官如今京朝官領它局皆是，差遣如分司宫觀之類。有止預朝請者，如皇親外戚及京朝官在審官、三班未得差遣者。有徒存其名而無職事者，如諸衛統軍、東宫官之類。有新名已立而舊官不廢者，如寺監之職多移爲内諸司，而寺監尚存；　尚書六曹之職改爲中書五房，而六曹不廢。有名位甚尊而職事近褻者，如宣徽使掌樂人，翰林學士撰春詞之類。有資淺除授重加權攝之名者，如御史里行已是攝官，又加權字之類。有官職出入輕重之難處者，如兩制入省，書省序官，有散員外郎在其上者之類。至于侯爵、功臣、實封、食邑、散官、檢校、試授，用爲常典，虛名而已，無所損益。有職守可兼而猥須别出，如知州帶河堤、勸農之類。有新舊名號重複可删，如知州既曰知某州軍，又云管勾軍，又云管勾軍馬。及已作三公，猶帶開府儀同三司之類。有帶外官而反居中，如正刺史以上爲管軍之類。有帶内官而反居外，内官居外極多，近時又有帶内差遣者，如三司判官、司農丞、主簿權涖外官之類。而所定九品，皆因舊令，高下失宜；　官職差遣，名實紛亂，多失其當。如命官用誥，本爲所命有事，故以言告之，今惟轉官職始有誥。差遣雖重，如經略、轉運、宣撫之類，苟不轉官，止以勑授，亦無告詞。節度、宣徽皆以舊例宣制，而參知政事，知樞密院而下，列在兩府，反不宣制。此不可不革者也。况正貳參伍之法不立，苟不侵官，則有曠職，無所統類，此所以廢事功，長偷惰，能者無所效其力，不才者足以免其責。將欲政舉令行，卒莫之致。今爲復古之漸，當立官爵二法。立公、侯、伯、子、男五等之爵以命皇族、外戚及諸臣之有功者；　立公卿、下卿、上大夫、中大夫、上士、中士、下士九等之爵，以定百官之命數；　立三公、三孤、六卿、寺監、臺省、諸衛之官屬，以治内事；　立九州四塞郡縣之官屬，以治外事。各正其名，不使淆亂。散官、勳官、檢校、功臣職及差遣之類，一切省去，惟試官以授未命之士。食邑戶數，正封五等諸侯，使食其租税。凡郡縣之政，總於九州按察使。九州百官之政，總於六卿。六卿之政，總於太宰。若三公則止與天子論道經邦，不及以政。如是，則百慮一致，循名責實，賢能皆得而官，使僥倖不能以自容。令必行，功日起，當自此始。

國朝二百家名賢文粹卷三一。

舉辟論

古者官屬皆自其長辟除，而專其廢置。自辟除則可舉所知，專廢置則不容幸人。漢、唐藩守，尚行此法，當世名臣，多由此出。蓋養才之術，必更煩使，然後知小人之依，一日用之，則所行不謬於世務。故後世黨比公行，其所辟召，多出私徇，徼倖并進，人不被澤。故本朝之法，自一命以上皆命于朝廷。雖稍革舊風，然爲治得人，反減前世。蓋不懲其本，而治其末，故弊至于此。如使上擇官長，不使非其人者居之，又時省歲察，從而誅賞，雖欲徇私，不容爲矣。今辟召之法大抵不行，惟帥臣監司許舉數員而已，而又資歷深淺，必須應格而後從。其餘皆命于朝廷，亦非以才選，亦非以器使，皆有司一切以資考條例而授之。故天下郡縣無曠官，而士猶不得志；搢紳非乏才，而事功不舉。蓋舉不以所知，使不以器而已。此法之不可不革者也。欲乞天下監司、牧守、將帥皆自朝廷選擇，其參佐僚屬，除州通判外，皆許官長辟除，各舉所知。自京朝官至于舉人，不限資歷深淺。在本屬者，直行牒請；不在本屬者，奏取朝旨。若素未深知者，且許試任半年或一年，舉人則三年或六年。見其可任，乃許上聞正授。不職者，即罷去之；才有長短者，以器使之；勝其任者，增秩而久任之；其才過人，可聞朝廷者，則以時薦舉之。苟涉私徇，容庇徼倖，許監司覈實，重行廢黜。如此則官長荷責任之重，孰敢用非其才？寮屬被所知之舉，孰敢不盡其力？而又小官煩事，使之更習，一旦用之，必能周達世務，亦養才之要術也。

國朝二百家名賢文粹卷三二。

任賢使能論

任賢使能，古之道也。二者猶陰陽之相資，廢一則不可。所謂任者，知其賢也，委之託之，收其成功，未嘗有間於其間也。不貪者可以託府庫，不疑其有欺也；不奪者可以託幼孤，不疑其或倍也。況天下之重，委得其人，豈可置疑乎？既疑則不如勿任之，如此之謂任賢。所謂使能者，或行或止，唯吾令而已。委之以財，不能任其弗竊，必有術以防之；付之以兵，弗能任其弗暴，必有法以制之，此之謂使能。故任賢貴乎不疑，使能貴乎善御。朝廷講脩新政，日求有知慮、强有力之人而用之，止得使能之道。然犯法者相繼，猶意御之未盡也。至于任賢之道，幾乎不講，似有德者爲迂疏，不濟於近用，殆議者之過也。夫有德之用，豈在務小人〔一〕近哉？其事君也，合則服從，不合則去，非不樂事君也，以爲苟合則傷君之德；其從事也，可則從令，不可則不從，非固不從令也，以爲苟順則害君之事，小夫之知，姑息而已。故有德之人反若迂疏而不適於用。然胡不試之？居則保其必不欺，臨難則知其必不倍，況乎輔天德、厚人倫、美風俗以取重國家？豈小補哉？清閒之燕，訪問治道，必有遠謀深慮以安天下。比聞士大夫頗有以欺罔獲罪者，此正更張變革、登用有德之時。若乃防禁益密，委任益輕，則恐止其末流，不足以勝。傳曰：「舉直措諸枉，能使枉者直。」又曰：「君子反經而已矣。經正則庶民興，庶民興則斯無邪慝矣。」惟不疑所行，天下幸甚！

國朝二百家名賢文粹卷三三。

〔一〕「人」字疑衍。

養才論

前代官府掾屬率用士人。近世如州郡六曹，徒有其名，實不與事。案牘文移，悉歸使院監司之屬，皆是吏人。雖比行重法，止其姦敝，但委失其方，亦莫之禁。欲使諸路監司、州縣皆置録事及六曹掾，主行諸案，悉長官自辟。監司及諸州許辟本資序人，官小者權攝，或辟士人權攝亦聽，縣則止辟士人。其俸禄皆給以見今吏人之禄，亦三歲考績，聞于有司而升黜之。事少者併省，官不必具。逐曹量置書令吏，書寫文字而已，其定檢行遣，點檢案牘簿書，皆本曹官主行，如諸州使院之類。轉運等司勾押官、孔目官、職級之類，一切省去。諸縣亦許委掾屬定奪公事，給納錢穀，縣令止令聽政而已，不責細事。如此則曹事必治，不須重法，姦敝自息。今之縣令出納應報不暇，府史之職亦安能長人，以修一邑之政乎？士人既試以事，它日進用，必收實效，與科舉取人異矣。養才之術，無先於此。

國朝二百家名賢文粹卷三四。

風俗議

風俗之原，皆自世之篤尚而變也。從我者榮，不從我者辱，尚此者爲能，不尚此者爲不能。世俗之人非有甚高之見，孰能舍榮以取辱，舍能而爲不能者哉？故今風俗方妄披倒墮，似不可復起，卒無人爲振之，又從而尚之，是以天下之事終不能有所立也。某人有過，試使某人言之，必曰：規過，人之所不喜，且無與我事，胡爲往取怒哉？它日有過之人爲左右所譽，復使某人勿譽之，必曰：衆所共譽，吾何爲獨異，且譽之何傷於我？至於問勞慶弔，稱道一切，出不誠之言，周旋委曲，惟恐少忤於物。受之者亦心知其非誠而輒喜之，不如是亦輒怒之。探意而言，涉淺而行事，古人所不許，而公爲之自若而無愧。苟以佞辭徇上而不顧其非，苟以謙意接下而不顧其過，亦古人所惡，而今公行而不以爲失。專持苟簡之道，求合於天下人之情。故處士者不畏於義，失人情則畏之；仕於公者不畏法，失人情則畏之。世以此謀身，以此取名，以此逃禍。入於小人之黨，小人固喜之；入於中人之黨，中人亦愛之；入於君子之黨，自非介直不容物者，雖不敦尚之，然未殆以惡辭拒之也。如此，則家以爲良子弟，里閭朝廷之間皆以爲能而共推之。上下靡然，同波共流，相效而行之，未見其正也。噫！俗已成矣，好事者欲立天下之事，亦以難矣。昔之聖人將有所爲，出一號令，天下響應而從之。此無它術，矯厲之而已。上之人一日取果敢特〔一〕立不阿之士尊而用之，一切苟簡合人情者，嚴懲而差擇之，則天下將刼其宿昔之志，聳動視聽，争趨而效之。風俗一更，乘其端以立天下事，未見其難也。今以不可起之風俗，欲更置有爲之事，是以一握之竿負百鈞之石，其不折必且撓矣。異時執事者嘗有志於更張，一謀而百沮，朝行而夕追，縉紳處士又竊談其術之不精，然皆不知風俗有以勝之也。

國朝二百家名賢文粹卷三六。

善俗論

先王養人以德，非特教化使然，蓋亦有術以驅之，使不得不爾。黜陟必以九年，雖欲苟安，不可得矣。位高者責重，雖欲幸進，不可得矣。不祭者不敢以燕，則無容不奉其祭。久而葬者不除其喪，則無容不葬其親。惟上之人屢省必行而已。

〔一〕「特」：原作「時」，曾棗莊依文義改，今從之。

後世變更先王之法，一切取官府苟簡之便，多失所以養人以善之術。如百官磨勘擬官，必自陳而後行；以功〔二〕被賞，必自言而後得；有所辟請，必先問其願而後舉。凡此，皆非所以養廉恥之道。如苟安幸進之風，不祭不葬之敝，天下患之久矣，天子詔令丁寧訓告，有司羞于甲令，莫之能革者，勢非難也，特其術有所未至爾。欲乞不以京朝官選人，自監司、知州而下必以三年爲一任，任滿所屬考績，聞于有司，有司以聞，優者遷，中者如故，劣者降。若不滿三年而罷去，或從它職，及京朝官不釐務，皆不考績。其以功當被賞者，亦所屬列上功狀，皆不得踰月。若踰月及所考績取上功不以實，方許人自言，覈實而罪其所屬。辟請者不問其願，直舉而以諜報之。被辟者願就則不言，不願者三日内申所屬有司。凡任官，皆有官責。如爲郡縣者則責以賦役辦，獄訟平，民富而俗美，不越十數條而已。勝其任則進之，不如所責則重黜之。其它禁令，皆可闊略。凡百官皆以品秩定祭儀，禄賜足以共祭，而器服牲物猶不備者，皆不得祭。不得祭者，不得燕樂，不得嫁娶。其不葬其親者，皆不得釋服。有犯者與居喪同。如此，則難使中人，亦勉於善，養成美俗，利莫大焉。

國朝二百家名賢文粹卷三六。

財用論

民間財用不足，亦緣不立制度，僭踰侈費之所致。富者既得而爲之，貧者又從而跂慕。一衣之直，一飰之費，有可以充累月之用者，則財何由不乏？民何由不貧？有場工未畢而家無擔石者，一有水旱，安得不至流亡？古者以民無常心，故制民之産，使仰事俯畜，皆不失所。莫若自公卿達于庶人，宮室服御，飲食車馬之類，依品秩高下，細立制度，如庶人制度，

〔二〕「功」：原作「攻」，曾棗莊依文義改，今從之。

乞先自宮室，計口以定間椽。衣止用紬絹布，男子不得乘馬，上衣用白，不得裹帽。婦人不得乘檐子，首飾不得用珠金，衣服不得組繡，器用不得用銀，婚禮不得用樂，送喪不得用綵，轝不得設道。祭會葬親，賓不得飲酒。破服昏禮，財幣不得過五匹。似此之類，細立禁約，城郭以坊，鄉村〔二〕以社，使之相察，犯者立罰，不伏者送官，量行決罰。如此，則民心必定，財用可足。

國朝二百家名賢文粹卷三七。

程穎字序

物之命於天，未始有不善也；如不失其養而盡其才，則物物之美，皆足以周天下之用而不乏。今種禾於此，播而櫌之，則同其時矣。烜之以日，潤之以雨露，又同其養矣。及其既熟，猶有善不善之差，則人事之功有不齊者矣。穎，禾之秀也。前乎秀者苗也，苗〔三〕非耘不茂；後乎秀者實也，實非耘不美。耘之功常施於未秀之初，而收之已秀之末，則苗也、秀也、實也，耘之功何有哉？亦去其害之者而已。友人程君名穎，既孤，易之曰彥中。一日告予曰：「已孤更名，非禮也，既不謹前，廢吾先人之命，雖悔猶可追也。然古者冠而字之，今遇其時矣，而成人之名不可以無字，願有謁焉。」予應之曰：「學者之爲己，不如農功久矣。如擇其害己者，先時而力去之，則所受於天者可得而有也。閑邪存其誠，則誠之不存，邪害之也；克己復禮爲仁，則禮之未復，己勝之也。求誠而存，求禮而復，偃苗者不可也，不耘苗亦不可也。吾子尊命，不吝改過，近於知矣。是將有事乎耘，長之茂之以至于秀而不可已也。則吾子有請，且將安辭？請字曰耘仲。」

〔二〕「村」：原作「付」，曾棗莊依文義改，今從之。
〔三〕「苗」：原作「苟」，依上下文改。

國朝二百家名賢文粹卷一七四。

三原縣學記

天下誦聖人之言而不知道之所由出，知尊聖人之名而不知聖人之所以聖。故一邑必有學，一鄉必有士。入其學，問其所爲教，或不能言，雖謂之無學可也。見其士，問其所爲人，或不能知，雖謂之無士可也。聖言滿天下，而世有無學；聖名傳萬世，而國有無士。嗚呼！勢至於此，而長人者猶不垂意於其間，仁者固如是乎？凡物之以視聽食息而生者，非特人也，不知自貴於物，則人與物同。人之以精神心術之運者，非特聖也，不知自貴於人，則聖與愚均。人必自貴於物，故立心以勝己；聖必知自貴於人，故盡性達天。自堯、舜以來，六七聖人所得於心者，亦出於是而已。世之學者率能道之，然而道卒不明，人卒不聖，豈非不行之咎與？太子贊善大夫王君之爲三原，居官不忘于公而事治，待民必附于仁而民信。爲民之弗率也，常求其失道之原，有不忍致刑之意。故念盜詐姦宄，非密法所能，長人者格其心，教之孝弟而已。乃增治學舍，招致儒者，始踰年，民情變而士亦稍知勸，亦可謂有意者矣。華原宋君簡廉者，樂道大夫君之善，率其邑子來見于某，願書之。重惟大夫君之事與數君子之請，以將道其實以傳于人，故不以大夫君治舍聚徒爲賢，而以有心於立教爲美；不以數君子成人之美爲得，而以先民向善爲樂。故不復固辭而書，書已，又爲詩以勸其終，曰：

有塾于家，言教其幼。幼學壯行，其德孔有。聖學之息，人不知求。宜約而繁，宜進而休。心之未明，物或塞之。道之未行，力或息之。不塞不息，學而後可。既學以行，豈不在我？推所未行，勉所未能。我德既成，民無不興。于嗟大夫，有意于此。世以爲難，我行孔易。有美斯木，亦固其根。立德靡堅，必喪所存。既勉既推，惟堅惟久。孰能繼之，敢告于後。

國朝二百家名賢文粹卷一一八。

鳳翔府尹廳題名記

道之在天下，有爲物已輕而所係已重，有爲功甚近而其流及遠者，雖情狀事變有所不齊，要之百物不廢而已。故古之制器者，皆取其功名而勒之，然後苦良工拙，不得欺於後世。況乎郡守之寄，有地千里，當古連帥屬長之任，反不得識名金石以傳國人，則治民之功，制器之不如也。元豐四年，天子命朝議大夫公來守于岐，既踰年矣，政成事暇，公召其屬佐呂某而諭之曰：「郡邑官府之有題名舊〔一〕矣。題名之設，識名不識事。善惡之實，難獨信於史筆，而思斁之意，不可奪於民言乎！吾州之治雖有題名，而比次差舛，方將改正而刊諸石，而昔人之意未有以名之者。子盍爲言之？」某辭不獲命，竊思書經聖人所刪，然武成溢辭猶未爲君子盡信。於史獨傳左氏，而失之誣；文獨傳韓愈，而以諛得罪。故孔子作春秋，其文則史而已，無一詞有所毁譽，而義存乎其中。逮德下衰，至有以雄夸示一時，取流俗之觀美，推豐碑，勒美詞，所稱誦功德，雖古良臣循吏，有所不及，然民莫之思也。異時知德者，如將有考於題名，則指是名也，以問諸國人，而人思之，其政可知矣；指是名也，以問諸國人，而人斁之，則無政可知矣。若夫泯泯無傳者，雖不足以名其善惡，然其人又可知矣，又何多言之取哉？所謂係已重而其流及遠者，是亦春秋之意而已。公之爲是邦，非特自公也，世有人焉。其流風善政所以在民而不朽，殆如古之諸侯世德之澤。惟公之政莫然及舊服，作率慶士，不爽厥德，是以似之。嘗推古之善言獨傳於今者，不免誣

〔一〕「舊」：疑爲「久」。

諛之舊，則某雖欲有言，又可期於必信乎？故不敢以言累公之美，第述公之意爲之記。元豐五年春，具官汲郡呂某記。

國朝二百家名賢文粹卷一二七。

湯保衡傳

嘉祐末年，京師麻家巷，有聚小學者李道，太學生湯保衡嘗與之游。一日，保衡至道學舍，有一道士，形貌恢偉，鬚髯怪異，言語如風狂人，與道相接，保衡見而異之。既去，保衡問道，道曰：「此道士居建隆觀。朝夕嘗過我，我固未嘗詣之，乃落魄不檢者，子何問之？」保衡曰：「予所居與建隆甚邇，凡觀之道士皆與之識，未始見此人。」既而保衡頗欲訪之。它日，保衡至道學舍，復見前道士，問其所止，亦曰建隆。既去，保衡默從之，入觀門至西廊而没，保衡往追，尋之不復見。因觀廊壁繪畫，有一道士，正如所見者，其上題云「張天師」。保衡心異之。他日，乃具冠帶伺於李道之舍，道問曰：「子何所伺？」保衡佯以它語答之。凡伺三日，其道士始自外至，已若昏醉者，與道相見如常日，保衡既見正如所畫者，遂出拜之，稱曰：「天師。」道士辭避曰：「足下無過言。」道亦笑曰：「此道士安得天師之稱哉？」保衡再三叩請，具述所見。道士乃曰：「請以某日會於某地。」保衡曰：「諾。」如約而往，道士見之曰：「但舉目視日十日，必有所見，可復會於某地。」保衡歸，依所教視日，視既久，目不復眩。至十日，乃睹日中有人形，細視之，見道士在日中，形貌宛然。保衡復往會道士，道士曰：「何所見？」保衡曰：「見天師在日中。」道士曰：「可復歸再視日，百日外復有所見，可再相會於某地，慎勿泄也。」保衡如教視之，家人以爲風狂，問之不答。逾百日，乃見己形亦在日中，與道士立。保衡乃會道士具談之，道士曰：「可教矣。」乃爲授以符籙，可以攝制鬼神，其道士復不見。保衡居太學中，嘗喪一幼子，每思之，召至其前，同舍生皆見之。一日，保衡語其友人曰：「予適過西車子曲，見一小第，門有車馬，有數婦人始下車，皆不以物蒙蔽其首；其第二下車者，年二十許，頗有容色，意其士大夫自外至京師者，必其妻也。予欲今夕就子前舍小飲，當召向所見婦人觀之。」友人曰：「良家子，汝焉可妄召，必累我矣。」保衡曰：「非召其人，乃攝其生魂，聊以爲戲耳。然必至夜，俟其寢寐乃召之，若夢中至此，止可遠觀，慎勿近之，近之則魂不得還，其人必死矣。」遂與友人薄暮出門，過其舍，伺少頃，聞門中有婦人聲，保衡心知乃適所見婦人，即吸其氣，以綵綫繫其中指，既而至友人學舍，命僕取酒至，與之對飲，令從者就寢。中夜，保衡起開門，有婦人自外至，乃所見者，形質皆如人，但隱隱然若空中物，其語聲如嬰兒，見保衡拜之。保衡問其誰氏，具道某氏，其夫適自外罷官還京師，復問保衡曰：「此何所也？適記已就寢，不意至此，又疑是夢寐，而比夢寐差分明；又疑死矣，此得非陰府邪？」保衡曰：「此亦人間耳，今便可歸，當勿憂也。」命立於前，款曲與語，至五更始遣去。人傳保衡甚得召鬼之術，保衡以進士及第，今官爲縣令云。

邵氏聞見後録卷二八。

張御史行狀

君諱戩，字天祺，少而莊重，有老成之氣，不與羣童子狎戲；長[一]而好學，不喜爲雕蟲之辭以從科舉。父兄敦迫，諭以爲貧，乃强起就鄉貢。既冠，登進士第，調陝州閿縣主簿，移鳳翔普潤縣令。改秘書省著作佐郎，知陝州靈寶、渠州流江，懷安軍金堂縣事。轉太常博士。熙寧二年，超爲監察御史里行。明年以言事出知江陵府公安縣，改陝州夏縣。轉運使，舉監鳳翔府司竹監，秩滿，以熙寧九年三月朔旦感疾卒，享年四十有七。君歷治六七邑，誠心愛人，而有術以濟之，力行不怠，所

[一]「長」：正誼堂全書本伊洛淵源錄作「壯」。

至皆有顯效。視民之不得其所若己致之，極其智力，必濟而後已。靈寶采稍，歲用民力，久爲因擾。至則訪其利害，纖悉得之。乃計一夫之役，采稍若干，以計其直，請命民納市于有司而罷其役，止就河壖爲場，立價募民，采伐以給用。言于郡守、監司，皆不之聽。後以御史言於朝廷，行之。竹監歲發旁縣夫伐竹，一月罷，君謂無名以使民，乃籍隸監園夫，以日月課伐，以足歲計。其爲邑，養老恤窮皆有常，察惡勸善皆有籍，鉤考會計，密察不苛，府吏束手聽命，舉莫能欺。嘗攝令華州蒲城，蒲城劇邑，民悍使氣，不畏法令，鬭訟寇盜倍蓰他邑。異時令長以峻法治之，姦愈不勝。君悉寬條禁，有訟至庭，必以理敦喻，使無犯法。間召父老，使之教篤〔一〕子弟，服學省過。作記善簿，民有小善，悉以籍之。月吉，以俸錢爲酒食，召邑之高年，聚於縣廨以勞之，使其子孫侍，因勸以孝弟之道。不數月，邑人化之，獄訟爲衰。熙寧初，上初即位，登用大臣，將大有爲。以御史召，君喜，以爲千載之遇，間見進對，未嘗不以堯舜三代之事進于上前，惻怛之愛，無所遷避。其大要，啓君心，進有德，謂反經正本，當自朝廷始。不先諸此，而治其末，未見其可也。事有不關興衰者，人雖以爲可言，皆闊略不辨。既見，而新政所更，寖異初議，左右邇臣，不以德進，君爭之不可，乃告諸執政，執政笑而不答。君曰：「戩之狂易，宜其爲公所笑。然天下之士笑公爲不少矣。」章十數上，卒不納，乃歎曰：「茲未可已乎？」遂謝病不朝，居家待罪，卒罷言職。既去位，未嘗以諫草示人，不說人以無罪。天下士大夫聞其風者，始則聳然畏之，終乃服其厚。自公安改知夏縣，縣素號多訟，君待以至誠，反復教喻，不逆不億，不行小惠，訟者往往扣頭自引。不五六月，刑省而訟衰。未幾，靈寶之民遮使者車請曰：「今夏令張君，乃吾昔日之賢令也，願使君哀吾民，乞張君還舊治。」使者欣然，聽其辭而言于朝。去之日，遮道送，不得行。父老曰：「昔者人以吾邑之人無良喜訟，自公來，民訟幾希。是惟公知吾邑民之不喜訟也。」言已皆泣下。君篤實寬裕，儼然正色，雖喜愠不見於容，然與人居，温厚之意，久而益親，終日言未嘗不及於義。接人無貴賤疏戚，未嘗失色於一人。樂道人之善，而不及其惡；樂進己之德，而不事無益之言。其清不以能病人，其和不以物奪志。常雞鳴而起，勉勉矯

〔一〕「篤」：四庫本作「督」，正誼堂全書全作「爲」。

強，任道力行，每若不及。德大容物，沛若有餘。常自省，小有過差，必語人曰：「我知之矣，公等察之，後此不復爲矣。」重然諾，一言之欺，以爲己病。少孤，不得事親，而奉其兄以弟，就養無方，極其恭愛。推而及諸族姻故舊，罔不周恤。有妹寡居，子不克家，君力爲經其家事。別内外之限，制財用之節，男就傅，女有歸。誠意懇切，不弛其勞，人以爲難，而自處裕如也。有一二故人，死不克葬十餘年，君惻然不安，帥其知識，合力聚財，乃克襄事。其兄載重於世，常語人曰：「吾弟德性之美，吾有所不如。其不自假，而勇於不屈，在孔門之列，宜與子夏後先。晚而講學而達。」又曰：「吾弟全器也，然語道而合，乃自今始。有弟如此，道其無憂乎？」既暴病卒，載哭失聲，如不欲生。將葬，手疏哀辭納諸壙，曰：「哀哀吾弟，而今而後，戰兢免夫！」是月還葬，以從先大夫之兆，將求有道者以銘其墓。大臨惟君之善，有不勝書，要其大者，蓋其力之厚，任天下之重而不辭；其氣之强，篤行禮義而無倦；其忠之盛，使死者復生而無憾。是宜得善言以傳諸後，敢次其狀以請。

伊洛淵源録卷六。又見乾隆鳳翔府志卷一〇、乾隆郿縣志卷一二。

祭李龥文

嗚呼，識子于南山渭水之曲，知子於洛陽夫子之門。風期自振於流俗，問學不異於淵源。子之胸中，閎肆開發，求之孔門，如賜也達。子與人交，洞照其情，和而不流，時靡有爭。子之於事，如控六轡，逐曲舞交，屈折如意。予求友於四方，顧所得之幾希。志或同而才之不足，才或高而志與之違。子敏且强，予心子契，謂其有年，以立斯世。嗟如之何，皇天降災，夭于中道，使不得盡其才。質夫之賢，予聞有素，昔予見之，傾蓋如故。乃得與子，情親義敦，定交莫逆，不啻弟昆。天不憖遺，質夫且死，同其弔傷，有予與子。子疾繼作，予爲汝憂。子罹親喪，既歸莫留。別未踰月，子訃亦至，驚疑恍惚，若有所失。不意二子之賢，而一朝至此。道之難行，我今知之。人之云亡，孰知我悲？子之往矣，天不相矣。恍矣惘矣，予奚望矣？哀哉！

伊洛淵源録卷八。又見乾隆河南府志卷九二、乾隆偃師縣志卷二五。

呂博士説　補

必有事焉而勿正，浩然之氣充塞天地，雖難得，而言非虛無也。必有事焉，但正其名而取之，則失之矣。

中華書局校點本宋元學案卷三十一。

擬招

朱熹案：擬招者，京兆藍田呂大臨之所作也。大臨受學程、張之門，其爲此詞，蓋以寓夫求放心、復常性之微意，非特爲詞賦之流也。故附張子之言，以爲是書之卒章，使游藝者知有所歸宿焉。

上帝若曰：哀我人斯，資道之微！肖天之儀，神明精粹。降爾德兮，予無汝欺。視聽食息，皆有則兮，予何敢私？顧弱喪以流徙，返故居兮謬迷。圈豚放馳，散無適歸。蟻慕羊羶，聚附弗離。予哀若時，魂莫予追。乃命巫陽，爲予招之。陽拜稽首，敢不祗承上帝之耿命！退而招之以辭。辭曰：魂乎來歸魂無東！大明朝生兮啓羣蒙，萬物搖蕩兮隱以風，遷流正性兮失厥中。魂兮來歸魂無南！離明獨照兮萬物瞻，文章煥發兮不可緘，夸淫侈大兮志弗厭。魂兮來歸魂無西！日入昧谷兮草木萎，實落材成兮雖有時，志意彫謝兮與物衰。魂兮來歸魂毋北！幽都闇黯兮深蔽塞，歸根獨有兮專靜默，有心獨藏兮吝爲德。魂乎來歸魂無上！清陽朝徹兮文惚恍，絶類離羣兮人無象，杳然高舉兮極驕亢。魂兮來歸魂毋下！素位安行兮以時舍，沉濁下流兮甘土苴，固哉成形兮不知化。魂兮來歸反故居！盍歸休兮復吾初？範博厚以爲宫兮，戴高明以爲廬。植大中以爲常産兮，蘊至和以爲廚。動震雷以鼓昕兮，守艮山以止隅。秉離明以爲燭兮，御巽風以行車。守吾坎以禦侮兮，開吾兑以進趨。資糧械器惟所用兮，何物之不儲？四方上下惟所之兮，何適而非塗？雖備物以致用兮，廓吾府而常虚。縱奔騖以終日兮，燕吾居而晏如。惟寞惟寂，疑有疑無。其尊無對，其大無餘。曷自苦兮一方拘？魂兮來歸反故居！

轉自中華書局校點本楚辭集注後語卷六。

北郊

村北磽田久廢耕，試投嘉穀望秋成。天時地力難前料，萬粒須期一粒生。

送劉户曹

學如元凱方成癖，文似相如反類俳。獨立孔門無一事，唯傳顔氏得心齋。

謹按：「心齋」二字，出莊子。此特借用其語，言其務養情性而已，勿以辭害意可也。〔二〕

皇朝文鑑卷第二十八。又見牛兆濂續修藍田縣志卷二十一。

春静

花氣自來深户裏，鳥聲長在遠林中。斑斑葉影垂新蔭，曳曳絲光入素空。濂洛風雅。

輯自清乾隆刻本宋詩紀事卷二十六。

南溪淡真閣閒望〔三〕

欄外溪光溪外峰，重重平遠杳連空。長將兩眼安高處，擾擾都歸俯視中。

〔二〕按語乃牛兆濂加。
〔三〕自此首至效堯夫體寄仲兄八詩均輯自全宋詩卷一〇三〇，原整理者爲吴鷗。

探春

摇曳風頭欲振枯，柳梢垂髮不勝梳。從来輕薄纔先發，誰記秋霜墜葉初。

禮

禮儀三百復三千，酬酢天機理必然。寒即加衣飢即食，孰爲末後孰爲先。

寒食道中

漠漠雲濃陰欲墜，迢迢遠路馬行遲。春風境界無邊畔，花下遊人恐未知。

藍田

背負肩任幾百斤，山蹊寸進僅容身。先難後獲應如是，重愧端居飽食人。

克己

克己功夫未肯加，吝驕封閉縮如蝸。試于清夜〔一〕深思省，剖破藩籬即大家。

經筵大雪不罷講

水晶宫殿玉花零，點綴宫槐卧素屏。特敕下簾延墨客，不因風雪廢談經。强記師承道古先，無窮新意出塵編。一言有補天顔動，全勝三軍賀凱旋。

以上宋金履祥濂洛風雅卷五。

效堯夫體寄仲兄 大防微仲

治非知務功何有，見必先幾義始精。飯放不應論齒決，水来安可病渠成。高才况自當名世，大業終期至太平。可惜良時難再得，東山應不負蒼生。

宋金履祥濂洛風雅卷六。

〔一〕「清夜」：明萬歷刻本馮少墟集卷八、牛兆濂續修藍田縣志卷二十一引此詩作「夜氣」。

呂大鈞文集

呂氏鄉約鄉儀

鄉約

德業相勸

德，謂見善必行，聞過必改。能治其身，能治其家；能事父兄，能教子弟；能御僮僕，能事長上；能睦親故，能擇交游。能守廉介，能廣施惠；能受寄託，能救患難；能規過失，能爲人謀；能爲衆集事，能解鬬争，能決是非；能興利除害，能居官舉職。凡有一善爲衆所推者，皆書于籍，以爲善行。業，謂居家則事父兄、教子弟、待妻妾，在外則事長上、接朋友、教後生、御僮僕。至于讀書治田、營家濟物、好禮樂射御書數之類，皆可爲之。非此之類，皆爲無益。

過失相規

過失，謂犯義之過六，犯約之過四，不修之過五。

犯義之過：一曰酗博鬬訟，酗謂恃酒詬競，博謂博賭財物，鬬謂鬬毆罵詈，訟謂告人罪慝，意在害人者。若事干負累，及〔一〕爲人侵損而訴之者非。

二曰行止踰違，踰違多端，衆惡皆是。

三曰行不恭孫，侮慢有德有齒者，持人短長及恃强陵犯衆人者，知過不改、聞諫愈甚者。

四曰言不忠信，爲人謀事，陷人於不善，與人要約，退〔二〕即背之，及誣妄百端皆是。

五曰造言誣毁，誣人過惡，以無爲有，以小爲大，面是背非；或作嘲詠匿名文書，及發揚人之私隱，無狀可求，及喜談人之舊過者。

六曰營私太甚。與人交易傷於掊克者，專務進取不卹餘事者，無故而好干求假貸者，受人寄託而有所欺者。

犯約之過：一曰德業不相勸，二曰過失不相規，三曰禮俗不相成，四曰患難不相恤。

不修之過：一曰交非其人，所交不限士庶，但凶惡及游惰無行、衆所不齒者，若與之朝夕游從，則爲交非其人。若不得已，暫往還者非。

二曰游戲怠惰，游，謂無故出入，及謁見人，止務閑適者。戲，謂戲笑無度，及意在侵〔三〕侮，或馳馬、擊鞠之類，不賭財物者。怠惰，謂不修事業，及家事不治，門庭不潔者。

三曰動作無儀，進退太疎野及不恭者，不當言而言、當言而不言者，衣冠太飾及全不完整者，不衣冠入街市者。

四曰臨事不恪，主事廢忘，期會後時，臨事怠慢者。

五曰用度不節。不計家之有無，過爲侈費者，不能安貧而非道營求者。

〔一〕「及」：關中叢書本作「又」。

〔二〕「退」：關中叢書本作「過」。

〔三〕「侵」：關中叢書本作「攸」。

已上不修之過，每犯皆書于籍，三犯則行罰。

禮俗相交

凡行婚婣喪葬祭祀之禮，禮經具載，亦當講求。如未能遽行，且從家傳舊儀。甚不經者，當漸去之。

凡與鄉人相接，及往還書問，當衆議一法共行之。

凡遇慶弔，每家只家長一人與同約者皆往，其書問亦如之。若家長有故，或與所慶弔者不相識，則其次者當之。所助之事，所遺之物，亦臨時聚議，各量其力裁定名物及多少之數。若契分淺深不同，則各從其情之厚薄。

凡遺物婚嫁，及慶賀用幣、帛、羊、酒、蠟燭、雉、兔、果實之類，計所直多少，多不過三千，少至一二百。喪葬始喪，則用衣服或衣段以爲襚禮，以酒脯爲奠禮，計直多不過三千，少至一二百。至葬，則用錢帛爲賻禮，用豬、羊、酒、蠟燭爲奠禮，計直多不過五千，少至三四百。災患如水火、盜賊、疾病、刑獄之類，助濟者以錢、帛、米、穀、薪、炭等物，計直多不過三千，少至二三百。

凡助事謂助其力所不足者，婚嫁則借助器用，喪葬則又借助人夫，及爲之營幹。

患難相恤

患難之事七：

一曰水火，小則遣人救之，大則親往，多率人救之，并弔之耳。

二曰盜賊，居之近者，同力捕之；力不能捕，則告于同約者，及白于官司，盡力防捕之。

三曰疾病，小則遣人問之，稍甚則親爲博訪醫藥。貧無資者，助其養疾之費。

四曰死喪，闕人幹，則往助其事；闕財，則賻物及與借貸弔問。

五曰孤弱，孤遺無所依者，若其家有財可以自贍，則爲之處理，或聞于官，或擇近親與鄰里可託者主之，無令人欺罔。可教者，爲擇人教之，及爲求婚姻。無財不能自存者，協力濟之，無令失所。若爲人所欺罔，衆人力與辨〔一〕理。若稍長而放逸不檢，亦防察約束之，無令陷於不義也。

六曰誣枉，有爲誣枉過惡不能自申者，勢可以聞于官府，則爲言之；有方略可以解，則爲解之。或其家因而失所者，衆以財濟之。

七曰貧乏。有安貧守分而生計大不足者，衆以財濟之；或爲之假貸置產，以歲月償之。

凡同約者，財物、器用、車馬、人僕，皆有無相假。若不急之用，及有所妨者，亦不必借。可借而不借，及踰期不還，及損壞借物者，皆有罰。凡事之急者，自遣人遍告同約；事之緩者，所居相近及知者告于主事，主事遍告之。凡有患難，雖非同約，其所知者亦當救恤，事重則率同約者共行之。

罰式

犯義之過，其罰五百。輕者或損至四百、三百。不脩之過及犯約之過，其罰一百。重者或增至二百、三百。凡輕過，規之而聽及能自舉者，止書于籍，皆免罰。若再犯者，不免。其規之不聽，聽而復爲，及過之大者，皆卽罰之。其不義已甚，非士論所容者，及累犯重罰而不悛者，特聚衆議，若決不可容，則皆絕之。

〔一〕「辨」：關中叢書本作「辦」。

聚會

每月一聚，具食；每季一會，具酒食。所費率錢，合當事者主之。遇聚會則書其善惡，行其賞罰。若約有不便之事，共議更易。

主事

約正一人或二人，衆推正直不阿者爲之，專主平決賞罰當否。直月一人，同約中不以高下，依長少輪次爲之，一月一更，主約中雜事。

人之所賴於鄰里鄉黨者，猶身有手足、家有兄弟，善惡利害皆與之同，不可一日而無之。不然，則秦越其視，何與於我哉！大忠素病于此，且不能勉，願與鄉人共行斯道。懼德未信，動或取咎，敢舉其目，先求同志，苟以爲可，願書其諾，成吾里仁之美，有望於衆君子焉。熙寧九年十二月初五日，汲郡呂大忠白。

呂氏鄉約終

答伯兄

呂大鈞和叔

鄉約中有繩之稍急者，誠爲當已逐，旋改更從寬。其來者亦不拒，去者亦不追，固如來教。

答仲兄

鄉約事近排祭人回，已具白。人心不同，故好惡未嘗一，而俱未可以爲然。惟以道觀之，則真是真非乃見。若止取在上者之言爲然，則君子何必博學？所欲改爲家儀，雖意在遜避，而於義不安。蓋其間專是與鄉人相約之事，除是廢而不行，其間禮俗相成，患難相卹，在家人豈須言及之乎？若改爲鄉學規，却似不甚害義，此可行也。所云置約正、直月，亦如學中學正、直日之類。今小民有所聚集，猶自推神頭、行老之目。其急難，自於逐項內細說事目，止是遭水火、盜賊、死喪、疾病、誣枉之類，亦皆是自來人情所共卹、法令之所許。勑條水火、盜賊，同村社自合救捕。鰥寡孤遺，亦許近親收卹。至於問疾[一]弔喪，並流俗常行。約中止是量議損益，勸率其不修者耳。今流俗凡有率斂濟人，皆行疏聚集，並是常事。

漢之黨事，去年李純之有書已嘗言及，尋有書辨其不相似。今録本上呈。黨事之禍，皆當時諸人自取之，非獨宦者之罪。不務實行，一罪也；妄相稱黨，傲公卿，二罪也；與宦者相疾如讎，三罪也；其得用者，遂欲誅滅[二]宦者，四罪也。不知鄉約有何事近之？

鄉約事累蒙教督甚切，備喻尊意，欲令保全，不陷刑禍。父兄之於子弟，莫不皆然。而在上者若不體悉子弟之志，必須從己之令，則亦難爲下矣。蓋人性之善則同，而爲善之迹不一：或出或處，或行或止。苟不失於仁，皆不相害，又何必須以出仕爲善乎？又自來往復之言辭多抑揚，勢當如此。惟可以意逆之，則情義可得。若尋文致疑，則不同之論無有已時。

[一]「疾」：關中叢書本作「候」。
[二]「滅」：關中叢書本作「戮」。

如謂「殺身成仁」者，蓋孔子謂時多求生害仁者。既難得中庸之人，且得殺身成仁者，猶勝求生害仁之人，豈謂孔子務爲殺身以成仁乎？〔一〕前書行老、神頭之說亦類此。向蒙開喻，志諸侯之說亦類此。處事有失，已隨事改更，殊無所憚。即今所行鄉約，與元初定甚有不同，鄉人莫不知之，亦難爲更一一告喻流傳之人耳。

答劉平叔

鄉人相約，勉爲小善，一作細行。顧惟鄙陋，安足置議。而傳聞者以爲異事，過一作競加論說。以謂強人之所不能，似乎不順；非上所令而輒行之，似乎不恭。退而自反，固亦有罪。蓋爲善無大小，必待有德有位者倡之，則上下厭服而不疑。今不幸出於愚且賤者，宜乎詆訾之紛紛也。雖然，遂以爲不順與不恭，則似未之察耳。凡所謂強人所不能者，謂其材性所安，難強以矯，猶畏慎者責以寬泰，舒遲者責以敏疾之類。至於孝弟忠信，動作由禮，皆人所願，雖力有不勉，莫不愛慕。今就其好惡，使之相勸相規而已，安有強所不能者乎？凡所謂非上所令而輒行者，謂上之所禁，俗之所惡，猶聚萃羣小，任俠姦利，害于州里，撓于官府之類。至於禮俗患難，人情素相問遺賙卹，間有惰而不修，或厚薄失度者，參酌貧富所宜，欲使不廢。且所約之書，亦非異事。今庠序則有學規，市井則有行條，村野則有社案，皆其比也，何獨至於鄉約而疑之乎？況諸州猶有文學、助教之官，其職事亦是此類，但久廢不舉耳。或有舉之者，安得爲非上所令乎？以愚賤言之，則不敢逃責，或大人君子不以人廢言，則似亦可恕。或謂其間條目寬猛失中、繁簡失當，則有之矣，明識忠告，安敢不從？近聞流言過實，及於左右，雖素以相亮，亦恐不能無疑，聊致一作布。此意，幸冀詳照。

此篇舊傳呂公進伯所作，今乃載於其弟和叔文集，又有問答諸書如此，知其爲和叔所定不疑。篇末著進伯名，意以其

〔一〕「乎」：原作「中」，據藍田呂氏遺書改。

族黨之長而推之使主斯約故爾。淳熙乙未四月甲子，朱熹識。

鄉約本文，承裕十年前得之，蓋呂氏兄弟相與論定者，其所以約鄉人爲善之意，至矣！況晦庵先生有取於斯，每欲刊印傳布未果。兹居先太師端毅公之憂，念此書人少得見，且恐久而失之，於是自爲校勘，俾學徒謄刊于弘道書院。於戲！使此書果有主其約而行之者焉，則鄉之人將勉爲善而恥爲不善，風俗惡有不厚者哉？因記于後。正德五年庚午，春三月甲子，三原王承裕書于考經堂。〔一〕

鄉儀

賓儀：相見、長少、往還、衣冠、刺字、進退、迎送、拜揖、請召、齒位、獻酢、道塗、獻遺、迎勞、餞送。

吉儀：祭先、祭旁親、祭五祀、禱水旱。

嘉儀：昏、冠。

凶儀：弔哭、居喪。

〔一〕此條僅見于關中叢書本，宋刻本無。

賓儀十五

相見之節

歲首。冬至。月朔。不必每月皆行，遇三兩月久不相見乃行。辭見。謂久出而歸則見，遠適將行則辭，出入不及一月者非。謝賀。己有慶事當謝，人有慶事當賀。請召。請召飲食或議事同。燕見。非時議事問訊，皆謂燕見。已上有雨雪或恙故皆止。

長少之名

長者，謂長於己十歲以上者。父之執及無服之親在父行者，及異爵者，皆是。

敵者，謂與己上下不滿十歲者。

少者，謂少於己十歲以上者。

往還之數

少者於長者，歲首、冬至、辭見、謝賀皆行，月朔不常行，有故則使人告之。

長者於少者，燕見之外，惟施報禮。若五十以上，雖報禮亦息行，或令子弟代之。時節若遇雨雪或他故，遍諭少者止之。

敵者更相往還，或有故不能行，則以書或傳語告之。

衣冠

見長者皆幞頭，惟燕見用帽子。

見敵者皆幞頭，惟辭見、燕見帽子。

見少者帽子，惟行報禮或用幞頭，亦不如常。請召如主人之服。

刺字

見長者用名紙，見敵者以下用刺字。其文止曰某郡、姓名而已，有爵者並爵書之。見一家二人以上，則人用一刺。古者聞名將命者，止以口達姓名而已，無刺字。後世彌文，恐致差失，乃以紙書姓名達之。達姓名，至恭之禮，若加辭語，則失其義。欲稍止之，故立此儀。燕見及赴請召皆不用。

往見進退之節

見長者門外下馬，以刺授將命者。無將命，則自命僕人展刺。燕見則使人白之，乃俟乎外次。無外次及雨雪，則俟於廊廡下，或廳側偏次。主人出迎，則趨揖之。告退，則降階，出門上馬。主人送，則揖而退。若命之上馬，則辭；不得命，則就階上馬。若爵齒德當致恭者，則堅辭之，不從則已。

見敵者門外下馬，俟于廊廡，有雨雪則廊廡或廳側偏次以俟，命僕人展刺。燕見則白之。主人出迎，則進揖之。告退，則就階上馬。

見少者廊廡間下馬，無廊廡或主人在廳則入門下馬，有雨雪則就廳側下馬立俟。命僕人展刺，或口報。相見畢，告退，則就階上馬。古者客車不入大門，請見人皆立于門外，聞名于將命者，俟主人出乃進。近世惟施於尊者，其餘或失賓主之儀。

凡徒行往見，所俟之次如上儀。

凡往見人，入門必問主人食否、有他幹否、有他客否。度其無所妨則命展刺，有所妨則少俟，或且退。若有恙故，不繫此。

凡見人，主人語終不更端，則告退。及主人有倦色，或方幹事而有所俟者，皆告退可也。

賓至迎送之節

長者來見，先聞之，則具衣冠以俟。若門外下馬或徒行，則出迎于門外。若不及知，及入門下馬者，據所至迎之。退則送上馬，徒行則送于大門外。

敵者來見，俟展刺，具衣冠，據所在出迎。退則送上馬，若徒行則送于中門外，無中門則送于大門可也。

少者來見，俟展刺，具衣冠，將命者出請。賓入，主人迎于庭下。既退，或留；就階上馬，則送其上馬；或出外上馬，則送之于門。

拜揖

見長者旅見則旅拜，主人辭則特拜。若辭不拜，則揖之。昔嘗納拜者，皆四拜。主人辭，則再拜；堅辭，則揖之。若欲納拜〔一〕者，主人納則四拜；如不納，則再拜。燕見不拜。惟嘗納拜者，不見三日以上皆再拜，主人辭則揖之。

見敵者皆再拜，燕見及主人辭疾則不拜。

見少者皆不拜。惟拜辱則賓或先拜，或不敵，則主人亦先拜。燕見則主人先拜，賓辭則止。

請召

請召長者飲食，必親往面致其意，諾則拜之，長者辭則止。既赴召，明日親往拜辱。若專召他客者，不可兼召長者。

召敵者以書簡。既赴召，明日傳言謝其辱。

召少者以客目〔二〕，或傳言。

赴長者召，若有衆客，則約之同往；不可約，候于別次。始見則拜其見召，主人辭則止。明日，又親拜賜，主人預辭則書簡謝之。若非專召，則不必拜。

赴敵者召，始見則揖謝之，明日傳言謝之。

〔一〕關中叢書本無「拜」字。

〔二〕「目」：關中叢書本作「日」。

赴少者召，始見以言謝之，明日傳言謝之。

若長者召少者議事，皆卽往，有故則告其所以。

齒位

凡聚會皆鄉人，則坐以齒。非士類者，不必以齒。若有親，則別敍。若有他客有爵者，則坐以爵。不相妨者，猶以齒。若有異爵者，雖鄉人亦當不以齒。異爵者，如命士大夫以上。古者一命齒于鄉里，再命齒于父族，三命而不齒。若特請召或迎勞出餞，皆以專召者爲上客，不以齒爵，餘爲衆賓，坐如常儀。如昏禮，亦以姻家爲上客。

獻酢

凡特請召及餞勞，若以長者、貴者爲上客，則初坐，主人興，取上客酒盃就盥洗，上客興，辭。主人命贊者執事者。執盃，親執酒斟之，執盃以獻。上客受之，以授贊者，置于席前。置在果桌上。主人再拜，上客答拜。上客復酢，主人如前儀。主人乃獻衆賓，命贊者遍取衆賓酒盃，親洗及盥，以次斟酒，執獻衆賓。衆賓各受盃，以授贊者，各置于席前。若主人是長者，則衆賓旅拜；是敵者以下，則皆揖不拜。主人乃揖，就坐又揖。上客及衆賓皆祭酒，祭少許於地。乃飲。卒飲，主人興拜，上客答拜。若敵者爲上客，皆如長者之儀，惟卒飲不拜。若少者爲上客，亦如前儀，惟上客先拜，主人答拜。若主人辭則止。若衆賓中有長者、貴者，當致恭，則特獻如上客儀。若婚會，以姻家爲上客，其獻不以長少，皆如前儀。

道途相遇

遇長者，皆乘馬，若不敵則回避，其次則立馬于道側，長者揖之則揖之，俟長者過乃行。若長者徒行，雖已回避，遠見之，則先下馬，前揖，既過乃上馬。若長者揖上馬，則辭之。

遇敵者，皆乘馬，則分道而行，揖之而過。若〔一〕徒行，雖已回避，見之則下馬，揖之，遂上馬。若道有泥濘及猥雜不可駐足，則傳謝之。

遇少者乘馬，若立馬于道側則揖進之，既及前則揖行遂過。若少者徒行，已回避，則不下馬；避不及，則下馬，揖之，如敵者儀。

凡徒行遇所識者乘馬，皆先回避。

獻遺

凡遠行者贐之，遠歸者勞之。久不相聞，及歲時則有問。久不相見，及自遠而至則有遺。有新物、遠物可以分，知人所欲、所闕，物可以贈，皆隨其情之厚薄斟酌行之。非所行而行之，及當行而太數，皆爲黷；物多則爲貨，當行而不行，則爲吝。物雖微陋，誠則受之；物雖豐美，不誠、不恭則辭之。

凡獻者以狀列物，致恭者白而後獻遺。敵者則以書簡遺，少者則傳言，或以幅紙書其名物。

〔一〕「若」：宋刻本作「者」，據關中叢書本改。

凡獻遺於長者，一辭再辭則止；　敵者以下，再辭三辭則止。
凡受遺，以義可受，則皆不辭；　可受而物多，則量數而受，無名則終辭之。
凡受長者遺，若所致恭而禮厚者，親往拜賜；　其次，以書謝之。　於敵者報之，於少者傳言而已。

迎勞

長者自遠歸，所厚者迎於近郊，俟于道左邸舍。　將至，令僕人展刺。　長者下馬，則進揖不拜，問訊起居。　長者復上馬，則從至其家，見之乃退。　若長者不下馬，命之上馬則上馬，立俟于道側以揖之。　不敵，則堅辭避之。
敵者則馬上揖，問勞畢，請所迎者先行。　或堅辭，則或先或後，勿同行，不可在所迎者之先。
少者不迎。　若當勞者，如請召、獻酢儀。

餞送

長者遠行，以情之厚薄爲送之遠近。　或勢不能遠者，亦不必遠，先俟于道左邸舍，命僕人展刺。　長者下馬，則進揖。　或具酒食，則延請；　獻酢不具酒食，則告别，送之上馬。
敵者若有酒食，則如長者儀，不必展刺；　無酒食則立馬于道側，俟其至，揖之，更送百餘步。　去者辭之則告别，其送者亦推去者先行，去者堅辭，則遂揖别而退。　若將行，以酒食爲餞，則如請召、獻酢儀。

吉儀四

祭先

祭先之禮，自天子至於庶人，節文名物差等雖繁，然以禮事親，其義則一。寢廟雖不崇，而修除不可不嚴；牲物雖不腆，而亨饎不可不親；器皿雖不備，而濯溉不可不潔；禮雖不得爲，而誠意不可不盡。故齊宿薦徹，致愛與恭，豈可徇流俗燕褻之常，尚鄙陋不經之事？今雖未能方古，亦當略舉春秋之薦，旬日具修，三日齊戒，務在躬親誠潔而已。節文有不備，則可漸求；非禮之祠，削之爲善。如有意復古，自可本諸禮經。

祭旁親

近世祭多及旁親，情雖近愛，事則無義。禮惟殤與無後始祭于宗子之家，自餘祭者，皆爲祭非其鬼，蓋致隆祖考，不得不然。

祭五祀

士大夫止當祭五祀耳，山川百神皆國家所行，不可得而祀。近世流俗妄行祭禱，黷慢莫甚，豈有受福之理哉？

禱水旱

水旱之災，止可相率祈禱里社，至誠齊潔，奠以酒脯可也。若妄行望祀，合聚羣小，喧呼鼓舞，非士君子所宜爲。

嘉儀二

昏

古之昏禮，其事至嚴。以酒食召鄰里，所以厚其別；親迎執摯，所以致其恭；不樂不賀，所以思其繼；同牢合巹，所以成其愛。豈有鄙褻之事以相侮玩哉？近俗六禮多廢，貨財相交，婿或以花飾衣冠，婦或以聲樂迎導，猥儀鄙事，無所不爲，非所以謹夫婦、嚴宗廟也。今雖未能悉變，如親迎同牢，豈可不語？流俗弊事，豈可不去？若有意乎禮，尚進于斯。

冠

古者未冠爲童子，綵衣紒，執事服勞，以事長者，所以教之遜弟也。今自齠齔皆具衣冠，與先生抗禮，此孔子所謂「欲速成」者，豈養德之道哉？今欲年未二十者，雖未能不冠，止以帽加首，凡有聚會皆立侍執事以聽命，庶幾稍知事長之禮。至二十，則父兄擇日命賓，略如古禮，加冠而字之，亦助風教之一端也。

凶儀二

弔哭

凡弔，謂弔生者；哭，謂哭死者。與死者、生者皆相識，則既弔且哭；識死者不識生者，則哭且不弔。主人拜則答之。不識死者，則弔而不哭。

凡弔節，始聞其遭喪或聞喪一弔，既葬反哭一弔。

凡弔服，用素幞頭，用白絹或布爲之。白布襴衫角帶，有服之親則麻帶。或未能具，或勢不得爲，且用常服去飾。古者羔裘玄冠不以弔。蓋喪用吉服，則情文不稱。近世多避忌，皆用吉服，殊失其義。士君子變而從古，乃善。然今士大夫謹於禮者，亦多以素服弔喪。若主人不改服，則亦常服。近世大喪卒哭，則多用墨衰。齊衰以下，受弔多不用。喪服如此，則弔者素服，復爲非宜。

凡弔時，皆俟其成服後，朝夕哭臨，及聞喪舉哀時。

凡弔長者，必旅弔之，推一人先致辭，畢乃再拜。若特弔，亦致辭，畢再拜。弔敵者，雖旅弔，亦特拜。弔少者，致辭而已。若主人拜，則答之。嘗納主人之拜，進前扶掖，不答拜。古者弔喪，惟[一]主人拜賓，賓不答拜。今未能行，且施於嘗納拜者。

凡弔辭，當云如何不淑、或如之何之類，再以言慰其居喪之意。凡有喪者二人以上，止弔其服重者一人；服均，則弔其主喪者或長者；或不相識，則止弔其識者。喪無二主故也。

凡喪者爲酒食及爲制服以待弔者，皆不可受。若問喪者已爲辦具則止之。或已專爲其家治喪，則當遍諭來弔者，更不

[一]「惟」：關中叢書本作「維」，疑形近而誤。

須具。蓋弔喪本爲恤其患難，協力助事，往則自衣弔服。若使其家哀戚之中，反爲已營辦酒食、衣服之具，受之豈得安乎？此俗行之已久，爲害不細，士君子力變之爲善。如送葬，止可前期制奠，俟發引則送之。若喪者有書請召，皆辭之。請召尤非所宜也。

凡弔哭同舉者，先哭後弔。非弔時而往哭者，則哭而不弔。主人拜，則答之。

凡弔哭在同里，則相約同往。除禭奠外，不可設道祭。祭奠皆主人之事，賓客止可助以奠物，或助其執奠。近世道次設祭，甚無謂。

凡往哭，情重者雖遠必往，情輕者非同里不往。

凡往弔之節，始喪、斂殯、朔奠、啓殯、祖奠、葬虞、卒哭，皆可往，亦不必悉往。未葬，則哭柩及殯；既葬，則哭墓，墓遠則哭于其家。

凡聞所知之喪，可以往哭則往哭之，未能往哭則遣使致奠禭之物。就外次，衣弔服，再拜哭送之。惟情重者如此。過朞年，則不哭，情重者亦哭殯或墓而已。

凡往哭，皆衣弔服。死者是敵者以上，則拜；是少者，則不拜。皆舉哭〔一〕，盡哀。當祭奠，則助奠其酒食。若主人不哭，則亦不哭；其情重者，雖主人不哭，亦哭之。

凡往哭，若始喪，可以親致禭，則因哭于靈位之側。

居喪

喪禮備存諸經，五服制度著于甲令，釋服作樂，律有明刑。近世居喪，或輕或重，或服或否，居處飲食，出入之節，多無

〔一〕「哭」：關中叢書本作「哀」。

所變。衰麻月筭，雖有等差，殆成空文。遠則棄先王之禮經，近則犯本朝之法令。喪事貴勉，在士君子之力行。參取近人所安，酌以禮意，粗舉一二，以爲復古之漸，庶可遵用云尔。

凡遭喪聞喪，自緦麻以上，皆當制服。今布無升數，且隨精粗以意定之。經帶麻葛，自有小大之制、變除之節，當遵用之，終其月筭而除之。中衣亦當易以縞素，力不能具，或勢不能爲，且可去飾。

凡三年之喪，除不得已幹治家事外，終喪不可行慶弔、請謁、聚會。若卒哭後，有甚不得已事，須至見人者，可暫衣墨衰行之，事畢，反其喪服。甚不得已，如爲人論訟，當入公府；或親戚間有患難，不可不親救卹之類。自餘請謁、會聚之類，皆非所急，不行無害。或有未安，以書簡致意，人亦諒〔一〕之。

朞喪，未卒哭，當如三年之喪；已卒哭，有不得已人事，則衣墨衰行之。或可已者，亦不必出。在家受弔、接賓客，皆衣喪服。

凡大功，未卒哭，有不得已事，乃衣墨衰以往。在家接賓客，亦衣墨衰。行請謁，惟不行慶禮，及召人、赴人酒食之會。

小功、緦麻，惟哭臨、受弔乃衣喪服，自餘皆衣墨衰。出入如常，惟不行慶禮，及召人、赴人酒食。

鄉儀終。

此篇舊題蘇氏鄉儀，意其爲蘇昞季明博士兄弟所作。今按呂和叔文集乃季明所序，而此篇在焉，然則乃呂氏書也。因去篇題二字，而記其實如此。淳熙乙未四月甲子，朱熹識。

往年冬，大有嘗更定吳門聚拜之儀，及期而會，位敍秩然，進退惟肅，禮俗之易興也如此。今得晦庵先生所訂呂氏鄉

〔一〕「諒」：原作「亮」，疑音近而誤，據關中叢書本改。

約、鄉儀，用刊諸梓，貽我同盟，庶將因二篇之載而廣之。平居周旋，里黨無一不中節，則禮俗之盛，當不止歲時聚拜而已。嘉定壬申長至前十日，郡文學李大有敬書〔二〕。

承裕既得鄉約以傳，復得鄉儀，篇末載晦庵先生題識。三復讀之，因歎儒先欲善鄉俗之意有如此。近世鄉俗視此書所列多不類，豈非無人以講求之哉？承裕無似，而欲鄉俗之復于古，其意固在。乃戒從學之士以此書刻梓，將遍遺我鄉人，期相與講求而行之焉。

正德五年庚午，夏五月戊午，三原王承裕書于弘道書院〔三〕。

跋

右呂氏鄉約一卷，鄉儀一卷，三原王康僖公承裕合刊本。

按宋史藍田呂氏兄弟六人，其五登科。世稱「四呂」者，以大忠進伯、大防微仲、大鈞和叔、大臨與叔宋史有傳，其二人無傳故也。至呂氏鄉約，朱子謂爲和叔所定不疑，其舊傳進伯所作者，意其爲族黨之長，而推之使主斯約耳。然今宋史鄉約一條，又載於大防傳中，或當日兄弟互定之，未可知也。鄉儀舊題蘇氏，而見於和叔文集，季明序之，朱子謂爲呂氏之書，其信然矣。康僖合刊，殆本儒先欲善鄉俗之意，而思廣之歟！書自正德流傳後，今去其世又數百年，風俗頹，禮維弛，江河滔滔日下也。茲輯叢書，首校印之，以厚民德而維禮教。世有如行鄉約於南贛、新建其人者乎？則紛亂庶可遄已矣。民國二十三年五月校。

〔二〕此條僅見宋刻本。
〔三〕此條見關中叢書本。

長安宋聯奎
蒲城王　健
興平　馮光裕[一]

[一]　此跋見關中叢書本。

詩説

卷一

詩樂

尚書：「詩言志，歌永言，聲依永，律和聲。」

古人因詩而歌，使協〔一〕聲律。歌有高下清濁，合於宮商則爲聲，聲協〔二〕律呂則爲律。呂氏家塾讀詩記卷一。又見段氏毛詩集解卷首。

〔一〕「協」：四庫本、墨海本、退補齋本作「叶」。

〔二〕「協」：四庫本、墨海本、退補齋本作「叶」。

卷二

周南一之一

卷耳

采卷耳以備酒醴之用。清陳啓源毛詩稽古編卷一。

卷六

衛一之五

淇奥

瞻彼淇奥，綠竹如簀。有匪君子，如金如錫，如圭如璧。寬兮綽兮，猗重較兮。善戲謔兮，不爲虐兮。

古者車箱長四尺四寸三分，前一後二，横一木，下去車牀三尺三寸，謂之式。又於式上二尺二寸横一木，謂之較，去車牀凡五尺五寸。古人立乘，若平常則憑較，若應爲敬，則落手憑下式而頭得俯。呂氏家塾讀詩記卷六。又見慈湖詩傳卷五、明馮復京六家詩名物疏卷十六。

卷九

齊一之八

南山

葛屨五兩，冠緌雙止。魯道有蕩，齊子庸止。既曰庸止，曷又從止？

屨必有偶，雖五兩各自相偶。冠緌必雙，雖一冠而緌之雙，亦自爲偶。明襄公、文姜非其偶也。清錢澄之田間詩學卷三。

卷二十六

生民之什三之二

既醉

孝子不匱，永錫爾類。

孝子飲奠，所以致其傳付祖考德澤之意深矣。自「孝子不匱」至末，皆預祝其後日之詞。「匱」，說文云「匣也」，毛訓爲「竭」者，當是「匣中空」之義。言不獨今日之君子能率其嗣子，有誠敬以事宗廟之孝，又祝其異日嗣子更有不匱之孝也。明何楷詩經世本古義卷九。

藍田呂氏祭說

宗子死，稱名不稱孝，身歿而已。

此宗子死，庶子尚在，雖有宗子之適子，未得主祭，故庶子主之。祝辭止曰子某薦其常事而已，不言介，明無所助也。若庶子皆死，則宗子之子乃主之，故曰「身歿而已」。今之無宗子者，宜亦倣此。宋朱子儀禮經傳通解卷五家禮五五宗。

文集佚存

天下爲一家賦

古之所謂天下爲一家者，盡日月所照以度地，極舟車所至以畫疆。以八荒之際爲藩衞，以九州之限爲垣墻。列國則羣子之舍，王畿則主人之堂。凡民之賢而不可遠者，皆我之父兄保傅；愚而不可棄者，皆我之幼稚獲臧。理其財，乃上所以養下之道；分責之事，乃下所以事上之常。渾渾然，一尊百長，以斟酌其教令；萬卑千幼，以奉承其紀綱。貿遷有無，而不知彼我之實；損益上下，而不辨公私之藏。大矣哉！外無異人，旁無四鄰，無寇賊可禦，無閭里可親。一人之生，喜如似續之慶；一人之死，哀若功緦之倫。一人作非，不可不媿，亦我族之醜；一人失所，不可不閔，亦吾家之貧。尊賢下不肖，則父教之義；嘉善矜不能，則母鞠之仁。朝覲會同，則幼者之定省承稟；巡守聘問，則長者之教督撫存。

嗚呼！周德既衰，斯道斯屈。析爲十二，并爲六七。勢不相統，亂從而出。忘祖考之訓，則刼奪其屢盟之時；輕骨肉之命，則戰死於争城之日。曲防遏糴，以幸其災；縱諜用間，以乘其失。乖睽有甚於鬩墻，鬭很不離於同室。迨至秦政，以强自吞。推所不愛，以殘自昏。斧斤親刃其九族，塗炭自瘵其一門。興阡陌而廢井田，則委貨財於盗賊之手；置郡縣而罷封建，則託婦子於羈旅之屯。貧富不均，幾臣僕其昆弟；苟簡不省，皆土苴其子孫。

自漢以來，終亦不復。雖有王侯，而不得輒預其政；雖有守令，而不得久安其禄。譬之錦衣玉食，縱無所用之子；雕車良馬，委不善御之僕。門庭雖存，亦何足以統制；閨門無法，則何緣而雍睦。豪強日横，而略無鞭朴之制；單弱日困，而不識襁褓之鞠。豈天理之固然，寔人謀之不足。嘗聞之，治亂有數，廢興有主。昔既有離，則今必有合；彼既可廢，則我亦可舉。惟盛德之難偶，故曠時而未覩。豈有待於吾君，將一還於治古！

皇朝文鑑卷九。

世守邊郡議

中國之大戒，無急于邊防。自秦、漢以來，禦戎之策，是非未能相遠。竊嘗求三代之法，宜于今日而推行之，乃知聖人封建之深意，不獨尚德，專治吾民而已。其禦邊之要，微妙深遠，固在術内，殆非衆人之智所可及已。蓋天下之勢，不得不一，亦不得不分。分而不一，則上無以制命，而爲下者肆；一而不分，則下無陳力，而爲上者勞。故古者分天下爲列國，統萬國于一王，使禮樂征伐一出于天子，教治禁令一委之諸侯；則是天下之持威福之柄，優游于内，以專察國君之善惡；諸侯任功過之責，勤勞于外，以同體王室之休戚。如是，則四方之警急，何以急天子之視聽哉？彼不任吾患者，吾得執而戮之，孰敢矣？吾所以待夷狄者，特招携以禮，懷遠以德而已。在商之時，古公以皮幣、犬馬、珠玉事獯鬻，而商王不知；在周之時，晉國拜戎不暇，而周室不與；然則三代禦邊之略，蓋可知已。

臣竊謂分剖天下，以爲列國，則未敢輕議。如使邊郡略法古意，慎選仁勇之士，使得世守郡事，兵民措置，悉以委之；租調出入，一切不問；惟財用不足者，附以次邊支郡，以共其乏。其治以安静不擾，敵人感服者爲上；富強自守，彼不能犯者次之；戰勝攻取，無所退屈者又次之。賞罰者，增損其名位而已，甚者則升黜之，不使輕去其郡。若此，則安危利害，不離其身，勢不得不盡其力以從事，盡心以防患。所謂世守者，亦不得純如周制，父子相繼；必使選賢以自代，毋問親踈，天子加察焉，然後可之，遂使貳其郡事，以終舉者之身，然後命之。没則禄其子孫以祀之，若有功德，則郡人世世祀之，仍爵其子孫，庶幾亦可以爲備邊之一術也。

選小臣宿衛議

古者人主左右前後，使令執事之小臣，乃所以朝夕起居出入、須臾不可離者也。其用之迹，雖主于給宿衛，備頤指，以共綴衣、虎賁、執射、執馭之職；其用之意，則亦使之獻可替否，拾遺補闕，以替疑丞保傅之事。主於給宿衛，備使令，則非恪勤謹重者不可以當其任；使之獻可替否，拾遺補闕，則非開爽敏茂者不足以充其位。此言猶未之盡。

古之人君，不獨有師有友，又有受教於我者焉。故疾醫，小藝者也，黄帝師奚伯，而教雷公；費國，小邦也，惠公友顔般而役長息。然則使令執事之小臣，雖在擇恪勤謹重、開爽敏茂之資，人主又當教誨養育，使臣成就其材，以補異時公卿大夫之闕。如此，則朝廷常不乏材，而人主求之且不勞也。以漢、唐之苟簡，其臣猶多出於宿衛供奉之官，豈非常在宫省，日侍帷幄，既已接聞廟堂之議，以廣其知識，間復親被德音，誨其所未至，則益知善惡向背之理，薰炙漸漬，久而不已，安有不化者哉？不徒其效如此，又可以自廣其聰明之德。記曰：「教學相長也。」又曰：「教然後知困。」彼既知向背，則必盡其心力以承學于上；上之人既樂其自勉，亦不盡以教之，或因其善問，有以起吾志；或因其難進，有以勉吾業。傳曰：「教不倦，仁也。」又曰：「有教無類。」則不徒可以益吾之志業，又可以廣吾之德性也。記曰：「善教者知至學之難易，又知其美惡。」則不徒廣吾之德性，又可以廣吾知人之明也。爲人君而乘政事之間，以教育執事之小臣，乃有志業德性知人之益，豈小補哉？

今朝廷雖有中書、門下兩省官以備侍從，又有翰林、舍人院及諸館閣之臣以備顧問，非乏人也。充其選者，又皆美材敏行，非不賢也。既以待之不爲綴衣、虎賁、射馭之冗，亦難復使從使令執事之賤。似宜略依漢制郡國貢士給宿衛之法，詔公卿牧守，如孔門四科之目，各使保任三二人，不以仕與未仕，限年二十以上，三十以下；其人則分隸中書、門下省，學士舍人院，及館閣諸司；其職則參諸殿侍諸班之列；其禄秩則視三班使臣、州縣掾屬而已。其閒暇則各受學於其官長，退而以所學開諭其同列。仍不立遷擢廢置之格，其有功罪善惡，一聽明主裁決而已。如此，則素無行能者必不得舉，不安其分者必不願爲，自非朴茂有志之士，不可得而與焉。試或行之，不過五七年，不徒得高才美行，可備器使，亦將資助盛德大業，必將日新而無窮。凡在位執事之小臣，亦當漸摩義理之益，相觀而善，可不務乎？

民議

爲國之計，莫急於保民。保民之要，在於存恤主户；又招誘客户，使之置田以爲主户。主户苟衆，而邦本自固。今訪聞主户之田少者，往往盡賣其田，以依有力之家；有力之家，既利其田，又輕其力而臣僕之。若此，則主户益[一]耗，客户日益多。客雖多而轉徙不定，終不爲官府之用。今欲將主户之田少者，合衆户共及二頃以上，方充一夫之役；其兼并之家，人少而田多者，復計其田，每三頃執一夫之役；主户不足，以客户足之。

皇朝文鑑卷一百六。又見經濟類編卷三十七。

弔説

詩曰：「凡民有喪，匍匐救之。」不謂死者可救而復生，謂生者或不救而死也。夫孝子之喪親，不能食者三日，其哭不絕聲。既病矣，杖而後起，問而後言，其惻怛之心，痛疾之意，不欲生，則思慮所及，雖其大事，有不能周之者，而況於它哉？

[一]「益」：上疑脱「日」字。

故親戚、僚友、鄉黨聞之而往者，不徒弔哭而已，莫不爲之致力焉。始則致含襚以周其急，朋友親襚以進，見士喪禮。族人相爲又有含，見文王世子。三日則共糜粥以扶其羸。親始死，三日不舉火，隣里爲之糜粥以飲食之，見問喪。每奠則執其禮，士之喪，朋友奠，見曾子問。將葬則助其事。孔子之喪，公西赤爲志；子張之喪，公明儀爲志；原壤母死，孔子助沐椁。見檀弓。其從柩也，少者執紼，長者專進止。弔非從主人也。四十者執紼，見雜記。孔子從老聃助葬於鄉黨，反垣日食，老聃曰：「丘，止柩就道右，止哭以聽變。」此則事進止者也。見曾子問。其掩壙也，壯者盈坎，老者從反哭。鄉人五十者從反哭，四十者待盈坎。見雜記。祖而賵焉，謂用車馬，所知則賵而不奠，兄弟乃奠，奠止用羊。並見士喪禮。不足則贈焉。知死者贈，贈以幣，其禮在賻賵之後。又公之贈，贈于邦門，故曰「行而贈」。見士喪禮。不足則賻焉，知生者賻，賻用布幣，以助其費，故曰「不足則賻」，見士喪禮。凡有事則相焉，司徒敬子之喪，孔子相；有若之喪，子游擯；國昭子之母死，問位於子張。並見檀弓。謂能救之矣。故適有喪者之詞，不曰「願見」，而曰「比」，雖國君之臨，亦曰「寡君承事」。他國之使者，曰「寡君使某」，毋敢視賓客。見少儀、檀弓、雜記三篇。主人見賓，不以尊卑貴賤，莫不拜之；明所以謝之，且自別於常主也。平日相見，或主人先拜客，或客先拜主人。賓見主人，無有答某拜者；明所以助之，且自別於常賓也。見曲禮。自先王之禮壞，後世雖傳其名數，而行之者多失其義。喪主之待賓也如常主，喪賓之見主人也如常賓。如常賓，故止於弔哭，而莫敢與其事；如常主，故舍其哀而爲衣服飲食以奉之，其甚者至於損奉終之禮，以謝賓之勤，廢弔哀之儀，以寬主之費。由是，則先王之禮意，其可以下而已乎？今欲行之者，雖未能盡得以禮，至於始喪則哭之，有事則奠之；奠不必更自致禮，唯代主人之獻爵是也。又能以力之所及，爲營喪具之未具者，以應其求；輟子弟僕隸之能幹者，以助其役；易紙幣壺酒之奠，以爲襚；除供帳饋食之祭，以爲賵與賻；凡喪家之待己者，悉以他辭受焉；必以他辭者，色異衆嫌。庶幾其可也。

皇朝文鑑卷一百八。

答詔論彗星上三說九宜奏 元豐三年八月

臣伏讀詔書，寅畏天變，引過罪己，數求美言，以新盛德。誠意惻怛，發於心畫，自以消變除慝，況諫行言聽，膏澤逮下，必將感召和氣，溢爲嘉祥。臣愚恨無精識奧學，啓寤天聽，徒有淺聞近見二事，或可以少裨萬一。伏惟聖主留神裁察，幸甚。臣聞詩、書所稱古先哲王，雖清明在躬，俊乂在官，猶孳孳不倦，延禮臣下，講求至道之要而推行之。夫至道之要，莫切於堯、舜之言。其言曰：「人心惟危，道心惟微。」此言至簡至要，古之人君，莫能盡行，故常爲中材之所忽，而獨上聖能勤行者也。然則人心者，人君之所日用，時出以應萬務者也。其神明恍惚，其出入無時，其作於中而見於外也，邪正糾紛，頃刻萬變。其危如是，安得不日夜存養寧息，使之感物應變，無所差失乎？道心者，人心之所默識躬行以立大本者也。凡有生之民，無衆寡小大，無彼我，莫不體之以爲吾心，就其間涵容存養，以生吾誠。其道茫昧，難以言諭，惟忠信默會，庶幾近之。稍或不明，則離而不一。其微如是，安得不閑暇燕處，求索推明，克己體物，常使純一，則仁義禮智油然根於中，晬然見於外，然後爲得乎？故言動之所發，政令之所加，始出於善，而其終常流爲不善，凡此者皆人心不安而易變故也。誠意之所存，行義之所履，始若充盡，其終常至於天下不爲一家，中國不爲一人，凡此者皆道心不明而易失故也。由是言之，此二心者非有一物也，特體用之殊耳。使人心一於道心，則自不危矣；使道心一於人心，則自不微矣。今乘陛下勵精反己之時，謂宜博延德義之士，儲精垂思，相與講求至道之實，使浩然之氣充塞天地，則何患濬哲不生而明德不暢乎？此臣之所謂淺聞者此也。臣又聞天下衆人言，謂陛下躬勤庶政，日不遑暇，而有司奉行，多不盡理；陛下遠略方外，軍政修舉，而將帥出征，多不諭旨；陛下勸獎人材，揀拔倚注，而或不得其人；陛下優假言事之臣，未嘗深譴，而近日內外望風畏怯，莫敢有言。青苗、免役，所以寬民力，而下戶凋瘵日甚；常平儲峙錢穀，所以足國用，而有司經費日窘；訓齊保甲，所以禁暴，而盜賊如故；增置官局，所以革敝，而文書益煩。異時歲饉糴貴，小民常取倍息之貴，亦能自給；今年豐，官出輕貸，而束手受困。異時富商大賈豪奪細民，而不甚爲苦；今市易均輸平準，而負益深。凡此皆臣之近見者也。然推見其本而求之，豈有他哉？惟知道心之實，則見此時之敝矣。傳曰：「惟道集虛。」陛下既明發德音，虛心待物，則道豈難知哉？古人謂顧力行何如者，此在陛下一動心之間耳，可不深念之乎？

全宋文卷一七〇四。又見宋名臣奏議卷四三、歷代名臣奏議卷三〇三。

寄劉伯壽書

某近與鄉人講鄉飲、鄉射之禮，惟恐鄉樂音節不明。雖傳得胡安定所定雅音譜，有周南、召南、小雅十數篇，而猶闕由庚、由儀、崇邱、南陔、百華、華黍、騶虞七篇。

全宋文卷一七〇四。又見宋元學案補遺卷一（四明叢書本）。

譜牒說

三代之時，曰姓者，統其祖考之所自出者也，百世而不變者也；曰氏者，別其子孫之所自分者也，數世而一變者也。天子建德，因生以賜姓，其得姓雖一，而子孫別而爲氏者，不勝其多焉。有以王父之字爲氏者矣，有以先世之謚爲氏者矣，有以所居之官爲氏者矣，有以始封之邑爲氏者矣。支分派別，千塗萬轍，初若參錯紛亂而難考，及徐而視之，有綱有條，猶指諸掌焉。孟、仲、季、臧、東門、子叔，同出於魯也；遊、國、封、印、公孫、伯、張，同出於鄭也；向、華、蕩、樂、鱗、魚、仲、老，同出於宋也；欒、高、崔、國、叔、仲、東郭，同出於齊也。尋其流可以知其源，尋其葉可以知其根，抑何易耶？自秦、漢以來，氏族之制出於上之所賜，下之所更者，絶無而僅有。至於世守一氏，傳千餘年而不變者，天下皆是也。其變非若古之屢，其列非若古之多，可謂簡而易知者矣，然罕有能辨氏族之源者。王之氏一也，吾不知出於元城之王耶，宜春之王耶，邛城之王耶？劉之氏一也，吾不知出於陶唐之劉耶，奉春之劉耶，元海之劉耶？其能明辨而不惑者鮮矣。氏之馬者，未必能辨其爲馬服之馬及馬矢之馬也。氏之石者，未必能辨其周衛之石及後趙之石也。古之氏族繁而知之者反多，今之氏族簡而知之者反少，蓋由譜牒之明與廢而已，是以知譜牒之學不可不講。

全宋文卷一七〇四。又見文章辨體彙選卷四二八。

曾點

函丈從容問且酬，展才無不至諸侯。可憐曾點惟鳴瑟，獨對春風詠不休。

皇朝文鑑卷二十八。

吕大防文集

韓吏部文公集年譜

代宗大歷三年戊申。

集序云：「愈生於是年。」

大歷十四年己未。

德宗建中元年庚申。

建中四年癸亥。

興元元年甲子。

貞元元年乙丑。

貞元八年壬申。

是年進士及第，年二十五。

貞元十一年乙亥。

是年上宰相書，不報。五月東歸，作感二鳥賦。

貞元十三年丁丑。

是年從董晉辟爲汴、宋、潁、亳觀察推官。

按：公行狀從辟在十二年七月，此差一年。

貞元十五年己卯。

是年晉公死，愈從喪歸，作汴州亂詩。

貞元十六年庚辰。

依徐州張建封。

按：公去年之二月末已至徐矣，此日足可惜詩可考。

貞元十九年癸未。

是年拜監察御史，坐言事，貶連州陽山令。時有送浮圖文暢、孟東野序。

貞元二十年甲申。

是年移江陵掾，以四門博士徵。

按：公移江陵掾在明年，未嘗以四門博士徵也，不知何所本。

貞元二十一年乙酉。

是年順宗永元元年。時有進學解、永貞行、豐陵行、五箴。

按：進學解元和七年作，所謂「三爲博士」是也。豐陵行亦明年七月作。

憲宗元和元年丙戌。

是年作釋言，云自江陵召拜國子博士。

按：釋言亦作於二年春。時李吉甫已登相位矣。

元和二年丁亥。

是年作元和聖德詩。

元和三年戊子。

是年分教東都。

按：公行狀，分教東都，實始去歲。

元和四年己丑。

爲國子博士，改分司都官。

元和五年庚寅。

爲河南令。

元和六年辛卯。

拜職方員外郎。時有送窮文、寄盧仝詩、雙鳥詩、石鼓歌、月蝕詩。

按：公效玉川子詩云：「元和庚寅斗插子。」是在五年之十一月也。或當踰年效所作，然實無所考也。

元和七年壬辰。

時有石鼎聯句序、毛穎傳。

按：摭言云：「韓文公書毛穎傳，好博塞之戲，張水部以書勸之。」以張籍二書考之，蓋貞元中在汴州日作。又柳子厚書毛穎傳後謂：「自吾居夷，不與中州人通書。有來南者，時言韓愈爲毛穎傳。」而與楊誨之書云：「足下持韓生毛穎傳來，僕甚奇之。」子厚遷永州，憲宗初即位也，而與楊誨之書云：「今日有北人來，示將籍田。」敕籍田在元和五年，則是毛穎傳蓋作於元和初年間。摭言固誤矣，而此譜以爲元和七年者，實非也。

元和八年癸巳。

拜比部郎中，史館修撰。時有答元侍御書、與劉秀才論史書。

按：公是年三月拜史館修撰，答元書蓋踰年九月也。書云：「前歲辱書。」是踰歲後答書也。當附來歲。

元和九年甲午。

拜考功郎中、知制誥。作藍田縣丞廳記。

公是年十二月十五日知制誥。洪云：「唐本藍田丞記元和十年作。」當從之。

元和十年乙未。

拜中書舍人。

考唐實録，拜中書舍人在來年正月，此差一年。

元和十一年丙申。

拜右庶子。

元和十二年丁酉。

是年裴度討淮西，命愈彰義軍行軍司馬。是年拜刑部侍郎，爲淮西碑。

考公進平淮西碑表，蓋來歲之三月也。

元和十三年戊戌。

元和十四年己亥。

諫佛骨，貶潮州，有諫表。

元和十五年庚子。

移袁州刺史，召拜國子祭酒，有與孟尚書書。

穆宗長慶元年辛丑。

長慶二年壬寅。

二月，拜兵部侍郎，宣諭鎮定，改京兆尹。

按：唐舊紀，拜兵部侍郎，實元年六月。是歲，以本官宣諭也。尹京兆亦在來歲之夏。

長慶三年癸卯。

十月，改兵部侍郎，尋拜吏部侍郎。

公再爲兵部，蓋去歲之秋嘗遷吏部，及是夏尹京兆故也。譜文太略。

長慶四年甲辰。

有南溪始泛詩。八月，疾，免吏部侍郎。十二月卒。

韓文類譜卷第一，載北京圖書館藏珍本年譜叢刊，第十一冊。

杜工部年譜

睿宗先天元年癸丑。甫生於是年。按：甫誌及傳皆云「年五十九卒於大歷五年辛亥」故也。

玄宗開元元年甲寅。

開元三年丙辰。觀公孫弟子舞劍器詩。序云：「開元三年，余尚童稚，於郾城觀公孫氏舞劍器。」按：甫是年纔四歲，年必有誤。

開元二十九年壬午。

天寶元年癸未。集有天寶初，南曹司寇爲山詩。時年三十一。

天寶十一年癸巳。上韋左相詩云：「鳳曆軒轅紀，龍飛四十春」。是年玄宗即位四十年。時有兵車行、天寶中詩、麗人行。

天寶十三年乙未。是年有三大禮賦，序：「臣生陛下淳樸之俗，四十年矣。」時年四十三。

天寶十四年丙申。是年十一月初，自京赴奉先，有詠懷詩。是月，有祿山之亂。

天寶十五年丁酉。是年七月，肅宗即位，改至德元年。是年避寇於馮翊，有白水高齋三川觀漲詩。六月，帝西幸。七月，至蜀郡，時有哀王孫詩。

至德二年戊戌。是年自城中竄歸鳳翔，拜左拾遺，有薦岑參、謝口敕放推問狀。八月，墨制放往鄜州，有北征詩。

乾元元年巳亥。是年，移華州司功，有試進士策、爲郭使君論殘寇狀。時有新安吏、石壕吏、新婚別、垂老別、無家別留花門、洗兵馬詩。

乾元二年庚子。是年棄官之秦州，自秦適同谷，自同谷入蜀，時有遺興三百首。

上元元年辛丑。是年在蜀郡，有百憂集行，云：「即今倏忽已五十。」按：是年年四十九，時有杜鵑行、石犀行、古柏行、病橘、病柏、枯棕、枯柟、憶昔，各一首述。

上元二年壬寅。是年嚴武鎮成都，甫往依焉。

寶應元年癸卯。詩有「元年建巳月」，乃是年也。

代宗廣德元年申辰。是年有祭房相國文，嚴武再鎮西川，奏甫節度參謀、檢校工部員外郎，作傷春五首。

永泰元年丙午。嚴武平蜀亂，甫遊東川，除京兆功曹，不赴。

大曆元年丁未。移居夔。

大曆三年己酉。離峽中之荊，南至湘潭。

大曆五年辛亥。有追酬高適人日詩。是年夏，甫還襄漢，卒於岳陽。

予苦韓文、杜詩之多誤，既讎正之，又各爲年譜，以次第其出處之歲月，而略見其爲文之時，則其歌時傷世、幽憂切〔一〕歎之意粲然可觀。又得以考其辭力，少而銳，壯而肆〔二〕，老而嚴，非妙於文章，不足以至此。〔元豐七年十一月十三日，〕〔三〕汲郡呂大防記〔四〕。

分門集注杜工部詩卷首，四部叢刊初編第六三四冊，上海涵芬樓借南海潘氏藏宋刊本影印。

〔一〕「切」：韓文類譜作「竊」。
〔二〕「肆」：韓文類譜作「健」。
〔三〕「元豐七年十一月十三日」：據韓文類譜補。
〔四〕韓文類譜亦有此段文字。

政目

神宗元豐八年（乙丑　一〇八五）

一、十二月二十二日詔：「京東、西路保馬四尺以上駁填軍鋪，四尺三寸以上騍從監牧，餘給人戶變轉納錢。」續資治通鑑長編卷三百五十四，八四七一頁。

二、詔有司奉行先帝詔旨失當事以聞，在八日。續資治通鑑長編卷三百五十四，八四七四頁。

三、十二日，詔催作二王外第。續資治通鑑長編卷三百五十四，八四七五頁。

四、安持二十二日知滑州。續資治通鑑長編卷三百五十四，八四八三頁。

五、監察御史安惇奏：「伏聞成都逐年撥米三萬石，賣與貧弱之人。近來知府呂大防等卻許官戶舉人置歷請買，因緣請託，享此厚利，顯屬僥倖。伏望委官覈實，審如所聞，乞賜施行。」詔令呂大防具析聞奏。此據密疏。大防政目在四月二十二日，今附本日，不知大防分析云何？當考。續資治通鑑長編卷三百五十四，八四八四頁。

六、宋用臣奏，先準旨運糧百萬石赴西京，候一年取旨。詔罷運。續資治通鑑長編卷三百五十六，八五一二頁。

七、罷萬木場、果子市、豬羊圈、垛麻場、麪市、肉行、西塌場。又七月十八日可考。續資治通鑑長編卷三百五十六，八五一二頁。

八、監察御史黃降爲殿中侍御史。續資治通鑑長編卷三百五十六，八五一三頁。

九、承議郎程顥爲宗正寺丞。續資治通鑑長編卷三百五十六，八五一四頁。

一〇、詔京東西路提點刑獄李宜之，體量都轉運司收出剩減價、支預買錢及大秤炭虧、車户等。又詔吴居厚、吕孝廉，並取勘。續資治通鑑長編卷三百五十六，八五一六頁。

一一、令開濠夫數工出錢三百文。續資治通鑑長編卷三百五十六，八五一六頁。

一二、詔府界三路巡尉弓兵，並依保甲未行以前復置〔一〕。續資治通鑑長編卷三百五十六，八五一七頁。

一三、十八日，詔修京城使臣五十七員，可罷四十七員。續資治通鑑長編卷三百五十六，八五一九頁。

一四、五月六日，放進士焦蹈以下。續資治通鑑長編卷三百五十六，八五一九頁。

一五、二十六日，中散大夫知冀州，王令圖知澶州。續資治通鑑長編卷三百五十六，八五二五頁。

一六、開封府推官胡及罷。坐漏言所勘吴畋公事故也〔二〕。續資治通鑑長編卷三百五十六，八五二九頁。

一七、詔葬王珪依韓琦例。續資治通鑑長編卷三百五十七，八五二九頁。

一八、六月十二日，黄降言沈希顔聚斂掊克，詔希顔分析。

七月二十八日，又差官體量。續資治通鑑長編卷三百五十七，八五三二頁。

一九、十月十六日，浦、沖〔三〕、宗回等遷官。續資治通鑑長編卷三百五十七，八五三八頁。

二〇、六月二十四日，詔内臣甘承立，押赴湖北提刑司取勘。續資治通鑑長編卷三百五十七，八五四七頁。

二一、二十六日，詔諸臣上殿，候改元取旨。續資治通鑑長編卷三百五十七，八五四九頁。

〔一〕此條下注云：此據吕大防政目元年二月二日所書增入，乃八年五月十四日指揮也。

〔二〕此條下注云：政目四月事。二十四日復官。

〔三〕此條中華本校勘記云：「沖」字誤。按本書前載四月丁亥詔遣浦專捕陝西京西路軍賊王沖，注六月十七日獲沖，是沖非官，尤不得轉官甚明。（八五五六頁）

二二、朝議大夫、直集賢院陳倩，以職換中散大夫，爲司農卿〔一〕。續資治通鑑長編卷三百五十八，八五六〇頁。

二三、十八日，罷沿汴官司拘攔牛馬果子行并磨團户斛㪷菜紙等行及地課，降所稱今例廢罷事，在五月三日。點磨措置結絶，在四月八日。續資治通鑑長編卷三百五十八，八五六八頁。

二四、二十五日，詔開封府，盜合配者，依舊條。餘令立法〔二〕。續資治通鑑長編卷三百五十八，八五七二頁。

二五、二十二日，詔罷河北糴本建茶。

二十八日，詔體量府界提點司許人買撲宰殺豬羊并果子牛牙，及京西路〔三〕轉運副使沈希顔拘攔人户，買賣牛馬，納净利。續資治通鑑長編卷三百五十八，八五七三頁。

二六、二十二日，翰林學士鄧温伯上大行皇帝謚，曰英文烈武聖孝，廟號神宗。續資治通鑑長編卷三百五十八，八五七四頁。

二七、詔罷州縣市易、縣鎮抵當。續資治通鑑長編卷三百五十九，八五八〇頁。

二八、初八日，太皇太后聖節，紫衣師號、度牒依元豐五年例，共二百道。皇太后紫衣師號五十道，度牒五十道。皇太妃紫衣師號二十道，度牒二十道。續資治通鑑長編卷三百五十九，八五八一頁。

二九、陝西轉運司奏：鄜延路會定歲八十三萬貫，如遇年饑，非次添屯，即不在數。續資治通鑑長編卷三百五十九，八五八五頁。

三〇、二十四日，又書盛次仲通判雄州。續資治通鑑長編卷三百五十九，八五八六頁。

三一、龍圖閣直學士知永興軍劉庠，特除樞密直學士。續資治通鑑長編卷三百五十九，八五八八頁。

〔一〕此條下注云：以職換一官，此據政目增入，要考以職換一官故事。（八五六〇頁）

〔二〕此條下注云：此據政目二十五日事，九月四日乙未可考。（八五七二頁）

〔三〕四庫本脱「路」字，據中華本補。

三二、七月二十二日，詔開封盜合配者，依舊條。餘令立法。續資治通鑑長編卷三百五十九，八五九二頁。

三三、九月十四日，在京諸行共六千四百餘户免輸應，一年共出錢四萬三千餘貫。內二萬六千餘貫雇人祗應外，一萬六千餘貫納官。並罷。即此月四日所行也。續資治通鑑長編卷三百五十九，八五九二頁。

三四、十四日，罷放錢出中國。續資治通鑑長編卷三百五十九，八五九七頁。

三五、京東、西保馬未足數，罷買。續資治通鑑長編卷三百五十九，八六〇〇頁。

三六、己巳，太皇太后諭輔臣曰：「民間保馬宜早罷，見行法有不便於民者改之。」此據政目〔二〕八日事，今特書之。續資治通鑑長編卷三百六十，八六〇五頁。

三七、監察兼言事止四員，殿中兼察事止二員。續資治通鑑長編卷三百六十，八六〇八頁。

三八、並坐違法掊刻，以希進用。續資治通鑑長編卷三百六十，八六〇九頁。

三九、支尚書職錢、米麥，宫觀侍讀錢不支。又十一月十六日，御史劉拯言其不當。續資治通鑑長編卷三百六十，八六〇九頁。

四〇、正字范祖禹爲著作佐郎。承議郎孔文仲爲校書郎。陝西轉運副使葉康直、李察並遷一官再任。朝散大夫賈青提舉太平觀。通議大夫、天章閣待制楚建中，通議大夫韓璹並轉官致仕。續資治通鑑長編卷三百六十，八六〇九頁。

四一、十八日，垂簾諭：「講筵將開，宜得老成端士，趙彦若、傅堯俞二人如何？陸佃、蔡卞年少，代之。」續資治通鑑長編卷三百六十，八六一七頁。

四二、六月十二日令分析，七月二十四日體量。此云手詔希顔在任掊克。續資治通鑑長編卷三百六十，八六一九頁。

〔二〕中華本此條校勘記云：「『政目』原作『正月』，按，元豐八年三月甲午朔，皇太后始權同處分軍國事，『正月』誤，茲據閣本改。」（八六三二頁）

四三、呂大防奏：川峽軍人犯法，百姓犯盜，並申鈐轄司酌情斷配。從之。又奏：川峽官，乞並從吏部差授。詔吏部相度以聞。續資治通鑑長編卷三百六十，八六二一頁。

四四、李憲罷内職，落留後〔一〕。續資治通鑑長編卷三百六十，八六二二頁。

四五、步軍副都指揮使苗授以疾乞宫觀，詔給寛假，諸州管勾官不奏差〔二〕。續資治通鑑長編卷三百六十一，八六三八頁。

四六、永裕陵副使、宣政、登防宋用臣興置財利，類多欺罔，特降皇城使，依舊登防、滁酒，其根磨不行。續資治通鑑長編卷三百六十一，八六三九頁。

四七、朝散大夫、鴻臚少卿陳睦爲直龍圖閣，知潭州，通議大夫、提舉太清宫龔鼎臣爲正議大夫致仕。續資治通鑑長編卷三百六十一，八六四六頁。

四八、十一月十八日，摯乞黜周輔、序辰。續資治通鑑長編卷三百六十一，八六四七－八六四八頁。

四九、丁亥十二月二十七日，承議郎、起居舍人邢恕權發遣隨州。太皇太后手詔以恕除中書舍人，賜紫，予〔三〕以恕驟遷過當，恕多出入權門，全非檢謹，可罷新命，與外任知州軍也。續資治通鑑長編卷三百六十一，八六八三頁。

五〇、元豐八年十二月〔四〕二十七日，邢恕知隨州，以手詔恕除中書舍人，予〔五〕以本人驟遷過當，恕多出入權門，全非檢

〔一〕此條下云：亦不載事因。續資治通鑑長編載：「己丑，詔景福殿使、武信軍留後李憲依赦勿問，特罷内職。其因功除授留後告令，繳納尚書省。以憲奏事不實，不當引常赦不原之例，故有是命。」（八六二二頁）

〔二〕此條下注云：政目十三日當考。（八六三八頁）

〔三〕「予」：中華本作「尋」。

〔四〕中華本此條校勘記云：「『十二月』三字原脱，致文字不通，按本條哲宗元豐八年十二月丁亥，即十二月二十七日，今據補。」（八六九五頁）

〔五〕「予」：中華本作「尋」。

謹，可罷新命，與外任知州軍也。續資治通鑑長編卷三百六十三，八六八四－八六八五頁。

哲宗元祐元年（丙寅　一〇八六）

五一、元豐八年十一月十四日，用臣已責滁州監酒，其根磨不行。續資治通鑑長編卷三百六十四，八七一〇頁。

五二、朝奉郎劉昱爲户部員外郎。續資治通鑑長編卷三百六十四，八七一六頁。

五三、癸丑，太皇太后駕獨祈雨。續資治通鑑長編卷三百六十四，八七二八頁。

五四、講筵所乞借實録，詔只令取會。續資治通鑑長編卷三百六十五，八七四五頁。

五五、詔檢會元豐八年五月十四日已降指揮，府界、三路巡尉弓兵，並依保甲未行以前復置；其上件三路巡尉，速行差赴，弓兵速行招填。續資治通鑑長編卷三百六十五，八七四八頁。

五六、二月六日，詔行司馬光役法，役錢並免，役人揭簿定差。續資治通鑑長編卷三百六十五，八七六一頁。

五七、丁卯，詔曰：「朕紹承聖緒，總攬庶政，永惟四方萬里之遠，其能使吏稱其職，而民蒙其澤者，以監司得其人故也。然非左右侍從之臣各舉所知，則安能盡得天下之才而用之哉！孔子曰：『如有所譽者，其有所試矣。』朕將考覈能否而進退誅賞焉。應内外待制、大中大夫以上，限詔到一月，各舉曾歷一任知州以上、聰明公正、所至有名、堪充監司者二人，委中書籍記，遇轉運使副、提點刑獄有闕選差。若到官之後，才識昏愚、職業墮廢、薦才按罪、喜怒任情，即各依本罪大小，并舉者加懲責。」政目係之初二日。續資治通鑑長編卷三百六十五，八七六四頁。

五八、初二日，以光禄大夫范鎮爲端明殿學士致仕，仍以鎮子蔡州平西縣令百揆爲宣德郎、監西京嵩山中嶽廟。尋又賜鎮對衣、鞍轡馬。續資治通鑑長編卷三百六十五，八七六七頁。

職方員外郎張述與一子官，皆以嘉祐中乞建皇嗣。續資治通鑑長編卷三百六十五，八七六七頁。

五九、十二日，光庭又奏乞以程頤爲講官。續資治通鑑長編卷三百六十五，八七七三頁。

六〇、八年十月十八日，朝散大夫賈青提舉太平觀。續資治通鑑長編卷三百六十六，八七七八頁。

六一、十七日，光再劄論役法。續資治通鑑長編卷三百六十六，八七九八頁。

六二、二十九日，詔：「門下侍郎司馬光近奏建明役法大意已善，緣關涉事衆，尚慮其間未得盡備，及繼有執政論奏、臣僚上言。役法利害，若不精加考究，何以成萬世良法。宜差資政殿大學士兼侍讀韓維、吏部尚書呂大防、工部尚書孫永、給事中兼侍讀范純仁專切詳定以聞。仍將逐項文字抄録，付韓維等。」續資治通鑑長編卷三百六十七，八八三七頁。

六三、戊子，吕公著乞陜西帥漕同〔一〕計五年之蓄，從之。羅本就撥外給降。續資治通鑑長編卷三百六十七，八八四二頁。

六四、元豐八年十一月十四日，諸州管勾官更不奏差。續資治通鑑長編卷三百六十七，八八四五頁。

六五、二月十二日，朱光庭薦頤爲講官。續資治通鑑長編卷三百六十九，八九〇九頁。

六六、閏二月二十四日，正議大夫、同知樞密院事安燾知樞密院，朝議大夫、試吏部尚書兼侍講范純仁爲中大夫、同知樞密院。續資治通鑑長編卷三百七十，八九四四頁。

六七、從劉摯等奏，摯、轍奏在二十三日，黄降、劉次莊所奏當考。續資治通鑑長編卷三百七十，八九五五頁。

六八、詔：「八路知州、通判、簽判、監司屬官承務郎以上，知縣、大使臣員闕，並歸吏部差注。内接送人，合支雇錢者，並只差兵士。内有專條并奏差，及一時指揮，及其餘闕，并水土惡弱，及自來差攝官處，並依舊。」續資治通鑑長編卷三百七十，八九五五頁。

六九、元豐八年十一月十四日，户部言乞罷諸州常平管勾。從之。續資治通鑑長編卷三百七十，八九五六頁。

七〇、閏二月六日，劉摯有章論王説。續資治通鑑長編卷三百七十，八九六七頁。

〔一〕中華本校勘記云：「『同』原作『司』，據閣本改。」（八八四八頁）

七一、十四日，司農少卿廉正臣、都水使者范子淵兩易其任，承議郎王鞏爲宗正寺丞。續資治通鑑長編卷三百七十一，八九九一頁。

七二、閏二月十八日，汝州團推程頤授宣德、校書。續資治通鑑長編卷三百七十一，八九九四頁。

七三、二十二日，改當直人法。續資治通鑑長編卷三百七十三，九〇二八頁。

七四、二十二日，詔：「許二王外居」。續資治通鑑長編卷三百七十三，九〇三三頁。

七五、初二日，詔盜賊賞錢以青苗息錢支。續資治通鑑長編卷三百七十四，九〇五九頁。

七六、堂除選人歸吏部，升一等。續資治通鑑長編卷三百七十四，九〇六六頁。

七七、詔八路選人員闕，除有專條并奏差及一時指揮并水土惡弱及自來差攝官處，并依舊外，餘歸吏部差注[一]。續資治通鑑長編卷三百七十五，九〇九九－九一〇〇頁。

七八、石得一降左藏庫使、崇福宮，宋用臣降爲皇城使[二]。續資治通鑑長編卷三百七十五，九一〇九頁。

七九、彥博重事，公著右揆，維門侍同在五月一日。續資治通鑑長編卷三百七十七，九一四八頁。

八〇、二日，高旦河北羅便。續資治通鑑長編卷三百七十七，九一四九頁。

八一、在京刑獄委臺察，依舊行察法，吕陶乞復置糾察及審刑院。續資治通鑑長編卷三百七十七，九一五〇頁。

八二、録職方員外郎張述男申伯爲太廟齋郎，以述在仁宗朝嘗上建儲議故也[三]。續資治通鑑長編卷三百七十七，九一五四頁。

[一] 此條下注云：八年十月二十六日吕大防云云，又此年六月二十二日吏部云云，又五年四月十一日吏部云云。（九一〇〇頁）

[二] 中華本校勘記云：「『使』原作『司』，據閣本、宋史卷四六七本傳及治蹟統類卷二〇哲宗委任臺諫改。」（九一一二頁）

[三] 此條下注云：政目與述一子官，在二月二日。（九一五四頁）

八三、八日，罷之奇待制、潭州指揮，元指揮在五月二十六日。續資治通鑑長編卷三百七十九，九二一〇頁。

八四、初四日，右司員外郎文及爲衛尉少卿，從其父彦博請也。續資治通鑑長編卷三百七十九，九二一〇頁。

八五、資政殿大學士、正議大夫、提舉崇福宮呂惠卿落職，降爲中散大夫、光禄卿，分司南京，蘇州居住。以諫官蘇轍等言惠卿姦惡，及知太原府日，違登寶位，赦敕出兵西界，故有是命〔二〕。續資治通鑑長編卷三百八十，九二二七頁。

八六、八年十二月十六日，吏部言，欲將八路季闕，從吏部與轉運司隨季互使。從之。續資治通鑑長編卷三百八十，九二三六頁。

八七、王巖叟等言惠卿責命未厭，詔特責建寧節度副使，本州安置。續資治通鑑長編卷三百八十，九二四一頁。

八八、六月二十八日，下詔曰：「朕惟先帝臨御以來，講求法度，務在寬厚，愛物仁民。而搢紳之間，有不能推原朝廷本意，希旨掊克，或妄生邊事，或連起犴獄，積其源流，久乃知弊。此羣言所以未息，朝廷所以懲革也。敕正風俗，修振紀綱，兹出大公，蓋不得已。況罪顯者已正，惡鉅者已斥，則宜蕩滌隱疵，闊略細故，不復究治，以累太和。夫疾之已甚，孔子不爲，御衆以寬，有虞所尚，爲國之道，務全大體。應今日前有涉此事狀者，一切不問，言者勿復彈劾，有司毋得施行，各俾自新，同歸美俗。布告中外，體朕意焉。」〔三〕續資治通鑑長編卷三百八十一，九二四八頁。

八九、汲、臺符、孝先並坐元豐中斷王仲京曲法。續資治通鑑長編卷三百八十一，九二七一頁。

九〇、軾奏詳定役法與執政及同局不同，乞罷免。從之。續資治通鑑長編卷三百八十二，九三〇〇頁。

九一、通議大夫張問爲祕書監，太常少卿鮮于侁爲大理卿。侁辭之，尋復故。

九月十二日，乃復自少常遷左諫大夫，蓋此月十四日侁罷大理卿，復故官。續資治通鑑長編卷三百八十二，九三〇二—九三

〔二〕此條下注云：轍等疏在初八日，政目但稱轍言。

〔三〕此條下注云：呂大防政目六月二十八日手詔，諭懲革政事之意，即此詔也。

○三頁。

九二、二府既定議，許歸夏人侵地，乃降詔答之。大略言：「前後用兵以來，其因而所得城寨，彼此各不曾交還。今來所請，不惟前例甚明，理難頓改；兼訪在朝之論，皆謂義不可從。然朕獨以永樂之師，陷沒者衆，每一念此，常用惻然。汝儻能盡以見存漢人送歸中國，復修貢職，事上益恭，仍戢邊酋，無犯疆塞，則朕必釋然，於尺寸之地，復何顧惜。當議特降指揮，據用兵以來所得地土，除元係中國舊寨及順漢西蕃境土外，餘委邊臣商量，隨宜分畫給賜。」又詔夏人，以「永樂城將吏兵夫等，昨因盡忠固守，力屈就擒，衆多生齒，淪於異境。念其流落，每用惻然。雖已詔汝發遣，當給賜可還之地，然念城初失守，衆即散亡，或爲部落所匿藏，或爲主者所轉鬻，非設購募，恐有所遺。汝可深體朕意，子細訪求發遣，當據送到者，每人別賜絹十四，命官已上，加優賜以給所得之家。」[二] 續資治通鑑長編卷三百八十二，九三一三頁。

九三、十月十六日，故夏國主秉常嗣子乾順奏，父於七月十日薨。續資治通鑑長編卷三百八十二，九三一六頁。

九四、二十二日[三]，詔温州團練副使沈起監南嶽廟。續資治通鑑長編卷三百八十六，九三九七頁。

九五、九月十八日，南仲知衡州。續資治通鑑長編卷三百八十六，九四〇九頁。

九六、六日，章惇知揚州，又邢恕知汝州。已除復罷。續資治通鑑長編卷三百八十九，九四五五頁。

九七、四月七日，胡宗愈上減定三省人吏酬賞之法。續資治通鑑長編卷三百八十九，九四七〇頁。

九八、十月十六日，故夏國主秉常奏，又於七月十日薨，十一月十四日，并二十四日。續資治通鑑長編卷三百九十，九四七七頁。

九九、十月六日，王荀龍自棣州改澶州。續資治通鑑長編卷三百九十，九四八三頁。

[二] 此條下注云：元年十月末，政目云云，可考。（九三一四頁）

[三] 中華本校勘記云：「『二十二』，閣本作『二十四』。」（九四一四頁）

一〇〇、八月四日，卿材除陝西漕。續資治通鑑長編卷三百九十，九四九三頁。

一〇一、元祐元年十月，詔夏國：「其元豐四年用兵所得城寨，除元係中國及西蕃舊地外，候送到陷沒人口，當委邊臣勘會分畫給賜。」續資治通鑑長編卷三百九十，九四九六頁。

一〇二、十一月四日，蔡碩奏：「臣僚論奏臣任軍器少監任内公事付大理寺，緣少卿杜純并純弟右司郎中紘、左司郎中劉奉世、監察御史孫升皆有私讎，乞別推。」詔開封府根究，紘、奉世免簽。續資治通鑑長編卷三百九十一，九五一〇頁。

一〇三、十一月十四日，朝奉大夫莫君陳、奉議郎杜純爲大理少卿。續資治通鑑長編卷三百九十一，九五一〇頁。

一〇四、侍御史王巖叟亦乞置司推鞫，詔差監察御史韓川、刑部郎中祝庶。續資治通鑑長編卷三百九十一，九五一二頁。

一〇五、十八日，詔司馬光西京園宅及賜書，令子康照管，不得破動。續資治通鑑長編卷三百九十一，九五一四頁。

一〇六、張問乞於南樂大名埽開簽、直河引水入孫村口，役春夫萬五千，可紓解下流水患，從之。續資治通鑑長編卷三百九十一，九五一九頁。

一〇七、十二月六日，大名府奏引河近府不便，詔問再視。二年二月八日，竟開河。續資治通鑑長編卷三百九十一，九五一九頁。

一〇八、正議大夫、知汝州章惇提舉洞霄宮，邢恕汝州，從所乞也。續資治通鑑長編卷三百九十二，九五三一頁。

一〇九、元年五月十四日，王鞏除宗正寺丞。續資治通鑑長編卷三百九十二，九五五〇頁。

一一〇、寶文閣直學士、權知開封府謝景温知蔡州，坐爲御史所劾也〔一〕。續資治通鑑長編卷三百九十三，九五五二頁。

一一一、六日，大名府奏引河近府不便，詔張問再行相視。續資治通鑑長編卷三百九十三，九五五四頁。

一一二、二十二日，詔工部員外郎王古體量淮南及京東路災傷。續資治通鑑長編卷三百九十三，九五七六頁。

〔一〕 此條下注云：「政目云言者劾景温信巫。」（九五五二頁）

哲宗元祐二年（丁卯　一〇八七）

一一三、八月十五，隱改鴻臚少卿。續資治通鑑長編卷三百九十四，九六〇二頁。

一一四、詔訴理所展至元祐明堂赦已前。續資治通鑑長編卷三百九十四，九六〇四頁。

一一五、十八日，詔：「助役錢只許支充補助役人費用，歲終具剩數奏。」續資治通鑑長編卷三百九十四，九六〇四頁。

一一六、二月八日，王令圖、張問奏：「先奏乞分河水入孫村口，已蒙依奏，尋准旨不行。今乞依前奏開修。」從之。續資治通鑑長編卷三百九十五，九六三〇頁。

一一七、問前奏在去年十一月二十二日，又十二月六日，令圖再按視，二年二月八日，詔從王令圖、張問奏，開修孫村河。續資治通鑑長編卷三百九十五，九六三〇頁。

一一八、劉次莊除名。續資治通鑑長編卷三百九十五，九六三七頁。

一一九、十六日，呂升卿衝替，坐僞封物免税。續資治通鑑長編卷三百九十五，九六三八頁。

一二〇、八年五月八日，升卿以兵部接遼使。續資治通鑑長編卷三百九十五，九六三八頁。

一二一、顧臨繳還蔡確勅，以爲罪之太輕改知安州。續資治通鑑長編卷三百九十五，九六四三頁。

一二二、丁巳，太皇太后手詔：「祥、禫既終，典册告具，而有司遵用章獻明肅皇后故事，予當受册於文德殿。雖皇帝盡孝愛之意，務極尊崇；而朝廷有損益之文，各從宜稱。仰惟章獻明肅皇后，輔佐真廟，擁佑仁皇，茂業豐功，宜見隆異。顧予涼薄，絶企徽音，稽用舊儀，實有慙德。所有將來受册，可止有崇政殿。」後數日，執〔二〕政奏事延和殿，太皇太后諭曰：

〔二〕中華本校勘記云：「『執』原作『報』，據注文改。」（九六六八頁）

「性本好静，昨止緣主上冲幼，權聽政事，蓋非得已。況母后臨朝，非國家盛事，文德殿天子正朝，豈女主所當御？」宰臣呂公著等言：「陛下執謙好禮，冠映古今，加以思慮精深，非臣等所及。」[一]續資治通鑑長編卷三百九十六，九六四七－九六四八頁。

一二二三、正月二十六日，國寶除太博。續資治通鑑長編卷三百九十六，九六五二頁。

一二二四、詔疑獄三省同議。續資治通鑑長編卷三百九十六，九六五九頁。

一二二五、呂和卿，袁判。生子假名攬軍器監物營運。續資治通鑑長編卷三百九十六，九六六八頁。

一二二六、是月，宥州牒送陷蕃人三百一十八口。詔鄜延經畧司，候到其葭蘆、米脂、浮屠、安疆四城寨，並特行給賜；其餘不係可還城寨地土，各委官畫定界至，開立壕堠。續資治通鑑長編卷三百九十七，九六七一頁。

一二二七、十二日，詔捕盜賞支坊場錢。續資治通鑑長編卷三百九十八，九七〇六頁。

一二二八、四月十一日，呂公孺提醴。續資治通鑑長編卷四百，九七四二頁。

一二二九、二十八日，巖叟知齊州。續資治通鑑長編卷四百一，九七七三頁。

一二三〇、元年十二月六日，師雄爲軍器監丞。續資治通鑑長編卷四百二，九七七八頁。

一二三一、十二日，承議郎、祕閣校理張舜民通判虢州。續資治通鑑長編卷四百二，九七八四頁。

一二三二、十六日，安禮知成都，景温知揚州。續資治通鑑長編卷四百二，九七九四頁。

一二三三、太皇太后宣諭：「近年雖減賦斂，然未節用。」宰臣奏：「宗室費最廣。」太皇太后曰：「宗室昔爲廷臣，自改環衛，俸始多。然昔日員少，章獻嘗云宗室奉朝請者四十七人，何時更得三人，爲五十員？」續資治通鑑長編卷四百三，九八〇〇頁。

一二三四、十二日，陶京西運副，均比外。續資治通鑑長編卷四百三，九八〇七頁。

[一] 此條下注云：太皇太后諭執政云云，政目亦具載之。（九六四八頁）

一三五、奉議郎、直龍圖閣、權發遣潤州朱服權發遣福州。言者尋攻其罪，改泉州〔二〕。續資治通鑑長編卷四百四，九八三四頁。

一三六、二年八月十二日，隱自司業改鴻少。續資治通鑑長編卷四百四，九八三五頁。

一三七、太常博士呂希純爲宗正寺丞。續資治通鑑長編卷四百四，九八三六頁。

一三八、八年四月十四日，希純爲太常博士。續資治通鑑長編卷四百四，九八三六頁。

一三九、是日，翰林學士承旨鄧温伯以母喪去位。續資治通鑑長編卷四百四，九八四九頁。

一四〇、九月十二日，呂惠卿許泰州居住，不行，胡宗愈、孔文仲、王覿、韓川言其不當也。續資治通鑑長編卷四百五，九八六八頁。

一四一、元年十一月二十四日，三省奏立經義、詩賦兩科，下議，從之。續資治通鑑長編卷四百七，九九〇〇頁。

一四二、二年二月十六日，詔劉誼妄〔三〕上章疏，與宮觀。續資治通鑑長編卷四百七，九九〇八頁。又見卷四百九，九九六二頁。

一四三、匪躬，敏求子，文彦博薦之也。續資治通鑑長編卷四百七，九九一一—九九一二頁。

哲宗元祐三年（戊辰　一〇八八）

一四四、詔府界三日一散貧院錢米，人一升、十文，七歲以下減半，候三月五日住，以雪寒故也。續資治通鑑長編卷四百八，九九二八頁。

〔二〕此條下注云：言者攻其罪，據政目。（九八三四頁）

〔三〕「妄」：卷四百九作「因」。

一四五、二月十六日，蔡確觀文知鄧州，章惇資政知汝州。二十四日，確本官知鄧州，惇本官知越州。續資治通鑑長編卷四百八，九九三七頁。

一四六、二十〔二〕八日詔：「廣東都監童政處斬，坐擅殺六十餘人。」續資治通鑑長編卷四百八，九九四一頁。

一四七、十八日，三省奏：「朝廷封椿錢物係備邊、河防及緩急支用，元在榷貨務收，乞將舊司農寺充庫。」詔名元豐庫，别差監官。續資治通鑑長編卷四百九，九九五五頁。

一四八、六月二十六日，趙卨密直再任。續資治通鑑長編卷四百九，九九六六頁。

一四九、戊子朝散大夫、太府卿韓宗道爲權户部侍郎。續資治通鑑長編卷四百九，九九六九頁。

一五〇、初二日，考功員外郎歐陽棐爲著作郎、實録院檢討。續資治通鑑長編卷四百十，九九八七頁。

一五一、五月二日，棐除佐著、史討。續資治通鑑長編卷四百十一，九九九六頁。

一五二、六月二十六日，察先除知濟州。續資治通鑑長編卷四百十一，九九九九頁。

一五三、初四日，宋用臣監滁酒。續資治通鑑長編卷四百十二，一〇〇一七頁。

一五四、三省同得旨事，就中書房三省同行，直送曹、部。續資治通鑑長編卷四百十二，一〇〇一九頁。

一五五、四日，朝奉郎、知襄州邢恕除直龍圖閣，差遣如故。初，恕由起居舍人出知随州，元年十一月二十四日，改汝州。續資治通鑑長編卷四百十二，一〇〇一九頁。

一五六、癸巳，龍圖閣待制知越州、熊本知杭州。尋罷之〔三〕。續資治通鑑長編卷四百十二，一〇〇二〇頁。

〔二〕中華本校勘記云：「『十』原作『月』，據閣本改。案：元祐三年二月戊寅朔，本日乙巳，恰爲二十八日。」（九九五〇頁）

〔三〕此條下注云：尋罷，據政目，當考。（一〇〇二〇頁）

一五七、八日[一]，太皇太后手詔：「皇帝嗣位，於兹四年，中外[二]來同，天地並應，而皇太妃以恭儉之德、鞠育之恩，雖典冊以時奉行，而情文疑有未稱。皇帝以祖考之奉，尊無二上，而吾惟春秋之義，母以子貴。其推天下之養，以慰人子之心。宜下禮部、太常寺討論，如於典故有褒崇未盡事，令開具以聞。」續資治通鑑長編卷四百十二，一〇〇二六頁。

一五八、十四日，三省奏：「太妃服用已依皇后所居宮閤，緣臣僚不見禁中事。」太皇太后諭：「皇后小殿設吻，今來太妃不設吻，爲是誕育之地，不欲遷取。」續資治通鑑長編卷四百十三，一〇〇三八頁。

一五九、詔錢勰等展磨勘，勰三年，林邵、杜天經、邵龢二年。勰知越州，餘小郡。續資治通鑑長編卷四百十四，一〇〇五八頁。

一六〇、八日，呂惠卿宣州居住。續資治通鑑長編卷四百十四，一〇〇六〇頁。

一六一、詔太中大夫、觀察使以上，永業田十五頃。續資治通鑑長編卷四百十四，一〇〇六四頁。

一六二、隴山田招弓箭手。續資治通鑑長編卷四百十四，一〇〇六五頁。

一六三、庚申十八日，吳安持爲都水使者。續資治通鑑長編卷四百十七，一〇一二七頁。

一六四、二十三日裁減。宰執遇大禮，第一次依；第二次，内一名奏有官者。餘官第一第二依舊，第三依前次遇。準此，致仕不過兩次，並以元祐四年大禮爲第一。宰執給使恩例，四分減一，省臺[三]寺監人吏四分以三分爲額，餘分不減。續資治通鑑長編卷四百十七，一〇一二八頁。

一六五、十二月，比較入流，四年正月行。續資治通鑑長編卷四百十七，一〇一二八頁。又見續資治通鑑長編卷四百十八，一〇一

[一]「日」：中華本作「月」。

[二]「中外」：中華本作「華夷」。

[三]「省臺」：中華本作「臺省」。

四二頁。

一六六、十八日，種罷教授，送吏部。續資治通鑑長編卷四百十八，一〇一四一頁。

一六七、九月八日，責授建寧軍節度副使、本州居住呂惠卿徙居宣州。續資治通鑑長編卷四百十八，一〇一四二頁。

哲宗元祐四年（乙巳　一〇八九）

一六八、三年九月十六日，孫覺龍直，提宫〔一〕、侍講；　此月二十八日，孫覺除龍直、醴泉，放見謝。續資治通鑑長編卷四百二十一，一〇一九四頁。

一六九、二十八日，相度河官范百禄、趙君錫言：「東流高仰，北流順快，無如北流經久爲便。」奉聖旨罷孫村口回河及減水，并開〔二〕修河司。續資治通鑑長編卷四百二十一，一〇一九九頁。

一七〇、正月二十八日，寶文閣直學士、新除刑部尚書謝景温知鄆州。續資治通鑑長編卷四百二十二，一〇二〇九頁。

一七一、三日，詔職事官闕許兼。續資治通鑑長編卷四百二十二，一〇二一〇頁。

一七二、二十四日，詔常安民别與差遣；　三月二十六日，改宗正丞；　二月二日，除江西運判官。續資治通鑑長編卷四百二十二，一〇二二二頁。

一七三、二十八日，立市易欠户法：　甲字項，萬貫以上五户，千貫以上十一户，以抵入官掠利還官及五分給半，餘俟足；　乙字項，三千貫以上二十二户，以抵五分入官，餘作十分，歲還一分；　丙字項，二千貫以上四十二户，不收抵，並作十

〔一〕「宫」：中華本作「觀」。
〔二〕「開」：中華本作「罷」。

年，歲納一分； 丁字項，百貫以上百一十户，餘有營運尅納外，限三年。續資治通鑑長編卷四百二十二，一〇二二九頁。

一七四、丙子，景靈宫衍慶殿亡北珠。勾當官行遣。續資治通鑑長編卷四百二十三，一〇二三二頁。

一七五、辛巳三月十一日，詔上清儲祥宫依圖修蓋，和雇工匠。續資治通鑑長編卷四百二十三，一〇二三九頁。

一七六、詔在京禪僧寺院，非開寺，不許婦女輒入，官員不得衣童行衣拜僧。續資治通鑑長編卷四百二十四，一〇二五〇頁。

一七七、詔録孫甫男僖爲郊社齋郎，以甫妻程氏敘甫遭遇仁宗，任侍讀，本家無人食禄，故有是命。〔二〕續資治通鑑長編卷四百二十四，一〇二五〇頁。

一七八、差明堂五使，並執政官。續資治通鑑長編卷四百二十四，一〇二五四頁。

一七九、十八日，朝請郎、禮部員外郎吳安詩爲右司諫。續資治通鑑長編卷四百二十四，一〇二五四頁。

一八〇、二十六日，前通判揚州王鞏知海州。續資治通鑑長編卷四百二十四，一〇二五五頁。

一八一、詔：「應進士不兼試詩賦人，許依舊法取，應於本經外增治一經，增試一場，論語、孟子分兩場試。合格人將解額與兼試詩賦人各解五分，令禮部立法以聞。」〔三〕續資治通鑑長編卷四百二十五，一〇二六九頁。

一八二、三省同得旨，時政記，侍郎、左右丞輪月修。續資治通鑑長編卷四百二十五，一〇二八六頁。

一八三、八日，趙挺之與外任。續資治通鑑長編卷四百二十六，一〇三〇〇頁。

一八四、陶、思、挺之、彭年坐觀望不言蔡確，五年七月二十二日改差遣。續資治通鑑長編卷四百二十七，一〇三一六頁。

一八五、十八日，臣僚六章言確，蓋當時行出止此六章耳。續資治通鑑長編卷四百二十七，一〇三二三頁。

一八六、臣寮六章言確怨望謗讟，輕責未當，奉旨責英駕、新州安置。續資治通鑑長編卷四百二十七，一〇三二七頁。

〔二〕中華本此條下注云：政目云甫孫。（一〇二五〇頁）

〔三〕中華本此條下注云：十八日，禮部建請，政目乃先此兩段。（一〇二六九頁）

一八七、汝礪封還確詞，乞加寬貸，臣寮言其不忠，落職知徐州。續資治通鑑長編卷四百二十七，一〇三二九頁。

一八八、十八日，明堂前三日，皇帝致齋〔二〕于垂拱。續資治通鑑長編卷四百二十七，一〇三三〇頁。

一八九、翰林學士許將兼吏部尚書。續資治通鑑長編卷四百二十八，一〇三三八頁。

一九〇、元年十一月二十四日，自隨移汝。續資治通鑑長編卷四百二十八，一〇三四五頁。

一九一、四日，純仁觀學、知潁昌。續資治通鑑長編卷四百二十八，一〇三五七頁。

一九二、四日，資政殿學士、知潁昌府曾孝寬知鄭州。續資治通鑑長編卷四百二十九，一〇三六二頁。

一九三、罷國學政、録官。續資治通鑑長編卷四百二十九，一〇三七四頁。

一九四、十八日，詔：「孤遺給錢米：二十口以上，錢二十貫、米十石；七口以下，十貫、七石；五口以下，七貫、五石；三口以下，二貫、二石。」續資治通鑑長編卷四百二十九，一〇三七四頁。

一九五、癸亥二十四日，翰林學士蘇轍兼吏部尚書。續資治通鑑長編卷四百二十九，一〇三七五頁。

一九六、是日，知樞密院事安燾以母喪去位。續資治通鑑長編卷四百三十，一〇三八三頁。

一九七、二十四日，詔若古别取旨。續資治通鑑長編卷四百三十，一〇三九五頁。

一九八、三路，京東西、淮、浙七路封樁錢，以一半糴穀，爲封樁斛斗，爲永法。續資治通鑑長編卷四百三十，一〇四〇一頁。

一九九、是月，詔令保安軍牒宥州，應立界處，恐山斜不等，仰所委官隨宜分畫。續資治通鑑長編卷四百三十，一〇四〇二頁。

二〇〇、辛丑，降授皇城使、監滁州酒税宋用臣管勾舒州靈仙觀，本處居住。續資治通鑑長編卷四百三十一，一〇四〇七頁。

二〇一、是月，宥牒候還人交寨了日，指揮所委官隨宜分畫，次令保安牒，立界依慶歷誓表，依蕃漢見住中間爲定。續資

〔二〕中華本校勘記云：「『齋』原作『祭』，據閣本改。」（一〇三三六頁）

治通鑑長編卷四百三十二，一〇四二六頁。

二〇二、詔自今考校特奏名舉人，進士入第四等中以上，諸科入第三等以上，各不得過就試人數之半。續資治通鑑長編卷四百三十二，一〇四二六頁。

二〇三、乙酉，徐王顥賜詔書不名。續資治通鑑長編卷四百三十三，一〇四四二頁。

二〇四、六月八日，王鞏知密州。續資治通鑑長編卷四百三十三，一〇四四七頁。

二〇五、十月六日，朱彦博別與差遣。續資治通鑑長編卷四百三十四，一〇四六一頁。

二〇六、是月，宥州牒：隨相度將非所賜城寨，依綏州例定界。令保安軍牒，依綏州[一]。續資治通鑑長編卷四百三十四，一〇四七一頁。

二〇七、三省録事、都事依條例試選人及法官，逐省各一員。續資治通鑑長編卷四百三十五，一〇四七三頁。

二〇八、二十四日，詔章惇買田不法，降一官，與宮觀差遣，候服闋日給告。續資治通鑑長編卷四百三十五，一〇四八九頁。

二〇九、是月，宥州牒：已指揮所委官，臨時有可相近取直處，令相照接連取直分畫。續資治通鑑長編卷四百三十五，一〇四九六頁。

二一〇、是日，詔文彦博累乞致仕，候中春施行。續資治通鑑長編卷四百三十六，一〇五〇六頁。

二一一、來年科場，以試畢舉人分數均取，後一次，不兼詩賦止三分，已後依元祐二年十一月十二[二]日條。續資治通鑑長編卷四百三十六，一〇五〇七頁。

二一二、是月，宥州牒：去城十里作熟地，外十里多不耕，作草地。續資治通鑑長編卷四百三十六，一〇五〇八頁。

[一] 中華本此條下注云：政目有此，并十二月末、明年正月二十四日當考。（一〇四七一頁）

[二] 「二」：原作「三」，中華本依正文改，從之。

二一三、裁省浮費所申：「宗室娶妻財費，緦麻二千二百五十千，袒免二百五十千；再娶，緦麻七分，袒免全支，今後緦麻三支一，袒免不支。嫁女，罷賜婿家錢。」續資治通鑑長編卷四百三十七，一〇五二六頁。

二一四、二月二日、三月二十六日，三省吏任永壽等以吏額、禄文字了當，推恩。續資治通鑑長編卷四百三十七，一〇五三一頁。

二一五、去年十二月末，宥牒：去城十里作熟地，外十里兩不耕，作草地。續資治通鑑長編卷四百三十七，一〇五四六頁。

二一六、四后忌辰，移就景靈西掖。續資治通鑑長編卷四百三十七，一〇五四八頁。

二一七、二十四日，立銅、鍮禁。續資治通鑑長編卷四百三十七，一〇五四八頁。

二一八、去年十二月二十二日，文彥博乞致仕，奉聖旨中春施行也。續資治通鑑長編卷四百三十七，一〇五五〇頁。

二一九、正月末，宥州牒：除塞門屈曲分畫，其餘比接諸城取直畫定，其間地土雖甚闊遠，亦割屬漢。續資治通鑑長編卷四百三十七，一〇五五〇頁。又見續資治通鑑長編卷四百三十九，一〇五八一頁；續資治通鑑長編卷四百四十，一〇五八八頁。

哲宗元祐五年（庚午　一〇九〇）

二二〇、正月二十八日，知鄭州、資政殿學士曾孝寬知成德軍。續資治通鑑長編卷四百三十八，一〇五五三頁。

二二一、二月二日，都省吏蘇安静、時惲許出職。續資治通鑑長編卷四百三十八，一〇五五三頁。又見續資治通鑑長編卷四百三十九，一〇五八九頁。

二二二、八月十二日，邢逢原授官。續資治通鑑長編卷四百三十八，一〇五五四頁。

二二三、二十二日，詔知成都府、廣桂州支賜全給，不以任減。續資治通鑑長編卷四百三十八，一〇五六五頁。

二二四、賜元豐封樁，錢三十萬貫，雇夫治河，每夫錢二百文，不得裁減。續資治通鑑長編卷四百三十九，一〇五六八頁。

二二二五、兵部侍郎趙彦若爲禮部侍郎，禮部侍郎陸佃加龍圖閣待制，爲吏部侍郎〔一〕。續資治通鑑長編卷四百三十九，一〇五七九頁。

二二二六、二十六日，張舜民赴闕。續資治通鑑長編卷四百三十九，一〇五八五頁。

二二二七、五年二月二日，都省吏蘇安靜、時憚許出職，三月二十六日，都省吏時忱出職，任永壽歸吏部〔二〕。續資治通鑑長編卷四百四十，一〇五八九頁。又見卷四百三十九，一〇五八五頁。

二二二八、四月末，令保安軍牒報宥州智固〔三〕、勝如建置年月。宥州牒蘭州，所管至第三寨取直。令保安軍牒：蘭州地界請計會熙州。續資治通鑑長編卷四百四十一，一〇六二三頁。

二二二九、十二日，復卒。續資治通鑑長編卷四百四十二，一〇六三一頁。

二二三〇、五月八日，雨。續資治通鑑長編卷四百四十二，一〇六三二頁。又見同卷，一〇六三六頁。

二二三一、五月八日，孫迥提舉解鹽。續資治通鑑長編卷四百四十二，一〇六三五頁。

二二三二、舊錄云：「自去年冬無雪，至是始雨。」〔四〕

三月末，宥牒、納葉、勝如經且智固〔五〕、埒克節、努扎三處創壁請毀去。四月末，令保安牒智固，及〔六〕勝如建置年月。續資治通鑑長編卷四百四十二，一〇六三六頁。

〔一〕中華本此兩條下皆注云：政目云：尋依舊。（一〇五七九、一〇五八〇頁）

〔二〕中華本此條下注云：政目三月二十六日，又二月二日可考。板數錯亂，又恐是正月二十八日。（一〇五八五頁）

〔三〕「智固」：中華本作「質孤」。

〔四〕中華本此條下注云：按政目，是月八日已得雨矣。（一〇六三六頁）

〔五〕此及下個「智固」中華本皆作「質孤」。

〔六〕中華本無「及」字。

二二三三、許将乞合祭地祇。續資治通鑑長編卷四百四十二，一〇六三七頁。

二二三四、十八日，勘蔡碩。續資治通鑑長編卷四百四十二，一〇六三八頁。又見續資治通鑑長編卷四百四十六，一〇七三〇頁。

二二三五、二十八日，賜度僧牒五十，令杭州開西湖。續資治通鑑長編卷四百四十二，一〇六四四頁。

二二三六、五月，宥州牒保安軍，蘭州地界如前月。令保安軍再牒，會〔二〕熙州。續資治通鑑長編卷四百四十二，一〇六四五頁。

二二三七、四日，有女許嫁康子，乞避親。續資治通鑑長編卷四百四十三，一〇六五二頁。

二二三八、田子諒與劉摯親嫌。續資治通鑑長編卷四百四十三，一〇六五五頁。

二二三九、六月末，令保安軍牒宥州：熙河地界如前，已申樞密院候指揮。續資治通鑑長編卷四百四十四，一〇六八七頁。

二二四〇、六月末，夏人犯智固〔三〕、勝如二堡。續資治通鑑長編卷四百四十四，一〇六八七頁。又見續資治通鑑長編卷四百四十五，一〇七一五頁。

二二四一、六月八日，李察知澶州，呂嘉問汝州，朱服宣州。續資治通鑑長編卷四百四十五，一〇七一〇頁。

二二四二、己巳，詔知荆南唐義問添差荆湖北路轉運使，專切措置邊事。續資治通鑑長編卷四百四十五，一〇七一一頁。

二二四三、八日，講讀官許進唐實録、史記故事。續資治通鑑長編卷四百四十五，一〇七一四頁。

二二四四、二十二日，知汝州盛陶知晉州，通判宣州翟思知兖州，通判徐州趙挺之知楚州，通判廬州王彭年知滁州。續資治通鑑長編卷四百四十五，一〇七一七頁。

二二四五、二十八日，詔：「已降指揮河東、河北、陝西、京東、京西、淮南、兩浙七路提刑司，以朝廷封樁錢一半糴糧，或

〔二〕「再牒會」：中華本作「牒再會」。

〔三〕「智固」：中華本作「質孤」。

即〔二〕於沿流及要便處封樁，如有違慢，覺察施行。」續資治通鑑長編卷四百四十五，一〇七二三頁。

二四六、八月四日，廣刑程之元。續資治通鑑長編卷四百四十六，一〇七三〇頁。

二四七、八日，詔：「諸路欠負，許將斛斗增價折納。」續資治通鑑長編卷四百四十六，一〇七三三頁。

二四八、八日，刑部定奪高氏遂便不當，郎官、吏人罰銅，都省、中書吏特放。續資治通鑑長編卷四百四十六，一〇七三三頁。

二四九、八日，左藏庫副使趙覯特換右奉議郎，與通判差遣。以覯父師旦死事康州故也。續資治通鑑長編卷四百四十八，一〇七六八頁。

二五〇、八日，詔開封府諸科額二百三十二。已撥五十添解進士，今就試人多，特更撥一百五十。續資治通鑑長編卷四百四十八，一〇七六八頁。

二五一、吏部尚書右選官闕五百餘，大使臣二千三百，約四人守一闕，此三選絶〔三〕少，故有是詔。續資治通鑑長編卷四百四十八，一〇七六八頁。

二五二、吳居厚於舊官上降三官，除朝奉、少府丞、分司南京，許外州取便居。賈青、呂孝廉、王子京、呂公雅並管宫。續資治通鑑長編卷四百四十八，一〇七六九頁。

二五三、贈左奉議郎、直集賢院、管勾崇福宫司馬康爲右諫議大夫，官給葬事，賻金帛有加。續資治通鑑長編卷四百四十八，一〇七六九頁。

二五四、十八日，賜荆湖北路封樁錢十萬貫爲邊備。續資治通鑑長編卷四百四十八，一〇七七〇頁。

二五五、十月二十五日，胡兟爲宗正寺丞。續資治通鑑長編卷四百四十八，一〇七七一頁。

〔二〕中華本無「即」字。

〔三〕「絶」：中華本作「最」。

二五六、詔措置河北糴便司職事令提舉河北糴便司一面管當結絶，轉運司更不兼管。續資治通鑑長編卷四百四十八，一〇七七二頁。

二五七、户部言：「河北、河東、陝西鄉差衙前，據投名人所得支給等錢，並減半給。投名衙前除依條本户合差耆長不免，其餘色役並免。」從之。續資治通鑑長編卷四百四十八，一〇七七三頁。

二五八、十月十二日，賈種民爲北外丞。續資治通鑑長編卷四百四十九，一〇七八六頁。

二五九、舊條並轉官，奉旨士稷轉官，餘減五年磨勘。續資治通鑑長編卷四百四十九，一〇七八七頁。

二六〇、知梓州周尹爲直祕閣，再任。續資治通鑑長編卷四百四十九，一〇七八八頁。

二六一、己巳，詔勿受傳堯俞、韓忠彦乞解機務章奏。續資治通鑑長編卷四百五十，一〇八一二頁。

二六二、詔臣僚曾賜金帶，後至不該繫者，在外許繫。續資治通鑑長編卷四百五十，一〇八一七頁。

二六三、十八日，李珣與小處。續資治通鑑長編卷四百五十，一〇八一七頁。

二六四、十四日，詔河北罷撫養、回易錢，河東、陝西撫養，每季申都省。續資治通鑑長編卷四百五十，一〇八一七頁。

哲宗元祐六年（辛未　一〇九一）

二六五、六月二十一日，陸宇無罪，石麟之除郎官。續資治通鑑長編卷四百五十四，一〇八八一頁。

二六六、去年十八日，麟之得官〔一〕，張亞之除真州。續資治通鑑長編卷四百五十四，一〇八八一頁。

二六七、二月九日，左朝散大夫、寶文閣待制、守户部侍郎苗時中卒。續資治通鑑長編卷四百五十五，一〇九〇一頁。

〔一〕「得官」：中華本作「兖州」。

二六八、蘇轍、王巖叟並以二月二日除執政。續資治通鑑長編卷四百五十五，一〇九〇一頁。

二六九、高麗回賜別銀五千。續資治通鑑長編卷四百五十五，一〇九〇五頁。

二七〇、十二日，詔内外差遣及本等改易者，止給敕，無告。續資治通鑑長編卷四百五十五，一〇九〇七頁。

二七一、辛酉四日，中書舍人鄭雍爲左諫議大夫，右朝奉大夫張修爲光禄少卿，度支貟外郎田子諒爲右司貟外郎，左司諫楊康國爲吏部貟外郎。續資治通鑑長編卷四百五十六，一〇九一七頁。

二七二、四月二日，罷賞花釣魚。續資治通鑑長編卷四百五十七，一〇九三七頁。

二七三、四日，賜聞喜宴。續資治通鑑長編卷四百五十七，一〇九三七頁。

二七四、初四日，琢玉帶，充國信。續資治通鑑長編卷四百五十七，一〇九三八頁。

二七五、去年十月十二日，孫逈濮州。續資治通鑑長編卷四百五十七，一〇九三九頁。

二七六、癸卯，知開封府范百禄舉知法曹參軍程伯孫爲推官。續資治通鑑長編卷四百五十七，一〇九四二頁。

二七七、十四日，中正提舉亳清。續資治通鑑長編卷四百五十七，一〇九四四頁。

二七八、十四日，伸爲左中。續資治通鑑長編卷四百五十七，一〇九四五頁。

二七九、左朝散大夫呂希績爲都官貟外郎，左朝奉大夫呂希哲爲兵部貟外郎〔一〕。續資治通鑑長編卷四百五十七，一〇九四五頁。

二八〇、五月初二日，詔李憲任便居住。續資治通鑑長編卷四百五十八，一〇九五七頁。

二八一、正月二十六日，李察亳州。續資治通鑑長編卷四百五十八，一〇九六三頁。

二八二、著作佐郎、集賢校理張耒爲秘書丞。續資治通鑑長編卷四百五十九，一〇九八五頁。

〔一〕中華本此條下注云：二呂以公著喪滿，故除官。政目在十四日。（一〇九四五頁）

二八三、七月二十二日，祖禹繳奏。續資治通鑑長編卷四百六十一，一一〇二五頁。

二八四、修衙司條：户部請諸州衙規内十分闕一分已上招募未足處，以元祐元年罷募法日所用優重支酬雇食等都計錢數爲額；闕一分已下及招募數足處，以新定優重支酬等都計錢數爲額。如合增損，並聽本州當職官勾勒衙衆公共相度，隨宜增損，即不得過上項額數。其合係額外增分數者，具利害申監司考察保明申部。從之。又請諸路投名衙前，並依三路已得朝旨，除依條本户合差耆長不免外，其餘色役並免。詔應諸路投名衙前與免本户第二等以下色役，其見役鄉差人户，令並招募人投名替放了當，如鄉差人願投充長名者聽。續資治通鑑長編卷四百六十一，一一〇二六頁。

二八五、諸路監糴官酬[獎]〔一〕賞。續資治通鑑長編卷四百六十四，一一〇七五頁。

二八六、八日，元豐庫支金銀助後費。續資治通鑑長編卷四百六十四，一一〇七六頁。

二八七、六日，祖禹繳還理詞。二十二日，改知邠州。續資治通鑑長編卷四百六十四，一一〇七八頁。

二八八、十二日，祈晴。續資治通鑑長編卷四百六十四，一一〇七九頁。

二八九、十五日行差役法。續資治通鑑長編卷四百六十四，一一〇八二頁。

二九〇、立限田法。續資治通鑑長編卷四百六十四，一一〇八五頁。

二九一、直龍圖閣、知熙州范育加寶文閣待制再任。續資治通鑑長編卷四百六十四，一一〇八六頁。

二九二、三月二十八日，蔡京自永興改成都。續資治通鑑長編卷四百六十五，一一一〇二頁。

二九三、五年六月二十二日，爲農少；八年三月四日，王兢京西使。續資治通鑑長編卷四百六十五，一一一一〇頁。

二九四、九月二十二日，僑尋卒，贈絹百匹。續資治通鑑長編卷四百六十五，一一一一一頁。

二九五、壬申，資政殿學士、知永興軍李清臣知成德軍。寶文閣直學士、知成德軍謝景温知揚州。資政殿學士、知揚州

〔一〕「獎」：原脱，據中華本補。

王存爲吏部尚書。續資治通鑑長編卷四百六十五，一一一一一頁。

二九六、丁丑，降授承議郎、監永州鹽邢恕展一朞敘。續資治通鑑長編卷四百六十五，一一一一三頁。

二九七、二十四日，宋用臣敘遥刺。續資治通鑑長編卷四百六十五，一一一一四頁。

二九八、九月初四日，詔以禁軍闕額米充兩浙上供。續資治通鑑長編卷四百六十六，一一一二七頁。

二九九、十四日，晉卿贈絹百匹。續資治通鑑長編卷四百六十六，一一一二八頁。又見續資治通鑑長編卷四百六十七，一一一四七頁。

三〇〇、九月十六日，朱光庭繳王鞏文字。續資治通鑑長編卷四百六十六，一一一三三頁。

三〇一、二十六日，都水監言，元祐七年春合差修河夫八萬人。續資治通鑑長編卷四百六十六，一一一三九頁。

三〇二、二十九日，詔以十月十五日朝獻景靈宫，幸太學。續資治通鑑長編卷四百六十六，一一一四一頁。

三〇三、二十九日，支錢助河東。續資治通鑑長編卷四百六十六，一一一四三頁。

三〇四、二日，韓忠彦進財抵當所當錢。續資治通鑑長編卷四百六十七，一一一四五頁。

三〇五、八日視學，講官賜服；又韓縝帥太原。續資治通鑑長編卷四百六十七，一一一四九頁。

三〇六、十一日奏實録成，以草上與提撰官。續資治通鑑長編卷四百六十七，一一一四九頁。

三〇七、正月十八日，吕温卿明州。續資治通鑑長編卷四百六十七，一一一五二頁。

三〇八、罷買椿木修龍船。續資治通鑑長編卷四百六十七，一一一五四頁。

三〇九、十一月二日，車駕臨奠[一]。續資治通鑑長編卷四百六十七，一一一五五頁。

三一〇、二十八日，詔賑卹小民爲西賊侵掠者。續資治通鑑長編卷四百六十七，一一一六〇頁。

[一]「仁宗貴妃苗氏卒，謚『昭節』。」(續資治通鑑長編卷四百六十七，一一一五五頁。)

三一一、十月初八日，觀文殿大學士、右光禄大夫、知河南府韓縝爲武安軍節度使、知太原府。觀文殿大學士、太中大夫、知太原府范純仁知河南府。續資治通鑑長編卷四百六十八，一一一七〇頁。

三一二、九日，詔免西京進奉。續資治通鑑長編卷四百六十八，一一一七〇頁。

三一三、馬默知〔一〕徐州。二十四日，孔武仲繳默詞。續資治通鑑長編卷四百六十八，一一一七二頁。又見同卷，一一一七四頁。

三一四、十二月二日，尋詔衍不候搬家接人先發，又賜以金紫服。續資治通鑑長編卷四百六十八，一一一七三頁。

三一五、十八日，置六曹準備差遣官。續資治通鑑長編卷四百六十八，一一一七三頁。

三一六、元祐七年十一月六日，禮部侍郎彭汝礪爲吏部侍郎。續資治通鑑長編卷四百六十八，一一一七四頁。

三一七、二日，賜韓嘉彦弟，穆衍金紫。續資治通鑑長編卷四百六十八，一一一八一頁。

三一八、十六日，詔呂惠卿光禄卿，分司。二十二日，姚勔繳惠卿詞。續資治通鑑長編卷四百六十八，一一一八四頁。

三一九、十八日，根究開封府遺火。續資治通鑑長編卷四百六十八，一一一八六頁。

三二〇、十八日，宗道知開封。續資治通鑑長編卷四百六十八，一一一八六頁。

哲宗元祐七年（壬申　一〇九二）

三二一、十四日，北使死，依節度使輟朝。續資治通鑑長編卷四百六十九，一一二〇三頁。

三二二、七年六月二日，公度知潤州。續資治通鑑長編卷四百六十九，一一二〇七頁。

三二三、十四日，陝西、河東六路經略司各賜錢五十萬貫。續資治通鑑長編卷四百七十，一一二二四頁。

〔一〕中華本校勘記云：「『知』字原脱，據閣本及本書本卷戊申條注文、宋史卷三四四馬默傳補。」（一一一九八頁）

三二一四、二十八日，門下省進呈入流數。續資治通鑑長編卷四百七十，一一二三四頁。

三二一五、初四日，駙馬都尉韓嘉彦除正任刺史。續資治通鑑長編卷四百七十一，一一二四〇頁。

三二一六、〔四月〕〔一〕十四日，雍改遂州。續資治通鑑長編卷四百七十一，一一二四八頁。

三二一七、十四日，疏決在京并府界繫囚，雜犯死罪已下第降一等，至杖釋之。續資治通鑑長編卷四百七十一，一一二四九頁。

三二一八、禮部修到納皇后儀注。續資治通鑑長編卷四百七十一，一一二五六頁。

三二一九、三月二十八日，資政殿學士胡宗愈爲禮部尚書，龍圖閣待制、知永興軍蔡京爲龍圖閣直學士、知成都府。續資治通鑑長編卷四百七十二，一一二五九頁。

三二二〇、七月四日，朱光庭封還不限字數文字。續資治通鑑長編卷四百七十二，一一二六一頁。

三二二一、十八日，孟在正任。續資治通鑑長編卷四百七十二，一一二七〇頁。

三二二二、斷開封遺火官吏。續資治通鑑長編卷四百七十二，一一二七一頁。

三二二三、二十二日，范純禮刑侍。續資治通鑑長編卷四百七十二，一一二七一頁。

三二二四、二十六日，天平軍節度判官常立爲陳州教授。立初領崇文院校書，及官制行，循一資罷，踰十年乃有是命。續資治通鑑長編卷四百七十二，一一二七三頁。

三二二五、五月初四日納后、特支依冬至例。〔二〕續資治通鑑長編卷四百七十二，一一二七五頁。又見卷四百七十三，一一二八四頁。

三二二六、二日，勘知真州沈伯玉獄囚，死者四五十人。續資治通鑑長編卷四百七十三，一一二八二頁。

三二二七、十八日，孟在賜錢、銀、絹各一千。續資治通鑑長編卷四百七十三，一一二八四頁。

〔一〕四庫本無「四月」二字，據中華本補。

〔二〕四庫本無「初」、「例」二字。

三三八、辛酉七日，左正議大夫、守尚書左僕射兼門下侍郎呂大防爲右光禄大夫，光禄大夫、守尚書左丞蘇頌爲左光禄大夫、守尚書右僕射兼中書侍郎。續資治通鑑長編卷四百七十四，一一三〇一頁。

三三九、正月二十八日，崔公度起郎；　六月十二日，公度知〔一〕潤州。續資治通鑑長編卷四百七十四，一一三一二頁。

三四〇、二十二日，進呈新歷。續資治通鑑長編卷四百七十四，一一三一三頁。

三四一、六月七日，大名府路安撫司奏，乞差黄思提舉築護城隄本末也。續資治通鑑長編卷四百七十四，一一三一七頁。

三四二、庚子八月十八日，左朝請郎、權發遣江東路提點刑獄王祖道權發遣福州。續資治通鑑長編卷四百七十五，一一三二一頁。

三四三、二日，遣中使賜修河官兵特支茶藥。續資治通鑑長編卷四百七十六，一一三三七頁。

三四四、八日，内勘内臣黎元佐等，白劄子撥還，泛差軍馬請受。續資治通鑑長編卷四百七十六，一一三四二頁。

三四五、十四日，降授通議大夫章惇知湖州。續資治通鑑長編卷四百七十六，一一三四四頁。

三四六、二十二日，宋用臣敍遥郡外州住；　二十四日，孔武仲繳用臣詞頭。續資治通鑑長編卷四百七十六，一一三五一頁。

三四七、七年九月六日，書白劄諸路役法。續資治通鑑長編卷四百七十七，一一三五八頁。

三四八、十二日，吕大防等免加賜。續資治通鑑長編卷四百七十七，一一三五九頁。

三四九、九月十二日，支衲襖五萬領，付河東陝西帥府。續資治通鑑長編卷四百七十七，一一三七一頁。

三五〇、七年三月十八日，朝奉郎、權發遣開封府推官來之邵爲監察御史。續資治通鑑長編卷四百七十八，一一三八三頁。

三五一、三月十八日，新權戸部侍郎章楶降同州〔二〕。續資治通鑑長編卷四百七十八，一一三八四頁。又見續資治通鑑長編卷四

〔一〕四庫本無「知」字，據中華本補。

〔二〕「州」：中華本作「知」。

百八十二，一一四七一頁。

三五二、十八日，策繳肇徐州。續資治通鑑長編卷四百七十八，一一三八五頁。

三五三、七年九月丙申，禮部尚書胡宗愈爲吏部尚書。續資治通鑑長編卷四百七十八，一一三九五頁。

三五四、吕嘉問知襄州。續資治通鑑長編卷四百七十八，一一三九六頁。

三五五、十二月二日，集賢殿修撰知、襄州楊汲，知河陽章衡，並除集賢院學士。續資治通鑑長編卷四百七十九，一一四○○頁。

三五六、十二月二日，殿中侍御史吴立禮與一子官，以使遼卒於道故也。續資治通鑑長編卷四百七十九，一一四○一頁。

哲宗元祐八年（癸酉　一○九三）

三五七、頌不許致仕。續資治通鑑長編卷四百八十，一一四二三頁。

三五八、正月二十四日，姚勔繳張利一詞。續資治通鑑長編卷四百八十，一一四二五頁。又見續資治通鑑長編卷四百八十一，一一四三五頁。

三五九、十八日，孫賁除知興州。續資治通鑑長編卷四百八十，一一四二七頁。

三六○、三月二十七日，義問知廣州。左朝散大夫、集賢校理、知潭州李湜知荆南。續資治通鑑長編卷四百八十一，一一四三六頁。

三六一、三月二十二日，路昌衡知荆南，三月二十七日，自荆南改潭州。續資治通鑑長編卷四百八十一，一一四三七頁。

三六二、四日，太中大夫、知宣州王安禮復端明殿學士。續資治通鑑長編卷四百八十一，一一四三八頁。

三六三、初八日，新知慶州孫覽知渭州，權户部侍郎范子奇爲集賢殿修撰、知慶州。續資治通鑑長編卷四百八十一，一一四四二頁。

三六六四、十六日，正字余中爲秘閣校理。續資治通鑑長編卷四百八十一，一一四四七頁。

三六六五、乙丑，左朝議大夫、直龍圖閣、淮南等路發運副使謝卿材知相州，從所乞也。司農少卿王宗望爲發運使。淮南路轉運使王子淵爲司農少卿。江南西路轉運副使張商英徙淮南路。新京西轉運副使賈易與知蘇州范鍔兩易其任。續資治通鑑長編卷四百八十一，一一四四八頁。

三六六六、元祐八年二月十八日，賈易對移；二十七日，易知徐州詔旨。續資治通鑑長編卷四百八十一，一一四四八頁。

三六六七、二十四日，兵部員外郎、崇政殿說書呂希哲爲右司諫。續資治通鑑長編卷四百八十一，一一四五一頁。

三六六八、二月十六日，希哲辭諫官。續資治通鑑長編卷四百八十一，一一四五一頁。

三六六九、甲戌，知徐州曾肇知江寧府，知蘇州賈易知徐州。部員外郎胡宗師爲成都府路轉運副使，國子監丞李師德爲梓州路轉運判官。續資治通鑑長編卷四百八十一，一一四五九頁。

三七〇、三月十六日，天章閣待制、趙君錫自知陳州改知鄭州。續資治通鑑長編卷四百八十一，一一四五九頁。

三七一、四日，將作監王兢爲京東西路轉運使。續資治通鑑長編卷四百八十二，一一四六二頁。

三七二、十六日，左光禄大夫、尚書右僕射兼中書侍郎蘇頌依前官觀文殿大學士、集禧觀使。續資治通鑑長編卷四百八十二，一一四六三頁。

三七三、初六日，太府卿程嗣恭爲將作監。續資治通鑑長編卷四百八十二，一一四六五頁。

三七四、八日，禮部侍郎林希出知亳州。續資治通鑑長編卷四百八十二，一一四六五頁。

三七五、左朝散郎、知亳州朱光庭爲集賢殿修撰、知潞州。初，劉摯罷相，光庭爲給事中，封還詔書。坐是以本官出守，至是復職。續資治通鑑長編卷四百八十二，一一四六五頁。

三七六、十三日，左朝散郎舒煥校對秘書省黃本書籍。續資治通鑑長編卷四百八十二，一一四六九頁。

三七七、初，罷百禄時不除職，尚書左丞梁燾爭之，乃有是命〔一〕。續資治通鑑長編卷四百八十二，一一四七〇頁。

三七八、知潁昌府安燾知河南府。續資治通鑑長編卷四百八十二，一一四七〇頁。

三七九、二十三日，中書省言：「進士御試答策，多係在外準備之文，工拙不甚相遠，難於考校。祖宗舊制，御試進士賦、詩、論三題，施行已遠，前後得人不少。況今朝廷見行文字多係聲律對偶，非學問該洽不能成章，若不復行祖宗三題舊法，則學者未知朝廷所尚〔二〕。檢會已降指揮，將來一次科場，如有未習詩賦舉人，許依舊法取應，解發合〔三〕格人不得過解額三分之一，已後並兼試詩賦。取到國子監狀，太學見管生員二千一百七十五人，内二千九十三人習詩賦，八十二人經義不兼詩賦，以此可見中外學者習詩賦人數極多。」詔來年御試，將詩賦舉人復試三題，經義舉人且令試策，此後全試三題，其雜犯舉人未得黜落，別作一項聞奏。續資治通鑑長編卷四百八十二，一一四七二—一一四七三頁。

三八〇、四月四日，范祖禹除内翰。續資治通鑑長編卷四百八十二，一一四七三頁。

三八一、二十六日，中書舍人孔武仲爲給事中，給事中范育爲户部侍郎，河東路轉運副使朱勃爲右正言。續資治通鑑長編卷四百八十二，一一四七三頁。

三八二、張詢河東使。續資治通鑑長編卷四百八十三，一一四八〇頁。

三八三、二日，河北東路提點刑獄郭茂恂爲户部郎中，秘書丞孫朴爲工部員外郎，中書舍人陳軒爲龍圖閣待制、知廬州。續資治通鑑長編卷四百八十三，一一四八〇頁。

三八四、四日，給事中孔武仲爲禮部侍郎，翰林侍講學士范祖禹爲翰林學士。續資治通鑑長編卷四百八十三，一一四八〇頁。

〔一〕中華本此條下注云：百禄不除職，政目據梁燾行狀。（一一四七〇頁）

〔二〕「尚」：中華本作「向」。

〔三〕「合」：原作「各」，據中華本及文義改。

三八五、初六日，中書舍人喬執中爲給事中。續資治通鑑長編卷四百八十三，一一四八〇頁。

三八六、五月甲申，詔南郊合祭依元祐七年例。丁亥，詔禮官罷議合祭。續資治通鑑長編卷四百八十三，一一四八一頁。

三八七、六月半，會燾足疾作，是日，范育遂謁告免權中書省事，批出在家主印。續資治通鑑長編卷四百八十三，一一四八五－一一四八六頁。

三八八、十四日，利州路轉運判官陳察爲户部員外郎。續資治通鑑長編卷四百八十三，一一四八六頁。

三八九、二十一日，四方館使、嘉州防禦使李綬致仕。續資治通鑑長編卷四百八十三，一一四八六頁。

三九〇、二日，知越州蔡卞知潤州，知廬州朱服知壽州，祕書少監王古監國子祭酒。續資治通鑑長編卷四百八十四，一一四九三頁。

三九一、五月四日，承議郎、簽書潁州節度判官事趙令時〔二〕爲光祿寺丞。續資治通鑑長編卷四百八十四，一一四九三頁。

三九二、初五日，王崇極爲引進使。續資治通鑑長編卷四百八十四，一一四九三頁。

三九三、八日，詔南郊合祭，依元祐七年例。續資治通鑑長編卷四百八十四，一一四九四頁。

三九四、左宣德郎蔡肇校勘黄本。御史中丞李之純復中大夫。國子司業趙挺之爲京東路轉運副使。司封員外郎丁騭知宿州。駕部員外郎胡宗炎提點京西刑獄。比部郎中孫亞夫爲兩浙轉運副使。續資治通鑑長編卷四百八十四，一一四九四－一一四九五頁。

三九五、十一日，詔禮官罷議合祭。續資治通鑑長編卷四百八十四，一一四九五頁。

三九六、十一日，録京畿囚。續資治通鑑長編卷四百八十四，一一四九五頁。

三九七、初四日，監察御史董敦逸、黄慶基皆罷，敦逸爲荆湖北路轉運判官，慶基爲福建路轉運判官。續資治通鑑長編卷

〔二〕中華本校勘記云：「『時』原作『時』，據閣本、活字本、宋史卷二四四宗師傳及上下文改。」（一一五一六頁）

四百八十四，一一四九五頁。又見同卷，一一五〇四頁。

三九八、十八日，端明殿學士鄧溫伯爲兵部尚書。龍圖閣待制、知陝州王震知永興軍。續資治通鑑長編卷四百八十四，一一五〇四頁。

三九九、五月十八日，集賢院學士、知河中府李周知陝州。工部員外郎孫朴爲司封員外郎。續資治通鑑長編卷四百八十四，一一五〇四頁。

四〇〇、二十二日，校書郎陳師錫爲工部員外郎、集賢校理。著作佐郎時彦爲兵部員外郎、集賢校理。續資治通鑑長編卷四百八十四，一一五〇五頁。

四〇一、二十八日，朝奉郎常安民爲開封府推官。續資治通鑑長編卷四百八十四，一一五〇五頁。

四〇二、二十二日，太僕寺丞劉當時爲河北轉運判官。續資治通鑑長編卷四百八十四，一一五〇五頁。

四〇三、二十六日，皇弟武成節度使祁國公偲加開府儀同三司。續資治通鑑長編卷四百八十四，一一五〇五頁。

四〇四、二十八日，祕閣校理余中爲著作佐郎。續資治通鑑長編卷四百八十四，一一五〇八頁。

四〇五、六月十八日，建武軍節度使、駙馬都尉李瑋卒。上奠哭之，贈開府儀同三司。續資治通鑑長編卷四百八十四，一一五〇九頁。

四〇六、四日，太妃門客兖彦章補假承務郎。陝西轉運使判官張景先陞爲副使。續資治通鑑長編卷四百八十四，一一五〇九頁。

四〇七、甲寅，起居郎兼權給事中姚勔、起居舍人呂陶並爲中書舍人。續資治通鑑長編卷四百八十四，一一五〇九頁。

四〇八、初八日，秘書少監王古爲起居郎。秘書丞呂希純爲起居舍人。監察御史來之邵爲殿中侍御史。知潤州、集賢校理崔公度爲秘書少監。右朝奉郎、司農少寺丞秦定爲江南東路轉運判官。王筌，沖照處士。續資治通鑑長編卷四百八十四，一一五〇九－一一五一〇頁。

四〇九、十二日，中大夫、守尚書左丞梁燾充資政殿學士、同醴泉觀使。續資治通鑑長編卷四百八十四，一一五一〇頁。

四一〇、太皇太后覺畏私意，故復自外召用范純仁。續資治通鑑長編卷四百八十四，一一五一二－一一五一三頁。

四一一、二十八日，贈璪金紫，七月十二日，賜絹五百疋。續資治通鑑長編卷四百八十四，一一五一三頁。

四一二、六月十八日，資政殿學士、知真定府李清臣爲户部尚書。寶文閣待制、樞密都承旨劉安世知真定府。續資治通鑑長編卷四百八十四，一一五一四頁。

四一三、資政殿學士、同醴泉觀使梁燾知潁昌府。續資治通鑑長編卷四百八十四，一一五一四頁。

四一四、提點河東路刑獄畢仲游爲職方員外郎。續資治通鑑長編卷四百八十四，一一五一四頁。

四一五、十九日，左宣德郎、祕書省校對黄本秦觀爲正字。續資治通鑑長編卷四百八十四，一一五一四頁。

四一六、二十二日，權工部侍郎王欽臣權吏部侍郎。都水監丞魯君貺爲水部員外郎。祕閣校理、徐王府記室龔原爲兩浙轉運判官。續資治通鑑長編卷四百八十四，一一五一五頁。

四一七、六月二十六日，禮部尚書、端明殿學士、翰林侍讀學士、左朝散郎蘇軾知定州。資政殿學士知定州許將知揚州。續資治通鑑長編卷四百八十四，一一五一五頁。

四一八、二十八日，都水使者吳安持爲太僕卿。續資治通鑑長編卷四百八十四，一一五一六頁。

文集佚存

長安圖記

元豐三年正月五[一]日，龍圖閣待制知永興軍府事汲郡呂公大防，命户曹劉景陽按視、邠州觀察推官呂大臨檢定。其法以隋都城大明宫並以二寸折一里，城外取容，不用折法。大率以舊圖及韋述西京記爲本，參以諸書及遺迹。考定太極、大明、興慶三宫用折地法，不能盡容諸殿，又爲别圖。漢都城，縱、廣各十五里，周六十五里，十二門，八街，九陌，城之南北曲折，有南斗北斗之象，未央、長樂宫在其中。未央在西直便門，長樂在東直社門。隋都城外郭，縱十五里一百七十五步，廣十八里百十五步，周六十七里，高一丈八尺，東西南北各三門，縱十一街，横十四街，當皇城朱雀門南北九里一百七十五步。縱十一街，各廣百步。皇城之南，横街十，各廣四十七步；皇城左右各横街四，三街各六十步，一街直安福、延喜門，廣百步。朱雀街之東市一、坊五十五，萬年治之；街之西市一，坊五十五，長安治之。坊之制，皇城之南三十六坊，各東西二[二]門，縱各三百五十步；中十八坊，廣各三百五十步；外十八坊，廣各四百五十步。皇城之左右共七十四坊，各四門，廣各六百五十步。皇城左右之南六坊，縱各五百五十步；北六坊，縱各四百步。市居二坊之地，方各六百步，四面街各廣百步，面各二門。皇城縱三里一百四十步，廣五里一百一十五步，周十七里一百五十步，縱五街，横七街，百司居之；北附宫

[一]「正」：明商濬半夜堂刊稗海本作「五」。
[二]「二」：稗海本作「三」。

城，南直朱雀門，皆有大街，各廣百步； 東西各二門，南三門。太極宮城廣四里，縱二里四十步，周十三里一百八十步，高三丈五尺，東一門，西二門，南六門，北三門，宮城之西有大安宮。唐大明宮城在苑内，廣二里一百四十八步，縱四里九十五步，東北各一門，南五門，西二門。禁苑廣二十七里，縱三十里，東一門，南二門，北五門。西内苑廣四里，縱二里，四面各一門。東内苑廣二百五十步，縱四里九十五步，東一門。以渠道水入城者三： 一曰龍首渠，自城東南導滻至長樂坡，灑爲二渠，一北流入苑，一經通化門、興慶宮，由皇城入太極宮； 二曰永安渠，導交水自大安坊西街入城，北流入苑，注渭； 三曰清明渠，導坑水自大安坊東街入城，由皇城入太極宮。城内有六高岡，横列如乾之六爻。初隋建都以九二置宮室，九三處百司，九五不欲令民居，乃置玄都觀興善寺。右漢、隋、唐宮禁城邑之制，而西京記云： 「街東西各五十四坊。」六典注： 「兩市居其中，四坊之地，凡一百一十坊。」今除市居二坊外，各五十五坊，當以六典注爲正。又六典： 「西上閤之西延英。」李庚賦： 「東則延英耽耽。」當以庚賦爲正。又西京記： 「大興城南直子午谷。」今據子午谷乃漢城所直，隋城南直石鼈谷西。又唐志： 「大明宮縱一千八百步，廣一千八十步。」今實計縱一千一百一十八步，廣一千五百三十五步，此舊説之誤也。

唐高宗始營大明宮於丹鳳，後南開翊善、永昌二坊，各爲二外郭，東北隅永福一坊築入苑，先天以後爲十六王内宅； 又高宗以隆慶坊爲興慶宮，附外郭爲複道，自大明宮經過通化門，蹬道潛通，以達此宮，謂之夾城； 又制永嘉坊，西百步入宮外郭。東南隅一坊，始建都城，以地高不便，隔在郭外，爲芙蓉園，引黄渠水注之，號曲江，明皇增築興慶宮夾城直至芙蓉園。又武宗於宣政殿東北築臺曰望仙，今人誤以爲蓬萊山； 武宗又修未央宮爲通光亭。宣宗修憲宗遺迹，於夾城中開便門，自芙蓉園北入至青龍寺，俗號「新開門」； 自門至寺，開敦化以北四坊各爲二，此遷改之異也。

宋趙彦衛云麓漫鈔卷八（四庫全書本）。

隋氏設都雖不能盡循先王之法，畦分棋布，閭巷皆中繩墨。坊有墉，墉有門，逋亡姦僞，無所容足，而朝廷、宮寺、民居、市區不復相參，亦一代之精制也。唐人蒙之以爲治，更數百年不能有改，其功亦豈小哉？隋文有國纔二十二年，其剗除不庭者非一國，興利後世者非一事，大趣皆以惠民爲本，躬決庶務，未嘗逸豫，雖古聖人夙興待旦，殆無以過。惜其不學無術，故不能追三代之盛。予因考證長安故圖，觀呂氏此言，是圖之作，其來尚矣。愛其制度之密，而勇于敢爲，且傷唐人媢疾，史氏沒其實，聊記于後。元豐三年五月五日，龍圖閣待制知永興軍府事汲郡呂大防題。京兆府戶曹參軍劉景陽按視，并州觀察推官呂大臨檢定，鄜州觀察使石蒼舒書。

元李好文長安圖志卷上（四庫全書本）。

劾趙概奏〔一〕

竊聞參知政事趙概舉張方平、錢明逸，乞加超用。傳播之初，實驚物聽。方平、明逸皆以制策登科，早列侍從，不聞有嘉猷善狀著於時論，而出領事任，所至不治，豈足以謀謨廟堂之上，經綸天下之務哉？竊以概備位輔臣，與國一體，不能昌言公論，進賢退不肖，而牽於私舊，引非其人，失大臣憂國致君之道。伏望出臣此章，下概問狀，以懲不恪。

續資治通鑑長編卷二〇七。又見全宋文卷一五七〇。

〔一〕長編錄此奏於治平三年正月，注云：「呂大防劾趙概不得其時，因張方平召爲翰林，附見此。」

綱紀賞罰未厭四方奏　治平二年五月

綱紀賞罰之際，未厭四方之望者有五：進用大臣而權不歸上；大臣疾老而不時許退；夷狄驕蹇、邊患已萌而不擇將帥，不知敵情；議論之臣裨益朝廷闕失，而大臣沮之；疆埸左右之臣有敗事而被賞、舉職而獲罪者。

續資治通鑑長編卷二〇五。又見宋史卷三四〇呂大防傳、全宋文卷一五七〇。

上英宗乞如兩制禮官所議　治平二年六月

臣伏見自古人君臨御之始，施爲舉措必有以厭服天下之心者。或以至公大義，或以深仁厚德，非此二者，不足以得天下之心。漢高祖除秦苛法，與民更始者，深仁厚德也。光武非平帝之親，以天下思劉氏，乃追繼元帝之後，不極尊其父祖者，至公大義也。至如太祖皇帝始即位，則除五代之苛酷，禁從兵之巷市。太宗皇帝始即位，則親試天下士，補羨〔一〕官者數百人。真宗皇帝始即位，則放天下逋負數十萬緡。仁宗皇帝景祐親政之初，則亦用考士補官之法。四聖相繼，率用此法者，蓋知天下之心，不可以智巧得，而可以公義結也。伏自陛下臨御以来，除禫之始，天下之人顒顒觀望，乃陛下結天下人心之日。而大臣曾不思慮者，欲加濮安懿王非正之號，以惑天下之觀聽。有識之士遠近驚歎，以爲大臣上負先帝顧託，而導人君於非義。臣已累狀奏陳，備其本末，未蒙施行。臣非不知阿順陛下聖意，乃爲自安之計。然臣荷陛下非次拔擢，置

〔一〕「羨」：歷代名臣奏議作「美」。

於言路，親加訓獎，形於誥諭。臣若不極於誠，使陛下由此失天下之心，臣復何顔以事陛下？伏惟少留聖意，以社稷爲計，以天下人心爲念，以四聖親政之始，皆有以得天下之心爲法，特頒手詔，出自聖斷。濮安懿王典禮，以兩制禮官之議爲定，則陛下以至公大義結天下人心，自今日始矣。

宋名臣奏議卷八九。又見歷代名臣奏議卷二八四、全宋文卷一五七〇。

安懿王稱伯於理無疑奏

先帝起陛下爲皇子，館於宫中，憑几之命，緒言在耳，皇天后土，實知所託。設使先帝萬壽，陛下猶爲皇子，則安懿之稱伯，於理不疑。豈可生以爲子，没而背之哉？夫人君臨御之始，宜有至公大義厭服天下，以結其心。今大臣首欲加王以非正之號，使陛下顧私恩而遠公義，非所以結天下之心也。

宋史卷三四〇呂大防傳。又見全宋文卷一五七〇。

上英宗乞行禮官所奏典故　治平二年六月

臣等累具封章，为濮安懿王典禮，乞依兩制臣寮定議。伏覩手詔，再下禮官詳求典故。切知太常禮院已具典故奏陳。臣等於今月二十一日同到中書咨議，執政臣寮皆稱禮官奏狀留中不下。兼臣等曾親奉德音，且候禮官檢討，至今多日，未聞施行。伏緣陛下臨御之初，敦敍皇族，自燕王已下，各加恩禮，更封進國，恩榮兼至。況濮安懿王於陛下有顧復之恩，封國優崇，宜極人臣之典，而不宜在諸王後矣。特以大臣立議太過，禮不時舉，致物論不同，中外驚歎，遂使追崇之禮，至今闕然。仰虧陛下孝思之義，而未厭四方顒顒之望，非所以榮親而廣盛德也。臣等愚陋，以爲濮安懿王典禮，抑禮而不舉，不若屈情而亟行。伏乞禮官所奏典故，早下有司，施行如禮。將使安懿如在之靈，樂於陛下之中禮；太廟降觀之鑑，喜於陛下之至公。顒顒之望，四海如一。

宋名臣奏議卷八九。又見全宋文卷一五七〇。

上英宗應詔論水災奏　治平二年八月

臣伏覩乙未詔書，以水潦之變，責躬恤物，延問得失。禹湯之引咎，漢文之恭己，不過是也。臣伏覩自古人君之失德，必皆有嗜好偏篤難改之行以害政事。或好征伐，或好田獵，或好聲名，或好行幸，或好治宫室，故臣下之言不可入，而君上之過終莫能改，則天爲出變異以警懼之。如漢文帝之賢，唐太宗之明，皆不免此累。伏惟陛下纂承大統，三年於兹，勤修虜〔一〕好，屏棄物玩，減後宫之冗，罷不急之費，早朝晏罷，日謹一日，於前數者，曾無一焉。而天變之大如此之甚，臣竊思殆非出於陛下之聖躬，而率由政事之失，臣得爲陛下詳布其說。蓋以天之告人，不能諄諄然，而常以象類示。今雨水之患至入宫城，壞廬舍，殺人而害物，此陰勝陽之沴也。以人事而言，君弱臣强，陰勝也。夷狄謀中國，盗賊害平民，亦陰勝也。臣雖愚昧，蒙陛下非次拔擢，日夕爲陛下講求，思慮當今之故，與今日之所宜，無出八事之大：一曰主恩不立，二曰臣權太盛，三曰邪議干正，四曰私恩害公，五曰夷狄連謀，六曰盗賊恣行，七曰羣情失職，八曰刑法失平。何謂主恩不立？陛下自即

〔一〕「虜」：歷代名臣奏議作「鄰」。

位以來，所與日相見者，兩府之臣七八人。時與之相見，少接其語言者，兩制主判之臣，經筵侍從、諫官、御史輩又數十人。陛下之臣五日一謁於廷下，四五百人，而所與相見，接其語言，日纔一二。如此則何以通君臣之情哉？至如館閣省府之官，皆陛下選擇養育以進用之人，而有平生未嘗識陛下之龍顔者，此臣所未諭也。竊料陛下非憚其勞而不見，特以故事如此，不能遽改而已。唐之制有待制，本朝建隆、乾德、咸平、天聖皆常行之。又祖宗臨御，往往非次宣召臣僚，訪以政事，或行幸書林，接見儒臣。臣愚以爲宜復轉對之制，及許轉運判官辭見；并權發遣三司判官授差遣，及委審官擇大郡，自來選差知州人，并令上殿；仍乞非時宣召臣僚，以問政事。羣臣之情達，則主恩立矣。何謂臣權太盛？進退百執事，皆由宰司進擬，而陛下直可其奏者十則十，百則百。故中外之臣有被任使，當進擢，惟知出執政之門，而罕有歸恩於陛下。士大夫相語，以得官爲經營有力，以失職爲某人不喜。如此，則望宣力盡忠之臣，豈易得哉？臣愚以爲小官冗職，不必煩陛下揀擇。至於修起居注、集賢史館修撰、天章閣侍講、三司副使，此四五職，名僅及十員，皆進用兩制之門，陛下苟不以留意，則庸人下才，依託干情，從此而進，遂爲陛下侍從之臣；一旦有緩急，須將帥之才，則常患無人，退之則無名，進之則無補，置而不用則位高禄重。陛下試觀今日兩制之臣如此者有幾，即可見其所從來者不謹選也。陛下何嘗遍接識？凡今館閣省府之臣，陰察其可用者記之於籍間，復參問近輔左右之臣，以驗其實，乃與大臣議某人堪某官，任某事。假如修注、修撰、侍講、副使共須十員，則采察二十人以待之。遇一官闕，陛下召而授之，則恩自陛下出矣，無經營馳騁之患矣。至如其他進擬，有不合陛下意者，當退而改之。如此，則臣權不盛矣。何謂邪議干正？昨者朝廷參議濮安懿王典禮，衣冠草茅之士，無賢不肖，上至陛下左右侍從，素所取信之臣，皆以爲出繼帝統，大義甚重，不宜復顧私親追榮之禮，當據禮經，而兩漢衰世故事，不可援用。然一二姦人，内希陛下追懷之意，外協大臣不正之議，而復結濮宫諸貴人之歡，遂不顧公議，妄進邪説，以白爲黑，以是爲非，惑亂聖聽，中外切齒。臣愚以爲應因濮安懿王論奏文字一切付外，委未嘗預議近臣覆定可否，宣示四方，則陰邪之人不敢干正矣。何謂私恩害公？自古人君即位，無不有攀附故舊之臣。然賢智之君，待故舊之意，恩寵甚重，而至於議政事，論國體，則必與天下之才共之。漢文帝不訪宋昌，而用賈誼、袁盎，以議當世之政，不屬景帝以張武，而謂周亞夫爲可用。唐太宗之論人物，薄高士廉、唐儉，而引重劉洎、馬周，其用王珪、魏徵也，皆仇敵之餘，豈嘗計其新舊親踈哉？陛下比日以來，數引見藩邸之臣，恩禮甚厚，外人不知，皆以爲陛下與之議政事，論人物。誠如此，則害聖德多矣。緣此等人材至下，止可待以恩厚，不宜置之顯路，則私恩雖厚，不害公議矣。何謂夷狄連謀？元昊晚年，君臣相疑，而父子結隙。謀臣壯士，往往被誅，又累爲唃氏所敗，遂有休兵願和之意。而强臣急於進取，徼其成功。議和之初，許與太原，歲遺金帛之直蓋三十萬緡。戍邊之兵，不能大減。比之寶元以前，戍兵增五六萬，而歲費約二百餘萬。故關中民力乏困，而内帑泄於二敵而益虚。今諒祚少年繼襲，多招亡命，與之爲謀，有窺關輔、劍南之意。不獲其意，則又邀朝廷，乞增賜予而後已。頗聞近歲與北敵交通，使人旁午。狄人則利羌之賂，羌則恃狄之援。脣齒相依，犄角爲寇，其可不早爲計耶？臣愚以爲擇將帥，增參佐，則邊備可講；置都護，結唃氏，則分諒祚之勢，絕劍南之患；寬禁約，撫屬羌，則防落漸備；久任堡障之戍，得自爲政，則夷狄見畏矣。何謂盜賊恣行？今京東之民，日夕爲盜之家，往往不敢申舉者。蓋官不能得盜，復能爲害於申舉之家，是盜之威勢常大於官司矣。久而不禁，則屯聚嘯集，以覆州縣，如反掌耳。臣愚以爲多盜之邑，令監司舉縣尉，別爲改官之格，以激勸之。以捕盜殿最，以課監司守令，則盜賊消矣。何謂羣情失職？今審官所差知州、通判，得替而赴闕，久而後差，常在一年半之後，而待次者又常及一百人，知縣、監當者略同其比。是常參之官不釐務，而請俸者常及其半。其弊蓋由每歲流内轉官之類僅及百人，其上簿而待遷者又數百人。凡諸銓未遷者，常及三年而後得，此蓋法之敝也。臣愚以爲改磨勘之法，量入流之數，則羣情不失矣。何謂刑罰失所？今大理、審刑、刑部乃天下所觀定法之地，用法不當，立比不一，莫甚於此。蓋法官銓擇殊爲滅裂。臣愚以爲更法官之法，則刑罰得中矣。

宋名臣奏議卷四一。又見歷代名臣奏議卷三〇一、全宋文卷一五七〇。

上英宗論優待大臣以禮不必過爲虚飾　治平二年

臣伏覩前古至治之世，君臣相與之際，必以至誠，而無虚飾。故光武能以赤心置人腹中而取天下。唐太宗納魏鄭公之言，不事形迹，而開忠言之路。竊見陛下待遇臣下禮數太隆，雖使臣以禮，聖人之所重，然禮既過厚則誠有所不通。至如富弼病足，不能侍從，請解機務，章十餘上，凡幾及一年，莫非懇至，至以牛馬自比，而陛下不納。張昪年幾八十，體力已衰，聰明已耗，樞密之務，紛然不舉，昪哀乞骸骨，而陛下不從。吴奎有三年之喪，自古人君，不呼其門，而陛下召其子而呼之者再，遣使而召之者又再。程戡辭老，不能當邊事，至恐死塞上，免以屍柩還家爲請，而陛下不從。外間物議，衆皆以爲不當，然而臣亦以爲過矣。弼，賢臣也，陛下將用其人，不止於今日。使其病時得休於外，則不病之日爲報陛下深矣。奎，才臣也，陛下將用其人，亦不止於今。使其服喪之日，得盡其孝於所親，則服除之日，必能盡忠於陛下矣。昪與戡既老矣，又皆哀請而求去矣，陛下欲盡君臣之分，則皆與之閒務，使盡其餘年。如此非獨弼、奎、昪、戡之幸，抑使中外羣臣皆知陛下優待大臣，進退以禮，亦何必過爲虚飾，曲事形迹，使四人者之誠不得通於陛下哉？伏惟留神財幸。

宋名臣奏議卷一四。又見歷代名臣奏議卷二八六、宋史卷三四〇呂大防傳、全宋文卷一五七〇。

上英宗乞選置潁王府官屬奏　治平二年

臣伏覩皇子潁王以元子之重，幼年盛德，出閤開府，二年於兹。雖陛下聖心謙遜，未遑正位東宫，而社稷之本，天下之望，實有繫焉。至於師友寮寀，宜用道德英俊，一時之賢，或以方嚴見憚，或以行義可法，庶可以行輔導之職，發揮皇子聰明仁義之姿。歷觀前古，未嘗不謹於此。故在虞則有夔，周有周、召、史佚、太顛、散宜生、閎夭，漢則有留侯、四皓、二疏、石奮、丙吉、韋玄成、鄧禹、桓榮，晉則有山濤、張華、王導、賀循，皆以元臣巨儒，輔正儲貳。故疏廣言於宣帝曰：「太子，國儲副君，師友必天下英俊。」張佚言於光武曰：「爲天下立太子，則宜用天下賢才。」此可見其遴選之意，所以重國本而尊宗廟也。竊見近除潁王府記室陳薦、侍講孫固，道義無聞，學問至淺。初薦之被選，已爲時論所非，而固之獲進，重取識者之笑，皆以爲諂事公卿，致身於此，又安能儀刑藩邸，輔翼元良也哉？臣愚以爲宜飭輔臣，更選經行修明，可師範者，以備王府官屬。薦、固之才，量其所堪，改授別職。及乞依著令，置王傅友官，擇兩制之臣有道德學問者充其任，則朝廷尊榮，天下幸甚。

宋名臣奏議卷六〇。又見歷代名臣奏議卷七五、右編卷一一、全宋文卷一五七〇。

請置經略副使判官參謀奏

臣竊觀自古設官之意，必先置貳立副，不以名位爲限者，所以紓艱危而適順用，聚聰明而濟不及也。揔兵命將，尤重其選，以漢、唐事言之，大將軍有長史、司馬、從事，節度使有副使、判官、參謀，其自小官而登寄任立功効者，不可勝數。本朝祖宗以來，實用此法，故名臣不絕，而夷狄畏服。竊見今緣邊經略使獨任一人，而無僚佐謀議之助，雖有副揔管、鈐轄之屬，皆奉節制，備行陣，非有折衝決勝之略預於其間。朝廷每除一帥，幸而得能者，則一路兵民，實受其賜；不幸而得不才者與焉，則是以三軍之衆，一聽庸人之所爲，豈不可懼哉！其弊蓋由朝廷不素養其材，而取人之路又常太狹。方今戎人旅拒，邊患漸生，若不早爲準備，閱試其能，誠慮臨事用人，不暇精選，因而敗事，所繫不細。以臣愚見，經略使各置副使或判官一人，朝廷選差素有才略、職司以上人充；參謀一人，委經略使奏辟知邊事、有謀略、知縣以上人充。如此，則可用之士，不以位下而見遺；中材之帥，又以人謀而獲濟，兼得以博觀已試之效，以備緩急之用。講緝邊要，莫先於此。

皇朝文鑑卷五十二。又見全宋文卷一五七〇。

詳朔望有無差謬奏 熙寧三年八月

易簡等所指乾興曆注十三日望，乃私曆之誤，已自屈伏。然據諸家曆議，雖有十七日爲望之法，但頒曆即無注十七日爲望者。自天聖三年後，三望在十七日，皆注十六日爲望。盡十七日晨度已前定，望猶屬十六日夜故也。今年八月朔，於崇天曆本經不當進，但於十六日注望可矣。

續資治通鑑長編卷二一四。又見全宋文卷一五七〇。

攻守二議 熙寧三年九月

其一，止絶歲賜，以所費金帛及汰去疲兵衣糧分給諸帥，別募奇兵驍將，伺其間擇利深入，破蕩城寨，招收部落。如西賊大舉，衆寡不敵，則勿與交戰，俟賊退兵散，預約鄰路，間道設伏，邀其歸路。其二，嚴爲守備，賊至則堅壁清野，退則出奇兵邀擊，或乘虛攻略以爲牽制，速報鄰路出兵救援以解敵圍。

續資治通鑑長編卷二一五。又見全宋文卷一五七〇。

選募兵將奏　熙寧三年九月

兵不精，將不勇，求以勝敵，自古未有。爲今計莫若選募兵將，盡其智力。漢之名將多以良家子從軍。晉馬隆出救涼州，不用州郡舊兵，於京師立標簡募，自旦至日中，得三千餘人。深入轉戰千里之外，遂能破敵立功。此募兵之效也。漢魯奇以偏將軍應募先登，唐婁師德以御史應募兵爲猛士，此募將之效也。

續資治通鑑長編卷二一五。又見全宋文卷一五七〇。

所差番漢軍馬惟聽宣撫司統制奏　熙寧三年九月

自來屯兵不分戰守，置將不別能否，一遇敵人入境，則帥臣往往自擁精兵，不問堪戰與否。好功者惟知生事而不顧方略，偷安者惟務苟且而無節制。今定差七將，番漢軍馬，以行擾擊牽制之策。用兵之始，諸帥尚循故態，則必致誤事。乞惟聽宣撫司統制，則事歸一體矣。

續資治通鑑長編卷二一五。又見全宋文卷一五七〇。

制敵之命在使敵防救不暇奏　熙寧三年九月

諸帥臣偷安避事，咸樂招懷而憚攻討，此特末之思耳。今朝廷已絶歲賜，又繼和市，此二者是絶賊之大命，理須必爭，我必先爲之計以挫其謀。且星居烏散，不能常聚，點兵數千，動須累日，敵之所短也；建營列戍，一二萬之衆旦夕可集者，我之所長也。分路置帥，舉一路將兵，除防守外，不滿二萬者，我之所短也；率數十萬衆專向一路，以多擊少者，敵之所長也。異時嘗以我之所短而抗敵之所長，所以屢敗。今七將並出，伺其未集，便行擾擊。彼若聚兵擊我一處，則六處牽制，一處堅壁，使敵防救不暇。制敵之命，無出於此。然後招懷，無所不可矣。

續資治通鑑長編卷二一五。又見全宋文卷一五七〇。

上神宗論御臣之要　熙寧三年

臣伏見陛下求治之意，可謂至矣。四方孤遠卑賤之吏，或一善可稱，或一詞可錄，不問其秩之高下，皆傳召而見之。燕閑從容，盡其所藴。聖心退託，猶以爲未至，又詔百官之在朝者，各封上其所欲言，而以次對於廷下。自爾以來，且將數年。伏惟陛下觀天下之人才不爲不多，而閱天下之事理不爲不衆矣。然人才多則賢不肖並進而難知，事理衆則可與不可雜至而易惑。恭惟聖鑑之明，固無遁照，然區區之愚，竊謂古今人主之臨涖，動則皆稱御。蓋天下者車也，羣臣者馬也，法度者轡策也，要在人主善御之而已。御得其要，則車安而馬習，轡緩而策簡；御失其要，則車危而馬敝，轡急而策煩。人主之所以貴要者無他，在此而已。臣愚以謂御臣之要，必先退纖柔而進樸直，略言詞而責行實，然後爲得。臣竊見近年被召見用之臣，其善事固不少矣，而以浮辯巧說而進者或有之。臣竊原其理，蓋有二途：或以一切逢迎，徼倖速進，及考其成敗，則不足經遠；或援引古義，以證己見，不度宜適，而謂今世可行者。雖所以言者異，而敗事蠹理，其害則同，此陛下不可不熟察也。自古雖聖人在上，未嘗不以巧言爲戒者，蓋美言之於人，易眩而難察，易聽而難行，故雖堯、舜在上，亦以巧言令色爲畏，以静言庸違爲患，以壬人饞説爲憂，况其下者哉？以此論之，故宜專進崇實忠良之士，以奉成聖化。雖言有佛戾，行有簡直，乍若不合者，亦在陛下容養而成就之。漢武帝愛司馬遷、嚴助之才華，而尊汲黯、卜式。唐太宗好許敬宗、李義府之文章，而信任王珪、魏徵。此明主之鑑，有以區處之矣。以陛下之文明致治，將躋於二帝、三王之盛，而知人之辯，必不在漢、唐二主之後也。

宋名臣奏議卷一一五。又見歷代名臣奏議卷一三六、全宋文卷一五七一。

上神宗論華州山變　熙寧五年十月三日

臣今月某日，中使馮宗道至，伏奉聖旨，令臣照管山摧處見存人户，以次存恤施行，次第聞奏訖。臣累日以來，伏思聖慮深遠，憂及遠民，以致疲病矜寡皆有恩意。雖堯、舜用心，宜不過此。然臣之愚忠，有私憂者三，過計著一，輒敢條列如左：

一、山變之地，當谷起嶺，山高者五十餘步。臣謹按十月之詩曰：「爗爗震電，不寧不令。百川沸騰，山冢崒崩。高岸爲谷，深谷爲陵。哀今之人，胡憯莫懲？」水之爲患，至於懷襄，而山之傾摧，固亦其理。然詩人猶以爲大變，哀其時人不懲其禍。今不震電而驚，不因水而摧，不圮於其下而徙之於遠，岸之高者不止於爲谷，谷之深者不止於爲陵。方之詩人所紀，尤爲奇怪。唐世亦有新豐、赤水山阜移涌之變，方武氏僭亂，固不足論。方今聖治日新，厲精庶政，災沴之作，尤爲可駭。此臣所憂者一也。

一、山變之地，有大石自立，高四丈，周一百七十餘尺。臣謹按：漢昭帝時，泰山有大石自立，高丈五尺，大四十八圍。說者以爲石陰類，小人特起之象。觀今之變，則過於前史所載。此臣所以私憂者二也。

一、數年以來人情洶洶，皆言有陽九之會。臣謹按：班固曆志所述，經歲四千五百六十，災歲五十七，推數者取以爲據。臣以爲天命難知，孔子罕言，固非衆人之所能知。然閭巷之民無所忌憚，竊語相傳，謂之必有。竊恐姦猾小人乘此天地之變，人情不安之際，狂圖妄作，徼倖萬一。此臣之所私憂者三也。

一、三路、京東人情豪悍，最宜防備。臣伏覩三路，緣邊則有城池兵械作可恃之具，至於內地州郡，守具素墮，將帥之臣未至選擇。三路、京東守臣，密付方略，以備戎狄爲名，令葺治城池，講葺守備。其州縣政事，但涉撓動人情者，一切緩之，以待他日。庶使姦猾好亂之人，無所窺其隙萬一。如有緩急，亦吾有以待其變矣。此臣之所過計者一也。

右謹具如前。臣伏聞「畏天之威，于時保之」，此先王之所以興也。「我生不有命在天」，此後王之所以壞也。太戊有桑穀之祥，其書曰「伊陟贊於巫咸，作咸乂四篇」，「太戊贊於伊陟，作伊陟、原命」。高宗有鼎雉之異，其書曰：「惟先格王，正厥事。」桑穀共生，飛鳥之集，未爲大異。然君臣相勸戒至於數四，原天命，修政事以應之，豈古明王祇畏之道當如此乎？伏惟聖神昭鑑，洞察古今，不待瞽狂之言，乃極事理之要。惟乞仰承天威，俯酌時變，爲社稷至計，天下幸甚。

〔貼黄〕守帥之臣，早望精擇。須藉忠義敦朴、任重致遠之人，乃可以消患於未然。至如輕俊之人，目前敏給，似可任使，緩急必不得力。伏望聖慈深察。

〔又貼黄〕三路內地州軍守備，惟陝西最爲不講。伏望敕守臣，以備西戎侵軼爲名，早令修葺。今歲內地小豐，春初可以興役。

〔又貼黄〕去歲慶州叛卒散亡之黨，纔數百人，并逃匿山林，未嘗干犯城邑。其內地州郡，已各驚擾失措，即知守備素不修矣。

宋名臣奏議卷四二。又見宋會要輯稿瑞異三之三九（第三册第二一二三頁），續資治通鑑長編卷二三九、二四一，宋史卷三四呂大防傳，歷代名臣奏議卷三〇二、全宋文卷一五七一。

上神宗請定婚嫁喪祭之禮　元豐元年正月

臣伏見朝廷厲新庶政，舉以三代先王爲法，而獨於典禮制度，似未及漢、唐之盛。昨聞特下明詔，置局考定禮文得失，有以見聖慮高明，急所先務。臣之愚素未欲聞於朝者，庶得申於今日矣。臣竊觀今之公卿大夫，下逮士民，其婚喪葬祭皆無法度，唯聽其爲而莫之禁。夫婚嫁，重禮也，而一出於委巷鄙俚之習。喪祭，大事也，而率取於浮屠老子之法。至於郡縣公私禮之大節，古所謹重者，一切苟簡，略無義理。臣謹按：開寶通禮，乃太祖皇帝所立本朝一代之典。臣歷觀四方，唯於淄州嘗見之，以備考試舉人而已。禮之不行，無甚於此。周禮八則，「禮俗以馭其民」，蓋謂庶民則可參之以俗，而士以上當專用禮也。臣愚欲乞詔諭禮官，先擇開寶通禮論定而明著之，以示天下。違者有禁，斷以必行。雖未能下逮黎庶，而小人所視，足以成化。況臺省官視事州縣，祭社稷、釋奠之類，已略用禮矣。推此而爲之，亦非絕俗難行之事。又今之所行者，於禮之中纔舉數事，以漸善俗，義在於此。伏惟陛下留神財省，立萬世法，天下幸甚。

宋名臣奏議卷九六。又見歷代名臣奏議卷一二〇、全宋文卷一五七一。

請仍舊給歷月支絲絹與花麻奏　元豐元年八月

前後花麻等所報事多實，頗見忠白。乞依本人所請，仍舊給歷、月支、絲絹。

續資治通鑑長編卷二九一。又見全宋文卷一五七一。

令果莊約束呵咱爾奏　元豐元年八月

欲選差人量齎茶綵，以回答爲名付果莊，并令說諭約束呵咱爾，自今勿得輒集人馬，誘脅階州熟戶。

續資治通鑑長編卷二九一。又見全宋文卷一五七一。

上神宗答詔論彗星上三說九宜　元豐三年八月

臣伏覩七月二十六日手詔，以彗出西方，責躬引咎，敷求讜言，以正厥事。臣伏讀感欷，以爲天道難知，不可隱度。今聖心恐畏，退託損抑，有以見不諱之朝，度越前古。臣愚不肖，雖吏守外藩，不敢不布肝膈，少裨萬一，伏惟神明幸察。臣竊以爲方今政事之急，謾爲三說九宜，上冒天聽：一曰治本，二曰緩末，三曰納言。治本之宜有三：一宜養民。漢之傳國，至昭帝而六世，藩臣之變，外戚之禍數矣。唐之傳國，至明皇而六世，如漢之變，而又有巨盜之患。今大宋之臨御，而陛下之繼統，世數與漢、唐同，而曾無一方之患，其得人心可見矣。苟非累聖德澤，涵養深厚，視之如傷，愛之如子，則何以固結其心若此？伏自陛下布行新政以來，參酌古今，著爲良法，便民者爲不少矣。而民情戚戚，不以爲安，推原其端，蓋緣朝廷措置，大率急於公家，而緩於民事。竊觀先王之政，上之憂下也深，則下之報上也厚。故其詩曰：「駿發爾私，終三十里。」上憂下之詩也。「雨我公田，遂及我私。」下報上之詩也。上下之情，其相親如此，則怨惡不順，何由生乎其間哉？故馬周之對太宗，以爲「貞觀初，匹絹易斗米而人不怨者，知陛下憂之也。五六年來，匹絹易穀十數斛而民怨者，知陛下不憂之也。」此言極要，頗同今日之意。臣試舉其一二：免役錢本率衆以給傭，公家無所利其入，今所在猥積，至有一縣之人出者半，贏者半，而取之不已；遇水旱未嘗有所蠲減，貧下未嘗有所貸免，此民情戚戚之一也。市易本以抑兼并，便衆業，而公利在其間。民有艱急匱乏之期，方之他取於富室，則無倍稱之息。然吏或不良，乘民之急而掊克無已，徒欲收贏取償，而不顧事體之宜與法令之本意。誘陷無賴子弟以隳産者有之；予民者高其物估，以巧取息者有之；一物也，朝貴賣而夕賤買者有之，此民情戚戚之一也。保甲者，先王什伍教民之法也，不專爲兵而已。今有司惟以坐作進退、射藝精粗爲急，而不問推行考察姦盜、去惡獎善之意。而又富者逸而貧者勞，或遇饑饉，則將有流散不可號召之虞，此民情戚戚之一也。凡此特法令之未備，或吏奉法不謹之過。以陛下之聖明而修正之，宜無難者。二宜教士。舜九德，文王作人，周公三物，皆爲先王教士之實。今聞以才選者矣，未聞以德進也；聞以文詞選者矣，未聞以行進也。臣竊以非大變其法，則終不能得教士之實。其變法謂何？責之郡縣監司，保任其才行，以升於尚書，各試其所知而命之，則士勸於善。不專以文詞設科，則士業崇本。凡此一改法令，則天下從之矣。以陛下之聖明而修正之，不五六年，必收其效。三宜重穀。自古國家之患，未有不緣民飢而起也。今縣官積錢，所在貫朽，而倉廩至無半歲之實，誠可憂也。蓋自常平之法行，而羣司各計其利，故轉運司唯有租稅征科之入而已。其歲入既不足以充費，故於儲蓄之計，雖欲賤糴而不暇爲也。常平雖有折納斂糴之法，而吏多不能推行。萬一水旱方千里，則積鏹之饒將無用，而民之强者衆而爲盜，弱者流離溝壑而無以救矣。臣近嘗上乘歲豐積穀之議，頗合事機，而亦可行於久遠，伏望裁察。凡此特法令之未備，或吏奉法不謹之過。以陛下之聖明而修正之，宜無難者。綏末之宜有二：一宜綏治夷狄。中國本也，夷狄末也。先王之政，内諸夏而外夷狄。夷狄之國，聲教所暨，故舜之命官，猾夏者治之，然則不爲中國患者，王者不治也。或者謂夷狄之地可闢而郡縣之，夷狄之民可冠帶而賦役之。竊謂過矣。以四海九州之廣，而欲沙漠不毛之地以爲富；以兆民多士之盛，而欲左衽鴂舌之人以爲衆，徒見有糜敝所重，而未見其可也。雖有前代喪失之地，苟非民情來附，未足以用衆。一宜綏治兵。兵者，先王所治而非所以爲先也。衛君問陳於孔子，而孔子答以俎豆之事。蓋禮教有所未修，而先之以軍旅之事，則語道非其序也。今刑政雖講，而未可謂盡中；禮樂雖修，而未可謂盡善；教化雖布，而未可謂盡行。然則今日之政，宜有急於兵者焉。凡此非可廢之事，特在陛下施爲之有先後而已。以陛下之聖明，留意而條别之，宜無不得其序者。納言之宜有四：一宜廣言路。古者羣臣，人人得諫，故曰「工執藝事以諫」。工尚諫，則餘可知矣。所謂争臣七人者，在位皆諫，諫而又當必争者有七人而後可。今陛下虚心待下，未嘗大聲以色，而諫者未始有聞於天下，諫而必争者未始見其人。方唐太宗之時，當亡隋之後，人物寡少，而諫者滿朝。今陛下承累世文明之盛，而遂使史筆無書諫静之事，亦可謂闕典矣。二宜寬侵官之罰。凡人臣之居外，見不便於民有害於政者，大者聞諸朝，小者以其職而行之是也。今一切禁止，不使相侵，則朝廷必有不聞之事，而民庶必有失職之苦矣。三宜恕誹謗之罪。自古有爲之君，更制天下之事，未有不被毁訾於世者。以盤庚之明、周公之聖而不免，況其下者哉？蓋衆人者，常情不達義理，樂因循而憚改作。改作之始，未見其利，而翕然非之。聖人於此，特恕其無知而寛之可也，豈足以與之較量長短是非哉？故漢文深知其意，直除其罪，以度容之而已。苟設峻令以防之，非不遽止，然愚庸之情不自知語言之過而非其上矣。四宜容異同之論。古者衮服之飾必以黼者，取其兩已相背而能成政也。兩已相背，至銘諸躬，而日服之以爲監，有以見人君御臣之深戒，在於喜同而惡異也。舜伐三苗，禹以爲可，益以爲不可，然不害并爲九官。周公相成王，召公不悦，然不害同爲十亂。洪範謀及卿士，則三公之論有不用焉。周官詢及萬民，則卿士之謀有不取焉。夫然後可以通達衆志，輔成大業。苟取其所同而捨其所異，則晏子所謂「以水濟水，孰能食之」者也。非特如此而已，苟欲其同，則必有誕謾詐欺以附同者矣；苟惡其異，則必有詭隨面從以免異者矣。使人臣皆懷誕謾詭隨以事上，殆非朝廷之利也。竊聞議者必使廷臣無異論，乃謂之一道德。爲此説者似不思也。夫一道德以同俗者，蓋謂典常之教不可不同也。今以政事之殊，有可有不可，有宜有不宜，有損有益，而必一而同之，恐非聖人之意也。所惡異論者，豈非以其沮議害事而惡之耶？苟導之使言，而擇之在我，則雖有沮議害事之言，在吾所棄，固不能爲患也。凡此無難改之勢，而有速應之實，蓋在陛下爲之而已。如前所陳，蓋陛下政事之形容於外者，臣得以揣度而陳之。至如陛下聖性之淵微，君德之崇厚，惟幾以成天下之務，惟深以達天下之志，臣之愚陋，莫得而測焉。伏惟仰觀天心，旁考古義，絀奇論而用中道，則天下幸甚。

宋名臣奏議卷四三。又見宋史卷三四〇呂大防傳、歷代名臣奏議卷三〇三、右編卷七、全宋文卷一五七一。

創令軍匠織錦奏　元豐六年八月

歲額上供錦，豫支絲紅花工直，與機戶雇織，多苦惡欠負。昨創令軍匠八十人織，比舊費省而工善。今先織細法錦及透背鹿胎樣進呈，乞換充本府機院工匠。

續資治通鑑長編卷三三八。又見全宋文卷一五七一。

進馬奏　元豐六年十二月

欲編排四尺二寸以上馬百匹進呈，如堪配軍，即乞依此收買。

續資治通鑑長编卷三四一。又見全宋文卷一五七一。

依樣織造緊絲奏 元豐八年四月

準内臣張琳公文，除十色緊絲來年織外，所有錦緊絲鹿胎，并依今樣織行。已將未上機物帛，依樣織造，合行審取聖旨。

續資治通鑑長编卷三五四。又見全宋文卷一五七一。

川峽軍民有罪申鈐轄司斷配奏 元豐八年十月

川峽軍人犯法，百姓犯盜，並申鈐轄司酌情斷配。

續資治通鑑長编卷三六〇。又見全宋文卷一五七一。

復置縣尉弓手事奏 元祐元年正月

準朝旨，復置縣尉弓手。欲乞將府界諸縣應係捕盜文武官吏，并應干捕盜人等，並隸本府與都大提舉司，同共管轄。其賞罰，委本府一面施行。

續資治通鑑長編卷三六四。又見全宋文卷一五七一。

上哲宗答詔論西事　元祐元年二月

臣伏准詔，問戎人狡獪，未測其誠心〔一〕。臣愚以爲夷狄之情，自古無信。西夏自斷遷以來，專事譎詐。惟朝廷御得其道，則詐無所施，或失其方，則驕而益肆。待遇之體，不可不審。然以臣觀之，今日夏戎之情，略可見矣。羌人重於酬報，先帝舉大兵徑抵靈武，幾入其國，而不能以數萬人之衆入塞爲報。永樂諸將，寡謀敗事，使北狄僅得以藉口。然自是王師深入不虞之咎，非其本國舉兵之成功，蓋未足以爲慮。寇之無能爲一也。自來開邊進築之始，寇必極力決爭，乘其未堅，至於三四，不能得而後已。昨蘭州之城，攘斥甚廣，雖一再至，爭不能得。去歲冰合，遂不復來。城既益堅，寇望亦絕。此寇之無能爲二也。比聞秉常極孱劣，梁氏既死，而秉常已亡，則內難未已，何暇外圖？雖使秉常得存，亦不足畏。今數遣使入朝，而不早布誠欵者，蓋苟欲觀望遷延，不敢先發以示弱。以臣愚計，切聞夏使旦夕到闕，可使押伴臣僚，且以私意問其來使：「今主上嗣登寶位，自大遼諸國皆遣使入賀，夏國是朝廷蕃臣，何故獨不至？」以觀其意，足以測其僞矣。又詔問，向者所得邊地雖建立城寨，亦慮孤僻，不易應援。棄之則弱國威，守之則終恐戎人在念。臣以謂新收疆土，議者多言可棄。蓋思之未熟也。詔旨以爲弱國威，真廟筭之遠慮。然臣猶謂棄之不止弱國威而已，又有取侮於四夷之端焉，不可不審計也。況蘭州西羌之地，本非夏國封境。又其君長嘗受朝廷禄秩，元昊以來，方盜據其地。延、慶城寨則接近漢界，一旦舉而棄之，未見其可。今日措置之宜，只可降詔下本路，將會州一處更不攻取，其蘭州及延、慶兩路新建城寨，只據見得地界守

〔一〕長編卷三六六元祐二年丙子條「誠心」下有「何如」二字。

禦，亦可以稍安敵情，而爲議和之計矣。議者不過謂戍兵少則不足以出戰，多則無力以供饋。臣愚以綏、蘭之地，皆并塞美田，增招民兵，墾以足食，則供饋之費省；專事守計，少存戰兵，則騎兵可大減矣。其增招民兵，墾闢曠土，分守戰之計，減供饋之費，如以爲可，即乞下臣條析子細利害。又詔問邊計合如何措置？向去如何守禦？臣愚以爲今日邊計，惟擇將帥爲先，轉運使爲次，其他施設皆可取辦。伏聞國初西戎之患，多在環、慶。太祖皇帝擇姚内斌、董遵誨二驍將以守二州，租賦之入，兵械之費，一切付之，而聽其自爲。西人畏之，不敢入寇。今以四海九州之力，奉邊而不足；太祖以二州租入之費，禦戎而有餘。以此言之，守禦之方，在於得人而已。臣愚以陝西五路，宜擇威名忠亮之人，不限文武，爲之統帥，其次以爲將佐。又擇公正强明之臣，以爲轉運使副，俾各擇其才能，以充其任使之屬官。備邊之城，專事守計。而出戰救援之兵，蓄於内郡。平居則散而耕，寇至則聚而守。且爲内郡之兵以援之，視寇入之多寡深淺，而必報之，無使其得志，亦不妄動以生事。守兵雖見大利，不得出戰；戰兵雖見大利，不得久在邊。如此，則費省而易供，守堅而不墮其計矣。

宋名臣奏議卷一三八。又見太平治蹟統類卷二〇、續資治通鑑長編卷三六六、宋史卷三四〇呂大防傳、歷代名臣奏議卷三三一、右編卷二五、全宋文卷一五七二。

秉常不能用其衆奏 元祐元年二月

臣向在永興軍日，得米脂降羌，且道秉常所爲。使其言粗可信，必不能用其衆。又臣近館伴北使，會語及夏國遣使入貢，北使却問作何人遣使。以此觀之，秉常存亡，誠未可知。

續資治通鑑長編卷三六六。又見全宋文卷一五七二。

西夏無足畏奏　元祐元年二月

元昊既得甘涼，遂有窺隴、蜀之志。後緣唃氏中強，無以進取。今青唐乖亂，其勢漸分。若中國又失洮、蘭之土，則他日隴、蜀之患，不可不豫爲之防。

臣愚以爲今日邊帥，全藉威名，曾經戰陣之將以服敵氣。竊謂宜參用武帥，如劉昌祚、張守約、种師古輩，皆可爲用。但儒臣常議，或謂武將皆不可用，此不知邊事之過計也。又臣伏見詔旨，陛下深慮邊計，極爲焦勞。以臣料之，今日西夏無繼遷、元昊之強，中國有練卒精甲之備。苟將帥得人，固無足畏。

續資治通鑑長編卷三六六。又見全宋文卷一五七二。

請宗祀神宗皇帝于明堂奏　元祐元年閏月

國朝之制，奉禧祖皇帝、太祖皇帝、太宗皇帝以配郊丘外，所有季秋大饗，自唐及本朝皆用嚴父之儀。伏請宗祀神宗皇帝於明堂，以配上帝。

續資治通鑑長編卷三六八。又見宋會要輯稿禮二四之五〇（第一册第九二四頁）、禮二五之七七（第二册第九九三頁）、全宋文卷一五七二。

乞擢任章楶奏　元祐元年四月

前任成都府日，準朝旨，與成都府、利州兩路轉運司官，同經制買馬，藉其協力，頗見成效。其見任成都府路轉運副使章楶，乞量加擢任。

續資治通鑑長編卷三七六。又見全宋文卷一五七二。

已封留傅堯俞等彈章奏　元祐元年五月

内降臺諫官傅堯俞等彈奏宰臣范純仁、左丞王存不合留身營救蔡確事，宜使思省引罪，自爲去就。輒已封留彈章，更不轉示逐人。

續資治通鑑長編卷四二八。又見全宋文卷一五七二。

令中外具知修儲祥宫費用皆出禁中奏　元祐元年六月

昨得御前劄子，以蘇軾撰上清儲祥宫碑頌示，修宫費用，皆出自禁中。此事近臣雖或知之，而外廷鮮有知者。因此，令中外具知甚便。

續資治通鑑長編卷四六〇。又見宋會要輯稿補編第二三頁、全宋文卷一五七二。

乞修先朝寶訓奏 元祐元年八月

乞令國史院官，修進先朝寶訓，以備邇英閣進讀。

續資治通鑑長編卷四六四。又見全宋文卷一五七二。

上哲宗論韓維不當罷門下侍郎 元祐二年七月[一]

臣今據呂公著封送録到降付中書省御批指揮一件，爲門下侍郎韓維面奏范百録不當，可守本官、分司南京及稱一面繳奏元降指揮。臣竊詳韓維忠讜有素，士望甚重。陛下自初臨政，擢維於沉滞之中，委以柄用，賢士大夫莫不稱頌盛德，爲之相慶。一旦忽以奏事差失，遽行譴責，恐非所以風示四方，開接衆正之體。公著不令臣知，一面論列，必已竭盡至誠，上裨聖治。伏望天慈詳察，特爲開納。況維所坐至細，止是拙於奏陳，未可加以重責。若此命一出，則人人有不自安之意，繫今日治體之根本。伏望深思而熟察之，少息雷霆之威，使全臣子進退之分，臣不勝至懇至願。

〔一〕 篇末原注：「元祐二年十月上。」此從長編。

宋名臣奏議卷四七。又見續資治通鑑長編卷四〇三、歷代名臣奏議卷一三九、全宋文卷一五七二。

駁孔文仲論朱光庭除太常少卿不當奏 元祐二年十一月

臣等竊以朝廷設諫諍之官，固欲開廣視聽，以盡下情。然言事之臣，所言無由盡當，須繫朝廷審擇其言。或不可用，自當置而不行。若復挾情用意，則尤不可不察。伏見諫議大夫孔文仲，累有文字論列左司員外郎朱光庭除太常少卿不當，其言殊爲乖謬。臣等昨日已曾面奏，謹具條陳以聞。一、孔文仲稱朱光庭本無異於常人，止缘朋附推薦，驟居清要。謹按光庭進用之初，惟是司馬光與臣公著。公著與光庭素不相熟，但見司馬光累稱於朝，陛下御筆親擢爲諫官，即非因朋附推薦而進。一、孔文仲稱朱光庭未嘗獻一公言，補一國事。謹按光庭自任諫官，僅一年半，前後所上章疏不啻數百，賜對便殿，亦及數十，凡内外法度有未便於民者，小大臣僚有不允公議者，光庭不避仇怨，未嘗不言，兼已往往施行。此皆陛下素所深知，豈可謂之未嘗獻一公言，補一國事？一、孔文仲稱朱光庭二年之閒，躐等超拔，望輕資淺，恩寵太過。臣等竊以朝廷用人，固不當專較歲月。兼自來兩省以上差除，亦不曾專用資序。況光庭始初自因御筆親除爲左正言，一年後自正言遷司諫，即非躐等。後來因光庭累次居家待罪，一次爲言蘇軾，一次爲言張舜民，罷爲右司員外郎，亦非超拔。今來自都司除太常少卿，雖班位少進，亦非峻遷。且如光庭同時諫官蘇轍，係知縣資序，供職在光庭後，今已爲中書舍人。又如孔文仲，進用在光庭後，已是校書郎，歲餘爲左諫議大夫。則光庭除少卿，豈是恩寵太過？一、孔文仲稱太常貳卿，職嚴地密，使光庭居之，登列諫議，擢領風憲皆可也。臣等竊以朱光庭今來止是除太常少卿，何以知其後爲臺諫？兼朝廷若欲用光庭爲臺諫官，只自左司員外郎除授，有何不可？一、孔文仲稱光庭一日得志，援程納賈，當不旋踵。謹按程頤、賈易或罷歸鄉里，或黜守外任，朝廷亦未有召用之議。然光庭今來止是除寺監官，其職事尤輕於左右司，豈能援程納賈？借使程頤、賈易復至朝廷，於國家豈有所害？只是文仲黨與自以爲不便耳。臣等蒙陛下任用，列居輔弼，以進賢退不肖爲職，只知爲官擇人，不敢顧避人情。其朱光庭，臣等亦非以其人所爲盡善，但今來既知孔文仲所言不當，若却將朱光庭除命寢罷，則恐從此浮言浸盛，正人難立，朝廷之勢，日就陵遲。兼陛下既以臣等爲執政之官，而不許臣等執持政事，臣等亦何以自處？伏望陛下曲回聖聽，特賜省察。其朱光庭除太常少卿新命，欲候來日簾前面稟。或更有臣僚黨助文仲論奏，亦乞陛下察其情僞，無至眩惑。

續資治通鑑長編卷四〇七。又見全宋文卷一五七二。

請以呂公著爲司空平章軍國事奏 元祐三年四月

臣伏詳詔旨，有以見陛下尊德優老之意，周旋曲折，莫不精當。臣愚不肖，不勝大幸。以臣愚見，只欲因其舊官而優假之，但進一官作特進，依前令充右僕射，加以平章軍國事，即煩勞職事悉已蠲免，亦不至闕事。如未合聖意，即乞罷右僕射，進兩官，作司空、平章軍國事，仍令三省、樞密院各令議軍國事條目聞奏，餘依文彦博已得指揮。〔貼黃〕舊制大禮行事，命官稱攝。今來職事官，恐不可稱攝。

續資治通鑑長編卷四〇九。又見全宋文卷一五七二。

杭州乞將慧因禪院改爲十方教院住持事奏 元祐三年五月

近準都省付下杭州奏，據僧正司狀，南山慧因禪院住持長老善思爲患，乞別差人住持。尋勘得本州祥符寺僧净源，近有高麗國僧統義天奏聞朝廷，乞來本州禮謁净源，求學佛法，顯有講學戒行，聞於海外。州司給帖净源，往慧因禪院承替善思，開講住持。今據慧因寺知事僧晉仁陳狀，當院元是禪院，今蒙本州補傳教僧净源住持，竊知當州興教寺元是禪寺，後來本州奏聞永作十方教寺，乞依興教寺敷奏，永作十方教院。州司勘會净源委有講學戒行聞於海外，兼近據高麗國僧統義天捨施到教藏經文、佛像什物，安著四方僧衆，逐日焚香修禮傳教，已有倫序。今来乞依興教寺例，將慧因禪院改作十方教院住持，别無妨礙，伏乞朝廷特降指揮。本部尋符杭州鈔録興教寺乞依十方傳教住持令文去後，今據本州狀，鈔録到嘉祐五年八月二十四日寧海軍帖，近據僧正永興等狀，伏睹興教寺奉使帖，請講經僧梵臻歸寺作十方禪教住持。其梵臻戒節孤高，講業清苦，衆所歸向，學者摳衣。今来興教寺欲乞依本州天竺寺例，降敕永遠作傳天台教寺十方住持。本州寻勘會梵臻素有節行，爲衆所推，遂選請本僧住持。今欲乞將興教寺依天竺寺例，作十方教寺住持，遂具狀奏取敕旨。八月一日中書劄子奉聖旨依奏，本部看詳，興教寺元係十方禪寺，後來改作十方教寺，今來杭州所奏慧因院已是十方禪院，乞改爲十方教院，依得興教寺體例。太中大夫、左僕射臣大防，太中大夫、右僕射臣純如，太中大夫、守左丞臣存，太中大夫、守右丞臣宗愈，尚書闕，朝散郎、試侍郎、充實録修撰臣佃等言。元祐三年五月日，承議郎、祠部員外郎臣翟思，未到。朝散郎、守主客郎中兼權臣陳軒上，朝散郎、試給事中臣顧臨讀，正議大夫、守門下侍郎臣孫固省，太中大夫、尚書左僕射兼門下侍郎臣大防審，侍中闕。右劄依奏，謹據如右，謹以申聞，謹奏。

慧因寺志卷九（武林掌故叢編本）。又見全宋文卷一五七二。

蔡確怨憤不遜譏訕君親奏　元祐四年五月

昨者建儲一事，當時衆臣僚僉書所批聖旨月日次序，事理甚備，文字盡在中書，兼已關實録院編記分明。小人乃欲變亂事實，輒生姦謀，以圖異日徼倖之利。今来又非朝廷尋事行遣，自是確怨憤不遜，譏訕君親，公議所不容，臺諫二十餘章。陛下方行之，命下之日，咸知朝廷有典刑也。

續資治通鑑長編卷二四七。又見宋會要輯稿職官六七之四（第四册第三八八九页）、全宋文卷一五七二。

危竿喻意奏〔一〕 元祐六年三月一日

仁宗所錄三十六事，内危竿喻一事，在三十六事之前，注釋失仁宗旨意。蓋聖意以爲，人君居至高至危之地，須用正直之人，譬如危竿須用正直之木。古人謂邪蒿，人君不可食。食之固無害，以其名不正，况邪佞之人乎？

續資治通鑑長編卷四五七。又見續資治通鑑卷八二、全宋文卷一五七二。

進奏院報委有撰造奏 元祐六年五月

進奏院傳報，詐作侍御史賈易奏，乞擢勘任永壽等事。臣今取到進奏院報，委有撰造文字，謹具繳奏，望下有司根治。

續資治通鑑長編卷四五八。又見全宋文卷一五七二。

〔一〕與劉摯同上。

賈易疏語前後異同奏 元祐六年[一]

易疏云：「比年以來，登用二三執政，物議訩然，未以爲當。或巧宦詐忠，徼倖苟合；或齪齪取容，自名寬厚。」又云：「雖莫敢爲邪以害政」。又貼黃云：「自二聖臨御以來，聖政日新，公義日勝，俊哲端良，森布朝列。」臣詳易疏，既云朝廷登用執政多非其人，致物議訩然矣，却云聖政日新，公義日勝，俊良滿朝。伏緣聖政之要，當以用捨大臣爲先。若用執政不當，則累聖政多矣，何由有日新之說？執政既不當，則公義亦從而淪墜矣，何由有日勝之說？執政既非其人，則所進擬人材必非俊良矣，又安得有森布朝列之效？易疏云：「執政者巧宦詐忠，徼倖苟合。」又云：「莫敢爲邪以害政。」其人既巧詐僥倖矣，安得不爲邪以害政？既莫敢爲邪以害政矣，又安得有巧詐僥倖之說？臣竊詳易疏，前後異同，自相矛盾，大抵以朝廷今日政事爲非。且執法之官既知執政巧詐傾邪，自合明具封章，指陳實狀，論其過惡，必擊去而後已，豈有不立主名，謬悠陳述，而但乞朝廷謹擇而已？既乞朝廷謹擇大臣，則是止欲納忠於上，無所干於有司，而易疏貼黃却乞降付中書省。易久在朝廷，豈不知除用執政，非三省所預？所以然者，其意蓋欲買直於人，使聞之者不安其位，而後行其私意。臣竊知易乃王安禮所善，安禮嘗以十科薦之。今羣失職之人皆在江、淮，莫不與今日執政爲仇。易實江、淮之士，來自東南。今日之疏，不惟搖動朝廷之政事，亦陰以申羣怨之憤。臣雖忘身犯怒，爲國去邪，固不敢苟避怨仇，爲偷安之計。然如此人，與之同朝共事，臣實難安。伏望聖慈，深賜詳察。

續資治通鑑長編卷四六三。又見全宋文卷一五七二。

[一] 原注：「此疏乃六年事，當在八月一日以前。」

欲令開封府發遣蔡確事奏 元祐六年八月

早來簾前議，欲令開封府發遣，恐致喧瀆，且令告示。

續資治通鑑長編卷四六四。又見全宋文卷一五七二。

欲進邇英延義二閣記注奏 元祐六年八月

近講筵官奏，乞修邇英記注，如仁宗朝故事。已有旨施行。今史院有邇英、延義二閣記注十餘卷，具載仁宗與講讀官議論。嘗講詩至「誰能烹魚，溉之釜鬵」，仁宗謂丁度曰：「老子云『治天下者，若烹小鮮』，正謂此也。」學記曰：「知類通達，謂之大成。」仁宗可謂善推其類矣。臣嘗進仁宗聖學事迹，有未備者，欲寫二閣記注一本進入，以備聖覽。

續資治通鑑長編卷四六四。又見全宋文卷一五七二。

陳鈔法本末奏 元祐七年三月

臣側聞顧臨讀鹽鈔事，臣敢陳鈔法本末，仰祈陛下通知利害之詳。國初輦運香、藥、茶、帛、犀、象、金、銀等物，赴陝西變易糧草，歲計率不下二百四十萬貫。自鈔法之行，始令商賈於沿邊入中見錢、糧草，却於京師或解池請鹽，赴沿邊出賣。

一則人户無科買之擾，二則商旅無折閲之弊，三則邊儲無不足之患，四則物貨無般輦之勞，五則運鹽減脚乘之費，實於官私爲利。

續資治通鑑長編卷四七一。又見九朝編年備要卷三、全宋文卷一五七二。

分流以減黄河水勢奏　元祐七年八月

臣側聞顧臨讀寶訓引漳河灌溉事。臣謂大抵河渠利害，最爲難明，朝廷不可不詳知本末。如本朝黄河，持議者有三説：一曰迴河，二曰塞河，三曰分水。今議者欲以兩河四堤，分減水勢，兩河築四堤。一河用二堤，勞費雖少，後必決溢。兩河四堤，勞費稍增，久可無患，如漢武帝時河決瓠子，築堤障塞，僅可支七十餘年。本朝昨有二股河分流水勢，粗免河患，後因閉塞，一股併入，一股合流，遂至決溢。分水之利，後可知矣。今爲四堤二河分減水勢，實爲大利。

續資治通鑑長編卷四七六。又見宋會要輯稿方域一五之一四（第八册第七五六六頁）。全宋文卷一五七三。

當親祀天地奏　元祐七年元月十四日

先帝因禮文所建議，遂令諸儒議定北郊祀地之禮，然未經親行。今來皇帝臨御之始，當親見天地，而地祇獨不設位，恐亦未安。况前代人君親祠並祭，多緣便於己事。本朝祖宗則不然，直以恩霈四方，慶賚將士。若非三歲一行，則國力有限。今日須爲國事勉行權制，候將來議定北郊制度及太廟享禮，行之未晚。

宋會要輯稿禮三之六（第一册第四四二頁）。又見續資治通鑑長編卷四七七、續通典卷四六、全宋文卷一五七三。

三歲一親郊并祭天地宗廟不可廢奏　元祐七年九月十二日

天地之祭，自漢以來，分合不一。唐天寶後，惟天子親祠，乃合祭於南郊。其餘時祀，并依禮分祭。國朝以來，大率三歲一親郊，并祭天地宗廟，因行赦宥於天下，及賜諸軍賞給，遂以爲常，亦不可廢。雖欲歲歲親行南北二郊之禮，乃不可得。今諸儒獻議，欲用禮官前説，南郊不設皇地祇位，唯祭昊天上帝，不爲無據。但於祖宗權宜之制，未見其可。

宋要會辑稿禮三之五（第一册第四四二页）。又見續資治通鑑長編卷四七七、文獻通考卷七一、全宋文卷一五七三。

進郊祀次數及顧臨所議奏　元祐七年九月十四日

適所奏陳，恐禁中未盡見本末，於是條具祖宗以来郊祀次數及臨等所議進入。

宋會要辑稿禮三之七（第一册第四四三页）。又見續資治通鑑長編卷四七七、全宋文卷一五七三。

皇帝郊見特設地祇於圜丘令學士院降詔奏　元祐七年九月十四日

臣等議，欲緣皇帝郊見之始，特設地祇位於圜丘，則於先帝議行北郊之禮，并不相妨。今蒙聖諭，正如衆議。欲依此令學士院降詔。及言致齋日，躬行廟享，亦未合禮。欲於詔中令議官與北郊事并議施行。

宋會要輯稿禮三之七（第一册第四四三頁）。又見續資治通鑑長編卷四七七、全宋文卷一五七三。

差充南郊大禮使乞罷加賜奏　元祐七年九月

臣蒙恩差充南郊大禮使，準式常賜外，更有加賜。臣等備員宰政，賦禄已優。稠疊受賜，於義未安。兼辭免加賜，已有前比。伏望聖慈特賜寢罷。

續資治通鑑長編卷四七七。又見全宋文卷一五七三。

進祖宗家法劄子 元祐八年正月〔一〕

祖宗家法甚多，自三代以後，惟本朝百三十〔二〕年中外無事，蓋由祖宗所立家法最善，臣請舉其略。古人主事母后，朝見有時，如漢武帝五日一朝長樂宮。祖宗以來事母后皆朝夕見，此事親之法也。前代大長公主用臣妾之禮，本朝必先致恭，仁宗以姪事姑之禮見獻穆大長公主，此事長之法也。前代宮闈多不肅，宮人或與廷臣相見，唐入閤圖有昭容位。本朝宮禁嚴密，內外整肅，此治內之法也。前代外戚多與政事，常致敗亂，本朝母后之族皆不與，此待外戚之法也。前代宮室多尚華侈，本朝宮殿止用赤白，此尚儉之法也。前代人君雖在宮禁，出輿入輦，祖宗皆步自內廷，出御後殿，豈乏人之力哉？亦欲涉歷廣廷，稍冒寒暑耳，此勤身之法也。前代人主在禁中，冠服苟簡，祖宗以來燕居必以禮。竊聞陛下昨郊禮畢，具禮服謝太皇太后，此尚禮之法也。前代多深於用刑，大者誅戮，小者遠竄，惟本朝用法最輕，臣下有罪，止於罷黜，此寬仁之法也。至於虛己納諫，不好畋獵，不尚玩好，不用玉器，不貴異味，此皆祖宗家法，所以致太平者。陛下不須遠法前代，皆盡行家法，足以爲天下。

名賢氏族言行類稿卷三六。又見續資治通鑑長編卷四八〇、東都事略卷八九、御選古文淵鑑卷五十四、宋史卷三四〇呂大防傳、宋宰輔編年錄卷九、全宋文卷一五七三。

〔一〕宋宰輔編年錄繫於元祐三年四月，此從長編。

〔二〕「三十」原作「二十」，依太平治蹟統類改，宋初至元祐八年爲一百三十四年。

乞許抽差廣固人兵奏　元祐八年九月十二日

修奉乞差役兵二萬人，内廣固人兵，有條不許抽差。今修奉事大，乞就差前去。

宋會要輯稿禮三三之九(第二册第一二四二页)。又見全宋文卷一五七三。

山陵人使乞並行抽差奏　元祐八年九月十二日

乞應提舉京城汴河堤岸諸局，並寺監管下諸色作匠，據合銷人數，并行抽差役使。如有闕數，仍許於内外官司抽差，或令和雇應付，若拘礙一切條禁。并不許占留，晝時發遣。

宋會要輯稿禮三三之九(第二册第一二四二頁)。又見全宋文卷一五七三。

人君聽納當觀邪正驗是非奏　元祐八年九月

陛下初見羣臣，顧對者必衆，恐大煩勞，欲少爲之節。昨日垂簾日，羣臣惟臺諫得對，又必二人同上，故不敢以不正之言輒干天聽。今既人人得對，人心不同，善惡相雜，故於采納尤難。雖人君不可不博訪羣臣之言，至於聽納，尤當徐觀邪正，參驗是非，然後得實。

宋會要輯稿儀制六之一八(第二册第一九四二頁)。又見全宋文卷一五七三。

薦張載劄子

伏見本路鳳翔府寄居、著作佐郎、前崇文院校書郎張載,學術精深,性資方毅,昨因得告尋醫,未蒙朝廷召命,義難自進,老於田間,衆所共惜。臣未敢別乞朝廷任使,欲望聖慈且令召還書館舊職。有不如臣所舉,甘坐罔上不忠之罪。候敕旨。

玉照新志卷一(學津討源本)。又見熙豐日曆、乾隆鄜縣誌卷一四、全宋文卷一五七三。

雕印傷寒論牒

國子監准尚書禮部元祐三年八月八日符:「元祐三年八月七日酉時,准都省送下當月六日勑:中書省勘會下項醫書,册數重大,紙墨價高,民間難以買置。八月一日奉聖旨,令國子監別作小字雕印。內有浙路小字本者,令所屬官司校對,別無差錯,即摹印雕版,并候了日,廣行印造。只收官紙工墨本價,許民間請買,仍送諸路出賣。奉勑如右,牒到奉行。」前批「八月七日未時,付禮部施行」。續准禮部符:「元祐三年九月二十日,准都省送下當月十七日勑,中書省、尚書省送到國子監狀:『據書庫狀,准朝旨,雕印小字傷寒論等醫書出賣。契勘工錢約支用五千餘貫,未委於是何官錢支給應副使用。本監比欲依雕四子等體例,於書庫賣書錢內借支。又緣所降朝旨,候雕造了日,令只收官紙工墨本價,即別不收息,慮日後難以撥還，欲乞朝廷特賜應副上件錢數支使，候指揮。』尚書省勘當，欲用本監見在賣書錢，候將來成書出賣，每部只收息壹分，餘依元降指揮。奉聖旨依。國子監主者一依勑命指揮施行。」

治平二年二月四日進呈，奉聖旨，鏤版施行。朝奉郎、守太子右贊善大夫、同校正醫書、飛騎尉、賜緋魚袋臣高保衡，宣德郎、守尚書都官員外郎、同校正醫書、騎都尉臣孫奇，朝奉郎、守尚書司封郎中、充秘閣校理、判登聞檢院、護軍、賜緋魚袋臣林億，翰林學士、朝散大夫、給事中、知制誥、充史館修撰、宗正寺脩玉牒官兼判太常寺兼禮儀事兼判秘閣秘書省、同提舉集禧觀公事兼提舉校正醫書所、輕車都尉、汝南郡開國侯、食邑一千三百戶、賜紫金魚袋臣范鎮，推忠協謀佐理功臣、金紫光祿大夫、行尚書吏部侍郎、參知政事、柱國、天水郡開國公、食邑三千戶、食實封八百戶臣趙槩，推忠協謀佐理功臣、金紫光祿大夫、行尚書吏部侍郎、參知政事、柱國、樂安郡開國公、食邑二千八百戶、食實封八百戶臣歐陽修，推忠協謀同德佐理功臣、特進、行中書侍郎兼戶部尚書、同中書門下平章事、集賢殿大學士、上柱國、廬陵郡開國公、食邑七千一百戶、食實封二千二百戶臣曾公亮，推忠協謀同德守正佐理功臣、開府儀同三司、行尚書右僕射兼門下侍郎、同中書門下平章事、昭文館大學士、監脩國史兼譯經潤文使、上柱國、衛國公、食邑一萬七百戶，食實封三千八百戶臣韓琦。

知兖州録事參軍、監國子監書庫臣郭直卿，奉議郎、國子監主簿、雲騎尉臣孫準，朝奉郎、行國子監丞、上騎都尉、賜緋魚袋臣何宗元，朝奉郎、守國子司業、輕車都尉、賜緋魚袋臣豐稷，朝請郎、守國子司業、上輕車都尉、賜緋魚袋臣盛僑，朝請大夫、試國子祭酒、直集賢院兼徐王府翊善、護軍臣鄭穆，中大夫、守尚書右丞、上輕車都尉、保定縣開國男、食邑三百戶、賜紫金魚袋臣胡宗愈，中大夫、守尚書左丞、上護軍、太原郡開國侯、食邑一千八百戶、食實封二百户、賜紫金魚袋臣王存，中大夫、守中書侍郎、護軍、彭城郡開國侯、食邑一千一百户、食實封二百户、賜紫金魚袋臣劉摯，正議大夫、守門下侍郎、上柱國、樂安郡開國公、食邑四千户、食實封九百户臣孫固，太中大夫、守尚書右僕射兼中書侍郎、上柱國、高平郡開國侯、食邑一千六百户、食實封五百户臣范純仁，太中大夫、守尚書左僕射兼門下侍郎、上柱國、汲郡開國公、食邑二千九百户、食實封六百户臣呂大防。

仲景全書卷首（明萬曆二十七年趙開美刊本）。又見全宋文卷一五七三。

私門貼

大防頓首。私門不幸，息女喪亡。伏蒙台慈，特賜手問。仰荷軫恤，無任悲感。末由面謝，哀咽奉啓，不次。大防頓首，尚書右丞台坐。

宋人法書第一册（故宮影印本）。又見六藝之一録卷三九四、全宋文卷一五七三。

與歐陽修書

巧言萋斐，徒成貝錦之文；雅行委蛇，奚玷素絲之節？

寓簡卷八（知不足齋叢書本）。又見全宋文卷一五七三。

呂氏周易古經序

右周易古經者，彖、象所以解經。始各爲一書，王弼專治彖、象以爲注，乃分綴卦爻之下，學者於是不見完經，而彖、象辭次第貫穿之意，亦缺然不屬。予因案古文而正之，凡經二篇，彖、象、繫辭各二篇，文言、説卦、序卦、雜卦各一篇，總一十有二篇。元豐壬戌七月既望，汲郡呂大防序。

古周易卷首（通志堂經解本）。又見经義考卷一九、萬卷精華樓藏書記卷一、宋元學案補遺卷一九、光緒藍田縣志卷一〇、全宋文卷一五七三。

華陽國志後序

先王之制，自二十五家之閭，書其恭敏任恤，等而上之，或月書其学行，或歲考其道德。故民之賢能邪惡，其吏無不與知之者焉。漢、魏以還，井地廢而王政闕，然猶時有所考察旌勸，而州都中正之職，尚修於羣國；，鄉閭士女之行，多見於史官。隋、唐急事緩政，此制遂廢而不舉。潛德隱形，非野史紀述，則悉無見於時。民日益漓，俗日益卑，此有志之士所爲歎惜也。晉常璩作華陽國志，於一方人物丁寗反覆，如恐有遺，雖蠻髦之民，井臼之婦，苟有可紀，皆著於書，且云得之陳壽所爲耆舊傳。按壽嘗爲郡中正，故能著述若此之詳。自先漢至晉初，踰四百歲，士女可書者四百人，亦可謂衆矣。復自晉初至於周顯德，僅七百歲，而史所紀者無幾人。忠魂義骨與塵埃野馬同没於丘原者蓋亦多矣，豈不重可歎惜哉！此書雖繁富，不及承祚之精微，然議論忠篤，樂道人之善，蜀紀之可觀，未有過於此者。鏤行於世，庶有益於風教云。宋元豐戊申秋日譔。

華陽國志校注附（一九八四年巴蜀書社本）。又見成都文類卷二三、全蜀藝文志卷三〇、萬卷精華樓藏書記卷四〇、同治大邑縣誌卷一八中、民國灌縣志文徵卷一〇、全宋文卷一五七三。

瑞香圖序

瑞香，芳草也。其木高纔數尺，生山坡間，花如丁香，而有黄紫二種。冬春之交，其花始發。植之庭檻，則芬馥出於戶外。野人不以爲貴，宋景文亦闕而不載。予今春城後二十年守成都，公庭僧圃，靡不有也。予恐其沒於草，一日見知於時，殆與人事無異，感而圖之，爲之序。

羣書考索卷二〇一（影印文淵閣四庫全書本）。又見全芳備祖卷二二、古今圖書集成草木典卷三〇一、廬山記事卷一、全宋文卷一五七三。

唐禁苑圖跋　元豐三年五月五日

隋氏設都，雖不能盡循先王之法，然畦分棊布，閭巷皆中繩墨，坊有墉，墉有門，逋亡姦僞，無所容足，而朝廷宫寺，民居市區，不復相參，亦一代之精制也。唐人蒙之以爲治，更數百年不能有改，其功亦豈小哉？隋文有國纔二十二年，其剗除不庭者非一國，興利後世者非一事，大趣皆以惠民爲本，躬決庶務，未嘗逸豫。雖古聖人，夙興待旦，殆無以過。惜其不學無術，故不能追三代之盛。予因考證長安故圖，愛其制度之密，而勇於敢爲，且傷唐人媢疾，史氏沒其實，聊記於後。元豐三年五月五日，龍圖閣待制、知永興軍府事、汲郡呂大防題。

長安志圖卷七（影印文淵閣四庫全書本）。又見全宋文卷一五七三。

辨蘭亭記

蜀有草如諼，紫莖而黄葉，謂之石蟬，而楚人皆以爲蘭。蘭見於詩、易，而著於離騷，古人所最貴，而名實錯亂，乃至於此，予竊疑之。乃詢諸游仕荊湘者，云楚之有蘭舊矣，然鄉人亦不知蘭之爲蘭也。前此十數歲，有好事者以色臭花葉驗之於書而名著，況他邦乎？予於是信以爲蘭。考之楚辭，又有「石蘭」之語，蓋蘭蟬聲近之誤。其葉冬青，其華寒，其生沙石瘠土，而枝葉峻茂，其芳不外揚。暖風晴日，有時而發，則郁然滿乎堂室。是皆有君子之德，此古人之所以爲貴也。乃爲小亭，種蘭於其旁，而名曰「辨蘭」。無使楚人獨識其真者，命亭之意也。

成都文類卷二七。又見全蜀藝文志卷四三上、蜀藻幽勝録卷二、嘉慶四川通志卷四八、嘉慶成都縣誌卷五、全宋文卷一五七三。

錦官樓記

蜀居中國之西南，於卦爲坤。坤有致養致役之義，而風俗肖焉。土地之毛，善利絲枲，爲之繒布，以給上國。負於陸則經青泥、大散羊腸九折之阪，航於川則冒瞿塘、灩澦沈舟不測之淵。日輪月積，以衣被於天下，此之謂致養。織文錦繡，窮工極巧。其寫物也如欲生，其渥采也如可掇。連甍比室，運箴弄杼，然膏繼晝，幼艾竭作，以供四方之服玩，此之謂致役。錦官之職也，有致養之順，有致役之恭，上自帝后之服、禁省之用，而下至疆臣戰士之予賜，莫不在焉。官廢久矣，故時貢篚，以絲布散於市民，至期而斂之。或苦惡不中程，或得輒私費，急無以償，則破産而不能贍。元豐六年二月，府言於朝，曰：歲貢錦綺紈羅，度以疋者萬四千，其尤難治者七百三十，上布之費總二百七十萬。募工而涅籍之，人歲費三十千，八十人而足，則不煩於民，而得良物以充貢。詔可之。乃度府治之東，治室以爲織所，興閣於前，以爲積藏待發之府，所以達風燥而遠卑濕也。明年五月，又詔以其所爲上供機院，特置吏以涖之，凡歲貢之在官民者悉典領之。益治綈錦之精麗者千五百端。募工滿三百；不足，則僦庸以充之。大率設機百五十四，日用挽綜之工百六十四，用紵之工百五十四，練染之工十一，紡繹之工百一十，而後足役。歲費絲權以兩者一十二萬五千，紅藍紫茢之類以斤者二十萬一千，而後足用。織室吏舍出納之府，爲屋百一十七間，而後足居。噫！脩貢織，供詔用，藩臣之所宜先，而常委於市人之手。蓋繇僞邦苟政，利於賤市，遂廢服官之職，因而不能改。今商其所給，乃重於籍工置吏之費，則積習流弊，衆爲蠹賊，實有出於公而不入於織紝之家者，蓋亦多矣。恭惟聖制更新，使民不復被其擾，而吏無所容其姦，足以度前古而垂後世矣。大防承假守之乏，實聞其命，輒敍其所以然。

成都文類卷二六。又見全蜀藝文志卷三四上、嘉慶四川通志卷四九、嘉慶華陽縣志卷三九、全宋文卷一五七三。

合江亭記

江沱自岷而別，張若、李冰之守蜀，始作堋以揵水，而闢溝以釃之，大溉蜀郡、廣漢之田，而蜀以富饒。今成都二水，此江沱支流，來自西北而匯於府之東南，乃所謂二江雙流者也。沱舊循南湟，與江並流以東。唐高駢斥廣其穢，遂塞縻棗故瀆，始鑿新渠，繚出府城之北，然猶合於舊渚。渚者合江故亭，唐人宴餞之地，名士題詩往往在焉。久茀不治，余始命葺之，以爲舩官治事之所。俯而觀水，滄波脩闊，渺然數里之遠。東山翠麓，與煙林篁竹列峙於其前。鳴瀨抑揚，鷗鳥上下。商舟漁艇，錯落遊衍。春朝秋夕置酒其上，亦一府之佳觀也。既而主吏請記其事，余以爲蜀田仰成官瀆，不爲塘埭以居水，故陂湖潢漾之勝比他方爲少。儻能悉知潴水之利，則蒲魚菱芡之饒，固不減於蹲鴟之助。古之人多因事以爲飾，俾其得地之利，又從而有觀游之樂，豈不美哉？茲或可書以視後，蓋因合江而發之。

成都文類卷四三。又見全蜀藝文志卷三九上、蜀中名勝記卷二、嘉慶四川通志卷四九、嘉慶華陽縣誌卷三九、全宋文卷一五七三。

觀政閣箴 並序

成都圖開寶以來牧守之像於大慈寺閣，徒記其爵位名氏與其在官歲月，而不録其政事之美惡。豈居是邑不非其大夫，邦人之禮宜如是歟？然不足以申勸戒，爲後來者法。余輒采秦、漢至於唐領太守、刺史、節度使之職，有政迹可考，而畫像存焉者，得二十有八人，別圖於他閣，名其榜曰「觀政」。蓋觀其善足以勸，觀其不善足以戒。其政事雖可考，而像不存者舍之；像雖存而僭竊不軌，或闒庸無聞者黜之。此觀者不可不知也。寺僧求文，余以謂古者官有箴，爲作箴以授之。其辭曰：

蜀於禹貢，是爲梁州。華陽、黑水，處坤之陬。其山四塞，氣鬱以遒。人矜其技，物産其尤。牧野之師，有功宗周。秦始列郡，置吏罷侯。守冰殖利，渠田肇修。肆彼一方，無衣食憂。文翁處後，教民文章。多士化之，傑出馬、楊。張堪廉惠，去而益張。五倫清約，人監允臧。廉范便民，警之所當。種暠繩奸，不以勢妨。李膺修設，善飾其身。高眹勸學，其迹猶新。養士之利，愈久愈存。賢哉孔明，討魏扶漢。思清以密，德順而健。其功不克，天未厭亂。王濬豪俊，知略不羣。晝策平吳，卒賴其勤。高儉循吏，爲唐元臣。象先廷碩，嗣美且文。嚴武暴厲，忿欲並申。天寶政紊，乃以牧民。崔甯繼之，以昏易昏。壯哉南康，横身扞難。種羌方熾，力弭其患。中朝以安，浮議可歎。崇文貪殘，得不償失。元衡靜安，飾以儒術。文昌更事，遠俗清謐。敏哉文饒，裕蠱治詳。擾弊之後，補敗藥傷。外禦其侮，内教有方。嗣復、悰、謩，遵故守成。自秦叢、孜秕政，民無以生。駢乎多罪，禍積釁盈。冤女呼天，虐及孤惸。瓌、瑄信盜，俾民卒瘏。燼及邦家，可不慎歟。自秦以還，鎮守之臣，政有良窳，存乎其人。牧臣司梁，敢告執巾。

成都文類卷四八。又見輿地紀勝卷一三七，全蜀藝文志卷四四上、嘉慶華陽縣誌卷三九、全宋文卷一五七三。

呂公著神道碑〔一〕

自熙寧四年，始改科舉，罷詞賦等，用王安石經義以取士，又以釋氏之説解聖人之經。學者既不博觀羣書，無修詞屬文之意，或竊誦他人已成之書，寫之以干進。由此科舉益輕，而文詞之官漸艱其選。先帝以答高麗書不稱旨，故當時以爲言。議者欲以詩賦代經義，公著乃於經義之外益以詩賦，而先經義以盡多士之能。又禁有司不得以老、莊之書出題，而學者不得以申韓、佛書爲説。經義參用古今諸儒之學，不得專用王氏。

續資治通鑑長編卷三九四。又見全宋文卷一五七三。

〔一〕 原碑文已佚，此係節文。

萬里橋西〔一〕

萬里橋西，有僧居曰「聖果」，後瀕錦江，有脩竹數千竿，僧辯作亭于竹中。予與諸公自橋乘舟泝流過之，因名亭曰「萬里」，蓋取其發源注海，與橋名同而實異，作小詩識之。

萬里橋西萬里亭，錦江春漲與堤平。拏舟直入修篁裏，坐聽風湍澈骨清。成都文類。

宋詩紀事卷十九。

幸太學倡和

清曉金輿出建章，祠宮轉仗指虞庠。三千逢掖裾如雪，十萬勾陳錦作行。再拜新儀瞻魯聖，一篇古訓賛周王。崇儒盛世無云補，扈蹕空慚集論堂。汴京遺跡志。

輯自山西古籍出版社校點本宋詩紀事補遺卷十三。

〔一〕本詩原無題，該題是輯校者依詩首句「萬里橋西萬里亭」所加。

和母同州丁巳吟[一]

行高名並美，命否數皆殂。嗟爾百君子，賢哉二丈夫。世方敦薄俗，自注：邵堯夫樂道不仕。誰復距虚無。自注：張子厚論佛老之失。望道咸瞠若，脩梁遽壞乎。密章燔漢綬，環經泣秦儒。賴有諸良友，能令紹不孤。

聞見前録卷二〇。

飛赴山

最勝西峰下，林梢四望亭。江山觀掌握，粱益布丹青。

輿地紀勝卷一五〇成都府永康軍。

西園辨蘭亭

手種叢蘭對小亭，辛勤爲訪正嘉名。終身佩服騷人宅，舉國傳香楚子城。削玉紫芽凌臘雪，貫珠紅露綴春英。若非郢

[一] 自此首至句，均輯自全宋詩卷六二〇，原整理者爲許紅霞。

客相開示，幾被方言誤一生。

送朱壽昌迎母東歸

去年謫守豫章南，楚岸方舟鷁首銜。君便得親誇綵服，我方違養苦征帆。春來重到青山郭，膝下同榮紫〔二〕綺衫。尤愛中條更相類，板輿時可到西巖。

以上宋詩拾遺卷五。

句

天倉三十六，寒擁翠微宮。三十六峰

巖暉萬古照，泉漏六時飛。六時水

樹向仙山老，枝經漢水燔。天師栗

以上輿地紀勝卷一五〇成都府路永康軍。

〔二〕「紫」：原脱，據天長縣志卷六補。

吕大忠文集

文集佚存

雜說

元祐初，申公與司馬温公同爲左右相，温公久病不出，申公數於簾前薦吕大防、范純仁可大用。已而以大防爲尚書左丞，純仁命未下也，温公一日召滎陽公至府第，謂公曰：「范純仁作執政固好，吕大防是韓縝宣撫判官，相公何故却薦作執政？」滎陽公即以意答公曰：「相公且看即今從官，誰是勝得吕大防者？」温公默然，久之，曰：「是也，都不如吕大防。」二〔一〕公同時並相，其不相疑如此之深，其易曉如此之篤，前後任事所無也。初，申公薦大防可在密院，純仁可在中書，簾中誤記，遂以大防爲右丞。久之，以純仁同知樞密院。

續資治通鑑長編卷三百七十，八九四四頁。

送程給事知越州

飛詔平明走玉珂，夕郎持節越山阿。西風旗鼓催行色，南國蓴鱸助醉歌。鄰寇未銷謀可爾，部氓猶困政如何？番禺

〔一〕中華本校勘記云：「『二』原作『三』，按此處係指司馬光與吕公著，當爲『二』字，今據閣本改。」（八九六八頁）

今得長城利，推此求功曲突多。會稽掇英續集。

宋詩紀事補遺卷十三。

立定夏國國界有五不可奏〔一〕　熙寧四年十二月

伏聞朝廷將使立定夏國地界，此誠陛下安邊息民之心。然而安邊息民之策，恐不在此，臣輒有五不可之説，伏惟聖慈采擇。

自來沿邊多以兩不耕種之地爲界，其間闊者數十里，狹者亦不減三五里，出其不意尚或交侵。今議重定地界，相去咫尺，轉費關防。樵牧之爭固無寧日，釁隙稍久，必惹事端。此不可者一也。懷撫夷狄，先以恩信。恩信未洽，欲畫封疆。俱非誠意，後必患生，或有奔衝，人難禦捍。此不可者二也。議者以夏國辭請恭順，遂欲乘此明分蕃漢之限。所差官須與逐處首領相見商量，以兵則非所以示信，不以兵則敵情反覆無常。前延州議事官幾爲所擒，至今邊人危之。此不可者三也。近年陝西沿邊四路皆有展置城寨，戎心怨嗟，未有以發。既令各守其境，曲直自明。如或有辭，過實在我。此不可者四也。夏國邊界東起麟府，西至秦鳳，繚繞幾二千里。若欲久存，須爲壕塹，計工多少，所役何人，或要害之地勢有必爭，歲月之間未易了畢。暴露絶塞，百端可虞。此不可者五也。

非徒五不可，又有大不可者一焉。無定河東滿堂、鐵笳平一帶地土，最爲膏腴，西人賴以爲國，自修綏德城，數年不敢耕鑿，極爲困撓。竊聞今來願於綏德城北退地二十里，東必止以無定河爲界。如此則安心住坐，廢田可以盡開。彼之姦

〔一〕自此篇至乞量移呂大防奏二十一文，均輯自全宋文卷一五一〇，原校點者爲曾棗莊。

謀，蓋出於此。若遂使得志，一旦緩急，鄜延可憂。此所謂大不可者一也。如不以臣言爲妄，伏乞下臣狀付中書、樞密院，及令臣面析利害，庶得周悉。苟有可采，早賜施行。

續資治通鑑長編卷二二八。

講和之初宜敦信誓嚴節制奏　熙寧四年十二月

臣嘗游塞上，熟知戎情。如朝廷敦信誓，帥臣嚴節制，將佐不敢貪功務獲，則永無邊患。此事人皆知之，但爲議者所忽不行耳。今講和之初，宜先務此。

續資治通鑑長編卷二二八。

先示以信上全國體奏　熙寧四年十二月

臣等五人被命而行，不敢不先示以信，上全國體。萬一疏虞，則朝廷如何處置？移文詰問，必漫然不報；舉兵討罪，又力所不堪。復與之和，勢皆在彼，百端呼索，須至含容。挫損天威，無甚於此，不可不慮也。

續資治通鑑長編卷二二八。

同契丹商量地界事奏　熙寧七年三月

竊聞敵主孱懦，朔、應諸州久不知兵，習以畏戰。可遣諜者游説，以撓其謀，遷延數年，繕我邊計，因彼釁隙，乃可得志。其餘諸羌，可以傳檄而定。其合召募錢帛，乞下經略司應副，委臣稱事優給。如商量地界未定，或敵使未至，乞臣以點檢爲名，因於河外召募。

續資治通鑑長編卷二五一。

乞令韓縝齎地界文字地圖使北奏　熙寧七年四月

伏見北使蕭禧至闕，爭辨地界，聞遣韓縝報聘。乞下樞密院錄前後照據文字，令縝齎至敵庭，庶令北朝稍知本末。

續資治通鑑長編卷二五二。

乞許河外土豪往北界探事奏　熙寧七月〔一〕十一月

河外有土豪三兩人，自來皆交結北界權貴，欲自備錢物探事，候有驗，乞朝廷推恩。

續資治通鑑長編卷二五八。

乞終喪奏　熙寧七年

臣與劉忱再會北人大黄平，蕭素、梁穎詞理俱屈，雖議論反覆，迷執不回，竊原其情，技亦止此。爲今之計，莫若因而困之。伏望就除劉忱一本路差遣，置地界局於代州，以蕭士元爲副，來則與之言，去則勿問。在我則逸，在彼則勞。歲月之間，庶可決議。久寓絕塞，人情皆非所堪；速希成功，實恐有害機事。而臣方在哀疚，棄几筵以將使事。今日素、穎亦必顧惜歡好，決無倉卒起兵之端，臣之去留，似無所繫，乞聽臣罷歸，以終喪制。

續資治通鑑長編卷二六〇。又見太平治蹟統類卷一六。

〔一〕「月」：疑爲「年」。

北人求地不可許奏　熙寧七年

竊以北人窺伺邊疆，爲日久矣，始則聖佛谷，次則今泉村，以致牧羊峰、瓦窑塢，共侵築二十九鋪。今所求地，又西起雪山，東接雙泉，盡瓶形、梅回兩寨，繚繞五百餘里。蔚、應、朔三州侵地，已經理辦，更無可疑，惟瓦窑塢見與北界商量。蕭禧未過界時，臣先奏論，乞朝廷主此定議，禧至，又皆許之。今西徑以東皆有明據，此地不能固争，它處亦恐以難保。竊料敵情有可動者一，有不可動者五。狃於包容，侵侮中國，今若必校，或激怒心，此可動者一。歲得金帛，與地孰利，萬一絕好，所失則多，此不可動者一也；彼兵雖衆，脆弱驕惰，應敵者鮮，非咸平、景德間可比，此不可動者二也；城池不固，械器不精，以守必危，以戰必敗，此不可動者三也；山後之民，久苦虐政，皆有思中國之心，邊釁一開，必防内變，此不可動者四也；北人最畏西夏，復有達靼之隙，果欲長驅，豈無牽制之慮，此不可動者五也。彼主柔而少斷，母老子孱，縱有諫臣，恐未能用。今者彼使再入，必未肯先輸屈伏之言，俟其情意稍開，且以胡谷、義興冶、大石、茹越、麻谷五寨，治平二年侵築十五鋪，度山勢立界，或更增以瓦窑塢，如王僅、靳宗臣之議，則我無屑就之愧，彼有可去之名。蕭禧使還，不遂其意，萬一張大兵勢，測我淺深，乞指揮諸路帥臣，但爲備禦計，一切勿校。

續資治通鑑長編卷二六〇。又見太平治蹟統類卷一六。

上神宗論養兵　元豐二年

臣聞天下之患，終在腹心，而始在邊鄙。邊鄙之患，輕在禦敵，而重在養兵。漢以匈奴，千里轉餉，而天下困。唐以藩鎮，耗竭國用，而人心離。則是今日養兵之弊，終爲他日腹心之大患，不可不察也。夫養兵所以制敵，將使邊鄙安靖，而腹心受其賜也。今養之太冗，而處之無法，朘削腹心，以供其費而猶不足，雖能勝敵，無所用之，況不能勝者哉？雖然，邊不可不防，兵不可不養。弊之甚者，則宜更之；患之大者，則宜消之。必使天下井牧其地，伍兩其民，無事則耕，有事則戰，是臣之願也。未可遽行如漢之屯田，唐之府兵亦足爲善法，而不能盡用，則今日養兵，終危道也。危道之中，又有甚焉。以疲弱失教之兵，置之極塞不毛之地，日耗貴直之粟，歲勞輓饋之力，寇小至，則不足與校而強校之；寇大至，則不能以支，更求益兵。而申其致師之計，則是以有限之財，供無涯之費。非徒費也，又將起腹心大患，豈非危道之甚者邪？爲今之計，亦可以回顧少思，而去其太甚者矣。

臣謂今日之寨戶，近於屯田；今日之義勇，近於府兵。如廣募而精教之，以銷禁兵之弊，一寨戶之勇，過於禁兵十人；五義勇之費，不敵禁兵一人。以此校之，養兵大費，已省其半矣。臣又聞自古及今，有一國當一邊，一州當一道者，祿賞自足，未聞取備於內也。秦、漢之際，一燕一代自當匈奴。本朝之初，慶州姚內斌、雄州李允則自當一道。此無他，兵精而無冗食也。時使而不久戍也，巖險其壘，而不多留兵也。通其互市以致州粟也，多置屯田以息遠餉也，廣募士人以減禁旅也。寇不至，則吾戒疆吏，毋輕犯以致敵也；寇既來，則吾飭守將，不與其幸勝也；寇將退，則吾度其盛衰，雖空壘以襲之可也；事既甯，則吾計曲直，雖益兵而報之亦可也。凡此者，雖非先王之法，不猶愈於今日之弊哉？以臣之愚，雖不足以權大事，欲望聖慈試以臣言參問邊臣，許其極論是非覆奏。如以爲非，則是邊臣欺罔陛下，終不能銷天下腹心之患。或以爲是，則願陛下不憚一時之勞，盡講遺法，而行不三四年，國力民心庶可蘇矣。臣無狀，奉使以輓饋爲職，不能廣謀財利，以應一切之急。而言及養兵之弊，人皆以臣爲不善避嫌。獨臣之愚，志安社稷，不忍緘默以自取容也。

宋名臣奏議卷一二一。又見宋史卷三四〇呂大忠傳，右編卷三七，歷代名臣奏議卷二二〇，經濟八編卷六九。

有司檢放災傷乞詳定立法奏 元豐四年七月

天下二税，有司檢放災傷，執守謬例，每歲僥倖而免者無慮三二百萬，其餘水旱蠲閣，類多失實。民披訴災傷狀，多不依公式〔一〕。諸縣不點檢所差官，不依編敕起離月日程限，託故辭避。乞詳定立法。

續資治通鑑長編卷三一四。又見宋會要輯稿食貨六一之七二（第六册第五九〇九頁），續資治通鑑卷七六。

理財當視天下猶一家奏 元豐中

古者理財，視天下猶一家。朝廷者家，外計者兄弟，居雖異而財無不同。今有司惟知出納之名，有餘不足，未嘗以實告上。故有餘則取之，不足莫之與，甚大患也。

宋史卷三四〇呂大忠傳。

〔一〕「式」下原有「令」字，依宋會要輯稿删。

乞更支鹽鈔奏　元祐元年閏二月十八日

陝西鹽鈔價貴，乞年額外，依自來兩池分數，更支鹽鈔一十五萬席，以平準其價。

宋會要輯稿食貨二四之二六（第六册第五二〇七頁）。又見續資治通鑑長編卷三六九。

答密劄所問奏　元祐六年九月

夏國賴以爲生者，河南膏腴之地，東則横山，西則天都馬銜山一帶，其餘多不堪耕牧。若於熙河路相近定西城北石峽子外，秦鳳路相近淺井，涇原路相近沒煙峽口各置一大寨，鄜延、環慶兩路利害不甚詳悉，乞下逐處相度。羌情戀土，憚於遷徙，必皆歸順。就而撫之，便爲籬落，更不消外設亭障。兼有山林所阻，沙漠爲限，中國爲援，彼既失此地利，當自困弱。他日雖欲猖狂，不可得也，此爲上策。竊聞疆議，朝廷元降指揮，依慶歷五年誓詔，以見今漢蕃人户住兩界中間爲定分畫，此爲中策。一蘭州、通遠軍地界，若依范育所奏，此爲下策。臣愚竊謂朝廷必欲展置版築，未審果出何策？此計先定，即度工聚材，使之畢具，然後勒熙河、秦鳳之兵，約日分行討蕩，併力興修。軍回亦須稍見次第，仍令不住更互，倏往忽來，淺攻近掠，西人必不敢近寨。歲月之間，吾事濟矣。上策聞諸士論，亦先帝之志，失於垂成。其次中策，自當執而行之，朝廷急於講和，俄復中變。於僅存者，惟有下策，議猶未決，遂使西人窺測，累年入寇邊鄙，侵侮無厭。意謂朝廷憚於用兵，所求必如所欲而已。今既絶其歲賜，兼諸路兵勢足以枝梧，乃是宗廟社稷之靈，陰有輔相。已行姑息之命，救而正之，幾不可失，此其時也。前日所請必從，蓋欲邊隙早平。今既不可包容，明與之絶，凡事當一正以理。西夏每有大舉，動經累月，蓋人人自備其費。

若諸路則悉從官給，號令一出，無敢後者。只以飢飽勞逸難易校之，已能屈敵，奈何惴惴然惟恐其來？乃是帥臣習而不察，未嘗爲朝廷深計。欲乞今後將歲賜錢物分賜諸路，添助邊計。每遇防春、防秋，不以有無探報，常令移兵并塞，疑而致之。〔一〕但使來無所得，常爲固守清野之計。去有所防，吾兵在境，勿忘戒心，蠢爾小羌，必厭點集。三二年間，其勢自困，兹坐勝之策也。上策守而不戰，謂限以沙漠，西人無水草嘯聚之地。中策守而或戰，謂漢蕃住坐相遠，舉動稍難。下策守而常戰，謂此彼倏忽往來，不可以相及。中策、下策既有戰計，須立報寨之法，然後可以保民。前日疆事欲速，此策猶或難之，今來遠謀，故以爲下。

續資治通鑑長編卷四六六。

乞指揮鄜延路移問夏國事奏　元祐六年十月

夏國自梁氏兄弟用事以來，虐用其民，壯者勞於徵役，老弱困於資助，以至僥倖非據，殘害忠良，上下怨嗟，皆欲共食其肉，特未發爾。近聞乙逋、阿革并就誅戮，嵬名族人欲預國事，又擇種姓以爲之主。羌中以嘗累寇諸路，深慮朝廷乘此危疑之際，或有舉興，遂遣使請和，以觀吾變。正是可以經營之際，不若因而指揮鄜延路，只作經略司意度，移問夏國：「今來乙逋、阿革已死，就使未死，亦可以激怒衆心，使之反側。委是嵬名族人復預國事，其所主立，衆共推服，從今一心恭順，更不敢別有邀求，速希回報，以憑申奏朝廷，乞行封冊。」乙逋之變，本國方以爲諱，今明言之，以奪其氣。如此則忠黨遂安，永戴恩德。此邊防莫大之利，伏望聖慈斷在必行，天下幸甚。

〔一〕「疑」：原作「款」，據閣本改。

續資治通鑑長編卷四六七。

防秋调遣兵将事奏　元祐七年九月

方今防秋，熙河既未肯遞遣將兵，若涇原有寇，欲且遣第四將行。其熙河有寇，本路除策應牽制外，亦難别那兵將前去。已依此指揮統制官施行訖。

續資治通鑑長編卷四七七。

近陳并兵之策乞早賜施行奏　元祐八年正月

西賊之性，既不可專用德懷，亦不可全用威制，正惟以方略禦之而已。方略謂何？間諜必精，斥候必遠，籬落必周。諸路并塞民居與羌族大抵相望，非有垣墉門户之限，倏往忽来，其勢易以相及。今間諜未精，探事人類多庸才，難以深入。斥候未遠，卓望鋪大概不出數十里間。籬落未周，邊面亭障尚多空缺去處。安免殺掠之患哉？朝廷果欲保民，宜略出此。察於動静，則雖深謀可以覘知；謂先得敵情。備於要害，則雖大舉可以控扼。謂必據地利。前日之患，甯復慮乎？但以間諜未易求，斥候、籬落，議者猶或難之耳。若然，則本司近陳并兵之策，無以易也。伏乞早賜詳酌施行。

續資治通鑑長編卷四八〇。

羌人遣使不可遽從其請奏　元祐八年正月

勘會羌人連年掠麟府、環慶，議者皆謂朝廷必思有以制之，庶幾可以少謝兩路生靈之怨毒。今忽無名，復欲遣使，驕慢如此，其意可知。朝廷縱未能峻行拒絶，且當委帥臣一面致詰所以來之辭，然後察其誠僞，隨宜處置，亦不至便失機會。而乃遂忘欺紿，惟請是從。臣恐此賊察我淺深，以爲終不足畏，因緣妄有邀求，不知朝廷如何應副？徇其所欲，則勢有未安；稍咈其情，則怨莫能解。不若以理勝之，則順而易行，人神共助，何事不成，況區區之蕃族哉！歲月之間，宜可以屈。伏望聖慈深念邊防久計，召執政大臣熟思深慮，毋或專務包容，更啓他時之患。

〔貼黄〕前日夏國請和，既已失之太遽。今日廟堂正宜審重，伐其姦謀。又賊人遣使請命，其説可料者三：塞草未生，戎馬飢瘦，復防入討，陽爲恭順，一也；諸路屢常淺攻，昨來大舉酬賽，蓋不獲已，二也；熙河疆界未定，恐謀進築，因而再有争占，三也。大抵皆是款我邊備，止要乘便，常來侵掠，覬望朝廷厭兵，先議屈就，不可不深察耳。又千里畏人，孟子猶或非笑，況其地又廣數十倍之多乎？四裔環視中國，其間北有强大之隣，尤當不使少有所覘。今一旦爲小羌摇撼，遂委曲依從，臣恐異日兵連禍結，不止此耳。臣於前年十月十二日，預嘗論列此事，伏乞檢會詳酌，更賜裁擇。

續資治通鑑長編卷四八〇。

乞與夏人一校奏　紹聖二年

夏人戍守之外，戰士不過十萬，吾三路之衆，足以當之矣。彼屢犯王略，一不與校，臣竊羞之。

宋史卷三四〇呂大忠傳。

關陜民力未裕奏　紹聖二年

關、陜民力未裕，士氣沮喪，非假之歲月，未易枝梧。

宋史卷三四〇呂大忠傳。

乞召農民豫借官錢糴買奏　紹聖三年三月八日

乞沿邊次邊糴買，召農民願結保豫借官錢一半，依此税限催科，餘錢候夏秋時取市價貴賤，估定實直告諭，隨所輸貼納。

宋會要輯稿食貨四〇之一（第六册第五五〇九頁）。又見補編第六一五頁。

乞量移呂大防奏　紹聖三年七月

臣弟大防，自罹謫籍，流落累年，恐一旦不虞，倏先朝露，死生隔絶，銜恨無窮。伏乞寢臣已除職名，只量移大防陜西州郡居住。

續資治通鑑卷八四。

附　録

附録一

元豐己未呂與叔東見二先生語

古不必驗，今之所患，止患不得爲，不患不能爲。正

「居處恭，執事敬，與人忠」，此是徹上徹下語，聖人元無二語。明

一人之心即天地之心，心一作體。一物之理即萬物之理，一日之運即一歲之運。正

志道懇切，固是誠意；若迫切不中理，則反爲不誠。蓋實理中自有緩急，不容如是之迫，觀天地之化乃可知。正

聖人用意深處，全在繫辭，詩、書乃格言。明

古之學者，皆有傳授。如聖人作經，本欲明道。今人若不先明義理，不可治經，蓋不得傳授之意云爾。如繫辭本欲明易，若不先求卦義，則看繫辭不得。

觀易須看時，然後觀逐爻之才。一爻之間，常包涵數意，聖人常取其重者爲之辭。亦有易中言之已多，取其未嘗言者，亦不必重事。又有且言其時，不及其爻之才，皆臨時參考。須先看卦，乃看得繫辭。

有德者，得天理而用之，既有諸己，所用莫非中理。知巧之士，雖不自得，然才知稍高，亦能窺測見其一二，得而用之，乃自謂泄天機。若平心用之，亦莫不中理，但不有諸己，須用知巧，亦有元本無有字反失之，如蘇、張之類。

教人之術，若童牛之牿，當其未能觸時，已先制之，善之大者。其次，則豶豕之牙。豕之有牙，既已難制，以百方制之，終不能使之改，惟豶其勢，則性自調伏，雖有牙亦不能爲害。如有不率教之人，却須置其檟楚，別以道格其心，則不須檟楚，

將自化矣。

事君須體納約自牖之意。人君有過，以理開諭之，既不肯聽，雖當救止，於此終不能回，却須求人君開納處進説。牖乃開明處。如漢祖欲廢太子，叔孫通言嫡庶根本，彼皆知之，既不肯聽矣，縱使能言，無以易此。惟張良知四皓素爲漢祖所敬，招之使事太子，漢祖知人心歸太子，乃無廢立意。及左師觸龍事，亦相類。

天下善惡皆天理，謂之惡者非本惡，但或過或不及便如此，如楊、墨之類。明

仁、義、禮、智、信五者，性也。仁者，全體；四者，四支。仁，體也。義，宜也。禮，别也。智，知也。信，實也。

學者全體此心，學雖未盡，若事物之來，不可不應，但隨分限應之，雖不中，不遠矣。

學者須敬守此心，不可急迫，當栽培深厚，涵泳於其間，然後可以自得。但急迫求之，只是私己，終不足以達道。

學者全要識時。若不識時，不足以言學。顔子陋巷自樂，以有孔子在焉。若孟子之時，世既無人，安可不以道自任？

訂頑一篇，意極完備，乃仁之體也。學者其體此意，令有諸己，其地位已高。到此地位，自别有見處，不可窮高極遠，恐於道無補也。明

醫書言手足痿痺爲不仁，此言最善名狀。仁者，以天地萬物爲一體，莫非己也。認得爲己，何所不至？若不有諸己，自不與己相干。如手足不仁，氣已不貫，皆不屬己。故「博施濟衆」，乃聖人〔一〕之功用。仁至難言，故止曰「己欲立而立人，己欲達而達人，能近取譬，可謂仁之方也已」。欲令如是觀仁，可以得仁之體。明

「博施濟衆」，云「必也聖乎」者，非謂仁不足以及此，言「博施濟衆」者乃功用也。明

嘗喻以心知天，猶居京師往長安，但知出西門便可到長安。此猶是言作兩處。若要誠實，只在京師，便是到長安，更不可别求長安。只心便是天，盡之便知性，知性便知天，一作性便是天。當處便認取，更不可外求。

〔一〕 求我齋本無「人」字。

「窮理盡性以至於命」，三事一時並了，元無次序，不可將窮理作知之事。若實窮得理，即性命亦可了。明

學者識得仁體，實有諸己，只要義理栽培。如求經義，皆栽培之意。

世間有鬼神馮依言語者，蓋屢見之。未可全不信，此亦有理。「莫見乎隱，莫顯乎微」而已。嘗以所求語劉絢，其後以其思索相示，但言與不是，元未嘗告之。近來求得稍親。

昔受學於周茂叔，每令尋顏子、仲尼樂處，所樂何事。

真知與常知異。常[一]見一田夫，曾被虎傷，有人説虎傷人，衆莫不驚，獨田夫色動異於衆。若虎能傷人，雖三尺童子莫不知之，然未嘗真知。真知須如田夫乃是。故人知不善而猶爲不善，是亦未嘗真知。若真知，決不爲矣。

蒲人要盟事，知者所不爲，况聖人乎？果要之，止不之衛可也。盟而背之，若再遇蒲人，其將何辭以對？

嘗言鄭戩作縣，定民陳氏爲里正。既暮，有姓陳人乞分居，戩立笞之，曰：「安有朝定里正，而夕乞分居？」既而察之，乞分居者，非定里正也。今夫赤子未能言，其志意嗜欲人所未知，其母必不能知之，然不至誤認其意者，何也？誠心愛敬而已。若使愛敬其民如其赤子，何錯繆之有？故心誠求之，雖不中，不遠矣。

欲知得與不得，於心氣上驗之。思慮有得，中心悦豫。沛然有裕者，實得也。思慮有得，心氣勞耗者，實未得也，强揣度耳。嘗有人言「比因學道，思慮心虚」。曰：「人之血氣，固有虚實，疾病之來，聖賢所不免，然未聞自古聖賢因學而致心疾者。」

學者須先識仁。仁者，渾然與物同體。義、禮、知、信皆仁也。識得此理，以誠敬存之而已，不須防檢，不須窮索。若心懈則有防，心苟不懈，何防之有？理有未得，故須窮索。存久自明，安待窮索？此道與物無對，大不足以名之，天地之用皆我之用。孟子言「萬物皆備於我」，須反身而誠，乃爲大樂。若反身未誠，則猶是二物有對，以己合彼，終未有之，一本下更

[一]「常」：疑爲「嘗」。

有「未有之」三字。又安得樂？訂頑意思，乃備言此體。以此意存之，更有何事？「必有事焉而勿正，心勿忘，勿助長」，未嘗致纖毫之力，此其存之之道。若存得，便合有得。蓋良知良能元不喪失，以昔日習心未除，却須存習此心，久則可奪舊習。此理至約，惟患不能守。既能體之而樂，亦不患不能守也。明

事有善有惡，皆天理也。天理中物，須有美惡，蓋物之不齊，物之情也。但當察之，不可自入於惡，流於一物。明

昔見上稱介甫之學，對曰：「王安石之學不是。」上愕然問曰：「何故？」對曰：「臣不敢遠引，止以近事明之。臣嘗讀詩，言周公之德云：『公孫碩膚，赤舄几几。』周公盛德，形容如是之盛。如王安石，其身猶不能自治，何足以及此！」明○一本此下云：「又嘗稱介甫，顥對曰：『王安石博學多聞則有之，守約則未也。』」

聖人即天地也。天地中何物不有？天地豈嘗有心揀別善惡，一切涵容覆載，但處之有道爾。若善者親之，不善者遠之，則物不與者多矣，安得爲天地？故聖人之志，止欲「老者安之，朋友信之，少者懷之」。

死生存亡皆知所從來，胸中瑩然無疑，止此理爾。孔子言：「未知生，焉知死。」蓋略言之。死之事即生是也，更無別理。明

言體天地之化，已剩一體字，只此便是天地之化，不可對此個別有天地。明

胡安定在湖州置治道齋，學者有欲明治道者，講之於中。如治兵、治民、水利、算數之類。嘗言劉彝善治水利，後果〔一〕爲政，皆興水利有功。

「晬面盎背」，皆積盛致然；「四體不言而喻」，惟有德者能之。

大學乃孔氏遺書，須從此學則不差。明

孔子之列國，答聘而已，若有用我者則從之。

〔一〕「果」：求我齋本作「累」。

居今之時，不安今之法令，非義也。若論爲治，不爲則已，如復爲之，須於今之法度内處得其當，方爲合義。若須更改而後爲，則何義之有？

孟子言「養心莫善於寡欲」，欲寡〔一〕則心自誠。荀子言「養心莫善於誠」，既誠矣，又何養？此已不識誠，又不知所以養。

賢者惟知義而已，命在其中。中人以下，乃以命處義。如言「求之有道，得之有命」，是求無益於得，知命之不可求，故自處以不求。若賢者則求之以道，得之以義，不必言命。

克己則私心去，自然能復禮，雖不學文，而禮意已得。明

今之監司，多不與州縣一體。監司專欲伺察，州縣專欲掩蔽。不若推誠心與之共治，有所不逮，可教者教之，可督者督之，至於不聽，擇其甚者去一二，使足以警衆可也。

詩、書載道之文，春秋聖人之用。一本此下云：「五經之有春秋，猶法律之有斷例也。律令惟言其法，至於斷例則始見其法之用也。」詩、書如藥方，春秋如用藥治疾，聖人之用全在此書，所謂「不如載之行事深切著明」者也。有重疊言者，如征伐盟會之類。蓋欲成書，勢須如此，不可事事各求異義。但一字有異，或上下文異，則義須別。

君實修資治通鑑，至唐事。正叔問曰：「敢與太宗、肅宗正篡名乎？」曰：「然。」又曰：「敢辯魏徵之罪乎？」曰：「何罪？」「魏徵事皇太子，太子死，遂忘戴天之讐而反事之，此王法所當誅。後世特以其後來立朝風節而掩其罪。有善有惡，安得相掩？」曰：「管仲不死子糾之難而事桓公，孔子稱其能不死，曰：『豈若匹夫匹婦之爲諒也，自經於溝瀆而莫之知也！』與徵何異？」曰：「管仲之事與徵異。齊侯死，公子皆出。小白長而當立，子糾少亦欲立。管仲奉子糾奔魯，小白入齊，既立，仲納子糾以抗小白。以少犯長，又所不當立，義已不順。既而小白殺子糾，管仲以所事言之則可死，以義

〔一〕「欲寡」：四庫本作「寡欲」。

言之則未可死。故春秋書『齊小白入於齊』，以國繫齊，明當立也；又書『公伐齊納糾』，二傳無子字。糾去子，明不當立也；至『齊人取子糾殺之』，此復繫子者，罪齊大夫既盟而殺之也。與徵之事全異。」

知、仁、勇三者，天下之達德，所以行之者一。一則誠也。止是誠實此三者，三者之外，更別無誠。

孟子才高，學之無可依據。學者當學顏子，入聖人爲近，有用力處。明

「若季氏則吾不能，以季、孟之間待之」。季氏强臣，君待之之禮極隆，然非所以待孔子。季、孟之間，則待之之禮爲至矣。然復曰「吾老矣，不能用也」，此孔子不繫待之輕重，特以不用而去。

談經論道則有之，少有及治體者。「如有用我者」，正心以正身，正身以正家，正家以正朝廷百官，至於天下，此其序也。其間則又繫用之淺深，臨時裁酌而應之，難執一意。

天地之道，常垂象以示人，故曰「貞觀」；日月常明而不息，故曰「貞明」。

學者不必遠求，近取諸身，只明人理，敬而已矣，便是約處。易之乾卦言聖人之學，坤卦言賢人之學，惟言「敬以直内，義以方外，敬義立而德不孤」。至於聖人，亦止如是，更無别途。穿鑿繫累，自非道理。故有道有理，天人一也，更不分别。浩然之氣，乃吾氣也，養而不害，則塞乎天地；一爲私心所蔽，則欲然而餒，知其[一]小也。「思無邪」「無不敬」，只此二句，循而行之，安得有差？有差者，皆由不敬不正也。明

良知良能，皆無所由，乃出於天，不繫於人。

德性謂天賦天資，才之美者也。

凡立言欲涵蓄意思，不使知德者厭，無德者惑。

且省外事，但明乎善，惟進誠心，其文章雖不中不遠矣。所守不約，泛濫無功。明

[一]「知其」：二程集（第二〇頁）作「却甚」。

學者須學文，知道者進德而已。有德則「不習無不利」，「未有學養子而后嫁」，蓋先得是道矣。學文之功，學得一事是一事，二事是二事，觸類至於百千，至於窮盡，亦只是學，不是德。有德者不如是。故此言可爲知道者言，不可爲學者言。如心得之，則「施於四體，四體不言而喻」。譬如學書，若未得者，須心手相須而學，苟得矣，下筆便能書，不必積學。

有有德之言，有造道之言，有述事之言。有德者，止言己分事。造道之言，如顏子言孔子，孟子言堯、舜。止是造道之深，所見如是。

所見所期，不可不遠且大，然行之亦須量力有漸。志大心勞，力小任重，恐終敗事。

某接人多矣，不雜者三人：張子厚、邵堯夫、司馬君實。

聖不可知，謂聖之至妙，人所不能測。

立宗非朝廷之所禁，但患人自不能行之。

立清虛一大爲萬物之源，恐未安，須兼清濁虛實乃可言神。道體物不遺，不應有方所。

教人未見意趣，必不樂學。欲且教之歌舞，如古詩三百篇，皆古人作之。如關雎之類，正家之始，故用之鄉人，用之邦國，日使人聞之。此等詩，其言簡奧，今人未易曉。別欲作詩，略言教童子灑掃應對事長之節，令朝夕歌之，似當有助。

「致知在格物」。格，至也，窮理而至於物，則物理盡。

今之學者，惟有義理以養其心。若威儀辭讓以養其體，文章物采以養其目，聲音〔一〕以養其耳，舞蹈以養其血脉，皆所未備。

孟子之於道，若溫淳淵懿，未有如顏子者，於聖人幾矣，後世謂之亞聖，容有取焉。如「盍各言爾志」，子路、顏子、孔子皆一意，但有小大之差，皆與物共者也。顏子不自私己，故無伐善；知同於人，故無施勞。若聖人，則如天地，如「老者安

〔一〕「音」：四庫本作「者」。

之」之類。孟字〔一〕疑誤。

大學「在明明德」，先明此道；「在新民」者，使人用此道以自新；「在止於至善」者，見知所止。

得而後動，與慮而後動異。得在己，如自使手舉物，無不從。慮則未在己，如手中持物以取物，知其不利。

聖人於文章，不講而學。蓋講者有可否之疑，須問辨而後明。學者有所不知，問而知之，則可否自決，不待講論。如孔子之盛德，惟官名禮文有所未知，故問於郯子、老子，既知則遂行而已，更不須講。

正叔言：「不當以體會爲非心，以體會爲非心，故有心小性大之說。聖人之神，與天一有地字。爲一，安得有二？至於不勉而中，不思而得，莫不在此。此心即與天地無異，不可小了佗，不可一作若或。將心滯在知識上，故反以心爲小。」時本注云：「橫渠云：『心禦見聞，不弘〔二〕於性。』」

鼓舞萬物，不與聖人同憂，此天與人異處。聖人有不能爲天之所爲處。

行禮不可全泥古，須當視時之風氣自不同，故所處不得不與古異。如今人面貌，自與古人不同。若全用古物，亦不相稱。雖聖人作，須有損益。

交神明之意，當在事生之後，則可以盡孝愛而得其饗。全用古事，恐神不享。

訂頑之言，極純無雜，秦、漢以來學者所未到。

君與夫人當異廟，故自無配。明

禘，王者之大祭；祫，諸侯之大祭。明

伯淳言：「學者須守下學上達之語，乃學之要。」

〔一〕「字」：四庫本作「子」。

〔二〕「弘」：四庫本作「宏」。

嫂叔無服，先王之權。後聖有作，雖復制服可矣。

師不立服，不可立也，當以情之厚薄，事之大小處之。如顔閔於孔子，雖斬衰三年可也，其成己之功，與君父竝。其次各有淺深，稱其情而已。下至曲藝，莫不有師，豈可一概制服？

子厚以禮教學者，最善，使學先有所據守。

斟酌去取古今，恐未易言，須尺度權衡在胸中無疑，乃可處之無差。

學禮者考文，必求先王之意，得意乃可以沿革。

凡學之雜者，終只是未有所止，内不自足也。譬之一物，懸在空中，苟無所倚著，則不之東則之西，故須著撲〔一〕佗別道理，只爲自家不内足也。譬之家藏良金，不索外求，貧者見人説金，須借他底看。

朋友講習，更莫如相觀而善工夫多。

昨日之會，大率談禪，使人情思不樂，歸而悵恨者久之。此説天下已成風，其何能救！古亦有釋氏，盛時尚只是崇設像教，其害至小。今日之風，便先言性命道德，先驅了知者，才愈高明，則陷溺愈深。在某，則才卑德薄，無可奈何佗。然據今日次第，便有數孟子，亦無如之何。只看孟子時，楊、墨之害能有甚？況之今日，殊不足言。此事蓋亦繫時之汚隆。清談盛而晉室衰。然清談爲害，却只是閑言談，又豈若今日之害道？今雖故人有一初本無一字。爲此學而陷溺其中者，則既不可回。今初本無今字。只有望於諸君爾。直須置而不論，更休曰且待嘗試。若嘗試，則已化而自爲之矣。要之，決無取。初本無此上二十九字。其術，初本作佛學。大概且是絶倫類，初本卷末注云：「『昨日之會，大率談禪』章内，一本云云，上下皆同，版本已定，不可增益，今附於此。異時有別鋟版者，則當以此爲正。」今從之。世上不容有此理。又其言待要出世，出那裏去？又其迹須要出家，然則家者，不過君臣、父子、夫婦、兄弟，處此等事，皆以爲寄寓，故其爲忠孝仁義者，皆以爲不得已爾。又要得脱世

〔一〕「撲」：四庫本作「模」。

網，至愚迷〔一〕者也。畢竟學之者，不過至似佛。佛者一黠胡爾，佗本是個自私獨善，枯槁山林，自適而已。若只如是，亦不過世上少這一個人。又却要周遍，謂既得本，則不患不周遍。要之，決無此理。一本此下云：「然爲其學者，詰之，理雖有屈時，又却亂說，卒不可憑，考之。」今日所患者，患在引取了中人以上者，其力有以自立，故不可回。若只中人以下，自不至此，亦有甚執持？今彼言世網者，只爲些秉彝又殄滅不得，故當忠孝仁義之際，皆處於不得已，直欲和這些秉彝都消殺得盡，然後以爲至道也。然而畢竟消殺不得。如人之有耳目口鼻，既有此氣，則須有此識；所見者色，所聞者聲，所食者味。人之有喜怒哀樂者，亦其性之自然，今强曰必盡絶，爲得天真，是所謂喪天真也。持國之爲此學者三十年矣，其所得者，儘說得知有這道理，然至於「反身而誠」，却竟無得處。佗有一個覺之理，可以「敬以直内」矣，然無「義以方外」。其直内者，要之其本亦不是。譬之贊易，前後貫穿，都說得是有此道理，然須「默而成之，不言而信，存乎德行」一再有德行字。處，是所謂自得也。談禪者雖說得，蓋未之有得。其徒亦有肯道佛卒不可以治天下國家者，然又須道得本則可以周遍。

有問：「若使天下盡爲佛，可乎？」其徒言：「爲其道則可，其迹則不可。」伯淳言：「若盡爲佛，則是無倫類，天下却都沒人去理〔二〕；然自亦以天下國家爲不足治，要逃世網，其說至於不可窮處，佗又有一個鬼神爲說。」

「立人之道曰仁與義。」據今日，合人道廢則是。今尚不廢者，猶只是有那些秉彝，卒殄滅不得。以此思之，天壤間可謂孤立，其將誰告耶？

今日卓然不爲此學者，惟范景仁與君實爾，然其所執理，有出於禪學之下者。一日做身主不得，爲人驅過去裏。君實嘗患思慮紛亂，有時中夜而作，達旦不寐，可謂良自苦。人都〔三〕來多少血氣？若此，則幾何而不摧殘以盡也。其

〔一〕「迷」：四庫本作「速」，疑形近而誤。
〔二〕「理」：求我齋本作「裏」。
〔三〕二程集（第二五頁）注：「『都』疑當作『那』，形似而誤。」

後告人曰：「近得一術，常以中爲念。」則又是爲中所亂。中又何形？如何念得佗？只是於名言之中，揀得一個好字。與其爲中所亂，却不如與一串數珠。及與佗數珠，佗又不受。殊不知中之無益於治心，不如數珠之愈也。夜以安身，睡則合眼，不知苦苦思量個甚，只是不與心爲主，三更常有人喚醒〔一〕也。諸本無此八字。

學者於釋氏之說，直須如淫聲美色以遠之，不爾，則駸駸然入於其中矣。顔淵問爲邦，孔子既告之以五帝、三王之事，而復戒以「放鄭聲，遠佞人」，曰：「鄭聲淫，佞人殆」。彼佞人者，是佗一邊佞耳，然而於己則危，只是能使人移，故危也。至於禹之言曰：「何畏乎巧言令色？」巧言令色直消言畏，只是須著如此戒慎，猶恐不免。釋氏之學，更不消言，常戒到自家自信後，便不能亂得。

以書傳道，與口相傳，煞不相干。相見而言，因事發明，則並意思一時傳了；書雖言多，其實不盡。

顴秦中氣豔衰，邊事所困，累歲不稔。昨來餽邊喪亡，今日事未可知，大有可憂者；以至士人相繼淪喪，爲足妝點關中者，則遂化去。吁！可怪也。凡言王氣者，實有此理。生一物須有此氣，不論美惡，須有許大氣豔〔二〕，故生是人。至如闕里，有許多氣豔，故此道之流，以至今日。昔橫渠說出此道理，至此幾乎衰矣。只介父一個，氣豔大小大。（伯）〔三〕

伯淳嘗與子厚在興國寺〔四〕曾講論終日，而曰：「不知舊日曾有甚人於此處講此事。」

與叔所問，今日宜不在有疑。今尚差池者，蓋爲昔亦有雜學。故今日疑所進有相似處，則遂疑養氣爲有助。便休信此說。蓋爲前日思慮紛擾，今要虛靜，故以爲有助。前日思慮紛擾，又非義理，又非事故，如是則只是狂妄人耳。懲此以爲

〔一〕「醒」：原作「習」，據四庫本改。
〔二〕四庫本「豔」與上句之「惡」位置顛倒。
〔三〕四庫本多一「伯」字，疑衍。
〔四〕「寺」：四庫本作「事」，疑音近而誤。

病，故要得虛静。其極，欲得如槁木死灰，又却不是。蓋人活物也，又安得爲槁木死灰？既活，則須有動作，須有思慮。必欲爲槁木死灰，除是死也。忠信所以進德者何也？閑邪則誠自存，誠存斯爲忠信也。如何是閑邪？非禮而勿視聽言動，邪斯閑矣。以此言之，又幾時要身如枯木，心如死灰？又如絶四後，畢竟如何，又幾時須如枯木死灰？敬以直内，則須君則是君，臣則是臣，凡事如此，大小大直截也。

有言養氣可以爲養心之助。曰：「敬則只是敬，敬字上更添不得。譬之敬父矣，又豈須得道更將敬兄助之？又如今端坐附火，是敬於向火矣，又豈須道更將敬於水以助之？猶之有人曾到東京，又曾到西京，又曾到長安，若一處上心來，則他處不容參然在心，則〔一〕人心裏著兩件物不得。」

飲酒不可使醉，不及亂者，不獨不可亂志，只血氣亦不可使亂，但使浹洽而已可也。

邢和叔後來亦染禪學，其爲人明辯有才，後更曉練世事，其於學，亦日月至焉者也。尹子曰：「明辯有才而復染禪學，何所不爲也？」

伯淳自謂：「只得佗人待做惡人，敬而遠之。」嘗有一朝士久不見，謂伯淳曰：「以伯淳如此聰明，因何許多時終不肯回頭來？」伯淳答以「蓋恐回頭後錯也」。

巽之凡相見須窒〔二〕礙，蓋有先定之意。和叔一作與叔。據理却合滯礙，而不然者，只是佗至誠便相信心直篤信。

理則須窮，性則須盡，命則不可言窮與盡，只是至於命也。橫渠昔嘗〔三〕譬命是源，窮理與盡性如穿渠引源。然則渠與源是兩物，後來此議必改來。

〔一〕四庫本無「在心則」三字。
〔二〕「窒」：四庫本作「室」，疑形近而誤。
〔三〕「嘗」：四庫本作「常」，疑形近而誤。

今語道，則須待要寂滅湛静，形便如槁木，心便如死灰。豈有直做牆壁木石而謂之道？所貴乎「智周天地萬物而不遺」，又幾時要如死灰？所貴乎「動容周旋中禮」，又幾時要如槁木？論心術，無如孟子也，只謂「必有事焉」。一本有而勿正心字。今既如槁木死灰，則却於何處有事？

君實之能忠孝誠實，只是天資，學則元不知學。堯夫之坦夷，無思慮紛擾之患，亦只是天資自美爾，皆非學之功也。

持國嘗論克己復禮，以謂克却不是道。伯淳言：「克便是克之道。」持國又言：「道則不須克。」伯淳言：「道則不消克，却不是持國事。在聖人，則無事可克；今日持國，須克得己便然後復禮。」

游酢、楊時是學得靈利高才也。楊時於新學極精，今日一有所問，能盡知其短而持之。介父之學，大抵支離。伯淳嘗與楊時讀了數篇，其後盡能推類以通之。

有問：詩三百，非一人之作，難以一法推之。伯淳曰：「不然。三百，三千中所擇，不特合於雅、頌之音，亦是擇其合於教化者取之。篇中亦有次第淺深者，亦有元無次序者。」

新政之改，亦是吾黨争之有太過，成就今日之事，塗炭天下，亦須兩分其罪可也。當時天下，岌岌乎殆哉！介父欲去數矣。其時介父直以數事上前卜去就，若青苗之議不行，則決其去。伯淳於上前，與孫莘老同得上意，要了當此事。大抵上意不欲抑介父，要得人擔當了，而介父之意尚亦無必。伯淳嘗言：「管仲猶能言『出令當如流水，以順人心』。今參政須要做不順人心事，何故？」介父之意只恐始爲人所沮，其後行不得。伯淳却道：「但做順人心事，人誰不願從也？」介父道：「此則感賢誠意。」却爲天祺其日於中書大悖，緣是介父大怒，遂以死力争於上前，上爲之一以聽用，從此黨分矣。莘老受約束而不肯行，遂坐貶。而伯淳遂待罪，既而除以京西提刑，伯淳復求對，遂見上。上言：「有甚文字？」伯淳云：「今咫只天顔，尚不能少回天意，文字更復何用？」欲去，而上問者數四。伯淳每以陛下不宜輕用兵爲言，朝廷羣臣無能任陛下事者。以今日之患觀之，猶是自家不善從容。至如青苗，且放過，又且何妨？伯淳當言職，苦不曾使文字，大綱只是於上前說了，其他些小文字，只是備禮而已。大抵自仁祖朝優容諫臣，當言職者，必以詆訐而去爲賢，習以成風，惟恐人言不稱職以去，爲落便宜。昨來諸君，蓋未免此。苟如是爲，則是爲己，尚有私意在，却不在朝廷，不干事理。

今日朝廷所以特惡忌伯淳者，以其可理會事，只是理會學，這裏動，則於佗輩有一作是〔二〕。所不便也，故特惡之深。以吾自處，猶是自家當初學未至，意未誠，其德尚薄，無以感動佗天意，此自思則如此。然據今日許大氣豔，當時欲一二人動之，誠如河濵之人捧土以塞孟津，誠〔三〕可笑也。據當時事勢，又至於今日，豈不是命？

只著一個私意，便是餒，便是缺了佗浩然之氣處。「誠者物之終始，不誠無物。」這裏缺了佗，則便這裏没這物。浩然之氣又不待外至，是集義所生者。這一個道理，不爲堯存，不爲桀亡。只是人不到佗這裏，知此便是明善。

「生生之謂易」，是天之所以爲道也。天只是以生爲道，繼此生理者，即是善也。善便有一個元底意思。「元者善之長」，萬物皆有春意，便是「繼之者善也」。「成之者性也」，成却待佗萬物自成其一作甚性須得。

告子云「生之謂性」則可。凡天地所生之物，須是謂之性。皆謂之性則可，於中却須分别牛之性、馬之性。是他便只道一般，如釋氏説蠢動含靈，皆有佛性，如此則不可。「天命之謂性，率性之謂道」者，天降是於下，萬物流行，各正性命者，是所謂性也。循其性一作各正性命而不失，是所謂道也。此亦通人物而言。循性者，馬則爲馬之性，又不做牛底性；牛則爲牛之性，又不爲馬底性。此所謂率性也。人在天地之間，與萬物同流，天幾時分别出是人是物？「修道之謂教」，此則專在人事，以失其本性，故修而求復之，則入於學。若元不失，則何修之有？是由仁義行也。則是性已失，故修之。「成性存存，道義之門」，亦是萬物各有成性存存，亦是生生不已之意。天只是以生爲道。

萬物皆只是一個天理，己何與焉？至如言「天討有罪，五刑五用哉！天命有德，五服五章哉！」此都只是天理自然當如此。人幾時與？與則便是私意。有善有惡。善則理當喜，如五服自有一個次第以章顯之。惡則理當惡，一作怒。彼

〔二〕四庫本無「一作是」三字。
〔三〕「誠」：原作「復」，據四庫本改。

自絶於理，故五刑五用，曷嘗容心喜怒於其間哉？舜舉十六相，堯豈不知？只以佗善未著，故不自舉。舜誅四凶，堯豈不察？只爲佗惡未著，那誅得佗？舉與誅，曷嘗有毫髮厠於其間哉？只有一個義理，義之與比。

人能放這一個身公共放在天地萬物中一般看，則有甚妨礙？雖萬身，曾何傷？乃知釋氏苦根塵者，皆是自私者也。

要修持佗這天理，則在德，須有不言而信者。言難爲形狀。養之則須直不愧屋漏與慎獨，這是個持養底氣象也。

知止則自定，萬物撓不動，非是别將個定來助知止也。

詩、書中凡有個主宰底意思者，皆言帝；有一個包涵遍覆底意思，則言天；有一個公共無私底意思，則言王。上下千百歲中，若合符契。

如天理底意思，誠只是誠此者也，敬只是敬此者也，非是别有一個誠，更有一個敬也。

天理云者，這一個道理，更有甚窮已？不爲堯存，不爲桀亡。人得之者，故大行不加，窮居不損。這上頭來，更怎生説得存亡加減？是佗元無少欠，百理具備。胡本此下云：「得這個天理，是謂大人。以其道變通無窮，故謂之聖。不疾而速，不行而至，須默而識之處，故謂之神。」

「天地設位，而易行乎其中矣」；「乾坤毀，則無以見易」。「易不可見，則乾坤或幾乎息矣」。易是個甚？易又不只是這一部書，是易之道也。不要將易又是一個事，即事一作唯〔二〕，一作只是盡天理，便是易也。

天地之化，既是二物，必動已不齊。譬之兩扇磨行，便其齒齊，不得齒齊。既動，則物之出者，何可得齊？轉則齒更不復得齊。從此參差萬變，巧曆不能窮也。

天地之間，有者只是有。譬之人之知識聞見，經歷數十年，一日念之，了然胸中，這一個道理在那裏放著來。

養心者，且須是教他寡欲，又差有功。

〔二〕四庫本無「一作唯」三字。

中心斯須不和不樂，則鄙詐之心入之矣。此與「敬以直內」同理。謂敬爲和樂則不可，然敬須和樂，只是中心沒事也。

大凡利害禍福，亦須致命。須得致之爲言，直如人以力自致之謂也。得之不得，命固已定，君子須知佗命方得。「不知命無以爲君子。」蓋命苟不知，無所不至。故君子於困窮之時，須致命便遂得志。其得禍得福，皆已自致，只要申其志而已。

「求之有道，得之有命」，是求無益於得，言求得不濟事。元本無不字。此言猶只爲中人言之，若爲中人以上而言，却只道求之有道，非道則不求，更不消言命也。

堯夫，豪傑之士，根本不帖帖地。伯淳嘗戲以亂世之姦雄中，道學之有所得者，然無禮不恭極甚。又嘗戒以不仁，已猶不認，以爲人不曾來學。伯淳言：「堯夫自是悠悠。」自言須如我與李之才方得道。

「天民之先覺」，譬之皆睡，佗人未覺來，以我先覺。故搖擺其未覺者亦使之覺，及其覺也，元無少欠。蓋亦未嘗有所增加也，適一般爾。「天民」云者，蓋是全盡得天生斯民底事業。「天之生斯民也，將以道覺斯民。」蓋言天生此民，將以此道覺此民，則元無少欠，亦無增加，未嘗不足。「達可行於天下」者，謂其全盡天之生民之理，其術亦足以治天下國家故也。

「可欲之謂善」，便與「元者善之長」同理。

禮樂不可斯須去身。

「不能反躬，天理滅矣。」天理云者，百理具備，元無少欠，故「反身而誠」，只是言得已上，更不可道甚道。元本道字屬下文。

命之曰易，便有理。一本無此七字，但云：「道理皆自然。」若安排定，則更有甚理？天地陰陽之變，便如二扇磨，升降盈虧[一]剛柔，初未嘗停息，陽常盈，陰常虧，故便不齊。譬如磨既行，齒都不齊，既不齊，便生出萬變。故物之不齊，物之情也。而莊周强要齊物，然而物終不齊也。堯夫有言：「泥空終是著，齊物到頭爭。」此其肅如秋，其和如春。如秋，便是「義以

[一]「虧」：四庫本作「虛」。

方外」也。如春，觀萬物皆有春意。堯夫有詩云：「拍拍滿懷都是春。」又曰：「芙蓉月向懷中照，楊柳風來面上吹。」不止風月，言皆有理。又曰：「卷舒萬古興亡手，出入幾重雲水身。」若莊周，大抵寓言，要入佗放蕩之場。堯夫却皆有理，萬事皆出於理，自以爲皆有理，故要得縱心妄行總不妨。一本此下云：「堯夫詩云：『聖人喫緊些兒事。』其言太急迫。此道理平鋪地放著裏，何必如此。」

觀天理，亦須放開意思，開濶得心胸，便可見，打揲了習心兩漏三漏子。今如此混然説做一體，猶二本，那堪更二本三本！今雖知「可欲之爲善」，亦須實有諸己，便可言誠，誠便合内外之道。今看得不一，只是心生。除了身只是理，便説合天人。合天人，已是爲不知者引而致之。天人無間。夫不充塞則不能化育，言贊化育，已是離人而言之。

須是大其心，使開闊。譬如爲九層之臺，須〔一〕大做脚須得。

元亨者，只是始而亨者也，此通人物而言，通，元本作詠字。謂始初發生，大概一例亨通也。及到利貞，便是「各正性命」後，屬人而言也。利貞者分在性與情，只性爲本，情是性之動處，情又幾時惡。「故者以利爲本」，只是順利處爲性，若情則須是正也。

醫家以不認痛癢謂之不仁，人以不知覺不認義理爲不仁，譬最近。

所以謂萬物一體者，皆有此理，只爲從那裏來。「生生之謂易」，生則一時生，皆完此理。人則能推，物則氣昏，推不得，不可道他物不與有也。人只爲自私，將自家軀殼上頭起意，故看得道理小了佗底。放這身來，都在萬物中一例看，大小大快活。釋氏以不知此，去佗身上起意思，奈何那身不得，故却厭惡；要得去盡根塵，爲心源不定，故要得如枯木死灰。然沒此理，要有此理，除是死也。釋氏其實是愛身，放不得，故説許多。譬如負販之蟲，已載不起，猶自更取物在身。又如抱石沉河，以其重愈沉，終不道放下石頭，惟嫌重也。

〔一〕「須」：二程集作「始」。

孟子論四端處，則欲擴而充之；説約處，則博學詳説而反説約。此内外交相養之道也。

「萬物皆備於我」，不獨人爾，物皆然。都自這裏出去，只是物不能推，人則能推之。雖能推之，幾時添得一分？不能推之，幾時減得一分？百理具在，平鋪放著。幾時道堯盡君道，添得些君道多；舜盡子道，添得些孝道多？元來依舊。

横渠教人，本只是謂世學膠固，故説一個清虚一大，只圖得人稍損得没去就道理來，然而人又更别處走。今日且只道敬。

聖人之德行，固不可得而名狀。若顔子底一個氣象，吾曹亦心知之，欲學聖人，且須學顔子。後來曾子、子夏，煞學得到上面也。

今學者敬而不見得，元本有未字。又不安者，只是心生，亦是太以敬來做事得重，此「恭而無禮則勞」也。恭者私爲恭之恭也，禮者非體一作禮〔一〕之禮，是自然底道理也。只恭而不爲自然底道理，故不自在也。須是恭而安。今容貌必端，言語必正者，非是道獨善其身，要人道如何，只是天理合如此，本無私意，只是個循理而已。

堯夫解「他山之石可以攻玉」，玉者温潤之物，若將兩塊玉來相磨，必磨不成，須是得佗個粗礪底物方磨得出。譬如君子與小人處，爲小人侵陵，則修省畏避，動心忍性，增益預防，如此便道理出來。

公掞昨在洛有書室，兩旁各一牖，牖各三十六隔，一書天道之要，一書仁義之道，中以一牓，書「毋不敬，思無邪」。中處之，此意亦好。

古人雖胎教與保傅之教，猶勝今日庠序鄉黨之教。古人自幼學，耳目游處，所見皆善，至長而不見異物，故易以成就。今人自少所見皆不善，才能言便習穢惡，日日消鑠，更有甚天理？須人理皆盡，然尚以些秉彝消鑠盡不得，故且恁過，一日

〔一〕四庫本無「一作禮」三字。

之中，起多少巧僞，萌多少機穽。據此個薰蒸，以氣動氣，宜乎聖賢之不生，和氣之不兆也。尋常間〔二〕或有些時和歲豐，亦出於幸也。不然，何以古者或同時或同家並生聖人，及至後世，乃數千歲寂寥？

人多言天地外，不知天地如何説内外，外面畢竟是個甚？若言著外，則須似有個規模。凡言充塞云者，却似個有規模底體面，將這氣充實之。然此只是指而示之近耳。氣則只是氣，更説甚充塞？如化育則只是化育，更説甚贊？贊與充塞，又早却是別一件事也。

理之盛衰之説，與釋氏初刧之言，如何到佗説便亂道，又却〔三〕窺測得些？彼其言成住壞空，曰成壞則可，住與空則非也。如小兒既生，亦日日長行，元不曾住。是佗本理只是一個消長盈虧耳，更沒別事。

極爲天地中，是也，然論地中儘有説。據測景，以三萬里爲中，若有窮然。有至一邊已及一萬五千里，而天地之運蓋如初也。然則中者，亦時中耳。地形有高下，無適而不爲中，故其中不可定下。譬如楊氏爲我，墨氏兼愛，子莫於此二者以執其中，則中者適未足爲中也。故曰：「執中無權，猶執一也。」若是因地形高下，無適而不爲中，則天地之化不可窮也。若定下不易之中，則須有左有右，有前有後，四隅既定，則各有遠近之限，便至百千萬億，亦猶是有數。蓋有數則終有盡處，不知如何爲盡也。

日之形，人莫不見，似輪似餅。其形若有限，則其光亦須有限。若只在三萬里中升降出沒，則須有光所不到處，又安有此理？今天之蒼蒼，豈是天之形？視下也亦須如是。日固陽精也，然不如舊説，周回而行，中心是須彌山，日無適而不爲精也。地既無適而不爲中，則日無適而不爲精也。氣行滿天地之中，然氣須有精處，故其見如輪如餅。譬之鋪一溜柴薪，從頭爇著，火到處，其光皆一般，非是有一塊物推著行將去。氣行到寅，則寅上有光；行到卯，則卯上有光。氣充塞，無所

〔二〕「間」：四庫本作「問」，疑形近而誤。

〔三〕「却」：四庫本作「去」。

不到。若這上頭得個意思，便知得生物之理。

觀書者，亦須要知得隨文害義。如書曰：「湯既勝夏，欲遷其社，不可。」既處湯爲聖人，聖人不容有妄舉。若湯始欲遷社，衆議以爲不可而不遷，則是湯先有妄舉也。不可者，湯不可之也。湯以爲國既亡，則社自當遷；以爲遷之不若不遷之愈，故但屋之。屋之，則與遷之無以異。既爲亡國之社，則自王城至國都皆有之，使爲戒也。故春秋書「亳社災」，然則魯有亳社，屋之，故有火災。此制，計之必始於湯也。

長安西風而雨，終未曉此理。須是自東自北而風則雨，自南自西則不雨。何者？自東自北皆屬陽，坎卦本陽。陽唱而陰和，故雨；自西自南陰也，陰唱則〔一〕陽不和。蝃蝀之詩曰：「朝隮于西，崇朝其雨。」是陽來唱也，故雨；「蝃蝀在東」，則是陰先唱也；「莫之敢指」者，非謂手指莫敢指陳也，猶言不可道也。易言「密雲不雨，自我西郊」，言自西則是陰先唱也，故雲雖密而不雨。今西風而雨，恐是山勢使然。

學者用了許多工夫，下頭須落道了，是入異教。只爲自家這下元未曾得個安泊處，那下説得成熟？世人所惑者鬼神轉化，佗總有説，又費力説道理，又打入個無底之壑，故一生出不得。今日須是自家這下照得理分明，則不走作。形而下形而上者，亦須更分明須得。雖則心有一作存。默識，有難名狀處，然須説盡心知性知天，亦須於此留意。此章一無「落道了是」四字。

學則與佗「窮理盡性以至於命」，則不失。異教之書，「雖小道必有可觀者焉」。然其流必乖，故不可以一事遂都取之。若楊、墨亦同是堯、舜，同非桀、紂。是非則可也，其就上所説，則是成就他説也。非桀是堯，是吾依本分事，就上過説，則是佗私意説個。要之，只有個理。

講學本不消得理會，然每與剔撥出，只是如今雜亂膠固，須著説破。

〔一〕「則」：四庫本作「而」。

孟子論王道便實。「徒善不足爲政，徒法不能自行」，便先從養生一作道上說將去。既庶既富，然後以「飽食煖衣而無教」爲不可，故教之也。孟子而後，却只有原道一篇，其間語固多病，然要之大意儘近理。若西銘，則是原道之宗祖也。原道却只說到道，元未到得西銘意思。據子厚之文，醇然無出此文也，自孟子後，蓋未見此書。

聖人之教，以所貴率人，釋氏以所賤率人。初本無此十六字。卷末注云：「又『學佛者難吾言』章，一本章首有云云，下同，餘見『昨日之會』章。」學佛者難去聲〔一〕吾言，謂「人皆可以爲堯、舜，則無僕隸。」正叔言：「人皆可以爲堯、舜，聖人所願也；其不爲堯、舜，是所可賤也，故以爲僕隸。」

游酢、楊時先知學禪，已知向裏沒安泊處，故來此，却恐不變也。暢大隱許多時學，乃方學禪，是於此蓋未有所得也。

呂進伯可愛，老而好學，理會直是到底。天祺自然有德氣，似個貴人氣象，只是却有氣短處，規規太以事爲重，傷於周至，却是氣局小。景庸則只是才敏。須是天祺與景庸相濟，乃爲得中也。

子厚則高才，其學更先從雜博中過來。

理則天下只是一個理，故推至四海而準，須是質諸天地，考諸三王不易之理。故敬則只是敬此者也，仁是仁此者也，信是信此者也。又曰：「顛沛造次必於是。」又言：「吾斯之未能信。」只是道得如此，更難爲名狀。

今異教之害，道家之說則更沒可闢，唯釋氏之說衍蔓迷溺至深。今日今日一作自是釋氏盛而道家蕭索。方其盛時，天下之士往往自一作又〔二〕從其學，自難與之力爭。惟當自明吾理，吾理自立，則彼不必與爭。然在今日，釋氏却未消理會，大患者却是介甫之學。譬之盧從史在潞州，知朝廷將討之，當時便使一處逐其節度使。朝廷之議，要討逐節度者，而李文饒之意，要先討潞州，則不必治彼而自敗矣。如今日，却要先整頓介甫之學，壞了後生學者。

〔一〕「去聲」：二字據呂本、四庫本補。

〔二〕四庫本「一作又」三字在「往往」下。

異教之説，其盛如此，其久又如是，亦須是有命，然吾輩不謂之命也。

人之於患難，只有一個處置，盡人謀之後，却須泰然處之。有人遇一事，則心心念念不肯捨，畢竟何益？若不會處置了放下，便是無義無命也。

「道之不明也，賢者過之，不肖者不及也。」賢者則只過當，不肖又却都休。

冬至一陽生，却須斗寒，正如欲曉而反暗也。陰陽之際，亦不可截然不相接，厮侵過便是道理。天地之間，如是者極多。艮之爲義，終萬物，始萬物，此理最妙，須玩索這個理。

古言乾、坤退處不用之地，而用六子。若人，則便分君道無爲，臣道有爲。若天，則誰與佗安排？佗如是，須有道理。故如八卦之義，須要玩索。

早梅冬至已前發，方一陽未生，然則發生者何也？其榮其枯，此萬物一個陰陽升降大節也。然逐枝自有一個榮枯，分限不齊，此各有一乾、坤也。各自有個消長，只是個消息。惟其消息，此所以不窮。至如松柏，亦不是不彫，只是後彫，彫得不覺，怎少得消息？方夏生長時，却有夏枯者，則冬寒之際有發生之物，何足怪也！

物理最好玩。

陰陽於天地間，雖無截然爲陰爲陽之理，須去參錯[一]，然一個升降生殺之分，不可無也。

動植之分，有得天氣多者，有得地氣多者，「本乎天者親上，本乎地者親下」。然要之，雖木植亦兼有五行之性在其中，只是偏得土之氣，故重濁也。

伯淳言：「西銘某得此意，只是須得佗子厚有如此筆力，佗人無緣做得。孟子以後，未有人及此。得此文字，省多少言語。且教佗人讀書，要之仁孝之理備於此，須臾而不於此，則便不仁不孝也。」

[一]「錯」：四庫本作「差」。

詩前序必是當時人所傳，國史明乎得失之迹者是也。不得此，則何緣知得此篇是甚意思？大序則是仲尼所作，其餘則未必然。要之，皆得大意，只是後之觀詩者亦添入。

詩有六體，須篇篇求之，或有兼備者，或有偏得一二者。今之解詩者，風則分付與國風矣，雅則分付與大、小雅矣，頌即分付與頌矣。詩中且沒却這三般體，如何看得詩？風之爲言，便有風動之意；興便有一興喻之意；比則直比之而已，蛾眉瓠犀是也；賦則賦陳其事，如「齊侯之子，衛侯之妻」是也；雅則正言其事；頌則稱美之言也，如「于嗟乎騶虞」之類是也。

關雎之詩，如言「樂得淑女，以配君子；憂在進賢，不淫其色」，非后妃之事，明知此意是作詩者之意也。如此類推之。詩言后妃夫人者，非必謂文王之妻也，特陳后妃夫人之事，如斯而已。然其後亦有當時詩附入之者，汝墳是也。且二南之詩，必是周公所作，佗人恐不及此。以其爲教於衽席之上，閨門之内，上下貴賤之所同也。故用之鄉人邦國而謂之國風也。化天下只是一個風，至如鹿鳴之詩數篇，如燕羣臣、遣戍役、勞還率[一]之類，皆是爲國之常政，其詩亦恐是周公所作，如後人之爲樂章是也。

論語中言「唐棣之華」者，因權而言逸詩也。孔子刪詩，豈只取合於雅頌之音而已，亦是謂合此義理也。如皇矣、烝民、文王、大明之類，其義理，非人人學至於此，安能及此？作詩者又非一人，上下數千年若合符節，只爲合這一個理，若不合義理，孔子必不取也。

夫子言「興於詩」，觀其言，是興起人善意，汪洋浩大，皆是此意。如言「秉心塞淵，騋牝三千」。須是塞淵，然後騋牝三千。塞淵有義理。又如駉之詩，坰牧是賤事，其中却言「思無邪」。詩三百，一言以蔽之者在此一句。坰牧而必要思無邪者，蓋爲非此則不能坰牧。又如考槃之詩，解者謂賢人永誓不復告君，不復見君，又自誓不詐而實如此也，據此安得有賢者氣

[一]「率」：呂本作「卒」。

象？孟子之於齊，是甚君臣，然其去，未嘗不遲遲顧戀。今此君才不用，便躁忿如此，是不可磯也。乃知此詩，解者之誤。此詩是賢者退而窮處，心不忘君，怨慕之深者也。君臣猶父子，安得不怨？故直至於寤寐弗忘，永陳其不得見君與告君，又陳其此誠之不詐也。此章注「塞淵有義理」，一作「塞淵於義理」。

堯與舜更無優劣，及至湯、武便別。孟子言性之反之，自古無人如此說，只孟子分別出來，便知得堯、舜是生而知之，湯、武是學而能之。文王之德則似堯、舜，禹之德則似湯、武，要之皆是聖人。

詩云：「上天之載，無聲無臭，儀刑文王，萬邦作孚。」上天又無聲臭之可聞，只看文王便萬邦取信也。又曰：「維天之命，於穆不已。」蓋曰天之所以爲天也。「文王之德之純」，蓋曰文王之所以爲文也。然則文王之德，直是似天。「昊天曰明，及爾出王；昊天曰旦，及爾游衍」，只爲常是這個道理。此個一作理。亦須待佗心熟，便自然別。

「樂則生，生則烏可已也」，須是熟方能如此。「苟爲不熟，不如稊稗」。

「是集義所生，非義襲而取之也。」須集義，這上頭莫非義也。

仁義禮智根於心，其生色言四者，本於心而生色也。「睟於面，盎於背，施於四體，四體不言而喻」，孟子非自及此，焉能道得到此？

今志於義理而心不安樂者，何也？此則正是剩一個助之長。雖則心操之則存，捨之則亡，然而持之太甚，便是必有事焉而正之也。亦須且恁去如此者，只是德孤。「德不孤，必有鄰」，到德盛後，自無窒礙，左右逢其原也。

中庸言「禮儀三百，威儀三千」，方是說「優優大哉」。又却非如異教之說，須得如枯木死灰以爲得也。

得此義理在此，甚事不盡？更有甚事出得？視世之功名事業，甚〔二〕譬如閑。視世之仁義者，甚〔三〕煦煦孑孑，如匹夫

〔二〕「甚」：四庫本作「真」。
〔三〕「甚」：四庫本作「真」。

匹婦之爲諒也。自視一作是〔一〕天來大事，處以此理，又曾何足論？若知得這個義理，便有進處。若不知得，則何緣仰高鑽堅，在前在後也？竭吾才，則又見其卓爾。

德者得也，須是實到這裏須得。

言「反身而誠，樂莫大焉」，却是著人上說。

邵堯夫於物理上儘說得，亦大段漏洩佗天機。

人於天理昏者，是只爲嗜欲亂著佗。莊子言「其嗜欲深者，其天機淺」，此言却最是。

這個義理，仁者又看做仁了也，知者又看做知了也，百姓又日用而不知，此所以「君子之道鮮矣」。此個亦不少，亦不剩，只是人看他不見。

今天下之士人，在朝者又不能言，退者遂忘之，又不肯言，此非朝廷吉祥。雖未見從，又不曾有大橫見加，便豈可自絶也？君臣，父子也，父子之義不可絶。豈有身爲侍從，尚食其禄，視其危亡，曾不論列，君臣之義，固如此乎？

「寂然不動，感而遂通」者，天理具備，元無欠少，不爲堯存，不爲桀亡。父子君臣，常理不易，何曾動來？因不動，故言「寂然」；雖不動，感便通，感非自外也。

若不一本，則安得「先天而天不違，後天而奉天時」？

所務於窮理者，非道須盡窮了天下萬物之理，又不道是窮得一理便到，只是要積累多後，自然見去。

天地安有内外？言天地之外，便是不識天地也。人之在天地，如魚在水，不知有水，直待出水，方知動不得。

禮一失則爲夷狄，再失則爲禽獸。聖人初恐人入於禽獸也，故於春秋之法極謹嚴。元本無故字。中國而用夷狄禮，則便夷狄之。韓愈言「春秋謹嚴」，深得其旨。韓愈道佗不知又不得。其言曰：「易奇而法，詩正而葩，春秋謹嚴，左氏浮誇。」

〔一〕「視」：四庫本作「是」，無「一作是」三字。

其名理皆善。

當春秋、戰國之際，天下小國介於大國，奔命不暇，然足以自維持數百年。此勢却似稻塍，各有界分約束。後世遂有土崩之勢，道壞便一時壞，元本無此一壞字。陳涉一叛，天下遂不支梧。今日堂堂天下，只西方一敗，朝廷遂震，何也？蓋天下之勢，正如稻塍，各有限隔，則卒不能壞。今天下却似一個萬頃陂，要起卒起不得，及一起則洶湧，遂奈何不得。以祖宗德澤仁厚，涵養百餘年間，一時柔了人心，雖有豪傑，無個端倪起得，便只要安静，不宜使摇動。雖夷狄亦散兵却䦨，恃一本無恃字。此中國之福也。一本此字下有非字。

賈誼有五餌之説，當時笑其迂疏，今日朝廷正使著，故得許多時寧息。

天地動静之理，天圜則須轉，地方則須安静。南北之位，豈可不定下？所以定南北者，在坎離也。坎離又不是人安排得來，莫非自然也。

論語爲書，傳道立言，深得聖人之學者矣。如鄉黨形容聖人，不知者豈能及是？正「不愧屋漏」，便是個持養氣象。

孔、孟之分，只是要别個聖人賢人。如孟子若爲孔子事業，則儘做得，只是難似聖人。譬如剪綵以爲花，花則無不似處，只是無他造化功。「綏斯來，動斯和」，此是不可及處。

只是這個理，以上却難言也。如言「吾斯之未能信」，皆是古人此理已明故也。

敬而無失，便是「喜怒哀樂未發之謂中」也。敬不可謂之中，但敬而無失，即所以中也。

微仲之學雜，其愷悌嚴重寬大處多，惟心艱於取人，自以才高故爾。語近學，則不過入於禪談；不常議論，則以苟爲有詰難，亦不克易其言，不必信心，自以才高也。

和叔常言「及相見則不復有疑，既相别則不能無疑」，然亦未知果能終不疑。不知佗既已不疑，而終復有疑，何故？伯淳言：「何不問他？疑甚不如劇論。」

和叔任道擔當，其風力甚勁，然深潛縝密，有所不逮於與叔。蔡州謝良佐雖時學中因議州舉學試得失，便不復計較。建州游酢，非昔日之游酢也，固是穎，然資質温厚。南劍州楊時雖不逮酢，然煞穎悟。林大節雖差魯，然所問便能躬行。劉質夫久於其事，自小來便在此。李端伯相聚雖不久，未見佗操履，然才識穎悟，自是不能已也。

介父當初，只是要行己志，恐天下有異同，故只去上心上把得定，佗人不能摇，以是拒絕言路，進用柔佞之人，使之奉行新法。今則是佗已去，不知今日卻留下害事。

昨春邊事權罷，是皆李舜舉之力也。今不幸適喪此人，亦深足憐也。此等事皆是重不幸。

李憲本意，佗只是要固蘭會，恐覆其功，必不肯主這下事。元豐四年取興、靈事。

新進游、楊輩數人入太學，不惟議論須異，且動作亦必有異，故爲學中以異類待之，又皆學春秋，愈駭俗矣。

堯夫之學，先從理上推意，言象數言天下之理，須出於四者，推到理處，曰：處曰添二字。「我得此大者，則萬事由我，無有不定。」然未必有術，要之亦難以治天下國家。其爲人則直是無禮不恭，惟是侮玩，雖天理一作地亦爲之侮玩。如無名公傳言「問諸天地，天地不對，弄丸餘暇，時往時來」之類。

堯夫詩「雪月風花未品題」，佗便把這些事，便與堯、舜、三代一般。此等語，自孟子後，無人曾敢如此言來，直是無端。又如言文字呈上，堯夫皆不恭之甚。「須信畫前元有易，自從刪後更無詩」，這個意思，古元未有人道來。「行己須行誠盡處」，正叔謂：「意則善矣，然言誠盡，則誠之爲道，非能盡也。」堯夫戲謂：「且就平側。」

司馬子微嘗作坐忘論，是所謂坐馳也。微一作綦。

伯淳昔在長安倉中閑坐，後見長廊柱，以意數之，已尚不疑，再數之不合，不免令人一一聲言而數之，乃與初數者無差，則知越著心把捉越不定。

呂與叔以氣不足而養之，此猶只是自養求無疾，如道家修養亦何傷，若須要存想飛昇，此則不可。

徐禧奴才也，善兵者有二萬人未必死，彼雖十萬人，亦未必能勝二萬人。古者以少擊衆而取勝者多，蓋兵多亦不足恃。

昔者袁紹以十萬阻官渡，而曹操只以萬卒取之；王莽百萬之衆，而光武昆陽之衆有八千，仍有在城中者，然則只是數千人取之；苻堅下淮百萬，而謝玄才二萬人，一麾而亂。以此觀之，兵衆則易老，適足以資敵人，一敗不支，則自相蹂踐。至如聞風聲鶴唳，皆以爲晉軍之至，則是自相殘也。譬之一人軀幹極大，一人輕捷，兩人相當，則擁腫者遲鈍，爲輕捷者出入左右之，則必困矣。自古師旅勝敗，不能無之。然今日邊事，至號疏曠前古未之聞也。其源在不任將帥，將帥不慎任人。闔外之事，將軍處之，一一中覆，皆受廟算，上下相徇，安得不如此？元豐五年永樂城事。

楊定鬼神之説，只是道人心有感通。如有人平生不識一字，一日病作，却念得一部杜甫詩，却有此理。天地間事，只是一個有，一個無，既有即有，無即無。如杜甫詩者，是世界上實有杜甫詩，故人之心病及至精一有個道理，自相感通。以至人心在此，託夢在彼，亦有是理，只是心之感通也。死者託夢，亦容有此理。有人過江，其妻墮水，意其爲必死矣，故過金山寺爲作佛事。方追薦次，忽其婢子通傳墮水之妻，意度在某處作甚事，是誠死也。及三二日，有漁人撈舟，以其妻還之，乃未嘗死也，蓋旋於急流中救活之。然則其婢子之通傳是何也？亦是心相感通。既説有感通，更説甚生死古今之别？

天祺自然有德氣，望之有貴人之象，只是氣局小，太規規於事爲重也。昔在司竹，常愛用一卒長，及將代，自見其人盜筍皮，遂治之無少貸。罪已正，待之復如初，略不介意，人觀其德量如此。

正叔謂子厚：「越獄，以謂卿監已上不追攝之者，以其貴朝廷。有旨追攝，可也；又請枷項，非也。不已太辱矣？貴貴，以其近於君。」子厚謂：「若終不伏，則將奈何？」正叔謂：「寧使公事勘不成則休，朝廷大義不可虧也。」子厚以爲然。

俗人酷畏鬼神，久亦不復敬畏。

冬至一陽生，而每遇至後則倍寒，何也？陰陽消長之際，無截然斷絶之理，故相攙掩過。如天將曉，復至陰黑，亦是理也。大抵終始萬物，莫盛乎艮，此儘神妙，須儘研窮此理。

今尺長於古尺。欲尺度權衡之正，須起於律。律取黃鍾，黃鍾之聲，亦不難定。世自有知音者，將上下聲考之，須一作既得其正，便將黍以實其管，看管實幾粒，然後推而定法可也。古法：律管當實千二百粒黍，今羊頭山黍不相應，則將數等驗之，看如何大小者，方應其數，然後爲正。昔胡先生定樂，取羊頭山黍，用三等篩子篩之，取中等者用之，此特未爲定也。此尺是器上所定，更有因人而制。如言深衣之袂一尺二寸，若古人身材只用一尺二寸，豈可運肘？即知因人身而定。既是爲人後者，便須將所後者呼之以爲父，以爲母。不如是，則不正也，却當甚爲人後？後之立疑義者，只見禮不杖期内，有爲人後者爲其父母報，便道須是稱親。禮文蓋言出爲人後，則本父母反呼之以爲叔爲伯也，故須著道爲其父母以別之，非謂却將本父母亦稱父母也。

哲廟取孟后詔云：「孟元孫女。」后孟在女也，而以孟元孫女詔者，伊川云：「自古天子不娶小國，蓋孟元將校，曾隨文潞公貝州獲功，官至團練使，而在是時止是小使臣耳。」此一段非元豐時事，疑後人記。

輯自中華書局點校本二程集河南程氏遺書卷第二上，校之以同治求我齋本、四庫本二程遺書。

附東見録後

今許大西事，無一人敢議者。自古舉事，不能無可否是非，亦須有議論。如苻堅壽春之役，其朝廷宗室，固多有言者，以至宮女有張夫人者，猶上書諫。西晉平吳，當取也，主之者惟張華一人而已。然當時雖羊叔子建議，而朝廷亦不能無言。又如唐師取蔡州，此則在中國容其數十年恣睢，然當時以爲不宜取者，固無義理，然亦是有議論。今則廟堂之上無一人言者，幾何不一言而喪邦也！元豐四年，用种諤、沈括之謀伐西夏。

今日西師，正惟事本不正，更説甚去就！君子於任事之際，須成敗之由一作責。在己，則自當生死以之。今致其身，使禍福死生利害由人處之，是不可也。如昨軍興事務繁夥，是亦學也；但恐只了佗紛紛底，則又何益？如從軍者之行，必竟是爲利禄，爲功名。由今之舉，便使得人一城一國，又是甚功名？君子恥之。今日從宦，苟有軍事，不能免此，是復蹈前事也。然則既如此，曷爲而不已也？

胎息之説，謂之愈疾則可，謂之道，則與聖人之學不干事，聖人未嘗説著。若言神住則氣住，則是浮屠入定之法。雖謂養氣猶是第二節事，亦須以心爲主，其心欲慈惠安一作虚静，故於道爲有助，亦不然。孟子説浩然之氣，又不如此。今若言存心養氣，只是專爲此氣，又所爲者小。舍大務小，舍本趨末，又濟甚事！今言有助於道者，只爲奈何心不下，故要得寂湛而已，又不似釋氏攝心之術。論學若如是，則大段雜也。亦不須得道，只閉目静坐爲可以養心。「坐如尸，立如齊」，只是要養其志，豈只待爲養這些氣來，又不如是也。

浮屠之術，最善化誘，故人多向之。然其術所以化衆人也，故人亦有向有不向者。如介甫之學，佗便只是去人主心術處加功，故今日靡然而同，無有異者，所謂一正君而國定也。此學極有害。以介甫才辨，遽施之學者，誰能出其右？始則且以利而從其説，久而遂安其學。今天下之新法害事處，但只消一日除了便沒事。其學化革了人心，爲害最甚，其如之何！故天下只是一個風，風如是，則靡然無不向也。

今日西事要已，亦有甚難？前事亦何足恥？只朝廷推一寬大天地之量，許之自新，莫須相從。然此恐未易。朝廷之意，今日不得已，須著如此。但夏人更重有所要，以堅吾約，則邊患未已也。一本通下章爲一段。

范希文前日西舉，以虚聲而走敵人。今日又不知誰能爲希文者？

關中學者，以今日觀之，師死而遂倍之，却未見其人，只是更不復講。

餽運之術，雖自古亦無不煩民、不動摇而足者。然於古則有兵車，其中載糗糧，百人破二十五人。然古者行兵在中國，又不遠敵，若是深入遠處，則决無省力。且如秦運海隅之粟以饋邊，率三十鍾而致一石，是二百倍以來。今日師行，一兵行，一夫餽，只可供七日，其餘日必俱乏食也。且計之，須三夫而助一兵，仍須十五日便回，一日不回，則一日乏食。以此校之，無善術。故兵也者，古人必不得已而後用者，知此耳。

目畏尖物，此事不得放過，便與克下。室中率置尖物，須以理勝佗，尖必不刺人也，何畏之有！

橫渠墓祭爲一位，恐難推同几之義。同几唯設一位祭之，謂夫婦同牢而祭也。呂氏定一歲疏數之節，有所不及，恐未合人情。一本作呂氏歲時失之疏。雨露既濡，霜露既降，皆有所感。若四時之祭有所未及，則不得契感之意。一本作疏則不契感之情。今祭祀，其敬齊禮文之類，尚皆可緩，且是要大者先正始得。今程氏之家祭，只是男女異位，及大有害義者，稍變得一二，佗所未遑也。吾曹所急正在此。凡祭祀，須是及祖。知母而不知父，狗彘是也。知父而不知祖，飛鳥是也。人須去上面立一等，求所以自異始得。

自古治亂相承，亦常事。君子多而小人少，則治；小人多而君子少，則亂。然在古，亦須朝廷之中君子小人雜進，不似今日剪截得直是齊整，不惟不得進用，更直憔悴善類，略去近道，則須憔悴舊日交遊。只改節者，便於世事差遂。此道理，不知爲甚？正叔近病，人有言之，曰：「在佗人則有追駁斥放，正叔無此等事，故只有病耳。」介甫今日亦不必誅殺，人人靡然自從，蓋只消除盡在朝異己者。在古，雖大惡在上，一面誅殺，亦斷不得人議論，今便都無異者。

卜筮之能應，祭祀之能享，亦只是一個理。蓍龜雖無情，然所以爲卦，而卦有吉凶，莫非有此理。以其有是理也，故以是問一作心向焉，其應也如響。若以私心及錯卦象而問之，便不應，蓋沒此理。今日之理與前日已定之理，只是一個理，故應也。至如祭祀之享亦同。鬼神之理在彼，我以此理向之，故享也。不容有二三，只是一理也。如處藥治病，亦只是一個理。此藥治個如何氣，有此病服之即應，若理不契，則藥不應。

古之言鬼神，不過著於祭祀，亦只是言如聞歎息之聲，亦不曾道聞如何言語，亦不曾道見如何形狀。如漢武帝之見李夫人，只爲道士先說與在甚處，使端目其地，故想出也。然武帝作詩，亦曰「是耶非耶」。嘗問好談鬼神者，皆所未曾聞見，皆是見說，燭理不明，便傳以爲信也。假使實所聞見，亦未足信，或是心病，或是目病。如孔子言人之所信者目，目亦有不足信者耶。此言極善。

今日雜信鬼怪異説者，只是不先燭理。若於事上一一理會，則有甚盡期，須只於學上理會。師巫在此，降言在彼，只是抛得遠，決無此理。又言留下藥，尤知其不然。生氣盡則死，死則謂之鬼可也。但不知世俗所謂鬼神何也？聰明如邵堯夫，猶不免致疑，在此嘗言，有人家若虛空中聞人馬之聲。某謂：「既是人馬，須有鞍韉之類皆全，這個是何處得來？」堯夫言：「天地之間，亦有一般不有不無底物。」某謂：「如此説，則須有不有不無底人馬，凡百皆爾，深不然也。」

風肅然起於人心恐怖。要之，風是天地間氣，非土偶人所能爲也。漢時神君，今日二郎廟，皆有之。

人心作主不定，正如一個翻車，流轉動揺，無須臾停，所感萬端。又如懸鏡空中，無物不入其中，有甚定形？不學則却都不察，及有所學，便覺察得是爲害。著一個意思，則與人成就得個甚好見識？一作「無意於學，則皆不之察，暨用心自觀，即覺其爲害。存此紛雜，竟與人成何見識！」心若不做一個主，怎生奈何？張天祺昔常言，「自約數年，自上著牀，便不得思量事」。不思量事後，須强把佗這心來制縛，亦須寄寓在一個形象，皆非自然。君實自謂「吾得術矣，只管念個中字」，此則又爲中繫縛。且中字亦何形象？若愚夫不思慮，冥然無知，此又過與不及之分也。有人胸中常若有兩人焉，欲爲善，如有惡以爲之間；欲爲不善，又若有羞惡之心者。本無二人，此正交戰之驗也。持其志，便氣不能亂，此大可驗。要之，聖賢必不害心疾，其佗疾却未可知。佗藏府，只爲元不曾養，養之卻在修養家。一作「持其志，使氣不能亂，此大可驗。要之，聖賢必不病心疾，佗藏府有患，則不嘗專志於養焉」。

仁祖時，北使進言，「高麗自來臣屬北朝，近來職貢全缺，殊失臣禮，今欲加兵。又聞臣屬南朝，今來報知。」仁祖不答，及將去也，召而前，語之曰：「適議高麗事，朕思之，只是王子罪，不干百姓事。今既加兵，王子未必能誅得，且是屠戮百姓。」北使遂屈無答，不覺汗流浹背，俯伏於地，歸而寢兵。佗都不言彼兵事勢，只看這一個天地之量，亦至誠有以格佗也。

人心緣境，出入無時，人亦不覺。

人夢不惟聞見思想，亦有五藏所感者。

天下之或寒或燠，只緣佗地形高下。如屋陰則寒，屋陽則燠，不可言於此所寒，於此所熱。且以尺五之表定日中一萬五千里，就外觀未必然。

人有壽考者，其氣血脈息自深，便有一般深根固蔕底道理。一作氣象。人脈起於陽明，周旋而下，至於兩氣口，自然匀長，故於此視脈。又一道自頭而下，至足大衝，亦如氣口。此等事最切於身，然而人安然恬於不知。至如人爲人問「你身上有幾條骨頭，血脈如何行動，腹中有多少藏府」，皆冥然莫曉。今人於家裏有多少家活屋舍，被人問著，己不能知，却知爲不智，於此不知，曾不介意，只道是皮包裹，不到少欠，大小大不察。近取諸身，一身之上，百理具備，甚物是沒底？背在上故爲陽，胸在下故爲陰，至如男女之生，已有此象。天有五行，人有五藏。心，火也，著些天地間風氣乘之，便須發燥。肝，木也，著些天地間風氣乘之，便須發怒。推之五藏皆然。孟子將四端便爲四體，仁便是一個木氣象，惻隱之心便是一個生物春底氣象，羞惡之心便是一個秋底氣象，只有一個去就斷割底氣象，便是義也。推之四端皆然。此個事，又著個甚安排得也？此個道理，雖牛馬血氣之類亦然，都恁備具，只是流形不同，各隨形氣，後便昏了佗氣。如其子愛其母，母愛其子，亦有木底氣象，又豈無羞惡之心？如避害就利，別所愛惡，一一理完。更如獮猴尤似人，故於獸中最爲智巧，童昏之人見解不及者多矣。然而唯人氣最清，可以輔相裁成，「天地設位，聖人成能」，直行乎天地之中，所以爲三才。天地本一物，地亦天也。只是人爲天地心，是心之動，則分了天爲上，地爲下，兼三才而兩之，故六也。

天地之氣，遠近異像，則知愈遠則愈異。至如人形有異，曾何足論！如史册有鬼國狗國，百種怪異，固亦有之，要之這個理則一般。其必一作有異者，譬如海中之蟲魚鳥獸，不啻百千萬億，卒無有同於陸上之物。雖極其異，要之只是水族而已。

天地之中，理必相直，則四邊當有空闕處。空闕處如何，地之下豈無天？今所謂地者，特於一作爲天中一物爾。如雲氣之聚，以其久而不散也，故爲對。凡地動者，只是氣動。凡所指地者，一作損缺處。只是土，土亦一物爾，不可言地。更須要知坤元承天，是地之道也。

古者百畝，今四十一畝餘。若以土地計之，所收似不足以供九人之食。曰：「百畝九人固不足，通天下計之則亦可。家有九人，只十六已別受田，其餘皆老少也，故可供。有不足者，又有補助之政，又有鄉黨賙捄之義，故亦可足。」

後世雖有作者，虞帝不可及也。猶之田也，其初開荒蒔種甚盛，以次遂漸薄，虞帝當其盛時故也。其間有如夏衰，殷衰，周衰，有盛則有衰，又是其間之盛衰，推之後世皆若是也。如一樹，方其榮時，亦有發生，亦有彫謝。桑榆既衰矣，亦有發生，亦有彫謝。又如一歲之中，四時之氣已有盛衰，一時之中又有盛衰，推之至如一辰，須有辰初、辰正、辰末之差也。今言天下之盛衰，又且只據書傳所有，聞見所及。天地之廣，其氣不齊，又安可計？譬之一國有幾家，一家有幾人，人之盛衰休戚未有齊者。姓之所以蕃庶者，由受姓之祖，其流之盛也。

內則謂請靧請浴之類，雖古人謹禮，恐不如是之煩。

古人乘車，車中不內顧，不親指，不遠視，行則鳴環佩，在車則聞和鸞，式則視馬尾，自然有個君子大人氣象。自五胡亂華以來，惟知鞍馬爲便利，雖萬乘之尊，猶執鞭上馬。執鞭非貴人事。

使人謂之啞御史猶可，且只是格君心。

正叔嘗爲葬說，有五事：相地，須使異日決不爲路，不置城郭，不爲溝渠，不爲貴人所奪，不致耕犂所及，此大要也。其穴之次，設如尊穴南向北首，陪葬者前爲兩列，亦須北首，各於其穴安夫婦之位。坐於堂上，則男東而女西，卧於室中，則男外而女內也。推此爲法觀之。葬，須爲坎室爲安。若直下便以土實之，則許大一塊虛土，壓底四向，流水必趨土虛處，大不便也。且棺椁雖堅，恐不能勝許多土頭，有失比化者無使土親膚之義。

心所感通者，只是理也。知天下事有即有，無即無，無古今前後。至如夢寐皆無形，只是有此理。若言涉於形聲之類，則是氣也。物生則氣聚，死則散而歸盡。有聲則須是口，既觸則須是身。其質既壞，又安得有此？乃知無此理，便不可信。

草木，土在下，因升降而食土氣；動物却土在中，脾在內也。非土則無由生。

禮言「惟天地之祭爲越紼而行事」，此事難行。既言越紼，則是猶在殯宮，於時無由致得齋，又安能脱喪服衣祭服？此皆難行。縱天地之祀爲不可廢，只一作則〔一〕。消使冢宰攝爾。昔者英宗初即位，有人以此問，先生荅曰：「古人居喪，百事皆此有闕字。如常，特於祭祀廢之，則不若無廢爲愈也。」子厚正之曰：「父在爲母喪，則不敢見其父，不敢以非禮見也。今天子爲父之喪，以此見上帝，是以非禮見上帝也，故不如無祭。」

「萬物皆備於我」，此通人物而言。禽獸與人絶相似，只是不能推。然禽獸之性却自然，不待學，不待教，如營巢養子之類是也。人雖是靈，却椓喪處極多，只有一件，嬰兒飲乳是自然，非學也，其佗皆誘之也。欲得人家嬰兒善，且自小不要引佗，留佗真性，待他自然，亦須完得些本性須别也。

勿謂小兒無記性，所歷事皆能不忘。故善養子者，當其嬰孩，鞠之使得所養，全其和氣，乃至長而性美，教之示以好惡有常。至如養犬者，不欲其升堂，則時其升堂而扑〔二〕之。若既扑其升堂，又復食之於堂，則使孰從？雖日撻而求其不升，不可得也。養異類且爾，況人乎？故養正者，聖人也。

極，須爲天下之中。天地之中，理必相直。今人所定天體，只是且以眼定，視所極處不見，遂以爲盡。然向曾有於海上見南極下有大星十，則今所見天體蓋未定。雖似不可窮，然以土圭之法驗之，日月升降不過三萬里中。故以尺五之表測之，每一寸當一千里。然而中國只到鄯善、莎車，已是一萬五千里。若就彼觀日，尚只是三萬里中也。天下之或寒或煖，只緣地形高下。如屋陰則寒，屋陽則燠，不可言於此所寒矣，屋之西北又益寒。伯淳在澤州，嘗三次食韭黄，始食懷州韭，次食澤州，又次食并州，則知數百里間氣候争三月矣。若都以此差之，則須争半歲。如是，則有在此冬至，在彼夏至者。雖然，又沒此事，只是一般爲冬爲夏而已。

〔一〕四庫本無「一作則」三字。

〔二〕此句及下句之「扑」四庫本作「朴」，疑形近而誤。

貴姓子弟於飲食玩好之物之類，直是一生將身伏事不懈，如管城之陳醋瓶，洛中之史畫匣是也。更有甚事？伯淳與君實嘗問觀史畫，猶能題品奈煩。伯淳問君實：「能如此與佗畫否？」君實曰：「自家一個身，猶不能事持得，更有甚工夫到此？」

電者，陰陽相軋。雷者，陰陽相擊也。軋者如石相磨而火光出者，電便有雷擊者是一作甚也。或傳京師少聞雷，恐是地有高下也。

神農作本草，古傳一日食藥七十死，非也。若小毒，亦不當嘗；若大毒，一嘗而死矣，安得生？其所以得知者，自然視色嗅味，知得是甚氣，作此藥，便可攻此病。須是學至此，則知自至此。

或以謂原壤之爲人，敢慢聖人，及母死而歌，疑是莊周，非也。只是一個鄉里粗鄙人，不識義理，觀夫子責之辭，可以見其爲人也。一本此下云：「若是莊周，夫子亦不敢叩之責之，適足以啓其不遜爾，彼亦必須有答。」

古人適異方死，不必歸葬故里，如季子是也。其言骨肉歸於土，若夫魄氣，則無不之也。然觀季子所處，要之非知禮者也。

古人之法，必犯大惡則焚其屍。今風俗之弊，遂以爲禮，雖孝子慈孫，亦不以爲異。更是公方明立條貫，元不爲禁：如言軍人出戍，許令燒焚，將骨殖歸；又言郊壇須三里外方得燒人，則是別有焚屍之法。此事只是習慣，便不以爲事。今有狂夫醉人，妄以其先人棺櫬一彈，則便以爲深讐巨怨，及親拽其親而納之火中，則略不以爲怪，可不哀哉！

英宗欲改葬西陵，當是時，潞公對以禍福，遂止。其語雖若詭對，要之却濟事。

父子異宮者，爲命士以上，愈貴則愈嚴。故父子異宮，猶今有逐位，非如異居也。

輯自中華書局點校本二程集河南程氏遺書卷第二下。

附録二

宋史呂大防 兄大忠 弟大鈞 大臨 列傳

呂大防字微仲，其先汲郡人。祖通，太常博士。父蕡，比部郎中。通葬京兆藍田，遂家焉。大防進士及第，調馮翊主簿、永壽令。縣無井，遠汲於澗，大防行近境，得二泉，欲導而入縣，地勢高下，衆疑無成理。大防用考工水地置泉之法以準之，不旬日，果疏爲渠，民賴之，號曰「呂公泉」。

遷著作佐郎、知青城縣。故時，圭田粟入以大斗而出以公斗，獲利三倍，民雖病不敢訴。大防始均出納以平其直，事轉聞，詔立法禁，命一路悉輸租于官概給之。青城外控汶川，與敵相接。大防據要置邏，密爲之防，禁山之樵采，以嚴障蔽。韓絳鎮蜀，稱其有王佐才。入權鹽鐵判官。

英宗即位，改太常博士。御史闕，內出大防與范純仁姓名，命爲監察御史里行。首言：「紀綱賞罰，未厭四方之望者有五：進用大臣而權不歸上；大臣疲老而不得時退；外國驕蹇而不擇將帥；議論之臣裨益闕失，而大臣沮之；疆埸左右之臣，有敗事而被賞、舉職而獲罪者。」又言：「富弼病足請解機務，章十餘上而不納；張昪年幾八十，聰明已耗，哀乞骸骨而不從；吴奎有三年之喪，以其子召之者再，遣使召之者又再；程戡辭老不能守邊，恐死塞上，免以尸柩還家爲請，亦不許。陛下欲盡君臣之分，使病者得休，喪者得終，老者得盡其餘年，則進退盡禮，亦何必過爲虛飾，使四人之誠，不得自達邪？」

是歲，京師大水，大防曰：「雨水之患，至入宮城廬舍，殺人害物，此陰陽之沴也。」即陳八事，曰：主威不立，臣權太盛，邪議干正，私恩害公，遼、夏連謀，盜賊恣行，羣情失職，刑罰失平。會執政議濮王稱考，大防上言：「先帝起陛下爲皇子，館於宮中，憑几之命，緒言在耳，皇天后土，實知所託。設使先帝萬壽，陛下猶爲皇子，則安懿之稱伯，於理不疑。豈可生以爲子，沒而背之哉？夫人君臨御之始，宜有至公大義厭服天下，以結其心。今大臣首欲加王以非正之號，使陛下顧私恩而違公義，非所以結天下之心也。」章累十數上，出知休寧縣。

神宗立，通判淄州。熙寧元年，知泗州，爲河北轉運副使。召直舍人院。韓絳宣撫陝西，命爲判官，又兼河東宣撫判官，除知制誥。四年，知延州。大防昉欲城河外荒堆砦，衆謂不可守，大防留戍兵修堡障，有不從者斬以徇。會環慶兵亂，絳坐黜，大防亦落知制誥，以太常博士知臨江軍。

數月，徙知華州。華嶽摧，自山屬渭河，被害者衆。大防奏疏，援經質史，以驗時事。其略曰：「『畏天之威，于時保之』，先王所以興也；『我生不有命在天』，後王所以壞也。書云：『惟先格王，正厥事。』願仰承天威，俯酌時變，爲社稷至計。」除龍圖閣待制、知秦州。

元豐初，徙永興。神宗以彗星求言，大防陳三說九宜：曰治本，曰緩末，曰納言。養民、教士、重穀，治本之宜三也；治邊、治兵，緩末之宜二也；廣受言之路，寬侵官之罰，恕誹謗之罪，容異同之論，此納言之宜四也。累數千言。時用兵西夏，調度百出，有不便者輒上聞，務在寬民。及兵罷，民力比他路爲饒，供億軍須亦無乏絕。進直學士。居數年，知成都府。

哲宗即位，召爲翰林學士、權開封府。有僧誑民取財，因訟至廷下。驗治得情，命抱具獄，即其所杖之，他挾姦者皆遁去。館伴契丹使。其使黠，語頗及朝廷，大防密擿其隱事，詰之曰：「北朝試進士至心獨運賦，不知此題於書何出？」使錯愕不能對，自是不敢復出嫚詞。

遷吏部尚書。夏使來，詔訪以待遇之計，且曰：「向者所得邊地，雖建立城堡，終慮孤絕難保。棄之則弱國，守之又有後悔，爲當奈何？」大防言：「夏本無能爲，然屢遣使而不布誠款者，蓋料我急於議和耳。今使者到闕，宜令押伴臣僚，扣其不賀登極，以觀厥意，足以測情僞矣。新收疆土，議者多言可棄，此慮之不熟也。至於守禦之策，惟擇將帥爲先。太祖用姚内斌、董遵誨守環、慶，西人不敢入侵。昔以二州之力，禦敵而有餘；今以九州之大，奉邊而不足。由是言之，在於得人而已。」

元祐元年，拜尚書右丞，進中書侍郎，封汲郡公。西方息兵，青唐羌以爲中國怯，使大將鬼章青宜結犯邊。大防命洮州諸將乘間致討，生擒之。

三年，呂公著告老，宣仁后欲留之京師。手札密訪至于四五，超拜大防尚書左僕射兼門下侍郎，提舉修神宗實録。大防見哲宗年益壯，日以進學爲急，請敕講讀官取仁宗邇英御書解釋上之，寘于坐右。又摭乾興以來四十一事足以爲勸戒者，分上下篇，標曰仁祖聖學，使人主有欣慕不足之意。

哲宗御邇英閣，召宰執、講讀官讀寶訓，至「漢武帝籍南山提封爲上林苑，仁宗曰：『山澤之利當與衆共之，何用此也。』丁度曰：『臣事陛下二十年，每奉德音，未始不及於憂勤，此蓋祖宗家法爾。』」大防因推廣祖宗家法以進，曰：「自三代以後，唯本朝百二十年中外無事，蓋由祖宗所立家法最善，臣請舉其略。自古人主事母后，朝見有時，如漢武帝五日一朝長樂宮。祖宗以來事母后，皆朝夕見，此事親之法也。前代大長公主用臣妾之禮。本朝必先致恭，仁宗以姪事姑之禮見獻穆大長公主，此事長之法也。前代宮闈多不肅，宮人或與廷臣相見，唐入閤圖有昭容位。本朝宮禁嚴密，内外整肅，此治内之法也。前代外戚多預政事，常致敗亂。本朝母后之族皆不預，此待外戚之法也。前代宮室多尚華侈。本朝宮殿止用赤白，此尚儉之法也。前代人君雖在宮禁，出輿入輦。祖宗皆步自内庭，出御後殿。豈乏人力哉，亦欲涉歷廣庭，稍冒寒暑，此勤身之法也。前代人主，在禁中冠服苟簡。祖宗以來，燕居必以禮。竊聞陛下昨郊禮畢，具禮謝太皇太后，此尚禮之法也。前代多深於用刑，大者誅戮，小者遠竄。惟本朝用法最輕，臣下有罪，止於罷黜，此寬仁之法也。至於虛己納諫，不好畋獵，不尚玩好，不用玉器，不貴異味，此皆祖宗家法，所以致太平者。陛下不須遠法前代，但盡行家法，足以爲天下。」哲宗甚然之。

大防朴厚惷直，不植黨朋，與范純仁並位，同心戮力，以相王室。立朝挺挺，進退百官，不可干以私，不市恩嫁怨，以邀聲譽，凡八年，始終如一。

墾乞避位，宣仁后曰：「上方富於春秋，公未可即去，少須歲月，吾亦就東朝矣。」未果而后崩。爲山陵使，復命以觀文殿大學士、左光祿大夫知穎昌府。尋改永興軍，使便其鄉社。入辭，哲宗勞慰甚渥，曰：「卿暫歸故鄉，行即召矣。」未歲，左正言上官均論其隳壞役法，右正言張商英、御史周秩、劉拯相繼攻之，奪學士，知隨州，貶秘書監，分司南京，居郢州。言者又以修神宗實錄直書其事爲誣詆，徙安州。

兄大忠自渭入對，哲宗詢大防安否，且曰：「執政欲遷諸嶺南，朕獨令處安陸，爲朕寄聲問之。大防朴直爲人所賣，三二年可復相見也。」大忠泄其語於章惇，惇懼，繩之愈力。紹聖四年，遂貶舒州團練副使，安置循州。至虔州信豐而病，語其子景山曰：「吾不復南矣！吾死汝歸，呂氏尚有遺種。」遂薨，年七十一。大忠請歸葬，許之。

大防身長七尺，眉目秀髮，聲音如鐘。自少持重，無嗜好，過市不左右游目，燕居如對賓客。每朝會，威儀翼如，神宗常目送之。與大忠及弟大臨同居，相切磋論道考禮，冠昏喪祭一本於古，關中言禮學者推呂氏。嘗爲鄉約曰：「凡同約者，德業相勸，過失相規，禮俗相交，患難相卹，有善則書于籍，有過若違約者亦書之，三犯而行罰，不悛者絕之。」

徽宗即位，復其官。高宗紹興初，又復大學士，贈太師、宣國公，謚曰正愍。

大忠字進伯。登第，爲華陰尉、晉城令。韓絳宣撫陝西，以大忠提舉永興路義勇。改秘書丞，檢詳樞密院吏、兵房文字。令條義勇利害。大忠言：「養兵猥衆，國用日屈，漢之屯田，唐之府兵，善法也。弓箭手近於屯田，義勇近於府兵，擇用一焉，兵屯可省矣。」爲簽書定國軍判官。

熙寧中，王安石議遣使諸道，立緣邊封溝，大忠與范育被命，俱辭行。大忠陳五不可，以爲懷撫外國，恩信不洽，必致生患。罷不遣。令與劉忱使契丹，議代北地，會遭父喪，起復，知代州。契丹使蕭素、梁穎至代，設次，據主席，大忠與之爭，乃移次於長城北。換西上閤門使、知石州。

大忠數與素、穎會，凡議，屢以理折之，素、穎稍屈。已而復使蕭禧來求代北地，神宗召執政與大忠、忱議，將從其請。

大忠曰：「彼遣一使來，即與地五百里，若使魏王英弼來求關南，則何如？」神宗曰：「卿是何言也？」對曰：「陛下既以臣言爲不然，恐不可啓其漸。」忱曰：「大忠之言，社稷大計，願陛下熟思之。」執政知不可奪，議卒不決，罷忱還三司，大忠亦終喪制。其後竟以分水嶺爲界焉。

元豐中，爲河北轉運判官，言：「古者理財，視天下猶一家。朝廷者家，外計者兄弟，居雖異而財無不同。今有司惟知出納之名，有餘不足，未嘗以實告上。故有餘則取之，不足莫之與，甚大患也。」乃上生財、養民十二事。徙提點淮西刑獄。時河決，飛蝗爲災，大忠入對，極論之，詔歸故官。

元祐初，歷工部郎中、陝西轉運副使、知陝州，以直龍圖閣知秦州，進寶文閣待制。夏人自犯麟府、環慶後，遂絶歲賜，欲遣使謝罪，神宗將許之。大忠言：「夏人強則縱，困則服，今陽爲恭順，實懼討伐。宜且命邊臣詰其所以來之辭，若惟請是從，彼將有以窺我矣。」

時郡糴民粟，豪家因之制操縱之柄。大忠選僚寀自旦入倉，雖斗升亦受，不使有所壅閼。民喜，爭運粟于倉，負錢而去，得百餘萬斛。

馬涓以進士舉首入幕府，自稱狀元。大忠謂曰：「狀元云者，及第未除官之稱也，既爲判官則不可。今科舉之習既無用，修身爲己之學，不可不勉。」又教以臨政治民之要，涓自以爲得師焉。謝良佐教授州學，大忠每過之，聽講論語，必正襟斂容曰：「聖人言行在焉，吾不敢不肅。」

嘗獻言：「夏人戍守之外，戰士不過十萬，吾三路之衆，足以當之矣。彼屢犯王略，一不與校，臣竊羞之。」紹聖二年，加寶文閣直學士、知渭州，付以秦、渭之事，奏言：「關、陝民力未裕，士氣沮喪，非假之歲月，未易枝梧。」因請以職事對。大抵欲以計徐取横山，自汝遮殘井迤邐進築，不求近功。

既而鐘傳城安西，王文郁亦用事，章惇、曾布主之，大忠議不合；又乞以所進職爲大防量移，惇、布陳其所言與元祐時異，徙知同州，旋降待制致仕。卒，詔復學士官，佐其葬。

大鈞字和叔。父蕡，六子，其五登科，大鈞第三子也。中乙科，調秦州右司理參軍，監延州折博務。改光祿寺丞，知三原縣。請代蕡入蜀，移巴西縣。蕡致仕，大鈞亦移疾不行。韓絳宣撫陝西、河東，辟書寫機密文字。府罷，移知侯官縣，故相曾公亮鎮京兆，薦知涇陽縣，皆不赴。丁外艱，家居講道。數年，起爲諸王宫教授。尋監鳳翔船務，制改宣義郎。

會伐西夏，鄜延轉運司檄爲從事。既出塞，轉運使李稷餽餉不繼，欲還安定取糧，使大鈞請於种諤。諤曰：「吾受命將兵，安知糧道！萬一不繼，召稷來，與一劍耳。」大鈞性剛直，即曰：「朝廷出師，去塞未遠，遂斬轉運使，無君父乎？」諤意折，強謂大鈞曰：「君欲以此報稷，先稷受禍矣！」大鈞怒曰：「公將以此言見恐邪？吾委身事主，死無所辭，正恐公過耳。」諤見其直，乃好謂曰：「子乃爾邪？今聽汝矣！」始許稷還。是時，微大鈞盛氣誚諤，稷且不免。未幾，道得疾，卒，年五十二。

大鈞從張載學，能守其師說而踐履之。居父喪，衰麻葬祭，一本於禮。後乃行於冠昏、膳飲、慶弔之間，節文粲然可觀，關中化之。尤喜講明井田兵制，謂治道必自此始，悉撰次爲圖籍，可見於用。雖皆本於載，而能自信力行，載每歎其勇爲不可及。

大臨字與叔。學于程頤，與謝良佐、游酢、楊時在程門，號「四先生」。通六經，尤邃於禮。每欲掇習三代遺文舊制，令可行，不爲空言以拂世駭俗。

其論選舉曰：「古之長育人才者，以士衆多爲樂；今之主選舉者，以多爲患。古以禮聘士，常恐士之不至；今以法待士，常恐士之競進。古今豈有異哉，蓋未之思爾。夫爲國之要，不過得人以治其事，如爲治必欲得人，惟恐人才之不足，而何患於多。如治事皆任其責，惟恐士之不至，不憂其競進也。今取人而用，不問其可任何事；任人以事，不問其才之所堪。故入流之路不勝其多，然爲官擇士則常患乏才；待次之吏歷歲不調，然考其職事則常患不治。是所謂名實不稱，本末交戾。如此而欲得人而事治，未之有也。今欲立士規以養德厲行，更學制以量才進藝，定試法以區別能否，修辟法以興能備用，嚴舉法以覈實得人，制考法以責任考功，庶幾可以漸復古矣。」

富弼致政于家，爲佛氏之學。大臨與之書曰：「古者三公無職事，惟有德者居之，內則論道于朝，外則主教于鄉。古之大人當是任者，必將以斯道覺斯民，成己以成物，豈以爵位進退、體力盛衰爲之變哉？今大道未明，人趨異學，不入于莊，則入于釋。疑聖人爲未盡善，輕禮義爲不足學，人倫不明，萬物憔悴，此老成大人惻隱存心之時。以道自任，振起壞俗，在公之力，宜無難矣。若夫移精變氣，務求長年，此山谷避世之士獨善其身者之所好，豈世之所以望於公者哉？」弼謝之。

元祐中，爲太學博士，遷秘書省正字。范祖禹薦其好學修身如古人，可備勸學，未及用而卒。

中華書局校點本宋史卷三百四十列傳第九十九。

呂大臨

李贄

呂大臨，字與叔，藍田人。學于程頤，通六經，尤邃于禮。其論選舉曰：「古之長育人才者，以士衆多爲樂；今之主選舉者，以多爲患。古以禮聘士，常恐士之不至；今以法待士，常恐士之競至。夫爲國之要，不過得人以治其事。如爲治必欲得人，惟恐人才之不足，而何患於多？始治事皆任其責，惟恐士之不至，不必憂其競至也。今取人而用，不問其可任何事。任人以事，不問其才之所堪與否。故入流之路，不勝其多。然爲官擇士，則常患乏才。待次之吏，歷歲不調。然考其職事，則常患不治。是所謂名實不稱，本末交戾。如此而欲得人而事治，未之有也。」元祐中，爲太學博士，遷秘書省正字。范祖禹薦其好學修身如古人，可備勸學，未及用而卒。大臨詩云：「學如元凱方成癖，文似相如始類俳。獨立孔門無一事，只輸顏氏得心齋。」

藏書儒臣傳卷二十七。

呂和叔墓表

范育

元豐五年，歲次壬戌，六月癸酉，呂君和叔卒。九月乙巳，從葬驪山之趾先大夫之墓。其孤義山請識以文。惟君明善至學，性之所得者，盡之於心；心之所知者，踐之於身。妻子刑之，朋友信之，鄉黨宗之，可謂至誠敏德者矣。乃表其墓曰「誠德君子」，而系其身行云。

君諱大鈞，字和叔，其先汲郡人。皇考鵠，贈司封員外郎。王考通，太常博士，贈兵部侍郎。考蕡，比部郎中，贈左諫議大夫。由兵部葬京兆之藍田，故子孫爲其縣人焉。初諫議學遊未仕，教子六人，後五人相繼登科，知名當世，其季賢而早死。縉紳士大夫，傳其家聲，以爲美談。君其第三子也，中進士乙科，調秦州右司理參軍，監延州折博務，改光祿寺丞，知耀州三原縣。請代親入蜀，移綿州巴西縣。諫議致仕居里，君亦移疾不行。

丞相韓公子華，宣撫陝西、河東，辟書寫機密文字。府罷，移福州侯官縣。故相曾宣靖公鎮京兆，薦涇陽縣，皆不赴。丁諫議憂，服除，獨家居講道。數年，仲兄龍圖閣待制大防，請監鳳翔府造舡務，君起就之。官制改，爲宣義郎。會詔伐西夏，鄜延路轉運司檄君從事，法爲可辭，使者請于朝，君亦以禮際善而得行，乃往從。君亦盡力，不苟以避，使者愈賢之，薦管勾文字。數月，感疾，卒延州官舍，享年五十有二。

君性純厚易直，强明正亮，所行不二於心，所知不二于行。其學以孔子「下學上達」之心立其志，以孟子「集義」之功養其德，以顔子「克己復禮」之用厲其行，其要歸之誠明不息，不爲衆人沮之而疑，小辨奪之而屈，勢利劫之而回，知力窮之而止。其自任以聖賢之重如此。

蓋大學之教，不明于世者，千五百年。先是扶風張先生子厚聞而知之，而學者未知信也。君於先生爲同年友，一言而契，往執弟子禮問焉。君謂「始學必先行其所知而已，若天道性命之際，正惟躬行禮義，久則至焉」。先生以謂「學不造約，雖勞而艱於進德」，且謂「君勉之，當自悟」。君乃信己不疑，設其義，陳其數，倡而行之，將以抗橫流，繼絶學，毅然不恤人之非間己也。先生亦歎其勇爲不可及。始居諫議喪，衰麻斂奠喪祭之事，悉捐俗習事尚，一倣諸禮，後乃寖行於冠昏、飲酒、相見、慶弔之間。其文節粲然可觀，人人皆識其義，相與起好矜行，一朝知禮義之可貴。久之，君之志既克少施，而於趨時求中，未能沛然不疑，然後信先生之學本末不可踰，以造約爲先務矣。先生既殁，君益脩明其學，援是道推之以善俗，且必於吾身親見之。既而曰：「有命，不得於今，必得於後世。」其始講脩先生之法曰：「如有用我者，舉而措之而已。既又知夫君子之德不存焉，雖不信而不悔。始也急於行，既乃至而不迫，優游乎道之可樂；始也嚴於率人，既乃和而不解，使學者趨而不厭。嗚呼！非持久不已，孰能與于此？」君疾，命掃室正席，默坐，問者至，語未終而殁。其徒聞疾，或自家于官所。及訃至，相率迎其喪，遠至數十百里，貧者位于別館哭之。卒時，夫人种氏治其喪，如君所以治諫議之喪。其孤既葬，而祭于家必以禮。嗚呼！死生之際，安而不惑，可以見養之至。道行乎妻子，善信乎朋友鄉黨，可以見誠之感。

君與人語，必因其所可及而喻諸義。治經説德，於身踐而心解。其文章不作於無用，嘗撰次井田、兵制爲圖籍，按之易易。大臣有薦官邸教授者，法當獻文，君上天下爲一家、中國爲一人賦。推是道也，槩乎天下矣！

君始娶馬氏，再娶則种夫人也。子義山，能傳其父學。孫男麟、愈、舟，女一。嗚呼！仲尼七十，而變化不息；顔子短命，未見其止；曾子老而德優。先生有言：「樂正子與舜同術，顧其行有未至。」至若君之術，與聖人同，其至足以觀之，惜乎不得見其老，放乎致極，以立乎聖人之門，一朝之遇，措乎天下國家，乃中身而止矣。嗚呼！君之自信其所行，以致其所及，可爲衆人道者也；若信諸己而知乎天者，則又非衆人之所可知，必有君子而知君者矣。安得孔子之門人，與論君之德者乎？

四部叢刊本皇朝文鑑卷一百四十五。又見清呂懋勛等修、袁廷俊等纂藍田縣志文徵録卷二敍述，光緒元年刊本。

祭四呂文

呂柟

南京禮部右侍郎後學宗人呂柟致祭於宋呂氏直學士進伯先生、尚書僕射微仲先生、宣議郎和叔先生、秘書省正字與叔先生四公之神曰：惟公稟河華之靈、生趙宋之盛。氣萃一門，德稟四賢：或老尤好學，理會到底；或正色立朝，獨立無黨；或敦崇鄉約，化兹秦俗。若乃加志克己，絶去吝驕，剖破藩籬，則又專用力於仁也。豈特爲程、張之高弟，雖於孔門顔、閔之間亦可跂及，而求、予之輩亦不多讓也。梁木既壞，懿行猶存。柟生也晚，妄意聖賢之學，卯止進修之正，況在同姓之宗，益切寢食之想，爰入藍田，恭謁遺容。既雲仍之是訪，慨水木之難窮，用潔薄奠，表此顒誠，尚冀斯文，以嘏後學。明神在天，豈不來格？

清呂懋勛等修、袁廷俊等纂藍田縣志附輞川志及文徵録，文徵録卷二敍述，光緒元年刊本。

四呂官職碑[一]

宋進士工部郎中陜西轉運副使寶文閣直學士大呂先生諱大忠字進伯。

宋進士尚書左僕射兼門下侍郎贈大師宣國公二呂先生諱大防字微仲。

宋進士秦州司李鄜延路轉運司從事三呂先生諱大鈞字和叔。

[一] 清碑刻。

宋進士太常博士秘書省正字進尚書左丞四呂先生諱大臨字與叔。

藏於陝西省藍田縣蔡文姬紀念館。

呂大圭贈呂大臨石敦銘文

嗟乎！吾弟任重而道遠者夫！宋左奉議郎秘書省正字呂君與叔石敦。元祐八年癸酉十一月辛巳從兄大圭銘。

石敦（M2∶55）腹壁銘文，載張蘊撰考古鼻祖北宋呂大臨家族墓地出土文物，收藏2010年第7期第31頁，又載陝西考古研究院撰陝西藍田縣五里頭北宋呂氏家族墓地，考古2010年第8期第51頁。

呂與叔博士挽詞[一]

蘇軾

言中謀猷行中經，關西人物數清英。欲過叔度留終日，未識魯山空此生。論議凋零三益友，功名分付二難兄。老來尚有憂時歎，此涕無從何處傾。翟耆年籀史：「呂大臨，字與叔，丞相大防之弟，監鳳翔府司竹監，東西省從官列其行義，修飭文辭爾雅，除太學博士，著考古圖三十卷。其卒也，東坡作挽詩哭之云。」

[一] 明成化本東坡集作「呂與叔學士挽詞」。

宋詩紀事卷二十一。

呂氏祠堂記

戴珊

西安府藍田縣宋呂氏先生寶文閣直學士諱大忠字進伯，尚書左僕射諱大防字微仲，宣議郎諱大鈞字和叔，秘書省正字諱大臨字與叔，昆季傑出一時，既而世遠人亡，家乘逸於兵燹，厥裔莫徵。縣北五里許號呂氏莊，芸閣寺在焉。寺北大小十餘墓，偏西南就平有廢址，陶甓石礎出沒泥土中，淪入豪族，供耕收，丘久鄉人率知爲呂氏故物，懼賈怨，秘不言。珊以職事如縣，蹤跡無所得，徒展敬祠之在鄉校者。未幾，太學生里人王臣請告還，始敢言。巡撫陝西都察院右副都御史阮公勤下珊議，議可乃檄知縣扶溝劉振復其基，即廢址作祠堂，旁翼兩室，前置門道，周繚崇垣，用妥先生之神。公尋以疏聞禮官將順，惟謹寶文、宣義、正字之祠。始獲有文，振復作中堂，歲仲春行事，竊惟鄉大夫致仕，功德言足教，所謂「鄉先生者，歿而祭於社」，禮也。趙清獻嘗稱僕射「骨鯁敢言，有直臣氣」。程子嘗稱寶文「老而好學，理會直是到底」，稱宣義「任道擔當，風力甚勁」。張子亦曰：「秦俗之化，和叔有力焉。」朱子稱正字「高於程門諸公，大段有筋骨，說得好處如千兵萬馬，飽滿伉壯」。夫僕射得君行道，功立矣；寶文、宣義、正字位不可以普，厥施胥講明道學，德與言立矣。鑿鑿乎足教於鄉者，楊少尹持以能詩訓後進，年老去歸，其鄉可法，韓昌黎且曰「鄉先生其在斯人」。矧茲先生祠而祀之，宜哉。然而諸儒集傳經書，國朝纂修爲大全，及表彰性理之旨，寶文、宣義、正字之言咸見采錄，以羽翼舜、文、孔、孟之道，而正字居多，其功乃在天下後世。繼今拔其尤以升孔庭，入從祀揆諸報施，稱我皇上崇儒重道之心匹休虞周，近古罕儷，感而遂通，殆必有所處哉，而鄉之司祀蓋爲之基矣。嗚呼！對越奔走，瞻仰風徽，「嚴惟丕式」，如子弟受教父兄然。非其言罔敢誦諸口，非其行罔敢踐諸躬，庶幾處爲善士、出爲名臣，無愧於大賢君子之鄉，而舜、文、孔、孟之道亦由之匪昏以塞矣。苟或安，厥暴棄負先王教，治化無所裨益，則夫崇獎之圖，特爲虛文美觀，豈所以待先王之道哉？盍相與勉之？阮公字必成，上黨人，負才行，由進士歷官大理寺副，台州知府，山東左布政使，進今官在台祠。謝上蔡在山東集張文忠詩文壽諸梓，入陝，修舉姬太師、諸葛武侯、范文正祠祀，而又重臣之言，可珊之議，協振之力，正兹四百年之闕典。公其爲國以禮者，與邇以賢績，入爲兵部右侍郎，而右副都御史舒城鄭公時代巡撫，德望老成，益隆政教，公同志也。監察御史餘姚陸公淵按巡適至，憲度克張而事關風化者乃其所急，咸義斯舉，謂珊不可無述以示今傳後，於是乎書。

清呂懋勛等修、袁廷俊等纂藍田縣志附輞川志及文徵録，文徵録卷二敍述，光緒元年刊本。

宋英宗諭呂大忠知陝府誥

朕於用人，不盡其力，不奪其志，均其勞佚，欲臣下悦而知勸也。爾以材謂克勤於外，自陝以西兵食所賴，而屢以疾告，自請方州甘棠之郊。姑遂爾欲，坐嘯卧治，安其土風，庶幾少休，毋亡忠報。

清呂懋勛等修、袁廷俊等纂藍田縣志附輞川志及文徵録，文徵録卷一掌故，光緒元年刊本。

伊洛淵源録所載呂氏兄弟資料

藍田呂氏兄弟　寶文

名大忠，字進伯，丞相汲公之兄。元符末，以寶文閣直學士卒。實錄有傳，不載其學問源流，今不復著，但遺書中見其從學之實。

藍田呂氏兄弟　宣義

行狀略

君諱大鈞，字和叔，姓呂氏，其先汲郡人。自祖而下葬藍田，故今爲京兆人。嘉佑二年，以進士中乙科，授秦州司理，監延州折博務。改光祿寺丞，知耀州三原縣事。以諫議授果州，乞代親入蜀，移知綿州巴西縣事。未赴，旋以諫議致仕，移疾不行。丞相韓公絳宣撫陝西、河東路，辟君掌書寫機宜文字。府罷，除福州侯官縣。故相宣靖曾公出鎮京兆，薦君知涇陽縣，皆不赴。久之，丁諫議憂，服除，復閒居數年。自以道未明，學未優，曰：「吾斯之未能信！」於是不復有祿仕意，講道勸義，以教育人材，變化風俗，推其在己者，以驗諸人，將自期德成而致用也。居無何，士大夫皆惜其賢而不用，以爲不仕無義，由是多强君起，不得已造朝，大臣薦以爲宮邸教授，非其志也。會仲兄龍圖閣直學士大防知永興，陳乞監鳳翔府造船務，新官改宣義郎。

朝廷問罪西鄙，鄜延路轉運司特請君行。師出暴露，君臨事竭力，不弛厥勞，人勸君以他辭免，而君義不辭難也。以元豐五年夏六月癸酉感疾卒，年五十有二。

君爲人質厚剛正，以聖門事業爲己任，所知信而力可及，則身遂行之，不復疑畏。故識者方之季路，而君之所趨，蓋亦未見其止也。蓋大學之廢絶久矣，自扶風張先生倡之，而後進蔽於俗尚，其才俊者急於進取，昏塞者難於領解，由是寂寥無有和者。君于先生爲同年友，及聞先生學，于是心悦誠服，賓賓然執弟子禮，扣請無倦，久而益親，自是學者靡然知所向矣。先生之學，大抵誠明爲本，以禮樂爲行，衆人則姑誦其言，而未知其所以進于是焉。君即若蹈大路，朝夕從事，不啻飢渴之營飲食也。潛心玩理，望聖賢之致，尅期可到，而日用躬行，必取先生之法度，以爲宗範。自身及家，自家及鄉人，旁及親戚朋友，皆紀其行而述其事。丁諫議憂，自始喪至于葬祭，一倣古儀所得爲者，而居喪之節，鉅細規矩于禮，雖昆弟共行之，而君特勉執之彌謹，由是僚友稱其孝，世人信其誠。又推之祭祀、冠、昏、飲酒、相見、慶弔之事，皆不混習俗，粲然有文以相接，人咸安而愛之。蓋君之所行，雖以禮爲主，要欲以學立其守，而又樂爲人語，故人皆由其教而説其義。自是，比比皆知禮爲可行者。

君少時贍學洽聞，無所不該。一日，聞先生説，遷其素志，而前日之學，博而以約，即涣然冰釋矣。故比他人功敏，而得之尤多。愛講明井田、兵制，以謂治道必由是，悉撰成圖籍，胸中了然，若可推行。又嘗作天下爲一家、中國爲一人二賦獻，概可見其志矣。

君既感疾，一日，命内外灑埽齋居，冥然若思。久之，客至問安，交語未終而没，則德性所養，可以想見矣。既卒，其孤尚在鄉里，夫人种氏治喪，一如君所以治諫議之喪，凡委巷浮屠煩鄙不經之事一不用，于是延之學士大夫驚歎君之家法，以見君之道，固行于妻子矣。子義山傳其父學，蚤有立志。

墓表銘

范育

惟君明善至學，性之所得者，盡之于心；心之所知者，踐之于身。妻子刑之，朋友信之，鄉黨宗之，可謂至誠敏德者矣。乃表其墓曰「誠德君子」，而系其世行云。

君性純厚易直，强明正亮，所行不二于心，所知不二于行。其學以孔子「下學上達」之心立其志，以孟子「集義」之功養其德，以顔子「克己復禮」之用厲其行，其要歸之誠明不息，不爲衆人沮之而疑，小辯奪之而屈，勢利劫之而回，知力窮之而止。其自任以聖賢之重如此。

蓋大學之教，不明于世者千五百年。先是扶風張先生子厚聞而知之，而學者未之信也。君于先生爲同年友，一言而契，往執弟子禮問焉。君謂「始學必先行其所知而已，若夫道德性命之際，惟躬行禮義，久則至焉」。先生以謂「學不造約，雖勞而艱于進德」，且謂「君勉之，當自悟」。君乃信己不疑，設其義，陳其數，倡而行之，將以抗横流，繼絶學，毅然不恤人之非間己也。雖先生亦歎其勇爲不可及。始居諫議喪，衰麻斂奠葬祭之事，悉捐習俗事尚，一倣諸禮，後乃寖行于冠昏、飲酒、相見、慶弔之間，其文節粲然可觀，人人皆識其義，相與起好矜行，一朝知禮義之可貴。久之，君之志既克少施，而于趨時求中，未能沛然不疑，然後信先生之學本末不可踰，以造約爲先務矣。先生既沒，君益修明其學，將援是道推之以善俗，且必于吾身親見之。既而曰：「有命，不得于今，必得于後世。」其始講修先生之法曰：「如有用我者，舉而措之而已。」既又知夫君子之德不存焉，雖不試而不悔。始也急于行己，既乃至而不迫，優游乎道之可樂；始也嚴于率人，既乃和而不解，使學者趨而不厭。嗚呼！非持久不已，孰能與于此？」君與人語，必因其所可及而喻諸義。治經説，得于身踐而心解。其文章不作于無用。

藍田呂氏兄弟　正字

名大臨，字與叔，學于横渠之門。横渠卒，乃東見二先生而卒業焉。元祐中，爲太學博士、秘書省正字，范内翰薦其修身好學，行如古人，可爲講官，不及用而卒。有易、詩、禮、中庸説、文集等行世。

祭文

嗚呼！吾十有四年而子始生。其幼也，吾撫之；其長也，吾誨之；以至宦學之成，莫不見其始終。于其亡也，得無慟乎！得無慟乎！子之學，博及羣書，妙達義理，如不出諸口。子之行，以聖賢爲法。其臨政事，愛民利物，若無能者。子之文章，幾及古人，薄而不爲。四者，皆有以過人；而其命，乃不偶於世。登科者二十年，而始改一官，居文學之職者七年而逝，兹可哀也已！兹可痛也已！

子之婦翁張天祺嘗謂人曰：「吾得顔回爲婿矣。」其爲人所重如此。子于窮達死生之際，固已了然于胸中矣，然吾獨不知子之亡也，將與物爲伍邪？將與天爲徒邪？將無所通而不可邪？是未可知也。子之才，皆可以知，此固不待吾之喋喋也。今獨以喪事爲告，子之柩以方暑之始，將卜辰歸祔于先塋，乃擇明日遷於西郊之僧舍，以待時焉。嗣子省山，實爲喪祭之主，將行一奠，終天永訣，哀哉！

雍行録

伊川先生

元豐庚申歲，予行雍、華間，關西學者相從者六七人。予以千錢掛馬鞍，比就舍則亡矣。僕夫曰：「非晨裝而忘之，則涉水而墜之矣。」予不覺歎曰：「千錢可惜。」坐中二人應聲曰：「千錢亡去，甚可惜也。」次一人曰：「千錢微物，何足爲意？」後一人曰：「水中囊中，可以一視。人亡人得，又何歎乎？」予曰：「使人得之，乃非亡也。吾歎夫有用之物，若沉水中，則不復爲用矣。」

至雍，以語呂與叔曰：「人之器識固不同。自上聖至于下愚，不知有幾等。同行者數人爾，其不同如此也！」與叔曰：「夫數子者之言何如？」予曰：「最後者善。」與叔曰：「誠善矣。然觀先生之言，則見其有體而無用也。」予因書而誌之。

後十五年，因閲故編，偶見之，思與叔之不幸早死，爲之泣下。

遺事十一條

呂進伯老而好學，理會直是到底。正叔謂：「老喜學者尤可愛。人少壯則自當勉，至于老矣，志力須倦，又慮學之不能及，又年數之不多。不曰『朝聞道夕死可矣』乎？學不多，年數之不足，不猶愈于終不聞乎？」見程氏遺書。

呂進伯甚好，但處事太煩碎，如召賓客，亦須臨時改换食次。吾嘗語之曰：「每日早晚衙纔覆便令放者，只爲定故也。凡事皆有恁地簡易不易底道理，看得分明，何勞之有？易曰：『易簡，而天下之理得。』」進伯好學，初理會個「仁」字不透，吾因曰：「世人說仁，只管著愛上，怎生見得仁？只如力行近乎仁，力行關愛甚事，何故却近乎仁？」推此類具言之，進伯因悟曰：「公說『仁』字，正與尊宿門說禪一般。」進伯兄弟中，皆有見處。一人作詩詠曾點事曰：「函丈從容問且酬，展才無不至諸侯。可憐曾點惟鳴瑟，獨對春風詠不休。」一人有詩曰：「學如元凱方成癖，文到相如反類俳。獨立孔門無個〔一〕事，只輸〔二〕顔子得心齊。」見上蔡語錄。

馬涓巨濟狀元及第，爲秦州簽判，初呼「狀元」。呂進伯爲帥，謂之曰：「狀元云者，及第未除官也，既爲判官，不可曰狀元也。」巨濟愧謝。進伯又謂巨濟曰：「科舉之學既無用，修身爲己之學，其勉之。」時謝良佐顯道作州學教授，顯道爲

〔一〕「個」：上蔡語錄同治間正誼堂全書本作「一」。

〔二〕「輸」：上蔡語錄同治間正誼堂全書本作「傳」。

伊川程氏之學，進伯每屈車騎同巨濟過之，謝顯道爲講論語，進伯正襟肅容聽之，曰：「聖人言行在焉，吾不敢不肅。」又數以公事案牘委巨濟詳覆，且曰：「修身爲己之學不可後，爲政治民其不可知。」巨濟自以爲得師。後立朝爲臺官有聲，每歎曰：「呂公教我之恩也。」見邵氏聞見録。

呂進伯帥秦，時倅之子張瞻景前時往問學，後入太學，求書見汲公，進伯云：「微仲不須見，不若見大臨舍弟。」見呂氏雜誌。

和叔任道擔當，其風力甚勁。然深潛縝密，有所不逮于與叔。見程氏遺書。下同。

和叔「及相見則不復有疑，既相别則不能無疑」，然亦未知果能終不疑。不知他既已不疑，而終復有疑？伯淳言：「何不問他？疑甚不如劇論。」

正叔謂：「洛俗恐難化于秦俗。」子厚謂：「秦俗之化，亦先自和叔有力焉，亦是士人敦厚，東方亦恐難向風。」

巽之凡相見須窒礙，蓋有先定之意。和叔一作與叔。據理合滯礙，而不然者，只是他至誠便相信，心直篤信。巽之，范侍郎育。

先生云：「呂與叔守横渠學甚固，每横渠無説處皆相從，纔有説了，更不肯回。」

問：「人之燕居，形體怠惰，心不慢，可否？」曰：「安有箕踞而心不慢者？昔呂與叔六月中來緱氏，閒居中某嘗窺之，必見其儼然危坐，可謂敦篤矣。學者須恭敬，但不可令拘迫，拘迫則難久也。」尹子曰：「嘗親聞此，乃謂劉質夫也。」

呂與叔以門蔭入官，不應舉，或問其故，曰：「不敢揜祖宗之德。」見呂氏雜誌。

四庫本伊洛淵源録卷八。

關學編

馮從吾

進伯呂先生 弟大防附

先生名大忠，字進伯，其先汲郡人。祖通，太常博士。父蕡，比部郎中。通葬藍田，子孫遂爲藍田人。先生登皇祐中進士，爲華蔭尉，晉城令。未幾，提督永興路義勇，改祕書丞，簽書定國軍判官。

熙寧中，王安石議遣使諸道，立緣邊封溝，進伯與范育被命，俱辭行。進伯陳「五不可」，以爲懷撫外國，恩信不洽，必致生患。罷不遣。令與劉忱使遼，議代北地，會遭父喪，起復，知代州。遼使至代，設次，據主席，先生與之爭，乃移次于長城北，遼使竟屈。已而復使求代北地，神宗將從之，先生曰：「彼遣一使來，即與地五百里，若使魏王英弼來求關南，則何如？」神宗曰：「卿是何言也？」劉忱曰：「大忠之言，社稷大計，願陛下熟思之。」執政知其不可奪，議竟不決，罷忱還三司，先生亦終喪制。其後竟以分水嶺爲界焉。

元豐中，爲河北轉運判官，徙提點淮西刑獄。尋詔歸故官。元祐初，歷工部郎中、陝西轉運副使、知陝州，以直龍圖閣知秦州，進寶文閣待制。紹聖二年，加寶文閣直學士，知渭州。後汲公及黨禍，乞以所進官爲量移，徙知同州，旋降待制致仕。卒，詔復學士官佐其葬。

知秦州時，馬涓以狀元爲州簽判，初呼「狀元」。先生謂之曰：「狀元云者，及第未除官之稱也，既爲判官則不可。今科舉之學既無用，修身爲己之學，不可不勉。」又時時告以臨政治民之道。涓自謂得師，後爲臺官有聲，每歎曰：「呂公教我之恩也。」謝上蔡時教授州學，先生每過之，聽謝講論語，必正襟斂容曰：「聖人之言行在焉，吾不敢不肅。」

先生爲人質直，不妄語，動有法度。從程正公學，正公稱曰：「呂進伯可愛，老而好學，理會直是到底。」所著有輞川集五卷，奏議十卷。弟大防、大鈞、大臨，兄弟四人，皆爲一時賢者，世無不高之。

大防字微仲，進士及第。元祐初，以左僕射同范純仁相，垂簾聽政者八年，能使元祐之治比隆嘉祐。封汲郡公。紹聖初，貶舒州，行至虔州信豐薨。紹興初，贈太師、宣國公，謚正愍。

和叔呂先生

先生名大鈞，字和叔，大忠弟。嘉祐二年，中進士乙科，授秦州司理參軍，監延州折博務。改光祿寺丞，知三原。移巴西，又移知侯官，以薦知涇陽，皆不赴。丁外艱，服除，自以道未明，學未優，曰：「吾斯之未能信！」於是不復有祿仕意。家居講道，以教育人才，變化風俗，期德成而致用。久之，以大臣薦，爲諸王宫教授。當獻文，作天下一家、中國一人論上。尋監鳳翔船務，制改宣義郎。

會伐西夏，鄜延轉運司檄爲從事。既出塞，轉運使李稷餽餉不繼，欲還安定取糧，使先生請于种諤。諤曰：「吾受命將兵，安知糧道？萬一不繼，召稷來，與一劍耳。」先生即曰：「朝廷出師，去塞未遠，遂斬轉運使，無君父乎？」諤意折，強謂先生曰：「君欲以此報稷，先稷受禍矣！」先生怒曰：「公將以此言見恐耶？吾委身事主，死無所辭，正恐公過耳。」諤見其直，乃好謂曰：「子乃爾耶？今聽汝矣！」始許稷還。是時，微先生盛氣誚諤，稷且不免。未幾，以疾卒於官，年五十有二。

先生爲人質厚剛正，初學於橫渠張子，又卒業於二程子，以聖門事業爲己任，識者方之季路。先生於橫渠爲同年友，及聞學，遂執弟子禮。時橫渠以禮教爲學者倡，後進蔽于習尚，其才俊者急于進取，昏塞者難于領解，寂寥無有和者。先生獨信之不疑，毅然不恤人之非間己也。潛心玩理，望聖賢剋期可到，日用躬行，必取先王法度，以爲宗範。居父喪，衰麻、斂、奠、比、虞、祔，一襄之于禮。已又推之冠婚、飲酒、相見、慶弔之事，皆不混習俗。與兄進伯、微仲、弟與叔率鄉人，爲鄉約以敦俗，其略云：「德業相勸，過失相規，禮俗相交，患難相卹。」節文燦然可觀。自是關中風俗爲之一變。横渠歎：「秦俗之化，和叔有力。」又歎其勇爲不可及。而程正公亦稱其「任道擔當，其風力甚勁」云。

先生少時贍學治聞，無所不該。嘗言「始學必先行其所知而已，若夫道德性命之際，惟躬行久則至焉。」横渠謂「學不造約，雖勞而艱于進德」，且謂「君勉之，當自悟」。至是博而以約，渙然冰釋矣。故比他人功敏，而得之尤多。其與人語，必因其所可及而喻諸義。治經說，得于身踐而心解。其文章不作于無用，能守其師說而踐履之。尤喜講明井田、兵制，謂「治道必自此始」，悉撰次爲圖籍，使可見之行，曰：「如有用我，舉而措之而已。」其卒也，范巽之表其墓曰：「誠德君子。」又曰：「君性純厚易直，强明正亮，所行不二于心，所知不二于行。其學以孔子『下學上達』之心立其志，以孟子『集義』之功養其德，以顏子『克己復禮』之用厲其行，其要歸之誠明不息，不爲衆人沮之而疑，小辨奪之而屈，勢利劫之而回，知力窮之而止。其自任以聖賢之重如此。」當先生卒時，妻种氏治先生喪，一如先生治比部公喪，諸委巷浮圖事，一屏不用。子義山能傳其學，人以爲道行于妻子云。所著有四書注、誠德集。其鄉約、鄉儀，朱文公表章之行于世，鄉約今爲令甲。

與叔呂先生

先生名大臨，字與叔，號芸閣，大鈞弟。以門蔭入官，不復應舉，或問其故，曰：「某何敢揜祖宗之德。」元祐中，爲太學博士、秘書省正字。嘗論選舉曰：「立士規，以養德厲行；更學制，以量才進藝；定試法，以區別能否；修辟法，以興能備用；嚴舉法，以覈實得人；制考法，以責任考功。」范學士祖禹薦其修身好學，行如古人，可爲講官。未及用而卒。

先生學通六經，尤邃于禮，每欲掇習三代遺文舊制，令可行，不爲空言以拂世駭俗。少從横渠張先生游，横渠殁，乃東見二程先生卒業焉。與謝良佐、游酢、楊時，在程門號「四先生」。純公語之以「識仁」，先生默識深契豁如也，作克己銘以見意。其文曰：「凡厥有生，均氣同體，胡爲不仁？我則有己。立己與物，私爲町畦，勝心横生，擾擾不齊。大人存誠，心見帝則，初無吝驕，作我蟊賊。志以爲帥，氣爲卒徒，奉辭于天，誰敢侮予？且戰且徠，勝私窒慾，昔焉寇讎，今則臣僕。方其未克，窘我室廬，婦姑勃磎，安取其[一]餘。亦既克之，皇皇四達，洞然八荒，皆在我闥。孰曰天下，不歸吾仁？癢痾疾痛，舉切吾身。一日至之，莫非吾事；顔何人哉？晞之則是。」始先生博極羣書，能文章；已涵養深醇，若無能者。賦詩云：「學如元凱方成癖，文似相如始類俳。獨立孔門無一事，只輸顔子得心齋。」婦翁張天祺語人曰：「吾得顔回爲婿矣！」而其學尤嚴于吾儒異端之辨。

富文忠公弼致政于家，爲佛氏之學。先生與之書曰：「古者三公無職事，惟有德者居之，內則論道于朝，外則主教于鄉。古之大人當是任者，必將以斯道覺斯民，成己以成物，豈以爵位進退、體力盛衰爲之變哉？今大道未明，人趨異學，不入于莊，則入于釋。疑聖人爲未盡善，輕理義爲不足學，人倫不明，萬物憔悴，此老成大人惻隱存心之時。以道自任，振起壞俗，在公之力，宜無難矣。若夫移精變氣，務求長年，此山谷避世之士獨善其身者之所好，豈世之所以望于公者哉？」弼謝之。

正公嘗曰：「與叔守横渠說甚固，每横渠無說處皆相從，有說了，更不肯回。」又曰：「與叔六月中來緱氏，閒居中某常窺之，見其儼然危坐，可謂敦篤矣。」又曰：「和叔任道擔當，其風力甚勁。然深潛縝密，有所不逮於與叔。」其見重如此。

所著有大學、中庸解、考古圖、玉溪集。所述有東見録，録二程先生語，二先生微言粹語多載録中。其有功于程門不小，故朱文公稱其高於諸公，大段有筋骨，而又惜其早死云。

中華書局校點本關學編卷一。又見牛兆濂續修藍田縣志卷二十一。

[一]「其」：皇朝文鑑卷第七十三呂大臨克己銘作「厥」。

弘道録所載藍田呂氏兄弟資料

呂大防，兄大忠，弟大均、大臨，同居相切磋論道，考禮一本於古，關中言禮學者推之。嘗爲鄉約曰：「德業相勸，過失相規，禮俗相交，患難相恤。」謝良佐教授秦州，大忠每過之，聽講論語，必正襟斂容曰：「聖人言行在焉，吾不敢不肅。」大均居諫議憂，自始喪至於襄事一倣古儀；所得爲者而居喪之節，鉅細規矩于禮；又推之祭祀、冠婚、飲酒、相見、慶弔之事，皆不混於習俗，粲然有文以相接，人咸安而習之。大臨通六經，尤邃於禮，每欲掇習三代遺文舊制，令可施行，不爲空言以拂世駭俗。富弼致政于家，爲佛氏之學，大臨與之書曰：「古者三公內則論道於朝，外則主教于鄉，豈以爵位進退、體力盛衰爲之變哉？今大道未明，人趨異學，疑聖人爲未盡善，輕禮義爲不足學，此老成大人惻隱存心之時，振起頹俗，在公之力。若夫移精變氣，務求長年，此山谷避世獨善其身之所爲，豈以望於公哉？」弼深謝之。

錄曰：「中庸曰：『君子之道造端乎夫婦。』藍田之社約至今猶有耿光者，以蕢爲之父也；其曰「德業相勸，過失相規」者，莫過於戒淺薄也，而「禮俗相交，患難相恤」，可以相因而舉。苟於帷簿之间，行有所虧，則凡鄉閭之內，言皆罔信；雖欲正五尺之童，且猶不得，何況堂堂之元宰乎？抑關中之俗，自周以來，號爲邃古，而橫渠之教頗亦有聞，呂氏數公，殆門墻之巨擘也，其於禮學乎何有，此又不可不知。」

紹經邦弘道録卷之三十四（續道藏本）。

呂大臨太學博士

蘇軾

敕具官呂大臨：大學，禮義之所從出也，不擇人以爲法，而恃法以爲治，可乎？漢之郭泰、符融，唐之陽城、韓愈，士皆靡然化之。其賢於法遠矣！朕方詔有司疏理學政，而近侍之臣，言汝可用。必能於法禁之外，使士有所愧而不爲，乃稱朕意。可。

東坡全集卷一百八（四庫全書本）。又見文章辨體彙選卷二十一。

附録三

度正跋呂與叔易章句

余家舊藏呂與叔文集、禮記解、詩傳，而未見易章句，豫章羅傳之，堅甫得之，刻之陽安之學宫。與叔初學於横渠，横渠卒，始從二程，伊川嘗謂其已經横渠指受者，雖有未盡，重於改易，蓋如「中者，道之所自出」之類是也。今觀易章句，其間亦有與横渠異而與伊川同者，然皆其一卦一爻之間小有差異，而非其大義所在；其大義所在，大抵同耳。

横渠之學，究其天人之藴，如西銘之意，伊川以爲孟子以來學者之所不到，則固無可議。至論「清虚一大」而有「清者神，濁者不神」之説，論「窮理盡性至命」而有「浚流窮源」之説，則伊川蓋嘗以爲有未安者，使天假之年，日新又新，義精仁熟，則其所到，又豈止於是而已也。考之東見録，伊川、横渠之言，辨析於毫釐之間，反復曲折，以求夫至當之歸者，無所不至，與叔皆詳書而備録之。吾知與叔於此，消釋於其所疑，融會於其所得者，蓋不少矣，決非有所吝者也。雖然，世之學者，習於所聞者，執而不變；安於所見者，固而不化；其於徙義之勇，遷善之功，誠不能無可恨，然視夫師死而遂倍之者，豈不賢哉！豈不賢哉！余是以備論之。

四庫珍本性善堂稿卷十四。

胡宏題呂與叔中庸解

靖康元年，河南門人河東侯仲良師聖，自三山〔二〕避亂來荆州，某兄弟得從之遊。議論聖學，必以中庸爲至。有張燾者，攜所藏明道先生中庸解以示之，師聖笑曰：「何傳之誤！此呂與叔晚年所爲也。」燾亦笑曰：「燾得之江濤家，其子弟云然。」按河南夫子，侯氏之甥，而師聖又夫子猶子夫也。師聖少孤，養于夫子家，至于成立，兩夫子之屬纊，皆在其左右。其從夫子最久，而悉知夫子文章爲最詳；其爲人守道義，重然諾，言不妄，可信。

後十年，某兄弟奉親，南止衡山，大梁向沈又出所傳明道先生解，有瑩中陳公所記，亦云此書得之濤。某反覆究觀詞氣，大類横渠正蒙書。而與叔乃横渠門人之肖者，徵往日師聖之言，信以今日己之所見，此書與叔所著無可疑明甚。惜乎瑩中不知其詳，而有疑于行狀所載「覺斯人」、「明之書」、「皆未及」之語耳。雖然，道一而已，言之是，雖陽虎之言，孟軻氏猶有取焉，況與叔亦游河南之門，大本不異者乎！尊信誦習，不敢須臾忘，勇哉瑩中之志！某雖愚，請從其後。

四庫珍本五峰集卷三。

書目提要

周易古經二卷案書録解題，作十二卷。○先謙案，袁本二十四。

〔二〕「山」：經義考引胡宏序作「川」。

右皇朝呂大防微仲編。其序云：先謙案，袁本無「彖」至「治」一十五字。「彖、象所以解經。始各爲一書。王弼專治彖、象以爲注，乃分於卦爻之下，學者於是始不見完經，而文辭次第貫穿之意，亦闕然不屬，因按古文而正之。」凡十二篇，別無解釋。

呂氏易章句十卷覆案通考「十」作「一」，當是。袁本作芸閣先生易解一卷。○先謙案，袁本三十五。

右皇朝呂大臨與叔撰。其解甚略，有統論數篇。先謙案，袁本無「其解甚略」四字，篇下有「無詮次未完也」六字。

芸閣禮記解四卷覆案通考作十六卷。○先謙案，袁本十二。

右皇朝呂大臨與叔撰。與叔師事程正叔，禮學甚精博，中庸、大學尤所致意也。

編禮三卷先謙案，袁本十三。

右先謙案，袁本有「皇朝」二字。呂大臨與叔編。以士喪禮爲本，取三禮附之，自始死至祥練，各以類分。其施於後學甚悉，案袁本、通考，「悉」作「惠」。○先謙案，袁本無「後」字。尚恨所編者五禮中特凶禮而已。

呂氏鄉約一卷　鄉儀一卷

右二書，呂和叔、季明所定也。朱文公記於後。

呂與叔論語解十卷先謙案，後志三十八。

右皇朝呂大臨與叔撰。與叔先謙案，後志上無「與叔」二字，此「與叔」作「大臨」。雖程正叔之徒，解經不盡用其師說。

呂氏老子注二卷先謙案，後志十八。

右先謙案，舊鈔「宋」皇朝呂大臨撰。其意以老氏之學，合「有」「無」謂之玄，以爲道之所由出，蓋至於命矣。其言道體，非獨智之見，孰能臻此？求之終篇，繆先謙案，後志、通考「膠」於聖人者蓋寡，但不當以聖知仁義爲可絶棄爾。

呂氏前漢論三十卷先謙案，後志六。

右皇朝呂大忠進伯撰。予得其本於銅梁令呂肇，修先謙案，後志有「撰」字汲公諸孫也。

考古圖十卷先謙案，袁本二十五，顧氏云：「當居第卅六。」

右皇朝先謙案，舊鈔二字作「宋」。呂大臨與叔撰。裒諸家所藏三代、秦、漢尊彝鼎敦之屬，繪之於幅，而辨論形制文字。

呂晉伯輞川集五卷　奏議十卷先謙案，袁本下下四十二。

右皇朝呂大忠字晉伯，藍田人。汲公之兄。皇祐中進士，除檢詳覆案袁本作「討」。樞密院吏房文字，爲河北轉運判官，累遷寶文閣直學士。三帥秦、鳳。覆案袁本，無此四字。晉伯博極羣書，爲文尚理致，有益於用，章奏皆親爲文。覆案袁本作「之」。

呂汲公文錄二十卷　文錄掇遺一卷先謙案，袁本下下四十三。

右皇朝呂大防微仲，京兆藍田人。皇祐初，中進士第。哲宗即位，召知制誥、翰林學士，拜尚書左僕射兼門下侍郎。紹聖初，責授舒州團練副使循州安置，未踰嶺，卒。大防既拜相，常分其俸之半以録書，故所藏甚富。其在翰林，書命典麗，議者謂在元絳之上云。

呂和叔誠德集三十卷先謙案，袁本下下四十四。

右皇朝呂大鈞覆案袁本有「字」字。和叔，嘉祐二年，中進士第。大防仲弟也。終于宣義郎、鄜延路漕司屬官。師張厚之[一]，瞻學博文，案袁本作「聞」。無所不該，其文覆案袁本有「章」字。非義理不發。

呂與叔玉溪集二十五卷　玉溪別集一十卷覆案袁本，作十一卷。○先謙案，袁本下下四十五。

右皇朝呂大臨字與叔，汲公季弟也。登進士第。嘗歷太學博士、秘書省正字。從程正叔、張厚之學，通六經，尤精於禮，解中庸、大學等篇行於世。嘗賦詩云：「學如元凱方成癖，辭類相如始近俳。獨倚聖門無一事，願同回也

[一]「張厚之」，疑即張載。載，字子厚，史無異辭，然郡齋讀書志及通志著錄呂氏誠德集、玉溪集兩書，均稱「張厚之」。

曰案袁本作「得」心齋。」正叔可之。

清王先謙校刊本郡齋讀書志。

周易古經十二卷

丞相汲郡呂大防微仲所録上、下經。並録爻辭、彖、象，隨經分上、下，共爲六卷，上下繫辭二卷，文言、說、序、雜卦各一卷。

芸閣禮記解十六卷

秘書省正字京兆呂大臨與叔撰。案館閣書目作一卷，止有表記、冠、昏、鄉、射、燕、聘義、喪服四制凡八篇。今又有曲禮上下、中庸、緇衣、大學、儒行、深衣、投壺八篇。此晦庵朱氏所傳本，刻之臨漳射垛書坊，稱芸閣呂氏解者，即其書也。續書目始别載之。

呂氏家祭禮一卷

丞相京兆呂大防微仲、正字大臨與叔撰。

呂氏鄉約一卷　鄉儀一卷

呂大鈞和叔撰。

考古圖十卷

汲郡呂大臨與叔撰。其書作於元祐七年。所紀自御府之外凡三十六家所藏古器物，皆圖而録之。

武英殿聚珍本直齋書録解題。

呂氏易章句一卷

晁氏曰：呂大臨與叔撰。其解甚略，有統論數篇。

呂微仲周易古經二卷

陳氏曰：呂大防微仲所録上、下經。並録爻辭、彖、象，隨經分上、下爲六卷，上、下繫二卷，文言、説卦各一卷。

晁氏曰：其序云：「彖、象所以解經。始各爲一書。王弼専治彖、象以爲注，乃分於卦爻之下，學者於是始不見完經，而文辭次第貫穿之意，亦缺然不屬，因按古文而正之。」凡十二篇，别無解釋。

芸閣禮記解十六卷

晁氏曰：呂大臨與叔撰。與叔師事程正叔，禮學甚精博，中庸、大學尤所致意也。

陳氏曰：按館閣書目作一卷，止有表記、冠、昏、鄉、射、燕、聘義、喪服四制凡八篇。今又有曲禮上下、中庸、緇衣、大學、儒行、深衣、投壺八篇，此晦庵朱氏所傳本，刻之臨漳射垜書坊，稱芸閣呂氏解，即其書也。續書目始别載之。

編禮

晁氏曰：皇朝呂大臨編。三卷。以士喪禮爲本，取三禮附之，自始死至祥練，各以類分。其施於後學者甚惠，尚恨所編者五禮中凶禮而已。

呂與叔論語解十卷

晁氏曰：與叔雖程正叔之徒，解經不盡用其師説。

呂氏鄉約一卷　鄉儀一卷

陳氏曰：呂大鈞和叔撰。

考古圖十卷

晁氏曰：皇朝呂大臨與叔，裒諸家所藏三代、秦、漢尊彝鼎敦之屬，繪之於幅，而辨論形制文字。

陳氏曰：其書作於元祐七年。所紀自御府之外凡三十六家所藏古器物，皆圖而録之。

呂氏前漢論三十卷

晁氏曰：皇朝呂大忠晉伯撰。予得其本於銅梁令呂肇，修撰汲陵諸孫也。

呂氏老子注二卷

晁氏曰：皇朝呂大臨撰。其意以老氏之學，合「有」「無」謂之玄，以爲道之所由出，蓋至於命矣。其言道體，非獨智之見，孰能臻此？求之終篇，膠於聖人者蓋寡，但不當以聖智仁義爲可絶棄耳。

呂晉伯輞川集五卷　奏議十卷

晁氏曰：皇朝呂大忠字晉伯，藍田人。汲公之兄。皇祐中進士，除檢詳樞密院吏房文字，爲河北轉運判官，累遷寶文閣直學士。三帥秦、鳳。晉伯博極羣書，爲文尚理致，有益於用，章奏皆親爲文。

呂汲公文録二十卷　文録掇遺一卷

晁氏曰：皇朝呂大防微仲，京兆藍田人，皇祐初，中進士。哲宗即位，召知制誥、翰林學士，拜尚書左僕射兼門下侍郎。紹聖初，責授舒州團練副使循州安置，未踰嶺，卒。大防既拜相，常分其俸之半以録書，故所藏甚富。其在翰林，書命典麗，議者謂在元絳之上云。

呂和叔誠德集三十卷

晁氏曰：皇朝呂大鈞和叔，嘉佑二年，中進士第。大防仲弟也。終於宣義郎、鄜延路漕司屬官。師張厚之，贍學博文，無所不該，其文非義理不發。

呂與叔玉溪集二十五卷　玉溪別集十卷

晁氏曰：皇朝呂大臨字與叔，汲公季弟也，登進士第。嘗歷太學博士、秘書省正字。從程正叔、張厚之學，通六經，尤精於禮，解中庸、大學等篇行於世。嘗賦詩云：「學如元凱方成癖，辭類相如始近俳；獨倚聖門無一事，願同回也日心齋。」正叔可之。

朱子語録曰：呂與叔文集煞有好處，他文字極是實，説得好處，如千軍萬馬，飽滿伉壯。

華東師範大學點校本本文獻通考經籍考。

呂氏大防周易古經

通考二卷。書録解題十卷。

存。

大防自序曰：「周易古經者，彖、象所以解經。始各爲一書。王弼專治彖、象以爲注，乃分綴卦爻之下，學者于是不見完經，而彖、象辭次第貫穿之意，亦缺然不屬，予因案古文而正之。」凡經二篇，彖、象、繫辭各二篇，文言、説卦、序卦、雜卦一篇，總一十有二篇。

晁公武曰：「呂大防字微仲，京兆藍田人。皇祐初，中進士。哲宗即位，召知制誥、翰林學士，拜尚書左僕射兼門下侍郎。紹聖初，謫授舒州團練副使循州安置，未踰嶺，卒。」古經凡十二篇，別無解釋。

尤袤與吳仁傑書曰：「頃得呂東萊所定古易一編，朱元晦爲之跋。嘗以板行乃與左右所刊呂汲公古經無毫髮異，而東萊不及微仲嘗編此書，豈偶然同耶？」

陳振孫曰：「呂大防微仲所録上、下經。並録繫辭、彖、象，隨經分上、下爲六卷，上、下繫二卷，文言、説卦各一卷。」

胡一桂曰：「古易之亂，肇自費直，繼以鄭玄，而成於王弼。古易之復，始自元豐汲郡呂微仲，嵩山晁以道繼之，最後東萊先生又爲之更定，實與微仲本暗合，而東萊不及微仲嘗編此，蓋偶未之見也。」

董真卿曰：「呂氏周易古經，上經第一、下經第二、上彖第三、下彖第四、上象第五、下象第六、繫辭上第七、繫辭下第八、文言第九、説卦第十、序卦第十一、雜卦第十二。其所次序本末，並與東萊定本同，但東萊只分上經、下經，而無『第一』、『第二』字。但東萊稱彖上傳第一至雜卦傳第十，小有不同爾。」

呂氏大臨易章句

宋志一卷。

佚。

晁公武曰：「大臨字與叔，登進士第。歷太學博士、秘書省正字。從程正叔、張子厚學，通六經，尤精於禮，解中庸、大學等篇行於世。易解甚略，有統論數篇。無詮次，未完也。」

朱子曰：「呂與叔惜乎壽不永，如天假之年，必所見又別。」

董真卿曰：『芸閣先生，微仲親弟。易解一卷，統論數篇，無詮次，未成之書也。學出程門，朱子謂『呂與叔易說，精約可看』。」

呂氏大臨中庸解

一卷。

存。疑即二程全書中所載本。

胡宏序曰：「靖康元年，河南門人河東侯仲良師聖，自三川避亂來荆州，某兄弟得從之遊。議論聖學，必以中庸爲至。有張燾者，攜所藏明道先生中庸解以示之，師聖笑曰：『何傳之誤？此呂與叔晚年所爲也。』燾亦笑曰：

『熹得之江濤家，其子弟云然。』按河南夫子，侯氏之甥，而師聖又夫子猶子夫〔一〕也。師聖少孤，養於夫子家，至於成立，兩夫子之屬纊，皆在其左右。其從夫子最久，而知夫子文章爲最詳；其爲人守道義，重然諾，不妄可信。後十年，某兄弟奉親，南止衡山，大梁向沈又出所傳明道先生解，有瑩中陳公所記，亦云此書得之濤。某反覆究觀詞氣，大類橫渠正蒙書。而與叔乃橫渠門人之肖者，徵往日師聖之言，信以今日己之所見，此書與叔所著無可疑明甚。惜乎瑩中不知其詳，而有疑於行狀所載『覺斯人』、『明之書』、『皆未及』之語耳。雖然，道一而已，言之是，雖陽虎之言，孟軻氏猶有取焉，況與叔亦遊河南之門，大本不異者乎！尊信誦習，不敢須臾忘，勇哉瑩中之志！某雖愚，請從而後。」

中庸後解

宋志一卷。

佚。

大臨自序曰：「中庸之書，學者所以進德之要，本末具備矣。既以淺陋之學爲諸君道之，抑又有所以告諸君者，古者憲老而不乞言。憲者，儀刑其德而已，無所事於問也。其次，則有問有答，問答之間，然猶不憤則不啓，不悱則不發。又其次，有講有聽，講者不待問也，聽者不至問也。學至於有講有聽，則師益勤而道亦輕，學者之功益不進矣。又其次〔二〕，講而未必聽。有講而未必聽，則無講可也。然朝廷建學設官，職事有不得已者，此不肖今日爲諸君強言之也。諸君果有聽乎？無聽乎？孔子曰：『古之學者爲己，今之學者爲人。』爲己者，必存乎德行，而無意於功名；爲人者，必存乎功名，而未及乎德行。若後世學者，有未及乎爲人，而濟其私欲者多矣。

〔一〕「夫」：原作「人」，依四庫珍本五峰集卷三題呂與叔中庸解改。

〔二〕「次」：原脫，依皇朝文鑑卷第九十一呂大臨中庸後解序補。

今學聖人之道，而先以私欲害之，則語之而不入，道之而不行，如是則教者亦何望哉？聖人立教以示來〔一〕世，未嘗使學者如是也；朝廷建官設科，以取天下之士，亦未嘗使學者如是也。學者亦何必舍此而趨彼哉？聖人之學，不使人過，不使人不及，喜怒哀樂未發〔二〕之前以爲之本，使學者擇善而固執之，其學固有序矣。學者蓋〔三〕亦用心於此乎，則義禮必明，德行必修，師友必稱，鄉黨必譽。仰而上古，可以不負聖人之傳付；達於當今，可以不負朝廷之教養。世之有道君子，樂得而親之，王公大人，樂聞而取之。與夫自輕其身，涉獵無本，徼幸一旦之利者，果何如哉？諸君有意乎，今日之講，猶有望焉；無意，則不肖今日自譊譊無益，不幾乎侮聖言者乎？諸君其亦念之哉！」

按宋志，又有大臨及程叔子、游氏、楊氏四先生中庸講義一卷。

呂氏大臨大學解

宋志一卷。

未見。

朱子曰：「呂氏之先，與二程夫子游，故其家學最爲近正。然不能不惑於浮屠、老子之說，故其末流不能無出入之弊。若其他說之近正者，君子猶有取焉。」

呂氏大臨論語解

宋志十卷。

佚。

〔一〕「來」：皇朝文鑑作「後」。

〔二〕「未發」：原脫，依皇朝文鑑補。

〔三〕「蓋」：原脫，依皇朝文鑑補。

晁公武曰：「與叔雖程正叔之徒，解經不盡其用其師說。」

呂氏大臨孟子講義

宋志十四卷。

佚。

呂氏大臨編禮

三卷。

未見。

晁公武曰：「以士喪禮爲本，取三禮附之，自始死至祥練，各以類分。其施於後學甚惠，尚恨所編者五禮中特凶禮而已。」

呂氏大臨芸閣禮記解

通考十卷。中興書目一卷。

未見。

晁公武曰：「芸閣禮記解十卷，呂大臨與叔撰。與叔師事程正叔，禮學甚精博，中庸、大學尤所致意也。」

陳振孫曰：「按館閣書目作一卷，止有表記、冠、昏、鄉、射、燕、聘義、喪服四制凡八篇。今又有曲禮上下、中庸、緇衣、大學、儒行、深衣、投壺八篇，此晦庵朱氏所傳本，刻有臨漳射垛書坊，稱芸閣呂氏解，即其書。」

衛湜曰：「藍田呂與叔禮記解，中興館閣書目止一卷。今書坊所刊十卷，有禮記[二]上下、孔子閒居、中庸、緇衣、深衣、儒行、大學八篇。」

[二]「禮記」：依文義當爲「曲禮」之誤。

禮記傳

宋志十六卷。

未見。

張萱曰：「呂氏禮記傳十六卷，今闕第三卷。宋淳熙中，朱晦庵刻之臨漳學宮。」

四部備要本經義考。

附録四

答吕進伯簡三

相別累年，區區企渴之深，言不盡意。按部往來，想亦勞止。秦人瘡瘵未復，而偶此旱暵，賴賢使者措置，受賜何涯！儒者逢時，生靈之幸。勉成休功，乃所願望。頤備員於此，夙夜自竭，未見其補，時望賜書，開諭不逮。與叔每過從，至慰至幸。引傃門牆，坐馳神爽。所欲道者，非面不盡。惟千萬自愛。

別紙見諭，持法爲要，其來已久矣。既爲今日官，當於今日事中，圖所設施。舊法之拘，不得有爲者，舉世皆是也。以頤觀之，苟遷就於法中，所可爲者尚多。先兄明道之爲邑，及民之事多。衆人所謂法所拘者，然爲之未嘗大戾於法，衆亦不甚駭。謂之得伸其志則不可，求小補，則過今之爲政者遠矣。人雖異之，不至指爲狂也。至謂之狂，則大駭矣。盡誠爲之，不容而後去，又何嫌乎？鄙見如此，進伯以爲如何？

荷公知遇之厚，輒有少見，上補聰明；亦久懷憤鬱，無所控告，遇公而伸爾。王者父天母地，昭事之道，當極嚴恭。漢武遠祀地祇於汾脽，既爲非禮。後世復建祠宇，其失已甚。因唐妖人作韋安道傳，遂爲塑像以配食，誣瀆天地。天下之妄，天下之惡，有大於此者乎？公爲使者，此而不正，將正何事？願以其像投之河流。慎勿先露，先露則傳駭觀德矣。勿請勿議，必見沮矣。毋虞後患，典憲不能相及，亦可料也。願公勿疑。

中華書局校點本二程集河南程氏文集卷九。又見牛兆濂續修藍田縣志卷二十一、全宋文卷一七五四。

葉適評呂大鈞呂大臨詩文

天下爲一家賦，呂大鈞作。大鈞兄弟從張氏學，而大防爲相，程氏與司馬氏善，當時在要地者，多程氏之門，故元祐之政亦有自來。此賦與西銘相出入，然其言「昔既有離則今必有合，彼既可廢則我亦可舉」，謂井田封建當復也。若存古道，自可如此論；若實欲爲治，當更審羣爾。

呂大臨送劉戶曹，「獨立孔門無一事，惟傳顏氏得心齋」。按顏氏立孔門，其傳具在「博我以文，約我以禮」，「欲罷不能，既竭我才」；雖非杜預之癖，相如之俳，然非無事也。心齋，莊、列之寓言也，其言「若一志，無聽以耳而聽以心，無聽以心而聽以氣」，蓋寓言之無理者，非所以言顏子也。今初學者誦之，深入肺腑，不可抽吐，爲害最甚。

中華書局校點本習學記言序目卷四十七。

呂大臨克己銘，程氏四箴，但緩散耳，固講學中事也。伊尹言「惟尹躬暨湯，咸有一德，克享天心，受天明命」，故孟子謂其「自任以天下之重」；曾子言「仁以爲己任」，故曰「動容貌，正顏色，出辭氣」，以其養于一身者盡廢百聖之學，雖曰褊狹，然自任固重矣；不如是，何以進道，而大臨方以不仁爲有己所致，其意鄙淺，乃釋老之下者，猶謂道學，可乎？

同前書卷四十九。

呂大鈞世守邊郡議，言「在商時，古公以皮幣、犬馬、珠玉事獯鬻而商王不知；在周時，晉國拜戎不暇而周室不與，三代御邊之略蓋可知已」，雖非透底之論，然既封建諸侯，則勢固然矣。今既自有其天下，不以與人，則守邊以衛百姓，安得不自任其責？徒曰是廣遠而不可守，委民命于夷狄，縱其搏食乎？方周衰不能主令，諸侯莫輔，猶且伊川爲戎，荆蠻問鼎。今邊不能御，坐視入内地，噫，將焉及矣！

同前書卷五十。

呂范諸儒學案案語

祖望謹案：關學之盛，不下洛學，而再傳何其寥寥也？亦由完顔之亂，儒術並爲之中絶乎？伊洛淵源錄略于關學，三呂之與蘇氏，以其曾及程門而進之，餘皆亡矣。予自范侍郎育而外，于宋史得游師雄、种師道，于胡文定公語錄得潘拯，于樓宣獻公集得李復，于童蒙訓得田腴，于閩書得邵清。及讀晁景迂集，又得張舜民，又于伊洛淵源錄注中得薛昌朝，稍爲關學補亡。述呂范諸儒學案。梓材案，黄氏本以三呂及其門人別爲藍田學案，今從序錄列呂范諸儒學案之首。

百家謹案：先生〔二〕，比部蕡之第三子也。既事横渠，卒業于二程。務爲實踐之學，取古禮，繹其義，陳其數，而力行之。横渠歎以爲秦俗之化，和叔與有力焉，又歎其勇爲不可及也。爲宣義郎，會伐西夏，鄜延轉運使李稷檄爲從事。既出塞，稷餽餉不繼，欲還安定取糧，使先生請于經略安撫使种諤。諤素殘忍，左右有犯，立斬，或先刳肺肝，坐者掩面，諤飲食自若。先生告以稷言，諤曰：「吾受將命，安知糧道？萬一不繼，召稷來，與一劍耳！」先生正色曰：「朝廷出師，去塞未遠，遂斬轉運使，無君父乎！」諤曰：「君欲以此報稷，先稷受禍矣！」先生怒曰：「吾委身事主，死無所辭。正恐公過

〔二〕「先生」，係指呂大鈞。

耳！」諤意折，乃竟許稷還。是非先生之剛折不撓，正氣屈諤，稷難免矣。彼平居高談性命，臨事蓄縮失措，視先生直如豘豕耳！橫渠之歎爲勇不可及，信哉！

百家謹案：此條〔一〕即起豫章、延平「看未發以前氣象」宗旨。子劉子曰：「夫所謂未發以前氣象，即是獨中真消息也。」又曰：「一喜怒哀樂耳，自其蘊諸中言，則曰未發；自其見諸外言，則曰已發。蓋以表裏對待言，不以前後際言也。」又曰：「自喜怒哀樂之存諸中者言，謂之中，不必其未發之前別有氣象也，即天道之元亨利貞運于於穆者是也。自喜怒哀樂之發于外者言，謂之和，不必其已發之時又有氣象也，即天道之元亨利貞呈于化育者是也。惟存發總是一機，故中和渾是一性。推之一動一靜，一語一默，莫不皆然。此獨體之妙所以即微即顯，即隱即見，而愼獨之學即中和，即位育。此千聖學脈也。自喜怒哀樂之說不明于後世，而聖學晦矣！」

百家謹案：先遺獻孟子師說云：「赤子之心，視聽言動與心爲一，無有外來攙和，雖一無所知，一無所能，卻是知能本然之體。逮其後，世故日深，將習俗之知能換了本然之知能，便失赤子之心。大人無所不知，無所不能，不過將本然之知能擴充至乎其極，其體仍然不動，故爲不失。獨夫子云：『知之爲知之，不知爲不知，是知也。』有知之，有不知，知之量也。以爲知之，以爲不知，知之體也。人以爲事事物物皆須講求，豈赤子之心所能包括。不知赤子之心是個源頭，從源頭上講求事物，則千紅萬紫總不離根。若失卻源頭，只在事物講求，則剪綵作花，終無生意。」此說可謂盡赤子之心矣！百家因思前未發問答中伊川云『赤子之心不可謂中』一語，反不如先生〔二〕之語無病。蓋赤子之心如穀種，滿腔生意盡在其中，何嘗虧欠。極大人之能事，豈能于此穀種之外添得一物？

宗羲案：朱子于程門中最取先生，以爲「高于諸公，大段有筋骨，天假之年，必理會得到。」至其求中之說，則深非之。

〔一〕「此條」，係指呂大臨與程頤的論中書。

〔二〕「先生」，係指呂大臨，下二條同。

及爲延平行狀，謂其「危坐終日，驗未發時氣象，而求其所謂中。」蔡淵亦云：朱子教人「于靜中體認大本未發時氣象分明，即處事應物自然中節」，又即先生之說也。故學者但當于本原上理會，不必言語自生枝節也。

百家謹案：先生論選舉，欲「立士規以養德勵行，更學制以量材進藝，定貢法以取賢斂才，立試法以區別能否，修辟法以興能備用，嚴舉法以覈實得人，制考法以責任考功。」其論甚悉，實可施行也。呂氏六昆，汲公既爲名臣，更難先生與晉伯、和叔三人同德一心，勉勉以進修成德爲事，而又共講經世實濟之學。富鄭公致政于家，爲佛氏之說，先生與書曰：「古者三公内則論道于朝，外則主教于鄉，此豈世之所望于公者哉？」鄭公謝之。其嚴正如此！

中華書局校點本宋元學案卷三十一。

呂大防軼事

華陰呂君舉進士，聘里人女未娶〔一〕。既中第，婦家曰：「吾女固〔二〕無疾，既聘而盲〔三〕，敢辭。」呂曰〔四〕：「既聘而後盲，爲君不欺，〔五〕又何辭？」遂娶之。生五男子，皆中進士第。其一人丞相汲公也。後山談叢。

呂汲公帥長安，醴泉民析居，爭唐明皇腦骨訟於府，曰：「得者富盛。」公取葬泰陵下。邵氏聞見後錄。默記以爲晏元獻

〔一〕「人」、「娶」：後山談叢（四庫本，下同）分別作「中」、「行」。
〔二〕「固」：後山談叢作「故」。
〔三〕「盲」：後山談叢上有「後」字。
〔四〕「曰」：後山談叢上有「君」字。
〔五〕「爲君不欺」：後山談叢作「君不爲欺」。

事。又明道雜志云：「長安安氏家藏唐明皇髑髏，作紫金色。其家事之至謹，因而富盛。後其家析居，爭髑髏，斧爲數片。余曰：『明皇生死爲姓安人蒿惱。』合坐大笑。」據此文似是張文潛並時事，則以汲公爲碻。

呂丞相微仲，性沉毅剛果。身長大而方，望之偉然。初相，子瞻草麻云：「果毅而達，兼孔門三子之長；直大而方，得坤爻六二之動。」蓋以戲之，微仲終身以爲恨。石林燕語。

丞相呂大防，性凝重寡言。逮秉大政，客多干祈，但危坐相對，終不發一言。時人謂之「鐵蛤蜊」。塵史。

呂微仲當軸，其兄大忠，自陜漕入朝。微仲虛正寢待之，大忠辭以相第非便。微仲曰：「界以中霤，即私家也。」卒從微仲之請。時安厚卿亦在政府，父日華尚康寧，且具慶，厚卿夫婦偃然居東序。時人以此別二公賢否。揮麈錄。

呂汲公在相位，其兄進伯自外郡代還，相與坐東府堂上，夫人自廊下降階趨謁，以二婢挾持而前。進伯遽曰：「宰相夫人不須拜！」微仲解其意，叱二婢使去。夫人獨拜於赤日中，盡禮而退，進伯略不顧勞。聞者歎服其家法之嚴。閒燕常談。邵氏聞見錄事同文異。

朝請大夫潘适爲渭州通判。時涇原帥呂大忠被召問邊事。既對，哲宗語呂曰：「久要見卿，曾得大防信否？」對曰：「近得之。」上曰：「安否？」又曰：「大臣要其過海，朕獨處之安州，知之否？」對曰：「舉族荷陛下厚恩。」上曰：「有書再三說與，且將息忍耐，大防朴，爲人所賣，候二三年，可再相見。」呂再拜謝。退而喜甚，因章睦州召飯，詰其對上語，呂盡告之，既至渭語潘，潘曰：「失言矣！必爲深悔。」後半月，言者論其同罪異罰，遂有循州之行。既死，上猶問執政曰：「大防何至虔州？」按呂大防貶循州，行至虔州而卒。後請歸葬，獨得旨歸，蓋哲宗簡在深矣。甲申雜記。

呂微仲貶嶺外，至虔州瑞金縣，語其子曰：「吾不復南矣。吾死爾歸，呂氏尚有餘種。苟在瘴鄉，無俱全理。」後數日卒。先是十年前有富人治壽材，夜夢偉丈夫冠冕而来曰：「且輟賢宅。」富人驚寤。微仲過縣，富人望之，乃夢中偉丈夫也。及卒，乃輟其材而殮焉。隨手雜錄。夷堅志略同。

中華書局校點本宋人軼事匯編卷十一。

朱子語類載評呂與叔文

問：「人物皆禀天地之理以爲性，皆受天地之氣以爲形。若人品之不同，固是氣有昏明厚薄之異。若在物言之，不知是所禀之理便有不全耶，亦是緣氣禀之昏蔽故如此耶？」曰：「惟其所受之氣只有許多，故其理亦只有許多。如犬馬，他這形氣如此，故只會得如此事。」又問：「物物具一太極，則是理無不全也。」曰：「謂之全亦可，謂之偏亦可。以理言之，則無不全；以氣言之，士毅録作「以不能推言之」。則不能無偏。故呂與叔謂物之性有近人之性者，如貓相乳之類。温公集載他家一貓，又更差異。人之性有近物之性者。」如世上昏愚人。廣。

才卿謂有性無仁。先生曰：「此説亦是。是他元不曾禀得此道理。惟人則得其全。如動物，則又近人之性矣。故呂氏云：『物有近人之性，人有近物之性。』蓋人亦有昏愚之甚者。然動物雖有知覺，才死，則其形骸便腐壞；植物雖無知覺，然其質却堅久難壞。」廣。

某年十五六時，讀中庸「人一己百，人十己千」一章，因見呂與叔解得此段痛快，讀之未嘗不竦然警厲奮發！人若有向學之志，須是如此做工夫方得。僩。

朱子語類卷四性理一。

問：「格物之義，固要就一事一物上窮格。然如呂氏、楊氏所發明大本處，學者亦須兼考。」曰：「識得，即事事物物上便有大本。不知大本，是不曾窮得也。若只説大本，便是釋、老之學。」德明。

朱子語類卷十五大學二。

或問中近世大儒格物致知之説曰：「格，猶扞也，禦也，能扞禦外物，而後能知至道。」溫公。「必窮物之理同出於一爲格物。」呂與叔。

呂與叔謂：「凡物皆出於一，又格個甚麽？」固是出於一，只緣散了，千岐萬徑。今日窮理，所以要收拾歸於一。泳。

呂與叔説許多一了，理自無可得窮，説甚格物！泳。

謝子尋個是處之説甚好，與呂與叔「必窮萬物之理同出於一爲格物，知萬物同出乎一理爲知至」，其所見大段不同。但尋個是處者，須是於其一二分是處，直窮到十分是處，方可。人傑。

朱子語類卷十八大學五。

先生問學者：「今人行禮，多只是嚴，如何得他和？」答者皆不契。曰：「只是要知得禮合如此，所以行之則和緩而不迫。蓋聖人制禮，無一節是強人，皆是合如此。且如孔子與上大夫言時，自然誾誾；與下大夫言時，自然侃侃。在學者須知道與上大夫言合用誾誾，與下大夫言合用侃侃，便自然和。嘗謂呂與叔説得數句好云：『自斬至緦，衣服異等，九族之情無所憾；自王公至皂隸，儀章異制，上下之分莫敢爭。皆出於性之所有，循而行之，無不中節也。』此言禮之出於自然，無一節強人。須要知得此理，則自然和。」黄有開因舉先生舊説云：「且如父坐子立，君尊臣卑，多少是嚴！若見得父合坐，子合立，君合尊，臣合卑，則無不安矣。」曰：「然。」雉。

朱子語類卷二十二論語四。

又問：「呂氏說云：『政刑能使懦者畏，不能使強者革，此之謂失其本心。』亦怕未如此。」曰：「這說亦是偏了。若專政刑，不獨是弱者怕，強者也會怕。到得有德禮時，非獨使強者革，弱者也會革。」

朱子語類卷二十三論語五。

問：「『觀其所由』，集注兩說，如何？」曰：「……呂氏一說謂：『所由，是看他已前所爲事；所安，是察他已後所爲事。』亦通。」

呂氏以所以作今所自處，所由作昔所經由，所安作卒所歸宿，却成前後事，非是一時。觀人不必如此說。

呂氏說師尚多聞，只是泥孟子之語。孟子初間也且恁地說，呂氏便把來作引證不得。大率聖人之言語闊，被他把做恁地說也無礙理處。

問：「『攻』字，若作攻擊，也如何便有害？」曰：「便是。聖人若說攻擊異端則有害，便也須更有說話在，不肯只恁地說遂休了。若從攻擊，則呂氏之說近之，不如只作攻治之『攻』，較穩。」幹。

呂氏曰：「君子反經而已矣，經正斯無邪慝。今惡乎異端，而以力攻之，適足以自蔽而已。」說得甚好，但添得意思多了，不敢保是聖人之意。聖人之意，分明只是以力攻之。理會他底未得，枉費力，便將己業都荒了。淳。○集義。

朱子語類卷二十四論語六。

問：「呂氏曰：『禮樂之情，皆出於仁。』此語似好。」曰：「大概也只是如此。」

問：「范氏、呂氏皆以爲夷狄有君而無禮義，不如諸夏之無君而有禮義，恐未當。」曰：「不知他如何恁地說。且如聖人恁地說時，便有甚好處！不成中國無君恰好！」問：「亡，莫只是有無君之心否？」曰：「然。」榦。

問：「呂氏以未盥之前，誠意交於神明，既灌而後，特人事耳。如何？」曰：「便是有這一說，道是灌以前可觀，以後不必觀。聖人制禮，要終始皆盡誠，不必如此說。」榦。

朱子語類卷二十五論語七。

一日諸生講論語至此章，有引范氏之言者曰：「惡不仁者，不若好仁者之爲美也。」又援呂氏之說，以爲惡不仁者劣於好仁者。「蓋謂孔子以『好仁無以尚之』，故以惡不仁者之爲劣也。」

問：「伊川說此一段，及呂氏說『動容周旋中禮，盛德之至』，『君子行法俟命』，是此意否？」曰：「這是兩項。『動容周旋中禮』，這是聖人事，聞道自不足以言之。自與道爲一了，自無可得聞。『行法以俟命』，是見得了，立定恁地做。」

朱子語類卷二十六論語八。

問：「『仲弓問子桑伯子』章，……呂氏以爲引此章以證前章之說，謝氏以爲因前章以發此章之問，皆是旁說。然於正說亦無妨。」

問：「呂與叔引橫渠說解遷怒事，又以『三月不違』爲氣不能守。恐是張子、呂氏皆是以己之氣質論聖人之言。」曰：「不須如此說。如說這一段，且只就這一段平看。若更生枝節，又外面討一個意思橫看，都是病。」人傑因曰：「須是這裏過一番，既聞教誨，可造平淡。」曰：「此説又是剩了。」人傑。

「伊川曰：『顔子之怒，在物不在己，故不遷。有不善未嘗不知，知之未嘗復行，不貳過也。』……呂氏亦曰：『不使可怒之惡反遷諸己，而爲人之所怒。』此説恐未安。……」

朱子語類卷三十論語十二。

呂氏曰：「富而與人分之，則廉者無辭於富。」造語未盡，不能無差。向使不義之富可以分人，廉者所必辭也。富之可辭與不可辭，在於義不義，而不在於分人與不分人也。……呂氏説，只據原思辭禄而言，非謂不義之富也。榦。

呂氏亦曰：「以身之，而未能信性，久則不能不懈。」又曰：「至於三月之久，猶不能無違。」又曰：「至於三月之久，其氣不能無衰，雖欲勉而不違仁，不可得也。」……此五説皆同，而有未安，惟呂氏爲甚。竊謂此章論顔子「三月不違仁」，其立言若曰，能久不違仁而已。其餘「日月至焉」者，亦若曰，至於仁而不久而已。若以爲顔子「三月不違」，既過三月則違之，何以爲顔子？此呂氏之説爲未安。楊氏亦此意。伊川、侯氏、尹氏之説，亦與呂氏、楊氏相類，特不顯言之耳。

「呂氏曰：『果則有斷，達則不滯，藝則善裁，皆可使從政也。』右第七章，凡六説，今從呂説。……楊氏論果、藝、達三德，不如呂氏謹嚴。」

問：「明道曰：『簞瓢陋巷非可樂，蓋自有其樂耳。「其」字當玩味，自有深意。』……呂氏曰：『禮樂悦心之至，不知貧賤富貴可爲吾之憂樂。』右第十章，八説，今從明道、伊川、呂氏之説。……」榦。

朱子語類卷三十一論語十三。

「伊川曰：『冉求言：「非不説子之道，力不足也。」夫子告以爲學爲己，未有力不足者。所謂力不足者，乃中道而自廢耳。今汝自止，非力不足也。』……呂氏發明伊川之説，以中道而廢作『不幸』字，甚親切；『廢』字作『足廢』，大鑿。不知伊川只上一『自』字，便可見。……」幹。

問：「呂氏謂人之不伐，能不自言而已。孟之反不伐，則以言以事自揜其功，加於人一等矣。第十四章凡六説，今從呂説。范、楊、侯、尹論其謙讓不伐，只統説大綱，於聖人所稱孟之反之意有未盡，不如呂氏説得『馬不進也』之意出。謝氏説學者事甚緊切，於本文未密。」曰：「若不自揜，即是自居其功矣。恐不必如呂氏説。」幹。

第十五章〔二〕凡七説。伊川三説。今從伊川此説。伊川第二第三説，呂、范、尹之説，皆一意，與伊川第一説同。

問：「呂氏曰：『出而不能不由户，則何行而非達道也哉！』……第十六章凡六説，今從呂、楊、尹之説。……」幹。

問：「伊川曰：『君子之道，文質得其宜也。』范氏曰『凡史之事』云云。第十七章凡七説，今從伊川、范氏之説。伊川第二説，呂氏説論『史』字皆通。謝氏專指儀容説，恐未當。大綱且論文質，故有野與史之别。若專以爲儀容，則説『史』字不通，史無與儀容事。……」幹。

問：「呂氏曰：『罔，如綱，無常者也。』『罔』字，只對『直』字看，便可見，似不必深説。……」幹。

問：「……呂氏亦曰『樂則不可已』，皆推説樂以後事。若原其所以樂，則須如伊川之説。呂氏曰：『知之則不惑。』據此章『知』字，只謂好學者耳，未到不惑地位，其説稍深。楊氏曰：『「夫婦之愚，可以與知焉」，則知之非艱矣。』此説『知』字又太淺。人而知學者亦不易得。夫婦之知，習之而不察者耳，未足以爲知。二説正相反，呂氏過，楊氏不及。……」幹。

問：「『務民之義，敬鬼神而遠之』，諸家皆作兩事説。」曰：「……呂氏説最好，辭約而義甚精。」去僞。

〔二〕第十五章乃不有祝鮀之佞章。

問：「樊遲問知，……。」……又曰：「……呂氏『當務之爲急』，說得好；『不求於所難知』一句，說得鶻突。」南升。

呂氏曰：「當務爲急，不求所難知。」似將「務民之義，敬鬼神而遠之」作一句解。看此兩句，正與「非其鬼而祭之，諂也。見義不爲，無勇也」相類。兩句雖連說，而文意則異。……呂氏說，詞約而義甚精。幹。

呂氏乃以爲「山水言其體，動静言其用」，此說則顯然以爲體用之體。既謂之樂山樂水，則不專指體，用亦在其中。動可謂之用，静不可謂之用。仁之用，豈宜以静名之？幹。

朱子語類卷三十二論語十四。

問：「伊川曰『夫子之時，齊强魯弱』云云。呂氏曰：『齊政雖修，未能用禮。魯秉周禮，故至於道。』第二十三章凡八說，伊川三說。今從伊川、呂氏之說。……」幹。

第二十四章〔二〕凡六說，……范、呂、楊氏說亦正。伊川、范氏謂不合法制，呂氏、楊氏謂失其名，其實一也。幹。

呂氏曰：「『井有仁焉』，猶言自投陷穽以施仁術也。己已自陷，仁術何施？當是時也，君子可往以思救，不能自陷以求救；可欺之以可救，不可罔之使必救。」幹。

「第二十七章〔三〕凡七說，……呂氏大意亦通，但以爲『使我不得見賢小君，天厭乎道也』，此亦非聖人意。合只作『使我見無道之小君，天厭乎吾道也』，却穩。」幹。

〔二〕第二十四章乃觚不觚章。

〔三〕第二十七章乃子見南子章。

問：「右第二十八章〔二〕，凡七説，……呂氏説寬。……」榦。

呂氏以博施爲仁，濟衆爲聖，未當。榦。○集義。

朱子語類卷三十三論語十五。

義剛説「樂在其中」一章。先生曰：「這有三十来個字，但看那個字是先。只『樂』字是先。他是先理會得那樂後，方見得『不義而富且貴，於我如浮雲』。呂與叔數句説得好，非是有所見，如何道得到？」義剛。

問：「『多聞，擇其善者而從之』，多見如何不擇？呂氏説『聞愈於見，從愈於識，知愈於從』，如何？」曰：「多聞，便有所當行，故擇而行之。多見雖切，然未必當行，姑識在。」賀孫。

朱子語類卷三十四論語十六。

問：「不可使知之」。曰：「不是愚黔首，是不可得而使之知也。呂氏謂『知之未至，適所以啓機心而生惑志』，説得是。」淳。

又曰：「呂氏解『民可使由之，不可使知之』，云：『「不可使知」，非以愚民，蓋知之不至，適以起機心而生惑志也。』此説亦自好。所謂機心，便是張子韶與禪機之説。方纔做這事，便又使此心去體認，少間便啓人機心。只是聖人説此語時，却未有此意在。向姑舉之或問，不欲附集注。」僩。

〔二〕　第二十八章乃中庸之爲德章。

朱子語類卷三十五論語十七。

呂銘曰：「立己與物，私爲町畦。」他們都說人已合一。淳。○寓同。

問：「呂氏曰：『文者，前後聖之所脩，道則出乎天而已。故孔子以道之廢興付之命，以文之得喪任諸己。』」曰：「道只是有廢興，却喪不得。文如三代禮樂制度，若喪，便掃地。」𥶯。

朱子語類卷三十六論語十八。

先生曰：「李閎祖云：『忮，是疾人之有；求，是恥己之無。』呂氏之說亦近此意。然此說又分曉。」𥶯。

又問呂氏「貧與富交，強者必忮，弱者必求」之語。曰：「世間人見富貴底，不是心裏妬嫉他，便羨慕他，只是這般見識爾！」僩。

朱子語類卷三十七論語十九。

問：「呂曰：『貨殖之學，聚所聞見以度物，可以屢中，而不能悉中。』嘗記前輩一說曰：『自太史公、班固列子貢於貨殖，下與馬醫、夏畦同科，謂其「所至，諸侯莫不分庭抗禮」，天下後世無不指子貢爲竪賈之事。子貢，孔門高弟，豈有聖人之門，而以賈竪爲先乎？屢空，無我者也，其學則自内而求。貨殖，自外而入非，出於己之所自得也。特其才高，凡接於見聞者莫不解悟，比之屢空者爲有間矣。』」曰：「此說乃觀文葉公所作，審是集中之語，蓋呂與叔之遺意也。乍看似好，而道理恐不如是。蓋屢空者，『空乏其身』也。貨殖，則對屢空而言，不能不計較者是也。范氏曰：『顏子簞食瓢飲屢絶，而不改其樂，天下之物豈有能動其心者？』此說爲得之。」謨。

朱子語類卷三十九論語二十一。

呂與叔克己銘却有病。他說須於與物相對時克。若此，則是併物亦克也。己私可克，物如何克得去？己私是自家身上事，與物未相干在。明作。

問：「『一日克己，天下歸仁。』若是聖人，固無可克；其餘則雖是大賢，亦須著工夫。如何一日之間便能如此？雖顏子亦須從事於『四勿』。」曰：「若是果能『克己復禮』了，自然能如此。呂氏曰：『一日有是心，則一日有是德。』」廣。

因問「一日克己復禮」，曰：「呂氏說得兩句最好云：『一日有是心，則一日有是德。』蓋一日真個能克己復禮，則天下之人須道我這個是仁，始得。若一日之内事事皆仁，安得天下不以仁歸之！」雉。

「天下歸仁」，言天下皆與其仁。……呂氏克己銘，如「洞然八荒，皆在我闥」之類同意。端蒙。

某解「顏淵問仁」章畢，先生曰：「克，是克去己私。己私既克，天理自復。譬如塵垢既去，則鏡自明；瓦礫既掃，則室自清。如呂與叔克己銘，則初未嘗說克去己私。大意只說物我對立，須用克之。如此，則只是克物，非克己也。」枅。

克己銘不合以己與物對說。謨。

「呂與叔說克己，從那己、物對處克。此說雖好，然不是夫子與顏子說底意。夫子說底，是說未與物對時。若與物對時方克他，却是自家已倒了幾多。所謂己，只是自家心上不合理底便是，不待與物對方是。」又曰：「呂與叔克己銘只說得一邊。」佐。

包詳道言：「克去勝心、忌心。」先生曰：「克己有兩義：物我亦是己，私欲亦是己。呂與叔作克己銘，只說得一邊。」方子。

問：「克己銘：『痒痾疾痛，舉切吾身。』不知是這道理否？」曰：「某見前輩一項論議説忒高了，不只就身上理會，便説要與天地同其體，同其大，安有此理？如『初無吝驕，作我蟊賊』云云，只説得克己一邊，却不説到復禮處。須先克己私，以復於禮，則爲仁。且仁譬之水，公則譬之溝渠，要流通此水，須開浚溝渠然後水方流行也。」寓。

問：「或問深論克己銘之非，何也？」曰：「『克己』之『己』，未是對人物言，只是對『公』字説，猶曰私耳。呂與叔極口稱揚，遂以『己既不立，物我並觀』，則雖天下之大，莫不皆在於吾仁之中，説得來恁大，故人皆喜其快。纔不恁説，便不滿意，殊不知未是如此。」道夫云：「如此，則與叔之意與下文克己之目全不干涉。此自是自修之事，未是道著外面在。」道夫。

林正卿問：「呂與叔云：『痒痾疾痛，舉切吾身。』不知此語説『天下歸仁』如何？」曰：「聖人尋常不曾有這般説話。近來人被佛家説一般大話，他便做這般底話去敵他。此『天下歸仁』，與『在邦無怨，在家無怨』一般，此兩句便是歸仁樣子。」又問：「怨，是人怨己怨？」曰：「人怨。」恪。

問：「克己銘只説得公底意思？」曰：「克己銘不曾説着本意。揚子雲曰：『勝己之私之謂克。』『克』字本虚，如何專以『勝己之私』爲訓？『鄭伯克段于鄢』，豈亦勝己之私耶？」閎祖。

朱子語類卷四十一論語二十三。

問「仲弓問仁」。曰：「能敬能恕，則仁在其中。」問：「呂氏之説却是仁在外？」曰：「説得未是。」

呂氏謂「德孚於人者必達，矯行求名者必聞」，此説却是好。去僞〇集注。

朱子語類卷四十二論語二十四。

問：「注云：『君子循天理，故日進乎高明；小人徇人欲，故日究乎汙下。』『究』字之義如何？」曰：「究者，究竟之義，言究竟至於極也。此段本横渠、吕與叔之言，將來湊説，語意方備。……」僩。

問「君子上達，小人下達」。曰：「伊川之説爲至，其次則吕氏得之。達，只是透向上去。君子只管進向上，小人只管向下。横渠説亦是。……」㽦。

問：「吕氏曰：『道出乎天，非聖人不興，無聖人則廢而已。故孔子以道之廢興付之命，以文之得喪任諸己。』」曰：「道，只是有廢興，却喪不得。文，如三代禮樂制度，若喪，便掃地。」㽦。

朱子語類卷四十四論語二十六。

先生徐曰：「吕與叔云：『論成德，顔子不若湯、武之廣大；論學，則湯、武不若顔子之細密。』湯、武工夫誠恐不若顔子細密。如湯『聖敬日躋』，猶是密切處。至武王，並不見其切己事。」必大。

朱子語類卷四十五論語二十七。

方言難曉，如横渠語録是吕與叔諸公随日編者，多陝西方言，全有不可曉者。㽦。

朱子語類卷五十三孟子三。

蔡問：「『以仁存心』，如何下『以』字？」曰：「不下『以』字也不得。呂氏云『以此心應萬事之變』，亦下一『以』字。不是以此心，是如何？」淳。

朱子語類卷五十七孟子七。

「向見劉致中說，今世傳明道中庸義是與叔初本，後爲博士演爲講義。」先生又云：「尚恐今解是初著，後掇其要爲解也。」方○諸家解。

呂中庸，文滂沛，意浹洽。方。

李先生說：「陳幾叟輩皆以楊氏中庸不如呂氏。」先生曰：「呂氏飽滿充實。」方。

龜山門人自言龜山中庸枯燥，不如與叔浹洽。先生曰：「與叔却似行到，他人如登高望遠。」方。

游、楊、呂、侯諸先生解中庸，只說他所見一面道理，却不將聖人言語折衷，所以多失。

安卿問「率性」。曰：「率，非人率之也。伊川解『率』字，亦只訓循。到呂與叔說『循性而行，則謂之道』，伊川却便以爲非是。……」伯羽。

「率性之謂道」，只是隨性去，皆是道。呂氏說以人行道。若然，則未行之前，便不是道乎？淳。

曰：「如此，則昏時是他不察，如何？」曰：「言察，便是呂氏求中，却是已發。如伊川云：『只平日涵養便是。』」端蒙。

因論呂與叔說「中」字，大本差了。曰：「他底固不是，自家亦要見得他不是處。」文蔚。

問：「呂氏言：『中則性也。』或謂此與『性即理也』語意似同。銖疑不然。」先生曰：「公意如何？」銖曰：「理者，萬事萬物之道理，性皆有之而無不具者也。故謂性即理則可。中者，又所以言此理之不偏倚、無過不及者，故伊川只說『狀性之體段』。」曰：「『中』是虛字，『理』是實字，故中所以狀性之體段。」銖曰：「然則謂性中可乎？」曰：「此處定有脫誤，性中亦說得未盡。」銖因言：「或問中，此等處尚多，略爲說破亦好。」先生曰：「如何解一一嚼飯與人喫！」銖。

呂氏「未發之前，心體昭昭具在」，說得亦好。淳。

問：「呂與叔云：『未發之前，心體昭昭具在。已發乃心之用。』南軒辨昭昭爲已發，恐太過否？」曰：「這辨得亦沒意思。敬夫太聰明，看道理不子細。伊川所謂『凡言心者，皆指已發而言』，呂氏只是辨此一句。伊川後來又救前說曰：『凡言心者，皆指已發而言』，此語固未當。心一也，有指體而言者，『寂然不動』是也；有指用而言者，『感而遂通』是也，惟觀其所見如何。』此語甚圓，無病。大抵聖賢之言，多是略發個萌芽，更在後人推究，引而伸，觸而長，然亦須得聖賢本意。不得其意，則從那處推得出來？」淳。

先生曰：「楊、呂諸公說求之於喜怒哀樂未發之時，伊川又說於已發處觀，如此則是全無未發時放下底。……」銖。

論中：〇五峯與曾書。〇呂書。……〇「在中」，只言喜怒哀樂未發是在中。如言一個理之本，後方就時上事上說過與不及之中。呂當初便說「在中」爲此「時中」，所以異也。方。

問：「中有二義：不偏不倚，在中之義也；無過不及，隨時取中也。無所偏倚，則無所用力矣。如呂氏之所謂『執』，楊氏之所謂『驗』、所謂『體』，是皆欲致力於不偏不倚之時，故先生於或問中辨之最詳。……」……問：「先生云：『自戒謹而約之，以至於至靜之中，無所偏倚，而其守不失，則天地可位。』所謂『約』者，固異於呂、楊所謂『執』、所謂『驗』、所謂『體』矣，莫亦只是不放失之意否？」曰：「固是不放失，只是要存得。」枅。

僩録云：「……問：『呂氏所謂「執」，楊氏所謂「驗」、所謂「體」，或問辨之已詳。延平却云：「默坐澄心，以驗夫喜怒哀樂未發之時氣象爲如何。」「驗」字莫亦有呂、楊之失否？』曰：『它只是要於平日間知得這個，又不是昏昏地都不管也。』」

朱子語類卷六十二中庸一。

正淳問：「呂氏云：『顔子求見聖人之止。』或問以爲文義未安。」曰：「此語亦無大利害。但橫渠錯認『未見其止』爲聖人極至之地位耳。作『中道』亦得，或只作『極』字亦佳。」僩。

呂氏說顔子云：「隨其所至，盡其所得，據而守之，則拳拳服膺而不敢失；勉而進之，則既竭吾才而不敢緩。此所以恍惚前後而不可爲像，求見聖人之止，欲罷而不能也。」此處甚縝密，無些滲漏。淳。

又曰：「追王之事，今無可證，姑闕之可也。如三年之喪，諸家說亦有少不同，然亦不必如呂氏說得太密。大概只是說『三年之喪通乎天子』云云，本無別意。」銖。

正淳問：「三年之喪，父母之喪，呂氏却作兩般。」曰：「呂氏所以如此說者，蓋見左氏載周穆后薨，太子壽卒，謂周『一歲而有三年之喪二焉』。左氏說禮，皆是周末衰亂不經之禮，無足取者。……」賀孫。

問：「呂氏分『修其祖廟』以下一節作『繼志』，『序昭穆』以下一節作『述事』，恐不必如此分？」曰：「看得追王與所制祭祀之禮，兩節皆通上下而言。呂氏考訂甚詳，卻似不曾言得此意。」又問：「呂氏又分郊社之禮，作立天下之大本處；宗廟之禮，言正天下之大經處。亦不消分。」曰：「此不若游氏說郊社之禮，所謂『惟聖人爲能享帝』；禘嘗之義謂『惟孝子爲能享親』，意思甚周密。」銖。

朱子語類卷六十三中庸二。

呂與叔「好學近仁」一段好。璘。

又問：「呂氏以『有此九者，皆德懷之事，而刑不與焉』，豈以爲此可以常行，而刑則期於無刑，所以不可常行而不及之歟？」曰：「也不消如此説。若説不及刑，則禮樂亦不及。此只是言其大者，而禮樂刑政固已行乎其間矣。」僩。

呂氏説「博學、審問、慎思、明辨、篤行」一段煞好，皆是他平日做工夫底。淳。

「學不厭」，所以成己，而成己之道在乎仁。「教不倦」，所以成物，而成物之功由乎知。因看呂氏中庸解「誠者自成」章未辯論，爲下此語。○方。

呂氏説：「有如是廣博，則其勢不得不高；有如是深厚，則其精不得不明。」此兩句甚善。章句中雖是用他意，然當初只欲辭簡，故反不似他説得分曉。譬如爲臺觀，須是大做根基，方始上面可以高大。又如萬物精氣蓄於下者深厚，則其發越于外者自然光明。廣。

問「王天下有三重」章。……銖曰：「呂氏以三重爲議禮、制度、考文，無可疑。」曰：「但『下焉者』，人亦多疑，公看得如何？」銖。

先生檢「知風之自」諸説，令看孰是。伯豐以呂氏略本，正淳以游氏説對。曰：「游氏説，便移來『知遠之近』上説，亦得。呂氏雖近之，然却是『作用是性』之意，於學無所統攝。……」㽦。

朱子語類卷六十四中庸三。

問：「……據詩，如『七月流火』之類，是用夏正；『一之日觱發』之類，是周正；即不見其用商正。而呂氏以爲『舉而迭用之』，何也？」曰：「周歷夏商，其未有天下之時，固用夏商之正朔。然其國僻遠，無純臣之義，又自有私紀其時月者，故三正皆曾用之也。」時舉。

曰：「關雎詩今引匡衡説甚好。」曰：「呂氏亦引，但不如此詳。便見古人看文字，亦寬博如此。」銖。

朱子語類卷八十一詩三。

呂與叔集諸家之説補儀禮，以儀禮爲骨。方子。

先生曰：「横渠教人學禮，呂與叔言如嚼木札。今以半日看義理文字，半日類禮書，亦不妨。」胡泳。

朱子語類卷八十四禮三。

學記「大學之教也」作一句，「時教必有正業，退息必有居學」。「乃言底可續三載」，皆當如此。「不在此位也」，呂與叔作「豈不在此位也」？是。

問：「『禮聞取於人，不聞取人；禮聞来學，不聞往教。』呂與叔謂上二句學者之道，下二句教者之道。取，猶致也。取於人者，我爲人所取而教之；在教者言之，則来學者也。取人者，我致人以教己；在教者言之，則往教者也。此説如何？」曰：「道理亦大綱是如此，只是説得不甚分曉。據某所見，都只就教者身上説。取於人者，是人来求我，我因而教之；取人者，是我求人以教。今欲下一轉語：取於人者，便是『有朋自遠方来』，『童蒙求我』；取人者，便是『好爲人師』，『我求童蒙』。」文蔚。

呂與叔集中一婦人墓誌，言凡遇功、緦之喪，皆蔬食終其身。此可爲法。方子。

呂與叔云：「經便是常行底，緯便是變底。」恐不然。經中自有常、有變，緯中亦自有常、有變。

朱子語類卷八十七禮四。

問：「唐人立廟，不知當用何器？」曰：「本朝只文潞公立廟，不知用何器。曰〔一〕與叔亦曾立廟，用古器。然其祭以古玄服，乃作大袖皂衫，亦怪不如著公服。今五禮新儀亦簡，唐人祭禮極詳。」可學。

朱子語類卷八十九禮六。

呂與叔謂合族當立一空堂，逐宗逐番祭。亦杜撰也。揚。

朱子語類卷九十禮七。

呂與叔言語多不縝密處，是他不滿五十歲。若使年高，看道理必煞縝密。寓。

朱子語類卷九十四周子之書七。

問：「伊川言：『「喜怒哀樂未發謂之中」，中也者，「寂然不動」是也。』南軒言：『伊川此處有小差，所謂喜怒哀樂之中，言衆人之常性；「寂然不動」者，聖人之道心。』又，南軒辨呂與叔論中書說，亦如此。今載近思録如何？」曰：「前輩多如此說，不但敬夫，自五峰發此論，某自是曉不得。今湖南學者往往守此說，牢不可破。某看來，『寂然不動』，衆人皆

〔一〕「曰」字疑爲「呂」，形近而誤。

有是心；至『感而遂通』，惟聖人能之，衆人却不然。蓋衆人雖具此心，未發時已自汩亂了，思慮紛擾，夢寐顛倒，曾無操存之道；至感發處，如何得會如聖人中節？」寓。

問：「『且省外事，但明乎善，唯進誠心』，只是教人『鞭辟近裏』。竊謂明善是致知，誠心是誠意否？」曰：「知至即便意誠，善才明，誠心便進。」又問：「『其文章雖不中不遠矣』，便是應那『省外事』一句否？」曰：「然。外事所可省者即省之，所不可省者亦强省不得。善，只是那每事之至理，文章，是威儀制度。『所守不約，汎濫無功』，說得極切。這般處，只管將來玩味，則道理自然都見。」又曰：「這般次第，是呂與叔自關中來初見二程時說話。蓋橫渠多教人禮文制度之事，他學者自管用心，不近裏，故以此說教之。然只可施之與叔諸人。若與龜山言，便不著地頭了。公今看了近思録，看別經書，須將遺書兼看。蓋他一人是一個病痛，故程先生說得各各自有精采。」道夫。

朱子語類卷九十五程子之書一。

呂與叔問主一，程子云：「只是專一。」可學。

游定夫編明道語，言釋氏「有『敬以直内』，無『義以方外』」。呂與叔編則曰：「有『敬以直内』，無『義以方外』」，則與直内底也不是。」節○第十三卷。

朱子語類卷九十六程子之書二。

問：「遺書中有十餘段說佛處，似皆云形上、直内與聖人同；却有一兩處云：『要之，其直内者亦自不是。』此語見得甚分明。不知其它所載，莫是傳録之差？」曰：「固是。纔經李端伯、呂與叔、劉質夫記，便真；至游定夫，便錯。可惜端伯、與叔、質夫早喪！使此三人者在，於程門之道必有發明。」可學。

呂與叔謂養氣可以爲養心之助。程先生以爲不然，養心只是養心，又何必助？如爲孝只是爲孝，又何必以一事助之？某看得來，又不止此。蓋才養氣，則其心便在氣上了，此所以爲不可也。廣。

呂與叔言養氣可以爲養心之助，程先生大以爲不然。某初亦疑之，近春來方信。心死在養氣上，氣雖得其養，却不是養心了。方子。

問：「呂與叔有養氣之説，伊川有數處皆不予之。養氣莫亦不妨？只是認此爲道，却不是。」曰：「然。」可學。

問：「明道行狀謂未及著書，而今有了翁所跋中庸，何如？」曰：「了翁初得此書，亦疑行狀所未嘗載，後乃謂非明道不能爲此。了翁之姪幾叟，龜山之婿也。翁移書曰：『近得一異書，吾姪不可不見。』幾叟至，次日，翁冠帶出此書。幾叟心知其書非是，未敢言。翁問曰：『何疑？』曰：『以某聞之龜山，乃與叔初年本也。』翁始覺，遂不復出。近日陸子靜力主以爲真明道之書。某云：『却不要與某爭。某所聞甚的，自有源流，非強説也。』兼了翁所舉知仁勇之類，却是道得著；至子靜所舉，沒意味也。」道夫。

問：「呂與叔問中處，『中者道之所從出』，某看呂氏意如何？」曰：「性者，道之所從出云爾。『中，即性也』，亦是此意。只是名義未善，大意却不在此。如程先生云『中即道也』，若不論其意，亦未安。」……又問：「『中之爲義，自過不及而立名。』此段説中，與平日異。只爲呂氏形容中太過，故就其既發告之。」曰：「然。」……又問：「『赤子之心』處，此是一篇大節目。程先生云：『毫釐有異，得爲大本乎？』看呂氏此處不特毫釐差，乃大段差。然毫釐差亦不得。聖人之心如明鏡止水，赤子之心如何比得？」曰：「未論聖人，與叔之失，却是認赤子之已發者皆爲未發。」曰：「固是如此。然若論未發時，衆人心亦不可與聖人同。」可學。

鄭問呂氏與伊川論中書。曰：「呂説大概亦是，只不合將『赤子之心』一句插在那裏，便做病。赤子飢便啼，寒便哭，把做未發不得。如大人心千重萬折，赤子之心無恁勞攘，只不過飢便啼、寒便哭而已。未有所謂喜，所謂怒，所謂哀，所謂樂，其與聖人不同者只些子。」淳。

朱子語類卷九十七程子之書三。

横渠此段不如吕與叔分别得分曉。吕曰：「蔽有淺深，故爲昏明；蔽有開塞，故爲人物。」閎祖。

或問：「通蔽開塞，張横渠、吕芸閣説，孰爲親切？」曰：「與叔倒分明似横渠之説。看來塞中也有通處，如猿狙之性即靈，豬則全然蠢了，便是通蔽不同處。『本乎天者親上，本乎地者親下。』如人頭向上，所以最靈；草木頭向下，所以最無知；禽獸之頭横了，所以無知；猿狙稍靈，爲他頭有時也似人，故稍向得上。」履孫。

如中庸集略吕與叔所云：「自是合當恁地。」知得親之當愛，子之當慈，這便是仁；至於各愛其親，各慈其子，這便是義。義剛。

朱子語類卷九十八張子之書一。

某云：「吕與叔難曉處似横渠，好處却多。」曰：「他又曾見伊川。」某云：「他更在得一二十年，須傳得伊川之學。」曰：「可學。

横渠闢釋氏輪回之説。然其説聚散屈伸處，其弊却是大輪回。蓋釋氏是個個各自輪回，横渠是一發和了，依舊一大輪回。吕與叔集中亦多有此意思。

朱子語類卷九十九張子書二。

呂與叔文集煞有好處。他文字極是實，說得好處，如千兵萬馬，飽滿伉壯。閎祖。

與叔年四十七，他文字大綱立得脚來健，多有處說得好又切。若有壽，必煞進。淳。

蔡云：「上蔡老氏之學多，龜山佛氏之說多，游氏只雜佛，呂與叔高於諸公。」賀孫。

如伊川說物便到「四凶」上，及呂與叔中庸皆說實話也。方。

呂與叔惜乎壽不永！如天假之年，必所見又別。程子稱其「深潛縝密」，可見他資質好，又能涵養。某若只如呂年，亦不見得到此田地矣。「五福」說壽爲先者，此也。友仁。

有爲呂與叔挽詩云：「曲禮三千目，躬行四十年！」方。

呂與叔中庸義，典實好看，又有春秋、周易解。方。

「呂與叔云：『聖人以中者不易之理，故以之爲教。』如此，則是以中爲一好事，用以立教，非自然之理也」。先生曰：「此是橫渠有此說。所以橫渠沒，門人以『明誠中子』謚之，與叔爲作謚議，蓋支離也。西北人勁直，才見些理，便如此行去。又說出時，其他又無人曉，只據他一面說去，無朋友議論，所以未精也。」振。

呂與叔本是個剛底氣質，涵養得到，所以如此。故聖人以剛之德爲君子，柔爲小人。若有其剛矣，須除去那剛之病，全其與剛之德，相次可以爲學。若不剛，終是不能成。有爲而言。卓。

看呂與叔論選舉狀：「立士規，以養德厲行；更學制，以量才進藝；定貢法，以取賢斂才；立試法，以試用養才；立辟法，以興能備用；立舉法，以覆實得人；立考法，以責任考功。」先生曰：「其論甚高。使其不死，必有可用。」

呂與叔後來亦看佛書，朋友以書責之，呂云：「某只是要看他道理如何。」其文集上雜記亦多不純。想後來見二程了，却好。

呂與叔集中有與張天驥書。是天驥得一書云他云：「我心廣大如天地，視其形體之身，但如螻蟻。」此也不足辨，但偶然是有此書。張天驥便是東坡與他做放鶴亭記者，即雲龍處士，徐州人。心廣大後，方能體萬物。蓋心廣大，則包得那萬物過，故能體此。體，猶「體羣臣」之「體」。義剛。

呂與叔論顏子等處極好。龜山云云，未是。可學。

呂與叔有一段說輪回。可學。

朱子語類卷一百一程子門人。

「呂與叔欲奏立四科取士：曰德行，曰明經，曰政事，曰文學。德行則待州縣舉薦，下三科却許人投牒自試。明經裏面分許多項目：如春秋則兼通三傳，禮則通三禮，樂則盡通諸經所說樂處。某看來，樂處說也未盡。政事則如試法律等及行移決判事。又定爲試辟，未試則以事授之，一年看其如何，辟則令所屬長官舉辟。」器遠云：「這也只是法。」曰：「固是法，也待人而行，然這却法意詳盡。如今科舉，直是法先不是了。今來欲教吏部與二三郎官盡識得天下官之賢否，定是了不得這事！」賀孫。

因論呂與叔論得取士好。因論其集上代人章表之類，文字多難看，此文集之弊。揚因謂：「去了此等好。」曰：「然。」因歎：「與叔甚高，可惜死早！使其得六十左右，直可觀，可惜善人無福！兄弟都有立。一兄和叔，做鄉儀者，更直截，死早。」揚。

朱子語類卷一百九朱子六。

呂與叔說「天命之謂性」云：「自斬而緦，喪服異等，而九族之情無所憾；自王公至皂隸，儀章異制，而上下之分莫敢爭；自是天性合如此。」且如一堂有十房父子，到得父各慈其子，子各孝其父，而人不嫌者，自是合如此也。其慈，其孝，這便是仁；各親其親，各子其子，這便是義。這個物事分不得，流出來便是仁；仁打一動，義禮智便隨在這裏了。不是要仁使時，義却留在後面，少間放出來。其實只是一個道理，論著界分，便有許多分別。且如心性情虛明應物，知得這事合恁地，那事合恁地，這便是心；當這事感則這理應，當那事感則那理應，這便是性；出頭露面來底便是情，其實只是一個物事。而今這裏略略動，這三個便都在，仔細看來，亦好則劇。

朱子語類卷一百一十六朱子十三。

「道家行法，只是精神想出，恐人不信，故以法愚之。太史遷。呂與叔集記一事極怪。舊見臨漳有孫事道巡檢亦能此。」可學云：「天下有許多物事，想相，物自入來。」曰：「然。」可學。

朱子語類卷一百二十五老氏。（下册終）

圖書在版編目(CIP)數據

藍田呂氏集/［宋］呂大臨等著；曹樹明點校整理．
—西安：西北大學出版社，2014.10
（關學文庫/劉學智，方光華主編）
ISBN 978-7-5604-3519-0

Ⅰ.①藍… Ⅱ.①呂…②曹… Ⅲ.①理學—中國—
北宋—文集 Ⅳ.①B244.99

中國版本圖書館 CIP 數據核字(2014)第 242146 號

出品人 徐 曄 馬 來
篆 刻 路毓賢
出版統籌 張 萍 何惠昂

藍田呂氏集 ［宋］呂大臨 等著 曹樹明 點校整理

審定專家 淡懿誠 責任編輯 黃偉敏
裝幀設計 澤 海 版式統籌 劉 爭
出版發行 西北大學出版社
地 址 西安市太白北路 229 號 郵 編 710069
網 址 http://nwupress.nwu.edu.cn E－mail xdpress@nwu.edu.cn
電 話 029-88303593 88302590
經 銷 全國新華書店
印 裝 陝西博文印務有限責任公司
開 本 720 毫米×1020 毫米 1/16
印 張 69.75
字 數 1063 千字
版 次 2015 年 1 月第 1 版 2017 年 4 月第 3 次印刷
書 號 ISBN 978-7-5604-3519-0
定 價 246.00 圓